全国公共图书馆缩微文献联合目录 古籍编

本书编委会◎编

6
索 引

國家圖書館出版社
National Library of China Publishing House

第六卷目录

《全国公共图书馆缩微文献联合目录·古籍编》

书名笔画字头索引

一画

一 …… 3
乙 …… 3

二画

二 …… 3
十 …… 4
厂 …… 6
丁 …… 6
七 …… 6
卜 …… 6
八 …… 6
人 …… 7
入 …… 7
儿 …… 7
几 …… 7
九 …… 7
力 …… 8
又 …… 8
了 …… 8

三画

三 …… 8
干 …… 12
于 …… 12
工 …… 12
士 …… 12
土 …… 12
下 …… 12
大 …… 12
丈 …… 22
兀 …… 22
与 …… 22
才 …… 22
万 …… 22
寸 …… 23
弋 …… 23
上 …… 23
口 …… 24
山 …… 24
千 …… 25
乞 …… 26
川 …… 26
义 …… 26
久 …… 26
勺 …… 26
夕 …… 26
广 …… 26
亡 …… 28
之 …… 28
尸 …… 28
己 …… 28
巳 …… 28
已 …… 28
卫 …… 28
也 …… 28
女 …… 29
飞 …… 29
小 …… 29
习 …… 30
马 …… 30
子 …… 30
乡 …… 31

四画

丰 …… 31
王 …… 31
井 …… 33
开 …… 34
夫 …… 34
天 …… 34
无 …… 36
元 …… 37
韦 …… 38
云 …… 39

专 …… 40
廿 …… 40
艺 …… 40
木 …… 41
五 …… 41
支 …… 43
不 …… 43
太 …… 43
历 …… 46
尤 …… 48
友 …… 48
车 …… 48
屯 …… 48
比 …… 48
切 …… 48
牙 …… 48
止 …… 49
少 …… 49
日 …… 49
中 …… 50
冈 …… 51
内 …… 51
见 …… 52
牛 …… 52
午 …… 52
毛 …… 52
壬 …… 53
升 …… 53
长 …… 53
仁 …… 54
什 …… 54
片 …… 54
化 …… 54
介 …… 54
从 …… 55
今 …… 55
分 …… 55
公 …… 56
仓 …… 56
月 …… 56
氏 …… 56
勿 …… 56
风 …… 56
欠 …… 56
丹 …… 57
乌 …… 57
凤 …… 57
勾 …… 58
殳 …… 58
卞 …… 58
六 …… 58
文 …… 59
亢 …… 63
方 …… 63
忆 …… 64
火 …… 64
为 …… 64
斗 …… 64
计 …… 64
户 …… 64
订 …… 64
认 …… 64
心 …… 64
尹 …… 64
尺 …… 65
引 …… 65
巴 …… 65
邓 …… 65
劝 …… 65
双 …… 65
孔 …… 66
书 …… 66
水 …… 68
幻 …… 69

五画

玉 …… 69
刊 …… 72
未 …… 72

击……72
邗……72
正……72
邛……72
功……72
去……72
甘……72
世……73
艾……73
古……74
节……78
本……79
札……79
可……79
丙……79
左……79
石……80
右……82
布……82
龙……82
戊……83
平……84
打……85
东……85
北……89
占……90
卢……90
旧……91
归……91
目……91
且……91
甲……91
申……92
叶……92
田……92
由……92
史……92
兄……94
四……94
生……97
矢……97
乍……97
丘……97
仕……97
代……97
仙……98
仪……98
白……99
卮……101
瓜……101
从……101
令……101
用……101
印……101
句……101
册……101
卯……101
处……101
外……102
冬……102
鸟……102
刍……102
包……102
尔……102
乐……103
主……104
市……104
立……104
玄……104
兰……104
半……104
汇……105
汀……105
汉……105
宁……107
冯……108
写……108
讨……108
让……108
礼……108

议 ……………………………………109
必 ……………………………………109
记 ……………………………………109
讱 ……………………………………109
永 ……………………………………109
司 ……………………………………110
民 ……………………………………111
弗 ……………………………………111
弘 ……………………………………111
出 ……………………………………111
皮 ……………………………………111
边 ……………………………………111
圣 ……………………………………111
弁 ……………………………………112
对 ……………………………………112
台 ……………………………………112
幼 ……………………………………112
辽 ……………………………………112
丝 ……………………………………113

六画

匡 ……………………………………113
耒 ……………………………………113
邦 ……………………………………113
玑 ……………………………………113
式 ……………………………………113
刑 ……………………………………113
邢 ……………………………………113
戎 ……………………………………113
迁 ……………………………………113
圭 ……………………………………113
吉 ……………………………………114
考 ……………………………………114
老 ……………………………………114
巩 ……………………………………115
地 ……………………………………115
耳 ……………………………………115
共 ……………………………………115
芊 ……………………………………115
芝 ……………………………………115
芑 ……………………………………115
芗 ……………………………………115
朴 ……………………………………115
权 ……………………………………115
亘 ……………………………………115
臣 ……………………………………115
吏 ……………………………………115
再 ……………………………………115
协 ……………………………………116
西 ……………………………………116
压 ……………………………………119
厌 ……………………………………119
在 ……………………………………119
百 ……………………………………119
有 ……………………………………120
而 ……………………………………120
存 ……………………………………120
匠 ……………………………………121
达 ……………………………………121
戍 ……………………………………121
列 ……………………………………121
成 ……………………………………121
夹 ……………………………………121
托 ……………………………………121
执 ……………………………………121
扪 ……………………………………121
扫 ……………………………………121
扬 ……………………………………121
夷 ……………………………………122
轨 ……………………………………122
尧 ……………………………………122
毕 ……………………………………122
至 ……………………………………122
过 ……………………………………122
此 ……………………………………122
贞 ……………………………………122
师 ……………………………………123
尖 ……………………………………123
光 ……………………………………123

当 ……123	行 ……134
吐 ……123	肎 ……134
虫 ……123	舟 ……134
曲 ……123	全 ……134
吕 ……124	会 ……135
同 ……125	合 ……135
吊 ……126	杀 ……135
因 ……126	众 ……135
屿 ……126	邬 ……136
岁 ……126	危 ……136
回 ……126	杂 ……136
则 ……126	旭 ……136
网 ……126	负 ……136
年 ……126	各 ……136
朱 ……126	名 ……136
缶 ……128	多 ……137
先 ……128	争 ……137
舌 ……128	庄 ……137
竹 ……128	庆 ……137
迁 ……129	刘 ……137
乔 ……129	齐 ……139
伟 ……129	交 ……139
传 ……129	亦 ……139
休 ……130	产 ……139
伍 ……130	充 ……139
伏 ……130	闭 ……139
优 ……130	问 ……139
伐 ……130	羊 ……140
延 ……130	关 ……140
仲 ……130	米 ……140
任 ……130	灯 ……140
伤 ……130	州 ……140
华 ……131	壮 ……140
仰 ……131	冲 ……140
伙 ……131	妆 ……140
自 ……131	兴 ……140
伊 ……132	次 ……141
向 ……132	汗 ……141
似 ……132	江 ……141
后 ……132	汲 ……142

汜 ……142
池 ……142
汝 ……142
汤 ……142
守 ……142
宅 ……143
安 ……143
冰 ……144
字 ……144
讲 ……145
军 ……145
祁 ……145
讷 ……145
许 ……145
论 ……146
讽 ……146
农 ……146
访 ……147
聿 ……147
寻 ……147
艮 ……147
尽 ……147
异 ……147
阮 ……147
阳 ……147
阶 ……148
阴 ……148
如 ……148
妇 ……148
好 ……148
戏 ……148
观 ……148
羽 ……149
红 ……149
纤 ……149
约 ……149
纪 ……149
驰 ……150
纫 ……150
孙 ……150
丞 ……151
巡 ……151

七画

寿 ……151
弄 ……151
麦 ……151
进 ……151
戒 ……151
吞 ……151
远 ……151
违 ……151
运 ……152
玩 ……152
走 ……152
贡 ……152
攻 ……152
赤 ……152
均 ……152
孝 ……152
志 ……153
声 ……153
却 ……153
劫 ……153
芙 ……153
芜 ……153
邯 ……153
苇 ……153
芸 ……153
芷 ……153
芮 ……153
花 ……154
芥 ……154
苍 ……154
芳 ……155
严 ……155
芦 ……155
劳 ……155
克 ……155

苏……155
杜……156
杖……158
杏……158
巫……158
极……158
杞……158
杨……158
李……159
甫……161
更……161
束……161
吾……161
豆……162
两……162
酉……163
丽……163
医……163
辰……163
邳……163
还……163
奁……163
来……163
扶……164
抚……164
批……164
连……164
折……165
抢……165
抑……165
投……165
护……165
拟……165
求……165
步……165
邺……165
坚……165
里……165
呈……165
吴……165
助……168
时……168
园……168
围……168
足……168
男……168
困……168
吽……168
听……168
吟……168
吹……168
邑……168
别……169
岐……169
岘……169
岑……169
针……169
牡……169
利……169
秀……169
我……169
兵……169
邱……169
估……169
体……169
何……169
佐……170
佑……170
攸……170
伸……170
佚……170
作……170
伯……170
佟……170
伴……170
身……170
佛……170
伽……171
近……171
余……172

佘 ······172
希 ······172
坐 ······172
谷 ······172
孚 ······172
含 ······172
邻 ······173
邸 ······173
龟 ······173
犹 ······173
狄 ······173
删 ······173
鸠 ······173
彤 ······173
条 ······173
岛 ······173
邹 ······173
迎 ······173
饮 ······173
言 ······173
库 ······173
应 ······173
庐 ······173
序 ······174
辛 ······174
怀 ······174
忧 ······174
忻 ······174
快 ······174
闰 ······175
闹 ······175
闲 ······175
间 ······175
闵 ······175
判 ······175
灼 ······175
弟 ······175
状 ······175
冷 ······175
汪 ······175
汧 ······176
沅 ······176
沛 ······176
汭 ······176
汰 ······176
沥 ······176
沙 ······176
沃 ······176
汫 ······176
沂 ······176
汾 ······176
泛 ······176
沧 ······176
沸 ······177
沟 ······177
汴 ······177
汶 ······177
沪 ······177
沈 ······177
沁 ······178
完 ······178
宋 ······178
宏 ······181
牢 ······181
冶 ······181
良 ······181
证 ······181
诂 ······181
启 ······181
评 ······181
补 ······181
初 ······182
社 ······182
祀 ······182
识 ······182
词 ······183
诏 ······183
译 ······183
诒 ······183
君 ······183

灵……183
即……184
迟……184
局……184
改……184
张……184
陆……185
阿……186
陇……186
陈……186
附……187
陀……188
陂……188
妙……188
邵……188
忍……188
劲……188
甬……188
鸡……188
纬……188
纯……189
纲……189
纳……189
驳……189
纶……189
纺……189

八画

奉……189
玩……189
环……189
武……189
青……191
表……192
盂……192
坦……192
坻……192
幸……192
坡……192
取……192
苦……192
若……193
茂……193
苹……193
英……193
茌……193
苑……193
茑……193
范……193
苧……194
茔……194
直……194
苕……194
苔……195
茅……195
林……195
枝……195
枢……196
松……196
枫……196
杭……196
述……196
枕……197
杼……197
画……197
卧……197
事……197
枣……198
雨……198
厓……198
郁……198
砀……198
奇……198
瓯……198
欧……198
郏……199
拓……199
抽……199
拍……199

拥	199	岭	210
拘	199	岷	210
抱	199	峄	210
拙	200	图	210
披	200	钓	210
转	200	垂	210
斩	200	制	210
轮	200	知	210
非	200	牧	210
歧	200	物	211
肯	200	乖	211
卓	200	和	211
虎	200	季	211
贤	200	佳	211
尚	200	侍	211
盱	201	岳	211
具	201	供	212
昙	201	使	212
果	201	侠	212
味	202	岱	212
杲	202	侣	212
昆	202	凭	212
国	202	侨	212
昌	204	佩	212
明	205	货	212
易	207	依	212
迪	208	阜	212
典	208	质	212
固	208	欣	212
忠	208	征	213
黾	208	祖	213
邵	209	往	213
呼	209	爬	213
鸣	209	径	213
咏	209	所	213
咄	209	舍	213
岢	209	金	213
岩	209	郐	216
罗	209	采	216
岫	210	受	216

念……216
瓮……216
朋……216
肥……216
周……217
鱼……220
兔……221
狐……221
备……221
匊……221
郊……221
炙……221
迩……221
饲……221
饴……221
京……221
享……221
庙……221
府……221
底……221
郊……221
疡……221
兖……221
庚……221
放……221
刻……222
性……222
怡……222
闸……222
郑……223
单……223
炊……223
炎……223
学……223
净……224
法……224
沽……225
沭……225
河……225
沾……226
泸……226
泗……226
泊……226
泺……226
注……226
沱……226
泥……226
泼……226
泽……226
泾……226
治……227
宝……227
宗……227
定……228
宜……228
审……229
宙……229
官……229
空……229
帘……229
穹……229
宛……229
实……229
试……229
郎……230
诗……230
房……233
诚……233
郓……233
视……233
祈……233
话……233
诠……233
详……233
建……233
肃……234
帚……234
隶……234
录……234
居……234

屈 ……235
弥 ……235
弦 ……235
弢 ……235
陋 ……235
陕 ……235
陔 ……235
姑 ……235
姓 ……235
始 ……235
迦 ……235
参 ……235
承 ……236
绀 ……236
练 ……236
织 ……236
孟 ……236
孤 ……237
绸 ……237
终 ……237
驻 ……237
绍 ……237
绎 ……237
经 ……237
贯 ……238
函 ……238

九画

契 ……239
贰 ……239
奏 ……239
春 ……239
珂 ……243
珍 ……243
珊 ……243
封 ……244
垣 ……244
项 ……244
城 ……244
政 ……244
赴 ……244
赵 ……244
郝 ……245
荆 ……245
革 ……245
荐 ……245
带 ……245
草 ……245
茧 ……246
莒 ……246
茶 ……246
荀 ……246
茗 ……246
荒 ……246
荡 ……246
荣 ……247
荥 ……247
故 ……247
胡 ……247
荫 ……247
茹 ……247
荔 ……247
南 ……247
药 ……252
荪 ……252
标 ……252
枯 ……252
柯 ……252
柘 ……252
栋 ……253
查 ……253
相 ……253
柚 ……253
枳 ……253
柏 ……253
枸 ……253
柳 ……253
枹 ……253
栎 ……253

柱……253
咸……253
威……254
研……254
砖……254
厚……254
砚……254
斫……254
耐……254
鸥……254
残……254
持……254
拱……254
括……255
拾……255
指……255
垫……255
按……255
挥……255
轶……255
皆……255
鸦……255
战……255
点……255
虐……255
临……255
省……256
是……257
郢……257
显……257
映……257
禺……257
星……257
昨……257
昭……257
畏……257
毗……257
昆……257
贵……257
虹……258
蚁……258
思……258
郧……258
响……258
哈……258
峚……258
峡……258
峣……258
峤……258
觃……258
贻……258
幽……258
钜……258
钝……258
钞……258
钟……259
铃……259
钦……259
钮……260
拜……260
看……260
矩……260
郜……261
选……261
适……261
秕……261
香……261
种……262
秋……262
科……263
重……263
复……268
笃……268
段……268
俨……268
便……268
顺……268
修……269
保……269
信……269

皇……269
鬼……273
泉……273
禹……273
侯……273
追……273
俟……273
盾……273
衎……273
待……273
衍……274
律……274
须……274
叙……274
俞……274
弇……274
剑……274
爰……274
食……274
逃……274
胜……274
脉……274
勉……275
独……275
狯……275
急……275
饶……275
哀……275
亭……275
亮……275
度……275
庭……275
疮……275
施……275
奕……275
音……275
帝……276
恸……276
恒……276
恬……276
恤……276
恪……276
恽……276
闺……276
闻……276
闽……276
闾……277
阁……277
养……277
美……277
姜……277
类……278
迷……278
娄……278
前……278
首……279
总……279
炳……279
炮……279
烂……279
将……279
举……279
觉……279
咨……279
洁……279
洪……279
洹……280
洞……280
测……280
洗……280
活……280
洮……280
洵……280
洛……280
浏……281
济……281
洨……281
洋……281
洴……281
浑……281

浒 ……281
津 ……281
浔 ……281
宣 ……281
宦 ……282
宫 ……282
宪 ……282
穿 ……282
窃 ……282
客 ……282
冠 ……282
语 ……282
扁 ……282
祐 ……282
袚 ……282
祖 ……282
神 ……282
祝 ……283
祗 ……283
祠 ……283
说 ……283
诵 ……286
郡 ……286
退 ……286
既 ……286
昼 ……286
咫 ……286
屏 ……286
费 ……286
眉 ……286
胥 ……286
院 ……286
姚 ……286
贺 ……286
癸 ……287
柔 ……287
结 ……287
绘 ……287
绛 ……287
骆 ……287
络 ……287
绝 ……287
虢 ……288
骈 ……288
逊 ……288

十画

耕 ……288
艳 ……288
秦 ……288
泰 ……289
珙 ……289
珰 ……289
珠 ……289
珫 ……289
珩 ……289
班 ……289
珲 ……289
素 ……289
蚕 ……289
顽 ……290
匪 ……290
载 ……290
起 ……290
盐 ……290
袁 ……290
都 ……290
耆 ……290
耄 ……290
壶 ……290
耻 ……291
耿 ……291
莆 ……291
恭 ……291
莱 ……291
莲 ……291
荷 ……291
莅 ……291
获 ……291

荻 ……291
莘 ……291
晋 ……291
莎 ……292
莺 ……292
真 ……292
莼 ……292
桂 ……292
栲 ……293
郴 ……293
栖 ……293
桐 ……293
栝 ……294
桥 ……294
桧 ……294
桃 ……294
格 ……294
校 ……294
栟 ……295
根 ……295
栩 ……295
逋 ……295
贾 ……295
酌 ……295
夏 ……295
砥 ……295
破 ……295
砼 ……295
原 ……295
逐 ……295
烈 ……295
殊 ……295
殉 ……295
顾 ……296
振 ……296
损 ……296
挹 ……296
哲 ……296
热 ……296
较 ……296
顿 ……296
致 ……296
柴 ……296
逌 ……296
虔 ……296
虑 ……296
监 ……297
逍 ……297
晅 ……297
晟 ……297
晓 ……297
鸭 ……297
晃 ……297
咙 ……297
晁 ……297
晏 ……297
虹 ……297
蚓 ……297
恩 ……297
唧 ……297
崂 ……298
峨 ……298
圆 ……298
贼 ……298
钱 ……298
铁 ……298
铃 ……298
铅 ……298
乘 ……298
秣 ……298
积 ……299
秘 ……299
笔 ……299
借 ……299
倚 ……299
倒 ……299
倘 ……299
倭 ……299
倪 ……300
隽 ……300

健……300
射……300
皋……300
息……300
郫……300
徐……300
殷……301
般……301
航……301
爱……301
豹……301
奚……301
颂……301
翁……301
胭……302
脂……302
脏……302
胶……302
留……302
鸳……302
栾……302
高……302
亳……304
郭……304
席……304
离……304
唐……304
唐……304
旃……309
旃……309
畜……309
悚……309
悟……309
悔……309
悦……309
阅……309
阆……309
瓶……309
拳……309
益……309
兼……310
朔……310
烟……310
剡……310
烬……310
凌……310
准……310
资……310
浦……311
涑……311
酒……311
涞……312
浙……312
涉……312
娑……312
消……312
涡……312
浩……312
海……312
涂……314
浮……314
流……314
润……314
涧……314
浣……314
浪……314
涌……314
浚……314
宽……314
宸……314
家……314
宵……315
宴……315
宾……315
容……315
宰……315
请……315
诸……315
诹……316
读……316

袜 ……318
袖 ……318
祯 ……318
祥 ……318
课 ……318
冥 ……318
调 ……318
谈 ……318
剧 ……318
弱 ……318
陵 ……318
陭 ……319
陶 ……319
陪 ……320
姬 ……320
娱 ……320
恕 ……320
娥 ……320
通 ……320
能 ……321
难 ……321
桑 ……321
骊 ……321
绣 ……321
绥 ……322
继 ……322

十一画

理 ……322
珵 ……322
琉 ……322
琅 ……323
堵 ……323
焉 ……323
埤 ……323
砮 ……323
教 ……323
培 ……323
壶 ……323
懿 ……323
职 ……323
勘 ……323
聊 ……323
著 ……323
勒 ……323
黄 ……323
菽 ……325
萚 ……325
菲 ……325
菽 ……325
菖 ……325
萩 ……325
菜 ……325
菊 ……325
萃 ……325
菩 ……325
菏 ……325
萍 ……325
菀 ……325
营 ……325
乾 ……325
萧 ……326
菉 ……326
萨 ……326
菰 ……327
菑 ……327
梼 ……327
梦 ……327
梵 ……327
梧 ……327
梢 ……327
桯 ……327
梅 ……328
检 ……329
桴 ……329
梓 ……329
梭 ……329
啬 ……329
曹 ……329

敕 ……329
副 ……329
戚 ……329
硕 ……329
硖 ……329
匏 ……329
爽 ……329
龚 ……329
盛 ……329
雪 ……330
捧 ……330
捷 ……330
掉 ……330
推 ……330
授 ……330
掬 ……331
掖 ……331
据 ……331
辅 ……331
救 ……331
颅 ……331
虚 ……331
敝 ……331
堂 ……331
常 ……331
野 ……332
眺 ……332
悬 ……332
曼 ……332
晦 ……332
晞 ……332
冕 ……332
晚 ……332
畦 ……333
趾 ……333
跃 ……333
略 ……333
鄂 ……333
唯 ……333
唫 ……333
啸 ……333
崱 ……333
崔 ……333
帷 ……333
崞 ……333
崇 ……333
婴 ……334
铜 ……334
铨 ……334
银 ……334
甜 ……334
梨 ……334
笺 ……334
笼 ……334
笤 ……334
笙 ……334
笠 ……334
第 ……334
偃 ……335
偕 ……335
偶 ……335
偲 ……335
停 ……335
皎 ……335
假 ……335
得 ……335
衔 ……335
盘 ……335
斜 ……335
悉 ……335
彩 ……335
脚 ……335
象 ……335
逸 ……335
猫 ……336
猗 ……336
斛 ……336
祭 ……336
郧 ……336
馆 ……336

鸾 ……336
烹 ……336
庶 ……336
麻 ……336
庾 ……336
庸 ……336
康 ……336
鹿 ……337
旌 ……337
章 ……337
翊 ……337
商 ……337
望 ……338
率 ……338
情 ……338
惜 ……338
惧 ……338
惕 ……338
阕 ……338
粗 ……338
断 ……338
剪 ……338
盗 ……339
清 ……339
渍 ……340
渚 ……340
鸿 ……340
淇 ……341
淅 ……341
淞 ……341
涿 ……341
渠 ……341
渐 ……341
淑 ……341
混 ……341
渑 ……341
淮 ……341
渊 ……342
渔 ……342
淳 ……342
涪 ……342
淡 ……342
深 ……342
渌 ……343
婆 ……343
梁 ……343
淄 ……343
寇 ……343
寅 ……343
寄 ……343
寂 ……343
宿 ……343
密 ……343
谋 ……343
谐 ……343
谑 ……344
祷 ……344
谕 ……344
谗 ……344
尉 ……344
屠 ……344
弹 ……344
隋 ……344
鄜 ……344
随 ……344
隅 ……344
隆 ……344
隐 ……344
婼 ……344
翏 ……344
绩 ……344
绪 ……345
续 ……345
绮 ……348
绳 ……348
维 ……348
绵 ……348
绿 ……348
缀 ……348
缁 ……348

巢 ……348

十二画

琵 ……349
琴 ……349
琼 ……349
琬 ……349
琊 ……349
堪 ……349
塔 ……349
越 ……349
博 ……350
喜 ……350
彭 ……350
斯 ……350
期 ……350
联 ……350
惹 ……350
募 ……350
葛 ……350
董 ……350
葆 ……351
葩 ……351
敬 ……351
蒋 ……351
落 ……351
韩 ……351
朝 ……353
葭 ……353
葵 ……353
楮 ……353
棋 ……353
植 ……353
焚 ……353
椒 ……353
棣 ……353
惠 ……353
覃 ……353
棘 ……353
酣 ……353
觌 ……353
厦 ……353
确 ……354
雁 ……354
雄 ……354
揖 ……354
揭 ……354
搜 ……354
蛰 ……354
握 ……354
辍 ……354
雅 ……354
悲 ……354
紫 ……354
辉 ……355
棠 ……355
赏 ……355
掌 ……355
晴 ……355
最 ……355
戮 ……355
鼎 ……355
戢 ……356
景 ……356
遗 ……356
蛣 ……356
蛤 ……356
蛟 ……356
鹃 ……357
喻 ……357
啼 ……357
嗟 ……357
喀 ……357
喙 ……357
幄 ……357
赋 ……357
赌 ……357
赐 ……357
黑 ……357

铸 ……357
销 ……357
锄 ……357
锋 ……357
掣 ……357
智 ……357
犍 ……357
剩 ……358
嵇 ……358
程 ……358
等 ……358
策 ……358
答 ……358
傢 ……358
傅 ……358
牌 ……358
集 ……358
焦 ……360
皖 ……360
粤 ……360
遁 ……360
御 ……360
循 ……362
艇 ……362
舒 ……362
畲 ……362
翕 ……362
番 ……362
释 ……362
禽 ……363
貂 ……363
鲁 ……363
觚 ……363
然 ……363
颍 ……363
詅 ……363
蛮 ……363
敦 ……363
痘 ……363
痛 ……363
童 ……363
惺 ……363
愧 ……363
善 ……364
普 ……364
粪 ……364
尊 ……364
道 ……364
遂 ……366
曾 ……366
焠 ……366
湛 ……366
湖 ……366
湘 ……367
温 ……367
渭 ……367
滑 ……368
溆 ……368
渟 ……368
渡 ……368
游 ……368
渼 ……368
滋 ……368
溉 ……368
湄 ……368
滁 ……368
割 ……368
寒 ……368
富 ……369
寓 ……369
裕 ……369
禅 ……369
禄 ……369
谢 ……369
谣 ……369
谥 ……369
谦 ……369
遐 ……369
强 ……369
巽 ……370

疎……370
疏……370
隙……370
絮……370
媚……370
登……370
婺……370
缅……370
缉……370
缑……370
编……370
骚……370
缘……370

十三画

瑟……370
瑞……370
瑜……371
榅……371
鄢……371
鼓……371
鄞……371
勤……371
靳……371
鹊……371
葴……371
蓝……371
墓……371
蒯……371
蓟……371
蓬……371
蓑……371
蒿……371
蓄……371
蒹……371
蒲……371
蓉……372
蒙……372
颐……372
献……372
蒸……372
楪……372
禁……372
楚……372
楝……374
楞……374
槐……374
榆……374
槎……374
楼……374
榅……374
赖……374
甄……374
蜃……374
感……374
碛……374
碧……374
碑……374
碎……374
鹌……374
鄠……374
雷……375
零……375
雾……375
摄……375
摅……375
携……375
摘……375
辑……375
裘……375
督……375
频……375
粲……375
虞……375
鉴……375
睦……375
睫……375
睡……375
睢……375

嗜……376
愚……376
暖……376
歇……376
暗……376
暇……376
照……376
路……376
蜗……376
蛾……376
蜕……376
辎……375
罪……376
蜀……376
嵩……377
锡……377
锦……377
辞……377
稗……377
筹……377
�……378
筵……378
简……378
像……378
魁……378
微……378
鉏……378
愈……378
遥……378
腰……378
腾……378
詹……378
鲍……378
颖……378
解……379
廉……379
痴……379
鄘……379
鹰……379
裔……379
靖……379
新……379
韵……396
意……396
雍……396
慎……397
阙……397
数……397
慈……397
满……397
滇……397
溧……397
溪……398
滦……398
滂……398
溯……398
滏……398
滨……398
塞……398
窥……398
窦……398
窸……398
谨……398
裨……398
福……398
谪……398
群……398
殿……399
辟……399
愍……399
叠……399
缙……399
剿……399

十四画

静……399
碧……400
瑶……400
赘……400

熬 ……400
韬 ……400
墙 ……400
墟 ……400
嘉 ……400
墉 ……401
綦 ……401
聚 ……401
慕 ……401
蔡 ……401
蔗 ……402
蕖 ……402
蔚 ……402
蓼 ……402
榼 ……402
槜 ……402
榴 ……402
榕 ……402
榷 ……402
歌 ……402
酿 ……402
碣 ……402
磁 ……402
愿 ……402
霁 ……402
摭 ……402
摘 ……403
辕 ……403
裴 ……403
翡 ……403
睿 ……403
墅 ……403
鹖 ……403
蜨 ……403
幔 ……403
嵋 ……403
骷 ……403
锲 ……403
镂 ……403
鄦 ……403
箐 ……403
箧 ……403
箕 ……403
箬 ……403
箅 ……403
管 ……403
舆 ……404
僦 ……404
僧 ……404
鄱 ……404
遯 ……404
鲒 ……404
疑 ……404
飕 ……404
雒 ……404
瘥 ……404
瘦 ……404
旗 ……404
彰 ……404
韶 ……404
端 ……404
鄯 ……405
頖 ……405
精 ……405
粹 ……405
歉 ……405
潇 ……405
漆 ……405
漕 ……405
漱 ……405
漘 ……405
漫 ……405
澻 ……406
漪 ……406
漉 ……406
漳 ……406
演 ……406
澈 ……406
滩 ……406
寤 ……406

察 ······406
谭 ······406
肇 ······406
谯 ······406
谰 ······406
谱 ······406
熊 ······406
翠 ······406
缥 ······407
缦 ······407

十五画

慧 ······407
耦 ······407
璜 ······407
璇 ······407
瑮 ······407
增 ······407
聪 ······409
觐 ······409
蕙 ······409
蕺 ······409
蕉 ······409
蕲 ······409
蕊 ······409
蔬 ······409
蕴 ······409
横 ······409
槾 ······409
樱 ······409
樊 ······409
橡 ······409
樟 ······409
敷 ······409
醉 ······409
震 ······410
霉 ······410
雪 ······410
撷 ······410
播 ······410
撙 ······410
题 ······410
噶 ······410
暹 ······410
影 ······410
踪 ······410
蝶 ······410
蝴 ······410
墨 ······410
镇 ······411
镌 ······411
稽 ······412
稷 ······412
黎 ······412
稼 ······412
箦 ······412
篁 ······412
篇 ······412
篆 ······412
牖 ······413
德 ······413
滕 ······413
摩 ······413
褒 ······413
颜 ······413
毅 ······413
遵 ······413
潜 ······413
澎 ······414
潮 ······414
潭 ······414
澳 ······414
潘 ······414
潼 ······414
潠 ······414
澄 ······414
寯 ······415
窳 ······415
额 ······415

谳 ……415
鹤 ……415
憨 ……415
履 ……415
豫 ……415
缮 ……416
畿 ……416

十六画

璞 ……416
操 ……416
熹 ……416
燕 ……416
薤 ……416
薛 ……416
薪 ……417
薄 ……417
翰 ……417
噩 ……417
薜 ……417
樾 ……417
樵 ……417
樽 ……417
橘 ……417
整 ……417
融 ……417
瓢 ……417
醒 ……417
霏 ……417
霍 ……417
冀 ……417
餐 ……417
膚 ……418
踽 ……418
默 ……418
黔 ……418
鹦 ……418
赠 ……418
镜 ……418
赞 ……418
憩 ……418
穆 ……418
篷 ……419
盥 ……419
儒 ……419
衡 ……419
歙 ……419
膳 ……419
雕 ……419
鲲 ……419
獭 ……419
凝 ……419
瘿 ……419
麈 ……419
辨 ……420
辩 ……420
懒 ……420
憎 ……420
燃 ……420
濑 ……420
潞 ……420
澧 ……420
激 ……420
澹 ……420
澶 ……420
濂 ……420
潇 ……420
寰 ……420
避 ……420
隰 ……420

十七画

戴 ……420
螯 ……421
鞞 ……421
鞠 ……421
藏 ……421
藁 ……421

檐 ……421
檀 ……421
懋 ……421
礴 ……421
霜 ……421
霞 ……421
壑 ……421
曙 ……421
螳 ……421
螺 ……421
镡 ……421
镫 ……421
魏 ……421
繁 ……422
鵃 ……422
徽 ……422
甑 ……422
鳂 ……422
螽 ……422
襄 ……422
濮 ……422
濠 ……422
濯 ……422
豁 ……422
邃 ……422
檗 ……422
甓 ……422
擘 ……422
翼 ……422

十八画

鳌 ……423
藕 ……423
藜 ……423
藤 ……423
藩 ……423
覆 ……423
颟 ……423
燹 ……423
鼍 ……423
瞿 ……423
瞻 ……423
蟛 ……423
蟫 ……423
蟠 ……423
黟 ……423
簋 ……423
簪 ……423
翻 ……423
癖 ……423
瀑 ……424
璧 ……424
彝 ……424

十九画

藿 ……424
蘧 ……424
蘐 ……424
蘅 ……424
警 ……424
攀 ……424
醯 ……424
酃 ……424
黼 ……424
曝 ……424
蹴 ……424
蠖 ……424
蟾 ……424
籁 ……424
籀 ……424
簬 ……424
蟹 ……424
麒 ……424
瓣 ……424
瀛 ……424
嬾 ……424

二十画

醴 ······424
酆 ······425
耀 ······425
蠖 ······425
蠙 ······425
纂 ······425
夔 ······425
灌 ······425

二十一画

觳 ······425
羼 ······425
霸 ······425
露 ······425
罍 ······425
饕 ······425
赣 ······425
爝 ······425
灊 ······425
蠡 ······425

二十二画

镶 ······425
臞 ······425
臜 ······426
鬻 ······426

二十三画

麟 ······426

二十四画

蠹 ······426
衢 ······426
讆 ······426

二十五画

戆 ······426

其他

□ ······426

《全国公共图书馆缩微文献联合目录·古籍编》

书名笔画索引

一画

一一斋诗：十卷 …… 5-76
一山文集：九卷 …… 4-218
一山文集：九卷 …… 4-218
一切经音义：二十五卷 …… 3-425
一切经音义：二十五卷 …… 3-425
一切经音义：二十五卷 …… 3-425
一切经音义：二十五卷 …… 3-425
一切经音义：二十五卷 …… 3-425
一化元宗：十二卷 …… 3-379
一江风传奇：二卷 …… 5-392
一字不识之新党：二编三十三回 …… 3-357
一苇集：二卷附录一卷 …… 4-381
一咏轩诗草：二卷附录一卷 …… 5-101
一帘春传奇：二卷 …… 5-396
一草亭读史漫笔：二卷 …… 1-340
一草亭读史漫笔：二卷 …… 1-340
一览知书：二卷 …… 3-135
一哂斋漫稿：十卷 …… 4-311
一种情传奇：二卷 …… 5-405
一亭霜：二卷 …… 5-365
一统志案说：十六卷 …… 2-120
一峰先生文集：十一卷 …… 4-251
一峰先生文集：十四卷 …… 4-251
一笑散：一卷 …… 5-361
一笑散：不分卷 …… 5-361
一舫斋诗：一卷 …… 4-250
一斋日记：四卷 …… 3-231
一笠庵北词广正谱：十八卷；南戏北词正谬：一卷 …… 5-411
一笠庵汇编清忠谱传奇：二卷 …… 5-386
一笠庵新编一捧雪传奇：二卷 …… 5-385
一笠庵新编人兽关传奇：二卷 …… 5-385
一笠庵新编占花魁传奇：二卷 …… 5-386
一笠庵新编占花魁传奇：二卷 …… 5-386
一笠庵新编永团圆传奇：二卷 …… 5-385
一笠庵新编两须眉传奇：二卷 …… 5-386
一笠庵新编第七种传奇眉山秀：二卷 …… 5-386
一笠庵新编第七种传奇眉山秀：二卷 …… 5-386
一瓻笔存：一百十三种一百二十四卷 …… 5-425
一楼集：二十卷 …… 5-101
一辐集：十八卷 …… 5-109
一辐集续编：十二卷 …… 5-109
一瓢斋诗存：六卷 …… 5-80
一瓢斋诗话：一卷 …… 5-323
一瓢斋诗话：一卷 …… 5-323
乙巳占：七卷 …… 3-109
乙巳占：九卷 …… 3-109
乙巳春游稿：五卷 …… 4-280
乙丑学规：一卷 …… 3-37
乙未亭诗集：六卷 …… 5-74
乙丙集：二卷 …… 5-124

二画

二十一史：二千五百六十七卷 …… 1-192
二十一史：二千五百六十五卷 …… 1-192
二十一史文钞：三百三十二卷 …… 1-324
二十一史文选：一百卷 …… 5-213
二十一史论赞：三十六卷 …… 1-325
二十一史论赞辑要：三十六卷 …… 1-324
二十一史论赞辑要：三十六卷 …… 1-324
二十一史弹词：二卷 …… 5-406
二十一都怀古诗：一卷 …… 5-158
二十一都怀古诗：一卷 …… 5-158
二十一部古韵：二卷 …… 1-179
二十七松堂集：二十四卷 …… 5-51
二十子全书：一百六十九卷 …… 3-2
二十子全书：一百六十九卷 …… 3-2
二十四史：三千二百五十卷 …… 1-192
二十四史月日考：□□卷 …… 1-235
二十四泉草堂集：十二卷 …… 5-66
二十四泉草堂集：十二卷 …… 5-67
二十先生回澜文鉴：前集二十卷后集二十卷 …… 5-235
二十家子书：二十八卷 …… 3-2
二十家子书：二十八卷 …… 3-2
二三场经济考：六卷 …… 3-308

二山说诗：四卷 ………… 5-324
二王帖：三卷评释三卷 ………… 3-136
二太史乐府联璧：四卷 ………… 5-400
二友诗：二卷 ………… 5-169
二分明月集：一卷 ………… 5-388
二分明月集：一卷 ………… 5-388
二勿斋文集：六卷首一卷 ………… 5-122
二礼经传测：六十八卷纂议一卷 ………… 1-79
二老堂杂志：五卷 ………… 3-195
二百兰亭斋未定稿：不分卷 ………… 5-144
二百兰亭斋收藏金石记：四卷 ………… 2-444
二百兰亭斋金文：不分卷 ………… 2-453
二百兰亭斋钟鼎款识：八卷 ………… 2-453
二百兰亭斋稿本：一卷 ………… 5-144
二仲诗：二卷 ………… 5-246
二宅一览：二卷 ………… 3-112
二李书札 ………… 5-304
二酉汇删：二十四卷 ………… 3-299
二酉园文集：十四卷 ………… 4-329
二酉园文集：十四卷诗集十二卷续集二十三卷 ………… 4-329
二酉园文集：十四卷诗集十二卷续集二十三卷 ………… 4-329
二谷山人诗文集：不分卷缑山侯氏谱附录一卷 ………… 4-272
二谷山人集：十卷 ………… 4-272
二初斋读书记：十卷 ………… 3-236
二张先生书院录：一卷 ………… 2-147
二张诗集：四卷 ………… 5-164
二张集：四卷 ………… 5-164
二张集：四卷 ………… 5-164
二陈先生全集：二十三卷 ………… 5-292
二妙集：一卷 ………… 5-221
二妙集：八卷 ………… 5-290
二妙集：八卷 ………… 5-290
二知轩文钞：三十二卷 ………… 5-146
二金蝶堂印谱：不分卷 ………… 3-154
二金蝶堂癸亥以后印稿：一卷 ………… 3-154
二刻京本出像音释高彦真葵花记全传：二卷 ………… 5-385
二刻按鉴演义全像三国英雄志传：二十卷 ………… 3-341
二树诗集：四卷 ………… 5-103
二段诗集：八卷补遗一卷 ………… 5-291
二洪遗稿：二种九卷 ………… 5-291
二洪遗稿：三种九卷 ………… 5-291
二客吟：一卷 ………… 5-289
二家书札 ………… 5-302
二家诗钞：二十卷 ………… 5-169
二家诗钞：二十卷 ………… 5-169
二萧篇：一卷附录一卷 ………… 4-348
二雅：十三卷 ………… 1-184
二程子全书：五十一卷 ………… 3-19
二程子抄释：十卷 ………… 3-19
二程子抄释：十卷 ………… 3-20
二程先生类语：八卷 ………… 3-20
二程先生语录：二卷 ………… 3-20
二程全书：五十一卷 ………… 3-19
二程全书：六十二卷 ………… 3-19
二程全书：六十八卷 ………… 3-19
二程全书：六十五卷 ………… 3-19
二楞庵诗卷：一卷 ………… 4-332
二槐草存：一卷 ………… 5-6
二楼小志：四卷 ………… 2-140
二楼纪略：四卷 ………… 3-253
二箴：一卷 ………… 3-266
十一经问对：五卷 ………… 1-135
十一面神咒心经：一卷 ………… 3-398
十一家书札 ………… 5-303
十一家书札 ………… 5-303
十二门论：一卷 ………… 3-398
十二子：十二卷附二种二卷 ………… 3-2
十二子：十五卷 ………… 3-1
十二砚斋金石过眼录：十八卷 ………… 2-460
十二家唐诗：二十四卷 ………… 5-164
十二家唐诗：二十四卷 ………… 5-164
十二家唐诗：二十四卷 ………… 5-165
十二家唐诗：二十四卷 ………… 5-165
十二家唐诗：二十四卷 ………… 5-165
十二家唐诗类选：十二卷 ………… 5-225

十七史：一千五百七十四卷 …………………… 1-192
十七史：一千六百四卷 ………………………… 1-192
十七史百将传：十卷 ……………………………… 3-43
十七史详节：二百七十三卷 …………………… 1-322
十七史详节：二百七十三卷 …………………… 1-322
十七史经说：十二卷 …………………………… 1-138
十七史经说：十二卷 …………………………… 1-139
十七史商榷：一百卷 …………………………… 1-344
十八学士告身：一卷；斋中十六友图说：
　　一卷………………………………………………… 3-162
十八指挥考：不分卷 …………………………… 1-371
十三经：九十卷 ……………………………………1-2
十三经古注：二百九十卷…………………………1-2
十三经注疏：三百三十三卷 ……………………1-2
十三经注疏：三百三十三卷 ……………………1-2
十三经注疏：三百三十五卷 ……………………1-2
十三经注疏：三百三十五卷 ……………………1-2
十三经注疏：三百三十五卷 ……………………1-2
十三经注疏校勘记：二百四十五卷 ……………1-2
十三经绎：九卷 ………………………………… 1-136
十三经类语：十四卷序论选一卷 ………… 1-137
十三经辑训：不分卷 …………………………… 1-141
十三经解诂：不分卷 ……………………………1-3
十万程氏会谱：六卷 ……………………………… 2-19
十山楼稿：三十二卷 ……………………………… 5-27
十山楼稿：三十二卷 ……………………………… 5-27
十子：十一卷………………………………………3-3
十子：十三卷………………………………………3-3
十六长乐堂古器款识考：四卷………………… 2-451
十六长乐堂古器款识考：四卷………………… 2-452
十六国年表：二十卷图考一卷 ………………… 1-322
十六国纪年表：一卷 …………………………… 1-321
十六国春秋：一百卷 …………………………… 1-285
十六国春秋：一百卷 …………………………… 1-285
十六国春秋：一百卷 …………………………… 1-286
十六国春秋：一百卷崔鸿本传一卷 ……… 1-285
十四经通考四书类亚圣年谱：一卷 ……… 1-137
十四经通考礼记类：六卷……………………… 1-76
十四家书札：不分卷 …………………………… 5-304
十四游记：一卷 ………………………………… 2-166
十出奇传奇：二卷 ……………………………… 5-395
十竹斋石谱：一卷 ……………………………… 3-131
十竹斋兰谱：一卷 ……………………………… 3-131
十竹斋画谱：八卷 ……………………………… 3-131
十竹斋画谱：八卷 ……………………………… 3-131
十竹斋笺谱初集：不分卷……………………… 3-147
十竹斋笺谱初集：四卷 ……………………… 3-146
十竹斋笺谱初集：四卷 ……………………… 3-147
十竹斋笺谱初集：四卷 ……………………… 3-147
十竹斋笺谱初集：四卷 ……………………… 3-147
十竹斋笺谱初集：四卷 ……………………… 3-147
十名家词集：十卷 ……………………………… 5-329
十住毗婆沙论：十五卷 ………………………… 3-397
十国春秋：一百十四卷 ……………………… 1-288
十咏堂稿：八卷 …………………………………… 5-10
十岳山人诗集：四卷 ………………………… 4-260
十驾斋养新录：二十卷余录三卷 ………… 3-235
十经文字通正书：十四卷……………………… 1-141
十经斋文集：二卷 ……………………………… 5-140
十经斋文集：四卷 ……………………………… 5-140
十经斋金石文跋尾：一卷……………………… 2-460
十钟山房印举：不分卷 ……………………… 2-472
十钟山房印举：不分卷 ……………………… 2-472
十钟山房印举：不分卷 ……………………… 2-472
十钟山房印举：不分卷 ……………………… 2-472
十钟山房印举：不分卷 ……………………… 2-472
十钟山房印举：不分卷 ……………………… 2-472
十钟山房印举：不分卷 ……………………… 2-472
十钟山房印举：不分卷 ……………………… 2-473
十钟山房印举：不分卷 ……………………… 2-473
十钟山房印举：不分卷 ……………………… 2-473
十种传奇：二十二卷 ………………………… 5-367
十种唐诗选：十七卷 ………………………… 5-167
十种唐诗选：五卷 ……………………………… 5-167
十洲宫辞：三卷 ………………………………… 4-316
十峰诗选：七卷 …………………………………… 5-21
十峰诗选：七卷二集七卷史论一编七卷 … 5-21
十笏斋诗：八卷 …………………………………… 5-95
十愿斋全集：十四卷 ………………………… 4-363
十翼后录：二十四卷 ……………………………… 1-27

厂楼词：一卷……5-68
丁卯集：二卷……4-72
丁卯集：二卷……4-72
丁卯集：二卷续稿二卷续补一卷遗诗稿一卷……4-73
丁卯集：不分卷……4-72
丁汝昌海军函稿：不分卷……2-82
丁酉重刊西镇志……2-432
丁辛老屋集：十卷……5-95
丁俭卿年谱：一卷……1-415
丁野鹤集：八种十九卷……5-5
丁野鹤集：五种十卷……5-5
丁清惠公遗集：八卷……4-328
丁清惠公遗集：八卷……4-328
丁鹤年先生诗集：一卷……4-219
丁鹤年先生诗集：一卷……4-219
丁鹤年先生诗集：一卷……4-219
丁鹤年集：三卷续集一卷……4-220
七十二子粹言：二卷……3-261
七十二砚斋癸甲集：一卷……5-143
七十二峰足征集：八十八卷……5-271
七十二峰足征集：八十八卷文集十五卷……5-271
七十二家集：三百四十六卷附录七十二卷……5-159
七十二家集：三百四十六卷附录七十二卷……5-159
七十二家集：三百四十六卷附录七十二卷……5-159
七十二朝人物演义：四十卷……3-335
七大家文选：一百三十卷……5-284
七子诗撰：十四卷……5-170
七书参同：七卷……3-40
七曲吟社闺媛：一卷……5-250
七言律诗钞：十八卷……5-196
七侠五义传：二十四卷一百二十回……3-360
七宝楼诗集：七十四卷……5-153
七录[序并附录]：一卷……2-478
七录斋文集：近稿六卷馆课一卷存稿五卷诗稿三卷论略一卷……4-378
七录斋集：六卷论略一卷……4-378
七经孟子考文：一百九十九卷……1-141
七经孟子考文：二百卷……1-141
七经略记：九十四卷……1-4
七种争奇：二十卷……3-160
七修类稿：五十一卷……3-206
七修类稿：五十一卷……3-206
七修类稿：五十一卷续稿七卷……3-206
七律中声：五卷……5-197
七真祖师列仙传：不分卷……3-365
七峰草堂诗稿：七卷首一卷……5-70
七颂堂识小录：一卷……3-128
七颂堂诗集：九卷别集一卷附录一卷……5-14
七姬咏林：三卷……1-367
七雄策纂：八卷……1-327
七雄策纂：八卷……1-327
七篇指略：七卷……1-120
卜氏三世诗草：三卷……5-287
卜居秘髓：二卷……3-112
卜砚集：二卷；苏文忠公生日设祀诗：一卷……5-263
卜筮全书：十四卷……3-118
八乂集：四卷……4-71
八义记：二卷……5-378
八代文钞：一百六种一百六卷……5-163
八代四六全书：十六卷……5-198
八代诗乘：四十五卷吴诗一卷总录一卷补遗一卷……5-190
八代诗揆：五卷补遗一卷……5-196
八代诗揆：五卷补遗一卷……5-196
八代诗截玉集：首集十六卷次集二十卷三集十四卷末集六卷附录集外诗四卷 5-196
八行芳规：八卷……3-268
八旬万寿盛典：一百二十卷……2-40
八阵合变图说：一卷……3-46
八阵合变图说：一卷……3-46
八里尺牍：不分卷……4-379
八识规矩补注：二卷……3-410
八表停云录：三十卷……5-215
八厓集：十三卷……4-274

八宝箱传奇：二类 …… 5-392
八砖吟馆刻烛集：二卷 …… 5-264
八种画谱 …… 3-146
[弘治]八闽通志：八十七卷 …… 2-289
八闽理学源流：四卷 …… 1-383
八家诗选：八种八卷 …… 5-169
八家诗翰书札：不分卷 …… 5-155
八馆馆考：一卷 …… 1-190
八馆馆考：一卷 …… 1-190
八编类纂：二百八十五卷 …… 3-298
八旗列传档案稿：不分卷 …… 1-236
八旗则例：□□卷 …… 2-81
八旗通志初集：二百五十卷目录二卷 …… 2-59
八旗通志初集：二百五十卷目录二卷 …… 2-59
八旗通志初集：二百五十卷目录二卷 …… 2-59
八旗满洲氏族通谱：八十卷凡例一卷 … 1-376
八旗满洲氏族通谱：八十卷凡例一卷 … 1-376
人天宝鉴：一卷 …… 3-423
人天眼目：三卷 …… 3-414
人天眼目：三卷 …… 3-414
人文大观：八卷 …… 5-255
人代纪要：三十卷 …… 1-253
人物志：三卷 …… 3-184
人物志：三卷 …… 3-184
人物志：三卷 …… 3-184
人物志：三卷 …… 3-184
人物志：三卷 …… 3-185
人物通考：一百五十二卷 …… 1-346
人物概：十五卷 …… 1-345
人海记：二卷 …… 3-253
人海记：不分卷 …… 3-253
人海记：不分卷 …… 3-253
人海诗区：四卷 …… 5-267
人琴集：七卷 …… 5-168
人瑞录：一卷 …… 1-354
人瑞翁诗集：五卷 …… 4-273
人谱：一卷类记增订六卷 …… 3-37
人谱：一卷续篇二卷 …… 3-37
人谱正篇：一卷 …… 3-37
人镜阳秋：二十二卷 …… 1-353
人镜阳秋：二十二卷 …… 1-353
人镜阳秋：二十二卷 …… 1-354
人镜阳秋：二十二卷 …… 1-354
入告初编：一卷二编一卷三编一卷 …… 2-106
入夏录：三卷赠言一卷附录一卷 …… 4-276
入楚吟：一卷 …… 4-270
入楚吟笺：一卷 …… 5-106
入楚稿：一卷 …… 4-317
儿女英雄传：四十回 …… 3-356
儿女英雄传：四十回 …… 3-356
儿女英雄传评话：四十回 …… 3-356
儿女英雄传评话：四十回首一回 …… 3-356
儿易内仪以：六卷 …… 1-21
儿易内仪以：六卷；儿易外仪：十五卷… 1-21
儿易内仪以：六卷；儿易外仪：十五卷… 1-21
儿易外仪：十五卷 …… 1-21
几何原本：□□卷 …… 3-104
几社壬申合稿：二十卷 …… 5-254
几社壬申合稿：二十卷 …… 5-254
几社文选：二十卷 …… 5-254
几亭文录：四卷 …… 4-380
几亭全书：六十四卷 …… 4-380
九十九淀考：一卷 …… 2-76
九十九淀考：一卷 …… 2-77
九九大庆：九卷 …… 5-405
九大家诗选：十二卷 …… 5-249
九天应元雷声普化天尊玉枢宝经：二卷 …… 3-379
九正易因：二卷 …… 1-17
九正易因：不分卷 …… 1-17
九代乐章：二十三卷 …… 5-189
九边图论：不分卷 …… 2-62
九边图论：不分卷 …… 2-62
九边图说：不分卷 …… 2-63
九边图说：不分卷 …… 2-63
九夷古事：一卷 …… 2-136
九华山志：六卷 …… 2-153
九华山志：六卷图一卷 …… 2-153
九华志：八卷图一卷 …… 2-153
九华集：二十五卷附录一卷 …… 4-144

九会元集：九卷 5-306
九州山水考：三卷 2-148
九江府志：五十四卷 2-299
九江儒林乡志：二十一卷 2-367
九谷集：六卷 5-45
九灵山房集：三十卷 4-217
九灵山房集：三十卷 4-218
九灵山房集：三十卷 4-218
九国志：十二卷 1-288
九国志：十二卷 1-288
九国志：十二卷 1-288
九国志：十二卷 1-288
九国志：十二卷 1-288
九国志：十二卷 1-288
[乾隆]九姓司志：二卷 2-391
九经：十卷 1-2
九经：五十一卷附四卷 1-2
九经古义：十六卷 1-137
九经古义：十六卷 1-137
九经古义：十六卷 1-137
九经古义参证：一卷 1-138
九经考异：十二卷 1-136
九经直音：十五卷 1-140
九经图：不分卷 1-139
九经误字：一卷 1-134
九经疑难：十卷 1-135
九思堂诗钞：四卷 5-116
九思堂诗稿：四卷 5-153
九宫谱定：十二卷总论一卷 5-410
九诰堂全集：三十六卷 5-14
九莲灯：一卷 5-388
[元丰]九域志：十卷 2-116
[元丰]九域志：十卷 2-116
[元丰]九域志：十卷 2-116
九章详注比类算法大全：十卷乘除开方起例一卷 3-103
九章算术：十卷 3-102
九章算术：九卷 3-102
九愚山房集：九十七卷 4-312
九畹古文：十卷 5-93
九歌图：一卷 4-4
九歌图：一卷 4-6
九歌图：一卷 4-6
九歌图：一卷 4-6
九歌图：一卷 4-6
九僧诗：一卷 5-233
九僧诗：一卷 5-233
九疑山志：四卷 2-156
九鲤湖志：十八卷首一卷 2-165
九龠别集：四卷 4-364
力园诗草：十卷附集古诗一卷 5-83
力耕堂诗稿：三卷 5-57
又次斋词编：十种十二卷 5-329
又新集：一卷 5-15
了心录：二卷 3-428
了心录：二卷 3-428
了斋易说：一卷 1-8
了斋易说：一卷 1-8
了庵文集：九卷 5-7
了庵诗集：十卷 5-8

三画

三十九种藏书：四十六卷 3-379
三十六湖草堂诗集：八卷 5-71
三十六湖草堂诗集：四卷 5-71
三才图会：一百六卷 3-292
三才图会：一百六卷 3-292
三才图会：一百四卷 3-292
三才实义天集：二十卷 3-89
三才通考：三卷 3-290
三山王养静先生集：十卷 4-238
三山西湖志：六卷 2-165
三山刘氏书目：一卷 2-496
三山论学纪：一卷 3-430
三山论学纪：一卷；西学凡：一卷 3-430
[淳熙]三山志：四十二卷 2-290
[淳熙]三山志：四十二卷 2-290
三山拙斋林先生尚书全解：四十卷 1-32

三山郑菊山先生清隽集：一卷附录一卷……4-169
三山郑菊山先生清隽集：一卷附录一卷……4-169
三山郑菊山先生清隽集：一卷附录一卷……4-169
三山郑菊山先生清隽集：一卷附录一卷……4-169
三子：十三卷……3-366
三子口义：十五卷……3-366
三子口义：十五卷……3-366
三子口义：十五卷……3-366
三子口义：十五卷……3-366
三子合刊：十三卷……3-366
三子合刊：十三卷……3-366
三子新诗合稿：九卷……5-248
三子新诗合稿：九卷……5-248
三元通纪：一卷……1-253
三云筹俎考：四卷……2-123
三历撮要：一卷……3-123
三友诗：三卷……5-64
三冈识略：十卷续识略一卷……3-218
三凤缘全传：三卷……5-396
三孔先生文集：五卷……5-287
三孔先生清江文集：三十卷……5-287
三孔先生清江文集：三十卷……5-287
三孔先生清江文集：四十卷孔氏杂说一卷……5-287
[三水]吴氏家谱：不分卷……2-7
三水小牍补遗：一卷……3-316
三水小牍补遗：一卷……3-391
[同治]三水县志：十二卷……2-415
[嘉靖]三水县志：十六卷首一卷……2-367
[康熙]三水县志：四卷……2-415
三世姻缘：二卷……5-396
三田李氏统宗谱：不分卷……2-5
三史文类：五卷……1-331
三史拾遗：五卷……1-214
三史统：不分卷……1-346
三立堂新编阃外春秋：三十二卷……1-346
三礼义疏：一百八十二卷……1-84
三礼义疏：一百八十二卷……1-84
三礼义疏：不分卷……1-84
三礼今古文疏证：三卷……1-80
三礼考注：十卷序录一卷纲领一卷……1-79
三礼考注：六十四卷……1-79
三礼考注：六十四卷序录一卷纲领一卷……1-79
三礼陈数求义：三十卷……1-80
三礼备览：三卷……1-80
三礼备览：四卷……1-80
三礼编绎：二十六卷……1-79
三礼编绎：二十六卷……1-79
三礼疑义：一百六十六卷……1-84
三台文献录：二十三卷……1-384
[嘉庆]三台县志：八卷……2-383
三百篇原声：七卷……1-59
三戍丛谭：十三卷……3-214
三因极一病证方论：十八卷……3-79
三先生合评元本琵琶记：二卷……5-368
三先生诗：十九卷……5-254
三先生类要：五卷……3-5
三先生逸书：五卷……5-419
三先生逸书：四卷……5-419
三迁志：十二卷……2-141
三迁志：五卷……2-141
三迁志：六卷……2-141
三传辨疑：二十卷……1-103
三刘先生家集：不分卷……5-293
三关志：十卷……2-217
三关图说：不分卷……2-63
三江闸务全书：二卷……2-78
三江遗稿：二卷……4-261
三农外集诗草：四卷……5-64
三异人集：二十二卷附录四卷……5-171
三异词录十二种：十二卷……1-275
三巡奏议：四卷……2-101
三巡集稿：一卷……4-283
三苏文抄：十二卷……5-296
三苏文集：七十一卷首一卷……5-295
三苏先生文集：七十卷……5-295

三苏先生文集：七十卷 ………………………… 5-295
三苏先生文粹：七十卷 ………………………… 5-295
三苏先生文粹：七十卷 ………………………… 5-295
三苏先生文粹：七十卷 ………………………… 5-295
三抚捷功奏疏：二卷 …………………………… 2-107
三抚密奏疏稿：三卷 …………………………… 2-107
三吴水利：不分卷 ……………………………… 2-77
三吴水利条议：一卷 …………………………… 2-77
三吴水利图考：四卷苏松常镇水利图一卷 ………………………………………………… 2-77
三吴水利集说：不分卷 ………………………… 2-77
三吴杂志：不分卷 ……………………………… 2-127
三体宫词：三卷 ………………………………… 5-163
三体摭韵：十二卷 ……………………………… 3-316
三体摭韵：十二卷 ……………………………… 3-316
三余集：四卷 …………………………………… 4-129
三余集：□□卷 ………………………………… 4-327
三余摭录：三卷 ………………………………… 3-236
三间草堂集录：二十一种一百二十九卷内三种不分卷 ………………………………… 5-160
三事忠告：四卷 ………………………………… 2-25
三事忠告：四卷 ………………………………… 2-25
三国文：二十卷 ………………………………… 5-217
三国文：二十卷 ………………………………… 5-217
三国文：二十卷 ………………………………… 5-217
三国文纪：二十四卷 …………………………… 5-217
三国文章类钞：不分卷 ………………………… 5-217
三国史辩误：一卷 ……………………………… 1-217
三国杂事：二卷 ………………………………… 1-342
三国志：一百二十回 …………………………… 3-341
三国志：二十四卷一百二十回 ………………… 3-341
三国志：六十五卷 ……………………………… 1-214
三国志：六十五卷 ……………………………… 1-214
三国志：六十五卷 ……………………………… 1-214
三国志：六十五卷 ……………………………… 1-214
三国志：六十五卷 ……………………………… 1-215
三国志：六十五卷 ……………………………… 1-215
三国志：六十五卷 ……………………………… 1-215
三国志：六十五卷 ……………………………… 1-215
三国志：六十五卷 ……………………………… 1-215
三国志：六十五卷 ……………………………… 1-215
三国志：六十五卷 ……………………………… 1-215
三国志：六十五卷 ……………………………… 1-215
三国志：六十五卷 ……………………………… 1-215
三国志：六十五卷 ……………………………… 1-215
三国志：六十五卷 ……………………………… 1-215
三国志：六十五卷 ……………………………… 1-215
三国志：六十五卷 ……………………………… 1-216
三国志：六十五卷 ……………………………… 1-216
三国志：六十五卷 ……………………………… 1-216
三国志：六十五卷 ……………………………… 1-216
三国志：六十五卷 ……………………………… 1-216
三国志：六十五卷 ……………………………… 1-216
三国志：六十五卷 ……………………………… 1-216
三国志：六十五卷 ……………………………… 1-216
三国志：六十五卷 ……………………………… 1-216
三国志：六十五卷 ……………………………… 1-216
三国志：六十五卷 ……………………………… 1-216
三国志：六十五卷 ……………………………… 1-216
三国志：六十五卷 ……………………………… 1-217
三国志：六十五卷 ……………………………… 1-217
三国志：六十五卷 ……………………………… 1-217
三国志：六十五卷 ……………………………… 1-217
三国志：六十五卷 ……………………………… 1-217
三国志文类：六十卷 …………………………… 5-217
三国志注补：六十五卷 ………………………… 1-217
三国志校勘记：六卷 …………………………… 1-217
三国志通俗演义：二十四卷 …………………… 3-340
三国志辨疑：三卷 ……………………………… 1-217
三国志辩误：一卷 ……………………………… 1-217
三国纂略：十一卷 ……………………………… 1-331
三易备遗：十卷 ………………………………… 1-30
三易洞玑：十六卷 ……………………………… 3-109
三易洞玑：十六卷 ……………………………… 3-109
三径集：一卷 …………………………………… 4-341
三命通会：十二卷 ……………………………… 3-121
三鱼堂日记：二卷 ……………………………… 1-417
三鱼堂日抄：二卷日记不分卷杂纂不分卷 ………………………………………………… 3-274
三鱼堂文集：十二卷外集六卷行状一卷崇

祀录一卷 …………………………………… 5-38
三鱼堂书目：一卷 ……………………………… 2-489
三鱼堂书目：一卷 ……………………………… 2-489
三刻太医院补注妇人良方：二十四卷首一卷 ……………………………………… 3-75
[乾隆]三河县志：十六卷图一卷 ………… 2-189
[乾隆]三河县志：十六卷图考一卷 ……… 2-189
三宝征夷集：一卷 ……………………………… 2-170
三姓山川记：一卷富克锦舆地略一卷 … 2-124
三经玄腊：四卷 ……………………………… 3-366
三经音义：四卷 ……………………………………1-4
三垣笔记：二十卷补遗一卷附录一卷 … 1-308
三垣笔记：三卷附识二卷……………………… 1-308
三垣笔记：四卷 ……………………………… 1-308
三垣笔记：四卷补编一卷……………………… 1-308
三相类：二卷………………………………………… 3-384
三省边防备览：十四卷 ……………………… 2-63
三省备边图记：不分卷 ……………………… 1-303
三省备边图记：不分卷 ……………………… 1-303
三星圆：初集二卷二集二卷三集二卷四集二卷…………………………………………… 5-365
三音正讹：二卷 ……………………………… 1-177
三音均部略：四卷……………………………… 1-177
三洞群仙录：二十卷 ………………………… 1-361
三祝记：二卷………………………………………… 5-379
三统历春秋朔闰表：二卷……………………… 1-111
三袁先生集：五卷 …………………………… 5-291
[康熙]三原县志：七卷 ……………………… 2-414
[光绪]三原县新志：八卷……………………… 2-414
三峰先生集：八卷 …………………………… 5-158
三峰藏禅师山居诗：一卷；三峰三十景诗：一卷…………………………………………… 4-333
三峰藏禅师山居诗：一卷；三峰三十景诗：一卷…………………………………………… 4-333
三峰藏禅诗山居诗：一卷；三峰三十景诗：一卷…………………………………………… 4-333
三唐人文集：三十四卷 ……………………… 5-171
三唐人文集：三十四卷 ……………………… 5-171
三唐人文集：三十四卷 ……………………… 5-171
三唐传国编年：五卷首一卷 ……………… 1-255
三唐集韵：二卷；百名家英华：一卷 …… 5-47
三流道里表 …………………………………… 2-69
三流道里表 …………………………………… 2-69
三家长律诗钞：三卷 ……………………… 5-263
三家书札 ……………………………………… 5-302
三家咏物诗：三种三卷 …………………… 5-163
三家咏物诗：不分卷 ……………………… 5-162
三家诗异文释：三卷补遗三卷……………… 1-58
三家诗异文疏证：六卷补遗三卷 ………… 1-58
三家诗述：八卷 ……………………………… 1-59
三家诗拾遗：十卷 …………………………… 1-58
三家诗拾遗：十卷源流一卷 ……………… 1-58
三家诗拾遗：六卷 …………………………… 1-58
三家诗遗说：八卷补一卷…………………… 1-58
三家诗遗说：不分卷 ……………………… 1-58
三教出兴颂注：一卷 ……………………… 3-422
三辅黄图：六卷 ……………………………… 2-142
三辅黄图：六卷 ……………………………… 2-142
三辅黄图：六卷 ……………………………… 2-142
三辅黄图：六卷 ……………………………… 2-142
三辅黄图：六卷 ……………………………… 2-142
三辅黄图：六卷 ……………………………… 2-142
三辅黄图：六卷 ……………………………… 2-142
[光绪]三续华州志：十二卷 ……………… 2-410
三韩尚氏族谱：三卷 ……………………………2-9
三朝北盟会编：二百五十卷 ……………… 1-271
三朝北盟会编：二百五十卷 ……………… 1-271
三朝北盟会编：二百五十卷 ……………… 1-272
三朝北盟会编：二百五十卷 ……………… 1-272
三朝北盟会编：二百五十卷 ……………… 1-272
三朝北盟会编：二百五十卷 ……………… 1-272
三朝北盟会编：二百五十卷 ……………… 1-272
三朝北盟会编：二百五十卷 ……………… 1-272
三朝北盟会编：二百五十卷 ……………… 1-272
三朝北盟会编：二百五十卷 ……………… 1-272
三朝北盟会编：二百五十卷校勘记二卷补遗一卷 …………………………………… 1-272
三朝圣谕录：三卷……………………………… 2-86
三朝辽事实录：十七卷东夷考略一卷 … 1-304
三朝辽事实录：十七卷总略一卷 ………… 1-304

三朝要典：二十四卷原始一卷 …… 1-304
三朝要典：二十四卷原始一卷 …… 1-304
三朝野史：一卷 …… 1-320
三朝野记：七卷 …… 1-305
三筌解：不分卷 …… 5-429
三湖诗稿：一卷 …… 5-157
三谢诗：一卷 …… 5-294
三谢诗集：八卷 …… 5-294
三楚新录：三卷 …… 1-288
三楚新录：三卷 …… 1-290
三器图义：一卷 …… 2-440
三鳣堂篆韵正义：五卷 …… 1-164
三鳣堂篆韵正义：五卷 …… 1-164
三鳣堂篆韵正义：五卷 …… 1-164
三衢孔氏家庙志：一卷附录二卷 …… 2-146
三衢孔氏家庙志：一卷附录二卷 …… 2-146
[嘉庆]干巷志：六卷首一卷 …… 2-238
干常侍易注疏证：一卷集证一卷 …… 1-26
干禄字书：一卷 …… 1-159
干禄字书：一卷 …… 1-159
干禄字书：一卷 …… 1-159
干禄字书：一卷 …… 1-159
于山奏牍：七卷 …… 2-107
于山奏牍：七卷诗词合选一卷 …… 2-107
于少保萃忠全传：十卷 …… 3-347
于少保萃忠全传：十卷 …… 3-347
于少保萃忠全传：十卷四十传 …… 3-347
于少保萃忠全传：十卷四十传 …… 3-347
于少保萃忠全传：十卷四十传 …… 3-347
于氏宗谱：五卷 …… 2-1
于文襄公手札：不分卷 …… 5-101
于忠肃公集：十二卷附录四卷 …… 4-244
于忠肃公集：十卷 …… 4-244
于陵子：一卷 …… 3-176
于陵子：一卷 …… 3-176
于野集：十卷 …… 5-273
于越有明一代三不朽图赞：一卷 …… 1-381
于湖先生长短句：五卷拾遗一卷 …… 5-333
于湖先生长短句：五卷拾遗一卷 …… 5-333
于湖先生长短句：五卷拾遗一卷 …… 5-333
工师雕斫正式鲁班木经匠家镜：三卷首一卷；灵驱解法洞明真言秘书：一卷 …… 2-73
工部则例：□□卷 …… 2-79
工部纂修则例：□□卷 …… 2-79
工程做法：八卷 …… 2-74
士礼居丛书：二十种一百九十三卷 …… 5-424
士礼居藏书题跋记：六卷续目一卷年谱二卷 …… 2-494
士林诗选：二卷 …… 5-244
士学古编：十二卷又八卷 …… 3-218
士商必要：十二卷 …… 5-422
士翼：三卷 …… 3-28
士翼：三卷 …… 3-28
士翼：四卷 …… 3-28
土苴集：二卷外诗一卷续集一卷附录一卷 …… 4-244
土官底簿：二卷 …… 1-439
下车异绩录：一卷 …… 2-50
下园徐氏族谱：一卷 …… 2-11
下学堂札记：三卷堂规一卷会约一卷；朴园迩语：二卷；归洁园偶笔：一卷 …… 3-33
下河水利集说：不分卷 …… 2-77
下陴记谈：二卷 …… 2-135
下菰集：六卷 …… 4-353
下雉纂：一卷 …… 2-133
大义觉迷录：四卷 …… 2-87
大广益会玉篇：三十卷 …… 1-155
大广益会玉篇：三十卷 …… 1-155
大广益会玉篇：三十卷玉篇广韵指南一卷 …… 1-155
大广益会玉篇：三十卷玉篇广韵指南一卷 …… 1-155
大广益会玉篇：三十卷玉篇广韵指南一卷 …… 1-155
大广益会玉篇：三十卷玉篇广韵指南一卷 …… 1-155
大广益会玉篇：三十卷玉篇广韵指南一卷 …… 1-155

大广益会玉篇：三十卷玉篇广韵指南一卷 ………………………………………… 1-155
大广益会玉篇：三十卷玉篇广韵指南一卷 ………………………………………… 1-155
大小晏词：四卷 ………………………… 5-329
大元大一统志：一千卷 ………………… 2-117
大元圣政国朝典章：六十卷新集至治条例不分卷 ………………………………… 2-31
大元圣政国朝典章：六十卷新集至治条例不分卷 ………………………………… 2-31
大元圣政典章新集至治条例：不分卷 …… 2-31
大元至元法宝勘同总录：十卷 ………… 3-426
大元海运记：二卷 ………………………… 2-55
大元海运记：二卷 ………………………… 2-55
大元海运记：二卷 ………………………… 2-55
大云山房文稿：初集四卷二集四卷 ……… 5-122
大云山房文稿：初集四卷二集四卷补编一卷 ……………………………………… 5-122
大云楼集：十二卷；续四声猿：四卷 …… 5-63
大历诗略：六卷 ………………………… 5-230
大中丞苗晋侯先生文集：八卷抚郧杂录一卷解鞍小录一卷 ……………………………5-2
大中丞苗晋侯先生文集：八卷苗氏世谱一卷抚郧杂录一卷解鞍小录一卷 ……………5-2
大手印无字要：一卷；因得啰菩提手印道要：一卷；端必瓦成就同生要：一卷 ………………………………………… 3-401
大六壬五变中黄经正文：一卷释义四卷 ………………………………………… 3-119
大六壬金柜经：一卷；大六壬苗公鬼撮脚：一卷………………………………… 3-119
大六壬神课金口诀：六卷别录一卷 ……… 3-119
大方广如来秘密芷经：二卷 …………… 3-394
大方广佛华严经：八十卷……………… 3-394
大方广佛华严经：八十卷……………… 3-394
大方广佛华严经合论：一百二十卷 ……… 3-408
大方广佛华严经音义：四卷 …………… 3-425
大方广佛华严经海印道场十重行愿常遍礼忏仪：四十二卷 …………………… 3-429
大方广佛华严经海印道场仪：一卷 ……… 3-429
大方广圆觉修多罗了义经：□□卷 ……… 3-407
大方广圆觉修多罗了义经略疏：一卷 … 3-410
大方广圆觉修多罗了义经略疏注：二卷 ………………………………………… 3-409
大方广圆觉修多罗了义经略疏注：二卷 ………………………………………… 3-410
大方圆修多罗了义经：二卷 …………… 3-407
大方等大集月藏经：十卷……………… 3-392
大方等大集经日藏分：十卷 …………… 3-392
大方等陀罗尼经：四卷 ………………… 3-400
大业堂诗草：十一卷 …………………… 4-345
大业堂诗草：十一卷 …………………… 4-345
[乾隆]大田县志：十二卷首一卷图一卷 ………………………………………… 2-293
[乾隆]大田县志：十二卷首一卷 ……… 2-293
大乐律吕元声：六卷 …………………… 1-85
大乐律吕元声：六卷；大乐律吕考注：四卷 ……………………………………… 1-85
大乐律吕元声：六卷；大乐律吕考注：四卷 ……………………………………… 1-85
大乐律吕考注：四卷 …………………… 1-86
[光绪]大宁县志：八卷 ………………… 2-222
[光绪]大宁县志：八卷图一卷………… 2-222
[光绪]大宁县志：八卷首一卷………… 2-377
大礼仪注：不分卷 ……………………… 2-41
大礼记注：二十卷 ……………………… 2-40
大司马凤冈沈先生文集：四卷………… 4-296
大司马凤冈沈先生文集：四卷………… 4-296
大司马张海虹先生文集：十七卷 ……… 4-353
大司徒一川游公年谱：一卷 …………… 1-412
大司寇新城王公载书图诗：不分卷 ……… 5-261
大圣文殊师利菩萨像…………………… 3-423
大圣文殊师利菩萨像：不分卷………… 3-423
大成易旨：不分卷 ……………………… 1-20
[道光]大同县志：二十卷首一卷末一卷 ………………………………………… 2-208
[正德]大同府志：十八卷……………… 2-208
[乾隆]大同府志：三十二卷首一卷 ……… 2-208
大廷尉张公辉懿编：二卷……………… 1-398
[道光]大竹县志：四十卷……………… 2-394

[嘉庆]大竹县志：四十卷…… 2-394
[嘉庆]大竹县志：四十卷…… 2-394
大全集补遗：八卷 …… 4-149
[康熙]大名县志：二十卷首一卷 …… 2-204
[乾隆]大名县志：四十卷首一卷 …… 2-204
[咸丰]大名府志：二十二卷续志六卷末一卷 …… 2-204
[康熙]大兴县志：六卷图一卷…… 2-177
大观叶氏族谱：六卷 …… 2-17
大观堂文集：二十二卷首一卷…… 5-18
大还阁琴谱：六卷；溪山琴况：一卷；万峰阁指法闷笺：一卷 …… 3-156
[光绪]大足县志：八卷 …… 2-375
[嘉庆]大足县志：八卷 …… 2-375
[同治]大邑县志：二十卷…… 2-382
[同治]大邑县志：二十卷…… 2-382
[乾隆]大邑县志：四卷 …… 2-381
[乾隆]大邑县志：四卷 …… 2-381
大佛顶如来密因修证了义诸菩萨万行首楞严经：十卷 …… 3-406
大佛顶如来密因修证了义诸菩萨万行首楞严经：十卷 …… 3-406
大佛顶如来密因修证了义诸菩萨万行首楞严经：十卷 …… 3-406
大佛顶如来密因修证了义诸菩萨万行首楞严经：十卷 …… 3-406
大佛顶如来密因修证了义诸菩萨万行首楞严经：十卷 …… 3-407
大佛顶如来密因修证了义诸菩萨万行首楞严经：十卷 …… 3-407
大佛顶如来密因修证了义诸菩萨万行首楞严经：十卷 …… 3-407
大佛顶如来密因修证了义诸菩萨万行首楞严经：十卷 …… 3-407
大佛顶如来密因修证了义诸菩萨万行首楞严经会解：十卷 …… 3-411
大佛顶如来密因修证了义诸菩萨万行首楞严经合辙：十卷 …… 3-411
大佛顶如来密因修证了义诸菩萨万行首楞严经讲录：十卷 …… 3-411
大佛顶如来密因修证了义诸菩萨万行首楞严经如说：十卷 …… 3-411
大佛顶如来密因修证了义诸菩萨万行首楞严经证疏：十卷 …… 3-407
大佛顶如来密因修证了义诸菩萨万行首楞严经证疏：十卷 …… 3-407
大佛顶如来密因修证了义诸菩萨万行首楞严经旁训：十卷 …… 3-412
大佛顶如来密因修证了义诸菩萨万行首楞严经冥枢会解：十卷总科文一卷 … 3-411
大佛顶如来密因修证了义诸菩萨万行首楞严经道眼：十卷 …… 3-412
大佛顶首楞严经：正脉疏十卷悬示一卷科文一卷 …… 3-411
大佛顶首楞严经玄义：四卷 …… 3-411
大佛顶首楞严经疏解蒙钞目录后记：不分卷 …… 3-412
大谷诗集：二卷 …… 4-288
大序：一卷小序一卷 ……4-6
大宋文鉴：一百五十卷 …… 5-234
大宋文鉴：一百五十卷目录三卷 …… 5-234
大宋宝祐四年丙辰岁会天万年具注历：一卷 …… 3-92
大宋宝祐四年丙辰岁会天万年具注历：一卷 …… 3-92
大宋宝祐四年丙辰岁会天万年具注历：一卷 …… 3-92
大宋宝祐四年丙辰岁会天万年具注历：一卷 …… 3-92
大宋宝祐四年丙辰岁会天万年具注历：一卷 …… 3-92
大宋眉山苏氏家传心学文集大全：七十卷首一卷 …… 5-295
大宋眉山苏氏家传心学文集大全：□□卷首一卷 …… 5-295
[同治]大冶县志：十八卷首一卷 …… 2-338
[同治]大冶县志：十八卷首一卷 …… 2-338
[嘉靖]大冶县志：七卷 …… 2-338
[光绪]大冶县志后编：二卷 …… 2-338

[光绪]大冶县志续编：七卷首一卷末一卷 …… 2-338
[光绪]大冶县志续编：七卷首一卷末一卷 …… 2-338
大事记：十二卷通释三卷解题十二卷 … 1-247
大事记：十二卷通释三卷解题十二卷 … 1-247
大事记续编：七十七卷 …… 1-248
大明一统文武诸司衙门官制：五卷 …… 2-44
大明一统名胜志：二百八卷 …… 2-149
大明一统名胜志：二百八卷目录一卷 … 2-149
大明一统志：九十卷 …… 2-118
大明一统志：九十卷 …… 2-118
大明一统志：九十卷 …… 2-118
大明一统志：九十卷 …… 2-118
大明一统志：九十卷 …… 2-118
大明一统志：九十卷 …… 2-118
大明一统志：九十卷 …… 2-118
大明一统志：九十卷 …… 2-118
大明一统志：九十卷 …… 2-118
大明一统志：九十卷 …… 2-118
大明一统赋：三卷 …… 4-244
大明三藏圣教目录：四卷；补刻嘉兴楞严寺藏经目录：一卷 …… 3-427
大明万历二十二年岁次甲午大统历：一卷 …… 3-96
大明万历二十二年岁次甲午大统历：一卷 …… 3-96
大明万历二十七年岁次己亥大统历：一卷 …… 3-96
大明万历二十七年岁次己亥大统历：一卷 …… 3-96
大明万历二十八年岁次庚子大统历：一卷 …… 3-96
大明万历二十三年岁次乙未大统历：一卷 …… 3-96
大明万历二年岁次甲戌大统历：一卷 …… 3-96
大明万历十八年岁次庚寅大统历：一卷 …… 3-96
大明万历七年岁次己卯大统历：一卷 …… 3-96
大明万历九年岁次辛巳大统历：一卷 …… 3-96
大明万历三十二年岁次甲辰大统历：一卷 …… 3-97
大明万历三十九年岁次辛亥大统历：一卷 …… 3-97
大明万历三十四年岁次丙午大统历：一卷 …… 3-97
大明万历三十年岁次壬寅大统历：一卷 … 3-97
大明万历己丑重刊改并五音集韵：十五卷 …… 1-172
大明万历己丑重刊改并五音集韵：十五卷 …… 1-172
大明万历五年岁次丁丑大统历：一卷 …… 3-96
大明万历五年岁次丁丑大统历：一卷 …… 3-96
大明万历四十一年岁次癸丑大统历：一卷 …… 3-97
大明万历四十七年岁次己未大统历：一卷 …… 3-97
大明万历四十八年岁次庚申大统历：一卷 …… 3-97
大明万历四十四年岁次丙辰大统历：一卷 …… 3-97
大明万历四十年大统历：一卷 …… 3-97
大明天元玉历祥异图说：七卷 …… 3-111
大明天启二年岁次壬戌大统历：一卷 …… 3-97
大明天启三年岁次癸亥大统历：一卷 …… 3-97
大明天启元年岁次辛酉大统历：一卷 …… 3-97
大明天启五年岁次乙丑大统历：一卷 …… 3-97
大明天启五年岁次乙丑大统历：一卷 …… 3-97
大明天启四年岁次甲子大统历：一卷 …… 3-97
大明太宗文皇帝实录：一百三十卷 …… 1-264
大明太宗文皇帝实录：一百三十卷 …… 1-264
大明太宗文皇帝实录：二百五十卷 …… 1-264
大明太祖高皇帝实录：二百五十七卷 … 1-264
大明太祖高皇帝实录：二百五十七卷 … 1-264
大明太祖高皇帝实录：二百五十七卷 … 1-264
大明太祖高皇帝实录：二百五十七卷 … 1-264
大明太祖高皇帝实录：不分卷 …… 1-264
大明太祖高皇帝实录：□□卷 …… 1-264
大明太祖高皇帝御制文集：二十一卷 … 4-231

大明太祖高皇帝御制周颠仙人传：一卷 ………… 1-395
大明太祖高皇帝御注道德真经：二卷 ………… 3-369
大明仁孝皇后内训：一卷 ………… 3-39
大明仁孝皇后内训：一卷 ………… 3-39
大明仁孝皇后劝善书：二十卷 ………… 3-263
大明仁宗昭皇帝实录：十卷 ………… 1-265
大明仁宗昭皇帝实录：十卷 ………… 1-265
大明仁宗皇帝御制集：二卷 ………… 4-241
大明正德乙亥重刊改并五音类聚四声篇：十五卷 ………… 1-172
大明正德乙亥重刊改并五音类聚四声篇：十五卷；五音集韵：十五卷 ………… 1-172
大明正德乙亥重刊改并五音集韵：十五卷 ………… 1-172
大明正德乙亥重刊改并五音集韵：十五卷；四声篇：十五卷 ………… 1-172
大明正德十二年岁次丁丑大统历：一卷 … 3-93
大明正德十二年岁次丁丑大统历：一卷 … 3-93
大明正德十三年大统历：一卷 ………… 3-93
大明正德十五年岁次庚辰大统历：一卷 … 3-93
大明正德十六年岁次辛巳大统历：一卷 … 3-93
大明正德三年岁次戊辰大统历：一卷 …… 3-93
大明正德五年岁次庚午大统历 ………… 3-93
大明正德皇游江南传：七卷四十五回 … 3-347
大明世宗肃皇帝实录：五百六十六卷 … 1-266
大明世宗肃皇帝实录：五百六十六卷 … 1-266
大明刑书金鉴：六卷 ………… 2-66
大明刑法志：二卷 ………… 1-234
大明成化二十年岁次甲辰大统历：一卷 … 3-93
大明成化十八年岁次壬寅大统历：一卷 … 3-93
大明成化十五年岁次己亥大统历：一卷 … 3-93
大明成化十六年岁次庚子大统历：一卷 … 3-93
大明成化丁亥重刊改并五音类聚四声篇海：十五卷 ………… 1-171
大明成化八年岁次壬辰大统历：一卷 …… 3-93
大明成化八年岁次壬辰大统历：一卷 …… 3-93
大明成化六年岁次庚寅大统历：一卷 …… 3-92
大明成化四年岁次戊子大统历：一卷 …… 3-92
大明成化庚寅重刊改并五音集韵：十五卷 ………… 1-171
大明成化庚寅重刊改并五音集韵：十五卷 ………… 1-171
大明成化庚寅重刊改并五音集韵：十五卷 ………… 1-172
大明光宗贞皇帝实录：八卷 ………… 1-266
大明会典：一百八十卷 ………… 2-32
大明会典：一百八十卷 ………… 2-32
大明会典：二百二十八卷 ………… 2-32
大明会典：二百二十八卷 ………… 2-32
大明会典：二百八十卷 ………… 2-32
大明会典抄略：不分卷 ………… 2-32
大明孝宗敬皇帝实录：二百二十四卷 … 1-265
大明孝宗敬皇帝实录：二百二十四卷 … 1-265
大明武宗毅皇帝实录：一百九十七卷 … 1-266
大明武宗毅皇帝实录：一百九十七卷 … 1-266
大明英宗睿皇帝宝训：十二卷 ………… 2-86
大明英宗睿皇帝实录：三百六十一卷 … 1-265
大明实录：不分卷 ………… 1-264
大明实录：□□卷 ………… 1-264
大明律：十二卷 ………… 2-65
大明律：三十一卷目录一卷律例类抄一卷 ………… 2-65
大明律：三十卷 ………… 2-64
大明律：三十卷；为政规模节要论：一卷；刑名启蒙心妙总集：一卷 ………… 2-65
大明律：三十卷问刑条例不分卷 ………… 2-64
大明律讲解：三十卷 ………… 2-66
大明律附例：三十卷 ………… 2-65
大明律附例：三十卷图一卷附一卷 ………… 2-64
大明律附例笺释：三十卷 ………… 2-65
大明律例：三十卷；律例类抄：一卷 …… 2-65
大明律例附解：十二卷附录一卷 ………… 2-65
大明律例添释旁注：□□卷 ………… 2-65
大明律集解：三十卷 ………… 2-65
大明宣宗皇帝御制集：四十四卷 ………… 4-244
大明宣宗章皇帝实录：一百十五卷 ………… 1-265
大明宣宗章皇帝实录：一百十五卷 ………… 1-265
大明宪宗纯皇帝实录：二百九十三卷 … 1-265

大明宪宗纯皇帝实录：二百九十三卷 … 1-265
大明宪宗纯皇帝实录：二百九十三卷 … 1-265
大明神宗显皇帝宝训：□□卷………… 2-86
大明恭穆献皇帝实录：五十卷………… 1-266
大明通宝义：一卷 ………………………… 2-56
大明崇祯十二年岁次己卯大统历………… 3-98
大明崇祯十五年浙江壬午科乡试朱卷：一卷 ……………………………………… 4-383
大明崇祯八年岁次乙亥大统历：一卷 …… 3-98
大明崇祯八年岁次乙亥大统历：一卷 …… 3-98
大明崇祯三年岁次庚午大统历：一卷 …… 3-98
大明崇祯三年岁次庚午大统历：一卷 …… 3-98
大明崇祯三年岁次庚午大统历：一卷 …… 3-98
大明清类天文分野之书：二十四卷 ……… 2-117
大明清类天文分野之书：二十四卷 ……… 2-117
大明隆庆六年岁次壬申大统历：一卷 …… 3-96
大明集礼：五十三卷 ……………………… 2-38
大明集礼：五十三卷 ……………………… 2-38
大明道藏经目录：四卷 ………………… 3-378
大明嘉靖二十二年岁次癸卯大统历：一卷 ……………………………………… 3-94
大明嘉靖二十九年岁次庚戌大统历：一卷 ……………………………………… 3-95
大明嘉靖二十九年岁次庚戌大统历：一卷 ……………………………………… 3-95
大明嘉靖二十三年岁次甲辰大统历：一卷 ……………………………………… 3-94
大明嘉靖二十三年岁次甲辰大统历：一卷 ……………………………………… 3-95
大明嘉靖二十六年岁次丁未大统历：一卷 ……………………………………… 3-95
大明嘉靖二十四年岁次乙巳大统历：一卷 ……………………………………… 3-95
大明嘉靖二十四年岁次乙巳大统历：一卷 ……………………………………… 3-95
大明嘉靖二十年岁次辛丑大统历：一卷 … 3-94
大明嘉靖二年岁次癸未大统历：一卷 …… 3-93
大明嘉靖十一年岁次壬辰大统历：一卷 … 3-94
大明嘉靖十一年岁次壬辰大统历：一卷 … 3-94
大明嘉靖十二年岁次癸巳大统历：一卷 … 3-94
大明嘉靖十八年岁次己亥大统历：一卷 … 3-94
大明嘉靖十九年岁次庚子大统历：一卷 … 3-94
大明嘉靖十三年岁次甲午大统历：一卷 … 3-94
大明嘉靖十年岁次辛卯七政躔度：一卷 … 3-94
大明嘉靖十年岁次辛卯大统历：一卷 …… 3-94
大明嘉靖三十一年岁次壬子大统历：一卷 ……………………………………… 3-95
大明嘉靖三十八年岁次己未大统历：一卷 ……………………………………… 3-95
大明嘉靖三十九年岁次庚申大统历：一卷 ……………………………………… 3-95
大明嘉靖三十六年岁次丁巳大统历：一卷 ……………………………………… 3-95
大明嘉靖三年岁次甲申大统历：一卷 …… 3-94
大明嘉靖元年岁次壬午大统历：一卷 …… 3-93
大明嘉靖五年岁次丙戌大统历：一卷 …… 3-94
大明嘉靖五年岁次丙戌大统历：一卷 …… 3-94
大明嘉靖六年岁次丁亥大统历：一卷 …… 3-94
大明嘉靖四十二年岁次癸亥大统历：一卷 ……………………………………… 3-95
大明嘉靖四十五年岁次丙寅大统历：一卷 ……………………………………… 3-96
大明嘉靖四十四年岁次乙丑大统历：一卷 ……………………………………… 3-95
大明嘉靖四十四年岁次乙丑大统历：一卷 ……………………………………… 3-95
大明嘉靖四十四年岁次乙丑大统历：一卷 ……………………………………… 3-95
大明嘉靖四十四年岁次乙丑大统历：一卷 ……………………………………… 3-95
大明嘉靖四十四年岁次乙丑大统历：一卷 ……………………………………… 3-96
大明熹宗哲皇帝实录：八十七卷 ……… 1-266
大明穆宗庄皇帝实录：七十卷………… 1-266
大易钩玄：三卷 ………………………… 1-14
大易象数钩深图：三卷周易图三卷 ……… 1-28
大易象数钩深图：不分卷………………… 1-28
大易象数钩深图：不分卷………………… 1-28
大易断例卜筮元龟：二卷……………… 3-119
大易疏解：十卷 …………………………… 1-7

大易缉说：十卷 ………………………………… 1-13
大易粹言：七十卷 ………………………………1-8
大典会通：六卷首一卷 ……………………… 2-41
大典通编：六卷 ……………………………… 2-41
大呼集：八卷………………………………… 3-274
大岳太和山纪略：八卷 …………………… 2-156
大岳太和山志：十七卷 …………………… 2-156
大岳太和山志：十四卷 …………………… 2-156
大岳太和山志：九卷 ……………………… 2-156
大金国志：四十卷 ………………………… 1-294
大金国志：四十卷 ………………………… 1-294
大金国志：四十卷 ………………………… 1-294
大金国志：四十卷 ………………………… 1-294
大金国志：四十卷 ………………………… 1-294
大金国志：四十卷 ………………………… 1-295
大金国志：四十卷 ………………………… 1-295
大金国志：四十卷 ………………………… 1-295
大金国志：四十卷 ………………………… 1-295
大金国志：四十卷 ………………………… 1-295
大金集礼：四十卷 …………………………… 2-37
大金集礼：四十卷 …………………………… 2-37
大备对宗：十九卷首一卷………………… 3-309
大学亿：二卷；释疑：一卷……………… 1-115
大学正说：一卷；中庸正说：二卷；孝经
　　注：一卷………………………………… 1-115
大学衍义：四十二卷 ………………………… 3-24
大学衍义：四十三卷 ………………………… 3-24
大学衍义：四十三卷 ………………………… 3-24
大学衍义：四十三卷 ………………………… 3-24
大学衍义：四十三卷 ………………………… 3-24
大学衍义：四十三卷 ………………………… 3-24
大学衍义：四十三卷 ………………………… 3-24
大学衍义：四十三卷 ………………………… 3-24
大学衍义补：一百六十卷…………………… 3-24
大学衍义补：一百六十卷…………………… 3-25
大学衍义补：一百六十卷前书一卷 ………… 3-25
大学衍义补：一百六十卷首一卷 …………… 3-24
大学衍义补：一百六十卷首一卷 …………… 3-25
大学衍义补：一百六十卷首一卷 …………… 3-25
大学衍义补纂要：六卷 ……………………… 3-25
大学衍义补纂要：六卷 ……………………… 3-25
大学衍义通略：三十一卷…………………… 3-25
大学章句或问中庸章句或问论语集注孟子
　　集注：十二册…………………………… 1-121
大学辨：一卷……………………………… 1-115
大学辨：一卷……………………………… 1-115
大泌山房集：一百三十四卷 ……………… 4-336
[道光]大定府志：六十卷………………… 2-399
[道光]大定府志：六十卷………………… 2-399
大定新编：四卷 …………………………… 3-121
[光绪]大城县志：十二卷首一卷 ………… 2-190
[康熙]大城县志：八卷 …………………… 2-190
[康熙]大城县志：八卷 …………………… 2-190
大政管窥：七卷 …………………………… 3-293
[道光]大荔县志：十六卷附足征录四卷
　　……………………………………………… 2-411
[光绪]大荔县续志：十二卷足征录四卷
　　……………………………………………… 2-411
大树堂说经：七卷 ……………………………1-3
大复遗稿：一卷新论一卷附录一卷 ……… 4-275
大复集：十三卷 …………………………… 4-275
大复集：三十七卷………………………… 4-275
大哀赋：一卷……………………………… 1-309
大统历注：不分卷 …………………………… 3-91
[嘉庆]大埔县志：十八卷首一卷 ………… 2-365
大钱杂钞：不分卷 …………………………… 2-56
大乘入楞伽经：七卷 ……………………… 3-393
大乘三聚忏悔经：一卷 …………………… 3-397
大乘广五蕴论：一卷 ……………………… 3-398
大乘五蕴论：一卷………………………… 3-398
大乘经咒：一卷 …………………………… 3-400
大乘起信论续疏：二卷 …………………… 3-410
大乘理趣六波罗蜜多经：十卷…………… 3-394
大乘密严经：三卷………………………… 3-393
大般若波罗蜜多经：六百卷 ……………… 3-393
大般若波罗蜜多经：六百卷 ……………… 3-393
大般若波罗蜜多经：六百卷 ……………… 3-393
大般若波罗蜜多经：六百卷 ……………… 3-393
大般若波罗蜜多经：六百卷 ……………… 3-393
大般涅槃经：四十卷 ……………………… 3-395

大般涅槃经：四十卷 …… 3-395
大唐开元占经：一百二十卷目录二卷 …… 3-110
大唐开元占经：一百二十卷目录二卷 …… 3-110
大唐开元礼：一百五十卷 …… 2-35
大唐开元礼：一百五十卷 …… 2-35
大唐内典录：十卷 …… 3-426
大唐六典：三十卷 …… 2-43
大唐六典：三十卷 …… 2-43
大唐六典注：三十卷 …… 2-43
大唐六典注：三十卷 …… 2-43
大唐西域记：十二卷 …… 2-169
大唐西域记：十二卷 …… 2-169
大唐西域求法高僧传：二卷 …… 3-424
大唐传载：一卷 …… 3-241
大唐传载：一卷 …… 3-241
大唐传载：一卷 …… 3-261
大唐传载：一卷 …… 3-261
大唐传载：一卷 …… 3-331
大唐传载：一卷 …… 3-331
大唐传载：一卷；黄文献公笔记：一卷 …… 3-241
大唐创业起居注：三卷 …… 1-255
大唐创业起居注：三卷 …… 1-255
大唐郊祀录：十卷 …… 2-35
大唐郊祀录：十卷 …… 2-35
大唐郊祀录：十卷 …… 2-35
大唐新语：十三卷 …… 3-241
大涤山房诗录：八卷试帖一卷 …… 5-123
大涤子题画诗跋：一卷 …… 3-141
大理寺则例：一卷 …… 2-80
大梅山馆藏书目：十六卷 …… 2-495
大崖李先生文集：二十卷 …… 4-258
大崖李先生诗集：十二卷文集八卷 …… 4-258
大崖李先生诗集：十二卷文集八卷 …… 4-258
大象义述：一卷 …… 1-16
大清一统志：三百五十六卷 …… 2-121
大清一统志：三百五十六卷 …… 2-121
大清一统志：不分卷 …… 2-121
大清一统志：不分卷 …… 2-121
大清一统志：不分卷 …… 2-121
大清一统志：不分卷 …… 2-121
大清一统志：四百二十四卷 …… 2-122
大清一统志：□□卷 …… 2-122
大清太宗文皇帝本纪：□□卷 …… 1-235
大清太宗文皇帝实录：六十五卷 …… 1-267
大清太祖高皇帝实录：十卷 …… 1-267
大清太祖高皇帝实录：八卷 …… 1-267
大清太祖高皇帝实录：不分卷 …… 1-267
大清文宗显皇帝实录：三百五十六卷 …… 1-268
大清文宗显皇帝实录：□□卷 …… 1-268
大清世宗宪皇帝实录：一百五十九卷 …… 1-267
大清世祖皇帝实录：六十三卷 …… 1-267
大清世祖章皇帝实录：□□卷 …… 1-267
大清圣祖仁皇帝本纪：□□卷 …… 1-235
大清圣祖仁皇帝实录：三百卷 …… 1-267
大清光绪十七年岁次辛卯时宪书：一卷 …… 3-101
大清光绪三十年岁次甲辰时宪书：一卷 …… 3-101
大清光绪三十年岁次甲辰时宪书：一卷 …… 3-102
大清同治十一年岁次壬申时宪书：一卷 …… 3-86
大清同治十一年岁次壬申时宪书：一卷 …… 3-87
大清会典：一百六十二卷 …… 2-33
大清会典：一百六十二卷 …… 2-33
大清会典：二百五十卷 …… 2-33
大清会典：二百五十卷 …… 2-33
大清会典：□□卷 …… 2-34
大清会典：□□卷 …… 2-34
大清会典：□□卷 …… 2-34
大清会典则例：一百八十卷 …… 2-34
大清会典祭祀行礼图：不分卷 …… 2-40
大清名臣言行录：不分卷 …… 1-376
大清诏令：八卷 …… 2-87
大清武职迁除题名录：不分卷 …… 1-441
大清咸丰八年岁次戊午时宪书：一卷 …… 3-101
大清咸丰元年岁次辛亥时宪书：一卷 …… 3-101
大清咸丰五年岁次乙卯时宪书：一卷 …… 3-101
大清重刻龙藏汇记：一卷续藏目录一卷 …… 2-501

大清顺治十五年岁次戊戌时宪历：一卷 … 3-98
大清顺治三年岁次丙戌时宪书：一卷 …… 3-98
大清顺治时宪历：十八卷 …… 3-92
大清律例：四十七卷 …… 2-68
大清律例：四十七卷 …… 2-68
大清律例：四十七卷 …… 2-68
大清律例集解附例：三十卷 …… 2-68
大清律续纂条例：二卷 …… 2-68
大清律续纂条例：二卷 …… 2-68
大清律续纂条例：二卷 …… 2-68
大清律续纂条例：二卷 …… 2-69
大清律续纂条例：六卷 …… 2-68
大清律续纂条例总类：二卷 …… 2-68
大清律集解附例：三十卷目录二卷 …… 2-67
大清律集解附例：三十卷附一卷 …… 2-67
大清律集解附例：三十卷附一卷 …… 2-67
大清律集解附例：三十卷附一卷 …… 2-67
大清律集解附例：三十卷附一卷 …… 2-67
大清律集解附例：三十卷图一卷服制一卷 …… 2-68
大清律集解附例：三十卷律例总类六卷图一卷服制一卷 …… 2-68
大清律集解附例：三十卷首二卷 …… 2-67
大清宣宗成皇帝实录：不分卷 …… 1-268
大清宣统二年岁次庚戌时宪书：一卷 … 3-102
大清宣统元年岁次己酉时宪书：一卷 … 3-102
大清通礼：五十卷 …… 2-40
大清乾隆二十七年岁次壬午时宪书：一卷 …… 3-99
大清乾隆二十三年岁次丁丑时宪书：一卷 …… 3-99
大清乾隆二十年岁次壬午时宪书：一卷 … 3-99
大清乾隆十二年岁次丁卯时宪书：一卷 … 3-99
大清乾隆十年岁次乙丑时宪书：一卷 …… 3-99
大清乾隆三十七年岁次壬辰时宪书：一卷 …… 3-99
大清乾隆五十二年岁次丁未时宪书：一卷 …… 3-99
大清乾隆五十五年岁次庚戌时宪书：一卷 …… 3-99
大清乾隆五十五年岁次庚戌时宪书：一卷 …… 3-100
大清乾隆五十五年岁次庚戌时宪书：一卷 …… 3-100
大清乾隆五十四年岁次己酉时宪书：一卷 …… 3-99
大清乾隆六十一年岁次丙辰时宪书：一卷 …… 3-100
大清乾隆六十二年岁次丁巳时宪书：一卷 …… 3-100
大清乾隆六十三年岁次戊午时宪书：一卷 …… 3-100
大清乾隆六十三年岁次戊午时宪书：一卷 …… 3-100
大清乾隆六十三年岁次戊午时宪书：一卷 …… 3-100
大清乾隆六十三年岁次戊午时宪书：一卷 …… 3-100
大清乾隆六十四年岁次己未时宪书：一卷 …… 3-100
大清乾隆六十年岁次乙卯时宪书：一卷 …… 3-100
大清乾隆四十二年岁次丁酉时宪书：一卷 …… 3-99
大清乾隆四十二年岁次丁酉时宪书：一卷 …… 3-99
大清乾隆四十三年岁次戊戌时宪书：一卷 …… 3-99
大清乾隆四年岁次己未七政经纬宿度五星伏见目录：一卷 …… 3-99
大清康熙十八年岁次己未时宪历：一卷 … 3-98
大清康熙十五年岁次丙辰时宪历：一卷 … 3-98
大清康熙五十三年岁次甲午时宪历：一卷 …… 3-98
大清康熙五十五年岁次丙申便览全备通书：一卷 …… 3-98
大清康熙五十四年岁次乙未七政经纬宿度五星伏见目录 …… 3-98
大清康熙六十一年岁次壬寅时宪历：一卷 …… 3-98

大清渠录：二卷 …………………………… 2-162
大清道光十二年岁次壬辰时宪书：一卷
……………………………… 3-101
大清道光十三年七政经纬躔度时宪书：一卷 …………………………… 3-101
大清道光十六年岁次丙申时宪书：一卷
……………………………… 3-101
大清道光七年岁次丁亥时宪书：一卷 … 3-101
大清祺祥元年岁次壬戌时宪书：一卷 … 3-101
大清祺祥元年岁次壬戌时宪书：一卷 … 3-101
大清祺祥元年岁次壬戌时宪书：一卷 … 3-101
大清祺祥元年岁次壬戌时宪书：一卷 … 3-101
大清雍正二年岁次甲辰便览溪口通书：一卷 …………………………… 3-98
大清雍正十一年岁次癸丑时宪历：一卷 … 3-99
大清雍正九年岁次辛亥时宪历：一卷 …… 3-99
大清缙绅全书：不分卷 …………………… 1-441
大清嘉庆二十四年岁次己卯时宪书：一卷
……………………………… 3-101
大清嘉庆十三年岁次戊辰时宪书：一卷
……………………………… 3-100
大清嘉庆十六年岁次辛未时宪书：一卷
……………………………… 3-100
大清嘉庆八年岁次癸亥时宪书：一卷 … 3-100
大清嘉庆元年岁次丙辰时宪书：一卷 … 3-100
大清嘉庆五年岁次庚申时宪书：一卷 … 3-100
大清德宗景皇帝本纪：不分卷 …………… 1-235
大清穆宗毅皇帝圣训：一百六十卷 ……… 2-88
大清穆宗毅皇帝圣训：一百六十卷 ……… 2-88
大清穆宗毅皇帝实录：三百七十四卷 … 1-268
大清穆宗毅皇帝实录：三百七十四卷 … 1-268
大梁诗集：一卷 ………………………… 5-156
大梁集：六卷 …………………………… 5-156
大隐集：十卷 …………………………… 4-133
大雅堂初稿：六卷补编八卷 …………… 5-101
大雅集：八卷 …………………………… 5-237
大雅集：八卷 …………………………… 5-237
大雅集：八卷 …………………………… 5-237
大雅集：八卷 …………………………… 5-237
大雅集：八卷 …………………………… 5-238
大雅集：八卷 …………………………… 5-238
大雅集：八卷 …………………………… 5-238
大悲心陀罗尼经：一卷 ………………… 3-400
大悲心陀罗尼经：一卷 ………………… 3-405
大悲心陀罗尼经：一卷；白衣大悲五印心陀罗尼经：一卷 ………………… 3-400
大悲陀罗经：一卷；白衣大悲五印心陀罗尼经：一卷 ………………… 3-399
大智度论：一百卷 ……………………… 3-398
大集月藏经：十卷 ……………………… 3-392
大善寺志稿：不分卷 …………………… 2-144
大港赵氏重修宗谱：不分卷 …………… 2-20
大椿堂诗选：二卷 ……………………… 4-301
大愚集：二十七卷附诸同仁尺牍一卷 ……5-8
大愚稿：十卷 ……………………………… 5-73
大鄣山人集：五十三卷 ………………… 4-311
大慈恩寺三藏法师传：十卷 …………… 1-388
大慧普觉禅师书：一卷 ………………… 3-414
大慧普觉禅师书：二卷 ………………… 3-414
大慧普觉禅师书：二卷 ………………… 3-414
大慧普觉禅师年谱：一卷 ……………… 3-424
大慧普觉禅师年谱：一卷 ……………… 3-424
大慧普觉禅师法语：二卷 ……………… 3-416
大慧普觉禅师宗门武库：一卷 ………… 3-414
大德重校圣济总录：二百卷 …………… 3-58
大德重校圣济总录：二百卷 …………… 3-58
大德重校圣济总录：二百卷 …………… 3-58
大德重校圣济总录：二百卷 …………… 3-58
大德重校圣济总录：二百卷 …………… 3-59
大鹤山人杂稿：不分卷 ………………… 5-157
大鹤山人诗稿：不分卷 ………………… 5-157
大儒大奏议：六卷 ……………………… 2-89
大儒心学语录：二十七卷 ………………3-5
大儒学粹：九卷 …………………………3-5
大戴礼记：十三卷 ……………………… 1-77
大戴礼记：十三卷 ……………………… 1-77
大戴礼记：十三卷 ……………………… 1-77
大戴礼记：十三卷 ……………………… 1-77
大戴礼记：十三卷 ……………………… 1-78
大戴礼记：十三卷 ……………………… 1-78

大戴礼记：十三卷 …………………………………… 1-78
大戴礼记：十三卷 …………………………………… 1-78
大戴礼记：十三卷 …………………………………… 1-78
大戴礼记补注：十三卷 ……………………………… 1-78
大戴礼记补注：十三卷 ……………………………… 1-78
大戴礼记补注：十三卷序录一卷 ………………… 1-78
大戴礼记补注：十三卷序录一卷 ………………… 1-78
大戴礼记注：十三卷 ………………………………… 1-77
大戴礼记注：十三卷 ………………………………… 1-78
大戴礼记注：十三卷 ………………………………… 1-78
大藏一览：十卷 ……………………………………… 3-427
大藏一览集：十卷 …………………………………… 3-427
大藏一览集：十卷 …………………………………… 3-427
丈荷斋南华日抄：四卷附录一卷 ………………… 3-374
兀日别法：一卷 ……………………………………… 3-123
兀涯西汉书议：十二卷 ……………………………… 1-342
与我周旋诗集：十二卷文二卷四六一卷杂
体一卷附宁武府志序一卷 ……………………… 5-85
与梅堂遗集：十二卷鲊话一卷耳书一卷 … 5-58
才子牡丹亭：不分卷 ………………………………… 5-376
才子琵琶写情篇：一卷释义一卷 ………………… 5-369
才调集：十卷 ………………………………………… 5-220
才调集：十卷 ………………………………………… 5-220
才调集：十卷 ………………………………………… 5-220
才调集：十卷 ………………………………………… 5-220
才调集选：三卷 ……………………………………… 5-220
才貌缘：二卷 ………………………………………… 5-385
万一楼集：五十六卷续集六卷 …………………… 4-319
万二愚先生遗集：六卷 ……………………………… 4-341
万口碑辑：四卷 ……………………………………… 5-262
万山楼诗集：二十四卷 ……………………………… 5-34
万历乙卯山东乡试朱卷：一卷 …………………… 4-362
万历二十二年浙江乡试录：一卷 ………………… 1-433
万历二十九年进士登科录：一卷 ………………… 1-430
万历二十三年乙未科馆阁试草：□□卷
…………………………………………………………… 5-306
万历二年甲戌科会试小录：一卷 ………………… 1-430
万历八年四月急选报：一卷 ……………………… 2-44
万历九年丈量草册 …………………………………… 2-83
万历三十一年癸卯楚事妖书始末：不分卷
…………………………………………………………… 1-303
万历三十五年进士登科录：一卷 ………………… 1-430
万历三大征考：三卷 ………………………………… 1-303
万历三大征考：三卷；东夷考略：一卷；
东事答问：一卷 ………………………………… 1-303
万历大政类编：不分卷 ……………………………… 2-33
万历丙午科浙江乡试文魁徐行忠朱卷：一
卷 ……………………………………………………… 4-387
万历丙辰会试朱卷：一卷 ………………………… 4-362
万历戊戌至康熙壬戌进士履历跋尾：一卷
…………………………………………………………… 1-427
万历四十六年河南乡试录：一卷 ………………… 1-435
万历会计录：四十三卷 ……………………………… 2-51
万历邸钞：四十五卷 ………………………………… 2-81
万历辛亥京察记事始末：八卷 …………………… 1-303
万历武功录：十四卷 ………………………………… 1-303
万历欣赏：□□卷 …………………………………… 3-252
万历清丈实例：不分卷 ……………………………… 2-83
万历续朝邑县志：八卷 ……………………………… 2-412
万历滑乘补：不分卷 ………………………………… 2-325
万氏积善堂补方：一卷附论一卷 ………………… 3-83
万氏积善堂秘验滋补诸方：一册 ………………… 3-83
万氏家抄济世良方：六卷 ………………………… 3-83
万文恭公摘集：十二卷 ……………………………… 4-308
万世玉衡录：四卷 …………………………………… 3-35
万光泰杂著：三种五卷 ……………………………… 5-431
万年中星更录三垣恒星图说各省北极高度
偏度表：不分卷 ………………………………… 3-89
[同治]万年县志：十二卷首一卷 ………………… 2-303
万年觞：二卷 ………………………………………… 5-388
万全记：二卷 ………………………………………… 5-388
[乾隆]万全县志：十卷首一卷 …………………… 2-185
[道光]万全县志：十卷首一卷 …………………… 2-185
[道光]万州志：十卷 ………………………………… 2-373
[康熙]万安县志：十二卷首一卷 ………………… 2-306
万寿山工程则例：十九卷 ………………………… 2-74
万寿山工程则例：十九卷 ………………………… 2-74
万寿盛典初集：一百二十卷 ……………………… 2-40
万寿盛典初集：一百二十卷 ……………………… 2-40
万花台：二卷 ………………………………………… 5-388

万里吟：二卷 …… 4-385
万里海防图论：二卷 …… 2-61
万言书：一卷啸古堂文钞一卷 …… 5-143
万青阁自订文集：八卷 …… 5-33
万青阁自订诗：八卷诗余一卷 …… 5-33
万青楼经星谱：一卷 …… 3-89
万松老人评唱天童觉和尚拈古请益录：二卷 …… 3-419
万松老人评唱天童觉和尚拈古请益录：二卷 …… 3-419
万松老人评唱天童觉和尚颂古从容庵录：三卷 …… 3-419
万松老人评唱天童觉和尚颂古从容庵录：三卷 …… 3-419
万国公法：四卷 …… 3-431
万育仙书：二卷 …… 3-86
万卷堂书目：不分卷 …… 2-483
万卷堂藏艺文目录：二卷 …… 2-483
万卷楼文稿：十卷 …… 5-80
万宜楼诗录：二卷 …… 5-153
万宜楼善本书目：一卷 …… 2-496
万姓统谱：一百六十卷 …… 1-425
万柳溪边旧话：一卷 …… 1-379
万柳溪边旧话：一卷 …… 1-379
万柳溪边旧话：一卷 …… 1-379
万柳溪边旧话：一卷 …… 5-268
[乾隆]万泉县志：八卷 …… 2-226
万胜真韬：五卷 …… 3-48
万首唐人绝句：一百一卷 …… 5-220
万首唐人绝句：一百一卷 …… 5-220
万首唐人绝句：一百一卷 …… 5-220
万首唐人绝句：一百一卷 …… 5-220
万首唐人绝句：四十卷 …… 5-221
[道光]万载县志：三十卷首一卷 …… 2-305
万倍利：不分卷 …… 5-397
万培因奏稿：不分卷 …… 2-111
万善同归集：三卷 …… 3-413
万锦清音：四卷 …… 5-367
万僧问答景德传灯全录：三十卷 …… 3-424
万僧问答景德传灯全录：三十卷 …… 3-424
寸田诗草：八卷诗余一卷 …… 5-108
寸碧堂诗集：二卷外集一卷 …… 5-28
[咸丰]弋阳县志：十四卷首一卷 …… 2-303
[乾隆]上元县志：二十七卷首一卷末一卷 …… 2-242
[万历]上元县志：十二卷 …… 2-242
上书房消寒诗录：一卷 …… 5-264
[同治]上江西县志：二十九卷首一卷 …… 2-242
上医本草：四卷 …… 3-70
[乾隆]上犹县志：二十卷 …… 2-302
[光绪]上林县志：十卷首一卷末一卷 …… 2-370
上林春：不分卷 …… 5-381
[乾隆]上杭县志：十二卷首一卷 …… 2-297
[乾隆]上杭县志：六卷首一卷末一卷 …… 2-297
[同治]上饶县志：二十六卷首一卷 …… 2-302
上乘藏经节要宗镜录：一百卷 …… 3-413
上浦经历笔记：二卷 …… 1-414
上海乡土志：一卷 …… 2-237
上海公遗稿：不分卷 …… 4-383
[嘉庆]上海县志：二十卷首一卷 …… 2-236
[康熙]上海县志：十二卷图一卷 …… 2-236
[乾隆]上海县志：十二卷首一卷 …… 2-236
[乾隆]上海县志：十二卷首一卷 …… 2-236
[光绪]上海县志：三十二卷首一卷末一卷补遗一卷 …… 2-236
[同治]上海县志：三十二卷首一卷末一卷附补遗叙录 …… 2-236
[同治]上海县志札记：六卷 …… 2-237
上谕八旗：十三卷 …… 2-87
上谕内阁：不分卷 …… 2-87
上谕合律乡约全书：不分卷 …… 2-69
上谕旗务议覆：十二卷 …… 2-87
上湖纪岁诗编：四卷续编一卷分类文编一卷 …… 5-96
上虞县五乡水利本末：一卷又一卷 …… 2-78
[康熙]上虞县志：二十卷首一卷 …… 2-268
[咸丰]上虞县志刊误：五卷 …… 2-268
上虞钱氏丛著：十种二十二卷 …… 5-427
上蔡先生语录：三卷 …… 3-20
[康熙]上蔡县志：十五卷图一卷 …… 2-330

[乾隆]口北三厅志：十六卷首一卷 ········ 2-183
[乾隆]口北三厅志：十六卷首一卷 ········ 2-183
[乾隆]口北三厅志：十六卷首一卷 ········ 2-183
山川纪异录：□□卷 ································ 2-148
山云水石集：□□卷 ································ 3-418
山木居士文集：十二卷首一卷外集二卷；
　　鲁宾之文钞：一卷 ······························ 5-109
山木居士文集：不分卷附外集四卷 ········ 5-110
山木居士外集：四卷 ································ 5-109
山木居士外集：四卷 ································ 5-109
山木居士外集：四卷附一卷 ···················· 5-109
山中一夕话：七卷 ···································· 3-330
山中白云：八卷 ·· 5-336
山中白云词：八卷；乐府指迷：一卷 ··· 5-336
山中白云词疏证：八卷 ···························· 5-336
山中和白云：一卷拈花词一卷 ················ 5-345
山中闻见录：十三卷 ································ 1-308
[道光]山丹县志：十卷 ···························· 2-428
山书：十八卷 ·· 1-263
山水邻新镌出像四大痴传奇：四卷 ········ 5-358
山水移：三卷赠言一卷 ···························· 4-377
山左明诗抄：三十五卷 ···························· 5-284
山左碑目：四卷 ·· 2-447
[山东]孙氏宗谱：不分卷 ························ 2-13
山东乙酉科乡试朱卷：一卷顺治四年丁亥
　　科春秋房会试朱卷一卷 ························ 5-25
山东乙酉科乡试朱卷：一卷顺治四年丁亥
　　科春秋房会试朱卷一卷 ························ 5-25
山东金石志：五卷 ···································· 2-447
山东盐法志：十四卷 ································ 2-54
山东盐法志：十四卷 ································ 2-54
山东盐法志：十四卷 ································ 2-54
山东盐法志：四卷 ···································· 2-54
山东盐法续增备考：六卷 ························ 2-55
[康熙]山东通志：六十四卷 ···················· 2-307
[嘉靖]山东通志：四十卷 ························ 2-307
[嘉靖]山东通志：四十卷 ························ 2-307
山东剿捻奏稿：一卷 ································ 2-110
山民诗集：一卷 ·· 4-172
山民诗集：一卷 ·· 4-180
山西五台县古迹图：一卷 ························ 2-139
[乾隆]山西志辑要：十卷首一卷 ············ 2-207
山西郡县释名：二卷 ································ 2-119
[光绪]山西通志：一百八十四卷首一卷
　　·· 2-207
[光绪]山西通志：一百八十四卷首一卷
　　·· 2-207
[雍正]山西通志：二百三十卷 ················ 2-206
[雍正]山西通志：二百三十卷 ················ 2-206
[雍正]山西通志：二百三十卷 ················ 2-207
[雍正]山西通志：二百三十卷 ················ 2-207
[康熙]山西通志：三十二卷 ···················· 2-206
[嘉靖]山西通志：三十二卷 ···················· 2-206
[嘉靖]山西通志：三十二卷 ···················· 2-206
[嘉靖]山西通志：三十二卷 ···················· 2-206
[道光]山阳县志初稿：一卷 ···················· 2-423
[康熙]山阳县初志：三卷 ························ 2-423
山阳县学唐楚州石柱题名考：一卷 ········ 2-445
山阳陆氏族谱：八卷 ································ 2-12
山阳诗征：二十六卷 ································ 5-285
山阳录：一卷 ·· 1-376
山阳耆旧诗：不分卷 ································ 5-270
山阳耆旧诗：不分卷 ································ 5-270
山阳耆旧诗：不分卷 ································ 5-270
山阴朱氏家传：不分卷 ···························· 2-3
山阴刘氏宗谱：不分卷 ···························· 2-22
山阴祁氏世系表：不分卷 ························ 2-4
山阴祁氏世系表：不分卷附录不分卷 ······ 2-4
山阴祁氏家谱：不分卷 ···························· 2-4
山阴县州山吴氏族谱：十五卷序状志铭一
　　卷 ·· 2-6
[崇祯]山阴县志：六卷 ···························· 2-210
[崇祯]山阴县志：六卷 ···························· 2-210
山阴道上集：不分卷 ································ 5-278
山志：六卷；大明世系：一卷 ················ 3-219
山村遗稿：四卷杂著一卷 ························ 4-193
山谷内集诗注：二十卷 ···························· 4-116
山谷内集诗注：二十卷 ···························· 4-116
山谷外集诗注：十七卷 ···························· 4-116
山谷老人刀笔：二十卷 ···························· 4-116

山谷老人刀笔：二十卷 ………………………… 4-116
山谷老人刀笔：二十卷 ………………………… 4-116
山谷老人刀笔：二十卷 ………………………… 4-116
山谷老人刀笔：二十卷 ………………………… 4-116
山谷老人刀笔：二十卷 ………………………… 4-117
山谷先生大全诗注：二十卷 ………………… 4-116
山谷先生年谱：三十卷 ………………………… 4-115
山谷先生年谱：三十卷 ………………………… 4-115
山谷别集诗注：二卷 ………………………… 4-116
山谷词：一卷………………………………… 5-331
山谷词：三卷………………………………… 5-331
山谷诗注：二十卷………………………………… 4-116
山谷诗前集：二十卷 ………………………… 4-116
山谷黄先生大全诗注：二十卷……………… 4-116
山林经济籍：二十四卷 ………………………… 3-267
山房先生遗文：一卷 ………………………… 4-172
山房随笔：一卷 ………………………………… 1-378
山房随笔：一卷 ………………………………… 3-247
山房随笔：一卷 ………………………………… 3-247
山房集：八卷后稿一卷 ………………………… 4-161
山房集：九卷………………………………… 4-161
山居小玩：十种十三卷 ………………………… 5-422
山居日记：八卷兴图考略二卷……………… 3-214
山居存稿：十一卷 ………………………………… 4-306
山居闲考：一卷 ………………………………… 3-232
山带阁注楚辞：六卷首一卷余论二卷说韵一卷……………………………………………4-7
山带阁注楚辞：六卷首一卷余论二卷说韵一卷……………………………………………4-7
山带阁集：三十三卷 ………………………… 4-307
山带阁集：三十三卷 ………………………… 4-307
山响斋别集饮骚：十卷 ……………………………4-7
山闻诗：一卷续集一卷 ………………………… 5-44
山屋百官箴：六卷 ………………………………… 2-48
山晓阁选明文全集：八卷续集八卷 ……… 5-255
[康熙]山海关志：十卷 ………………………… 2-186
[康熙]山海关志：十卷 ………………………… 2-186
山海关志：八卷 ………………………………… 2-186
山海经：十八卷 ………………………………… 3-320
山海经：十八卷 ………………………………… 3-320
山海经：十八卷 ………………………………… 3-320
山海经：十八卷 ………………………………… 3-320
山海经：十八卷 ………………………………… 3-320
山海经：十八卷；水经：四十卷 ………… 3-320
山海经水经合刻：五十八卷 ………………… 5-416
山海经传：十八卷………………………………… 3-320
山海经传：十八卷………………………………… 3-320
山海经传：十八卷………………………………… 3-320
山海经传：十八卷………………………………… 3-320
山海经传：十八卷………………………………… 3-320
山海经释义：十八卷 ………………………… 3-320
山海经释义：十八卷 ………………………… 3-320
山海经释义：十八卷图一卷 ………………… 3-320
山海钞关则例：不分卷 ………………………… 2-55
山家清事：一卷 ………………………………… 3-261
山陵赋：一卷………………………………… 4-279
山堂先生群书考索：后集六十五卷续集五十六卷 ………………………………………… 3-284
山堂先生群书考索：前集六十六卷后集六十五卷 ………………………………………… 3-284
山堂先生群书考索：前集六十六卷后集六十五卷续集五十六卷别集二十五卷 ………………………………………………… 3-284
山堂肆考：二百四十卷 ………………………… 3-295
山堂肆考：二百四十卷 ………………………… 3-295
山窗余稿：一卷 ………………………………… 4-203
山窗余稿：一卷 ………………………………… 4-203
山塘唱和诗：不分卷 ………………………… 5-261
山歌：十卷 ………………………………………… 5-405
山樵暇语：十卷 ………………………………… 3-206
千一录：二十六卷………………………………… 3-208
千一录：二十六卷………………………………… 3-208
千一疏：二十二卷………………………………… 3-267
千山诗集：二十卷首一卷补遗一卷………… 5-13
千山诗集：二十卷首一卷补遗一卷………… 5-13
千之草堂编年文钞：一卷杂著一卷………… 5-69
千手千眼观世音菩萨广大圆满无碍大悲心忏：一卷………………………………………… 3-429
千文六书统要：二卷；千字文：二卷；篆法偏旁正讹歌：一卷 ………………………… 1-167

千古文章：不分卷 …… 5-212
千百年眼：十二卷 …… 1-339
千百年眼：十二卷 …… 1-339
千百年眼：十二卷 …… 1-339
千百年眼：十二卷 …… 1-339
千字文：一卷 …… 1-166
千字文义：一卷 …… 1-167
千字文汇体：二卷 …… 1-166
千字文通释：四卷 …… 1-159
千字文释义：一卷 …… 1-166
千里面谭：二卷 …… 5-189
千顷堂书目：三十二卷 …… 2-477
千顷堂书目：三十二卷 …… 2-477
千顷堂书目：三十二卷 …… 2-477
千顷堂书目：三十二卷 …… 2-477
千顷堂书目：不分卷 …… 2-477
千转陀罗尼观世音菩萨咒经：一卷 …… 3-398
千金记：二卷 …… 5-370
千金记：二卷 …… 5-370
千金翼方：三十卷 …… 3-79
千秋岁倡和词：一卷 …… 5-352
千秋鉴：不分卷 …… 5-396
千叟宴诗：三十四卷 …… 5-264
千叟宴诗：三十四卷首二卷 …… 5-264
千叟宴诗：四卷 …… 5-263
千首宋人绝句：十卷 …… 5-234
千家诗：不分卷 …… 5-187
千家姓：一卷百家姓一卷 …… 3-306
千家姓增补注释：一卷 …… 1-425
乞食图：二卷 …… 5-392
川沙厅志：十四卷首一卷末一卷 …… 2-240
[道光]川沙抚民厅志：十二卷首一卷附分隶详议一卷 …… 2-239
[道光]川沙抚民厅志：十二卷首一卷附分隶详议一卷 …… 2-240
[道光]川沙抚民厅志：十二卷首一卷附分隶详议一卷 …… 2-240
义门郑氏奕叶文集：十卷 …… 5-294
义门郑氏奕叶吟集：三卷 …… 5-294
义乌人物记：二卷 …… 1-382
[万历]义乌县志：二十卷 …… 2-270
义州乡土志 …… 2-233
义侠好逑传：十八回 …… 3-351
义侠好逑传：四卷十八回 …… 3-351
义侠好逑传：四卷十八回 …… 3-351
义府：二卷 …… 3-234
义勇武安王集：八卷 …… 1-387
义烈记：二卷 …… 5-379
久德堂内集：二卷外集二卷 …… 5-256
勺水庵诗集：一卷 …… 4-364
夕阳书屋诗初编：四卷 …… 5-88
广三百首诗选：一卷 …… 5-197
广川书跋：十卷 …… 3-137
广川书跋：十卷 …… 3-137
广川书跋：十卷 …… 3-137
广川书跋：十卷又一卷 …… 3-137
广川画跋：六卷 …… 3-143
广川画跋：六卷 …… 3-143
广川画跋：六卷 …… 3-143
广川画跋：六卷 …… 3-143
[道光]广丰县志：三十二卷首一卷 …… 2-302
广中五先生诗集 …… 5-286
广文字会宝：不分卷 …… 5-210
广文选：八十二卷 …… 5-181
广文选：六十卷 …… 5-181
广平县乡土志：五卷 …… 2-206
[万历]广平县志：五卷 …… 2-205
[康熙]广平县志：五卷图一卷 …… 2-206
[康熙]广平县志：五卷图一卷 …… 2-206
[乾隆]广平府志：二十四卷图一卷 …… 2-203
[乾隆]广平府志：二十四卷图一卷 …… 2-203
[乾隆]广平府志：二十四卷图一卷 …… 2-203
[广东]区氏林石家塾征信录：不分卷 …… 2-15
[广东]文氏通谱：二卷 …… 2-1
[广东]麦氏宗谱：不分卷 …… 2-14
[广东]麦氏族谱：不分卷 …… 2-14
[广东]何氏族谱：不分卷 …… 2-7
[广东]余氏族谱：三十卷 …… 2-7
广东文集：□□卷 …… 5-287
广东夷务事宜：一卷 …… 1-316

广东诗粹：十二卷补编一卷 ………………… 5-286
广东诗粹：十二卷补编一卷 ………………… 5-286
[广东南海]冼氏家谱：九卷首一卷末一卷…2-9
[嘉靖]广东通志：七十卷………………… 2-362
[康熙]广东通志：三十卷………………… 2-362
广东新语：二十八卷 ……………………… 2-134
广东新语：二十六卷 ……………………… 2-134
广东舆图：十二卷 ………………………… 2-362
广宁县乡土志 ……………………………… 2-233
[道光]广宁县志：十七卷………………… 2-368
广弘明集：三十卷 ………………………… 3-422
广弘明集：三十卷 ………………………… 3-422
[嘉庆]广西通志：二百七十九卷首一卷
……………………………………………… 2-369
[康熙]广西通志：四十卷………………… 2-369
[光绪]广西通志辑要：十七卷首一卷 … 2-369
广西湖名山合志：内函三十九卷外函十六
卷 ………………………………………… 2-138
广西舆图并郡邑道里图：不分卷 ……… 2-135
广百川学海：十集一百三十二种一百五十
六卷……………………………………… 5-414
广列仙传：七卷 …………………………… 1-360
广成子：一卷……………………………… 3-173
广成集：十二卷 …………………………… 4-79
[广州]西关杨氏支谱：不分卷…………… 2-20
[广州]张明德堂族谱：不分卷…………… 2-16
广州永康炮台工程：不分卷 …………… 2-62
[成化]广州志：三十二卷………………… 2-362
[光绪]广州府志：一百六十三卷首一卷
……………………………………………… 2-362
广州驻防事宜：一卷 ……………………… 2-60
[广州香山]冯氏本房世谱：不分卷……… 2-19
广异记：六卷……………………………… 3-323
广异记：六卷……………………………… 3-323
广阳杂记：五卷 …………………………… 3-253
广志：一百十卷 …………………………… 3-299
广志绎：五卷杂志一卷 …………………… 2-119
广声调谱：二卷 …………………………… 5-324
广快书：五十种五十卷 …………………… 5-421
广快书：五十种五十卷 …………………… 5-421
[乾隆]广灵县志：十卷首一卷末一卷 … 2-209
[光绪]广灵县补志：十卷首一卷末一卷
……………………………………………… 2-209
广卓异记：二十卷 ………………………… 1-350
广卓异记：二十卷 ………………………… 1-350
广卓异记：二十卷 ………………………… 1-350
广卓异记：二十卷 ………………………… 1-350
[光绪]广昌县志：十四卷首一卷末一卷
……………………………………………… 2-193
[同治]广昌县志：十卷首一卷…………… 2-304
[乾隆]广昌县志：八卷首一卷…………… 2-192
[乾隆]广昌县志：八卷首一卷…………… 2-192
广明诗汇选：二卷；明诗续选：一卷；响
山堂集快笔：一卷 ……………………… 5-249
广金石韵府：五卷字略一卷 ……………… 1-158
[同治]广宗县志：十二卷………………… 2-202
[康熙]广宗县志：十二卷图考一卷 …… 2-202
[道光]广南府志：四卷 …………………… 2-405
[道光]广顺州志：十二卷首一卷末一卷
……………………………………………… 2-402
广信先贤事实录：六卷 …………………… 1-384
[同治]广济县志：十六卷首一卷 ……… 2-338
广客谈：一卷……………………………… 3-247
广客谈：一卷；遂昌山人杂录：一卷 … 3-317
广笔记：十五卷 …………………………… 3-84
广陵旧迹诗：一卷 ………………………… 5-23
广陵史稿：四卷 …………………………… 1-316
广陵先生文集：二十卷 …………………… 4-106
广陵先生文集：二十卷拾遗一卷附一卷
……………………………………………… 4-106
广陵先生文集：二十卷拾遗一卷附一卷
……………………………………………… 4-106
广陵先生文集：二十卷拾遗一卷附一卷
……………………………………………… 4-106
广陵先生文集：三十卷附录一卷 ……… 4-106
广陵名胜全图：二卷 ……………………… 2-167
广陵事略：七卷 …………………………… 2-246
广陵香影录：三卷 ………………………… 3-329
广陵倡和词：七卷 ………………………… 5-350
广陵联句集：一卷 ………………………… 5-308

广清凉传：三卷 …………………………… 1-359
广清凉传：三卷 …………………………… 1-359
广谐史：十卷 ……………………………… 3-330
广博物志增删：二十卷 ………………… 3-310
广雅：十卷 ………………………………… 1-184
广雅笺疏：十卷 …………………………… 1-185
广雅疏证：十卷 …………………………… 1-184
广雅疏证：十卷 …………………………… 1-185
广雅疏证：十卷 …………………………… 1-185
广雅疏证：十卷 …………………………… 1-185
广喻林：三十卷 …………………………… 3-299
广释名：二卷 ……………………………… 1-184
广滑稽：三十六卷 ………………………… 3-267
广寒香传奇：二卷 ………………………… 5-387
广寒香传奇：二卷 ………………………… 5-387
广寒香传奇：二卷 ………………………… 5-387
广缉词隐先生增定南九宫词谱：二十六卷
　　…………………………………………… 5-410
广韵：五卷 ………………………………… 1-168
广韵：五卷 ………………………………… 1-168
广韵：五卷 ………………………………… 1-168
广韵：五卷 ………………………………… 1-168
广韵：五卷 ………………………………… 1-168
广韵：五卷 ………………………………… 1-168
广韵：五卷 ………………………………… 1-168
广韵：五卷 ………………………………… 1-168
广韵：五卷 ………………………………… 1-168
广韵：五卷 ………………………………… 1-168
广韵：五卷 ………………………………… 1-169
广韵：五卷 ………………………………… 1-169
广韵：五卷 ………………………………… 1-169
广韵：五卷 ………………………………… 1-169
广韵：五卷 ………………………………… 1-169
广韵：五卷 ………………………………… 1-169
广韵：五卷 ………………………………… 1-169
广韵：五卷；干禄字书：二卷；音论：一
　　卷 ………………………………………… 1-168
广韵母位转切：五卷 ……………………… 1-169
广韵藻：六卷 ……………………………… 3-315
广韵藻：六卷 ……………………………… 3-316
广群辅录：六卷 …………………………… 1-351
广舆记：二十四卷 ………………………… 2-119
广舆吟稿：六卷附编一卷 ………………… 2-122
广舆图：二卷 ……………………………… 2-117
[乾隆]广德州志：三十卷 ………………… 2-287
[光绪]广德州志：六十卷首一卷末一卷
　　…………………………………………… 2-288
[光绪]广德州志：六十卷首一卷末一卷
　　…………………………………………… 2-288
亡宋旧宫人诗：一卷 ……………………… 4-177
亡宋旧宫人诗：一卷 ……………………… 4-177
亡宋旧宫人诗：一卷 ……………………… 4-177
亡宋旧宫人诗词：一卷 …………………… 4-177
之溪老生集：八卷 ………………………… 5-54
之溪老生集：八卷；劝影堂词：三卷 …… 5-54
尸子：二卷存疑一卷 ……………………… 3-174
己畦集：二十二卷原诗四卷 ……………… 5-32
己畦集：二十二卷原诗四卷诗集十卷诗集
　　残余一卷 ………………………………… 5-32
巳山先生文集：十卷别集四卷传一卷 …… 5-75
已吾集：十四卷 …………………………… 4-353
卫生小说医界现行记：四卷二十二回 … 3-357
卫生易简方：十二卷附录一卷 …………… 3-81
卫生易简方：十二卷附录一卷 …………… 3-81
卫生易简方：十二卷附录一卷 …………… 3-81
卫生家宝方：六卷；药件修制总例：一卷；
　　汤方：二卷 ……………………………… 3-75
卫生家宝产科备要：八卷 ………………… 3-75
卫藏图识：五卷 …………………………… 2-136
卫藏和声集：一卷 ………………………… 5-263
[嘉庆]卫藏通志：十六卷首一卷 ………… 2-405
也园草：不分卷 …………………………… 5-62
也是园藏书目：十卷 ……………………… 2-487
也是园藏书目：十卷 ……………………… 2-487
也是园藏书目：十卷 ……………………… 2-487
也是园藏书目：十卷 ……………………… 2-487
也是园藏书目：十卷 ……………………… 2-487
也是园藏书目：十卷 ……………………… 2-487
也是园藏书目：十卷 ……………………… 2-487
也是园藏书目：十卷 ……………………… 2-487

也是园藏书目：九卷 …………………………… 2-487
女才子：十二卷首一卷 ………………………… 3-333
女才子：十二卷首一卷 ………………………… 3-333
女中七才子兰咳集：五卷……………………… 5-245
女世说：四卷…………………………………… 3-329
女训：一卷 …………………………………… 3-39
女训：一卷 …………………………………… 3-39
女论语：一卷…………………………………… 5-190
女范编：四卷…………………………………… 1-349
女萝亭诗稿：六卷 …………………………… 5-135
女镜：八卷 …………………………………… 1-349
飞龙传：六十回 ……………………………… 3-344
飞龙传：六十回 ……………………………… 3-344
飞鸿堂印人传：八卷 ………………………… 3-150
飞鸿堂印余：十二卷 ………………………… 3-153
飞鸿堂印谱二集：八卷 ……………………… 3-153
飞燕外传：一卷 ……………………………… 3-330
飞燕外传：一卷 ……………………………… 3-331
小十三经：十六卷 …………………………… 5-417
小儿卫生总微论方：二十卷 ………………… 3-76
小儿卫生总微论方：二十卷 ………………… 3-76
小儿卫生总微论方：二十卷 ………………… 3-76
小儿司命：八卷 ……………………………… 3-78
小儿科推拿仙术秘诀：不分卷……………… 3-85
小万卷楼丛书：十七种七十二卷 …………… 5-425
小山乐府：六卷 ……………………………… 5-401
小山词：一卷…………………………………… 5-331
小山词：一卷…………………………………… 5-331
小山诗初稿：二卷文稿八卷续稿四卷后稿
　　二卷诗余四卷 ……………………………… 5-77
小山诗钞：十一卷 …………………………… 5-84
小山类稿选：二十卷；张襄惠公辑略：一
　　卷 ……………………………………………… 4-283
小五义：一百二十四回 ……………………… 3-360
小丹丘词：一卷；撷影词：一卷 ………… 5-342
小方壶斋丛书：三十七种七十一卷 ……… 5-426
小方壶斋存稿：十卷 ………………………… 5-156
小书巢诗课偶存注略：四卷 ……………… 5-130
小石山房坠简拾遗：六种七卷 …………… 5-425
小石帆亭五言诗续钞：八卷首一卷 ……… 5-196
小石林诗集：七卷二集八卷古文二卷文外
　　二卷…………………………………………… 5-81
小四梦：四卷………………………………… 5-365
小白渡纪胜：一卷 …………………………… 2-167
小尔雅：一卷………………………………… 1-131
小尔雅：一卷………………………………… 1-184
小尔雅广注：不分卷 ………………………… 1-182
小尔雅广注：四卷 …………………………… 1-182
小尔雅训纂：六卷 …………………………… 1-182
小尔雅疏：八卷 ……………………………… 1-182
小尔雅疏证：五卷 …………………………… 1-182
小兰陔诗集：八卷 …………………………… 5-87
小名录：二卷………………………………… 1-425
小名录：不分卷 ……………………………… 1-426
小安乐窝诗钞：不分卷 ……………………… 5-93
小字录：一卷………………………………… 1-426
小字录：一卷………………………………… 1-426
小字录：一卷………………………………… 1-426
小字录补：六卷 ……………………………… 1-426
小酉腴山馆诗钞：不分卷…………………… 5-149
小言录：一卷………………………………… 3-56
小沧屿山房诗存：六卷 ……………………… 5-156
小青娘风流院：二卷；小青传：一卷 … 5-382
小青焚余：一卷 ……………………………… 5-382
小青焚余集：一卷 …………………………… 4-376
小青集：一卷阅稿一卷 ……………………… 4-376
小庚词存：二卷 ……………………………… 5-131
小庚词存：不分卷 …………………………… 5-131
小学大全：六卷；孝经详解：一卷；忠经
　　详解：一卷 ………………………………… 3-38
小学五书：五卷 ……………………………… 3-37
小学书纲领：一卷 …………………………… 3-37
小学书纲领：一卷 …………………………… 3-37
小学史断：二卷 ……………………………… 1-335
小学史断：二卷 ……………………………… 1-335
小学史断：二卷 ……………………………… 1-335
小学史断：二卷 ……………………………… 1-335
小学史断：二卷 ……………………………… 1-335
小学史断：四卷 ……………………………… 1-335
小学句读：六卷 ……………………………… 3-38

小学绀珠：十卷 ……………………………… 3-287
小学钩沉：十九卷 …………………………… 1-191
小学庵遗稿：不分卷 ……………………… 5-118
小学庵遗稿：四卷 …………………………… 5-118
小学渊源：一卷 ………………………………… 3-37
小学集注：六卷 ………………………………… 3-38
小学集说：六卷 ………………………………… 3-38
小学新编摘略：不分卷 ……………………… 3-38
小波词钞：一卷 ……………………………… 5-341
小草庐丛谈：不分卷 ……………………… 3-222
小草斋续集：二十八卷 …………………… 4-354
小南邨集：七卷二集八卷………………… 5-170
小桐庐诗草：十卷 …………………………… 5-105
小桐溪随笔：不分卷 ……………………… 3-220
小柴桑喃喃录：二卷 ……………………… 3-213
小眠斋读书日札：不分卷………………… 2-475
小倦游阁集：十四卷 ……………………… 5-129
小通津山房诗稿：一卷文稿一卷 ……… 5-116
小琉球漫志：十卷 …………………………… 2-172
小琅嬛仙馆叙录书：三种六卷………… 5-424
小匏庵杂录：不分卷 ……………………… 3-223
小隐书：不分卷 ……………………………… 1-362
小隐窝爽言：二卷 …………………………… 3-252
小雅堂诗稿：不分卷 ……………………… 4-325
小雅堂集：八卷 ……………………………… 4-325
小筑迩言：十六卷 …………………………… 4-375
小腆纪传：六十五卷 ……………………… 1-309
小窗自纪：四卷艳纪十四卷清纪五卷别纪
　　四卷…………………………………………… 3-266
小谟觞馆文集：四卷续集二卷………… 5-127
小谟觞馆诗集：八卷续集二卷文集四卷文
　　续集二卷诗余一卷诗余附录一卷 … 5-126
小蓬庐杂缀：二卷 …………………………… 5-141
小蓬莱阁金石文字：三卷 ……………… 2-439
小蓬莱阁金石目：不分卷………………… 2-444
小蓬莱阁金石目：不分卷………………… 2-444
小螺斋腊尽春回传奇：一卷 …………… 5-366
小瀛洲十老社诗：六卷 ………………… 5-246
小瀛洲十老社诗：六卷 ………………… 5-246
习学记言：五十卷 …………………………… 3-196
习学记言：五十卷 …………………………… 3-196
习学记言序目：五十卷 …………………… 3-196
习学记言序目：五十卷 …………………… 3-196
习学记言序目：五十卷 …………………… 3-196
马王易义：一卷 …………………………………1-6
马玉崑等奏稿 ………………………………… 2-94
马石田文集：十五卷附录一卷………… 4-203
马石田文集：十五卷附录一卷………… 4-203
马石田文集：十五卷附录一卷………… 4-204
[乾隆]马平县志：十卷首一卷………… 2-371
马东田漫稿：六卷 …………………………… 4-255
马东田漫稿：六卷 …………………………… 4-255
[嘉庆]马边厅志略：六卷首一卷 ……… 2-390
马吊持平谱：八卷 …………………………… 3-159
马吊新谱：一卷 ……………………………… 3-159
马吊谱：一卷…………………………………… 3-159
[马来西亚吉隆坡]吉隆阮氏家谱：不分卷…2-4
[康熙]马邑县志：五卷 …………………… 2-210
马经：二卷 ……………………………………… 3-57
马政志：四卷…………………………………… 2-60
[乾隆]马巷厅志：十八卷首一卷 ……… 2-295
[光绪]马巷厅志附录：三卷 …………… 2-295
马恭敏集：六卷 ……………………………… 4-295
马傅岩集明清印谱：一卷……………… 2-473
马端肃公诗集：一卷 ……………………… 4-249
马端肃公奏议：十六卷 …………………… 2-97
马端肃公奏议：十四卷 …………………… 2-97
马端肃公奏议：十四卷 …………………… 2-97
子书类纂：七卷 ……………………………… 3-310
子平遗书：不分卷 …………………………… 3-121
子平遗书：不分卷 …………………………… 3-121
子平遗书：不分卷 …………………………… 3-121
子平遗书：不分卷 …………………………… 3-121
子史类语：二十四卷 ……………………… 3-312
子史精华：一百六十卷 …………………… 3-313
子汇：三十四卷 ………………………………… 3-2
子汇二十四种：三十四卷………………… 3-2
子朱子为学次第考：三卷……………… 1-394
子华子：二卷…………………………………… 3-174
子华子：二卷…………………………………… 3-174

子华子：二卷；文子：一卷 ………… 3-174
子华子：十卷 ………… 3-174
子华子：十卷 ………… 3-174
子苑：一百卷 ………… 3-271
子昂集：十卷附录一卷 ………… 4-24
子昂集：十卷附录一卷 ………… 4-24
子品金函：四卷 ………… 3-3
子略：四卷目录一卷 ………… 2-500
子略：四卷目录一卷 ………… 2-500
子渊诗集：六卷 ………… 4-201
子曾子：一卷 ………… 3-8
[乾隆]乡宁县志：十五卷 ………… 2-222
乡约：一卷 ………… 3-45
乡约：一卷乡仪一卷 ………… 3-35
乡贤缄翰记：一卷 ………… 5-301
乡味杂咏：二卷 ………… 3-166
乡国纪变：九种十一卷 ………… 1-275
乡试墨卷：一卷；会试墨卷：一卷 ………… 4-362
乡诗摭谭：正集十卷首一卷续集十卷 ………… 5-325
乡音正误：二十四卷剩稿一卷 ………… 1-179
乡校礼辑：十一卷 ………… 1-83
乡党图考：十卷 ………… 1-118
乡党图考：十卷订讹一卷 ………… 1-118
乡射礼仪节：一卷 ………… 1-69
乡谈：一卷 ………… 3-220

四画

丰山集：四十卷 ………… 4-282
丰川续集：三十四卷 ………… 5-63
丰正元先生诗：四卷 ………… 4-253
丰乐楼诗草：六卷 ………… 5-146
丰对楼文集：六卷 ………… 4-318
丰对楼诗选：四十三卷 ………… 4-318
丰对楼诗选：四十三卷 ………… 4-318
丰对楼诗选：四十三卷 ………… 4-318
丰阳先生集：十二卷附录一卷 ………… 4-309
丰村集：三十六卷 ………… 4-260
[光绪]丰县志：十六卷首一卷 ………… 2-243
[乾隆]丰县志：十六卷首一卷 ………… 2-243
丰草亭诗：一卷 ………… 5-261
丰草庵诗集：十一卷 ………… 5-23
丰南志：十卷 ………… 2-281
[光绪]丰顺县志：八卷首一卷 ………… 2-365
丰润古鼎考：一卷 ………… 2-452
[光绪]丰润县志：十二卷图一卷 ………… 2-187
[乾隆]丰润县志：八卷图考一卷 ………… 2-187
[康熙]丰润县志：八卷首一卷 ………… 2-187
丰清敏公遗事：一卷 ………… 1-391
丰韵情书情词情诗：六卷 ………… 5-191
王一雪柳竹园牡丹记：一卷 ………… 3-169
王十岳乐府：一卷 ………… 5-403
王士禛等书札 ………… 5-301
王子年拾遗记：十卷 ………… 3-322
王子年拾遗记：十卷 ………… 3-322
王子年拾遗记：十卷 ………… 3-322
王子年拾遗记：十卷 ………… 3-322
王子年拾遗记：十卷 ………… 3-322
王子安集佚文：一卷 ………… 4-22
王子梅诗词集：六卷 ………… 5-145
王子献先生日记：不分卷函稿不分卷 ………… 1-423
王无功文集：五卷 ………… 4-20
王无功文集：五卷补遗一卷附录一卷 ………… 4-20
王无功文集：五卷补遗一卷附录一卷 ………… 4-23
王元美先生文选：二十六卷 ………… 4-317
王太史季孺诗草：一卷 ………… 4-274
王太蒙先生类纂批评灼艾集：十八卷 ………… 3-263
王中丞题稿：一卷 ………… 2-106
王公四六话：二卷 ………… 5-317
王公四六话：二卷 ………… 5-317
王公回文话：二卷 ………… 5-317
王公隲治绩纪略：一卷 ………… 2-50
王氏书苑：十五种三十七卷 ………… 3-134
王氏书苑：十卷 ………… 3-134
王氏书苑：十卷 ………… 3-134
王氏书苑：十卷画苑十卷 ………… 3-134
王氏书稿：不分卷 ………… 4-362
王氏存笥稿：二十卷 ………… 4-298
王氏存笥稿：二十卷 ………… 4-298
王氏合集书目考略：一卷 ………… 2-497

王氏画苑：十五种三十七卷 …………………… 3-141
王氏画苑：十卷 ……………………………… 3-141
王氏脉经：十卷 ……………………………… 3-70
王氏家藏集：□□卷 ………………………… 4-268
王氏家藏集：□□卷 ………………………… 4-268
王文公集汇选：六卷 ………………………… 4-103
王文成公文选：八卷 ………………………… 4-264
王文成公文选：八卷 ………………………… 4-264
王文成公全书：三十八卷……………………… 4-264
王文成公全书：三十八卷……………………… 4-264
王文安公诗集：五卷文集六卷………………… 4-241
王文安公诗集：五卷文集六卷………………… 4-241
王文定公文录：十二卷 ……………………… 4-278
王文肃公文草：十四卷 ……………………… 4-321
王文肃公文集：五十五卷……………………… 4-322
王文肃公全集：五十五卷……………………… 4-322
王文肃公牍草：十八卷 ……………………… 4-321
王文肃公集：十二卷 ………………………… 4-248
王文恪公笔记：一卷 ………………………… 3-248
王文恪公集：三十六卷 ……………………… 4-257
王文恪公集：三十六卷 ……………………… 4-257
王文敏公书札：不分卷 ……………………… 5-154
王文敏公寄女书：不分卷……………………… 5-154
王文简公遗文：不分卷 ……………………… 5-125
王文靖公集：二十四卷 ……………………… 5-32
王文端公尺牍：八卷 ………………………… 4-324
王文端公诗集：二卷奏疏八卷尺牍四卷
…………………………………………… 4-324
王世周先生诗集：二十卷……………………… 4-254
王石和文集：八卷 …………………………… 5-78
王石臞先生文稿：不分卷……………………… 5-116
王右丞集：二十八卷首一卷末一卷 ………… 4-28
王右丞集：三十卷 …………………………… 4-28
王仪部先生笺释：三十卷首一卷末一卷 … 2-65
王司马集：八卷 ……………………………… 4-53
王司空奏议：不分卷 ………………………… 2-103
王圣俞评选国腴：三卷 ……………………… 3-215
王考功士禄年谱：一卷 ……………………… 1-414
王考功鷃适轩诗集：十卷文集四卷附一卷
…………………………………………… 4-355
王考功鷃适轩诗集：六卷文集四卷附一卷
…………………………………………… 4-355
王西塘春煦轩集：二十二卷 ………………… 4-309
王西楼先生乐府：一卷 ……………………… 5-402
王西楼先生乐府：一卷 ……………………… 5-402
王西楼先生乐府：一卷 ……………………… 5-402
王西楼先生诗集：一卷乐府一卷 ………… 4-263
王西楼先生野菜谱：一卷……………………… 3-57
王百谷先生谋野集：四卷……………………… 4-323
王百谷集：八种十四卷 ……………………… 5-429
王仲山先生诗选：八卷文选一卷 ………… 4-288
王庆云日记：不分卷 ………………………… 1-420
王宇泰先生订补古今医鉴：十六卷 ………… 3-61
王艮斋文集：四卷 …………………………… 5-89
王阳明先生文集：二卷 ……………………… 4-264
王阳明遗书：七卷 …………………………… 4-265
王岐公宫词：一卷 …………………………… 4-101
王状元集百家注编年杜陵诗史：三十二卷
…………………………………………… 4-35
王状元集诸家注分类东坡先生诗：二十五
卷 ………………………………………… 4-109
王良夫行状：一卷 …………………………… 1-404
王奉常杂著：十二种十三卷 ………………… 5-429
王奉常杂著：十四种十八卷 ………………… 5-429
王奉常集诗：十五卷目录三卷文五十四卷
目录二卷 ………………………………… 4-324
王贤良儒志编：一卷 ………………………… 3-18
王尚书遗稿：一卷 …………………………… 4-172
王昌龄集：二卷 ……………………………… 4-27
王明甫先生桂子园集：二十三卷近稿不分
卷 ………………………………………… 4-311
王明德奏疏：一卷 …………………………… 2-105
王忠文公文集：二十四卷……………………… 4-228
王忠文公文集：二十四卷……………………… 4-229
王忠文公文集：二十四卷……………………… 4-229
王忠文公文集：二十四卷……………………… 4-229
王忠文公文集：二十四卷传一卷 ………… 4-228
王忠文公集：二十五卷附家集一卷 ……… 4-229
王季木问山亭诗集选：一卷辛亥草二卷癸
丑草一卷壬子草一卷甲寅草一卷 … 4-364

王季重历游纪：一卷 ………………………… 2-166
王季重先生文集：十三种十三卷 ………… 4-362
王季重先生文集：□□卷………………… 4-362
王季重先生自叙年谱：一卷 ……………… 1-413
王季重先生集：九种九卷………………… 4-362
王学质疑：五卷附文一卷………………… 3-33
王注正讹：一卷 ………………………… 4-110
王建诗集：十卷 …………………………… 4-53
王荆公唐百家诗选：二十卷 …………… 5-220
王荆公唐百家诗选：二十卷 …………… 5-220
王荆公唐百家诗选：二十卷 …………… 5-220
王荆公唐百家诗选：二十卷 …………… 5-220
王荆文公诗：五十卷 …………………… 4-103
王荆文公诗：五十卷 …………………… 4-103
王荆文公诗：五十卷补遗一卷………… 4-103
王荆文公诗笺注：五十卷……………… 4-161
王荆文公诗笺注：五十卷目录三卷 …… 4-161
王荆石先生批评柳文：十二卷……………4-63
王荆石先生批评韩文：十卷 ……………4-58
王荆石先生批评韩柳文：二十二卷 …… 5-170
王勃诗：一卷………………………………4-22
王勃集：二卷………………………………4-22
王勃集：二卷………………………………4-22
王贻上与林吉人札子：一卷 ……………5-42
王弇州词：一卷 ………………………… 5-356
王觉斯初集：不分卷 ………………………5-3
王柔王显绪奏稿：不分卷……………… 2-109
王素岩行述：一卷 ……………………… 1-406
王铁夫杂稿：不分卷 …………………… 5-121
王黄州小畜外集：二十卷…………………4-82
王黄州小畜外集：二十卷…………………4-82
王黄州小畜集：三十卷 …………………4-82
王黄州小畜集：三十卷 …………………4-82
王黄州小畜集：三十卷 …………………4-82
王黄州小畜集：三十卷 …………………4-82
王隶友先生著书：四种四卷 …………… 5-433
王梅边集：一卷 ………………………… 4-179
王常宗集：四卷补遗一卷……………… 4-235
王船山古近体诗评选：不分卷………… 5-197
王彭衙诗：九卷 ………………………… 4-279
王椒园先生集：四卷 …………………… 4-332
王惺所先生文集：十卷 ………………… 4-360
王道增行状 ……………………………… 1-399
王湘绮诗稿 ……………………………… 5-152
王谢世家：三十卷 ……………………… 1-378
王槐野先生存笥稿：二十卷续集九卷 … 4-299
王槐溪先生文集：五卷 ………………… 4-298
王槐溪先生文集：五卷 ………………… 4-298
王廉生书札 ……………………………… 5-154
王廉生至陈簠斋书劄：不分卷………… 5-154
王源春谷录：一卷 ……………………… 1-397
王源谢氏孟宗谱：十卷 …………………2-24
王静学先生文集：三卷首一卷末一卷 … 4-237
王瞶斋诗稿：一卷 ……………………… 4-228
王箬林先生题跋：十七卷……………… 3-144
王箬林先生题跋：十七卷……………… 3-144
王端毅公文集：九卷 …………………… 4-246
王摩诘诗集：七卷 ………………………4-29
王摩诘诗集：六卷 ………………………4-27
王摩诘诗集：六卷 ………………………4-29
王摩诘集：十卷 …………………………4-29
王摩诘集：十卷 …………………………4-29
王摩诘集：十卷 …………………………4-29
王摩诘集：六卷 …………………………4-27
王摩诘集：六卷 …………………………4-27
王摩诘集：六卷 …………………………4-27
王摩诘集：六卷 …………………………4-28
王摩诘集：六卷 …………………………4-28
王鹤泉集：八卷 ………………………… 4-320
王穉玉文集：八卷 ……………………… 4-337
王魏公集：八卷 ………………………… 4-106
王襄敏公集：四卷 ……………………… 4-248
王鳌永奏疏：不分卷诗稿一卷………… 2-105
王懿荣致叶德辉书札：不分卷………… 5-154
井丹先生集：十八卷首一卷 …………… 4-313
[雍正]井陉县志：八卷图一卷………… 2-180
[雍正]井陉县志：八卷 ………………… 2-180
[嘉庆]井研县志：十卷 ………………… 2-390
[光绪]井研县志：四十二卷 …………… 2-390
井窗蛩吟集：一卷 ……………………… 5-147

开元占经：一百二十卷 …………………………… 3-110
开元释教录：二十卷略出四卷……………… 2-501
[乾隆]开化府志：十卷 ……………………… 2-405
开有益斋读书志：六卷续志一卷；金石文
　字记：一卷 ………………………………… 2-494
开成纪要：不分卷…………………………… 3-162
[光绪]开州志：八卷首一卷 ……………… 2-326
[光绪]开州志：八卷首一卷图一卷 ……… 2-325
[嘉庆]开州志：八卷首一卷图一卷 ……… 2-325
开州政迹：八卷 …………………………… 2-50
[光绪]开州新编辑乡土志：一卷 ………… 2-326
[咸丰]开县志：二十七卷首一卷 ………… 2-377
开沙志：二卷………………………………… 2-251
开沙志：二卷图一卷 ……………………… 2-251
开国佐运功臣弘毅公家谱：不分卷 ……… 2-19
开原县乡土志……………………………… 2-232
[咸丰]开原县志：八卷首一卷…………… 2-231
开原县志：不分卷………………………… 2-232
开原图说：二卷 …………………………… 2-124
开通县乡土志……………………………… 2-234
开辟至春秋年表：一卷 …………………… 1-321
开颜集：二卷……………………………… 3-329
夫椒山馆诗：二十二卷 …………………… 5-130
天一阁见存书目：四卷 …………………… 2-483
天一阁书目：不分卷 ……………………… 2-483
天一阁书目：不分卷 ……………………… 2-483
天一阁现存书目：十二卷………………… 2-483
天一阁奇书：□□种□□卷 ……………… 5-417
天一遗书：不分卷………………………… 2-75
天人普庆：十四出………………………… 5-367
天工开物：三卷 …………………………… 2-74
天工开物：三卷 …………………………… 2-74
天下山河两戒考：十四卷………………… 3-90
天下有山堂画艺：二卷 …………………… 3-148
天下有山堂画艺：二卷 …………………… 3-148
天下同文前甲集：五十卷………………… 5-242
天下名山记钞：十六卷 …………………… 2-149
天下金石志：十五卷附录一卷…………… 2-440
天下金石志：十六卷 ……………………… 2-440
天下金石志：不分卷 ……………………… 2-441
天下金石志：不分卷 ……………………… 2-441
天下沿海形势录：一卷 …………………… 2-122
天下郡国利病书：一百二十卷…………… 2-120
天下郡国利病书：一百二十卷…………… 2-120
天下郡国利病书：一百二十卷…………… 2-120
天下郡国利病书：一百二十卷…………… 2-120
天下郡国利病书：一百二十卷…………… 2-120
天下郡国利病书：不分卷………………… 2-119
天山草堂存稿：六卷 ……………………… 4-302
[乾隆]天门县志：二十四卷首一卷 ……… 2-342
[道光]天门县志：三十六卷首一卷 ……… 2-343
天马山房遗稿：八卷 ……………………… 4-278
天马媒：二卷……………………………… 5-386
天王闰纪：不分卷 ………………………… 1-252
天井寺志略：六卷 ………………………… 2-144
天元一释：二卷 …………………………… 3-105
天元历理全书：十二卷首一卷…………… 3-89
天元玉历祥异赋：十九卷………………… 3-110
天元玉历祥异赋：七卷 …………………… 3-110
天元玉历祥异赋：不分卷………………… 3-110
天元玉历祥异赋：不分卷………………… 3-110
天元玉历祥异赋：不分卷………………… 3-110
天元玉历祥异赋：不分卷………………… 3-110
天元玉历祥异赋：不分卷………………… 3-111
天元玉历祥异赋：不分卷………………… 3-111
天中记：五十卷 …………………………… 3-291
天中记：六十卷 …………………………… 3-291
天中记：六十卷 …………………………… 3-291
天中记：六十卷 …………………………… 3-291
天中许子政学合一集：不分卷…………… 3-218
[康熙]天长县志：四卷 …………………… 2-276
天文书：四卷……………………………… 3-123
天文汇抄：十一种 ………………………… 3-86
天文会通占：三十一卷 …………………… 3-111
天文图说：不分卷………………………… 3-88
天文鬼料窍：五卷………………………… 3-109
天文鬼料窍：四卷………………………… 3-109
天文秘旨：五卷 …………………………… 3-90
天文精义赋：一卷；天文主管：一卷；祥
　异赋：一卷 ………………………………… 3-88

天方典礼择要解：二十卷；归正仪解：一卷 …… 3-430
天平志：六卷 …… 5-270
天东集：四卷 …… 4-364
天东集：四卷序录一卷 …… 4-364
天目山斋岁编：二十八卷 …… 4-305
天目中峰和尚广录：十卷 …… 3-418
天目中峰和尚广录：三十卷 …… 3-417
天目中峰和尚广录：三十卷 …… 3-417
天目中峰和尚广录：三十卷 …… 3-417
天目中峰和尚广录：三十卷 …… 3-418
天目中峰和尚广录：三十卷 …… 3-418
天目先生集：二十一卷 …… 4-309
天目先生集：二十一卷 …… 4-309
天目先生集：二十一卷 …… 4-309
天乐鸣空集：三卷 …… 3-421
天主圣教圣人行实：七卷 …… 3-430
天圣广灯录：三十卷 …… 3-420
天台山方外志：三十卷 …… 2-152
天台山全志：十八卷 …… 2-152
天台山志：一卷 …… 2-152
天台山国清禅寺三隐集记：一卷 …… 4-20
天台齐氏家藏清代名人诗稿：不分卷 …… 5-265
[咸丰]天台县志：十五卷首一卷 …… 2-270
天台陈先生类编花果卉木全芳备祖：前集二十七卷后集三十一卷 …… 3-305
天台治略：十卷 …… 2-82
天台诗征内编：六卷 …… 5-278
天台胜纪：六卷 …… 2-152
天台前集：三卷前集别编一卷拾遗一卷续集二卷续集别编六卷拾遗一卷 …… 5-278
天地间集：一卷 …… 4-178
天地间集：一卷 …… 4-178
天地间集：一卷；晞发道人近稿：一卷 …… 1-390
天地冥阳水陆仪文：三卷水陆杂文二卷 …… 3-429
天耳堂文集：四卷 …… 4-369
天机拨砂经：一卷 …… 3-113
天机拨砂经：□□卷 …… 3-113
天机望龙经：一卷 …… 3-113
天机望龙经：一卷 …… 3-113
天延阁删后诗：十二卷；敬亭倡和集：一卷；延阁联句唱和诗：一卷 …… 5-27
天延阁删后诗：十六卷 …… 5-27
天全六番稿：六卷 …… 5-63
[咸丰]天全州志：八卷首一卷 …… 2-397
天全闻见记：四卷 …… 2-396
天全翁集：□□卷 …… 4-244
天问阁明季杂稿：三卷 …… 1-374
天问略：一卷 …… 3-88
天池杂稿：不分卷 …… 4-312
天运绍统：二卷 …… 1-323
天花丈室诗稿：不分卷 …… 5-136
天花藏批评玉娇梨：五卷二十回 …… 3-349
天花藏批评平山冷燕：五卷二十回 …… 3-349
天花藏批评平山冷燕：六卷二十回 …… 3-349
天步真原：一卷 …… 3-89
天步真原：一卷；天学会通：一卷 …… 3-89
天佚草堂重订文选：二十卷诗选十卷 …… 5-181
天佣子全集：六卷 …… 4-366
天谷山人集：十卷 …… 4-344
天启二年壬戌科进士履历：一卷 …… 1-430
天启元年山西乡试录：一卷 …… 1-432
天启四年云南乡试录：一卷 …… 1-437
天启圣德中兴颂：一卷 …… 4-290
天启宫中词：一卷 …… 4-361
天启宫中词：一卷雪舫集一卷 …… 4-360
天启宫词百咏：二卷 …… 4-360
天念录：一卷二集一卷 …… 1-404
天府广记：四十四卷 …… 2-123
天放楼金石跋尾：不分卷 …… 2-444
天学初函：五十六卷 …… 5-421
天学初函：理编十种二十三卷器编十一种三十二卷 …… 5-421
天经或问后集：不分卷 …… 3-89
天经或问前集：四卷 …… 3-89
天南逸史：四卷 …… 1-310
[光绪]天柱县志：八卷首一卷 …… 2-401
天香庆节：一卷 …… 5-366

天香庆节：□□卷 5-366
天香别墅学吟：十一卷 5-132
天香别墅漫存：一卷 5-132
天顺日录：一卷 1-301
天顺日录：一卷 1-301
天皇至道太清玉册：二卷原道一卷 3-390
天津卫屯垦条款：不分卷 2-58
[康熙]天津卫志：四卷图一卷 2-177
[乾隆]天津县志：二十四卷图一卷 2-177
[乾隆]天津县志：二十四卷图一卷 2-177
[乾隆]天津府志：四十卷图一卷 2-177
天津烂豆文册：不分卷 2-51
天宫宝传奇：二卷 5-396
天都载：六卷 3-215
天都载：六卷 3-215
天都游草：不分卷 2-167
天原发微：十八卷 3-108
天原发微：五卷 3-109
天原发微各类图：一卷篇目名义一卷 3-109
天原发微辨正：五卷图一卷篇目名义一卷 3-108
天原发微辨正：五卷图一卷篇目名义一卷 3-108
天原发微辨正：五卷图一卷篇目名义一卷 3-109
天罡玄秘都雷法：一卷 3-387
天益山堂遗集：十卷续刻一卷 4-376
天象玄机：八卷 3-88
天涯诗抄：四卷诗余抄一卷 5-33
天随愿：不分卷 5-395
天隐和尚磬山集：十四卷 3-418
天赏楼四书绎义：十九卷 1-129
天游山人集：二十卷 4-274
天游文集：五卷 4-236
天游别集：三卷 3-203
天禄阁外史：八卷 3-184
天鉴录：一卷 1-373
天潢玉牒：一卷 2-3
天潢玉牒：一卷；明太祖高皇帝御制周颠仙人传：一卷 1-396
[光绪]天镇县志：四卷首一卷 2-209
天籁词：二卷附录一卷 5-336
天籁集：二卷 5-336
天籁集：二卷摭遗一卷 5-336
无上黄箓大斋立成仪：五十六卷 3-382
无上黄箓大斋立成仪：五十六卷 3-382
无不宜斋未定稿：四卷 5-102
无文印：二十卷；无文和尚语录：四卷赞一卷偈颂一卷 4-171
[乾隆]无为州志：二十五卷首一卷 2-285
[嘉庆]无为州志：三十六卷首一卷 2-285
[嘉庆]无为州志：三十六卷首一卷 2-285
无为集：十五卷 4-123
无为集：十五卷 4-123
无为集：十五卷 4-123
无为集：十五卷 4-123
无如：四卷 3-327
无声诗史：七卷 1-371
无声诗史：七卷 1-371
无声诗史：七卷 1-371
无声诗史：七卷 1-371
[乾隆]无极县志：十一卷末一卷图一卷 2-182
[乾隆]无极县志：十一卷末一卷 2-182
[光绪]无极县续志：十卷首一卷末一卷 2-182
无町词余二种：五卷 5-364
无肠公子除授集：一卷 4-162
无闷堂集：二十三卷 5-55
无依道人录：不分卷 3-416
无弦琴谱：二卷 5-337
无闻集：二卷 5-115
无悔斋集：十五卷附录一卷 5-78
无冤录：一卷 2-71
无梦园集：八卷 4-366
无雩社草：一卷 5-248
无欲斋诗钞：一卷 4-361
无量寿如来念诵修习观行仪轨：一卷 3-399
[乾隆]无锡县志：四十二卷首一卷 2-253
[康熙]无锡县志：四十二卷 2-253

[光绪]无锡金匮县志：四十卷首一卷附编六卷 ………………………… 2-254
[嘉庆]无锡金匮县志：四十卷首一卷 … 2-254
[道光]无锡金匮续志：十卷首一卷 ……… 2-254
无题唱和诗：十八卷 ………………………… 5-262
元人集：十种六十一卷 ……………………… 5-168
元人集十种：五十四卷 ……………………… 5-168
元丰文集：四卷 ……………………………… 4-227
元丰类稿：五十卷 …………………………… 4-100
元氏长庆集：六十卷 ………………………… 4-64
元氏长庆集：六十卷补遗六卷 …………… 4-64
元氏长庆集：六十卷补遗六卷附录一卷 … 4-64
元氏长庆集：六十卷补遗六卷附录一卷 … 4-64
元氏长庆集：六十卷集外文章一卷 ……… 4-64
元氏长庆集：六十卷集外文章一卷 ……… 4-64
元氏长庆集：六十卷集外文章一卷 ……… 4-64
[同治]元氏县志：十四卷首一卷末一卷 ………………………………………… 2-183
[乾隆]元氏县志：八卷末一卷 …………… 2-183
元文类：七十卷 ……………………………… 5-241
元文类：七十卷目录三卷 ………………… 5-241
元文类：七十卷目录三卷 ………………… 5-241
元文类：七十卷目录三卷 ………………… 5-241
元文类：七十卷目录三卷 ………………… 5-241
元文类删：四卷 ……………………………… 5-241
元本大板释义全像音释琵琶记：三卷 … 5-368
元本出相北西厢记：二卷释义一卷 ……… 5-360
元史：二百十卷目录二卷 ………………… 1-232
元史：二百十卷目录二卷 ………………… 1-232
元史：二百十卷目录二卷 ………………… 1-232
元史：二百十卷目录二卷 ………………… 1-232
元史：二百十卷目录二卷 ………………… 1-232
元史：五卷 …………………………………… 1-232
元史节要：二卷 ……………………………… 1-333
元史节要：二卷释文一卷 ………………… 1-333
元史本证：五十卷 …………………………… 1-344
元史地名考：不分卷 ………………………… 1-232
元史纪事本末：二十七卷 ………………… 1-272
元史纪事本末：六卷 ………………………… 1-272
元史纪事本末：四卷 ………………………… 1-272
元史类编：四十二卷 ………………………… 1-233
元史续编：十六卷 …………………………… 1-259
元史续编：十六卷 …………………………… 1-259
元史稿：七十六卷 …………………………… 1-233
元四大家诗集：二十七卷 ………………… 5-168
元白长庆集：一百三十九卷 ……………… 5-160
元包经传：五卷 ……………………………… 3-107
元包经传注：五卷 …………………………… 3-107
元包经传注：五卷 …………………………… 3-107
元包经传注：五卷 …………………………… 3-107
元包经传注：五卷 …………………………… 3-107
元包数总义：二卷 …………………………… 3-107
元包数总义：二卷 …………………………… 3-107
元包数总义：二卷 …………………………… 3-107
元包数总义：二卷 …………………………… 3-107
元包数总义：二卷 …………………………… 3-107
元主始末志：不分卷 ………………………… 1-297
元芝馆诗集：四卷 …………………………… 4-265
元西湖书院重整书目：一卷 ……………… 2-479
元曲选：一百种一百卷 ……………………… 5-357
元曲选：一百种一百卷 ……………………… 5-357
元曲选：一百种一百卷；元曲论：一卷 ………………………………………… 5-357
元曲选图：一卷 ……………………………… 5-357
[道光]元江州志：四卷 …………………… 2-403
元声韵学大成：四卷 ………………………… 1-176
元词备考：五卷 ……………………………… 5-411
元松乡先生文集：十卷 ……………………… 4-191
元松乡先生文集：十卷 ……………………… 4-191
元明七大家古文选：十一卷 ……………… 5-163
元明书谱 ……………………………………… 3-133
[乾隆]元和县志：三十二卷图一卷首一卷 ………………………………………… 2-257
[乾隆]元和县志：三十二卷首一卷 ……… 2-257
元和姓纂：十卷 ……………………………… 1-424
元和郡县图志：四十卷 ……………………… 2-114
元和郡县图志：四十卷 ……………………… 2-114
元和郡县图志：四十卷 ……………………… 2-114
元和郡县图志：四十卷 ……………………… 2-115
元和郡县图志：四十卷 ……………………… 2-115

元和郡县图志：四十卷首一卷……………… 2-115
元享释书：三十卷……………………………… 3-420
元宗博览：三十一种五十五卷……………… 5-420
元诗体要：十四卷……………………………… 5-240
元诗体要：十四卷……………………………… 5-240
元诗体要：十四卷……………………………… 5-240
元诗体要：十四卷……………………………… 5-240
元诗选：一卷…………………………………… 5-241
元诗选：十卷…………………………………… 5-240
元诗选：不分卷 ……………………………… 5-241
元诗选：六卷补遗一卷 ……………………… 5-241
元诗选：初集九卷二集八卷三集八卷 … 5-240
元经薛氏传：十卷……………………………… 1-239
元经薛氏传：十卷……………………………… 1-239
元经薛氏传注：十卷 ………………………… 1-239
元城先生语录：三卷 ………………………… 3-191
元城先生语录：三卷 ………………………… 3-191
元城先生语录：三卷 ………………………… 3-191
元城先生语录：三卷 ………………………… 3-191
元城先生语录：三卷附录一卷……………… 3-191
元城语录：三卷 ……………………………… 3-192
元城语录解：三卷附行录解一卷 ………… 3-192
元城语录解：三卷附行录解一卷 ………… 3-192
元故宫遗录：一卷……………………………… 2-142
元音：十二卷…………………………………… 5-239
元音：十二卷…………………………………… 5-239
元音：十二卷…………………………………… 5-239
元音：十二卷…………………………………… 5-240
元音独步揭文安公诗集：二卷拾遗一卷
……………………………………………………… 4-199
元音独步揭文安公诗集：二卷拾遗一卷
……………………………………………………… 4-199
元音统韵：二十八卷 ………………………… 1-181
元祐党籍录：一卷……………………………… 1-365
元统元年进士题名录：一卷 ……………… 1-429
元统元年进士题名录：一卷 ……………… 1-429
元敖氏伤寒金镜录：一卷…………………… 3-71
元破临安所得故宋书画目：一卷 ………… 3-127
元秘别录：六卷 ……………………………… 2-41
元郭天锡手书日记真迹：不分卷 ………… 1-416
元鹿皮子集：四卷……………………………… 4-201
元清乐府小令：七卷 ………………………… 5-358
元朝名臣事略：十五卷 ……………………… 1-366
元朝名臣事略：十五卷 ……………………… 1-366
元朝名臣事略：十五卷 ……………………… 1-367
元朝名臣事略：十五卷 ……………………… 1-367
元朝名臣事略：十五卷 ……………………… 1-367
元朝秘史：十五卷……………………………… 1-296
元朝秘史：十五卷……………………………… 1-296
元朝秘史：十卷续集二卷…………………… 1-296
元朝秘史：十卷续集二卷…………………… 1-296
元朝秘史注：十五卷 ………………………… 1-297
元遗山文集：十四卷 ………………………… 4-182
元遗山先生年谱：一卷 ……………………… 1-411
元遗山先生年谱：二卷 ……………………… 1-411
元遗山先生诗集：二十卷…………………… 4-182
元遗山诗集：八卷……………………………… 4-182
元遗山诗集：八卷……………………………… 4-182
元牍记：不分卷 ……………………………… 3-139
元释集：一卷…………………………………… 4-228
元释集：一卷…………………………………… 5-12
元碑录文：不分卷……………………………… 2-463
元儒考略：四卷 ……………………………… 1-367
元儒考略：四卷 ……………………………… 1-367
元儒学案：四卷 ……………………………… 1-367
元懒翁诗集：二卷……………………………… 4-199
韦氏诗经考定：二十四卷诗经传授源流一
卷总论一卷 ……………………………… 1-50
韦凤翔古玉环记：二卷 ……………………… 5-385
韦苏州诗集：十卷补遗一卷 ……………… 4-47
韦苏州集：十卷 ……………………………… 4-46
韦苏州集：十卷 ……………………………… 4-46
韦苏州集：十卷 ……………………………… 4-46
韦苏州集：十卷 ……………………………… 4-46
韦苏州集：十卷 ……………………………… 4-46
韦苏州集：十卷附录一卷…………………… 4-47
韦苏州集：十卷拾遗一卷…………………… 4-46
韦苏州集：十卷拾遗一卷…………………… 4-46
韦苏州集：十卷拾遗一卷…………………… 4-46
韦苏州集：十卷拾遗一卷…………………… 4-46

韦苏州集：十卷拾遗一卷……4-46
韦苏州集：十卷拾遗一卷……4-46
韦苏州集：十卷拾遗一卷……4-46
韦苏州集：十卷拾遗一卷……4-46
韦苏州集：十卷拾遗一卷……4-46
韦苏州集：十卷拾遗一卷……4-47
韦刺史诗集：十卷附录一卷……4-47
韦刺史诗集：十卷附录一卷……4-47
韦斋集：十二卷……4-137
韦斋集：十二卷……4-137
韦斋集：十二卷……4-137
韦斋集：十二卷……4-137
韦斋集：十二卷……4-138
韦斋集：十二卷……4-138
韦斋集：十二卷……4-138
韦庵集：二卷……4-277
韦端己诗补补遗：一卷……4-79
云山日记：一卷……1-416
云山读书记：不分卷……1-423
云山堂集：六卷……4-311
云山酬倡：不分卷……5-262
云川阁集：诗六卷词一卷……5-71
云门书院随笔：不分卷……3-275
云门志略：五卷……2-152
云门志略：五卷……2-152
云中郡志：十四卷……2-208
云中郡志：十四卷……2-208
云冈选稿：二十卷……4-290
云左山房文钞：五卷……5-135
云仙杂记：十卷……3-259
云仙杂记：十卷……3-259
云仙散录：一卷……3-259
云仙集：□□卷……4-289
云汀诗钞：四卷……5-110
云台二十八将图：一卷……3-148
云台编：三卷……4-78
云台编：三卷补遗一卷……4-78
云台编：不分卷……4-78
[道光]云台新志：十八卷首一卷末一卷……2-244
云庄刘文简公文集：二十卷……4-157
云庄刘文简公文集：十二卷……4-157
云庄刘文简公文集：十二卷……4-157
云庄刘文简公文集：十二卷……4-157
[咸丰]云阳县志：十二卷……2-378
云谷杂记：不分卷……3-225
云谷杂记：不分卷……3-317
云谷杂纪：四卷首一卷末一卷……3-225
云谷卧余：二十卷续八卷……3-218
云谷卧余：二十卷续八卷……3-218
云间人物杂记：不分卷……3-252
云间杂志：二卷……2-125
云间杂识：八卷……2-124
[绍熙]云间志：三卷……2-238
[绍熙]云间志：三卷……2-238
[绍熙]云间志：三卷续一卷……2-238
云间杜氏诗选：七卷……5-289
云间据目钞：五卷……2-124
云间清啸集：一卷……4-226
云间棠溪诗选：八卷……5-269
云间谳略：十卷……2-73
云坪集：四卷……4-257
云林世系图：一卷……4-212
云林石谱：三卷……3-172
云林石谱：三卷……3-172
云林堂饮食制度集：一卷……3-166
云林堂饮食制度集：一卷……3-166
云卧山庄文存：二卷附录一卷……5-149
云卧山庄诗稿：九卷……5-149
云卧山房集：不分卷……5-119
云卧山房集：不分卷……5-119
云岩诗集：六卷……5-188
云图钞：一卷；里书：一卷……2-41
[康熙]云和县志：五卷……2-271
云南永顺镇营制总册：不分卷……2-60
云南民屯赋役全书：七十七卷……2-53
云南民屯赋役全书：九十二卷……2-53
云南民粮赋役全书：七十七卷……2-53
云南苗族风俗图：不分卷……2-136
[道光]云南备征志：二十一卷……2-402

云南剑川营营制总册：不分卷 2-60
[隆庆]云南通志：十七卷 2-402
[康熙]云南通志：三十卷首一卷 2-402
[康熙]云南通志：三十卷 2-402
[道光]云南通志稿：二百十六卷首三卷 2-402
云钟雁三闹太平庄全传：五十四回 3-360
云笈七签：一百二十二卷 3-379
云笈七签：一百二十二卷 3-379
云笈七签：一百二十二卷 3-379
云笈七签：一百二十二卷 3-379
云峰拓碑图 2-464
云峰胡先生文集：十卷 4-190
云峰胡先生文集：八卷 4-190
云峰胡先生文集：六卷 4-190
云峰集瑞：一卷 5-366
云留小住印志：不分卷 3-154
云斋清籁：二十一卷 5-69
云烟过眼录：一卷 3-255
云烟过眼录：一卷 3-255
云烟过眼录：一卷 3-255
云烟过眼录：一卷 3-255
云烟过眼录：二卷别录二卷 3-255
云烟过眼录：四卷 3-255
云烟过眼续录：一卷 3-255
云浦文选：三卷 2-155
云黄集：□□卷 4-370
[道光]云梦县志：十二卷首一卷末一卷 2-336
云液草：三卷 4-373
云隐堂文集：三十卷诗集十卷附录四卷 4-371
云隐堂文集：三十卷诗集十卷附录四卷 4-371
云锦斋诗钞：八卷 5-92
云溪友议：三卷 3-241
云溪友议：三卷 3-241
云溪友议：三卷 3-241
云溪友议：三卷 3-241
云溪居士集：三十卷 4-115
云溪集：十二卷 4-129
云樵草书集法：二卷附圣贤道释四赞一卷 3-134
云藜稿：八卷附何伯子自注年谱一卷 4-326
云麓漫抄：十五卷 3-197
云麓漫抄：四卷 3-196
云麓漫抄：四卷 3-197
专征赋：一卷 3-125
廿一史约编：八卷首一卷 1-325
廿一史识余：三十七卷 1-325
廿一史弹词注：十一卷 1-345
廿二史札记：三十六卷 1-344
廿二史考异：一百卷 1-344
廿六草：二卷续一卷 5-68
艺风堂杂钞：八卷二辑十二卷补五卷 3-276
艺风堂金石文字续目：三卷 2-464
艺文类聚：一百卷 3-276
艺文类聚：一百卷 3-276
艺文类聚：一百卷 3-276
艺文类聚：一百卷 3-276
艺文类聚：一百卷 3-277
艺文类聚：一百卷 3-277
艺文类聚：一百卷 3-277
艺文类聚：一百卷 3-277
艺文类聚：一百卷 3-277
艺文类聚：一百卷 3-277
艺芸书舍书目：不分卷 2-494
艺苑名言：八卷 5-324
艺苑诵言：二卷 3-210
艺林汇谱：一卷 1-356
艺林伐山：二十卷 3-230
艺林伐山：二十卷 3-230
艺林伐山：二十卷 3-230
艺林伐山：二十卷 3-230
艺林伐山：二卷 3-230
艺林伐山：四卷 3-230
艺林聚锦增补故事白眉：十卷 3-297
艺林粹言：四十一卷 3-272
艺省斋随笔：八卷；日知录续补正：三卷 3-233

艺香词：六卷……5-340
艺海珠尘：一百六十六种三百十卷……5-423
艺菊十三则：一卷菊名诗一卷……3-170
艺菊志：八卷……3-169
艺赞：三卷……5-203
艺赞：三卷……5-203
木天遗草：二十八卷附录一卷……4-349
木石居精校八朝偶隽：七卷……5-326
木石居精校八朝偶隽：七卷……5-326
木皮子词：一卷……5-405
木讷先生春秋经筌：十六卷……1-100
木讷先生春秋经筌：十六卷……1-100
木厓集：二十七卷……5-21
木厓集：二十七卷……5-21
木鸢集：五卷……5-107
木钟台集：初集十种十卷再集十种十一卷杂集九种九卷……5-428
五十三参：一卷……1-358
五七言古诗钞：不分卷……5-266
五大部直音集韵：不分卷……3-425
五大部经忏直音集韵：不分卷……3-425
五大家诗抄：不分卷……5-170
五子书：八卷……3-1
五车韵瑞：一百六十卷……3-315
五公山人集：十六卷……5-16
五石居诗：二卷……4-386
五龙山人集：六卷……4-288
五代史：七十四卷……1-203
五代史：七十四卷……1-203
五代史：七十四卷……1-203
五代史：七十四卷……1-203
五代史：七十四卷……1-203
五代史记：七十四卷……1-202
五代史记：七十四卷……1-202
五代史记：七十四卷……1-202
五代史记：七十四卷……1-202
五代史记：七十四卷……1-202
五代史记：七十四卷……1-202
五代史记：七十四卷……1-202
五代史记：七十四卷……1-202
五代史记：七十四卷……1-202
五代史记：七十四卷……1-202
五代史记：七十四卷……1-202
五代史记：七十四卷……1-203
五代史记：七十四卷……1-203
五代史记：七十四卷……1-203
五代史记纂误补：四卷……1-203
五代史志疑：四卷……1-203
五代史吴越世家疑辩：一卷……1-290
五代史补：五卷……1-287
五代史补：五卷……1-287
五代史补：五卷……1-287
五代史补：五卷……1-287
五代史补：五卷……1-287
五代史补：五卷……1-287
五代史阙文：一卷……1-287
五代史阙文：一卷……1-287
五代史阙文：一卷……1-287
五代史阙文：一卷……1-287
五代史阙文：一卷……1-287
五代史阙文：一卷……1-287
五代史纂误：二卷……1-203
五代会要：三十卷……2-30
五代会要：三十卷……2-30
五代会要：三十卷……2-30
五代会要：三十卷……2-30
五代会要：三十卷……2-30
五代名画补遗：一卷……3-142
五代名画补遗：一卷……3-142
五代名画补遗：一卷……3-142
五代诗话：十二卷……5-322
五代诗话：十二卷……5-322
五代诗话：十二卷……5-322
五代春秋：二卷……1-255
五礼备考：一百八十卷……1-82
五台山志：一卷……2-150
[乾隆]五台县志：八卷首一卷……2-215
[康熙]五台县志：八卷首一卷……2-215
[光绪]五台新志：四卷首一卷……2-215
五先堂字学元元：十卷……1-180

五伦书：六十二卷 3-26
五伦书：六十二卷 3-26
五伦书：六十二卷 3-26
五行大义：五卷 3-125
五行类应：九卷 3-125
五行类事占：七卷 3-111
五行类事占：七卷 3-111
五行精纪：三十四卷 3-125
五行精纪：三十四卷 3-125
五杂俎：十六卷 3-212
五杂俎：十六卷 3-212
五杂俎：十六卷 3-212
五色线集：三卷 3-324
五灯会元：二十卷 1-366
五灯会元：二十卷 1-366
五灯会元：二十卷 1-366
五灯会元：二十卷 1-366
五灯会元：二十卷目录二卷 1-366
五灯会元缵续：五卷 1-366
五声琴谱：一卷 3-155
五声琴谱：一卷 3-155
五体集唐：五卷 4-320
五言律祖：六卷 5-188
五国故事：二卷 1-288
五国故事：二卷 1-288
五国故事：二卷 1-288
五国故事：二卷 1-288
五岳山人尺牍：十七卷 4-329
五岳山人后集：十一卷 4-329
五岳山人集：三十八卷 4-281
五岳诗集：四卷；槐柳纪略：一卷；二西诗草：二卷 4-351
五服异同汇考：三卷 1-69
五服释例：二十卷 1-81
五刻理气纂要详辩三台便览通书正宗：十八卷首三卷 3-124
五刻徽郡释义经书士民便用通考杂字：□□卷 3-312
[光绪]五河县志：二十卷首一卷末一卷 2-275
[嘉庆]五河县志：十二卷首一卷 2-275
五经：七卷 1-1
五经：九十六卷附考证 1-1
五经：五卷 1-1
五经：五卷 1-1
五经大全：一百二十一卷 1-3
五经文字：三卷 1-159
五经正文：七卷 1-1
五经正文：不分卷 1-1
五经四书大全：一百七十二卷 1-3
五经四书明音：八卷 1-141
五经白文：□□卷 1-1
五经同异：三卷 1-141
五经图：十二卷 1-139
五经注选：五卷 1-136
五经读：五卷 1-136
五经摘注：五卷 1-136
五经算术：二卷 3-102
五经疑义：二卷 1-136
五经疑问：六十卷 1-3
五经蠡测：六卷 1-135
五经蠡测：六卷 1-135
五茸志余：一卷 2-125
五茸志逸随笔：八卷 2-125
五茸志逸随笔：八卷 2-125
五胡指掌编：一卷 1-363
五星通轨：一卷 3-88
五品稿：不分卷 4-360
五香球：二卷 5-397
五修包山葛氏世谱：十卷 2-17
五桂楼黄氏书目：不分卷 2-493
五峰诗集：十三卷 4-205
五峰诗集：六卷 4-205
五峰胡先生文集：五卷 4-140
五唐人诗集：二十六卷 5-166
五唐人诗集：二十六卷 5-166
[乾隆]五凉考治六德集全志：五卷 2-175
五家四六：五卷 5-172
五家词：五卷 5-330
五曹算经注释：五卷 3-102

五瓠山人诗集：四卷续附一卷 …………… 4-330
五鹿块传奇：二卷 …………………………… 5-390
五朝名臣言行录：二十四卷 ……………… 1-363
五朝名臣言行录：二十四卷 ……………… 1-363
五朝名臣言行录：二十四卷 ……………… 1-363
五雅：四十一卷 …………………………… 1-184
五鹊别集：二卷 …………………………… 4-333
[嘉庆]五寨县志：二卷 …………………… 2-216
支华平先生集：四十卷 …………………… 4-331
支华平先生集：四十卷附录一卷 ………… 4-331
支提寺志：六卷 …………………………… 2-144
支道林集：一卷 …………………………… 4-13
支道林集：一卷 …………………………… 4-13
支谱：六卷 ………………………………… 2-13
不古编：不分卷 …………………………… 3-158
不共书：四卷 ……………………………… 3-206
不厌吟录：八卷 …………………………… 5-107
不厌吟录：五卷 …………………………… 5-107
不伏老：一卷 ……………………………… 5-361
不自秘方：一卷 …………………………… 3-82
不多集：二十二卷 ………………………… 5-208
不系舟渔集：十六卷 ……………………… 4-216
不系舟渔集：十六卷 ……………………… 4-216
不系舟渔集：十六卷 ……………………… 4-216
不系舟渔集：十六卷 ……………………… 4-216
不忘初斋辑稿：不分卷 …………………… 5-148
不夜天：不分卷 …………………………… 5-396
不空罥索心咒王经：三卷 ………………… 3-399
不空罥索陀罗尼经：二卷 ………………… 3-399
不空罥索神变真言经：三十卷 …………… 3-399
不得已：二卷 ……………………………… 3-430
不惑论：一卷 ……………………………… 3-220
不愧堂刻奏疏：六卷 ……………………… 2-90
不遮山阁诗钞前集：六卷后集十二卷 …… 5-55
太乙三山木郎祈雨神咒：一卷；大唐传载：
　　一卷；玉清宗教祈雪文检：一卷 … 3-387
太乙山房文集：十五卷 …………………… 4-353
太乙山房文集：十五卷 …………………… 4-353
太乙月孛雷君秘法：一卷 ………………… 3-387
太乙舟待删草：二卷；使浙草：一卷；乙
　　未诗抄：一卷 ………………………… 5-126
太乙金钥匙：一卷 ………………………… 3-122
太乙统宗宝鉴：二十二卷 ………………… 3-122
太乙统宗宝鉴：二十卷 …………………… 3-122
太上三元消灾延生保命妙经：一卷 ……… 3-381
太上三元赐福赦罪解厄延生经：一卷 … 3-381
太上三元赐福赦罪解厄延生经诰：一卷
　　…………………………………………… 3-381
太上三元赐福赦罪解厄消灾延生保命妙经：
　　一卷 …………………………………… 3-381
太上三元赐福赦罪解厄消灾延生保命妙经：
　　一卷 …………………………………… 3-381
太上三元赐福赦罪解厄消灾保命经：一卷
　　…………………………………………… 3-381
太上三元赐福赦罪解危延生经：一卷 … 3-381
太上正一飞神谒帝章法：一卷 …………… 3-386
太上正一天尊说镇宅消灾龙虎妙经：一卷；
　　太上玄灵北斗本命延生真经：一卷；太
　　上灵宝天尊说禳灾度厄真经：一卷
　　…………………………………………… 3-381
太上玄灵北斗本命延生经：一卷 ………… 3-381
太上玄灵北斗本命延生经：一卷；九天应
　　元雷声普化天尊王枢宾经：一卷 … 3-381
太上玄灵北斗本命延生真经：一卷 ……… 3-381
太上老子道德经：二卷 …………………… 3-367
太上老君说黄妙真经：一卷 ……………… 3-381
太上老君说常清静经：一卷 ……………… 3-380
太上老君说常清静经：不分卷 …………… 3-380
太上老君混元上德皇帝实录：七卷 ……… 3-388
太上洞玄灵宝无量度人上品妙经注：一卷；
　　元始无量度人上品妙经注：三卷 … 3-379
太上说三官经序：一卷；太上元始天尊说
　　三官宝号：一卷；太上三元赐福赦罪
　　解厄消灾延生保命妙经：一卷 ……… 3-380
太上说天妃救苦灵验经：一卷 …………… 3-381
太上说平安灶经：一卷 …………………… 3-380
太上说平安灶经：一卷；太上正一天尊说
　　镇宅消灾龙虎妙经：一卷；太上玄灵
　　北斗本命延生真经：一卷 …………… 3-380
太上消禳火灾经：不分卷；太上玄灵北斗

本命延生真经：不分卷；元始善巧清和开谛法门一百大吉祥檀炽钧玉音神咒：不分卷 …… 3-380
太上黄庭内景玉经童注：二卷图说一卷 …… 3-380
太上混洞赤文女青诏书天律上：□□卷 …… 3-381
太上感应灵篇：一卷 …… 3-382
太上感应篇：二卷 …… 3-382
太上感应篇：八卷 …… 3-382
太上感应篇：八卷 …… 3-382
太上感应篇：八卷 …… 3-382
太上感应篇图说：八卷 …… 3-382
太上感应篇图说：不分卷 …… 3-382
太上感应篇注：一卷 …… 3-382
太上感应篇经传注：一卷 …… 3-382
太仆奏议：四卷续奏议一卷 …… 2-102
太仓十子诗选：十卷 …… 5-273
太仓十子诗选：十卷 …… 5-273
太仓十子诗选：十卷 …… 5-273
太仓王公传略：一卷 …… 1-405
太仓文略：四卷 …… 5-274
太仓考：十卷 …… 2-57
[弘治]太仓州志：十一卷 …… 2-260
[崇祯]太仓州志：十五卷 …… 2-260
[嘉靖]太仓州志：十卷图一卷 …… 2-260
[弘治]太仓州志：十卷校勘记一卷 …… 2-260
[嘉靖]太仓州志：十卷 …… 2-260
太仓稊米集：七十卷 …… 4-133
太仓稊米集：七十卷 …… 4-133
太古传宗琵琶调西厢记曲谱：二卷；宫词曲谱：二卷；弦索调时剧新谱：二卷 …… 5-411
太古传宗琵琶调西厢记曲谱：二卷；宫词曲谱：二卷；弦索调时剧新谱：二卷 …… 5-411
太古园诗集：一卷 …… 5-30
太古园诗集：一卷 …… 5-30
太古堂遗编：十四卷 …… 4-368
太古遗音：二卷 …… 3-155
太平三书：十二卷 …… 5-282
太平三书：十二卷 …… 5-282
太平三书：十二卷 …… 5-282
[乾隆]太平三书：十二卷图一卷 …… 5-282
太平山水图画：一卷 …… 3-149
太平山房诗集选：五卷 …… 4-340
太平广记：五百卷 …… 3-323
太平广记：五百卷目录十卷 …… 3-323
太平广记：五百卷目录十卷 …… 3-323
太平广记：五百卷目录十卷 …… 3-323
太平广记：五百卷目录十卷 …… 3-323
太平广记：五百卷目录十卷 …… 3-323
太平广记引用书目：一卷补一卷 …… 3-323
太平广记通志等书签讹总档：不分卷 …… 3-323
太平天国衔官执照清册：不分卷 …… 1-319
太平天国翼王略蜀档屑 …… 1-319
太平乐事：一卷 …… 5-363
太平乐府玉勾：十三种十四卷 …… 5-391
太平圣惠方：一百卷 …… 3-79
太平军陷海宁始末记：一卷 …… 1-317
[乾隆]太平县志：十二卷首一卷 …… 2-279
[嘉庆]太平县志：十二卷首一卷 …… 2-279
[嘉庆]太平县志：十二卷首一卷 …… 2-280
[道光]太平县志：十六卷首一卷 …… 2-221
[道光]太平县志：十六卷首一卷 …… 2-221
[光绪]太平县志：十四卷首一卷 …… 2-221
[万历]太平县志：十卷 …… 2-279
[光绪]太平县志：十卷首一卷 …… 2-393
[康熙]太平府志：四十卷首一卷 …… 2-276
太平治迹统类：不分卷 …… 1-290
太平治迹统类：不分卷 …… 1-290
太平宝训政事纪年：五卷 …… 1-257
太平宝训政事纪年：五卷 …… 1-257
太平宝训政事纪年：五卷 …… 1-257
太平经国之书：十一卷 …… 1-61
太平经国之书：十一卷首一卷 …… 1-61
太平经国之书：十一卷首一卷 …… 1-61
太平经国之书：十一卷首一卷 …… 1-61
太平经国之书：十一卷首一卷 …… 1-61

太平班杂剧：五卷 ······ 5-367
太平钱：二卷 ······ 5-386
太平御览：一千卷 ······ 3-280
太平御览：一千卷 ······ 3-280
太平御览：一千卷目录十五卷 ······ 3-280
太平御览：一千卷目录十五卷 ······ 3-280
太平御览：一千卷目录十五卷 ······ 3-280
太平御览：一千卷目录十五卷 ······ 3-280
太平御览：一千卷目录十卷 ······ 3-280
太平御览：一千卷目录十卷 ······ 3-280
太平寰宇记：二百卷 ······ 2-115
太平寰宇记：二百卷 ······ 2-115
太平寰宇记：二百卷 ······ 2-115
太平寰宇记：二百卷目录二卷 ······ 2-115
太平寰宇记：二百卷目录二卷 ······ 2-115
太平寰宇记：二百卷目录二卷 ······ 2-115
太平寰宇记：二百卷目录二卷 ······ 2-115
太平寰宇记：二百卷目录二卷 ······ 2-116
太史升庵文集：八十一卷 ······ 4-279
太史升庵文集：八十一卷目录四卷 ······ 4-279
太史升庵文集：八十一卷目录四卷 ······ 4-280
太史升庵遗集：二十六卷 ······ 4-280
太史杨复所先生证学编：四卷首一卷；论策：二卷 ······ 3-210
太史范公文集：五十五卷 ······ 4-113
太史范公文集：五十五卷 ······ 4-113
太史范公文集：五十五卷 ······ 4-113
太史屠渐山文集：四卷附录一卷 ······ 4-287
太白山人诗：五卷 ······ 4-276
太白山人诗：五卷附录一卷 ······ 4-277
太白山人漫稿：八卷补遗一卷附录一卷 ······ 4-277
太白阴经：一卷 ······ 3-47
太白剑：二卷 ······ 1-339
太白剑：二卷 ······ 1-339
太玄月令经：不分卷 ······ 2-112
太玄注：四卷 ······ 3-107
太玄经：十卷 ······ 3-106
太玄经：十卷附说玄一卷释文一卷 ······ 3-107
太玄经：十卷释文一卷 ······ 3-106
太玄经：十卷释文一卷 ······ 3-106
太玄经：十卷释文一卷 ······ 3-107
太玄经解赞：十卷 ······ 3-106
太玄经解赞：十卷释文一卷 ······ 3-106
太玄经解赞：十卷释文一卷 ······ 3-106
太玄经解赞：十卷释文一卷 ······ 3-106
太玄经解赞：十卷释文一卷 ······ 3-106
太玄经解赞：十卷释文一卷 ······ 3-106
太玄经解赞：十卷释文一卷 ······ 3-107
太玄阐秘：十卷首一卷附编一卷外编一卷 ······ 3-107
太师张文忠公集：十九卷 ······ 4-268
太师诚意伯刘文成公集：二十卷 ······ 4-224
太师诚意伯刘文成公集：十八卷 ······ 4-224
太师诚意伯刘文成公集：十八卷 ······ 4-224
太师项襄毅公年谱：□□卷 ······ 1-412
太师徽国文公年谱：不分卷 ······ 1-410
太华山人集：四卷 ······ 4-312
太阴通轨：不分卷 ······ 3-90
太极辨疑：二卷 ······ 3-30
太邑崔氏宗谱：四卷 ······ 2-15
太谷山堂集：六卷 ······ 5-107
[万历]太谷县志：十卷 ······ 2-218
[光绪]太谷县志：八卷首一卷末一卷 ··· 2-218
[咸丰]太谷县志：八卷首一卷末一卷 ··· 2-218
[乾隆]太谷县志：八卷 ······ 2-218
太易钩玄：三卷 ······ 1-14
太和正音谱：二卷 ······ 5-409
太和正音谱：三卷 ······ 5-409
[乾隆]太和县志：八卷图一卷 ······ 2-274
[顺治]太和县志：八卷 ······ 2-274
太和县御寇始末：二卷 ······ 1-306
太和县御寇始末：二卷 ······ 1-306
太岳集书牍：十五卷 ······ 4-315
太学新编黼藻文章百段锦：二卷 ······ 5-325
太学增修声律资用万卷菁华：前集八十卷后集八十卷 ······ 3-281
太宗文皇帝圣训：六卷 ······ 2-87
太宗皇帝实录：八十卷 ······ 1-263
太宗皇帝实录：八十卷 ······ 1-263

太宗皇帝实录：八十卷 …… 1-263
太函集：一百二十卷目录六卷 …… 4-316
太函集：一百十二卷目录四卷 …… 4-316
太保东湖屠公遗稿：七卷 …… 4-255
太保费文宪公摘稿：二十卷 …… 4-274
太音大全集：五卷 …… 3-155
太音传习：五卷 …… 3-155
太洋州萧侯庙志：六卷 …… 2-146
太姥山志：三卷 …… 2-154
太素脉要：二卷 …… 3-71
[道光]太原县志：十八卷首一卷 …… 2-207
[万历]太原府志：二十六卷 …… 2-207
[万历]太原府志：二十六卷 …… 2-207
[乾隆]太原府志：六十卷 …… 2-207
太原府志：四卷 …… 2-207
[顺治]太原府志：四卷 …… 2-207
太原家谱：二十卷首一卷末一卷 …… 2-1
太虚轩稿：一卷 …… 4-310
太常少卿魏水洲先生文集：六卷 …… 4-283
太常寺则例：一卷 …… 2-80
太常寺续纪：二十二卷 …… 2-45
太常寺衙署工程修理过丈尺做法清册：不分卷 …… 2-83
太常考：不分卷 …… 2-39
太常因革礼：一百卷 …… 2-36
太常因革礼：一百卷 …… 2-36
太常纪要：十五卷 …… 2-39
太常纪要：十五卷 …… 2-39
太常磊斋吴公殉节实录：一卷 …… 1-402
[道光]太康县志：八卷首一卷 …… 2-329
[乾隆]太康县志：八卷 …… 2-329
[道光]太康县志：八卷 …… 2-329
太清金阙玉华仙书八极神章三皇内秘文：三卷 …… 3-386
太清神鉴录：二卷 …… 3-121
太清神鉴录：二卷 …… 3-121
[乾隆]太湖县志：二十卷首一卷末一卷 …… 2-278
[顺治]太湖县志：十卷 …… 2-278
[同治]太湖县志：四十六卷首一卷末一卷 …… 2-279
[同治]太湖县志：四十六卷首一卷末一卷 …… 2-279
太黔：六卷 …… 3-121
太霞洞集：三十二卷 …… 4-333
太霞集选：二十八卷 …… 4-333
太霞新奏：十四卷 …… 5-401
太霞新奏：十四卷 …… 5-401
历下十六景：十六卷 …… 5-284
历下集：一卷；花县集：四卷 …… 4-304
历世真仙体道通鉴：三十六卷 …… 1-361
历世真仙体道通鉴：三十六卷 …… 1-361
历世真仙体道通鉴：三十六卷 …… 1-361
历仕录：一卷 …… 1-399
历代三元甲子古今帝王世系地域图考：八卷 …… 1-254
历代山陵考：一卷 …… 2-146
历代山陵考：一卷 …… 2-146
历代山陵考：二卷 …… 2-146
历代山陵考：二卷 …… 2-146
历代小史：一百五卷 …… 1-274
历代小史摘编：六卷 …… 5-419
历代小史摘编：六卷 …… 5-419
历代内侍考：十四卷 …… 1-353
历代长术：五十卷附录三卷 …… 3-91
历代长术辑要：十卷 …… 3-91
历代文选：十四卷 …… 5-204
历代正闰考：十二卷 …… 1-253
历代正闰考：十二卷 …… 1-253
历代世谱：十卷 …… 1-253
历代古人像赞：不分卷 …… 1-354
历代古文国玮集：一百四十一卷 …… 5-211
历代史书大全：□□卷 …… 1-205
历代史正：二卷 …… 1-324
历代史论一编：四卷 …… 1-340
历代史略十段锦词话旁注：二卷 …… 5-406
历代史纂左编：一百四十二卷 …… 1-323
历代史纂左编：一百四十二卷 …… 1-323
历代史纂左编：一百四十二卷 …… 1-323
历代史纂左编：一百四十二卷 …… 1-323

历代地理沿革表：四十七卷 …………………… 2-114
历代地理指掌图：一卷 …………………………… 2-114
历代臣鉴：三十七卷 ……………………………… 1-352
历代臣鉴：三十七卷 ……………………………… 1-353
历代年号分韵：一卷 ……………………………… 1-254
历代名人诗抄：不分卷 …………………………… 5-196
历代名公画谱：四卷 ……………………………… 3-145
历代名公画谱：四卷 ……………………………… 3-146
历代名公画谱：四卷 ……………………………… 3-146
历代名臣奏议：三百五十卷 ……………………… 2-88
历代名臣奏议：三百五十卷 ……………………… 2-88
历代名臣奏议：三百五十卷 ……………………… 2-88
历代名臣奏议：三百五十卷目录一卷 …… 2-88
历代名臣奏议集略：四十卷 ……………………… 2-88
历代名吏录：四卷 ………………………………… 1-353
历代名画记：十卷 ………………………………… 3-142
历代名儒名臣循吏传：五十六卷 ………… 1-345
历代守令传：二十四卷 …………………………… 1-352
历代宅京记：二十卷 ……………………………… 2-138
历代讳名考：一卷 ………………………………… 2-42
历代纪元历：七卷 ………………………………… 1-254
历代纪元汇考：八卷 ……………………………… 1-254
历代纪元汇考：五卷 ……………………………… 1-254
历代纪元汇考：五卷 ……………………………… 1-254
历代纪元宅都记略：二卷；年号相同考：
一卷 ……………………………………………… 1-255
历代纪年：十卷 …………………………………… 1-253
历代纪年：十卷 …………………………………… 1-253
历代纪年甲子图：一卷 …………………………… 1-253
历代纪年便览：一卷；历代割据诸国：一
卷 ………………………………………………… 1-254
历代纪事年表：一百卷 …………………………… 1-320
历代志略：四卷 …………………………………… 1-323
历代兵制：八卷 …………………………………… 2-58
历代词钞：一卷 …………………………………… 5-351
历代君鉴：五十卷 ………………………………… 1-350
历代君鉴：五十卷 ………………………………… 1-350
历代画家姓氏考：四卷 …………………………… 3-143
历代诗话：十集八十卷 …………………………… 5-323
历代诗选：二十四卷 ……………………………… 5-196
历代诗家：一集五十六卷二集八十六卷
……………………………………………………… 5-194
历代建元考：不分卷外编不分卷 ………… 1-254
历代建元考：不分卷前编不分卷外编不分
卷 ………………………………………………… 1-254
历代经世详说：六卷附录一卷 …………… 1-346
历代经籍考存佚考：不分卷 ……………… 2-476
历代相臣传：一百六十八卷 ……………… 1-352
历代钟官图经：八卷 ……………………… 2-465
历代钟鼎彝器款识：二十卷 ……………… 2-451
历代钟鼎彝器款识法帖：二十卷 ………… 2-451
历代钟鼎彝器款识法帖：二十卷 ………… 2-451
历代钟鼎彝器款识法帖：二十卷 ………… 2-451
历代钟鼎彝器款识法帖：二十卷 ………… 2-451
历代钟鼎彝器款识法帖：二十卷 ………… 2-451
历代钟鼎彝器款识法帖：二十卷 ………… 2-451
历代钟鼎彝器款识法帖：二十卷 ………… 2-451
历代钟鼎彝器款识法帖：二十卷 ………… 2-451
历代钟鼎彝器款识法帖：二十卷 ………… 2-451
历代钟鼎彝器款识法帖：二十卷 ………… 2-451
历代帝王历祚考：八卷音释一卷 ………… 1-253
历代帝王历祚考：八卷音释一卷绍运国系
之图一卷年号考同一卷绍统年表一卷
……………………………………………………… 1-253
历代帝王历祚考：八卷音释一卷绍统年表
一卷年号考同一卷 ……………………… 1-253
历代帝王年表：十四卷 …………………… 1-321
历代帝王传国玺谱：一卷 ………………… 3-149
历代帝王名臣相：不分卷 ………………… 1-351
历代帝王宅京记：二十卷 ………………… 2-138
历代帝王纪年纂要：一卷 ………………… 1-320
历代帝王法帖释：六十卷 ………………… 3-135
历代帝王法帖释文：十卷 ………………… 3-138
历代帝王法帖释文考异：十卷 …………… 3-138
历代帝王法帖释文考异：十卷 …………… 3-139
历代帝王法帖释文考异：十卷 …………… 3-139
历代帝王法帖释文考异：十卷 …………… 3-139
历代帝王统系：二卷 ……………………… 1-321
历代帝系年号考：二十卷 ………………… 1-254
历代总目：一卷附录一卷 ………………… 1-326

历代将鉴博议：十卷 1-351
历代宫殿名：一卷 2-142
历代宫殿名：一卷 2-142
历代神仙通鉴：六十卷 3-391
历代郡国考略：三卷 2-121
历代钱法备考：八卷 2-56
历代高僧集传：三十八卷 1-358
历代宰辅汇考：八卷 2-43
历代通鉴纂要：九十二卷 1-249
历代通鉴纂要：九十二卷 1-249
历代通鉴纂要：九十二卷 1-249
历代通鉴纂要：九十二卷 1-250
历代通鉴纂要：九十二卷 1-250
历代赋钞：三十二卷 5-197
历代编年释氏通鉴：十二卷 1-358
历代编年释氏通鉴：十二卷 1-358
历阳典录：三十四卷补编六卷 2-285
历阳典录：三十四卷补编六卷 2-285
历志：十六卷 3-91
历府钩圆：不分卷 3-124
历学假如：二卷 3-91
历学疑问：三卷 3-91
历官表奏：十二卷 2-97
[崇祯]历城县志：十六卷 2-307
[乾隆]历城县志：五十卷首一卷 2-307
历城县修志条款采访册：不分卷 2-307
历科甲第录：不分卷 1-428
历科后场鸣悦：不分卷 5-305
历科状元图考全书：六卷 1-427
历测：二卷附历元布算法一卷 3-91
历象本要：一卷 3-91
历朝文选：五十卷 5-206
历朝尺牍大全：十二卷 5-297
历朝史印：十卷 3-154
历朝名媛诗词：十二卷 5-196
历朝忠义稿编：二十二卷 1-362
历朝诗选简全集：六卷 5-196
历朝闺雅：十二卷 5-196
历朝闺雅：十二卷 5-196
历朝闺雅：十二卷 5-196
历朝捷录百家评林：八卷 1-338
历朝赋选笺释：十卷首一卷 5-198
历朝赋格：三集十五卷 5-197
历朝赋楷：八卷首一卷 5-197
尤氏遂初堂书目：一卷 2-482
友石山人遗稿：一卷 4-218
友石山人遗稿：一卷附录一卷 4-218
友石山人遗稿：一卷附录一卷 4-218
友石山人遗稿：一卷附录一卷 4-218
友石山人遗稿：一卷附录一卷 4-218
友会谈丛：三卷 3-324
友庆堂存稿：十四卷 4-313
友声初集：五卷后集五卷新集五卷 5-301
友林乙稿：一卷 4-158
友林乙稿：一卷 4-158
友林乙稿：一卷 4-158
友林乙稿：一卷 4-159
友梅堂诗卷：一卷 5-182
友梅集：不分卷 4-246
友雅：三卷 5-243
车书楼汇辑各名公四六争奇：八卷 5-251
车书楼汇辑各名公四六争奇：八卷 5-251
车书楼汇辑旁注当代名公四六瑶函：六卷首一卷 5-250
车书楼选刻历朝翰墨鼎彝：十卷 5-298
车书楼选注当代名公四六天花：八卷 5-251
车营百八叩：不分卷附录二卷 3-46
[光绪]屯留县志：八卷首一卷 2-212
[雍正]屯留县志：四卷 2-212
比竹余音：四卷 5-346
比红儿诗：一卷 4-73
比红儿诗注：一卷 4-73
切问斋文钞：三十卷 5-267
切问斋集：十六卷 5-66
切法正指：二卷 1-180
切韵考：一卷 1-179
切韵指掌图：一卷 1-179
切韵指掌图：一卷 1-179
切韵指掌图：二卷 1-180
牙牌酒令：一卷 3-159

止止堂集：五卷 …… 4-319
止轩文习初草：四卷文蜕一卷 …… 5-155
止轩集：不分卷 …… 5-155
止园笔谈：十二卷 …… 3-223
止园隐语：不分卷 …… 3-275
止园集：二十八卷 …… 4-242
止园集：二十四卷续集一卷 …… 4-242
止斋先生文集：二十八卷 …… 4-153
止斋先生文集：五十二卷 …… 4-153
止斋先生文集：五十二卷 …… 4-153
止斋先生文集：五十二卷 …… 4-153
止斋先生文集：五十二卷附录一卷 …… 4-153
止斋先生文集：五十二卷附录一卷 …… 4-153
止斋先生文集：五十二卷附录一卷 …… 4-153
止斋先生文集：五十二卷附录一卷 …… 4-153
止斋先生奥论：七卷首一卷 …… 4-154
止斋先生奥论：八卷 …… 4-154
止啼斋集：一卷 …… 4-342
少广正负术：内篇三卷外篇三卷 …… 3-105
少司马谷公文集：二卷 …… 4-310
少司空主一徐公奏议：九卷 …… 2-97
少司徒王公传：一卷 …… 1-397
少司徒王公重光忠勤录：三卷 …… 1-397
少师张先生批评庄子义：十卷 …… 3-373
少华山人文集：八卷诗集十二卷 …… 4-281
少华山人前集：十三卷后集九卷 …… 4-281
少阳集：十卷 …… 4-134
少村漫稿：四卷 …… 4-290
少岳诗集：四卷 …… 4-290
少保于公奏议：十卷附录一卷 …… 2-96
少保于公奏议：十卷附录一卷 …… 2-96
少保于公奏议：十卷附录一卷 …… 2-96
少保于公奏议：十卷附录一卷 …… 2-96
少保胡端敏公奏议：十卷 …… 2-97
少保胡端敏公奏议：十卷 …… 2-97
少泉诗集：十卷 …… 4-292
少室山人集：二十五卷 …… 4-284
少傅野亭刘公遗稿：八卷 …… 4-258
少傅野亭刘公遗稿：八卷 …… 4-258
少湖先生文集：七卷 …… 4-293
少湖先生文集：七卷 …… 4-293
少湖徐先生学则辨：一卷 …… 4-154
少湖徐先生学则辨：一卷 …… 4-155
少微庄乐隐集：一卷；名公倡和集：一卷 …… 5-269
少微通鉴节要：五十六卷外纪四卷 …… 1-243
少微通鉴节要：五十卷 …… 1-244
少微通鉴节要：五十卷外纪四卷 …… 1-244
少微通鉴节要：五十卷外纪四卷 …… 1-244
日下看花记：四卷 …… 1-377
日下新讴：一卷 …… 5-118
日本记略：十四卷 …… 2-174
日本国考略：一卷 …… 2-174
日本图纂：一卷 …… 2-174
日本图纂：一卷 …… 2-174
日本修法请僧书：不分卷 …… 3-430
日本真言经轨法事集：不分卷 …… 3-421
日本源流考：二十二卷 …… 2-174
日本舆地通志：六十一卷 …… 3-431
日北居独坐谈：一卷 …… 3-216
日讲四书解义：二十六卷 …… 1-129
日讲礼记解义：六十四卷 …… 1-75
日讲礼记解义：六十四卷 …… 1-75
日讲礼记解义：六十四卷 …… 1-75
日讲易经解义：十八卷 …… 1-23
日讲春秋解义：六十四卷 …… 1-109
日知录：八卷 …… 3-233
日知录：八卷；谲觚十事：一卷 …… 3-233
日知录：三十二卷 …… 3-233
日知录：三十二卷 …… 3-233
日知录：三十二卷 …… 3-233
日知录：三十二卷 …… 3-233
日知录：三十二卷 …… 3-233
日知录之余：四卷 …… 3-233
日知堂文集：六卷 …… 5-47
日省斋偶钞 …… 1-341
日涉园集：十卷 …… 4-115
日涉园集：五卷 …… 4-115
日涉录：不分卷 …… 3-237
日涉编：十二卷 …… 2-112

日涉编：十二卷 …………………………………… 2-112
日涉编：十二卷 …………………………………… 2-112
日堂文钞：一卷 ……………………………………… 5-78
日湖渔唱：一卷补遗一卷续补遗一卷 … 5-335
日照许氏诸城李氏金文拓本释：不分卷
…………………………………………………………… 2-453
[光绪]日照县志：十二卷…………………………… 2-315
[光绪]日照县志：十二卷首一卷 ………… 2-315
[光绪]日照县志：不分卷…………………………… 2-315
日谱：不分卷…………………………………………… 1-420
[中山]麦氏族谱：十二卷……………………………… 2-14
[中山义门]郑氏族谱：二十八卷 ……………… 2-21
中山文钞：四卷诗钞四卷奏议四卷 ………… 5-27
中山文钞：四卷诗钞四卷奏议四卷 ………… 5-27
中山传信录：六卷舶中集一卷赠送诗文一
卷 …………………………………………………………… 2-172
中山传信录：六卷富建道中诗一卷舶中集
一卷游泰山诗一卷 ………………………………… 2-172
中山传信录：六卷赠送诗文一卷 ………… 2-172
中山沿革志：二卷 …………………………………… 2-172
中山狼传：一卷 ……………………………………… 3-163
中山集锦江十六疏：一卷…………………………… 2-106
中川先生集：三十三卷 …………………………… 4-271
中川遗稿：三十三卷 ……………………………… 4-271
[乾隆]中卫县志：十卷 ………………………… 2-433
中书典故汇纪：八卷 ………………………………… 2-44
中书楷诀：一卷 ……………………………………… 3-134
中立四子集：六十四卷 ……………………………… 3-2
中立四子集：六十四卷 ……………………………… 3-2
中立四子集：六十四卷 ……………………………… 3-2
中立四子集：六十四卷 ……………………………… 3-2
中郇诗草：一卷 ………………………………………… 5-59
中郇逸稿：二卷 ………………………………………… 5-16
中曲山房诗集：一卷 ……………………………… 4-387
中华古今注：三卷 …………………………………… 3-224
中华古今注：三卷 …………………………………… 3-224
中华古今注：三卷 …………………………………… 3-224
中州乐府集：一卷 …………………………………… 5-350
中州名贤文表：三十卷 …………………………… 5-285
中州名贤文表：三十卷 …………………………… 5-285
中州名贤文表：三十卷 …………………………… 5-285
中州名贤文表：三十卷 …………………………… 5-285
中州启札：四卷 ……………………………………… 5-296
中州启札：四卷 ……………………………………… 5-296
中州启札：四卷 ……………………………………… 5-296
中州金石考：八卷 …………………………………… 2-447
中州集：十卷…………………………………………… 5-236
中州集：十卷…………………………………………… 5-236
中州集：十卷…………………………………………… 5-236
中州集：十卷乐府一卷 …………………………… 5-236
中州集：十卷首一卷乐府一卷………………… 5-236
中州集：十卷首一卷乐府一卷………………… 5-236
中州疏稿：五卷；江南疏稿：九卷 …… 2-102
中兴小纪：四十卷 …………………………………… 1-257
中兴以来绝妙词选：十卷………………………… 5-349
中兴以来绝妙词选：十卷………………………… 5-349
中兴礼书：三百卷 ……………………………………… 2-36
中兴礼书：三百卷 ……………………………………… 2-37
中兴礼书校记：十三卷续编校记四卷附录
一卷……………………………………………………… 2-37
中兴礼书续编：八十卷 ……………………………… 2-36
中兴礼书续编：八十卷 ……………………………… 2-37
中兴两朝编年纲目：十八卷 …………………… 1-258
中兴间气集：二卷 …………………………………… 5-219
中兴间气集：二卷 …………………………………… 5-219
中兴纲目：十卷 ……………………………………… 1-252
中兴馆阁录：十卷 ……………………………………… 2-47
中兴馆阁录：十卷；南宋馆阁录：十卷；
馆阁续录：十卷 ……………………………………… 2-47
中兴馆阁录：十卷续录十卷 ……………………… 2-47
中兴馆阁录：十卷续录十卷 ……………………… 2-47
中兴馆阁录：十卷续录十卷 ……………………… 2-47
中兴馆阁录：十卷续录十卷 ……………………… 2-47
中兴馆阁续录：十卷 ………………………………… 2-47
中兴馆阁续录：十卷 ………………………………… 2-47
中兴御侮录：二卷 …………………………………… 1-293
中兴御侮录：二卷 …………………………………… 1-293
中兴群公吟稿戊集：七卷………………………… 5-232
[康熙]中江县志：五卷 ………………………… 2-386
[同治]中江县志补遗：一卷续编一卷 … 2-386

[道光]中江县新志：八卷首一卷 ………… 2-386
中论：二卷 ……………………………………… 3-17
中论：二卷 ……………………………………… 3-17
[乾隆]中牟县志：十一卷首一卷 ………… 2-321
[乾隆]中牟县志：十一卷首一卷 ………… 2-321
中丞马先生文集：四卷诗集四卷诗余一卷
…………………………………………………… 4-262
中丞公署磬阶梅华诗：一卷 ……………… 5-261
中丞松洲柴公遗稿：一卷………………… 4-287
中丞念山公集：不分卷 …………………… 4-329
中吴纪闻：六卷 …………………………… 2-126
中吴纪闻：六卷 …………………………… 2-126
中吴纪闻：六卷 …………………………… 2-126
中吴纪闻：六卷 …………………………… 2-126
中吴纪闻：六卷 …………………………… 2-126
中吴纪闻：六卷 …………………………… 2-126
中吴纪闻：六卷 …………………………… 2-126
中吴纪闻：六卷 …………………………… 2-127
中吴纪闻：六卷 …………………………… 2-127
中吴纪闻：六卷 …………………………… 2-127
中吴纪闻：六卷 …………………………… 2-127
中吴纪闻：六卷 …………………………… 2-127
中岩文介先生文集：六卷………………… 5-42
中复堂全集：十三种八十九卷…………… 5-433
中说：二卷 ………………………………… 3-17
中说：十卷 ………………………………… 3-17
中说：十卷 ………………………………… 3-17
中说：十卷 ………………………………… 3-17
中说：十卷 ………………………………… 3-17
中说：十卷 ………………………………… 3-17
中说：十卷 ………………………………… 3-17
中说：十卷 ………………………………… 3-18
中说：十卷 ………………………………… 3-18
中说：十卷 ………………………………… 3-18
中说考：七卷……………………………… 3-18
中说注：十卷……………………………… 3-18
[成化]中都志：十卷 ……………………… 2-275
中原音韵：二卷 …………………………… 5-413
中原音韵：二卷 …………………………… 5-413
中原音韵：不分卷 ………………………… 5-413
中峰文选：六卷应制稿一卷 ……………… 4-276
中峰普应国师圆觉提纲偈：一卷 ………… 3-409
中峰普应国师圆觉提纲偈：一卷 ………… 3-410
中唐十二家诗集：十一卷………………… 5-165
中唐十二家诗集：七十八卷 ……………… 5-164
中部县志：四卷 …………………………… 2-409
中部县志：四卷 …………………………… 2-409
中晚唐诗：五十一卷 ……………………… 5-167
中晚唐诗叩弹集：十二卷续集三卷 ……… 5-228
中庵先生刘文简公文集：二十五卷 ……… 4-188
中庵集：二十卷 …………………………… 4-188
中庸合注定本：一卷 ……………………… 1-116
中庸补注：一卷 …………………………… 1-115
中庸集略：二卷 …………………………… 1-115
中庸辑略：二卷 …………………………… 1-115
中庸瞽谈：一卷 …………………………… 1-116
中寰集：十一卷 …………………………… 4-348
中寰集：十一卷 …………………………… 4-348
中麓山人拙对：二卷续对一卷…………… 4-292
中麓小令：不分卷跋语不分卷…………… 5-404
冈州遗稿：六卷 …………………………… 5-287
[康熙]内乡县志：十二卷………………… 2-328
内方文集：五卷 …………………………… 4-283
内台钱俊峰先生存真文稿：六卷 ………… 4-302
内自讼斋古文稿：十一卷………………… 5-131
内自讼斋古文稿：十一卷………………… 5-131
[康熙]内江县志：二卷 …………………… 2-388
内江县志：十五卷首一卷………………… 2-389
[咸丰]内江县志：十五卷首一卷 ………… 2-388
[道光]内江县志要：四卷………………… 2-388
内邱县乡土志：二卷 ……………………… 2-201
[道光]内邱县志：四卷 …………………… 2-201
内库书目：不分卷 ………………………… 2-481
内府舆地全图：八卷 ……………………… 2-122
内经运气遗篇病释：一卷………………… 3-65
内经挈领增删集注：二十二卷…………… 3-64
内经博议：四卷 …………………………… 3-64
内省斋文集：三十二卷 …………………… 5-8
内庭画佛注销档案：不分卷 ……………… 2-83
内阁大库奏档 ……………………………… 2-92

内阁小志：一卷；内阁故事：一卷 ········ 2-44
内阁汉票签中书舍人题名：一卷续编一卷 ········ 1-439
内阁库存诏谕碑版舆图目：一卷；内阁库存书目：一卷；残书目：一卷 ······ 2-481
内阁奏题稿：十卷首一卷········ 2-100
内阁藏书目录：八卷 ········ 2-479
内阁藏书目录：八卷 ········ 2-479
内阁藏书目录：八卷 ········ 2-479
内阁藏书目录：八卷 ········ 2-479
内阁藏书目录：八卷 ········ 2-479
[光绪]内黄县志：十九卷首一卷附初稿二卷········ 2-325
内铨奏草：四卷 ········ 2-107
内翰林弘文院各官履历文册：不分卷 ··· 1-439
内藏百宝经：一卷；温室洗浴众僧经：一卷 ········ 3-397
见一诗稿：不分卷 ········ 4-294
见田公行述：一卷 ········ 1-399
见罗先生书要：三十卷 ········ 3-30
见闻记略：四卷 ········ 3-319
见闻杂记：九卷续二卷 ········ 3-319
见闻杂记：九卷续二卷 ········ 3-319
见闻纪训：二卷 ········ 3-249
见闻纪训：二卷 ········ 3-249
见闻实录：十二卷 ········ 1-306
见闻录：四卷········ 3-328
见闻琐录：三卷 ········ 3-220
见闻搜玉：八卷 ········ 3-249
见素诗集：十四卷 ········ 4-258
见素诗集：十四卷 ········ 4-258
见素集：二十八卷奏议七卷续集十二卷 ········ 4-258
见素集：二十八卷续集十二卷奏议七卷 ········ 4-258
见真吾斋诗草：十卷诗余二卷········ 5-142
牛头山：二卷········ 5-386
牛羊日历：一卷 ········ 1-287
牛羊日历：一卷 ········ 1-287
牛羊日历：一卷 ········ 3-224
午坡文集：四卷 ········ 4-287
午亭山人第二集：三卷 ········ 5-48
午亭文编：五十卷 ········ 5-48
午梦堂诗钞：三种三卷 ········ 5-32
午梦堂集：十二种二十三卷 ········ 5-293
午梦堂集：十二种二十三卷 ········ 5-293
午梦堂集：七种九卷 ········ 5-293
午清吟馆诗抄：二十二卷；退一步斋诗抄：二卷········ 5-154
午塘先生集：七卷 ········ 4-288
毛朱诗说：三卷 ········ 1-52
毛驰黄集：八卷 ········ 5-22
毛郑异同考：十卷 ········ 1-52
毛郑诗考正：四卷首一卷········ 1-53
毛诗：四卷 ········ 1-41
毛诗马王微：四卷 ········ 1-54
毛诗日笺：六卷 ········ 1-51
毛诗日笺：六卷 ········ 1-51
毛诗日笺：六卷 ········ 1-51
毛诗六帖：不分卷 ········ 1-47
毛诗古音考：四卷读诗拙言一卷 ········ 1-58
毛诗鸟兽草木本旨：十三卷 ········ 1-55
毛诗礼征：十卷 ········ 1-54
毛诗考证：四卷 ········ 1-59
毛诗地理释：□□卷 ········ 1-53
毛诗传笺：七卷 ········ 1-41
毛诗后笺：三十卷 ········ 1-54
毛诗名物图说：九卷 ········ 1-54
毛诗名物解：二十卷 ········ 1-43
毛诗多识：六卷 ········ 1-54
毛诗讲义：十二卷 ········ 1-44
毛诗明辨录：十卷 ········ 1-52
毛诗周韵诵法：十卷 ········ 1-59
毛诗郑笺纂疏补协：二十卷附诗谱一卷 ··· 1-50
毛诗注疏删翼：二十四卷········ 1-49
毛诗草木鸟兽虫鱼释：十二卷········ 1-53
毛诗故训传：三十卷 ········ 1-42
毛诗故训传：三十卷 ········ 1-42
毛诗故训传：三十卷 ········ 1-42
毛诗故训传：不分卷 ········ 1-41

毛诗故训传定本：三十卷……1-53
毛诗故训传定本：三十卷……1-53
毛诗要义：二十卷诗序谱一卷……1-45
毛诗要义：二十卷谱序要义一卷……1-45
毛诗要义：二十卷谱序要义一卷……1-45
毛诗指说：一卷……1-42
毛诗指说：一卷……1-42
毛诗说：二卷首一卷……1-52
毛诗说：三十卷……1-54
毛诗原解：三十六卷读诗一卷……1-47
毛诗振雅：六卷……1-48
毛诗振雅：六卷……1-48
毛诗振雅：六卷……1-48
毛诗通说：二十卷首二卷补遗一卷……1-52
毛诗笺疏辨异：三十卷毛诗总辨不分卷…1-54
毛诗集解：三十卷；学诗总说：一卷……1-44
毛诗稽古编：三十卷……1-50
毛诗稽古编：三十卷……1-50
毛诗稽古编：三十卷……1-51
毛诗稽古编：三十卷……1-51
毛稺黄十四种书：四十二卷……5-430
毛孺初先生评选即山集：六卷……4-371
壬申纪游：不分卷……5-56
壬辰四友二老诗赞：不分卷……5-247
壬辰四友二老诗赞：不分卷……5-247
壬辰翰林馆课纂：十六卷；馆阁新课评林纂：七卷……5-306
壬癸志稿：二十八卷……2-260
升平宝筏：十本十卷……5-393
升平宝筏：十卷……5-393
升平宝筏西游记：十二卷……5-393
升平署脸谱：不分卷……5-412
升甫词：三卷……5-344
升庵长短句：三卷续三卷……5-337
升庵外集：一百卷……3-231
升庵外集：一百卷……3-231
升庵先生文集：八十一卷目录四卷……4-280
升庵诗话：四卷……5-319
升庵诗集：九卷文集十二卷……4-280
升庵南中续集：四卷……4-280
升庵南中集：七卷……4-280
[嘉庆]长山县志：十六卷首一卷……2-320
[嘉庆]长子县志：二十一卷首一卷……2-213
[光绪]长子县志：十二卷首一卷……2-213
长水先生文钞：二十五卷……4-326
长生乐：不分卷……5-389
长生诠：六卷……3-266
长生树传奇：不分卷……5-395
长生殿传奇：二卷……5-389
[宣统]长白汇征录：八卷……2-235
[同治]长乐县志：二十卷首一卷……2-290
[光绪]长乐县志：十六卷首一卷末一卷……2-342
[同治]长乐县志：十六卷首一卷末一卷……2-342
[咸丰]长乐县志：十六卷首一卷末一卷……2-342
[乾隆]长乐县志：十卷首一卷……2-290
[道光]长乐县志：十卷首一卷……2-365
[康熙]长乐县志：八卷……2-365
[光绪]长汀县志：三十三卷首一卷末一卷……2-297
[光绪]长宁县志：十六卷首一卷……2-302
[光绪]长宁县志：十六卷首一卷……2-302
[道光]长宁县志：十卷首一卷……2-364
长州二陈先生诗集：十四卷……5-292
[嘉庆]长兴县志：二十八卷首一卷……2-265
长江集：十卷……4-65
长江集：十卷……4-65
长江集：十卷附录一卷……4-65
[熙宁]长安志：二十卷图三卷……2-405
[熙宁]长安志：二十卷图三卷……2-406
[熙宁]长安志：二十卷……2-405
长安志图：三卷……2-406
[嘉庆]长安县志：三十六卷……2-406
[康熙]长阳县志：一卷……2-342
[同治]长阳县志：七卷首一卷……2-342
[道光]长阳县志：七卷……2-342
长芦盐法志：二十卷援证十一卷……2-54
长吟阁诗集：十卷……5-87

长吟阁诗集：十卷 5-87
长吟阁诗集：十卷 5-87
长谷集：十五卷 4-276
[嘉庆]长沙县志：二十八卷首一卷 2-345
[嘉庆]长沙县志：二十八卷首一卷 2-345
[康熙]长沙县志：十卷 2-345
[同治]长沙县志：三十六卷首一卷 2-345
长沙青山彭氏会宗谱：不分卷 2-17
长沙岳麓书院续志：四卷首一卷末一卷补编一卷 2-148
[康熙]长沙府志：二十卷 2-344
[康熙]长沙府志：二十卷 2-344
[乾隆]长沙府志：五十卷首一卷 2-344
[顺治]长沙府志 2-344
长沙府岳麓志：八卷 2-148
长沙定王台志：二卷 2-146
长沙贾太傅祠志：四卷 2-146
长武县志：二卷首一卷 2-415
[乾隆]长武县志：十二卷附续刻一卷 2-415
长林林氏氏族录：不分卷 2-9
长物志：十二卷 3-257
长物志：十二卷 3-257
长征草：一卷；即次吟：一卷 5-57
长泖陆子年谱：一卷 1-414
[乾隆]长治县志：二十八卷首一卷末一卷 2-211
[光绪]长治县志：八卷首一卷 2-212
长春真人西游记：二卷附录一卷 2-168
长春真人西游记：二卷附录一卷 2-168
长春真人西游记：二卷附录一卷 2-169
长春竞辰稿：十三卷余稿三卷 4-288
[康熙]长垣县志：八卷 2-324
[隆庆]长洲县志：十四卷艺文志十卷 2-257
[康熙]长洲县志摘要：不分卷 2-257
长洲陶凫芗小象诗册：一卷 5-265
[乾隆]长泰县志：十二卷 2-296
长恩阁丛书：十四种十九卷 5-426
长恩阁丛钞：不分卷 3-275
长恩阁校订三代遗著：五卷 5-426
长留阁随手丛订：不分卷 3-275
长留集：九卷 5-169
长啸轩近稿：一卷续草一卷 4-319
长短经：九卷 3-186
长短经：九卷 3-186
长孺先生集：十卷附录一卷 4-329
长馨轩集：□□卷 4-359
仁山金先生文集：四卷 4-175
仁山金先生文集：四卷附录一卷 4-175
仁山遗稿：一卷附录一卷 4-229
仁化乡土志：不分卷 2-364
[光绪]仁化县志：八卷首一卷 2-364
[同治]仁寿县志：十五卷首一卷 2-395
[道光]仁寿县新志：八卷 2-395
[道光]仁怀直隶厅志：二十卷 2-398
[嘉靖]仁和县志：十四卷 2-263
仁和龚氏旧藏书目：不分卷 2-495
仁庙圣政记：二卷 1-301
仁宗睿皇帝圣训：一百十卷 2-88
仁狱类编：三十卷 2-71
[道光]什邡县志：五十四卷 2-385
片云集：一卷 5-73
片玉词：二卷补遗一卷 5-331
片玉词：二卷补遗一卷 5-331
片玉词考异：二卷补遗一卷 5-351
片玉斋存稿：二卷 4-325
片玉集：十卷 5-332
片玉集：十卷 5-332
片玉集：前编不分卷后编不分卷 5-288
化书：不分卷 3-388
化书：六卷 3-388
化书：六卷音义一卷 3-388
化书新声：六卷 3-388
化度寺碑考：一卷 2-463
介山记：二卷 5-391
介石堂集诗：十卷古文十卷 5-86
介存斋诗：四卷 5-132
[乾隆]介休县志：十四卷 2-217
[嘉庆]介休县志：十四卷 2-217
[康熙]介休县志：八卷 2-217
介和堂集：不分卷补遗二卷附录一卷 5-26

介庵琴趣外篇：六卷 …… 5-333
[雍正]从化县新志：五卷首一卷 …… 2-363
[雍正]从化县新志：五卷 …… 2-363
从父润斋中丞行述：一卷 …… 1-408
从古正文：五卷字原释义一卷 …… 1-162
从古堂款识学：一卷 …… 2-453
从戎纪略：二卷 …… 1-315
从先维俗议：五卷 …… 3-210
从祀先圣先贤先儒事迹录：二十四卷 … 1-348
从征纪事：一卷 …… 1-314
从游集：二卷 …… 5-256
今文大篇：二十卷 …… 5-267
今文周易演义：十二卷首一卷 …… 1-17
今文选：十二卷 …… 5-252
今文选：十四卷 …… 5-252
今文选：八卷 …… 5-266
今文韵品：二卷 …… 5-253
今文粹编：八卷 …… 5-267
今水经：一卷 …… 2-161
今水经：一卷表一卷 …… 2-162
今水经：一卷表一卷 …… 2-162
今古奇观：四十卷 …… 3-335
今古奇观：四十卷 …… 3-335
今古奇观：四十卷 …… 3-335
今古奇观：四十卷 …… 3-335
今古奇观：四十卷 …… 3-335
今古钩玄：四十卷 …… 3-272
今古舆地图：三卷 …… 2-119
今史：不分卷 …… 2-91
今史存录：六卷 …… 1-263
今乐府：二卷 …… 1-345
今乐府：二卷 …… 1-345
今吾集：一卷 …… 5-36
今吾集：一卷；笔云集：一卷 …… 5-36
今拟四声表：一卷 …… 1-181
今言：四卷 …… 1-298
今言：四卷 …… 1-298
今词苑：三卷 …… 5-353
今贤汇说：□□卷 …… 5-418
今诗兼：一卷；近诗兼：一卷；明诗兼：一卷 …… 5-262
今诗粹：十五卷 …… 5-257
今诗粹：十五卷 …… 5-257
今是园诗存：六卷文存二卷 …… 5-36
今献汇言：三十九种三十九卷 …… 5-419
今献备遗：四十二卷 …… 1-369
今韵正义：十卷 …… 1-179
分门史志通典治原书：十五卷 …… 1-322
分门定类今古名贤尺素天海奇声：九卷 …… 3-296
分门琐碎录：□□卷 …… 3-54
分门纂类唐宋时贤千家诗选：二十五卷 …… 5-187
分门纂类唐歌诗：一百卷 …… 5-221
[同治]分宜县志：十卷首一卷 …… 2-301
[康熙]分宜县志：十卷 …… 2-301
[道光]分宜县志：三十二卷首一卷 …… 2-301
分隶存：三卷 …… 3-136
分隶偶存：二卷 …… 3-136
分类尺牍新语：二十四卷 …… 5-299
分类补注李太白诗：二十五卷 …… 4-30
分类补注李太白诗：二十五卷 …… 4-30
分类补注李太白诗：二十五卷 …… 4-30
分类补注李太白诗：二十五卷 …… 4-30
分类补注李太白诗：二十五卷 …… 4-30
分类补注李太白诗：二十五卷 …… 4-30
分类补注李太白诗：二十五卷 …… 4-30
分类补注李太白诗：二十五卷 …… 4-30
分类补注李太白诗：二十五卷 …… 4-30
分类补注李太白诗：二十五卷 …… 4-30
分类补注李太白诗：二十五卷 …… 4-30
分类补注李太白诗：二十五卷 …… 4-31
分类补注李太白诗：二十五卷 …… 4-31
分类补注李太白诗：二十五卷文集一卷 … 4-31
分类补注李太白诗文：三十卷 …… 4-29
分类补注李太白诗文：三十卷 …… 4-31
分类补注李太白诗文：三十卷 …… 4-31
分类经进近思录集解：十四卷 …… 3-21
分类经进近思录集解：十四卷 …… 3-21
分类编次李太白文：五卷 …… 4-31

分湖小识：六卷 …… 2-259
分湖志：八卷 …… 2-163
分湖志：不分卷 …… 2-163
公羊义疏：十一卷 …… 1-98
公羊谷梁春秋合编附注疏纂：十二卷 …… 1-108
公羊经传异文集解：二卷 …… 1-98
公羊经传异文集解：二卷 …… 1-98
[同治]公安县志：八卷首一卷 …… 2-340
公孙龙子：三卷 …… 3-175
公孙龙子：三卷 …… 3-175
公余存见：六卷 …… 1-127
公余漫稿：五卷 …… 4-307
公是先生七经小传：三卷 …… 1-134
公是先生文集：不分卷 …… 4-95
公是先生集录：不分卷 …… 4-95
公是集：五十四卷 …… 4-94
公是集：五十四卷 …… 4-94
仓颉篇：三卷 …… 1-165
仓颉篇：三卷 …… 1-165
月川类草：十卷 …… 4-308
月川曹先生录粹：一卷 …… 3-26
月日纪古：十二卷 …… 2-113
月旦堂仙佛奇踪合刻：八卷 …… 3-328
月旦堂新镌绣像列仙传：四卷 …… 1-361
月令广义：二十四卷首一卷 …… 2-112
月令广义：二十四卷首一卷 …… 2-112
月令广义：二十四卷首一卷 …… 2-112
月令广义：二十四卷首一卷附录一卷 …… 2-112
月令通考：十六卷 …… 2-112
月令辑要：二十四卷图说一卷 …… 2-113
月令辑要：二十四卷图说一卷 …… 2-113
月当楼诗稿：八卷 …… 4-387
月香小稿：不分卷 …… 5-404
月香亭新编传奇育英才：不分卷 …… 5-396
月泉吟社：一卷 …… 5-233
月泉吟社：一卷 …… 5-233
月泉吟社：一卷 …… 5-233
月泉吟社：一卷 …… 5-233
月屋漫稿：一卷 …… 4-196
月屋漫稿：一卷 …… 4-196
月屋漫稿：一卷 …… 4-196
月屋漫稿：一卷 …… 4-196
月屋漫稿：四卷 …… 4-196
月屋樵吟：四卷 …… 4-196
月峰先生居业：四卷 …… 4-329
月峰先生居业：四卷 …… 4-330
月峰先生居业次编：五卷 …… 4-330
月溪集：一卷 …… 5-45
氏族博考：十四卷 …… 3-315
勿轩易学启蒙图传通义：七卷 …… 1-28
勿药文稿：一卷 …… 5-97
勿斋诗稿：一卷遗稿一卷 …… 4-244
风入松八十一阕：一卷 …… 5-338
风月鉴：十六卷十六回 …… 3-355
风穴志略：二卷 …… 2-145
风纪辑览：四卷 …… 2-69
风怀诗补注：一卷 …… 5-133
风雨茅堂稿：三卷三编二卷外集不分卷 …… 5-136
风树亭稿：十二卷 …… 4-240
风俗通义：十卷 …… 3-184
风俗通义：十卷 …… 3-184
风俗通义：十卷 …… 3-184
风俗通义：十卷 …… 3-184
风俗通义：十卷 …… 3-184
风俗通义：十卷 …… 3-184
风俗通义校正：二卷补逸一卷 …… 3-184
风俗通义校正：二卷补逸一卷 …… 3-184
风前月下填词：二卷 …… 5-390
风宣玄品：十卷 …… 3-155
风宪事宜：一卷 …… 2-49
风宪忠告：一卷 …… 2-48
风教云笺后集：四卷 …… 5-299
风教云笺续集：四卷 …… 5-299
风雅广逸：十卷附录一卷 …… 5-189
风雅元音：六卷 …… 5-193
风雅逸篇：十卷 …… 5-189
风雅遗宗：□□卷 …… 5-197
风雅遗音：二卷 …… 5-334
欠山集：不分卷 …… 5-82

欠山集：不分卷 ……………………………… 5-82
丹台玉案：六卷 ……………………………… 3-62
[光绪]丹阳县志：三十六卷首一卷 ……… 2-251
丹阳词：一卷……………………………… 5-332
丹阳集：二十四卷 ………………………… 4-128
丹邑新志：不分卷 ………………………… 2-432
丹林集：五卷……………………………… 5-16
丹桂记：二卷……………………………… 5-378
丹峰先生文集：十三卷 …………………… 4-268
丹铅余录：十七卷 ………………………… 3-230
丹铅余录：十三卷 ………………………… 3-230
丹铅总录：二十七卷 ……………………… 3-229
丹铅总录：二十七卷 ……………………… 3-229
丹铅总录：二十七卷 ……………………… 3-229
丹铅总录：二十七卷 ……………………… 3-229
丹铅总录：二十七卷 ……………………… 3-229
丹铅总录：二十七卷 ……………………… 3-230
丹铅总录：二十七卷 ……………………… 3-230
丹铅总录：二十七卷 ……………………… 3-230
丹铅续录：十二卷 ………………………… 3-230
丹铅续录：十二卷 ………………………… 3-230
丹铅续录：十二卷 ………………………… 3-230
[康熙]丹徒县志：十卷首一卷…………… 2-251
[顺治]丹徒县志：五卷 ………………… 2-251
[光绪]丹徒县志：六十卷首四卷图一卷
…………………………………………… 2-251
丹浦欵言：四卷 ………………………… 3-231
丹崖集：八卷……………………………… 4-232
丹崖集：八卷附录一卷 ………………… 4-232
[光绪]丹棱县志：十卷首一卷…………… 2-396
[光绪]丹棱县志：十卷首一卷…………… 2-396
丹溪手镜：三卷 ………………………… 3-59
丹溪心法：二十四卷首一卷 …………… 3-82
丹溪心法附余：二十四卷首一卷 ……… 3-82
丹溪心法附余：二十四卷首一卷 ……… 3-82
丹溪心法附余：二十四卷首一卷 ……… 3-82
丹溪心法附余：二十四卷首一卷 ……… 3-83
丹溪心法附余：二十四卷首一卷 ……… 3-83
丹溪心法附余：二十四卷首一卷 ……… 3-83
丹溪心法类集：四卷 …………………… 3-82
[光绪]丹噶尔厅志：八卷………………… 2-432
[光绪]丹噶尔厅志：八卷首一卷 ……… 2-432
丹橘林诗：二卷 ………………………… 5-96
乌石山房文稿：不分卷 ………………… 5-153
乌台诗案：一卷 ………………………… 1-391
乌台诗案：一卷 ………………………… 1-391
乌先生春草斋诗集：五卷文集六卷 …… 4-226
乌程范氏著述暨汇刻书：十五种三十五卷
…………………………………………… 5-433
[乾隆]凤山县志：十二卷首一卷 ……… 2-438
[康熙]凤山县志：十卷首一卷………… 2-438
凤川子克己示儿编：一卷……………… 3-36
[天启]凤书：八卷 ……………………… 2-275
凤仙花谱：一卷 ………………………… 3-170
[光绪]凤台县志：二十五卷首一卷 …… 2-275
[光绪]凤台县志：二十五卷首一卷 …… 2-275
[光绪]凤台县志：二十五卷首一卷 …… 2-275
[乾隆]凤台县志：二十卷首一卷 ……… 2-214
[嘉庆]凤台县志：十二卷………………… 2-275
[嘉庆]凤台县志：十卷 ………………… 2-275
[乾隆]凤台县志：四卷 ………………… 2-275
[光绪]凤台县续志：四卷首一卷 ……… 2-214
凤池园诗集：八卷文集八卷 …………… 5-53
凤池吟稿：十卷 ………………………… 4-229
[光绪]凤阳县志：十六卷………………… 2-276
[乾隆]凤阳县志：十六卷首一卷 ……… 2-276
[光绪]凤阳府志：二十一卷 …………… 2-276
[康熙]凤阳府志：四十卷……………… 2-275
[光绪]凤县志：十卷 …………………… 2-418
[道光]凤县志：不分卷 ………………… 2-418
凤阿集：不分卷 ………………………… 5-40
凤岩山房文草：二十六卷……………… 4-311
凤洲笔记：二十四卷 …………………… 4-317
凤洲笔记：二十四卷 …………………… 4-317
凤洲笔记：二十四卷 …………………… 4-317
凤凰山：七十二卷……………………… 5-406
[道光]凤凰厅志：二十卷首一卷 ……… 2-361
[光绪]凤凰厅续志：十六卷首一卷 …… 2-361
凤凰池：四卷十六回 …………………… 3-351
[雍正]凤翔县志：十卷 ………………… 2-417

[乾隆]凤翔府志略：三卷 2-416
凤墅残帖释文：二卷 3-140
勾股形内容三事和较：不分卷 3-105
勾股相求之法：一卷 3-105
勾股割圜记：三卷 3-105
勾股算术：二卷 3-104
勾漏集：五卷咏史诗一卷 4-330
勾漏集：四卷 4-312
殳山先生遗稿：三卷 4-293
卞里志：六卷 2-141
卞郎中诗集：七卷 4-246
卞郎中诗集：七卷 4-246
六十家名贤小集：七十七卷 5-167
六九轩算书：八卷 3-102
六子：六卷 3-3
六子书：六十二卷 3-1
六子书：六十二卷 3-1
六子书：六十二卷 3-1
六子书：六十二卷 3-1
六子书：六十二卷 3-1
六子书：六十卷 3-1
六子书：六十卷 3-1
六子书：六种十六卷 3-4
六子归儒集：十卷 3-264
六子全书：二十一卷 3-3
六子全书：六十卷 3-3
六艺纲目：二卷 3-38
六艺流别：二十卷 5-203
六艺堂诗礼七编：□□卷 1-5
六壬云开观月经：一卷 3-119
六壬日占：不分卷 3-119
六壬行军指南：不分卷 3-118
六壬军帐神机：四十八卷 3-118
六壬集应钤：不分卷 3-119
六壬集要四言断：一卷 3-119
六订历朝捷录百家评林：五卷 1-338
六书分类：十二卷首一卷 1-165
六书正义：十二卷 1-152
六书正讹：五卷 1-151
六书正讹：五卷 1-151
六书正讹：五卷 1-151
六书正讹：五卷 1-151
六书正讹：五卷 1-151
六书正讹：五卷 1-151
六书正讹：五卷 1-151
六书正讹：五卷 1-151
六书正讹：五卷 1-151
六书正讹：五卷 1-151
六书本义：十二卷 1-151
六书本义：十二卷图一卷 1-151
六书本义：十二卷图一卷 1-151
六书故：三十三卷六书通释一卷 1-156
六书故：三十三卷六书通释一卷 1-156
六书故：三十三卷六书通释一卷 1-156
六书音均表：五卷 1-179
六书总要：五卷；谐声指南：四卷；正小篆之讹：一卷 1-152
六书说：一卷 1-191
六书统：二十卷 1-156
六书统：二十卷 1-156
六书统：二十卷 1-156
六书统溯原：十三卷 1-156
六书统溯原：十三卷 1-156
六书准：不分卷 1-152
六书通：十二册 1-152
六书赋音义：二十卷 1-152
六书赋音义：二十卷赋一卷 1-152
六书赋音义：二十卷赋一卷 1-152
六书溯原直音：二卷分部备考一卷 1-152
六书精蕴：六卷 1-151
六书精蕴：六卷 1-151
六书精蕴：六卷 1-152
六甲主事赋遁甲起例等：不分卷 3-125
六吉斋字书：四种 1-154
六臣注文选：六十卷 5-173
六臣注文选：六十卷 5-173
六臣注文选：六十卷 5-175
六臣注文选：六十卷 5-175
六臣注文选：六十卷 5-176
六臣注文选：六十卷 5-176

六臣注文选：六十卷 …… 5-176
六合同春：十二卷 …… 5-367
[康熙]六合县志：十二卷图一卷 …… 2-241
[光绪]六合县志：八卷图说一卷附录一卷 …… 2-241
[乾隆]六合县志：六卷图一卷 …… 2-241
[乾隆]六安州志：二十五卷 …… 2-283
[同治]六安州志：六十卷 …… 2-283
[同治]六安州志：六十卷首一卷 …… 2-283
六字经法用心：不分卷 …… 3-421
六军镜：三卷 …… 3-50
六李集：三十五卷 …… 5-289
六帖补：二十卷 …… 3-287
六帖补：二十卷 …… 3-287
六经三注粹抄：六卷 …… 1-3
六经正误：六卷 …… 1-140
六经图 …… 1-139
六经图：六卷 …… 1-139
六经图：六卷 …… 1-139
六草斋虫吟：一卷 …… 5-136
六柳堂遗集：二卷余一卷 …… 4-374
六研斋二笔：四卷 …… 3-250
六泉十布宝珠录：四卷 …… 2-467
六美图：不分卷 …… 5-406
六语：三十一卷 …… 3-172
六祖坛经节录：一卷 …… 3-416
六莹堂集：九卷二集八卷 …… 5-36
六莹堂集：九卷二集八卷 …… 5-36
六峰阁诗稿：四卷 …… 5-82
六部则例全书：十九卷 …… 2-79
六部则例全书：□□卷 …… 2-79
六家七律诗选：十二卷 …… 5-230
六家文选：六十卷 …… 5-175
六家文选：六十卷 …… 5-175
六家文选：六十卷 …… 5-175
六家文选：六十卷 …… 5-175
六家文选：六十卷 …… 5-176
六家文选注：六十卷 …… 5-175
六家文选注：六十卷 …… 5-176
六家文略：十二卷；六家始末：一卷 …… 5-203
六家书札 …… 5-302
六家书札 …… 5-304
六家诗名物疏：五十五卷 …… 1-48
六家诗名物疏：五十五卷提要三卷 …… 1-48
六家诗选：十二卷 …… 5-165
六陵劫余志：不分卷 …… 2-146
六堂诗存：四卷续集一卷 …… 5-105
六朝文絜：四卷 …… 5-215
六朝文絜：四卷 …… 5-215
六朝文絜：四卷 …… 5-215
六朝文絜：四卷 …… 5-215
六朝文絜：四卷 …… 5-216
六朝文絜：四卷 …… 5-216
六朝声偶删补：七卷 …… 5-193
六朝声偶集：七卷 …… 5-193
六朝声偶集：七卷 …… 5-193
六朝别字记：不分卷 …… 1-162
六朝余韵：八卷 …… 3-310
六朝事迹编类：二卷 …… 2-125
六朝事迹编类：二卷 …… 2-125
六朝事迹编类：十四卷 …… 2-125
六朝宝训政事纪年：不分卷 …… 1-252
六朝诗汇：一百十四卷 …… 5-189
六朝诗汇：一百十四卷目录九卷诗评一卷 …… 5-189
六朝诗集：二十四种五十五卷 …… 5-161
六朝诗集：二十四种五十五卷 …… 5-161
六朝诗集：二十四种五十五卷 …… 5-161
六朝诗集：二十四种五十五卷 …… 5-161
六朝诗集：五十五卷 …… 5-161
六朝选诗定论：十八卷 …… 5-194
六朝选诗定论：十八卷 …… 5-194
六湖先生遗集：十二卷 …… 5-84
六韬：六卷 …… 3-42
六韬直解：六卷 …… 3-42
文几山人集：四卷附录一卷 …… 4-373
文山先生文集：十七卷 …… 4-176
文山先生文集：十七卷别集六卷 …… 4-175
文山先生文集：十七卷别集六卷附录三卷 …… 4-175

文山先生文集：十七卷别集六卷附录三卷 ······ 4-175
文山先生全集：二十八卷 ······ 4-175
文山先生全集：二十八卷 ······ 4-175
文山先生全集：二十卷 ······ 4-175
文山先生全集：二十卷 ······ 4-176
文山先生全集：二十卷 ······ 4-176
文山先生集杜诗：二卷 ······ 4-176
文子：一卷；子华子：一卷 ······ 3-377
文子：十二卷 ······ 3-377
文太史诗：四卷 ······ 4-263
文中子：十卷 ······ 3-18
文中子中说：十卷 ······ 3-18
文中子中说注：十卷 ······ 3-18
文公小学：六卷 ······ 3-37
文公先生小学书解：四卷 ······ 3-37
文公先生小学集注大成：六卷 ······ 3-37
文公先生小学集解大成：六卷 ······ 3-38
文公先生年谱：一卷 ······ 3-37
文公先生经世大训：十六卷 ······ 3-22
文公先生资治通鉴纲目：五十九卷 ······ 1-246
文公家礼仪节：八卷 ······ 1-83
文公家礼仪节：八卷 ······ 1-83
文公家礼仪节：八卷 ······ 1-83
文公家礼仪节：八卷 ······ 1-83
文公家礼会通：十卷 ······ 1-83
文公感兴诗通：一卷 ······ 4-190
文公感兴诗通：一卷 ······ 4-190
文氏家藏诗集：十三卷 ······ 5-287
文氏族谱续集：不分卷 ······ 2-1
文文肃公日记：二卷并北征纪行一卷 ··· 1-416
文心内符：十卷 ······ 5-211
文心雕龙：十卷 ······ 5-309
文心雕龙：十卷 ······ 5-309
文心雕龙：十卷 ······ 5-309
文心雕龙：十卷 ······ 5-309
文心雕龙：十卷 ······ 5-309
文心雕龙：十卷 ······ 5-309
文心雕龙：十卷 ······ 5-309
文心雕龙：十卷 ······ 5-309
文心雕龙：十卷 ······ 5-309
文心雕龙：十卷 ······ 5-310
文心雕龙：十卷 ······ 5-310
文心雕龙训故：十卷 ······ 5-310
文心雕龙训故：十卷 ······ 5-310
文心雕龙训故：十卷 ······ 5-310
文水李忠肃先生集：六卷附录一卷 ······ 4-360
[宣统]文水县乡土志：八卷补遗一卷 ··· 2-228
[光绪]文水县志：十二卷首一卷末一卷 ······ 2-228
[康熙]文水县志：十卷首一卷图一卷 ··· 2-228
文正王公遗事：一卷 ······ 1-390
文正王公遗事：一卷 ······ 1-390
文正公尺牍：三卷 ······ 4-86
文正书院传谱：不分卷 ······ 1-390
文式：二卷；古文矜式：一卷 ······ 5-325
文场备用排字礼部韵注：五卷 ······ 1-171
文成先生文要：四卷 ······ 4-265
文成集：一卷诸仙诗话一卷 ······ 3-126
文则：一卷 ······ 5-311
文则：一卷 ······ 5-311
文则：一卷 ······ 5-311
文则：一卷 ······ 5-311
文则：十卷 ······ 5-311
文则：四卷 ······ 5-205
文则：四卷 ······ 5-205
文则：四卷 ······ 5-205
文华大训箴解：六卷 ······ 3-29
文庄集：三十六卷 ······ 4-85
文庄集：三十六卷 ······ 4-85
文庄集：三十六卷 ······ 4-85
[康熙]文安县志：八卷图一卷 ······ 2-190
文字会宝：不分卷 ······ 5-210
文字会宝：不分卷 ······ 5-210
文字会宝：不分卷 ······ 5-210
文字蒙求：四卷 ······ 1-167
文远集：二十八卷补遗一卷 ······ 4-365
文坛列俎：十卷 ······ 5-210
文坛列俎：十卷 ······ 5-210
文村题跋：一卷 ······ 2-478

文县志：八卷……2-431
[光绪]文县新志：八卷首一卷……2-431
文园漫语：一卷……3-215
文体明辩：八十四卷首一卷……5-205
文体明辩：六十一卷目录六卷首一卷……5-205
文体明辩：六十一卷首一卷目录六卷附录目录二卷附录十四卷……5-205
文体明辩：四十八卷……5-205
文体明辩：附录十四卷目录二卷……5-205
文饭小品：不分卷……4-363
文启美诗集：三卷……4-368
文苑英华：一千卷……5-179
文苑英华：一千卷……5-179
文苑英华：一千卷……5-179
文苑英华：一千卷……5-179
文苑英华：一千卷……5-179
文苑英华：一千卷……5-179
文苑英华辨证：十卷……5-180
文苑英华辨证：十卷……5-180
文苑英华辨证：十卷……5-180
文苑春秋：四卷……5-202
文苑春秋：四卷……5-202
文苑潇湘：八卷……3-272
文直行书诗：十三卷文选十七卷首一卷……4-366
文林绮绣：五种五十九卷……3-308
文奇豹斑：十二卷……3-315
文昌心忏：一卷……3-382
文昌杂录：六卷……3-190
文昌杂录：六卷补遗一卷……3-190
文昌杂录：六卷补遗一卷……3-190
[咸丰]文昌县志：十六卷首一卷……2-373
[康熙]文昌县志：十卷……2-373
文昌帝君化书：二卷……3-388
文庙考：二卷……2-38
文庙靖难记圣政记：十一卷……1-262
文府滑稽：十二卷……5-207
文府滑稽：十二卷……5-207
文房四友除授集：一卷……3-330
文房四谱：四卷……3-162
文肃王公奏草：二十三卷……2-100
文肃公文集：三十四卷外集一卷……4-249
文肃公圭峰罗先生文集：三十七卷附录一卷……4-256
文肃公圭峰罗先生文集：三十七卷附录一卷……4-256
文始真经：三卷……3-375
文始真经言外经旨：三卷……3-376
文始真经言外经旨：三卷……3-376
文始真经言外经旨：三卷……3-376
文始真经言外经旨：三卷……3-376
文始真经注：九卷……3-376
文选：十二卷……5-172
文选：十二卷……5-173
文选：十二卷……5-176
文选：十二卷……5-176
文选：十二卷音注十二卷……5-172
文选：六十卷……5-172
文选：六十卷……5-172
文选：六十卷……5-173
文选：六十卷……5-173
文选：六十卷……5-173
文选：六十卷……5-173
文选：六十卷……5-173
文选：六十卷……5-173
文选：六十卷……5-174
文选：六十卷……5-174
文选：六十卷……5-174
文选：六十卷……5-174
文选：六十卷……5-174
文选：六十卷……5-174
文选：六十卷……5-174
文选：六十卷……5-174
文选：六十卷……5-174
文选：六十卷……5-175
文选：六十卷……5-175
文选：六十卷……5-176
文选尤：十四卷……5-177
文选尤：十四卷……5-177
文选双字类要：三卷……3-302

文选双字类要：三卷 …………………………… 3-302
文选双字类要：三卷 …………………………… 3-302
文选后集：五卷 ………………………………… 5-177
文选删注：十二卷 ……………………………… 5-177
文选补遗：四十卷 ……………………………… 5-181
文选补遗：四十卷 ……………………………… 5-181
文选注：六十卷 ………………………………… 5-173
文选注：六十卷 ………………………………… 5-173
文选注：六十卷 ………………………………… 5-173
文选注：六十卷 ………………………………… 5-174
文选注：六十卷 ………………………………… 5-174
文选注：六十卷 ………………………………… 5-174
文选注：六十卷 ………………………………… 5-174
文选注：六十卷 ………………………………… 5-175
文选注：六十卷 ………………………………… 5-175
文选注：六十卷 ………………………………… 5-176
文选诗集：七卷 ………………………………… 5-178
文选钩玄：二卷 ………………………………… 3-308
文选类林：十八卷 ……………………………… 3-302
文选类林：十八卷 ……………………………… 3-303
文选类林：十八卷 ……………………………… 3-303
文选举正：不分卷 ……………………………… 5-177
文选章句：二十八卷 …………………………… 5-177
文选楼诗草：一卷 ……………………………… 5-124
文选楼鉴藏碑目：不分卷……………………… 2-464
文选增定：二十三卷 …………………………… 5-181
文选纂注：十二卷 ……………………………… 5-176
文俪：十四卷…………………………………… 5-209
文彦可先生遗稿：不分卷……………………… 4-359
文美斋百华诗笺谱：不分卷 …………………… 3-149
文美斋百花诗笺谱：不分卷 …………………… 3-149
文津：二卷 ……………………………………… 5-214
文津：二卷 ……………………………………… 5-214
文致：不分卷…………………………………… 5-212
文致：不分卷…………………………………… 5-212
文致：不分卷…………………………………… 5-212
文浦玄珠：六卷 ………………………………… 5-206
文海流奇：十八卷 ……………………………… 3-264
文通：三十卷闰一卷 …………………………… 5-326
文堂乡约家法：不分卷 ………………………… 1-442
文敏冯先生诗集：六卷 ………………………… 4-343
文敏冯先生奏疏：四卷 ………………………… 2-101
文馆词林：一千卷 ……………………………… 1-92
文馆词林：一千卷 ……………………………… 5-179
文馆词林：一千卷 ……………………………… 5-179
文章正论：二十卷 ……………………………… 5-326
文章正宗：二十四卷 …………………………… 5-199
文章正宗：二十四卷 …………………………… 5-200
文章正宗：二十四卷 …………………………… 5-200
文章正宗：二十四卷 …………………………… 5-200
文章正宗选要：四卷 …………………………… 5-201
文章正宗选钞：四卷 …………………………… 5-201
文章百段锦：二卷 ……………………………… 5-325
文章轨范：七卷 ………………………………… 5-325
文章轨范：七卷 ………………………………… 5-325
文章轨范：七卷 ………………………………… 5-325
文章轨范：七卷 ………………………………… 5-325
文章变体：七卷 ………………………………… 5-202
文章练要：五种二十三卷……………………… 1-110
文章练要左传评：十卷 ………………………… 1-95
文章类选：四十卷 ……………………………… 5-201
文章类选：四十卷 ……………………………… 5-201
文章缘起：一卷 ………………………………… 5-310
文章辨体：三十五卷外集五卷………………… 5-202
文章辨体：五十卷 ……………………………… 5-201
文章辨体：五十卷外集五卷总论一卷 … 5-201
文章辨体：五十卷外集五卷总论一卷 … 5-202
文断：不分卷…………………………………… 5-325
文断：不分卷…………………………………… 5-325
文断：不分卷…………………………………… 5-325
文清公薛先生文集：二十四卷………………… 4-243
文清公薛先生文集：二十四卷………………… 4-243
文渊阁书目：二十卷 …………………………… 2-479
文渊阁书目：不分卷 …………………………… 2-479
文渊阁书目：不分卷 …………………………… 2-479
文渊阁职掌录：一卷 …………………………… 2-44
文腴：十四卷…………………………………… 5-213
文温州集：十二卷 ……………………………… 4-255
文温州集：十二卷 ……………………………… 4-255
[道光]文登县志：十卷图一卷………………… 2-315

文编：六十四卷 …… 5-203
文编：六十四卷 …… 5-203
文瑞楼藏书志：不分卷 …… 2-491
文献通考：三百四十八卷 …… 2-27
文献通考：三百四十八卷 …… 2-27
文献通考：三百四十八卷 …… 2-27
文献通考：三百四十八卷 …… 2-27
文献通考：三百四十八卷 …… 2-27
文献通考：三百四十八卷 …… 2-27
文献通考：三百四十八卷 …… 2-27
文献通考：三百四十八卷 …… 2-27
文献通考：三百四十八卷 …… 2-28
文献通考：三百四十八卷 …… 2-28
文献通考：三百四十八卷首一卷 …… 2-27
文献通考：三百四十八卷首一卷 …… 2-27
文献通考：三百四十八卷首一卷 …… 2-28
文献通考节贯：十卷 …… 2-28
文献通考补增：三卷参补二十六卷 …… 2-28
文献通考参补：二十六卷 …… 2-28
文献通考纂：二十四卷 …… 2-28
文献通考纂：二十四卷 …… 2-28
文蔚堂诗集：八卷 …… 5-79
文粹：一百卷 …… 5-231
文粹：一百卷 …… 5-231
文粹：一百卷补遗二十六卷 …… 5-231
文嘻堂诗集：三卷 …… 4-371
文翰林甫田诗选：二卷 …… 4-263
文翰类选大成：一百六十三卷 …… 5-202
文辙：二卷 …… 5-215
文镜秘府论：六卷 …… 5-328
文潞公文集：四十卷 …… 4-89
文潞公文集：四十卷 …… 4-89
文潞公文集：四十卷 …… 4-89
文潞公文集：四十卷 …… 4-90
文檄：六卷 …… 2-82
文襄公奏议：八卷 …… 2-98
文瀫初编：二十卷首一卷 …… 5-267
亢艺堂集：六卷 …… 5-149
亢仓子：一卷 …… 3-377
亢仓子：一卷 …… 3-377
亢仓子：九卷 …… 3-378
方山先生文录：二十二卷 …… 4-295
方山薛先生全集：六十八卷 …… 4-295
方元长印谱：五卷 …… 3-151
方日斯先生诗稿：不分卷 …… 5-69
方氏宗谱：十二卷 …… 2-1
方氏墨谱：六卷 …… 3-164
方氏墨谱：六卷 …… 3-164
方氏墨谱：六卷 …… 3-164
方氏墨谱：六卷 …… 3-164
方氏墨谱：六卷 …… 3-164
方正学先生逊志斋集：二十四卷 …… 4-237
方册大藏 …… 3-391
方贞观诗集：六卷 …… 5-79
方贞观诗集：六卷 …… 5-80
方舟诗余：一卷；康范诗余：一卷 …… 5-333
方舟经说：六卷 …… 1-135
方众甫集：十四卷 …… 4-345
方时佐先生富山懒稿：十九卷 …… 4-174
方言释义：十三卷 …… 1-190
方初庵先生集：十六卷 …… 4-326
方叔渊遗稿：一卷 …… 4-194
方宗诚书札 …… 5-147
方建元集：十二卷；佳日楼词：一卷；师心草：一卷 …… 4-352
方孟旋先生评选邮筒类隽：十二卷 …… 5-300
方城遗献：六卷 …… 5-279
方城遗献：六卷 …… 5-279
方是闲居士小稿：二卷 …… 4-156
方是闲居士小稿：二卷 …… 4-156
方是闲居士小稿：二卷 …… 4-156
方是闲居士小稿：二卷 …… 4-156
方泉先生诗集：三卷 …… 4-161
方泉先生诗集：三卷 …… 4-161
方洲先生集：二十六卷；读史录：六卷 …… 4-248
方壶存稿：九卷名贤遗翰集一卷 …… 4-160
方壶存稿：九卷名贤遗翰集一卷 …… 4-160
方壶存稿：九卷名贤遗翰集一卷 …… 4-161
方壶存稿：九卷附录一卷 …… 4-160

方壶先生集：四卷 …… 4-161
方壶先生集：四卷 …… 4-161
方朔明心：内篇一卷外篇一卷补集一卷 …… 4-365
方虚谷桐江集：四卷 …… 4-186
方虚谷桐江集：四卷 …… 4-186
方虚谷桐江集：四卷 …… 4-186
方虚谷桐江集：四卷 …… 4-186
方略摘要：十卷 …… 3-43
方蛟峰先生文集：八卷 …… 4-172
方舆互考：八卷 …… 2-137
方舆胜略：十八卷总目一卷外夷六卷 …… 2-119
方麓居士集：□□卷 …… 4-312
忆山堂诗录：六卷 …… 5-129
忆云词：甲稿一卷乙稿一卷丙稿一卷丁稿一卷 …… 5-345
忆书：六卷 …… 3-222
忆雪楼诗集：二卷 …… 5-46
火氏家谱：一卷 …… 2-2
火龙神器阵法：一卷 …… 3-46
火龙神器阵法：一卷 …… 3-46
火龙神器阵法：一卷 …… 3-46
火戏略：五卷 …… 3-160
火攻挈要：二卷；火攻秘要：一卷 …… 3-46
为可堂初集：四十二卷史论十卷外集二卷集选十卷；梅里词：三卷 …… 4-382
为政忠告：四卷；牧民忠告：二卷；经进风宪忠告：一卷 …… 2-25
为善阴骘：十卷 …… 3-263
斗山文会录：五卷 …… 1-382
斗母急告心章：一卷 …… 3-382
斗枢诗志：一卷 …… 5-136
斗南老人诗集：四卷 …… 4-233
斗南先生诗集：六卷 …… 4-233
斗南黄先生辽阳稿：二卷别稿一卷附一卷 …… 4-290
斗首五气朝元藏书：一卷 …… 3-91
计部奏疏：十二卷 …… 2-101
计部奏疏：十二卷 …… 2-101
计然子：不分卷 …… 3-217
户科给事中郝杰奏疏：不分卷 …… 2-105
户部汇题光绪二十一年各直省民数谷数清册：不分卷 …… 2-51
户部汇题光绪十三年各直省民数谷数清册：不分卷 …… 2-51
户部则例：□□卷 …… 2-79
户部题名：一卷 …… 1-439
户部题稿：不分卷 …… 2-90
订正通考纂要：六卷 …… 2-28
订补坡仙集钞：三十八卷 …… 4-108
订补明医指掌：十卷 …… 3-61
认字测：三卷 …… 3-208
认真子集：三卷 …… 4-246
心史：七卷 …… 4-176
心史：七卷 …… 4-176
心史：七卷附录一卷 …… 4-177
心印绀珠经：二卷 …… 3-59
心印绀珠经：二卷 …… 3-59
心印绀珠经：二卷 …… 3-59
心印绀珠经：二卷 …… 3-59
心印绀珠经：二卷 …… 3-60
心远先生存稿：十二卷附二卷 …… 4-233
心远堂诗：八卷 …… 5-56
心远堂诗集：十二卷 …… 5-29
心远堂遗集：二十卷 …… 4-385
心经附注：四卷 …… 3-25
心经附注：四卷 …… 3-25
心政录：七卷 …… 2-109
心政录奏疏：三卷檄示七卷 …… 2-109
心香室诗稿：不分卷 …… 5-112
心烈日记：二十四卷 …… 1-421
心斋诗稿：不分卷 …… 5-86
心逸道人吟稿：二卷 …… 4-327
尹太夫人李氏年谱：一卷 …… 1-415
尹文子：一卷 …… 3-174
尹文子：二卷 …… 3-174
尹文子：二卷 …… 3-174
尹文子：二卷 …… 3-174
尹文端公诗集：十卷 …… 5-89
尹湾小草：不分卷 …… 5-57

尺木堂学易志：三卷 …… 1-21
尺木楼诗集：四卷 …… 5-76
尺五堂述祖汇略：一卷 …… 1-381
尺五堂诗删初刻：六卷近刻四卷 …… 5-36
尺牍：一卷湖上草一卷 …… 5-20
尺牍：一卷湖上草一卷 …… 5-20
尺牍双鱼：十九卷 …… 4-332
尺牍青莲：十二卷 …… 5-298
尺牍隽言：十二卷 …… 5-297
尺牍隽言：十二卷 …… 5-297
尺牍偶存：一卷 …… 5-153
尺牍偶存：十一卷 …… 5-301
尺牍清裁：六十卷补遗一卷 …… 5-297
尺牍清裁：六十卷补遗一卷 …… 5-297
尺牍新编：甲集二卷乙集一卷丙集三卷丁集三卷 …… 5-298
引经释：五卷 …… 1-136
[同治]巴东县志：十六卷首一卷 …… 2-343
巴西文集：一卷 …… 4-193
巴西文集：不分卷 …… 4-193
巴西邓先生文集：一卷 …… 4-192
巴西邓先生文集：一卷 …… 4-192
巴西邓先生文集：一卷 …… 4-192
[道光]巴州志：十卷首一卷 …… 2-393
[道光]巴州志：十卷首一卷 …… 2-393
巴里客余生诗草：六卷 …… 5-155
巴县乡土志：二卷 …… 2-377
[乾隆]巴县志：十七卷首一卷 …… 2-376
[乾隆]巴县志：十七卷首一卷 …… 2-376
[乾隆]巴县志：十七卷首一卷 …… 2-376
[乾隆]巴县志：十七卷首一卷 …… 2-376
[乾隆]巴县志：十七卷首一卷 …… 2-376
[同治]巴县志：四卷 …… 2-376
[同治]巴陵县志：三十卷首一卷 …… 2-349
[嘉庆]巴陵县志：三十卷首一卷 …… 2-349
[光绪]巴陵县志：六十三卷首一卷洞庭君山岳阳楼诗文集十八卷 …… 2-350
[光绪]巴陵县志：六十三卷首一卷洞庭君山岳阳楼诗文集十八卷 …… 2-350
巴楚州乡土志：一卷 …… 2-435
[咸丰]邓川州志：十六卷 …… 2-404
邓氏族谱：不分卷 …… 2-21
邓文洁公佚稿：十卷 …… 4-329
[康熙]邓州志：八卷 …… 2-328
邓伯言玉笥集：九卷 …… 4-218
邓析子：二卷通考一卷 …… 3-52
邓析子：三卷校文一卷 …… 3-52
邓定宇先生文集：六卷 …… 4-329
邓定宇先生文集：四卷 …… 4-329
邓尉圣恩寺志：十八卷 …… 2-143
劝戒图说：不分卷；太上诸仙法语补集：二卷 …… 3-265
劝忍百箴考注：四卷 …… 3-262
劝念佛诵经西方净土公据：一卷 …… 3-421
劝善金科：十本二十卷首一卷 …… 5-393
劝善金科：十本二十卷首一卷 …… 5-393
劝善金科：十本二十卷首一卷 …… 5-393
双凤奇缘：二十卷八十回 …… 5-406
双龙坠：二卷 …… 5-395
双江先生困辩录：四卷 …… 3-29
双江卧游草：一卷 …… 5-81
双报应：二卷 …… 5-389
双英记：十二回 …… 3-349
双林善慧大士小录：一卷 …… 3-413
双松晚翠楼诗：二十卷 …… 5-67
双松晚翠楼诗：十卷 …… 5-67
双奇梦传：四卷二十回 …… 3-350
双忠记：二卷 …… 5-370
双珠球：不分卷 …… 5-398
双栢草堂集：七卷 …… 4-304
双峰先生内外服制通释：七卷 …… 1-69
双峰先生文集：九卷 …… 4-155
双峰先生存稿：六卷 …… 4-155
双峰舒先生文集：九卷 …… 4-155
[光绪]双流县志：四卷首一卷 …… 2-381
[嘉庆]双流县志：四卷首一卷 …… 2-381
双梧书屋医学读书志：二卷 …… 3-63
双清：三卷 …… 3-270
双瑞竹馆吟钞：不分卷 …… 5-142
双槐岁抄：十卷 …… 3-248

双虞壶斋印存：不分卷 ………………………… 2-471
双虞壶斋印存：不分卷 ………………………… 2-471
双虞壶斋印存：不分卷 ………………………… 2-471
双虞壶斋印存：不分卷 ………………………… 2-471
双溪文集：十七卷 ………………………… 4-142
双溪文集：十七卷 ………………………… 4-143
双溪文集：十七卷附录一卷 ………………………… 4-143
双溪物产疏：十五卷 ………………………… 3-56
双溪诗汇：二十二卷 ………………………… 5-276
双溪倡和诗：六卷 ………………………… 5-262
双溪倡和诗：六卷 ………………………… 5-262
双溪集：十五卷 ………………………… 4-136
双溪醉隐集：六卷 ………………………… 4-185
双溪醉隐集：六卷 ………………………… 4-185
双溪醉隐集：六卷 ………………………… 4-185
双溪醉隐集：六卷 ………………………… 4-185
双溪醉隐集：六卷 ………………………… 4-185
双溪醉隐集：六卷 ………………………… 4-185
孔门传道录：十六卷 ………………………… 1-347
孔子三朝记：七卷 ………………………… 1-78
孔子庙堂碑考：一卷 ………………………… 2-463
孔子家语：十卷 ………………………… 3-5
孔子家语：十卷 ………………………… 3-6
孔子家语：十卷 ………………………… 3-6
孔子家语：十卷 ………………………… 3-6
孔子家语：十卷 ………………………… 3-6
孔子家语：十卷 ………………………… 3-6
孔子家语：十卷 ………………………… 3-6
孔子家语：十卷 ………………………… 3-6
孔子家语：十卷 ………………………… 3-6
孔子家语：十卷 ………………………… 3-6
孔子家语：十卷 ………………………… 3-6
孔子家语：十卷 ………………………… 3-6
孔子家语：八卷 ………………………… 3-7
孔子家语：八卷 ………………………… 3-7
孔子家语：八卷 ………………………… 3-7
孔子家语考次：不分卷 ………………………… 3-8
孔子家语补注：八卷 ………………………… 3-7
孔子家语注：十卷 ………………………… 3-6
孔子家语注：八卷 ………………………… 3-7
孔子通纪：八卷 ………………………… 1-387
孔子集语：二卷 ………………………… 3-8
孔氏祖庭广记：十二卷 ………………………… 1-347
孔氏祖庭广记：十二卷 ………………………… 1-347
孔文谷集：十六卷续集四卷 ………………………… 4-295
孔丛子：二卷 ………………………… 3-10
孔丛子：七卷 ………………………… 3-9
孔丛子：七卷释文一卷 ………………………… 3-10
孔丛子：三卷 ………………………… 3-10
孔丛子：三卷 ………………………… 3-10
孔丛子：三卷 ………………………… 3-10
孔丛子注：七卷 ………………………… 3-10
孔圣生年月日考异：一卷 ………………………… 1-387
孔圣生年月日考异：一卷 ………………………… 1-387
孔圣家语图：十一卷 ………………………… 3-8
孔圣家语图集校：十一卷 ………………………… 3-7
孔圣家语图集校：十一卷 ………………………… 3-7
孔宅志：八卷首一卷末一卷 ………………………… 2-140
孔志：四卷 ………………………… 1-387
孔庙礼乐考：六卷 ………………………… 2-38
孔孟事迹图谱：四卷 ………………………… 1-347
孔叙仲诗草：四种六卷 ………………………… 5-143
书义丛抄：四十卷 ………………………… 1-39
书义矜式：六卷 ………………………… 1-35
书义矜式：六卷 ………………………… 1-35
书小史：十卷 ………………………… 1-357
书古文训：十六卷 ………………………… 1-32
书札：不分卷 ………………………… 5-300
书目汇编：二卷 ………………………… 2-475
书目类编：不分卷 ………………………… 2-498
书目答问：四卷别录一卷丛书目一卷；国朝著述诸家姓名略：一卷 ………………………… 2-498
书目答问：四卷别录一卷丛书目一卷；国朝著述诸家姓名略：一卷 ………………………… 2-498
书目答问：四卷别录一卷丛书目一卷；国朝著述诸家姓名略：一卷 ………………………… 2-498
书史会要：十卷补遗一卷 ………………………… 1-357
书史会要：九卷补遗一卷 ………………………… 1-357
书史会要：九卷补遗一卷 ………………………… 1-357
书史会要：九卷补遗一卷 ………………………… 1-357

书史纪原：一卷 …… 1-357
书记洞诠：一百十六卷目录十卷 …… 5-297
书则：二卷 …… 3-133
书传大全：十卷 …… 1-35
书传大全：十卷纲领一卷图一卷 …… 1-35
书传会选：六卷 …… 1-35
书传会衷：十卷 …… 1-37
书传集解：十二卷 …… 1-35
书兴：三卷 …… 3-212
书诀：一卷 …… 3-135
书奁：二十卷 …… 3-270
书系：十六卷 …… 1-324
书言故事大全：十二卷 …… 3-285
书言故事大全：十二卷 …… 3-285
书言群玉要删：二十卷 …… 3-293
书序略考：五卷 …… 1-41
书苑补益：十二卷画苑补益四卷 …… 3-134
书苑菁华：二十卷 …… 3-132
书苑菁华：二十卷 …… 3-132
书苑菁华：二十卷 …… 3-132
书苑菁华：二十卷 …… 3-133
书林外集：七卷 …… 4-202
书林外集：七卷 …… 4-202
书板存亡考：一卷 …… 2-502
书画记：六卷 …… 3-128
书画传习录：四卷续录一卷 …… 1-356
书画传习录：四卷续录一卷 …… 1-356
书画指南：□□卷 …… 3-126
书画说铃：一卷 …… 3-129
书画说铃：一卷 …… 3-129
书画说铃：一卷 …… 3-129
书画萃苑：八卷 …… 3-127
书画跋跋：三卷续三卷 …… 3-130
书画题跋：五种五卷 …… 3-130
书画题跋记：十二卷 …… 3-130
书画题跋记：十二卷 …… 3-130
书画题跋记：十二卷续记十二卷 …… 3-130
书画题跋记：十二卷续记十二卷 …… 3-130
书画题跋记：十二卷续记十二卷 …… 3-130
书事七则：一卷；山阳录：一卷；秋园杂
佩：一卷 …… 1-320
书庚辛之变：一卷 …… 1-316
书学会编：四卷 …… 3-131
书学会编：四卷 …… 3-131
书法小学：四卷 …… 3-135
书法必稽：一卷 …… 3-136
书法规范：一卷 …… 3-134
书法要录：四卷 …… 3-135
书法钩玄：四卷 …… 3-133
书法钩玄：四卷 …… 3-133
书法钩玄：四卷 …… 3-133
书法钩玄：四卷 …… 3-133
书法钩玄：四卷 …… 3-134
书法钩玄：四卷 …… 3-134
书法集要：四卷 …… 3-136
书法精言：四卷 …… 3-136
书录：三卷外篇一卷 …… 3-136
书经：六卷 …… 1-33
书经大全：十卷 …… 1-35
书经讲义会编：十二卷 …… 1-36
书经直解：十三卷 …… 1-36
书经金氏注：十二卷 …… 1-34
书经详说：□□卷 …… 1-38
书经便蒙补注：六卷 …… 1-37
书经便蒙补注：六卷 …… 1-37
书经旁训：二卷 …… 1-35
书经集传：六卷 …… 1-32
书经集传：六卷 …… 1-32
书经集传：六卷 …… 1-33
书经集传：六卷 …… 1-33
书经集注：十卷 …… 1-32
书经集注：十卷 …… 1-33
书经集注：十卷 …… 1-33
书经集注：十卷 …… 1-33
书经集注：六卷 …… 1-32
书经集注：六卷 …… 1-32
书经敷言：十卷 …… 1-36
书带草堂文选：二卷 …… 5-14
书带草堂诗抄：二卷 …… 5-109
书品：一卷 …… 3-131

书品：一卷 …… 3-131
书品：一卷 …… 3-132
书品：一卷 …… 3-138
书品后：一卷 …… 3-131
书钞阁杂抄：不分卷 …… 3-276
书钞阁题跋：一卷 …… 2-496
书叙指南：二十卷 …… 3-304
书叙指南：十二卷 …… 3-304
书叙指南：十二卷 …… 3-304
书说：七卷 …… 1-32
书笑：不分卷 …… 3-273
书斋夜话：四卷 …… 3-200
书帷别记：四卷 …… 1-36
书隐丛说：十九卷 …… 3-221
书巢碎金：一卷 …… 2-91
书集传：六卷 …… 1-32
书集传：六卷 …… 1-32
书集传：六卷 …… 1-33
书集传：六卷 …… 1-34
书集传：六卷图一卷 …… 1-33
书集传：六卷图一卷 …… 1-33
书集传：六卷图一卷朱氏说书纲领一卷书序二卷 …… 1-33
书集传音释：六卷 …… 1-34
书集传音释：六卷首一卷末一卷 …… 1-34
书集传辑录纂注：六卷 …… 1-34
书蔡氏传旁通：六卷 …… 1-34
书疑：九卷 …… 1-33
水云集：一卷附录三卷；湖山类稿：五卷 …… 4-177
水云集：三卷 …… 4-181
水月轩漫吟稿：四卷 …… 4-331
水月斋指月录：三十二卷 …… 3-416
水心文集：二十九卷 …… 4-158
水心文集：二十九卷 …… 4-158
水心先生文集：二十九卷 …… 4-158
水心先生文集：二十九卷 …… 4-158
水心先生别集：十六卷 …… 4-158
水心先生集：二十九卷 …… 4-158
水石缘：六卷 …… 3-351
水石缘：六卷三十段 …… 3-351
水东日记：三十八卷 …… 3-247
水东日记：四十卷 …… 3-247
水东日记：四十卷 …… 3-247
水边林下：五十九种五十九卷 …… 5-415
水地记：三卷 …… 2-162
水西全集：十卷 …… 4-345
水西近咏：十卷 …… 5-21
水西谏疏：二卷 …… 2-98
水西稿：不分卷 …… 4-254
水利集议：不分卷 …… 2-75
水明楼集：十四卷 …… 4-356
水明楼集：十四卷 …… 4-356
水经：三卷 …… 2-158
水经：三卷 …… 2-158
水经：四十卷 …… 2-158
水经：四十卷 …… 2-158
水经：四十卷 …… 2-159
水经考次：一卷 …… 2-161
水经注：不分卷 …… 2-159
水经注：不分卷 …… 2-159
水经注：四十卷 …… 2-158
水经注：四十卷 …… 2-158
水经注：四十卷 …… 2-158
水经注：四十卷 …… 2-158
水经注：四十卷 …… 2-158
水经注：四十卷 …… 2-158
水经注：四十卷 …… 2-158
水经注：四十卷 …… 2-158
水经注：四十卷 …… 2-159
水经注：四十卷 …… 2-159
水经注：四十卷 …… 2-159
水经注：四十卷 …… 2-159
水经注：四十卷 …… 2-159
水经注：四十卷附录二卷 …… 2-159
水经注：四十卷首一卷附录二卷 …… 2-159
水经注：四十卷首一卷附录二卷 …… 2-159
水经注札记：不分卷 …… 2-161
水经注汇校：四十卷 …… 2-161
水经注抄：一卷 …… 2-159

水经注删：八卷 …… 2-160
水经注图：一卷附录一卷 …… 2-161
水经注图：一卷附录一卷 …… 2-161
水经注图：一卷附录一卷 …… 2-161
水经注笺：四十卷 …… 2-160
水经注笺：四十卷 …… 2-160
水经注笺：四十卷 …… 2-160
水经注笺：四十卷 …… 2-160
水经注释：四十卷附录二卷 …… 2-161
水经注释：四十卷附录二卷水经注笺刊误十二卷 …… 2-160
水经注释：四十卷首一卷 …… 2-160
水经注释：四十卷首一卷附录二卷水经注笺刊误十二卷 …… 2-160
水经注释：四十卷首一卷附录二卷水经注笺刊误十二卷 …… 2-160
水经注释：四十卷首一卷附录二卷水经注笺刊误十二卷 …… 2-160
水经注释：四十卷首一卷附录二卷水经注笺刊误十二卷 …… 2-160
水经注疏：□□卷 …… 2-161
水经注疏证：四十卷 …… 2-161
水经注疏证：四十卷 …… 2-161
水经注疏要删引用书目：不分卷 …… 2-161
水经注摘抄：不分卷 …… 2-159
水经注摘抄：不分卷 …… 2-160
水经注戴赵合校勘本：不分卷 …… 2-161
水浒传注略：二卷 …… 3-359
水浒传注略：二卷 …… 3-359
水浒后传：十卷四十回首一卷 …… 3-358
水浒后传：八卷四十回 …… 3-358
水浒后传：八卷四十回论略一卷 …… 3-358
水曹清暇录：十六卷 …… 3-221
水曹清暇录：十六卷 …… 3-221
水曹清暇录：十六卷 …… 3-221
水道提纲：二十八卷 …… 2-162
水鉴斋稿：□□卷 …… 4-349
水澄刘氏家谱：一卷 …… 2-22
水辩：一卷 …… 3-167
幻迹自警：一卷 …… 1-398
幻庵诗：一卷 …… 4-228
幻缘箱：二卷 …… 5-388
幻影：八卷三十回 …… 3-335

五画

玉几山房听雨录：一卷 …… 3-253
玉几山房吟卷：三卷 …… 5-78
玉山名胜外集：二卷 …… 5-272
玉山名胜外集：二卷 …… 5-272
玉山名胜集：一卷外集一卷 …… 5-272
玉山名胜集：二十六卷外集二卷 …… 5-272
玉山名胜集：二卷 …… 5-272
玉山名胜集：不分卷 …… 5-272
玉山名胜集：四卷 …… 5-272
玉山纪游：一卷 …… 2-167
玉山纪游：一卷 …… 5-272
玉山倡和：一卷遗什一卷附录一卷 …… 5-239
玉山倡和：一卷遗什一卷附录一卷 …… 5-239
玉山倡和：二卷遗什二卷 …… 5-239
玉山堂诗集：一卷文集一卷杂志一卷 …… 4-42
玉山逸稿：四卷附录一卷 …… 4-215
玉山逸稿：四卷附录一卷 …… 4-216
玉山遗响：六卷；崇祀录：一卷；垂居随录：四卷 …… 2-155
玉山璞稿：一卷 …… 2-167
玉山璞稿：一卷 …… 4-215
玉山璞稿：一卷 …… 4-215
玉山璞稿：二卷 …… 4-216
玉山璞稿：二卷 …… 4-216
玉山璞稿：二卷 …… 4-216
玉川子诗集：五卷 …… 4-68
[乾隆]玉门县志：一卷 …… 2-428
玉门诗钞：二卷 …… 5-120
玉马珮银筝记：二卷 …… 5-389
玉井樵唱：三卷 …… 4-195
玉历通政经：三卷 …… 3-109
玉介园存稿：十八卷附录四卷行状传墓志铭等一卷 …… 4-310
玉尺楼传奇：二卷 …… 5-411

玉书庭全集：三十二卷 4-373
玉田乐府：八种八卷 5-365
[乾隆]玉田县志：十卷 2-188
[光绪]玉田县志：三十卷首一卷 2-189
玉禾山人诗集：十卷 5-78
玉禾山人诗集：十卷 5-78
玉兰馆诗草：一卷 4-372
玉台文苑：八卷 5-211
玉台新咏：十卷 5-182
玉台新咏：十卷 5-182
玉台新咏：十卷 5-182
玉台新咏：十卷 5-182
玉台新咏：十卷 5-182
玉台新咏：十卷 5-182
玉台新咏：十卷 5-182
玉台新咏：十卷 5-182
玉台新咏：十卷 5-183
玉台新咏：十卷 5-183
玉台新咏：十卷 5-183
玉台新咏：十卷 5-183
玉台新咏：十卷 5-183
玉台新咏：十卷 5-183
玉台新咏：十卷 5-183
玉台新咏：十卷 5-183
玉台新咏：十卷 5-183
玉台新咏：十卷 5-183
玉台新咏：十卷 5-183
玉台新咏：十卷 5-183
玉台新咏：十卷 5-183
玉台新咏：十卷 5-183
玉台新咏：十卷 5-184
玉台新咏：十卷 5-184
玉台新咏：十卷 5-184
玉台新咏：十卷 5-229
玉台新咏定本：十卷 5-184
玉台新咏校正：十卷 5-184
玉台新咏续：四卷 5-184
玉机微义：五十卷 3-60
玉机微义：五十卷 3-60
玉机微义：五十卷 3-60
玉机微义：五十卷 3-60
玉华子游艺集：二十四卷 4-282
玉华集：不分卷 2-109
玉华集：六卷 2-109
玉合记：二卷 5-377
玉合记：二卷 5-377
玉池生稿：十卷 5-73
玉池生稿：五卷；云笥诗：一卷；织字轩诗：一卷 5-73
玉红草堂诗文：十六卷附龙氏家谱一卷 5-75
玉严先生文集：九卷附录一卷 4-267
玉奁别集：不分卷 5-151
玉灵照胆经：一卷心传要诀一卷 3-118
玉坡张先生黄花集：七卷 4-277
玉府钩玄：六卷 3-293
玉玲珑山阁集：一卷 5-341
玉茗堂丹桂记：二卷 5-378
玉茗堂文集：十卷 4-338
玉茗堂文集：七卷诗集十三卷尺牍六卷南柯梦：二卷 4-338
玉茗堂四种传奇：八卷 5-375
玉茗堂四梦：八卷 5-376
玉茗堂全集：四十六卷 4-338
玉茗堂全集：四十卷 4-338
玉茗堂还魂记：二卷 5-375
玉茗堂还魂记：二卷 5-375
玉茗堂还魂记：二卷 5-375
玉茗堂批评节侠记：二卷 5-379
玉茗堂批评异梦记：二卷 5-380
玉茗堂批评异梦记：二卷 5-380
玉茗堂批评红梅记：二卷 5-378
玉茗堂批评种玉记：二卷 5-379
玉茗堂摘评王弇州先生艳异编：十二卷 3-326
玉茗堂摘评王弇州先生艳异编：十二卷 3-326
玉茗堂摘评王弇州先生艳异编：十二卷 3-326
玉茗堂摘评王弇州先生艳异编：十二卷 3-327

玉茗堂摘评王弇州先生艳异编：十二卷 ……………… 3-327
玉指环传奇：四卷 …………………… 5-395
玉映楼多识录：四种十七卷 ………………1-5
玉泉子闻见真录：一卷 ……………… 3-242
玉剑尊闻：十卷 …………………… 3-319
玉音法事：不分卷 ………………… 3-383
玉屏山人古乐府：二卷诗集十二卷 ……… 5-81
玉壶山房词选：二卷 ……………… 5-343
玉壶冰：一卷……………………… 3-263
玉壶野史：十卷 …………………… 3-244
玉壶清话：十卷 …………………… 3-244
玉壶清话：十卷 …………………… 3-244
玉恩堂集：十卷 …………………… 4-320
玉峰先生脚气集：一卷 …………… 3-200
玉峰志：三卷续志一卷 …………… 2-259
玉峰志：三卷续志一卷 …………… 2-259
玉峰诗纂：六卷 …………………… 5-272
玉鸳鸯：三卷……………………… 5-392
玉海：二百四卷 …………………… 3-286
玉海：二百四卷 …………………… 3-286
玉海：二百四卷 …………………… 3-286
玉海：二百卷……………………… 3-286
玉海：二百卷；诗考：一卷；六经天文编：二卷……………………………… 3-286
玉海：二百卷；辞学指南：四卷 ……… 3-286
玉海纂：二十二卷 ………………… 3-286
玉涧杂书：一卷 …………………… 3-191
玉硙集：四卷鳖音一卷寿圹碑辞一卷吴江旅啸一卷 ……………………………5-32
玉堂丛语：八卷 …………………… 3-251
玉堂丛语：八卷 …………………… 3-251
玉堂丛语：八卷 …………………… 3-251
玉堂荟记：二卷 …………………… 3-252
玉堂荟记：四卷 …………………… 3-252
玉唾壶：二卷……………………… 3-232
玉笥集：十卷……………………… 4-202
玉笥集：十卷……………………… 4-202
玉笥集：十卷……………………… 4-202
玉笥集：十卷……………………… 4-202
玉笥集：十卷……………………… 4-202
玉笥集：十卷……………………… 4-202
玉笥集：十卷……………………… 4-203
玉笥集：十卷……………………… 4-203
玉笥集：十卷……………………… 4-203
玉笥集：十卷……………………… 4-203
玉涵堂诗选：十卷………………… 4-287
玉楮诗稿：八卷 …………………… 4-163
玉楮诗稿：八卷 …………………… 4-163
玉楮诗稿：八卷 …………………… 4-164
玉楮诗稿：八卷 …………………… 4-164
玉楮诗稿：八卷 …………………… 4-164
玉湖楼传奇第六种女昆仑：二卷 ……… 5-389
玉楸药解：四卷 ……………………… 3-69
玉鉴堂诗存：一卷………………… 5-146
玉鉴堂诗存：一卷………………… 5-146
玉鉴堂诗录：不分卷 ……………… 5-145
玉鉴堂诗钞：一卷……………………5-80
玉照亭诗钞：二十卷 …………………5-65
玉照堂集句：不分卷 …………………5-46
玉照新志：五卷 …………………… 3-245
玉照新志：六卷 …………………… 3-245
玉牒初草：二卷 …………………… 1-263
玉溪生诗笺注：三卷；樊南文集笺注：八卷；玉溪生赠诗：一卷……………… 4-70
玉溪生诗笺注：三卷首一卷 …………4-70
玉溪生诗笺注：三卷首一卷 …………4-70
玉溪生诗意：八卷……………………4-70
玉蝉庵散编：六卷………………… 4-341
玉霄仙明珠集：二卷 ……………… 5-337
玉霄仙明珠集：六卷 ……………… 5-337
玉澜集：一卷……………………… 4-137
玉澜集：一卷……………………… 4-137
玉澜集：一卷……………………… 4-137
玉澜集：一卷……………………… 4-138
玉澜集：一卷……………………… 4-138
玉澜集：一卷……………………… 4-138
玉磐山房遗稿：八卷 ……………… 4-253
玉燕堂四种曲：八卷 ……………… 5-391
玉镜台记：二卷 …………………… 5-378

玉镜台记：二卷 …… 5-378
玉镜新谭：十九卷 …… 1-305
玉篴楼词：一卷 …… 5-344
玉簪记：二卷 …… 5-374
玉麒麟：二卷 …… 3-250
玉髓真经：三十卷后卷二十一卷 …… 3-114
刊仰止子精纂名公地理全抄雪心赋补：□□卷 …… 3-113
刊谬正俗：八卷 …… 1-187
刊谬正俗：八卷 …… 1-188
刊谬正俗：八卷 …… 1-188
未之思轩诗草拾遗：一卷 …… 5-124
未央天：二卷 …… 5-405
未轩公文集：十二卷附录一卷 …… 4-252
未轩公文集：十二卷附录一卷 …… 4-252
未园著薮五种：一百卷 …… 5-434
未学庵诗稿：十一卷；愚公集：四卷 …… 4-387
未学庵诗稿：十卷 …… 4-387
未焚草：二卷 …… 2-103
击辕草：一卷 …… 4-359
邗江三百吟：十卷 …… 5-116
正气录：不分卷 …… 1-399
正心诗集：九卷 …… 4-263
[乾隆]正宁县志：十八卷首一卷 …… 2-429
正字略定本：一卷 …… 1-162
[嘉庆]正阳县志：十卷 …… 2-330
正杨：四卷 …… 3-231
正谷堂千字文：二卷 …… 1-166
正学堂杂著：十七种不分卷 …… 5-434
正学编：二卷 …… 3-28
正学编：二卷 …… 3-28
正法念处经：七十卷 …… 3-397
正法眼藏：三卷 …… 3-414
正法眼藏续集：二卷 …… 3-414
[光绪]正定县志：四十六卷图一卷首一卷末一卷 …… 2-181
[乾隆]正定府志：五十卷首一卷 …… 2-180
[康熙]正定府晋州武强县新志：八卷 …… 2-199
正始堂诗集：□□卷 …… 4-334
正始集：八卷补遗一卷 …… 5-215
正昭阳：二卷 …… 5-391
正思斋文集：十二卷 …… 4-220
正音咀华：三卷续编一卷 …… 1-179
正谊堂文集：十二卷附录一卷 …… 5-58
正谊堂文集：不分卷诗集二十卷蓉渡词三卷 …… 5-36
正教须知：六卷 …… 3-430
正续文献通考识大编：二十四卷 …… 2-29
正续名世文宗：十六卷 …… 5-204
正续名世文宗：十六卷 …… 5-204
正续名世文宗：十六卷 …… 5-204
正蒙会稿：四卷 …… 3-19
正蒙补训：四卷 …… 3-19
正蒙释：四卷 …… 3-19
正韵篆：二卷 …… 1-175
正韵篆：不分卷 …… 1-175
正韵篆字校：六卷 …… 1-175
正韵翼：九卷 …… 1-175
正德二年浙江乡试录：一卷 …… 1-433
正德十二年丁丑同年增注会录：一卷 …… 1-429
正德十五年会试录：一卷 …… 1-430
正德三年会试录：一卷 …… 1-429
正德三年进士登科录：一卷 …… 1-429
正藏书：六十八卷；续藏书：二十七卷 …… 1-204
[嘉庆]邛州直隶州志：四十六卷首一卷 …… 2-380
功臣传：不分卷 …… 1-376
功余草：一卷 …… 5-116
去来吟：不分卷 …… 5-44
甘氏印集：四卷 …… 3-150
甘氏奇门一得：二卷 …… 3-118
甘白先生文集：六卷 …… 4-232
甘白先生张子宜诗集：六卷补遗三卷文集六卷 …… 4-232
甘州明季成仁录：四卷 …… 1-384
[乾隆]甘州府志：十六卷首一卷末一卷 …… 2-428
[乾隆]甘州府志：十六卷首一卷 …… 2-428
甘忠果公祠堂集：□□卷 …… 5-40

甘泽谣：一卷附录一卷 …………………… 3-261
甘泽谣：一卷附录一卷 …………………… 3-261
甘泽谣：一卷附录一卷 …………………… 3-331
[雍正]甘肃通志：五十卷首一卷 ………… 2-424
[雍正]甘肃通志：五十卷首一卷 ………… 2-424
[雍正]甘肃通志：五十卷首一卷 ………… 2-424
[光绪]甘肃新通志：一百卷首五卷 ……… 2-424
[光绪]甘肃新疆迪化府孚远县乡土志：
一卷…………………………………… 2-436
甘肃镇考见略：不分卷 …………………… 2-428
甘泉乡人稿：二十二卷 …………………… 5-137
甘泉乡人稿：三卷 ………………………… 5-137
甘泉乡人稿：三卷 ………………………… 5-137
甘泉先生文集外编：十二卷 ……………… 4-262
甘泉先生两都风咏：四卷………………… 4-262
甘泉先生岳游纪行录：一卷 ……………… 2-166
甘泉县乡土志：不分卷 …………………… 2-408
甘泉汪氏遗书：三十卷 …………………… 5-427
甘泉献纳编：三卷 ………………………… 2-98
甘棠小志：四卷 …………………………… 2-247
甘露园短书：十一卷 ……………………… 3-210
世本辑逸：一卷 …………………………… 1-283
世史正纲：三十二卷 ……………………… 1-250
世史正纲：三十二卷 ……………………… 1-250
世医得效方：二十卷 ……………………… 3-80
世医得效方：二十卷 ……………………… 3-80
世系遗芳集：五卷 ………………………… 4-99
世林：十八卷……………………………… 3-268
世忠程氏泰塘族谱：五卷………………… 2-19
世庙识余录：二十六卷 …………………… 1-302
世庙识余录：二十六卷 …………………… 1-302
世庙识余录：二十六卷 …………………… 1-302
世宗宪皇帝御制文集：三十卷目录四卷 … 5-79
世经堂诗钞：二十一卷词钞五卷乐府钞四
卷 ……………………………………… 5-66
世经堂续集：十四卷 ……………………… 4-293
世经堂集：二十六卷 ……………………… 4-293
世经堂集：二十六卷 ……………………… 4-293
世经堂集：二十六卷目录一卷…………… 4-293
世笃堂稿：六卷 …………………………… 4-369
世笃堂稿：六卷；风云亭稿：二卷；风云
亭外集：一卷…………………………… 4-369
世祖章皇帝圣训：六卷 …………………… 2-87
世说新语：八卷 …………………………… 3-238
世说新语：八卷 …………………………… 3-238
世说新语：八卷 …………………………… 3-239
世说新语：八卷 …………………………… 3-239
世说新语：八卷 …………………………… 3-239
世说新语：八卷 …………………………… 3-239
世说新语：八卷 …………………………… 3-240
世说新语：三卷 …………………………… 3-238
世说新语：三卷 …………………………… 3-238
世说新语：三卷 …………………………… 3-239
世说新语：三卷 …………………………… 3-239
世说新语：三卷 …………………………… 3-239
世说新语：三卷 …………………………… 3-240
世说新语：六卷 …………………………… 3-239
世说新语：六卷 …………………………… 3-239
世说新语：六卷 …………………………… 3-239
世说新语：六卷 …………………………… 3-239
世说新语：六卷 …………………………… 3-239
世说新语广抄：二卷 ……………………… 3-240
世说新语补：二十卷附释名一卷 ………… 3-240
世说新语补：四卷………………………… 3-240
世说新语注：八卷………………………… 3-238
世说新语注：八卷………………………… 3-240
世说新语注：三卷………………………… 3-238
世说新语注：三卷………………………… 3-238
世说新语注：三卷………………………… 3-238
世说新语注：三卷考证一卷释名一卷 … 3-240
世说新语姓汇韵：十二卷………………… 3-240
世恩录：一卷……………………………… 1-380
世恩堂诗集：三十卷词集二卷；经进集：
三卷…………………………………… 5-49
世敬堂集：四卷 …………………………… 4-289
世善堂书目：一卷………………………… 2-484
世善堂书目：二卷………………………… 2-484
世穆两朝编年信史：六卷………………… 1-262
艾云苍先生希圣录：不分卷 ……………… 3-31
艾轩先生文集：十卷 ……………………… 4-142

艾轩先生文集：十卷 ……………………… 4-142
艾轩先生文集：十卷 ……………………… 4-142
艾陵文钞：十六卷诗钞二卷 ………………… 5-13
古人几部：六卷 …………………………… 1-346
古三坟：一卷 ……………………………… 1-30
古三坟：一卷 ……………………………… 3-174
古三坟书：三卷 …………………………… 1-30
[光绪]古丈坪厅志：十六卷 ……………… 2-347
古小学书钩沉：十一卷 …………………… 1-191
古丰识略：四十卷 ………………………… 2-230
古夫于亭稿：二卷 ………………………… 5-41
古太极测：一卷 …………………………… 3-109
古今人物论：三十六卷 …………………… 5-211
古今人物论：三十六卷 …………………… 5-211
古今人物志略：十二卷 …………………… 1-345
古今义烈传：八卷 ………………………… 1-362
古今义烈传：八卷 ………………………… 1-362
古今女史前集：十二卷诗集八卷姓氏字里
　　详节一卷 ……………………………… 5-182
古今女诗选：六卷 ………………………… 5-192
古今女诗选：四卷 ………………………… 5-192
古今历代十八史略：二卷 ………………… 1-322
古今长者录：八卷 ………………………… 1-354
古今书刻：二卷 …………………………… 2-502
古今书钞：三十二卷 ……………………… 3-268
古今本篇目考：一卷 ……………………… 3-320
古今甲子全谱：一卷 ……………………… 1-255
古今四六：古集七卷今集六卷 …………… 5-198
古今印则：十一卷印旨一卷 ……………… 2-468
古今印则：十一卷印旨一卷 ……………… 2-468
古今印选：二卷增一卷 …………………… 3-151
古今印赏：□□卷 ………………………… 3-151
古今议论参：五十五卷 …………………… 5-212
古今考：三十八卷 ………………………… 3-227
古今考：三十八卷 ………………………… 3-227
古今考：三十八卷 ………………………… 3-227
古今列女传：三卷 ………………………… 1-349
古今列女传：三卷 ………………………… 1-349
古今传赞序记文稿：不分卷 ……………… 1-340
古今合璧事类备要：前集六十九卷后集八
　　十一卷别集九十四卷 ………………… 3-284
古今合璧事类备要：前集六十九卷后集八
　　十一卷续集五十六卷外集六十六卷别
　　集九十四卷 …………………………… 3-284
古今合璧事类备要：前集六十九卷后集八
　　十一卷续集五十六卷别集九十四卷外
　　集六十六卷 …………………………… 3-284
古今合璧事类备要：前集六十九卷后集八
　　十一卷续集五十六卷别集九十四卷外
　　集六十六卷 …………………………… 3-284
古今合璧事类备要：前集六十九卷后集八
　　十一卷续集五十六卷别集九十四卷外
　　集六十六卷 …………………………… 3-284
古今名胜纪里：□□卷 …………………… 2-138
古今名扇录：不分卷 ……………………… 3-161
古今名喻：八卷 …………………………… 3-311
古今名媛汇诗：二十卷 …………………… 5-192
古今字正：二卷 …………………………… 1-162
古今论略：十卷 …………………………… 3-231
古今好议论：十卷 ………………………… 3-298
古今好议论：十卷 ………………………… 3-299
古今纡筹：十卷 …………………………… 3-44
古今纪要：十九卷 ………………………… 1-322
古今医统大全：一百卷 …………………… 3-61
古今医统大全：一百卷 …………………… 3-61
古今医统正脉全书：四十四种二百五卷 … 3-58
古今医家经论汇编：五卷 ………………… 3-61
古今别肠词选：四卷 ……………………… 5-351
古今识鉴：九卷 …………………………… 3-122
古今词汇二编：四卷词论一卷词韵一卷
　　………………………………………… 5-351
古今词话：八卷 …………………………… 5-356
古今词选：十二卷 ………………………… 5-351
古今青楼集选：四卷 ……………………… 5-264
古今青楼集选：四卷 ……………………… 5-264
古今青楼集选：□□卷 …………………… 5-263
古今明堂记：六卷 ………………………… 1-354
古今图书集成：一万卷 …………………… 3-300
古今图书集成：一万卷 …………………… 3-300
古今图书编：一百二十九卷 ……………… 3-293

古今法书苑：二十卷 …… 3-134
古今法书苑：七十六卷 …… 3-134
古今注：三卷 …… 3-224
古今注释：七卷 …… 3-224
古今治平略：三十三卷 …… 2-33
古今治平略：三十三卷 …… 2-33
古今治平略：三十三卷 …… 2-33
古今治统：二十卷 …… 1-336
古今治统：二十卷 …… 1-336
古今宗藩懿行考：十卷 …… 1-351
古今宗藩懿行考：十卷 …… 1-351
古今官制沿革图：一卷 …… 2-43
古今诗删：三十四卷目录二卷 …… 5-192
古今诗话：八卷 …… 5-308
古今诗韵释义：五卷 …… 1-176
古今录验养生必用方：三卷 …… 3-79
古今姓汇：二卷 …… 1-425
古今经世文衡：二十八卷 …… 3-294
古今经世格要：二十八卷 …… 3-290
古今经世格要：二十八卷 …… 3-290
古今奏雅：□□卷 …… 5-400
古今指南：五卷 …… 1-179
古今指掌：十二卷首一卷 …… 1-325
古今律历考：七十二卷 …… 3-90
古今律历考：七十二卷 …… 3-90
古今律历考：七十二卷 …… 3-90
古今律历考：七十二卷 …… 3-90
古今类书纂要增删：十二卷 …… 3-293
古今类传：四卷 …… 2-113
古今类腴：十八卷 …… 3-291
古今将略：四卷 …… 3-43
古今说海：一百三十五种一百四十二卷 …… 5-417
古今原始：十四卷 …… 3-231
古今原始：十四卷 …… 3-231
古今振雅云笺：十卷 …… 5-297
古今振雅云笺：十卷；新镌通俗云笺：二卷 …… 5-297
古今笑：三十六卷 …… 3-330
古今推步诸术考：二卷 …… 3-91
古今逸史：一百六十三卷 …… 5-419
古今逸史：一百六十三卷 …… 5-419
古今集论字学新书：七卷 …… 3-134
古今释疑：十八卷 …… 3-234
古今道脉：四十五卷 …… 1-126
古今游名山记：十七卷总录一卷 …… 2-148
古今游名山记：十七卷总录三卷 …… 2-148
古今游名山记：十七卷总录三卷 …… 2-148
古今游名山记：十七卷总录三卷 …… 2-148
古今寓言：十二卷 …… 5-206
古今寓言：十二卷 …… 5-206
古今寓言：四集十二卷 …… 5-206
古今碑帖考：不分卷 …… 2-461
古今辞命达：八卷 …… 5-212
古今辞命达：八卷 …… 5-212
古今廉鉴：八卷 …… 1-353
古今韵史：十二卷 …… 3-271
古今韵会举要：三十卷 …… 1-173
古今韵会举要：三十卷 …… 1-173
古今韵会举要：三十卷；礼部韵略七音三十六母通考：一卷 …… 1-172
古今韵会举要：三十卷；礼部韵略七音三十六母通考：一卷 …… 1-173
古今韵会举要：三十卷；礼部韵略七音三十六母通考：一卷 …… 1-173
古今韵会举要：三十卷；礼部韵略七音三十六母通考：一卷 …… 1-173
古今韵会举要：三十卷；礼部韵略七音三十六母通考：一卷 …… 1-173
古今韵会举要：三十卷；礼部韵略七音三十六母通考：一卷 …… 1-173
古今韵会举要小补：三十卷 …… 1-173
古今韵会举要小补：三十卷 …… 1-173
古今韵略：五卷 …… 1-176
古今源流至论：前集十卷后集十卷续集十卷 …… 3-285
古今舆图：二卷附天下水陆路程一卷 …… 2-114
古今谭概：三十六卷 …… 3-318
古今翰苑琼琚：十二卷 …… 5-298
古今鹾略：九卷补九卷 …… 2-53

古今濡削选章：四十卷 …………………………… 5-406
古风行素两禅师传赞：一卷 …………………… 1-375
古文：六十卷………………………………………… 1-199
古文世编：一百卷………………………………… 5-208
古文会编：六卷 …………………………………… 5-202
古文论语：二卷 …………………………………… 1-116
古文论语注：二卷 ………………………………… 1-116
古文论语注：二卷附录一卷 …………………… 1-116
古文约选：不分卷………………………………… 5-214
古文约集正解：三卷 …………………………… 5-215
古文孝经：一卷 …………………………………… 1-113
古文孝经：一卷 …………………………………… 1-113
古文孝经：一卷 …………………………………… 1-113
古文孝经：一卷 …………………………………… 1-113
古文孝经：一卷 …………………………………… 1-113
古文孝经：一卷 …………………………………… 1-113
古文孝经朱子订定刊误集讲：一卷 ……… 1-115
古文苑：二十一卷………………………………… 5-180
古文苑：二十一卷………………………………… 5-180
古文苑：二十一卷………………………………… 5-180
古文苑：二十一卷………………………………… 5-180
古文苑：二十一卷………………………………… 5-181
古文苑：二十一卷………………………………… 5-181
古文苑：九卷……………………………………… 5-180
古文苑：九卷……………………………………… 5-180
古文苑注：二十一卷 …………………………… 5-180
古文苑注：二十一卷 …………………………… 5-180
古文苑注：二十一卷 …………………………… 5-180
古文苑注：二十一卷 …………………………… 5-181
古文苑注：二十一卷 …………………………… 5-181
古文苑注：三十一卷 …………………………… 5-180
古文奇字：十二卷………………………………… 1-162
古文奇赏：二十二卷；续古文奇赏：三十四卷………………………………………… 5-211
古文奇赏：二十二卷；续古文奇赏：三十四卷；奇赏斋广文苑英华：二十六卷 ……………………………………………… 5-211
古文奇赏：二十四卷 …………………………… 5-211
古文披金：二十四卷 …………………………… 5-214
古文尚书：十一卷………………………………… 1-31
古文尚书条辨：五卷 …………………………… 1-39
古文尚书撰异：三十二卷……………………… 1-38
古文备体奇钞：十二卷 ………………………… 5-209
古文审：不分卷 …………………………………… 1-165
古文参同契：三卷………………………………… 3-384
古文春秋左传：十二卷 ………………………… 1-88
古文春秋左传：十二卷 ………………………… 1-88
古文斫：前集十六卷后集十八卷 ………… 5-214
古文品外录：二十四卷 ………………………… 5-210
古文品外录：二十四卷 ………………………… 5-210
古文品外录：十二卷 …………………………… 5-210
古文钞：十六卷 …………………………………… 5-207
古文选：不分卷 …………………………………… 5-213
古文选要：五卷 …………………………………… 5-204
古文选要：四卷 …………………………………… 5-208
古文音释：一卷 …………………………………… 1-280
古文类选：十八卷………………………………… 5-203
古文隽：十六卷 …………………………………… 5-207
古文隽：十六卷 …………………………………… 5-207
古文渊鉴：六十四卷 …………………………… 5-214
古文渊鉴：六十四卷 …………………………… 5-214
古文续编：八种二十九卷；昌黎集录：三卷；河东集录：三卷 ……………………… 5-209
古文雅正：十四卷………………………………… 5-214
古文集：四卷……………………………………… 5-202
古文辞类纂：七十四卷 ………………………… 5-215
古文意：八卷……………………………………… 5-212
古文精粹：十卷 …………………………………… 5-202
古文澜编：二十卷………………………………… 5-209
古方略：十二卷 …………………………………… 3-44
古书世学：六卷 …………………………………… 1-36
古书世学：六卷 …………………………………… 1-36
古古诗：三卷………………………………………… 5-6
古本尚书孔氏传残卷：七卷 ………………… 1-30
古本荆钗记：二卷………………………………… 5-369
古田县乡土志略：不分卷……………………… 2-298
[乾隆]古田县志：八卷 ………………………… 2-298
古史：六十卷……………………………………… 1-199
古史：六十卷……………………………………… 1-199
古史：六十卷……………………………………… 1-199

古史：六十卷……1-199
古史：六十卷……1-199
古史：六十卷……1-199
古史：六十卷……1-199
古史谈菀：三十六卷……1-324
古史谈菀：三十六卷……1-324
古印选：四卷……2-468
古印偶存：不分卷……2-473
古乐义：十二卷……1-85
古乐苑：五十二卷前卷一卷衍录四卷……5-186
古乐苑：五十二卷前卷一卷衍录四卷目录二卷……5-186
古乐府：十卷……5-185
古乐府：十卷……5-185
古乐府：十卷……5-186
古乐府：十卷……5-186
古乐府：十卷……5-186
古乐府：十卷……5-186
古乐府：十卷……5-186
古乐府：十卷……5-186
古乐府：十卷……5-186
古乐府：十卷……5-186
古乐府：十卷……5-186
古乐府：十卷……5-186
古乐经传全书：二卷……1-86
古写本手鉴：不分卷……3-423
古迂陈氏家塾尹文子：二卷……3-174
古列女传：七卷续一卷……1-348
古列女传：七卷续一卷……1-348
古先君臣图鉴：不分卷……1-351
古华山馆杂著：三卷……2-444
古杂剧：二十种二十卷……5-357
古名家杂剧：四十卷……5-357
古名家杂剧：四十卷……5-357
古名儒毛诗解：十六种三十四卷……1-59
[光绪]古州厅志：十卷首一卷……2-401
[光绪]古州厅志：十卷首一卷……2-401
古州杂纪：一卷诗一卷……2-136
古州诗草：一卷……5-123
古汜城志：十卷……2-327
古汜城志：十卷；古今孝友传补遗：二卷……2-327
古论玄箸：八卷……5-208
古欢堂经籍略第一集：不分卷……2-500
古红梅阁丛抄：十种十卷……5-426
古均阁宝刻录：不分卷……2-460
古均阁读说文记：一卷遗著一卷……1-154
古吴淀紫山徐氏世谱：不分卷……2-11
古园集：十二卷……4-267
古言：二卷……3-206
古言：二卷；今言：四卷……3-206
古言：二卷；今言：四卷……3-206
古灵先生文集：二十五卷……4-99
古灵先生集：八卷……4-99
古直先生文集：十六卷附录一卷……4-249
古直先生文集：十六卷附录一卷……4-249
古林黄氏重修族谱：四卷……2-14
古杭崇圣院纪事：一卷……2-143
古事比：五十二卷……3-300
古贤小字录：一卷……1-425
古易诠：二十九卷……1-18
古金石文漫钞：一卷……2-443
古周易二经十传阐注解……1-27
古周易订诂：十六卷……1-21
古周易订诂：十六卷……1-21
古周易订诂：十六卷……1-21
古刻丛钞：一卷……2-458
古刻丛钞：一卷……2-458
古学文存辨体：八卷……5-214
古学经辑注：八卷……1-75
古学鸿裁：十五卷；诗学鸿裁：二卷……5-213
古学鸿裁：十五卷；诗学鸿裁：二卷……5-213
古官制考：四卷……2-43
古诗刊误：十卷……5-188
古诗归：十五卷……5-191
古诗归：十五卷……5-191
古诗归：十五卷；唐诗归：三十六卷……5-191
古诗归：十五卷；唐诗归：三十六卷……5-191
古诗归：十五卷；唐诗归：三十六卷……5-191
古诗归：十五卷；唐诗归：三十六卷……5-191

古诗笺：三十二卷 …… 5-188
古经题跋：二卷 …… 3-401
古奏议：不分卷 …… 2-89
古奏议：不分卷 …… 2-89
古城文集：四卷诗集二卷补遗一卷首一卷 …… 4-257
古城记：一卷 …… 5-384
古香岑草堂诗余：四集十七卷 …… 5-348
古香斋鉴赏袖珍五经：八卷 …… 1-1
古香斋鉴赏袖珍四书：十九卷 …… 1-121
古香斋鉴赏袖珍丛书：十种九百六卷 …… 5-423
古香斋鉴赏袖珍春明梦余录：七十卷 …… 2-123
古香楼吟稿：三卷词稿一卷 …… 5-64
古香楼诗：一卷杂著一卷诗余一卷曲一卷 …… 5-56
古泉目录：不分卷 …… 2-466
古泉丛话：三卷又一卷 …… 2-466
古泉汇：不分卷；壬午说币：不分卷 …… 2-466
古泉汇五集：六十四卷 …… 2-466
古泉汇考：八卷 …… 2-465
古泉略释：十八卷；刀布释文：十卷 …… 2-467
古泉略释：六卷 …… 2-467
古音猎要：五卷附录一卷略例一卷；古音余：五卷 …… 1-178
古音猎要：五卷略例一卷；古音余：五卷 …… 1-177
古音猎要：五卷略例一卷附录一卷；古音丛目：五卷；辑注古音略：五卷 …… 1-177
古语遗录七种：八卷 …… 5-432
古盐官曲：一卷 …… 5-93
古钱目：一卷；群芳董狐：一卷 …… 2-465
古隽：八卷 …… 3-263
古隽考略：六卷 …… 3-292
古隽考略：四卷 …… 3-292
古唐选屑：二十卷 …… 5-185
古调堂集：不分卷 …… 5-23
古梅遗稿：六卷 …… 4-174
古梅遗稿：六卷 …… 4-174
古梅遗稿：六卷 …… 4-174
古雪堂诗集：十六卷 …… 5-8
古崖先生诗集：八卷 …… 4-238
古铜印谱：不分卷 …… 2-470
古逸书：三十卷首一卷末一卷 …… 5-209
古逸书：三十卷首一卷附语一卷 …… 5-209
古逸丛书：二十六种二百二卷 …… 5-426
古逸民先生集：二卷附录一卷 …… 4-180
古逸诗载：八卷 …… 5-188
古清凉传：二卷 …… 1-359
古清凉传：二卷 …… 1-359
古赋辨体：十卷 …… 5-197
古赋辨体：十卷 …… 5-197
古赋辨体：十卷 …… 5-197
古碑证文：不分卷 …… 2-459
古虞文录：二卷文章表录一卷 …… 5-273
古照堂诗稿：一卷 …… 5-47
古微堂文稿：不分卷 …… 5-139
古微堂四书：□□卷；四书后编：□□卷 …… 1-130
古微堂诗集：十卷 …… 5-139
古微堂诗稿：不分卷 …… 5-139
古廉李先生诗集：十一卷 …… 4-240
古廉李先生诗集：十七卷 …… 4-240
古韵分部谐声：二十一卷 …… 1-179
古韵标准：四卷诗韵举例一卷 …… 1-178
古源山人二论：八卷 …… 3-207
古歌谣残稿：不分卷 …… 5-188
古器考目：一卷 …… 2-455
古歙山川图：一卷 …… 3-148
古藤书屋文：甲集十二卷附录一卷乙集六卷诗稿六卷 …… 5-142
古穰文集：三十卷 …… 4-245
节义录：二卷补遗一卷 …… 1-374
节节好音：□□卷 …… 5-367
节节好音：□□卷 …… 5-367
节孝先生文集：三十卷语录一卷事实一卷 …… 4-105
节孝先生文集：三十卷语录一卷事实一卷 …… 4-105
节孝先生文集：三十卷语录一卷事实一卷 …… 4-105

节孝先生文集：三十卷语录一卷事实一卷 …… 4-105
节孝先生文集：三十卷语录一卷事实一卷 …… 4-105
节孝先生集：三十二卷事实一卷 …… 4-105
节孝录：一卷 …… 1-406
节序日考：四卷 …… 2-113
节物出典：五卷 …… 2-113
节物出典：五卷 …… 2-113
节庵集：八卷续稿一卷 …… 4-236
节愍公遗集：不分卷 …… 4-375
本事诗：一卷 …… 5-311
本事诗：一卷 …… 5-311
本事诗：十二卷 …… 5-195
本事诗：十二卷 …… 5-195
本草发明：六卷 …… 3-69
本草发明蒙筌：十二卷 …… 3-68
本草发明蒙筌：十二卷总论一卷附历代名医考一卷 …… 3-68
本草权度：三卷图一卷附录一卷 …… 3-68
本草纲目：五十二卷 …… 3-69
本草纲目：五十二卷附图二卷 …… 3-69
本草纲目：五十二卷附图二卷 …… 3-69
本草纲目：五十二卷附图二卷；濒湖脉学：一卷；脉诀考证：一卷 …… 3-69
本草纲目：五十二卷首一卷图三卷 …… 3-69
本草品汇精要：四十二卷 …… 3-68
本草品汇精要：四十二卷 …… 3-68
本草品汇精要：四十二卷 …… 3-68
本草衍义：二十卷 …… 3-68
本草原始：十二卷 …… 3-69
本草蒙筌：七卷总论一卷 …… 3-68
本朝二十二家诗：不分卷 …… 5-264
本朝五言近体瓣香集：十六卷 …… 5-260
本朝五言近体瓣香集：十六卷 …… 5-260
本朝圣政捷录：六卷 …… 1-338
本朝名家诗钞小传：二卷 …… 1-377
本朝名媛诗余：四卷 …… 5-353
本朝名媛诗钞：六卷 …… 5-260
本朝甬上耆旧诗：十八卷 …… 5-277
本朝甬上耆旧诗：四十卷；续甬上耆旧诗：四十八卷 …… 5-277
本朝京省人物考：一百十五卷 …… 1-370
本朝馆阁诗：二十卷附录一卷 …… 5-259
本朝馆阁赋：前集十二卷后集七卷补遗一卷附录一卷 …… 5-266
札朴：十卷 …… 3-236
可之先生文集：十卷 …… 4-77
可也居集：五卷续一卷 …… 4-310
可石小草：一卷 …… 5-118
可庐著述十种叙例：一卷 …… 2-497
可庐著述十种叙例：一卷 …… 2-497
可经堂集：七卷 …… 4-363
可泉拟涯翁拟古乐府：二卷 …… 4-273
可恨人：五卷人义二卷不义人一卷 …… 1-370
可斋杂稿：三十四卷续稿八卷续稿后十二卷 …… 4-169
可斋杂稿：三十四卷续稿八卷续稿后十二卷 …… 4-169
可斋杂稿：三十四卷续稿八卷续稿后十二卷 …… 4-169
可斋词：六卷 …… 5-335
丙子西征记：一卷 …… 1-417
丙子消夏录：五卷 …… 5-229
丙寅北行日谱：一卷 …… 1-416
丙寅集：一卷 …… 5-67
[光绪]左云县志：十卷 …… 2-209
[光绪]左云县志稿：十卷首一卷 …… 2-209
左少保忠毅公集：不分卷附录一卷 …… 2-104
左氏古义：六卷 …… 1-97
左氏传续说：十二卷纲领一卷 …… 1-91
左氏兵法测要：二十卷首二卷 …… 3-44
左氏兵略：三十二卷 …… 3-43
左氏条贯：十八卷 …… 1-95
左氏条贯：十八卷 …… 1-95
左氏始末：十二卷 …… 1-271
左氏春秋经传义疏：不分卷 …… 1-97
左氏蒙求：一卷 …… 1-92
左氏蒙求：一卷 …… 5-179
左田著宗全书：不分卷 …… 2-14

左记：十二卷 1-94
左司笔记：三卷 2-85
左传分国纪事本末：十八卷 1-271
左传文苑：八卷 1-94
左传文苑：八卷 1-94
左传札记：七卷石经札补遗一卷 1-97
左传旧疏考正：八卷 1-97
左传纪事本末：五十三卷 1-271
左传杜注拾遗：三卷 1-95
左传杜解集正：八卷 1-97
左传评苑：八卷 1-93
左传附注：不分卷 1-97
左传事纬：十二卷 1-94
左传钞评：十二卷 1-92
左传隽：四卷 1-94
左纪：十一卷 1-93
左国类典详注：六卷 1-96
左国腴：四卷 1-326
左国蒙求：不分卷 1-326
左国蒙求：不分卷 1-326
左忠毅公年谱：二卷 1-413
左忠毅公集：三卷年谱二卷；左侍御公集：一卷 4-361
左宗棠等书札 5-303
左策史汉约选：八卷 1-331
左概：六卷 1-93
左鉴：十卷附录一卷 1-95
左颖：六卷；国颖：二卷 1-271
左粹类纂：十二卷 3-307
左粹类纂：十二卷 3-307
石丈斋集：四卷 4-357
石山医案：三卷附录一卷 3-85
石门文字禅：三十卷 4-126
石门先生集：十五卷 4-223
[康熙]石门县志：十二卷 2-266
[同治]石门县志：十四卷首一卷 2-348
[康熙]石门县志：三卷 2-348
[嘉庆]石门县志：五十五卷首一卷 2-348
[光绪]石门县志：六卷 2-348
石门洪觉范天厨禁脔：三卷 5-314
石门洪觉范天厨禁脔：三卷 5-314
石门遗事：七卷 2-417
石门集：十五卷 4-222
石门集：不分卷 4-222
石云居诗集：七卷 5-6
石云居诗集：七卷词一卷 5-6
石仓十二代诗选：□□卷 5-192
石仓历代文选：二十卷 5-253
石仓世纂 5-291
石仓世纂 5-292
石仓诗文集：二十卷 4-359
石仓诗稿：三十三卷 4-359
石月川遗集：三卷 5-47
石田先生诗钞：八卷文钞一卷 4-250
石田先生集：十一卷 4-250
石田先生集：十一卷 4-250
石田翁客座新闻：十一卷 3-317
石田翁客座新闻：十一卷 3-317
石田清啸集：□□卷 4-256
石田稿：三卷 4-250
石田稿：三卷 4-250
石头记：八卷八十回 3-352
石民又岘集：五卷 4-374
石民又岘集：五卷 4-374
石民未出集：二十卷 4-374
石民甲戌集：□□卷 4-375
石民江村集：二十卷 4-375
石民赏心集：八卷 4-374
石民渝水集：六卷 4-374
石民渝水集：六卷 4-374
石民横塘集：十卷 4-375
石民横塘集：十卷 4-375
[光绪]石阡府志：八卷 2-400
[乾隆]石阡府志：八卷 2-400
石芝西堪校订清真词：一卷 3-238
石西集：八卷 4-312
石臼后集选：一卷 4-378
石臼前集：九卷后集七卷 4-378
石阳山人蠡海：二卷 4-305
石村诗集：三卷 5-10

石村诗集：三卷文集三卷 5-10
石里文稿：不分卷 5-63
石里泽家集：二卷 5-63
石园全集：三十卷 5-4
石园全集：三十卷 5-4
石秀斋集：十卷 4-325
石谷达意稿：三十四卷 4-257
石初集：十卷附录一卷 4-213
石初集：十卷附录一卷 4-213
石初集：十卷附录一卷 4-213
石盂集：十七卷 4-314
石林先生两镇建康纪年略：一卷 4-130
石林先生两镇建康纪年略：一卷 4-130
石林词：一卷 5-332
石林词：一卷补遗一卷 5-332
石林居士建康集：八卷 4-129
石林居士建康集：八卷 4-129
石林居士建康集：八卷 4-129
石林居士建康集：八卷 4-129
石林居士建康集：八卷 4-129
石林居士建康集：八卷 4-129
石林居士建康集：八卷 4-129
石林居士建康集：八卷 4-129
石林居士建康集：八卷 4-129
石林居士建康集：八卷 4-129
石林居士建康集：八卷 4-129
石林居士建康集：八卷 4-129
石林居士建康集：八卷补遗一卷 4-130
石林居士建康集：八卷补遗一卷 4-130
石林奏议：十五卷 2-95
石林倡和诗：不分卷 5-263
石林燕语：十卷 3-190
石林燕语：十卷 3-190
石林燕语：十卷 3-190
石林避暑录话：四卷 3-190
石画记：不分卷 3-172
石刻铺叙：二卷 2-455
石刻铺叙：二卷 2-455
石刻铺叙：二卷 2-455
石居士诗删：四卷 4-346
石居士漫游纪事：二卷 4-347
石经考：一卷 1-133
石经考：一卷 1-133
石经考：一卷备考七卷 1-134
石经考：三卷 1-134
石经补考：十二卷 1-1
石经补考：十二卷 1-1
石经残字：一卷 1-134
石经残字考：一卷 1-134
石经阁文初集：八卷 5-133
石经阁文续集：七卷 5-133
石经阁文集：不分卷 5-133
石经阁文集续编：八卷 5-133
石经阁文稿：一卷；竹边词：一卷 5-133
石经阁诗略：五卷；石经阁邛砚倡酬集：一卷；小槜李亭诗录：二卷 5-133
石函三种：三卷 5-430
石函三种：四卷 5-430
石城山房稿：□□卷 4-254
[道光]石城县志：八卷图一卷 2-302
石柱记：五卷 2-139
石柱记笺释：五卷 2-139
石柱记笺释：五卷 2-139
石研斋校刻书：七种六十卷 5-425
石研斋集：十二卷 5-104
石点头：十四卷 3-335
石点头：十四卷 3-335
石点头：六卷十四回 3-336
石泉山人吟稿：不分卷 5-141
石泉山房文集：十三卷 4-314
[道光]石泉县志：十卷 2-384
石泉县志：不分卷 2-384
[道光]石泉县志：四卷 2-421
[同治]石首县志：八卷 2-339
石室私抄：九卷 4-306
石室私抄：五卷 4-306
石语斋集：二十六卷 4-334
石屋初集：一卷二集一卷三集一卷 5-50
石屋和尚住嘉兴当湖福源禅寺语录：一卷偈颂一卷山居颂一卷塔铭一卷 3-418

石屋禅师山居诗：一卷 ………………………… 4-198
[乾隆]石屏州志：八卷 ………………………… 2-404
石屏诗集：十卷 ………………………………… 4-163
石屏诗集：十卷 ………………………………… 4-163
石屏诗集：六卷 ………………………………… 4-163
石屏续集：四卷 ………………………………… 4-163
石莲洞罗先生文集：二十五卷 ………………… 4-294
石破天惊：不分卷 ……………………………… 5-406
石舫园词抄：不分卷 …………………………… 5-345
石斋文集：八卷 ………………………………… 5-18
石斋先生经传九种：五十六卷 ………………… 1-4
石斋遗稿：一卷 ………………………………… 5-106
石斋遗稿：一卷 ………………………………… 5-106
[康熙]石埭县志：八卷 ………………………… 2-280
石埭学博张汉章传：一卷 ……………………… 1-404
石匮书：□□卷 ………………………………… 1-233
石匮书后集：六十三卷 ………………………… 1-233
石堂先生遗集：二十二卷 ……………………… 4-178
石堂先生遗集：二十二卷 ……………………… 4-178
石堂先生集：四卷 ……………………………… 4-178
石堂集：七卷 …………………………………… 5-34
石笥山房文集：六卷 …………………………… 5-90
石笥山房文集：六卷诗集四卷 ………………… 5-90
石笥山房逸稿：七卷 …………………………… 5-90
石笥山房逸稿：七卷 …………………………… 5-90
石渠宝笈：四十四卷 …………………………… 3-129
石渠阁订刻王谨山先生集：十四卷 …………… 5-14
石渠随笔：八卷 ………………………………… 3-129
石淙诗稿：十九卷 ……………………………… 4-258
石隐园文稿：不分卷 …………………………… 4-355
石隐园藏稿：八卷首一卷 ……………………… 4-355
石隐园藏稿：不分卷 …………………………… 4-355
石巢传奇：四种八卷 …………………………… 5-383
石塔碑刻记：一卷 ……………………………… 2-446
石联遗稿：八卷 ………………………………… 4-284
石湖志：六卷 …………………………………… 2-163
石湖志略：一卷文略一卷 ……………………… 2-163
石湖志略：一卷文略一卷 ……………………… 2-163
石湖居士文集：三十四卷 ……………………… 4-146
石湖居士文集：三十四卷 ……………………… 4-146
石湖居士吴舡录：二卷 ………………………… 2-168
石湖居士诗集：三十四卷 ……………………… 4-146
石湖居士诗集：三十四卷 ……………………… 4-146
石湖居士诗集：三十四卷 ……………………… 4-146
石湖居士诗集：三十四卷 ……………………… 4-146
石湖居士骖鸾录：一卷 ………………………… 2-168
石湖居士骖鸾录：一卷 ………………………… 2-168
石湖居士集：三十四卷 ………………………… 4-145
石湖居士集：三十四卷 ………………………… 4-146
石湖居士集：三十四卷 ………………………… 4-146
石湖集：一卷 …………………………………… 4-282
石湖集：十二卷 ………………………………… 5-40
石湖稿：二卷 …………………………………… 4-328
石湖稿：二卷 …………………………………… 4-328
石鼓文正误：四卷 ……………………………… 2-461
石鼓文析艺：一卷 ……………………………… 2-461
石鼓文钞：二卷 ………………………………… 2-461
石鼓文音训集证：一卷 ………………………… 2-461
石鼓文音释：三卷附录一卷 …………………… 2-461
石鼓文释存：一卷补注一卷 …………………… 2-461
石鼓斋印鼎：九卷 ……………………………… 2-469
石鼓读：七卷 …………………………………… 1-168
石鼓释文：一卷 ………………………………… 2-461
[雍正]石楼县志：八卷首一卷 ………………… 2-229
石溪史话：八卷补遗四卷 ……………………… 1-341
石溪周先生文集：八卷 ………………………… 4-243
石溪集：十一卷 ………………………………… 4-243
石窟一征：九卷 ………………………………… 2-134
[道光]石窟一征：九卷 ………………………… 2-134
石谱：一卷 ……………………………………… 3-131
石谱：一卷 ……………………………………… 3-172
石墨联吟：一卷 ………………………………… 5-138
石墨镌华：八卷 ………………………………… 2-459
石墨镌华：八卷 ………………………………… 2-459
石墨镌华：六卷 ………………………………… 2-459
右佥都御史巡抚祁公传：一卷 ………………… 1-402
右编补：十卷 …………………………………… 2-89
布水台集：二十卷 ……………………………… 5-4
布衣陈先生存稿：九卷 ………………………… 4-245
[同治]龙山县志：十六卷首一卷 ……………… 2-362

[嘉庆]龙山县志：十六卷首一卷 ………… 2-362
龙川文集：三十卷 ………………………… 4-156
龙川文集：三十卷 ………………………… 4-157
龙川先生文集：三十卷 …………………… 4-157
龙川先生文集：三十卷 …………………… 4-157
龙川先生文集：三十卷 …………………… 4-157
龙川先生文集：三十卷 …………………… 4-157
[乾隆]龙川县志：十二卷………………… 2-364
[道光]龙川县志：四十卷首一卷 ………… 2-364
龙川骈语：不分卷 ………………………… 4-282
龙川略志：六卷别志四卷………………… 3-244
龙门子凝道记：三卷 ……………………… 3-203
[乾隆]龙门县志：十六卷图一卷 ………… 2-184
[康熙]龙门县志：十六卷图一卷 ………… 2-184
[咸丰]龙门县志：十六卷首一卷末一卷 ……………………………………… 2-366
龙飞纪略：十四卷 ………………………… 1-259
龙子犹十三篇：一卷 ……………………… 3-159
龙云先生文集：三十二卷………………… 4-117
龙云先生文集：三十二卷附录一卷 …… 4-117
龙云先生文集：三十二卷附录一卷 …… 4-117
龙冈山人古文尚书：四种二十二卷 ………… 1-41
龙氏族谱：十二卷 ……………………………2-23
龙石诗集：□□卷文集□□卷…………… 4-273
龙灯赚：二卷……………………………… 5-391
龙江梦余录：四卷………………………… 3-205
龙江梦余录：四卷………………………… 3-205
龙江梦余录：四卷………………………… 3-205
[道光]龙安府志：十卷…………………… 2-382
[道光]龙安府志：十卷…………………… 2-382
[道光]龙安府志：十卷…………………… 2-383
龙坞集：五十五卷………………………… 4-321
龙坞集：□□卷 …………………………… 4-321
龙沙记略：一卷…………………………… 2-236
龙坦胡氏家乘：八卷 ………………………2-10
龙虎山志：三卷 …………………………… 2-155
[道光]龙岩州志：二十卷首一卷 ………… 2-296
[道光]龙岩州志：二十卷首一卷 ………… 2-296
龙经：三卷 ………………………………… 3-113
[乾隆]龙南县志：二十六卷 …………… 2-302
[道光]龙泉县志：十八卷首一卷末一卷 ……………………………………… 2-306
[康熙]龙泉县志草：一卷………………… 2-399
龙泉集：不分卷 …………………………… 2-144
[道光]龙胜厅志：一卷 ………………… 2-371
龙洲先生集：一卷附录一卷 …………… 4-160
龙洲词：一卷……………………………… 1-394
龙洲道人诗集：十二卷 ………………… 4-159
龙洲道人诗集：十五卷 ………………… 4-159
龙洲道人集：十五卷 …………………… 4-159
龙洲道人集：十五卷 …………………… 4-160
龙眠风雅：六十四卷 …………………… 5-274
龙眠风雅：六十四卷 …………………… 5-274
龙眠风雅续集：二十七卷末一卷 ……… 5-274
龙乘：十六卷……………………………… 3-312
龙皋文稿：十九卷………………………… 4-254
龙堆奏议：不分卷………………………… 2-110
龙龛手鉴：四卷 ………………………… 1-156
龙龛手鉴：四卷 ………………………… 1-156
龙惕书：一卷……………………………… 3-206
龙筋凤髓判：二卷………………………… 3-302
龙筋凤髓判：二卷………………………… 3-302
龙筋凤髓判：二卷………………………… 3-302
龙筋凤髓判：二卷………………………… 3-302
龙筋凤髓判注：四卷 …………………… 3-302
龙舒增广净土文：十二卷………………… 3-420
龙舒增广净土文：十四卷………………… 3-420
龙舒增广净土文：十四卷………………… 3-420
龙湾志：二卷……………………………… 2-174
[万历]龙游县志：一卷 ………………… 2-269
[万历]龙游县志：十卷首一卷…………… 2-269
龙溪王先生文录钞：九卷…………………3-30
龙溪王先生全集：二十卷………………… 4-289
龙溪王先生全集语录：二十卷……………3-30
[乾隆]龙溪县志：二十四卷图一卷 ……… 2-296
龙溪壶山黄氏族谱图系：不分卷 …………2-14
龙潭集：□□卷 ………………………… 4-335
龙壁山房文集：不分卷 ………………… 5-146
戊申立春考证：一卷 ………………………3-90
戊申立春考证：一卷 ………………………3-91

平三角和较术：二卷弧三角和较术二卷 ………… 3-105
平山先生诗集：五卷 ………… 4-304
[咸丰]平山县志：八卷 ………… 2-183
[咸丰]平山县志：八卷 ………… 2-183
[康熙]平山县志：五卷图一卷 ………… 2-183
[光绪]平山县续志：八卷末一卷 ………… 2-183
平山堂志：八卷首一卷 ………… 2-139
平山堂诗集：二卷 ………… 5-2
平山堂诗集：四卷 ………… 5-2
[光绪]平乡县志：十二卷首一卷 ………… 2-203
[同治]平乡县志：十二卷首一卷 ………… 2-203
平石和尚初住庆元路保圣禅寺语录：一卷；定水禅寺语录：一卷；天重禅寺语录：一卷 ………… 3-418
[光绪]平乐县志：十卷 ………… 2-370
[嘉庆]平乐府志：四十卷首一卷 ………… 2-370
平台纪略：一卷 ………… 1-273
平母冯孺人传：一卷 ………… 1-402
平江记事：一卷 ………… 2-127
平江记事：一卷 ………… 2-128
平江记事：一卷 ………… 2-128
平江记事：一卷 ………… 2-128
平江记事：一卷 ………… 2-128
平江记事：一卷 ………… 3-262
[乾隆]平江县志：二十五卷首一卷末一卷 ………… 2-350
[嘉庆]平江县志：二十四卷首一卷末一卷 ………… 2-350
[同治]平江县志：五十五卷首二卷末一卷 ………… 2-350
[同治]平江县志：五十五卷首二卷末一卷 ………… 2-350
平安馆金石文字：四种四卷 ………… 2-438
[顺治]平阳县志：八卷 ………… 2-271
[乾隆]平阳府志：三十六卷 ………… 2-219
[康熙]平阳府志：三十六卷 ………… 2-219
[顺治]平阴县志：八卷 ………… 2-307
[光绪]平阴县志：八卷首一卷 ………… 2-307
[嘉庆]平阴县志：四卷图一卷 ………… 2-307
[道光]平远州志：二十卷图一卷 ………… 2-400
[道光]平远州志：二十卷 ………… 2-400
[光绪]平远州续志：八卷首一卷 ………… 2-400
[光绪]平远县志：十卷 ………… 2-433
[嘉庆]平远县志：五卷首一卷 ………… 2-365
[乾隆]平利县志：不分卷 ………… 2-422
[乾隆]平谷县志：三卷 ………… 2-177
[乾隆]平陆县志：十六卷首一卷图一卷 ………… 2-227
[光绪]平陆县续志：二卷首一卷末一卷 ………… 2-227
平妖传：八卷四十回 ………… 3-363
[康熙]平和县志：十二卷首一卷图一卷 ………… 2-296
[康熙]平和县志：十二卷首一卷 ………… 2-296
平定三逆方略：六十卷 ………… 1-273
[光绪]平定州志：十六卷首一卷 ………… 2-211
[光绪]平定州志：十六卷首一卷 ………… 2-211
[乾隆]平定州志：十卷图一卷 ………… 2-210
[乾隆]平定州志：十卷 ………… 2-210
[光绪]平定州志补：一卷 ………… 2-211
平定两金川方略：一百三十六卷 ………… 1-274
平定罗刹方略：四卷 ………… 1-314
平南王元功垂范：二卷 ………… 1-403
平南王元功垂范：二卷 ………… 1-403
平南恩诏：一卷 ………… 2-87
平南敬亲王尚可喜事实册：不分卷 ………… 1-403
[康熙]平顺县志：十卷 ………… 2-212
[康熙]平顺县志：十卷 ………… 2-212
平闽纪：十三卷 ………… 1-314
平叛记：二卷 ………… 1-306
平津笔记：八卷 ………… 3-254
平津读碑记：八卷续记一卷再续一卷 ………… 2-460
平津读碑续记：一卷再续一卷三续一卷 ………… 2-460
平津馆鉴藏记：三卷补遗一卷续编一卷 ………… 2-493
平盈方氏世谱：五卷 ………… 2-2
平桥稿：十八卷 ………… 4-245
[乾隆]平原县志：十卷首一卷 ………… 2-309

平斋文集：三十二卷 …………………… 4-165
[光绪]平凉县志：不分卷………………… 2-429
[嘉靖]平凉府志：十三卷………………… 2-429
平海心筹：二卷 ……………………………… 3-44
平海奏疏总录：不分卷 ………………… 2-107
平冤录：一卷……………………………………… 2-71
平庵诗稿：十六卷首一卷……………… 4-148
平庵悔稿：十四卷补遗一卷；悔稿后编：
六卷；丙辰悔稿：一卷…………………… 4-148
平庵悔稿：不分卷补遗一卷；悔稿后编：
不分卷；丙辰悔稿：一卷 …………… 4-148
平望志：十八卷首一卷 ………………… 2-258
平寇志：十二卷 …………………………… 1-306
平巢事迹考：一卷 ……………………… 1-287
[光绪]平越直隶州志：四十卷………… 2-401
平粤录：一卷………………………………… 1-302
平蛮图：二卷………………………………… 5-396
平蛮奏疏：不分卷 ……………………… 2-108
平湖陆氏景贤祠志：不分卷 ………… 2-145
平龄会：十卷………………………………… 5-396
[光绪]平遥县志：十二卷首一卷 ……… 2-219
平播全书：十五卷 ……………………… 1-303
平播全书：十五卷 ……………………… 1-303
平濠记：一卷………………………………… 1-302
打马图：一卷………………………………… 3-158
打马图：一卷；谱双：五卷附录一卷 … 3-158
[光绪]打拉池县函志：不分卷………… 2-425
打牲乌拉地方乡土志…………………… 2-234
东山志：十九卷 …………………………… 2-152
东山志：十九卷 …………………………… 2-152
东山志：十九卷 …………………………… 2-152
东山诗集：二卷 …………………………… 4-253
东山诗集：二卷 …………………………… 4-253
东山赵先生文集：十二卷诗补一卷文补一
卷附录一卷 ………………………………… 4-218
东山草：一卷滇游草一卷燕邸草一卷 …… 5-59
东山草堂集：六卷 ………………………… 5-84
东川罗先生潜心语录：十卷内稿一卷外稿
一卷…………………………………………… 3-28
[光绪]东川府续志：四卷……………… 2-403
[光绪]东乡县志：十二卷首一卷 ……… 2-394
东冈小稿：六卷 …………………………… 4-264
东方朔探春历记：一卷 …………………… 3-56
东书堂砚铭 ………………………………… 3-163
东石涧日记：一卷；瀑雪记：一卷 …… 1-417
[光绪]东平州志：二十七卷图一卷首四卷
……………………………………………… 2-319
[道光]东平州志：三十卷图一卷首二卷
……………………………………………… 2-319
东平县乡土志 ……………………………… 2-235
东归纪略：二卷 …………………………… 1-418
东史纪略：二卷 …………………………… 1-237
东白堂词选初集：十五卷……………… 5-351
东汉文：二十卷 …………………………… 5-216
东汉文鉴：二十卷 ………………………… 5-216
东汉史删：三十三卷 …………………… 1-331
东汉会要：四十卷 ………………………… 2-29
[道光]东台县志：四十卷……………… 2-246
[嘉庆]东台县志：四十卷……………… 2-246
东西汉列传：不分卷 …………………… 1-346
东西洋考：十二卷 ……………………… 2-171
东夷考略：一卷东事答问一卷………… 2-124
东夷图总说：一卷 ……………………… 2-170
东夷图总说：一卷 ……………………… 2-170
[光绪]东光县志：十二卷首一卷末一卷
……………………………………………… 2-197
[康熙]东光县志：八卷图一卷………… 2-196
东华录：十六卷 …………………………… 1-263
东华录：十六卷 …………………………… 1-263
东华录：十六卷 …………………………… 1-263
东华绝句：十卷 …………………………… 5-258
东华续录：一千一百六十一卷………… 1-263
东庄遗集：四卷 …………………………… 5-93
东州草堂藏书目…………………………… 2-495
东江诗钞：十二卷 ………………………… 5-42
东江诗钞：十二卷 ………………………… 5-42
东江家藏集：四十二卷附录一卷 ……… 4-260
东江遗事：二卷 …………………………… 1-306
东江集钞：九卷别集五卷附录一卷 …… 5-22
东江集钞：九卷附录一卷………………… 5-22

东池诗集：五卷 …… 5-248
东安李都宪先生文集：五卷 …… 4-244
[乾隆]东安县志：二十二卷 …… 2-189
[光绪]东安县志：八卷 …… 2-356
[乾隆]东安县志：八卷 …… 2-356
东阳历朝诗：九卷 …… 5-280
东阳卢氏家乘：不分卷 …… 2-23
东观汉记：二十四卷 …… 1-210
东观汉记：二十四卷 …… 1-210
东观汉记：二十四卷 …… 1-210
东观余论：二卷 …… 3-224
东观余论：二卷 …… 3-224
东观余论：二卷 …… 3-224
东观余论：二卷 …… 3-224
东观余论：二卷 …… 3-225
东观余论：二卷 …… 3-225
东观余论：二卷 …… 3-225
东观余论：二卷 …… 3-225
东观余论：二卷附录一卷 …… 3-225
东观余论：二卷附录一卷 …… 3-225
东观余论：不分卷 …… 3-225
东观余论：四卷 …… 3-225
东观奏记：三卷 …… 1-287
东观奏记：三卷 …… 1-287
东观集：十卷 …… 4-82
东观集：七卷 …… 4-82
东观集：七卷 …… 4-82
东巡纪略：五卷 …… 2-156
东巡金石录：八卷 …… 2-447
东村先生诗：一卷 …… 5-97
东村遗集：三卷 …… 5-57
东村集：十卷附刊一卷 …… 5-18
东医宝鉴：二十三卷目录二卷 …… 3-63
东还纪程：一卷赠言一卷 …… 2-169
东轩笔录：十五卷 …… 3-244
东轩笔录：十五卷 …… 3-244
东轩晚语：一卷 …… 3-253
东里文集：二十五卷 …… 4-239
东里文集：二十五卷 …… 4-239
东里文集：二十五卷 …… 4-239
东里文集：二十六卷 …… 4-239
东里文集续编：六十二卷 …… 4-238
东里诗集：三卷 …… 4-239
东里诗集：三卷文集二十五卷续编六十二卷别集三卷附录四卷 …… 4-238
东吴水利考：十卷 …… 2-77
东园丛说：二卷 …… 3-194
东园郑先生文集续编：十三卷附录一卷 …… 4-254
东园遗稿：二卷 …… 4-264
东岚谢氏诗文集：不分卷 …… 5-294
东岚谢氏族谱：不分卷 …… 2-24
东谷所见：一卷 …… 3-187
东祀录：三卷 …… 4-256
东祀录：三卷附一卷 …… 4-256
东阿于文定公年谱：二卷 …… 1-412
东阿于文定公年谱：二卷 …… 1-412
东阿县乡土志：八卷 …… 2-309
[道光]东阿县志：二十四卷首一卷 …… 2-309
东武高士刘翼明诗稿：一卷 …… 5-28
东坡乌台诗案：一卷 …… 1-391
东坡文选：二十卷 …… 4-111
东坡文选：二十卷 …… 4-112
东坡书传：二十卷 …… 1-32
东坡书传：二十卷 …… 1-32
东坡书传：二十卷 …… 1-32
东坡四六：四卷 …… 4-111
东坡先生全集：七十五卷 …… 4-107
东坡先生全集：七十五卷墓志铭一卷 …… 4-107
东坡先生志林：十二卷 …… 3-189
东坡先生志林：五卷 …… 3-189
东坡先生志林：五卷 …… 3-189
东坡先生志林：五卷 …… 3-189
东坡先生志林：五卷 …… 3-189
东坡先生易解：九卷 …… 1-7
东坡先生易解：九卷 …… 1-7
东坡先生物类相感志：十八卷 …… 3-255
东坡先生诗集注：三十二卷 …… 4-109
东坡先生诗集注：三十二卷 …… 4-109
东坡先生诗集注：三十二卷 …… 4-110

东坡先生诗集注：三十二卷 ………………… 4-110
东坡先生诗集注：三十二卷 ………………… 4-110
东坡先生遗事：十二卷 ……………………… 1-391
东坡先生禅喜集：二卷 ……………………… 4-107
东坡先生编年诗补注：五十卷目录二卷
…………………………………………………… 4-111
东坡先生编年诗补注：五十卷年表一卷
…………………………………………………… 4-111
东坡先生编年诗补注：五十卷年表一卷
…………………………………………………… 4-111
东坡全集：一百十五卷目录七卷 ………… 4-107
东坡全集：一百十五卷目录七卷 ………… 4-107
东坡杂著：五种七卷 ……………………… 5-428
东坡纪年录：一卷 ………………………… 4-109
东坡纪年录：一卷 ………………………… 4-110
东坡纪年录：一卷 ………………………… 4-110
东坡志林：五卷 …………………………… 3-189
东坡和陶诗：一卷 …………………………… 4-16
东坡诗选：二卷 …………………………… 4-109
东坡诗选：十二卷 ………………………… 4-109
东坡奏议：十五卷 …………………………… 2-95
东坡养生集：十二卷 ……………………… 4-108
东坡称道潜之诗：一卷 …………………… 4-114
东坡续集：十二卷 ………………………… 4-107
东坡集：十六卷 …………………………… 4-107
东坡集：四十卷内制集十卷乐语一卷外制
集三卷应诏集十卷 ……………………… 4-106
东坡集：四十卷后集二十卷续集十二卷内
制集十卷乐语一卷外制集三卷应诏集
十卷奏议十五卷 ………………………… 4-106
东坡集：四十卷后集二十卷续集十二卷内
制集十卷乐语一卷外制集三卷应诏集
十卷奏议十五卷 ………………………… 4-106
东坡集：四十卷后集二十卷续集十二卷内
制集十卷乐语一卷外制集三卷应诏集
十卷奏议十五卷 ………………………… 4-106
东坡集：四十卷奏议十五卷后集二十卷内
制集十卷乐语一卷外制集三卷应诏集
十卷续集十二卷 ………………………… 4-107
东坡集选：五十卷；苏文忠公本传：一卷；
苏文忠公年谱：一卷 ………………… 4-109
东坡集选：五十卷首七卷………………… 4-109
东坡禅喜集：十四卷 ……………………… 4-108
东坡禅喜集：十四卷 ……………………… 4-108
东坡禅喜集：十四卷 ……………………… 4-108
东坡墓志铭：一卷 ………………………… 4-110
东林十八高贤传：一卷 …………………… 1-358
东林十八高贤传：一卷 …………………… 1-358
东林十八高贤传：一卷 …………………… 1-358
东林十八高贤传：一卷 …………………… 1-359
东林书院志：二卷续一卷………………… 2-147
东林列传：二十四卷末二卷 ……………… 1-373
东林列传：二十四卷末二卷 ……………… 1-373
东林同难录：一卷 ………………………… 1-373
东林点将录：一卷 ………………………… 1-373
东林籍贯：一卷 …………………………… 1-373
东国文献：十八卷 ………………………… 1-315
东国史略：六卷 …………………………… 2-173
东国史略：六卷 …………………………… 2-173
东国岁时记：一卷 ………………………… 2-114
东国续修簪献宝鉴：七卷………………… 1-384
[嘉庆]东昌府志：五十卷首三卷 ………… 2-308
[康熙]东明县志：八卷 …………………… 2-320
[乾隆]东明县志：八卷续志一卷 ………… 2-320
东明闻见录：一卷 ………………………… 1-312
东明闻见录：一卷 ………………………… 1-312
东明闻见录：一卷 ………………………… 1-313
东明闻见录：一卷附瞿宣忠公手谕一卷
…………………………………………………… 1-313
东岳独体关元帅大法：一卷 ……………… 3-388
东使吟草：一卷；出塞杂咏：一卷 …… 5-143
东岱山房诗录：二卷外集一卷………… 4-303
东岱山房诗录：十三卷外集一卷 ……… 4-303
东岱山房诗录江右稿：二卷 ……………… 4-303
东征集：六卷……………………………… 1-274
东所先生文集：十三卷 …………………… 4-258
东周列国全志：二十二卷一百八回 …… 3-338
东周列国全志：二十三卷一百八回 …… 3-338
东周列国全志：二十三卷一百八回 …… 3-339
东周列国全志：二十三卷一百八回 …… 3-339

东周列国全志：二十三卷一百八回 ········ 3-339
东周列国志：二十七卷一百八回 ·········· 3-339
东周列国志：二十七卷一百八回 ·········· 3-339
东周纪年：一卷 ································ 1-255
东京梦华录：十卷 ····························· 2-132
东垣十书：十九卷 ······························ 3-58
东垣此事难知节抄：三卷 ····················· 3-72
东垣先生试效方：九卷 ························ 3-80
东城杂记：二卷 ································ 2-129
东城杂记：二卷 ································ 2-129
东城杂记：二卷 ································ 2-129
东城拾遗：一卷 ································ 2-129
东南防守利便：三卷 ··························· 2-63
东南舆诵：一卷 ································ 5-262
东泉文集：八卷 ································ 4-261
东泉志：四卷 ··································· 2-162
东洲初稿：十四卷 ····························· 4-272
东洲草堂日记：不分卷 ························ 1-420
东宫备览：六卷 ································· 3-34
东宫备览：六卷 ································· 3-35
东宫备览：六卷 ································· 3-35
东郡雷氏话谱：二卷 ··························· 2-20
东都事略：一百三十卷 ························ 1-229
东都事略：一百三十卷 ························ 1-229
东都事略：一百三十卷 ························ 1-229
东都事略：一百三十卷 ························ 1-229
东都事略：一百三十卷 ························ 1-230
东都事略：一百三十卷 ························ 1-230
东莆先生文集：五卷 ··························· 4-303
东莱吕太史文集：十五卷 ····················· 4-152
东莱吕太史文集：十五卷 ····················· 4-152
东莱吕太史文集：十五卷别集十六卷外集五卷；丽泽论说集录：十卷附录三卷拾遗 ······ 4-152
东莱吕太史文集：十五卷别集十六卷外集五卷附录三卷拾遗一卷 ······ 4-152
东莱吕太史文集：十五卷别集十六卷外集六卷附录四卷 ······ 4-152
东莱吕太史文集：十五卷别集十六卷附录三卷外集五卷附录拾遗一卷 ······ 4-152
东莱吕太史别集：十六卷 ····················· 4-152
东莱吕太史别集：十六卷 ····················· 4-152
东莱吕太史春秋左传类编：不分卷 ·········· 1-91
东莱吕氏两汉精华：二十八卷 ··············· 1-329
东莱吕氏两汉精华：二十八卷 ··············· 1-329
东莱先生分门诗律武库：十五卷后集十五卷 ······ 3-304
东莱先生古文关键：二卷 ····················· 5-199
东莱先生古文关键：二卷 ····················· 5-199
东莱先生古文关键：二卷 ····················· 5-199
东莱先生吕氏读诗记：三十二卷 ············· 1-44
东莱先生诗律武库：不分卷 ·················· 3-304
东莱先生诗集：二十卷 ························ 4-134
东莱先生诗集：二十卷 ························ 4-134
东莱先生音注唐鉴：二十四卷 ··············· 1-342
东莱先生音注唐鉴：二十四卷 ··············· 1-342
东莱先生音注唐鉴：二十四卷 ··············· 1-342
东莱先生音注唐鉴：二十四卷 ··············· 1-342
东莱先生音注唐鉴：二十四卷 ··············· 1-343
东莱先生校正隋书详节：二十卷 ············· 1-332
东莱先生增入正义音注史记详节：二十卷 ······ 1-327
东莱纪略：二卷 ································· 2-51
东晋南北朝舆地表：□□卷；年表：十卷首一卷末一卷 ······ 1-219
东莞邓氏发祥祠世系：不分卷 ················ 2-21
东莞志：八卷 ··································· 2-366
[东莞茶园]卫氏族谱：十卷 ·················· 2-22
东原集：七卷 ··································· 4-244
东皋子诗：一卷 ································ 4-163
东皋子诗：一卷 ································ 4-163
东皋子集：三卷附录一卷 ······················ 4-19
东皋子集：三卷附录一卷 ······················ 4-20
东皋先生诗集：五卷附录一卷 ··············· 4-214
东皋杂抄：三卷 ································ 3-329
东皋诗文集：不分卷 ··························· 5-10
东皋录：一卷 ··································· 4-222
东皋录：三卷 ··································· 4-222
东皋录：三卷 ··································· 4-222
东皋漫录：八卷 ································ 1-324

东郭记：二卷 5-381
东斋记事：五卷遗一卷 3-244
东斋稿略：一卷 4-271
东涪家乘：二十六卷 5-288
东海张先生文集：五卷 4-248
[乾隆]东流县志：二十六卷首一卷 2-286
[嘉庆]东流县志：三十卷 2-286
东涧集：十四卷 4-164
东家杂记：二卷 1-386
东家杂记：二卷 1-387
东家杂记：二卷 1-387
东堂集：十卷 4-122
东庵集：四卷 4-188
东维子文集：三十一卷 4-209
东维子文集：三十卷附录一卷 4-209
东越文苑：六卷 1-383
东越证学录：二十卷 4-336
东越证学录：十六卷 4-336
东越沿革表：不分卷 2-131
东畬先生诗选：一卷 4-263
[乾隆]东湖县志：三十一卷首一卷 2-340
[乾隆]东湖县志：三十一卷首一卷 2-340
东游草：一卷 4-342
东游草：一卷 5-115
东游集：一卷 4-281
东塘集：十卷 4-274
东輶纪程：二卷 2-169
东廓先生文集：九卷 4-282
东廓邹先生文集：十二卷 4-282
东廓邹先生遗稿：十一卷 4-283
东雍士女志：二卷 1-384
东雍耆旧传：三卷后集一卷 1-384
东溪日谈录：十三卷 3-28
东溪先生诗：一卷 5-97
东溪诗草：三卷 5-77
东溪续稿：三卷；别稿：一卷 4-256
东溪遗稿：四卷附录一卷；纪行稿：一卷 4-262
东溟集：二卷；雁唳编：一卷补注一卷 5-26
东塾初学编音学：一卷 1-181
东塾读书记：不分卷 3-238
东塾读书记残稿：不分卷 3-238
东潜文稿：二卷 5-97
东潜文稿：二卷 5-97
东壁先生书钞：四种十一卷 5-432
东麓遗稿：十卷 4-267
北山小集：八卷附一卷 4-130
北山小集：八卷附录一卷 4-130
北山小集：四十卷 4-130
北山小集：四十卷 4-130
北山小集：四十卷 4-130
北山小集：四十卷 4-130
北户录：三卷 2-133
北户录：三卷 2-133
北户录注：三卷 2-133
北史：一百卷 1-200
北史：一百卷 1-200
北史：一百卷 1-200
北史：一百卷 1-200
北史：一百卷 1-201
北史：一百卷 1-201
北史：一百卷 1-201
北史：一百卷 1-201
北史：一百卷 1-201
北史：一百卷 1-201
北史抄：三卷 1-332
北史演义：六十四卷 3-342
北汉志：一卷 2-174
北边备对：一卷 2-62
北西厢：五卷 5-360
北西厢记释义大全：一卷字音大全一卷；附刻园林午梦记：一卷 5-360
北曲谱：十二卷 5-382
北行日札：一卷 5-25
北齐书：五十卷 1-223
北齐书：五十卷 1-223
北齐书：五十卷 1-223
北齐书：五十卷 1-223
北齐书：五十卷 1-223
北齐书文苑传颜之推传：一卷 3-186

北齐书文苑传颜之推传注：一卷 ………… 3-185
北关自雍正十一年四月至雍正十二年三月一年收过税料等项钱量数目文册：不分卷……………………………………………… 2-51
北极紫庭秘诀：不分卷 ……………………… 3-383
北园蛙鸣集：十二卷 ………………………… 4-261
北词谱：十四卷臆论一卷附一卷 ………… 5-409
北苑别录：一卷 ……………………………… 3-167
北岳庙集：十一卷 …………………………… 5-269
北征小草：十二卷 …………………………… 4-370
北征日记：三卷 ……………………………… 1-423
北征记：一卷………………………………… 1-301
北征记：一卷………………………………… 1-301
北征纪略：一卷 ……………………………… 1-314
北征录：一卷后录一卷 ……………………… 1-301
北河纪：八卷纪余四卷 ……………………… 2-75
北河续纪：七卷附余二卷…………………… 2-162
北泾草堂集：五卷 …………………………… 5-125
北泾草堂集：五卷外集三卷 ………………… 5-125
北泉文集：五卷 ……………………………… 4-270
北狩见闻录：一卷 …………………………… 1-291
北狩蒙尘录：二卷 …………………………… 1-291
北海三考：三卷 ……………………………… 1-387
北海亭诗集：四卷文集四卷 ………………… 4-381
北海耆旧传：十二卷 ………………………… 1-384
北海集：四十六卷附录三卷 ………………… 4-133
[光绪]北流县志：二十四卷 ………………… 2-371
北梦琐言：二十卷 …………………………… 3-243
北堂书钞：一百六十卷 ……………………… 3-277
北堂书钞：一百六十卷 ……………………… 3-277
北堂书钞：一百六十卷 ……………………… 3-277
北堂书钞：一百六十卷 ……………………… 3-277
北堂书钞：一百六十卷 ……………………… 3-277
北堂书钞：一百六十卷 ……………………… 3-277
北堂书钞：一百六十卷 ……………………… 3-277
北堂书钞续校记：不分卷…………………… 3-278
北湖小志：六卷首一卷 ……………………… 2-247
北湖小志：六卷首一卷 ……………………… 2-247
北湖小志：六卷首一卷；李翁医记：二卷……………………………………………… 2-247
北湖续志：六卷 ……………………………… 2-247
北湖续志补遗：二卷 ………………………… 2-247
北湖集：五卷………………………………… 4-125
北游日记：一卷 ……………………………… 1-417
北游诗集：一卷 ……………………………… 4-209
北游草：一卷………………………………… 5-37
北游漫稿……………………………………… 4-281
北游漫稿：三卷附录一卷…………………… 4-332
北窗炙輠录：二卷 …………………………… 3-193
北窗炙輠录：二卷 …………………………… 3-193
北窗炙輠录：二卷 …………………………… 3-245
北窗偶谈：三卷 ……………………………… 3-234
北虞先生遗文：六卷 ………………………… 4-310
北新关志：十六卷…………………………… 2-55
北新关商税则例：不分卷…………………… 2-52
北溪先生大全文集：五十卷外集一卷 … 4-159
北溪先生字义：二卷；严陵讲义：一卷……………………………………………… 3-23
北溪先生字义：二卷；严陵讲义：一卷……………………………………………… 3-23
北溪先生字义详讲：二卷…………………… 3-23
北溪诗集：二十卷文集二卷附集一卷 … 5-109
北辕录：一卷………………………………… 2-62
北辕录：一卷………………………………… 2-168
北辕集：一卷………………………………… 4-309
北墅绪言：五卷 ……………………………… 5-43
北牕炙輠录：二卷…………………………… 3-193
北畿贺文宗批点论学指南：二卷 ………… 5-305
北磵文集：十卷 ……………………………… 4-162
北磵诗集：九卷 ……………………………… 4-162
占书：一卷 …………………………………… 3-120
占书：一卷 …………………………………… 3-120
[光绪]卢氏县志：十八卷首一卷 ………… 2-322
[顺治]卢龙县志：六卷图一卷……………… 2-187
卢仝诗集：二卷集外诗一卷 ……………… 4-68
卢圭峰先生集：三卷 ……………………… 4-212
卢次楩诗集：二卷…………………………… 4-278
卢纶集：六卷………………………………… 4-48
卢照邻诗：一卷 ……………………………… 4-20
卢照邻诗集：一卷…………………………… 4-20

卢照邻集：二卷 ……………………………… 4-20
卢照邻集：二卷 ……………………………… 4-20
卢溪先生文集：五十卷 ……………………… 4-131
卢溪先生文集：五十卷 ……………………… 4-131
卢溪先生文集：五十卷 ……………………… 4-131
卢溪先生文集：五十卷 ……………………… 4-131
卢溪诗草：一卷 ……………………………… 5-121
旧山楼日记：一卷 …………………………… 1-421
旧山楼书目：不分卷 ………………………… 2-495
旧五代史：一百五十卷目录二卷 ………… 1-201
旧五代史：一百五十卷目录二卷 ………… 1-201
旧五代史考异：五卷 ………………………… 1-202
旧业堂集：十卷 ……………………………… 4-313
旧业堂集：十卷 ……………………………… 4-313
旧抄宋人词 ………………………………… 5-329
旧邑讴思长庚永庆：不分卷 ……………… 5-398
旧雨斋集：八卷 ……………………………… 5-93
旧闻证误：四卷 ……………………………… 1-344
旧档：不分卷 ………………………………… 2-84
旧唐书：二百卷 ……………………………… 1-225
旧唐书论：二卷；唐文归：十卷 ………… 1-343
旧编南九宫谱：不分卷 ……………………… 5-410
归元直指集：四卷 …………………………… 3-421
归云集前稿：二十卷 ………………………… 4-308
归田诗存：三卷文存二卷 …………………… 5-87
归田诗话：三卷 ……………………………… 5-318
归田诗话：三卷 ……………………………… 5-318
归田诗话：三卷 ……………………………… 5-318
归田诗话：三卷 ……………………………… 5-318
归田集：一卷 ………………………………… 5-49
归田集：不分卷 ……………………………… 5-75
归朴龛金石跋：一卷 ………………………… 2-443
归有园稿：诗编七卷文编二十二卷 ……… 4-248
归先生文集：三十二卷附录一卷 ………… 4-297
归先生文集：三十二卷附录一卷 ………… 4-297
归先生文集：三十二卷附录一卷 ………… 4-297
归先生文集：三十二卷附录一卷 ………… 4-297
[光绪]归州志：十七卷 ……………………… 2-342
[光绪]归州志：十卷首一卷 ……………… 2-342
[嘉庆]归州志：十卷 ……………………… 2-341
[嘉庆]归州志：十卷 ……………………… 2-342
归兴集唐：一卷 ……………………………… 5-38
[崇祯]归国日记：一卷 ……………………… 1-417
[光绪]归顺直隶州志：六卷 ……………… 2-372
归养录：九卷 ………………………………… 1-397
归桃花岭诗集：六卷 ………………………… 5-246
归桃花岭诗集：六卷；桃花岭集：七卷 ……………………………… 5-246
归鸿馆杂著：八种二十五卷 ……………… 5-429
归愚诗抄：二十卷 …………………………… 5-259
归震川先生尺牍：二卷 ……………………… 4-298
归震川先生尺牍：二卷 ……………………… 4-298
归震川先生全稿：不分卷 …………………… 4-297
[顺治]归德府志：十卷 ……………………… 2-326
归潜志：十四卷 ……………………………… 3-247
归潜志：十四卷 ……………………………… 3-247
归潜志：十四卷 ……………………………… 3-247
归潜志：十四卷附录一卷 …………………… 3-247
归潜志：八卷；大唐传载摘胜：一卷 … 3-247
目连救母劝善戏文：三卷 …………………… 5-371
目治偶抄：四卷 ……………………………… 2-477
目治偶抄：四卷 ……………………………… 2-477
目前集：二卷 ………………………………… 4-339
目营小辑：四卷 ……………………………… 2-119
且且庵初笺十六子：三十七卷 ……………… 3-3
且亭诗：六卷 ………………………………… 5-23
甲乙事案：二卷 ……………………………… 1-311
甲乙事案：二卷 ……………………………… 1-311
甲乙事案：二卷 ……………………………… 1-311
甲乙集：一卷 ………………………………… 4-73
甲乙集：十卷 ………………………………… 4-73
甲巳游草：六卷 ……………………………… 5-63
甲子会纪：五卷 ……………………………… 1-320
甲子会纪：五卷 ……………………………… 1-320
甲午诗钞：不分卷 …………………………… 5-154
[万历]甲午科乡试朱卷：一卷 …………… 4-346
甲申日纪：八卷 ……………………………… 1-308
甲申日纪：八卷附录一卷 …………………… 1-308
甲申传信录：十卷 …………………………… 1-308
甲申传信录：十卷 …………………………… 1-308

甲申传信录：十卷 1-308
甲申后亡臣表：一卷 1-375
甲申杂记：一卷 3-244
甲申核真略：一卷南行日记一卷贺宿纪闻一卷 1-310
甲申野史汇钞：二十三卷 1-274
甲申野史汇钞：九种四十一卷 1-275
甲申朝事小纪：八卷二编八卷三编八卷四编八卷五编八卷 1-306
甲申集：不分卷 5-16
甲戌日录：一卷；乙亥日录：一卷；丙子日录：一卷 1-424
甲秀园集：四十七卷 4-331
甲秀园集：四十七卷 4-332
申大人奏稿：八卷 2-110
申公诗说：一卷 1-48
申斗垣校正外科启玄：十二卷 3-75
申学士校正古本官板书经大全：十卷 1-35
申斋刘先生文集：十五卷 4-193
申斋刘先生文集：十五卷 4-193
申椒馆敞帚集：四卷 4-341
申椒集：二卷；红萼词：二卷 5-50
申椒集：二卷；盟鸥草：一卷；炊香词：三卷 5-50
申鉴：五卷 3-16
申鉴：五卷 3-16
申鉴：五卷 3-17
申鉴注：五卷 3-16
申鉴注：五卷 3-16
申鉴注：五卷 3-16
叶太史参补古今大方诗经大全：十五卷小序一卷图一卷纲领一卷 1-47
叶氏录验方：三卷 3-80
叶氏菉竹堂碑目：六卷 2-440
叶文庄公全集：十六卷 4-246
叶文庄公全集：三十卷 4-246
叶文庄公全集：三十卷 4-246
叶文庄公奏疏：四十卷 2-96
叶先生诗话：三卷 5-312
[乾隆]叶县志：八卷首一卷 2-327
叶忠节公遗稿：十二卷 5-46
叶学山先生诗稿：十卷 5-39
叶相国选订百子类函：四十卷 3-294
叶柳沙先生遗集：二卷 2-101
叶恂予日记：不分卷 1-423
叶调生日记：一卷 1-419
叶梦得诗话：三卷 5-312
叶梧叟先生集：十八卷首一卷末一卷 4-383
叶䆉夫菊谱：二卷 3-170
田水月山房北西厢藏本：五卷 5-358
田间文集：三十卷 5-14
田间诗集：五卷 5-34
田间集：十卷 5-14
田叔禾小集：十二卷 4-292
田叔禾小集：十二卷 4-293
田家五行：三卷拾遗一卷纪历撮要一卷 3-56
田家占候集览：十卷 3-56
由庚堂诗集：四卷 4-335
由拳集：二十三卷 4-327
由拳集：二十三卷 4-327
由拳集：二十三卷 4-327
由拳集：二十三卷 4-327
由拳集：二十三卷 4-327
由醇录：三十七卷 5-418
史义拾遗：二卷 1-336
史义拾遗：二卷 1-336
史氏吴中派文献谱：不分卷 2-2
史氏鸣冤略：一卷 1-396
史书大纪：八卷 1-324
史书纂略：二百二十卷 1-324
史外：三十二卷 1-371
史外：三十二卷 1-372
史汉合编评林 1-331
史汉异同补评：三十二卷 1-342
史汉拾遗：十六卷 1-210
史记：一百三十卷 1-192
史记：一百三十卷 1-192
史记：一百三十卷 1-192
史记：一百三十卷 1-192
史记：一百三十卷 1-192

史记：一百三十卷 ………………………………… 1-193
史记：一百三十卷 ………………………………… 1-193
史记：一百三十卷 ………………………………… 1-193
史记：一百三十卷 ………………………………… 1-193
史记：一百三十卷 ………………………………… 1-193
史记：一百三十卷 ………………………………… 1-193
史记：一百三十卷 ………………………………… 1-193
史记：一百三十卷 ………………………………… 1-193
史记：一百三十卷 ………………………………… 1-193
史记：一百三十卷 ………………………………… 1-193
史记：一百三十卷 ………………………………… 1-194
史记：一百三十卷 ………………………………… 1-194
史记：一百三十卷 ………………………………… 1-194
史记：一百三十卷 ………………………………… 1-194
史记：一百三十卷 ………………………………… 1-194
史记：一百三十卷 ………………………………… 1-194
史记：一百三十卷 ………………………………… 1-194
史记：一百三十卷 ………………………………… 1-194
史记：一百三十卷 ………………………………… 1-195
史记：一百三十卷 ………………………………… 1-195
史记：一百三十卷 ………………………………… 1-195
史记：一百三十卷 ………………………………… 1-195
史记：一百三十卷 ………………………………… 1-195
史记：一百三十卷 ………………………………… 1-195
史记：一百三十卷 ………………………………… 1-195
史记：一百三十卷 ………………………………… 1-195
史记：一百三十卷 ………………………………… 1-195
史记：一百三十卷 ………………………………… 1-195
史记：一百三十卷 ………………………………… 1-196
史记：一百三十卷 ………………………………… 1-196
史记：一百三十卷 ………………………………… 1-196
史记：一百三十卷 ………………………………… 1-196
史记：一百三十卷 ………………………………… 1-196
史记：一百三十卷 ………………………………… 1-196
史记：一百三十卷 ………………………………… 1-196
史记：一百三十卷 ………………………………… 1-196
史记：一百三十卷 ………………………………… 1-197
史记：一百三十卷 ………………………………… 1-197
史记：一百三十卷 ………………………………… 1-197
史记：一百三十卷 ………………………………… 1-197
史记：一百三十卷 ………………………………… 1-197
史记：一百三十卷首一卷………………………… 1-196
史记：二十二卷 …………………………………… 1-196
史记：二十四卷 …………………………………… 1-192
史记：不分类……………………………………… 1-192
史记末议：五卷 …………………………………… 1-342
史记汇评：一百三十卷 …………………………… 1-197
史记考证：七卷 …………………………………… 1-198
史记考要：十卷 …………………………………… 1-198
史记论文：一百三十卷 …………………………… 1-342
史记论文：一百三十卷 …………………………… 1-342
史记约言：不分卷 ………………………………… 1-328
史记志疑：三十六卷 ……………………………… 1-198
史记志疑：三十六卷 ……………………………… 1-198
史记评林：一百三十卷 …………………………… 1-197
史记评林：一百三十卷 …………………………… 1-197
史记评林：一百三十卷 …………………………… 1-197
史记评林：一百三十卷 …………………………… 1-197
史记评林：一百三十卷 …………………………… 1-197
史记评林：一百三十卷 …………………………… 1-198
史记评林：一百三十卷 …………………………… 1-198
史记评林：一百三十卷难字直音一卷 … 1-198
史记评林：一百三十卷难字直音一卷 … 1-198
史记拾遗：不分卷 ………………………………… 1-198
史记钞：二十卷 …………………………………… 1-328
史记钞：九十一卷 ………………………………… 1-327
史记钞：九十一卷 ………………………………… 1-328
史记钞：九十一卷 ………………………………… 1-328
史记钞：九十一卷补遗□□卷………………… 1-327
史记钞：九十一卷首一卷………………………… 1-327
史记钩玄：四卷 …………………………………… 1-198
史记选抄：不分卷 ………………………………… 1-328
史记校：不分卷 …………………………………… 1-198
史记索隐：一百三十卷 …………………………… 1-194
史记索隐：三十卷 ………………………………… 1-194
史记索隐：三十卷 ………………………………… 1-194
史记索隐：三十卷 ………………………………… 1-194
史记索隐：三十卷 ………………………………… 1-194
史记集解：一百三十卷 …………………………… 1-192
史记集解：一百三十卷 …………………………… 1-193

史记集解索隐正义：一百三十卷 ………… 1-195
史记集解索隐正义：一百三十卷 ………… 1-196
史记榷参：三卷；汉书榷参：三卷 …… 1-342
史记疑问：三卷 ………………………… 1-198
史记题评：一百三十卷 ………………… 1-197
史记题评：一百三十卷 ………………… 1-197
史记纂：二十四卷 ……………………… 1-328
史记纂：不分卷 ………………………… 1-328
史纠：不分卷 …………………………… 1-344
史纠：六卷 ……………………………… 1-344
史异编：十七卷 ………………………… 3-111
史怀：十七卷 …………………………… 1-339
史怀：十七卷；晋史怀：三卷 ………… 1-339
史评小品：二十二卷 …………………… 1-340
史纲要领：三十六卷 …………………… 1-338
史纲纂要：三集 ………………………… 1-323
史尚：四卷 ……………………………… 1-340
史忠正公集：四卷首一卷末一卷 ……… 4-378
史忠正公集：四卷首一卷末一卷 ……… 4-378
史咏：不分卷 …………………………… 4-172
史咏诗集：二卷 ………………………… 1-345
史学要义：五卷 ………………………… 1-339
史学提要：一卷 ………………………… 1-336
史学提要：三卷 ………………………… 1-336
史学提要纂言：前编十九卷后编十二卷；
　　金史通辑：八卷 …………………… 1-325
史要编：十卷 …………………………… 1-323
史要聚选：□□卷 ……………………… 3-299
史钞：二十二卷 ………………………… 1-323
史阁部遗集：不分卷补篇一卷 ………… 4-378
史统：二十卷 …………………………… 1-339
史载之方：二卷 ………………………… 3-79
史钺：二十卷 …………………………… 1-337
史钺：二十卷 …………………………… 1-337
史海淘珍：二十卷 ……………………… 5-208
史通：二十卷 …………………………… 1-333
史通：二十卷 …………………………… 1-333
史通：二十卷 …………………………… 1-333
史通：二十卷 …………………………… 1-333
史通：二十卷 …………………………… 1-333
史通：二十卷 …………………………… 1-333
史通：二十卷 …………………………… 1-333
史通：二十卷 …………………………… 1-333
史通训故：二十卷 ……………………… 1-333
史通训故补：二十卷 …………………… 1-334
史通训故补：二十卷 …………………… 1-334
史通训故补：二十卷 …………………… 1-334
史通评释：二十卷 ……………………… 1-333
史通评释：二十卷 ……………………… 1-333
史通通释：二十卷 ……………………… 1-334
史通通释：二十卷 ……………………… 1-334
史通通释：二十卷附录一卷 …………… 1-334
史通通释：二十卷附录一卷 …………… 1-334
史通通释：二十卷附录一卷 …………… 1-334
史裁：二十六卷 ………………………… 1-324
史脔：二十五卷 ………………………… 1-324
史緊：不分卷 …………………………… 1-341
史稿三种：三卷 ………………………… 1-274
史衡：六卷 ……………………………… 1-337
史甓：四卷 ……………………………… 3-272
史觿：十七卷 …………………………… 1-324
史纂通要后集：三卷 …………………… 1-336
兄字说：一卷 …………………………… 1-188
四大奇书第一种：六十卷一百二十回 … 3-341
四大奇书第一种三国志：六十卷一百二十
　　回 …………………………………… 3-341
四大奇书第一种三国演义：十九卷一百二
　　十回 ………………………………… 3-342
四大奇书第一种三国演义：十九卷一百二
　　十回卷首一卷 ……………………… 3-342
四大奇书第一种三国演义：五十一卷一百
　　二十回 ……………………………… 3-342
四大奇书第一种三国演义：六十卷一百二
　　十回 ………………………………… 3-341
四才子奇书：四卷 ……………………… 5-364
[四川乐至]唐氏宗谱：不分卷 ………… 2-12
四川各地勘案及其他事宜档册 ………… 2-84
四川各府厅州县沿革表：不分卷 ……… 2-135
[乾隆]四川保宁府广元县志：十三卷首
　　一卷 ………………………………… 2-382

[嘉靖]四川总志：八十卷 2-378
[康熙]四川总志：三十六卷 2-378
[雍正]四川通志：四十七卷首一卷 2-379
[雍正]四川通志：四十五卷首一卷 2-378
四子：二十三卷 3-366
四子全书：九卷 3-366
四子集：三十卷 5-169
四元玉鉴细草：不分卷 3-103
四元记：二卷 5-388
四友记：二卷 5-392
四友斋丛说：二十六卷 3-209
四友斋丛说：十六卷 3-208
四友斋丛说：三十八卷 3-208
四友斋丛说：三十八卷 3-208
四六全书：五种四十二卷 5-429
四六采腴：二十卷 5-198
四六法海：十二卷 5-198
四六选锐：二卷 5-198
四六类编：十三卷 5-251
四六类编：十六卷 5-251
四六鸳鸯谱：十二卷新集十二卷 3-311
四六谈麈：一卷 5-317
四六谈麈：一卷 5-317
四六谈麈：一卷 5-317
四六霞肆：十六卷 3-298
四六徽音集前集：四卷 5-250
四六纂组：十卷 5-199
四忆堂诗集：六卷遗稿一卷 5-20
四书七十二朝人物考：四十卷 1-124
四书人物考：四十卷 1-124
四书人物考：四十卷 1-124
四书大成：□□卷 1-129
四书大全：三十九卷 1-127
四书大全辨：六十二卷附录六卷 1-128
四书大全纂：十三卷 1-127
四书六经读本：一百七卷 1-3
四书引经节解图考：十七卷 1-127
四书正字汇：十九卷 1-131
四书考 1-127
四书考：二十八卷考异一卷 1-127
四书考异：七十二卷 1-130
四书考略：二卷 1-130
四书地理考：十五卷 1-130
四书朱子语类摘钞：三十八卷 1-129
四书传习心谭：不分卷 1-125
四书会要录：三十卷 1-129
四书合刻：六卷 1-121
四书名物考：二十四卷 1-126
四书名物考：二十四卷 1-126
四书讲义困勉录：三十七卷续录六卷 1-129
四书困学编：三十八卷 1-129
四书私存：三十八卷 1-124
四书余说：二十卷 1-129
四书识小录：一卷 1-130
四书改错：二十二卷 1-129
四书若解编：六卷 1-128
四书直解四书讲义合参：二十七卷 1-125
四书述言：不分卷 1-130
四书明儒大全精义：三十八卷 1-129
四书图史合考：二十四卷 1-123
四书征：十二卷 1-128
四书所见录：不分卷 1-130
四书注疏大全合纂：三十七卷 1-128
四书参：十九卷 1-125
四书经正录：三十二卷 1-128
四书经学考：十卷 1-128
四书经学考：十卷补遗一卷 1-128
四书拾义：五卷 1-130
四书拾义：六卷 1-130
四书指月：十三卷 1-127
四书便抄：十九卷 1-122
四书待问：二十二卷 1-122
四书待问：二十二卷 1-123
四书说丛：十七卷 1-127
四书说约：二十卷 1-129
四书说约：三十三卷 1-127
四书说剩：六卷 1-125
四书通证：六卷 1-122
四书通证：□□卷 1-122
四书眼：十九卷 1-126

四书章句集注：二十一卷 1-122
四书章句集注：二十八卷 1-121
四书章句集注：二十六卷 1-122
四书博征：□□卷 1-130
四书遇：不分卷 1-129
四书集注：二十一卷 1-121
四书集注：二十八卷 1-122
四书集注：二十八卷 1-122
四书集注：十九卷 1-121
四书集注：十九卷 1-121
四书集注：十九卷 1-121
四书集注：四十卷 1-122
四书集注大全：三十六卷 1-123
四书集注大全：四十二卷 1-123
四书集注大全：四十二卷 1-123
四书集注大全：四十二卷 1-123
四书集注大全：四十三卷 1-123
四书集注大全：四十三卷 1-123
四书释地辨证：二卷 1-130
四书湖南讲：九卷 1-127
四书疏记：四卷 1-130
四书辑释：四十三卷 1-122
四书摘训：二十卷 1-125
四书管窥：八卷 1-122
四书辨释备考：不分卷 1-130
四书翼传三义：七卷 1-125
四世恩纶：不分卷 1-400
四本堂印谱：不分卷 3-153
四史发伏：十卷 1-218
四史余论：四卷 1-341
四史疑年录：七卷 1-344
四史疑年录：七卷 1-344
四生谱：四卷 3-170
四代恩荣事略：一卷 1-401
四礼汇编：□□卷 1-84
四圣一心录：六卷 1-18
[四会]李氏家谱：不分卷 2-5
[四会]李氏家谱：不分卷 2-6
[康熙]四会县志：二十卷 2-368
[四会窑村]吴氏族谱：不分卷 2-7
四名家传奇摘出：四卷 5-363
四妇人集：五卷 5-162
四声切韵表：三卷首一卷末一卷 1-181
四声猿：四卷 5-362
四声猿：四卷 5-362
四声猿：四卷 5-362
四声猿：四卷 5-362
四时悼内：一卷附录一卷 5-404
四库后出书序跋：四十四卷；四库未收书序跋：一卷 2-478
四库全书表注：不分卷 2-480
四库全书总目：二百卷 2-479
四库全书总目提要：不分卷 2-477
四库全书简明目录标注：二十卷 2-480
四库全书简明目录标注：二十卷 2-480
四库全书简明目录标注：二十卷 2-480
四库全书简明目录标注：二十卷 2-480
四库全书纂校事略：不分卷 2-480
四库遗书目录提要：五卷 2-477
四库阙书：一卷 2-479
四词宗合刻：五卷 5-400
四译馆馆考：八卷 2-47
四译馆馆则：十六卷 2-47
四译馆增定馆则：二十卷 2-46
四松堂集：不分卷杂志一卷；鹪鹩庵笔麈：一卷 5-112
四明万氏家宝：十种十二卷 5-427
四明山志：九卷 2-152
四明文读：十二卷 5-277
四明文献：二卷 5-277
四明文献：不分卷 5-277
四明文献集：十卷 5-277
四明文献集：五卷 4-172
四明四友诗：六卷 5-277
四明它山水利备览：二卷 2-78
四明先生续资治通鉴节要：二十卷 1-248
四明范氏宗谱：不分卷 2-9
四明诗萃：三十卷 5-277
四明栎溪杨氏宗谱：不分卷 2-19
四明尊尧集：四卷 1-343

四明尊尧集：四卷 ······ 1-343
四明尊尧集：四卷 ······ 1-343
四明尊者教行录：七卷 ······ 3-422
四明儒林董氏宗谱：二十卷终一卷 ······ 2-17
四明鹳岭志略：五卷 ······ 2-152
四知堂文集：三十六卷附崇祀录一卷 ······ 5-92
四牧斋诗集：一卷 ······ 5-59
四朋居硃订四书圣贤心诀：十九卷字画辨疑一卷句辨一卷 ······ 1-128
四朋居硃订四书圣贤心诀：十九卷字画辨疑一卷句辨一卷 ······ 1-128
四录堂类集：三种十三卷 ······ 5-432
四录堂类集：三种三十八卷 ······ 5-432
四经稗疏：十四卷 ······ 1-4
四面观音：不分卷 ······ 5-407
四品稿：九卷 ······ 4-360
四香堂印余：八卷 ······ 2-470
四香堂摹印：不分卷 ······ 3-153
四美图：不分卷 ······ 5-396
四艳记：四卷 ······ 5-362
四素山房集：十九卷 ······ 4-346
四素余珍：不分卷 ······ 5-131
四留堂杂著：二卷 ······ 4-364
四留堂杂著：不分卷 ······ 4-364
四部日抄：不分卷 ······ 3-300
四部日抄：不分卷 ······ 3-300
四部类稿：六十四卷 ······ 3-300
四家书札 ······ 5-304
四家书札 ······ 5-304
四家书札 ······ 5-304
四家评唱黍丘集：十二卷 ······ 4-352
四家诗余：十一卷 ······ 5-330
四家宫词：二卷 ······ 5-192
四家宫词：不分卷 ······ 5-163
四雪草堂重订通俗隋唐演义：二十卷一百回 ······ 3-342
四雪草堂重订通俗隋唐演义：二十卷一百回 ······ 3-343
四雪草堂重订通俗隋唐演义：二十卷一百回 ······ 3-343
四朝名臣言行别录：□□卷 ······ 1-364
四朝闻见录：甲集一卷乙集一卷丙集一卷丁集一卷戊集一卷 ······ 3-246
四照堂文集：五卷 ······ 5-5
四照堂文集：五卷诗集二卷 ······ 5-4
四照堂乐府诗集：二卷 ······ 5-7
四溟山人全集：二十四卷 ······ 4-286
四溟山人诗：十卷 ······ 4-286
四溟山人诗集：十卷诗说二卷 ······ 4-286
四溟诗话：四卷 ······ 5-319
四禘通释：三卷 ······ 1-80
[万历]四镇三关志：十卷 ······ 2-179
[万历]四镇三关志：十卷 ······ 2-179
[万历]四镇三关志：十卷 ······ 2-179
[万历]四镇三关志：十卷 ······ 2-179
四镇纪略：一卷 ······ 1-309
四箴封事录：一卷 ······ 2-102
生平纪略：一卷 ······ 1-399
生生篇：七卷 ······ 1-18
生香馆诗：二卷词二卷 ······ 5-128
生绿堂集：六卷随笔二卷续笔二卷 ······ 4-383
矢音集：十卷 ······ 5-90
矢音集：十卷 ······ 5-90
乍浦九山补志：十二卷 ······ 2-151
[乾隆]乍浦志：六卷首一卷末一卷续纂二卷 ······ 2-266
丘邦士文集：十八卷 ······ 4-387
丘海二公文集合编：十六卷 ······ 5-172
丘隅集：十九卷 ······ 4-310
丘隅集：十九卷 ······ 4-310
仕学规范：八卷 ······ 3-261
仕隐霞标：四卷 ······ 1-354
代北姓谱：二卷 ······ 1-425
[万历]代州志：二卷 ······ 2-215
[光绪]代州志：十二卷首一卷 ······ 2-215
代言选：五卷 ······ 2-87
代言选：五卷；讲编：二卷；奏牍：六卷 ······ 2-87
代耕堂初稿：六卷 ······ 5-154
代耕堂雪鸿草：二十卷 ······ 5-154

代疑编：一卷 …… 3-430
代警编：二卷 …… 3-250
仙传外科集验秘方：十一卷 …… 3-74
仙佛奇踪：八卷 …… 3-327
仙佛奇踪：八卷 …… 3-328
仙苑编珠 …… 1-360
仙苑编珠：三卷 …… 1-361
仙苑编珠：三卷 …… 1-361
仙苑编珠：三卷 …… 3-324
仙苑编珠：□□卷 …… 1-361
[康熙]仙居县志：三十卷 …… 2-270
仙屏书屋初集：诗录十六卷后录二卷 … 5-138
仙屏书屋初集：诗录十六卷后录二卷 … 5-138
仙都纪游集：一卷 …… 5-55
仙都志：二卷 …… 2-153
仙游志：十六卷 …… 2-294
[乾隆]仙游县志：五十三卷首一卷 …… 2-294
[乾隆]仙游县志：五十三卷首一卷 …… 2-294
仙潭后志：不分卷 …… 2-265
仙霞岭天雨庵志略：不分卷 …… 2-146
仪礼：十七卷 …… 1-66
仪礼：十七卷 …… 1-66
仪礼：十七卷 …… 1-66
仪礼：十七卷 …… 1-70
仪礼正义：四十卷 …… 1-69
仪礼正义：四十卷 …… 1-69
仪礼古今文疏证：二卷 …… 1-70
仪礼节解：十七卷读仪礼一卷 …… 1-68
仪礼汇说：十七卷 …… 1-69
仪礼私笺：八卷 …… 1-69
仪礼识误：三卷 …… 1-70
仪礼识误：三卷 …… 1-70
仪礼丧服马王注：一卷 …… 1-69
仪礼丧服表：不分卷 …… 1-69
仪礼图：十七卷 …… 1-70
仪礼图：十七卷 …… 1-70
仪礼图：十七卷 …… 1-70
仪礼图：十七卷 …… 1-70
仪礼图：十七卷；旁通图：一卷 …… 1-70
仪礼图：十七卷；旁通图：一卷 …… 1-70
仪礼图：十七卷；旁通图：一卷 …… 1-70
仪礼图：六卷 …… 1-70
仪礼图：六卷 …… 1-70
仪礼郑注句读：十七卷附监本正误一卷石本误字一卷 …… 1-68
仪礼注：十七卷 …… 1-66
仪礼注：十七卷 …… 1-66
仪礼注：十七卷 …… 1-66
仪礼注：十七卷 …… 1-66
仪礼注：十七卷 …… 1-66
仪礼注：十七卷 …… 1-66
仪礼注疏：十七卷 …… 1-67
仪礼注疏：十七卷 …… 1-67
仪礼注疏：十七卷 …… 1-67
仪礼注疏：十七卷 …… 1-67
仪礼注疏：十七卷 …… 1-67
仪礼注疏：十七卷 …… 1-67
仪礼注疏：五十卷 …… 1-67
仪礼注疏：五十卷 …… 1-68
仪礼注疏考证：不分卷 …… 1-69
仪礼经传：内编二十三卷外编五卷首一卷 …… 1-68
仪礼经传通解：三十七卷 …… 1-81
仪礼经传通解：三十七卷 …… 1-82
仪礼经传通解：三十七卷 …… 1-82
仪礼经传通解：三十七卷 …… 1-82
仪礼经传通解：三十七卷 …… 1-82
仪礼经传通解：三十七卷 …… 1-82
仪礼经传通解续：二十九卷 …… 1-82
仪礼经传通解续：二十九卷 …… 1-82
仪礼经传通解续：十五卷 …… 1-82
仪礼要义：五十卷 …… 1-68
仪礼要义：五十卷 …… 1-68
仪礼逸经：一卷传一卷 …… 1-70
仪礼商：二卷附录一卷；周官辨非：一卷 …… 1-68
仪礼集说：十七卷 …… 1-68
仪礼集说：十七卷 …… 1-68
仪礼集说：十七卷 …… 1-68
仪礼集说：十七卷 …… 1-68

仪礼集编：十七卷首一卷附录一卷 ………… 1-69
仪礼释宫：一卷 …………………………… 1-80
仪礼疏：五十卷 …………………………… 1-67
仪礼疏：五十卷 …………………………… 1-67
仪礼疏：五十卷 …………………………… 1-67
仪礼疏：五十卷 …………………………… 1-67
仪礼疏：五十卷 …………………………… 1-67
仪礼管见：三卷附一卷 …………………… 1-69
仪礼蠡测：十七卷 ………………………… 1-69
[同治]仪陇县志：六卷 ………………… 2-387
仪注备简：十卷 ………………………… 3-413
[隆庆]仪真县志：十四卷图一卷 ……… 2-246
仪部张先生文集：二卷 ………………… 4-336
仪象法纂：一卷 …………………………… 3-87
[道光]白山司志：十八卷首一卷 ……… 2-370
白山氓铸陶：一卷 ………………………… 5-92
白山氓铸陶：一卷 ………………………… 5-92
白门草：二卷 …………………………… 4-358
白云文集：五卷诗集二卷 ……………… 5-122
白云先生许文懿公传集：四卷附录一卷
…………………………………………… 4-183
白云许先生文集：四卷附录一卷 ……… 4-183
白云许先生文集：四卷附录一卷 ……… 4-183
白云学诗：六卷 …………………………… 1-50
白云诗集：七卷附咏梅诗一卷 …………… 5-86
白云草堂诗钞：三卷首二卷文钞七卷 … 5-120
白云倡和诗：一卷 ……………………… 5-141
白云越秀二山合志：四十九卷 ………… 2-156
白云集：十卷 …………………………… 4-314
白云集：七卷附录一卷 ………………… 4-314
白云集：七卷附录一卷 ………………… 4-314
白云集：三卷题赠附录一卷 …………… 4-185
白云集：三卷题赠附录一卷 …………… 4-185
白云集：三卷题赠附录一卷 …………… 4-185
白云集：三卷题赠附录一卷 …………… 4-186
白云稿：十二卷 ………………………… 4-225
白云稿：十二卷 ………………………… 4-226
白云篇：七卷 …………………………… 4-334
白氏长庆集：七十一卷目录二卷 ………… 4-59
白氏长庆集：七十一卷目录二卷附录一卷
……………………………………………… 4-59
白氏文公年谱：一卷 …………………… 1-410
白氏文集：七十一卷 ……………………… 4-59
白氏文集：七十一卷 ……………………… 4-59
白氏文集：七十一卷 ……………………… 4-59
白氏文集：七十一卷 ……………………… 4-59
白氏文集：七十一卷 ……………………… 4-59
白氏讽谏：一卷 …………………………… 4-59
白氏讽谏：一卷 …………………………… 4-59
白氏策林：四卷 …………………………… 4-59
白文五经：不分卷 …………………………… 1-1
[顺治]白水县志：二卷 ………………… 2-413
[乾隆]白水县志：四卷首一卷 ………… 2-413
白玉蟾海琼摘稿：十卷 ………………… 4-151
白玉蟾海琼摘稿：十卷 ………………… 4-151
白石山房文稿：十二卷 …………………… 5-49
白石山房逸稿：二卷 …………………… 4-235
白石山房逸稿：二卷 …………………… 4-235
白石山房集：二十七卷 …………………… 5-49
白石先生诗集：三卷 …………………… 4-160
白石诗集：一卷词集一卷 ……………… 4-160
白石诗集：一卷词集一卷 ……………… 4-160
白石诗集：一卷词集一卷 ……………… 4-160
白石集：二卷附诸家评论一卷 ………… 4-160
白石道人诗集：一卷补遗一卷诗说一卷歌曲六卷歌词别集一卷 ……………… 4-160
白石道人诗集：一卷词集一卷诗说一卷
…………………………………………… 4-160
白石道人歌曲：三卷别集一卷 ………… 5-334
白石道人歌曲：六卷别集一卷 ………… 5-334
白石道人歌曲：六卷别集一卷 ………… 5-334
白石道人歌曲：六卷别集一卷 ………… 5-334
白石樵唱：五卷；白石稿：二卷 ……… 4-177
白田草堂存稿：二十四卷附行状一卷崇祀乡贤录一卷 …………………………… 5-72
白兰堂吴游纪略：一卷 ………………… 5-114
白华楼诗钞笺注：五卷 ………………… 5-126
白华楼续稿：十五卷 …………………… 4-304
白华楼藏稿：十一卷续稿十五卷吟稿十卷
…………………………………………… 4-304

白衣大悲五印心陀罗尼经：一卷 ………… 3-400
白衣大悲五印心陀罗尼经：一卷 ………… 3-405
白衣大悲五印心陀罗尼经：一卷 ………… 3-405
白衣大悲五印心陀罗尼经：一卷 ………… 3-405
白衣大悲五印心陀罗尼经：一卷 ………… 3-405
白衣大悲五印心陀罗尼经：一卷 ………… 3-405
白衣大悲五印心陀罗尼经：一卷 ………… 3-405
白衣大悲五印心陀罗尼经：一卷 ………… 3-405
白衣大悲五印心陀罗尼经：一卷 ………… 3-405
白衣大悲五印心陀罗尼经：一卷 ………… 3-406
白衣大悲五印心陀罗尼经：一卷 ………… 3-406
白衣大悲五印心陀罗尼经：一卷 ………… 3-406
白衣大悲五印心陀罗尼经：一卷 ………… 3-406
白衣大悲观音五印心陀罗尼经：一卷 … 3-405
白衣五印心陀罗尼经：一卷 ………… 3-404
白衣五印心陀罗尼经：一卷 ………… 3-404
白衣五印心陀罗尼经：一卷 ………… 3-404
白衣观音五印心陀罗尼经：一卷 ………… 3-404
白衣观音五印心陀罗尼经：一卷 ………… 3-404
白衣观音五印心陀罗尼经：一卷 ………… 3-404
白衣观音五印心陀罗尼经：一卷 ………… 3-404
白衣观音五印心陀罗尼经：一卷 ………… 3-404
白衣观音五印心陀罗尼经：一卷 ………… 3-404
白衣观音五印心陀罗尼经：一卷 ………… 3-404
白衣观音五印心陀罗尼经：一卷 ………… 3-404
白衣观音五印心陀罗尼经：一卷 ………… 3-404
白衣观音五印心陀罗尼经：一卷 ………… 3-404
白衣观音五印心陀罗尼经：一卷 ………… 3-404
白衣观音五印心陀罗尼经：一卷 ………… 3-405
白衣观音五印心陀罗尼经：一卷 ………… 3-405
白衣观音五印心陀罗尼经：一卷 ………… 3-405
白衣观音五印心陀罗尼经：一卷 ………… 3-405
白衣观音五印心陀罗尼经：一卷 ………… 3-405
白衣观音五印心陀罗尼经：一卷 ………… 3-405
白州诗集：三卷 ………… 4-253
白谷山人诗钞：二卷 ………… 4-373
白谷山人诗集：不分卷 ………… 4-373
白沙子：八卷 ………… 4-251
白沙子全集：十卷首一卷古诗教解二卷 ………… 4-251
白沙子全集：九卷附录一卷 ………… 4-250
白沙子全集：九卷附录一卷 ………… 4-251
白沙先生文编：六卷 ………… 4-251
白沙先生至言：十卷 ………… 3-27
白沙先生全集：二十一卷 ………… 4-250
白沙先生全集：二十卷 ………… 4-250
白沙先生全集：二十卷 ………… 4-250
白沙先生诗近稿：十卷 ………… 4-251
白坡诗选：四卷 ………… 5-75
白茅堂诗选：九卷 ………… 5-24
白茅堂集：四十六卷耳提录一卷 ………… 5-24
白虎通：二卷 ………… 3-181
白虎通疏证：十二卷 ………… 3-182
白虎通疏证：十二卷 ………… 3-182
白虎通疏证：十二卷 ………… 3-182
白虎通德论：二卷 ………… 3-181
白虎通德论：二卷 ………… 3-181
白虎通德论：二卷 ………… 3-181
白虎通德论：二卷 ………… 3-181
白虎通德论：二卷 ………… 3-182
白虎通德论：二卷 ………… 3-182
白虎通德论：二卷 ………… 3-182
白虎通德论：二卷 ………… 3-182
白虎通德论：二卷 ………… 3-182
白虎通德论：二卷 ………… 3-182
白虎通德论：二卷 ………… 3-182
白岳游稿：一卷 ………… 5-242
白岳凝烟：一卷 ………… 3-148
[光绪]白河县志：十四卷图一卷 ………… 2-423
白耷山人诗：十卷文集二卷 ………… 5-6
白按台宗师柏荫录：十卷 ………… 1-403
白香山诗长庆集：二十卷后集十七卷别集一卷补遗二卷 ………… 4-59
白香山诗长庆集：二十卷后集十七卷别集一卷补遗二卷 ………… 4-59
白莲泮文选：九卷诗选六卷 ………… 4-321
白莲集：十卷 ………… 4-78
白莲集：十卷风骚旨格一卷 ………… 4-78
白莲集：十卷风骚旨格一卷 ………… 4-78
白莲集：十卷风骚旨格一卷 ………… 4-78

白狼山人漫稿：二卷 ……………………… 4-304
白斋先生诗集：九卷 ……………………… 4-263
白雪斋选订乐府吴骚合编：四卷；衡曲麈谭：一卷…………………………… 5-400
白雪斋选订乐府吴骚合编：四卷；衡曲麈谭：一卷…………………………… 5-401
白雪斋新乐府五种：十卷……………… 5-380
白雪遗音：四卷 ………………………… 5-405
白雪楼二种：四卷 ……………………… 5-381
白雪楼二种：四卷 ……………………… 5-381
白雪楼诗集：十二卷 ……………………… 4-305
白雪楼诗集：十二卷 ……………………… 4-305
白雪楼诗集：十卷 ………………………… 4-305
白雪楼诗集：十卷 ………………………… 4-305
白毫庵内篇：四卷外篇一卷杂篇二卷 … 4-356
白鹿山房诗集：十五卷 ………………… 5-47
白鹿书院志：十七卷 ……………………… 2-147
白鹿书院志：十九卷 ……………………… 2-147
白鹿洞志：十九卷………………………… 2-147
白溇集：十二卷 …………………………… 5-52
白榆山人诗：不分卷 …………………… 5-25
白榆集：二十八卷………………………… 4-327
白榆集：二十八卷………………………… 4-327
白猿奇书日月风云占候图说：一卷；李卫公天象占候秘诀歌：一卷……………… 3-118
白醉璅言：二卷 ………………………… 3-326
白麓文钞：五卷 ………………………… 5-78
卮林：十卷补遗一卷 ……………………… 3-233
卮林：十卷补遗一卷 ……………………… 3-233
瓜庐诗：一卷附录一卷 ………………… 4-159
瓜庐诗：一卷附录一卷 ………………… 4-159
瓜泾集：二卷……………………………… 4-255
丛丰山奏议略：六卷 …………………… 2-97
丛青轩集：六卷 ………………………… 4-351
丛桂轩诗：二卷 ………………………… 4-336
丛桂堂全集：四卷………………………… 4-310
丛睦汪氏遗书：八种四十五卷………… 5-427
丛碧山房诗初集：十四卷诗二集六卷诗三集十一卷；和陶诗集：一卷户部稿十卷文集八卷杂著三卷………………… 5-64
令义解：十卷…………………………… 2-69
令义解：□□卷 ………………………… 2-69
令集解：□□卷 ………………………… 2-69
用拙集：一卷；丁艾集：一卷 ………… 4-318
用药凡例：一卷 ………………………… 3-84
印文祥解：不分卷……………………… 3-150
印书：二卷 ……………………………… 3-150
印正附说：一卷 ………………………… 2-468
印正附说：一卷 ………………………… 2-468
印可编：一卷续编一卷 ………………… 4-369
印史：一卷 ……………………………… 2-467
印史：五卷 ……………………………… 3-149
印史：五卷 ……………………………… 3-149
印存：不分卷…………………………… 3-153
印存初集：四卷 ………………………… 3-152
印存初集：四卷 ………………………… 3-152
[道光]印光县志：二卷 ………………… 2-400
[道光]印光县志：六卷 ………………… 2-400
印法参同：三十六卷 …………………… 2-469
印品：七集；印章要论：一集；蕉雪林藏印：一集…………………………… 2-468
印章论：一卷；印选：一卷…………… 2-469
印雋：四卷 ……………………………… 3-150
印谱旧叙：一卷 ………………………… 2-467
句曲游稿：一卷 ………………………… 4-378
句余土音增注：三十二卷……………… 5-95
[乾隆]句容县志：十卷首一卷末一卷 … 2-251
[乾隆]句容县志：十卷首一卷末一卷 … 2-251
句章征文录：八卷……………………… 2-498
册川先生集：六卷……………………… 4-300
册府元龟：一千卷……………………… 3-280
册府元龟：一千卷……………………… 3-281
册府元龟：一千卷……………………… 3-281
册府元龟：一千卷目录十卷 ………… 3-281
册府元龟：一千卷目录十卷 ………… 3-281
册府元龟：一千卷目录十卷 ………… 3-281
册府元龟序论：三十六卷……………… 3-281
册府元龟独装：三十卷 ………………… 3-281
卯洞集：四卷…………………………… 4-286
处实堂集：八卷续集十卷……………… 4-319

处实堂集选：十二卷后集六卷 …… 4-319
处实堂集选：十二卷后集六卷 …… 4-319
外制草：十卷 …… 2-86
外科正宗：十二卷 …… 3-75
外科理例：七卷附方一卷 …… 3-74
外科集验方：二卷 …… 3-74
外科集验方：二卷 …… 3-74
外科精义：二卷 …… 3-74
外科精义：二卷 …… 3-74
外科精要：三卷 …… 3-74
外海纪要：不分卷 …… 2-61
外藩表签式：不分卷 …… 2-35
冬心先生三体诗：一卷 …… 5-85
冬心先生三体诗：一卷 …… 5-85
冬心先生自度曲：一卷 …… 5-405
冬心先生杂著：不分卷 …… 3-144
冬心先生画竹题记：一卷 …… 3-144
冬心先生画竹题记：一卷 …… 3-144
冬心先生续集自序：一卷 …… 5-85
冬心先生集：四卷 …… 5-85
冬心先生集：四卷冬心斋研铭一卷 …… 5-85
冬至承应玉女献盆：一卷 …… 5-399
冬关诗钞：六卷补遗一卷 …… 5-37
冬青记：二卷附谈词一卷 …… 5-379
冬青树引注：一卷登西台恸哭记注一卷 …… 4-178
冬青树引注：一卷登西台恸哭记注一卷 …… 4-178
冬青馆甲集：六卷乙集八卷 …… 5-126
鸟鼠山人全集：四十九卷 …… 4-272
鸟谱：十二卷 …… 3-170
刍荛子：六卷 …… 3-210
刍荛集：六卷 …… 4-237
刍荛集：六卷 …… 4-237
包山集：四卷 …… 5-271
包村纪略：一卷 …… 1-317
包村事实：一卷 …… 1-317
包何集：一卷 …… 4-73
包何集：一卷 …… 4-73
包佶集：一卷 …… 4-73
包佶集：一卷 …… 4-73
尔尔书屋文草：不分卷诗草不分卷 …… 5-145
尔尔书屋诗续集：不分卷文集不分卷 …… 5-145
尔雅：二卷 …… 1-131
尔雅：二卷音释二卷 …… 1-133
尔雅：三卷 …… 1-131
尔雅：三卷 …… 1-131
尔雅：三卷 …… 1-131
尔雅：三卷 …… 1-131
尔雅：三卷 …… 1-131
尔雅：三卷 …… 1-132
尔雅：三卷 …… 1-132
尔雅：三卷音释三卷 …… 1-131
尔雅正义：二十卷 …… 1-132
尔雅正义：二十卷 …… 1-133
尔雅正义：二十卷 …… 1-133
尔雅古义：十一卷 …… 1-133
尔雅古注斠：三卷；兰如诗钞：一卷 …… 1-133
尔雅补郭：二卷 …… 1-132
尔雅注：二卷音释二卷 …… 1-133
尔雅注：二卷音释二卷 …… 1-133
尔雅注：八卷 …… 1-131
尔雅注：三卷 …… 1-131
尔雅注：三卷音释三卷 …… 1-131
尔雅注：三卷音释三卷 …… 1-131
尔雅注：三卷音释三卷 …… 1-131
尔雅注：三卷音释三卷 …… 1-131
尔雅注疏：十一卷 …… 1-132
尔雅注疏：十一卷 …… 1-132
尔雅注疏：十一卷 …… 1-132
尔雅注疏：十一卷 …… 1-132
尔雅注疏：十卷 …… 1-132
尔雅注疏：十卷 …… 1-132
尔雅注疏参义：六卷 …… 1-132
尔雅注疏旁训：四卷附释名一卷 …… 1-133
尔雅郭注义疏：二十卷 …… 1-133
尔雅郭注义疏：二十卷 …… 1-133
尔雅堂家藏诗说：不分卷 …… 1-47
尔雅释文补：三卷 …… 1-133
尔雅疏：十卷 …… 1-132

尔雅新义：二十卷 ……………………………… 1-132
尔雅翼：三十二卷 ……………………………… 1-186
尔雅翼：三十二卷 ……………………………… 1-186
尔雅翼：三十二卷 ……………………………… 1-186
尔雅翼：三十二卷 ……………………………… 1-186
尔雅翼：三十二卷 ……………………………… 1-186
尔雅翼：三十二卷 ……………………………… 1-186
尔雅翼：三十二卷 ……………………………… 1-186
尔雅翼：三十二卷 ……………………………… 1-186
尔雅翼：三十二卷 ……………………………… 1-186
[嘉庆]乐山县志：十六卷首一卷 ………… 2-389
[嘉庆]乐山县志：十六卷首一卷 ………… 2-389
[嘉庆]乐山县志：十六卷首一卷 ………… 2-389
乐中集：一卷前集七卷近集七卷 ………… 4-358
乐书：二百卷 ……………………………… 1-84
乐书：二百卷 ……………………………… 1-85
乐书：二百卷目录二十卷 ………………… 1-84
乐书：二百卷目录二十卷 ………………… 1-84
乐书：二百卷目录二十卷 ………………… 1-84
[道光]乐平县志：十二卷首一卷末一卷 ……………………………………… 2-300
[乾隆]乐平县志：八卷 ………………… 2-218
[乾隆]乐平县志：三十二卷首一卷 ……… 2-300
乐记补说：二卷 ………………………… 1-84
乐记补疏：一卷 ………………………… 1-76
[道光]乐至县志：十六卷首一卷 ………… 2-395
[道光]乐至县志：十六卷首一卷 ………… 2-395
[雍正]乐至县志：不分卷 ………………… 2-395
乐全先生文集：四十卷 ………………… 4-93
乐全先生文集：四十卷 ………………… 4-93
乐全先生文集：四十卷 ………………… 4-93
乐全先生文集：四十卷 ………………… 4-93
乐全先生张公行状：不分卷 …………… 1-390
[宣统]乐会县志：八卷 ………………… 2-373
[雍正]乐安县志：二十卷 ………………… 2-310
[同治]乐安县志：十二卷 ………………… 2-304
[康熙]乐安县续志：二卷 ………………… 2-310
乐志园诗集：八卷补遗一卷 …………… 4-214
乐志堂文钞：四卷 ……………………… 5-66
乐轩先生集：八卷 ……………………… 4-155
乐余园百一偶存集：三十二卷 ………… 5-52
乐述：三卷 ……………………………… 1-85
乐述可知：七卷 ………………………… 1-85
[康熙]乐昌县志：十卷 ………………… 2-364
乐典：三十六卷 ………………………… 1-85
乐典：三十六卷 ………………………… 1-85
乐皋山堂遗稿：不分卷 ………………… 5-93
乐府：一卷 ……………………………… 4-299
乐府：一卷 ……………………………… 4-382
乐府古题要解：二卷 …………………… 5-310
乐府考略：十卷 ………………………… 2-501
乐府考略：不分卷 ……………………… 2-501
乐府传声：不分卷 ……………………… 5-412
乐府吴骚合编：四卷 …………………… 5-400
乐府余音：一卷 ………………………… 5-404
乐府诗集：一百卷 ……………………… 5-185
乐府诗集：一百卷目录二卷 …………… 5-185
乐府指迷：一卷 ………………………… 5-350
乐府指迷：一卷 ………………………… 5-350
乐府指迷：一卷 ………………………… 5-354
乐府雅词：三卷拾遗二卷 ……………… 5-350
乐府遗音：一卷 ………………………… 5-337
乐府群珠：不分卷 ……………………… 5-400
乐经元义：八卷 ………………………… 1-85
乐经元义：八卷 ………………………… 1-85
乐律全书：十五种四十八卷 …………… 1-87
乐律全书：十五种四十八卷 …………… 1-87
乐律全书：十六种四十八卷附录二卷 …… 1-87
乐律全书：四十八卷 …………………… 1-87
乐律纂要：一卷 ………………………… 1-86
[光绪]乐亭县志：十五卷首一卷末一卷 ……………………………………… 2-188
[乾隆]乐亭县志：十四卷首一卷 ………… 2-188
乐圃图考：不分卷 ……………………… 2-139
[乾隆]乐陵县志：八卷首一卷 ………… 2-309
乐庵先生遗书：四卷后题一卷 ………… 3-195
乐章集：一卷 …………………………… 5-331
乐章集：三卷续添曲子一卷 …………… 5-330
乐清县乡土志稿：二卷 ………………… 2-271
[光绪]乐清县志：十六卷首一卷 ………… 2-270

乐善堂全集：三十卷 …… 5-98
乐善堂全集：四十卷 …… 5-98
乐静先生李公文集：三十卷 …… 4-125
乐静先生李公文集：三十卷 …… 4-125
乐静先生李公文集：三十卷 …… 4-125
乐静堂集：二卷；鸡肋集：一卷 …… 5-77
乐毅论考：不分卷 …… 3-136
主善堂主人年谱：一卷 …… 1-415
市南子：二十二卷；制敕：六卷 …… 4-356
市隐堂诗草：五卷 …… 4-345
立后部类：五卷 …… 2-41
立斋闲录：四卷 …… 1-299
玄对：三卷 …… 3-309
玄对：三卷 …… 3-310
玄对楼已集：七卷 …… 4-356
玄冰集：十一卷 …… 4-369
玄冰集：十一卷 …… 4-369
玄羽外编：四十六卷 …… 1-191
玄英先生诗集：十卷集外诗一卷 …… 4-77
玄宗印古：□□卷 …… 3-391
玄览：八卷 …… 3-267
玄亭闲话：六卷 …… 3-207
玄亭涉笔：十卷 …… 3-232
玄素子集：十二卷 …… 4-284
玄壶杂俎：四卷附录一卷 …… 3-252
玄真子：三卷 …… 3-390
玄晏斋困思抄：三卷；玄晏斋诗：三卷 …… 1-126
玄圃群玉：八卷 …… 3-299
玄象山馆诗草：□□卷 …… 4-335
玄庵晚稿：二卷 …… 4-292
玄超堂藏稿：一卷 …… 4-387
玄牍纪：一卷续一卷 …… 2-459
玄牍纪：十二卷续一卷 …… 2-459
玄感轩稿：四卷 …… 4-347
兰叶笔存：一卷 …… 3-216
兰汀存稿：八卷 …… 4-320
兰汀存稿：八卷 …… 4-320
兰台妙选：三卷 …… 3-121
兰台法鉴录：二十八卷 …… 1-370
兰竹谱：一卷 …… 3-148
兰庄诗话：一卷 …… 5-320
[道光]兰州府志：十二卷首一卷 …… 2-424
兰江集：二十卷 …… 4-349
兰言集：二十四卷 …… 5-256
兰言集：二十四卷 …… 5-256
兰言集：八卷 …… 5-262
兰易：二卷；兰史：一卷 …… 3-169
兰居吟草：一卷 …… 5-47
兰陔诗集：二卷 …… 5-104
兰陔堂稿：十四卷 …… 4-359
兰泉居士日记：不分卷 …… 1-423
兰亭考：十二卷 …… 3-138
兰亭考：十二卷 …… 3-138
兰亭图记：一卷遗墨一卷 …… 2-140
兰亭续考：二卷 …… 3-138
兰亭续考：二卷 …… 3-138
兰亭续考：二卷 …… 3-138
兰室秘藏：三卷 …… 3-59
兰桂仙传奇：二卷 …… 5-393
兰桂仙传奇：二卷 …… 5-393
兰笋山房稿：八卷 …… 5-47
兰皋集：二卷 …… 4-172
兰皋集：二卷 …… 4-209
兰雪轩集：五卷 …… 5-24
兰雪轩集：不分卷 …… 5-24
兰雪斋韩欧文批评：一卷国策选评一卷 …… 5-214
兰雪斋增订文致：八卷 …… 5-212
兰雪堂集：八卷 …… 4-357
兰雪集：二卷附录一卷 …… 4-191
兰嵎朱宗伯汇选当代名公鸿笔百寿类函释注：八卷 …… 5-242
兰絮话腴：四卷 …… 1-408
兰蕙镜：一卷 …… 3-169
兰藻堂集：十二卷 …… 5-97
半山亭诗集：不分卷 …… 5-274
半山藏稿：二十卷 …… 4-308
半日闲：一卷 …… 4-369
半江赵先生文集：十五卷附录一卷 …… 4-259

半江赵先生文集：十五卷附录一卷……… 4-259
半农先生春秋说：十五卷………………… 1-110
半轩集：十二卷补遗一卷………………… 4-232
半轩集：十二卷补遗二卷；楮园草：一卷
……………………………………… 4-232
半庐遗稿：不分卷………………………… 4-378
半岩庐文稿：不分卷 …………………… 5-144
半岩庐书札：不分卷 …………………… 5-144
半岩庐诗册 ……………………………… 5-143
半岩庐遗诗：一卷………………………… 5-144
半岩庐遗著：三种三卷 ………………… 5-434
半岩庐集外诗草：一卷 ………………… 5-144
半春唱和诗：四卷………………………… 5-263
半洲稿：四卷……………………………… 4-283
半舫斋古文：八卷………………………… 5-90
半窗史略：四十二卷 …………………… 1-325
半溪诗草：十二卷………………………… 5-56
汇古菁华：二十四卷 …………………… 5-207
汇苑详注：三十六卷 …………………… 3-291
汇刻书目初编：十卷 …………………… 2-498
汇刻瑞花诗集：二卷 …………………… 5-247
汇姓印苑：二卷 ………………………… 3-150
汇选易见历书：六卷 …………………… 3-123
汇雅前集：二十卷………………………… 1-187
汇辑舆图备考全书：十八卷 …………… 2-119
汇辑薛氏内科：医案三卷附方一卷………… 3-73
汇纂元谱南曲九宫正始：不分卷 ………… 5-409
汇纂较正解学士诗选：一卷 …………… 3-333
汀西诗集：六卷 ………………………… 4-241
[乾隆]汀州府志：四十五卷首一卷……… 2-296
[乾隆]汀州府志：四十五卷 …………… 2-296
汉上易集传：十一卷卦图三卷丛说一卷……1-8
[同治]汉川县志：二十二卷首一卷 …… 2-336
汉川图记征实：六册 …………………… 2-336
汉天师世家：不分卷 …………………… 1-387
汉书：一百二十卷………………………… 1-205
汉书：一百二十卷………………………… 1-206
汉书：一百卷……………………………… 1-205
汉书：一百卷……………………………… 1-205
汉书：一百卷……………………………… 1-205
汉书：一百卷……………………………… 1-205
汉书：一百卷……………………………… 1-205
汉书：一百卷……………………………… 1-205
汉书：一百卷……………………………… 1-205
汉书：一百卷……………………………… 1-205
汉书：一百卷……………………………… 1-205
汉书：一百卷……………………………… 1-206
汉书：一百卷……………………………… 1-206
汉书：一百卷……………………………… 1-206
汉书：一百卷……………………………… 1-206
汉书：一百卷……………………………… 1-206
汉书：一百卷……………………………… 1-206
汉书：一百卷……………………………… 1-206
汉书：一百卷……………………………… 1-206
汉书：一百卷……………………………… 1-206
汉书：一百卷……………………………… 1-206
汉书：一百卷……………………………… 1-206
汉书：一百卷……………………………… 1-206
汉书：一百卷……………………………… 1-207
汉书：一百卷……………………………… 1-207
汉书：一百卷……………………………… 1-207
汉书：一百卷……………………………… 1-207
汉书：一百卷……………………………… 1-207
汉书二十三家注钞：不分卷 …………… 1-209
汉书正误：四卷 ………………………… 1-209
汉书考证：三卷；后汉书考证：三卷 … 1-214
汉书地理志补注：一百三卷 …………… 1-208
汉书地理志补注：一百三卷 …………… 1-208
汉书地理志补注：一百三卷 …………… 1-208
汉书地理志校本：二卷 ………………… 1-209
汉书地理志校本：二卷 ………………… 1-209
汉书地理志校注：二卷 ………………… 1-208
汉书地理志稽疑：六卷 ………………… 1-208
汉书评林：一百卷………………………… 1-207
汉书评林：一百卷………………………… 1-208
汉书评林：一百卷………………………… 1-208
汉书评林：一百卷………………………… 1-208
汉书评林：一百卷………………………… 1-208
汉书注：一百卷 ………………………… 1-207
汉书注校补：五十六卷 ………………… 1-209

汉书钞：九十三卷 ………………………… 1-330
汉书隽：不分卷 ………………………… 1-330
汉书高祖功臣表位次：不分卷 ……………… 1-208
汉书疏证：三十六卷 ……………………… 1-209
汉书疏证：四十卷 ………………………… 1-209
汉书疏证：四十卷 ………………………… 1-209
汉书纂：二十二卷又外戚一卷 ……………… 1-330
汉石存目：二卷 ………………………… 2-462
汉石存佚表：一卷 ………………………… 2-462
汉印拾遗：不分卷 ………………………… 2-473
汉西京博士考：二卷 ……………………… 1-362
[嘉庆]汉州志：四十卷首一卷末一卷 … 2-385
[嘉庆]汉州志：四十卷首一卷末一卷 … 2-385
汉州郡县吏制考：一卷 ……………………2-43
汉阳五家诗选：十四卷 ……………………5-286
汉阳县志校 ……………………………… 2-331
[光绪]汉阳县识：十卷首一卷 ……………2-331
[光绪]汉阳县识：十卷首一卷 ……………2-331
[嘉靖]汉阳府志：十卷 ……………………2-331
[康熙]汉阴县志：六卷首一卷 ……………2-421
汉纪：三十卷 ………………………………1-255
汉纪：三十卷 ………………………………1-255
汉丞相忠武侯书：三卷 ……………………4-12
汉志水经注水道疏证及汭水考：不分卷
…………………………………………… 2-161
汉诂纂：十九卷 ………………………… 1-187
汉武帝内传：一卷外传一卷 ……………… 3-330
汉武帝别国洞冥记：四卷…………………… 3-321
汉武帝别国洞冥记：四卷…………………… 3-321
汉武帝别国洞冥记：四卷…………………… 3-330
汉武梁祠堂石刻画像考：六卷…………… 2-462
汉事会最：二十四卷 ……………………… 1-330
汉事会最：二十四卷 ……………………… 1-330
汉学师承续记：不分卷 ………………… 1-377
汉学堂知足斋丛书：四集二百十四种二百
十四卷 ……………………………… 5-427
汉官仪：三卷……………………………… 3-158
汉诗音注：十卷 ………………………… 5-216
汉诗说：十卷总说一卷 ………………… 5-216
汉建安弩机：一卷 ……………………… 2-454
汉隶分韵：七卷 ………………………… 1-163
汉隶分韵：七卷 ………………………… 1-163
汉隶考：一卷……………………………… 2-462
汉隶字源：五卷 ………………………… 1-163
汉隶字源：五卷碑目一卷………………… 1-163
汉隶字源：五卷碑目一卷附字一卷 ……… 1-163
汉隶字源：五卷碑目一卷附字一卷 ……… 1-163
汉隶字源：五卷碑目一卷附字一卷 ……… 1-163
汉隶字源：五卷碑目一卷附字一卷 ……… 1-163
汉隶字源：五卷碑目一卷附字一卷 ……… 1-163
汉隶字源：五卷碑目一卷附字一卷 ……… 1-163
汉隶字源：五卷碑目一卷附字一卷 ……… 1-163
汉隶韵要：五卷 ………………………… 1-164
[康熙]汉南郡志：二十四卷 ……………… 2-418
[嘉庆]汉南续修郡志：三十二卷首一卷
…………………………………………… 2-418
汉泉曹文贞公诗集：十卷后录一卷 ……… 4-192
汉泉曹文贞公诗集：七卷附录一卷 ……… 4-192
汉前将军汉寿亭侯关公志：十二卷 ……… 1-388
汉前将军关公祠志：九卷………………… 2-145
汉晋南北朝唐宋文归：七十六卷 ……… 5-209
汉隽：十二卷……………………………… 1-330
汉隽：十卷 ……………………………… 1-329
汉隽：十卷 ……………………………… 1-329
汉隽：十卷 ……………………………… 1-329
汉隽：十卷 ……………………………… 1-329
汉隽：十卷 ……………………………… 1-329
汉隽：十卷 ……………………………… 1-329
汉隽：十卷 ……………………………… 1-329
汉隽：十卷 ……………………………… 1-329
汉隽：十卷 ……………………………… 1-329
汉隽：十卷 ……………………………… 1-330
汉隽：十卷 ……………………………… 1-330
汉隽：十卷 ……………………………… 1-330
汉隽：十卷 ……………………………… 1-330
汉唐三传：十四卷………………………… 1-345
汉唐地理书钞：七十九种八十一卷 ……… 5-426
汉唐宋名臣录：五卷 …………………… 1-353
汉唐事笺：前集十二卷后集八卷 ……… 2-29
汉诸葛武侯全集：四卷 ………………… 4-12

汉圉令赵君碑：一卷 …… 2-462
汉铜印丛：十二卷 …… 2-469
汉铜印丛：十二卷 …… 2-470
汉铜印丛：八卷 …… 2-469
汉铜印丛：八卷 …… 2-469
汉碑文考释：不分卷 …… 2-462
汉碑奇字考略：一卷 …… 2-462
汉碑跋：不分卷 …… 2-462
汉蔡中郎集：十一卷 …… 4-9
汉蔡中郎集：十一卷 …… 4-10
汉蔡中郎集：十一卷 …… 4-10
汉蔡中郎集：六卷 …… 4-9
汉蔡中郎集：六卷 …… 4-9
汉蔡中郎集：六卷 …… 4-9
汉蔡中郎集：六卷 …… 4-9
汉蔡中郎集：六卷 …… 4-9
汉酸枣令刘熊碑：一卷 …… 2-462
汉熹平石经残字：一卷 …… 1-134
汉歙丹阳河南方氏衍庆统宗图谱：一卷 …… 2-2
汉魏六朝一百三家集：一百三种一百十八卷 …… 5-159
汉魏六朝正史文选：二十四卷 …… 5-212
汉魏六朝志墓金石例：三卷；唐人志墓诸例：一卷附论一卷 …… 5-326
汉魏六朝诸家文集：二十二种一百二十九卷 …… 5-159
汉魏六朝诸家文集：二十二种三十三卷 …… 5-159
汉魏四家轶存：八卷 …… 5-427
汉魏丛书：三十八种二百五十卷 …… 5-418
汉魏丛书钞：四卷 …… 5-418
汉魏名文乘：不分卷 …… 5-213
汉魏诗纪：二十卷 …… 5-184
汉魏诗纪：二十卷 …… 5-184
汉魏诗钞：五卷 …… 5-185
汉魏诗选：二卷 …… 5-185
汉魏诗选：不分卷 …… 5-185
汉魏诗选：不分卷 …… 5-185
汉魏诗乘：二十卷总录一卷；吴诗：一卷 …… 5-185
汉魏诗集：十四卷 …… 5-184
汉魏诗集：十四卷 …… 5-184
汉魏诸名家集：二十一种一百二十四卷附一种八卷 …… 5-159
汉魏碑刻纪存：一卷 …… 2-441
汉魏碑刻纪存：一卷 …… 2-441
[嘉庆]宁乡县志：十二卷 …… 2-346
[康熙]宁乡县志：十卷首一卷 …… 2-229
[康熙]宁化县志：七卷图一卷 …… 2-293
[康熙]宁化县志：七卷图一卷 …… 2-293
宁古塔记略：一卷 …… 2-236
宁古塔记略：不分卷 …… 2-236
宁古塔地方乡土志 …… 2-236
宁古塔地方乡土志 …… 2-236
[光绪]宁阳县志：二十四卷图一卷 …… 2-318
[康熙]宁远州志：八卷 …… 2-233
[光绪]宁远州志 …… 2-233
[嘉庆]宁远县志：十卷首一卷 …… 2-356
[光绪]宁远县志：八卷 …… 2-356
[康熙]宁远县志：六卷 …… 2-356
[康熙]宁远县志：六卷 …… 2-427
[康熙]宁远县志：六卷 …… 2-427
[康熙]宁远县志：六卷 …… 2-427
[道光]宁远县志补阙：不分卷 …… 2-427
[乾隆]宁远县志续略：八卷 …… 2-427
[乾隆]宁远县志续略：八卷 …… 2-427
[乾隆]宁远县志续略：八卷 …… 2-427
[嘉庆]宁远府志：五十四卷 …… 2-397
宁远堂诗集：不分卷 …… 5-36
宁极斋稿：一卷 …… 4-180
宁极斋稿：一卷 …… 4-180
宁极斋稿：一卷 …… 4-180
宁极斋稿：一卷 …… 4-180
宁极斋稿：一卷 …… 4-180
宁极斋稿：一卷 …… 4-180
宁羌州乡土志：二卷 …… 2-419
[光绪]宁羌州志：五卷 …… 2-419
[乾隆]宁武府志：十二卷首一卷 …… 2-216
[嘉靖]宁国县志：四卷 …… 2-287
[光绪]宁国县通志：十卷 …… 2-287

[嘉靖]宁国府志：十卷 …………………… 2-287
[嘉庆]宁国府志：三十六卷首一卷末一卷 …………………… 2-287
宁河县乡土志 …………………… 2-178
[光绪]宁河县志：十六卷图一卷 …………………… 2-178
[乾隆]宁河县志：十六卷图一卷 …………………… 2-178
宁河廉琴舫侍郎遗书：不分卷 …………………… 5-434
宁河廉琴舫侍郎墨迹汇存：不分卷 …………………… 5-131
[嘉靖]宁波府志：四十二卷 …………………… 2-267
[嘉靖]宁波府志：四十二卷 …………………… 2-267
[道光]宁陕厅志：四卷图一卷 …………………… 2-421
[道光]宁陕厅志：四卷 …………………… 2-422
[光绪]宁洋县志：十二卷首一卷 …………………… 2-297
[康熙]宁洋县志：十卷 …………………… 2-297
[光绪]宁津县志：十二卷图一卷 …………………… 2-310
宁都三魏全集：七十三卷 …………………… 5-294
宁晋县乡土志 …………………… 2-202
[康熙]宁晋县志：十卷 …………………… 2-202
[乾隆]宁夏府志：二十二卷首一卷 …………………… 2-433
[嘉靖]宁海州志：二卷 …………………… 2-313
[康熙]宁海州志：十卷 …………………… 2-313
[崇祯]宁海县志：十二卷 …………………… 2-268
宁海将军固山贝子功绩录：五卷 …………………… 1-403
[宣统]宁陵县志：十二卷首一卷末一卷 …………………… 2-326
宁澹斋全集：二十卷 …………………… 4-360
宁澹斋全集：二十卷 …………………… 4-360
宁澹斋全集：二十卷 …………………… 4-360
冯元成杂著：九种十九卷 …………………… 5-429
冯元成宝善编选刻：二卷 …………………… 4-328
冯少墟集：二十二卷 …………………… 4-342
冯氏五先生集：五卷 …………………… 5-293
冯文所严栖稿：三卷 …………………… 4-328
冯文所严栖稿：三卷 …………………… 4-328
冯文所诗稿：三卷 …………………… 4-328
冯文敏公墓志铭：一卷 …………………… 1-399
冯北湖先生鸣春集：八卷 …………………… 4-302
冯用韫先生书牍：四卷 …………………… 4-344
冯母范氏墓志铭：一卷 …………………… 1-400
冯光禄诗集：十卷 …………………… 4-303
冯舍人遗诗：六卷 …………………… 5-55
冯鱼山先生书札 …………………… 5-118
冯给事中年谱：一卷 …………………… 1-408
冯敏昌等手札 …………………… 5-302
冯琢庵先生北海集：五十八卷 …………………… 4-343
写心杂剧：十八种十八卷 …………………… 5-364
写经楼金石目：五卷 …………………… 2-444
写经楼金石目：不分卷 …………………… 2-444
写情集：二十卷 …………………… 5-337
讨桂篇：二十卷 …………………… 4-348
让竹亭诗编：不分卷 …………………… 5-7
礼书：一百五十卷 …………………… 1-81
礼书：一百五十卷 …………………… 1-81
礼书：一百五十卷 …………………… 1-81
礼书：一百五十卷 …………………… 1-81
礼书：一百五十卷 …………………… 1-81
礼书：一百五十卷 …………………… 1-81
礼书：一百五十卷 …………………… 1-81
礼书：一百五十卷图一百四十七卷 …………………… 1-81
礼白岳纪：一卷；篷栊夜话：一卷 …………………… 1-416
礼乐合编：三十卷 …………………… 1-82
礼乐合编：三十卷 …………………… 1-82
礼记：二十卷 …………………… 1-71
礼记：二十卷 …………………… 1-71
礼记：二十卷 …………………… 1-71
礼记：三卷 …………………… 1-71
礼记：不分卷 …………………… 1-71
礼记：四十九卷 …………………… 1-72
礼记目录：三十卷图解一卷 …………………… 1-73
礼记目录：三十卷图解一卷 …………………… 1-73
礼记训义择言：八卷 …………………… 1-75
礼记训纂：四十九卷 …………………… 1-76
礼记训纂：四十九卷 …………………… 1-76
礼记讲录：不分卷 …………………… 1-74
礼记讲章：不分卷附录二卷 …………………… 1-75
礼记附记：□□卷 …………………… 1-75
礼记学思稿：不分卷 …………………… 1-76
礼记注：二十卷 …………………… 1-71
礼记注：二十卷 …………………… 1-71
礼记注：二十卷 …………………… 1-71

礼记注：二十卷 ……………………………………… 1-71
礼记注：二十卷 ……………………………………… 1-71
礼记注：二十卷 ……………………………………… 1-71
礼记详说：六十二卷 ………………………………… 1-76
礼记经筵讲章：不分卷 ……………………………… 1-75
礼记省度：四卷 ……………………………………… 1-75
礼记衍脱错考：一卷 ………………………………… 1-76
礼记类诠：三十卷 …………………………………… 1-75
礼记说义纂订：二十四卷…………………………… 1-74
礼记说义纂订：二十四卷…………………………… 1-74
礼记说义纂订：二十四卷…………………………… 1-74
礼记说统：三十五卷 ………………………………… 1-75
礼记通解：二十二卷读礼记一卷 …………………… 1-74
礼记集中：八卷 ……………………………………… 1-74
礼记集中：八卷 ……………………………………… 1-74
礼记集注：十卷 ……………………………………… 1-73
礼记集注：十卷 ……………………………………… 1-73
礼记集注：三十卷 …………………………………… 1-73
礼记集说：一百六十卷 ……………………………… 1-72
礼记集说：十六卷 …………………………………… 1-72
礼记集说：十六卷 …………………………………… 1-72
礼记集说：十六卷 …………………………………… 1-72
礼记集说：十六卷 …………………………………… 1-72
礼记集说：十卷 ……………………………………… 1-73
礼记集说：十卷 ……………………………………… 1-73
礼记集说：十卷 ……………………………………… 1-73
礼记集说：三十卷 …………………………………… 1-72
礼记集说：三十卷 …………………………………… 1-72
礼记集说：三十卷 …………………………………… 1-72
礼记集说：三十卷 …………………………………… 1-73
礼记集说：不分卷 …………………………………… 1-75
礼记集说大全：三十卷 ……………………………… 1-73
礼记集说大全：三十卷 ……………………………… 1-73
礼记集说大全：三十卷 ……………………………… 1-73
礼记集说补义：一卷 ………………………………… 1-76
礼记集意：不分卷 …………………………………… 1-74
礼记释文：四卷 ……………………………………… 1-77
礼记辑览：八卷 ……………………………………… 1-74
礼记纂言：三十六卷 ………………………………… 1-72
礼志：不分卷………………………………………… 2-39
[乾隆]礼县志略：十九卷首一卷 …………………… 2-431
[光绪]礼县新志：四卷 ……………………………… 2-431
礼府家传：一卷；友竹轩遗稿：一卷 …… 2-24
礼府家传：一卷；友竹轩遗稿：一卷 …… 2-24
礼学汇编：六十四卷 ………………………………… 1-82
礼注汇辨：二卷 ……………………………………… 1-80
礼经会元：四卷 ……………………………………… 1-61
礼经会元：四卷 ……………………………………… 1-61
礼经会元：四卷 ……………………………………… 1-61
礼经会元：四卷 ……………………………………… 1-61
礼经贯：四卷………………………………………… 1-74
礼经释例：十三卷…………………………………… 1-69
礼说：十四卷………………………………………… 1-64
礼耕堂丛说：一卷…………………………………… 3-236
礼耕堂丛说：一卷史论五答一卷 …………………… 3-236
礼耕堂诗集：三卷外集一卷 ………………………… 5-117
礼部存稿：八卷 ……………………………………… 4-376
礼笺：三卷 …………………………………………… 1-80
礼笺：三卷 …………………………………………… 1-80
议处安南事宜：一卷 ………………………………… 2-58
必读古文正宗：十卷 ………………………………… 5-201
记红集：三卷；词韵简：一卷 ……………………… 5-354
记红集：三卷；词韵简：一卷 ……………………… 5-354
记事珠：十八卷 ……………………………………… 3-290
记事珠：十四卷 ……………………………………… 3-290
记纂渊海补集：四十七卷…………………………… 3-283
讱葊诗存：六卷 ……………………………………… 5-106
讱葊集古印存：三十二卷…………………………… 2-470
讱葊集古印存：三十二卷…………………………… 2-470
讱葊集古印存：三十二卷…………………………… 2-470
讱葊集古印存：三十二卷…………………………… 2-470
讱葊集古印存：三十二卷…………………………… 2-470
讱葊集古印存：三十二卷…………………………… 2-470
讱葊集古印存：三十二卷…………………………… 2-470
[道光]永川县志：十二卷…………………………… 2-374
[光绪]永川县志：十卷首一卷……………………… 2-375
[乾隆]永平府志：二十四卷首一卷末一卷 ……………………………………………… 2-187
[乾隆]永平府志：二十四卷首一卷末一卷 ……………………………………………… 2-187

[康熙]永平府志：二十四卷 …………………… 2-187
[光绪]永平府志：七十二卷首一卷末一卷
…………………………………………………… 2-187
永平府赋役全书：七卷 ………………………… 2-52
永乐大典广字韵：三卷 ……………………… 3-315
永乐大典目录：六十卷韵总歌括一卷韵总
四卷……………………………………………… 3-315
永乐大典玄字韵：十八卷…………………… 3-315
永乐泸州志：二卷首一卷…………………… 2-391
[光绪]永宁州志：十二卷…………………… 2-399
[道光]永宁州志：十二卷首一卷 ………… 2-399
[光绪]永宁州志：十六卷…………………… 2-370
[康熙]永宁州志：八卷 ……………………… 2-227
[光绪]永宁州志：三十二卷 ……………… 2-227
[同治]永宁县志：十卷首一卷…………… 2-305
[道光]永宁县志：八卷首一卷…………… 2-305
永宁祇谒笔记：不分卷 …………………… 2-166
永年县乡土志：三卷 ……………………… 2-205
[康熙]永年县志：十九卷图一卷 ……… 2-205
[乾隆]永年县志：四十四卷首一卷 ……… 2-205
[光绪]永年县志：四十卷首一卷 ……… 2-205
[光绪]永年县志：四十卷首一卷 ……… 2-205
[康熙]永州府志：二十四卷 …………… 2-355
[道光]永州府志：十八卷首一卷 ……… 2-356
[道光]永州府志：十八卷首一卷 ……… 2-356
永兴乡土志：二卷 ………………………… 2-355
[光绪]永兴县志：五十五卷首一卷 ……… 2-355
[嘉庆]永兴县志：五十五卷首一卷 ……… 2-355
[光绪]永安州志：四卷首一卷…………… 2-371
[康熙]永安县次志：十七卷 …………… 2-364
[雍正]永安县志：十卷图一卷…………… 2-293
[雍正]永安县志：十卷 ………………… 2-293
[道光]永安县续志：十卷………………… 2-293
[光绪]永寿县新志：十卷首一卷 ……… 2-414
永报堂集：三十三卷 ……………………… 5-432
[乾隆]永昌县志：十卷首一卷…………… 2-425
[嘉庆]永昌县志：八卷 ………………… 2-425
[康熙]永明县志：十四卷首一卷 ……… 2-356
[光绪]永明县志：五十卷首一卷末一卷
…………………………………………………… 2-357
[康熙]永和县志：二十四卷 …………… 2-222
[康熙]永和县志：二十四卷 …………… 2-222
[康熙]永定卫志：三卷 ………………… 2-346
[道光]永定县志：八卷 ………………… 2-346
[道光]永定县志：三十二卷 …………… 2-297
[乾隆]永春州志：十六卷首一卷 ……… 2-295
[光绪]永城县志：三十八卷首一卷 ……… 2-326
[乾隆]永顺县志：四卷首一卷…………… 2-362
[光绪]永顺府志：十二卷首一卷 ……… 2-361
[乾隆]永顺府志：十二卷首一卷 ……… 2-361
[光绪]永济县志：二十四卷 …………… 2-224
永宪录：六卷 ……………………………… 1-315
[宣统]永绥厅志：三十卷首一卷 ……… 2-361
[乾隆]永绥厅志：四卷 ………………… 2-361
[同治]永绥直隶厅志：六卷 …………… 2-361
[乾隆]永清县志：二十五卷附文征五卷
…………………………………………………… 2-189
[乾隆]永清县志：二十五卷 …………… 2-189
[同治]永新县志：二十六卷首一卷 ……… 2-306
[乾隆]永福县志：十卷 ………………… 2-291
永嘉书目：一卷 …………………………… 2-498
永嘉四灵诗：四卷 ………………………… 5-280
永嘉四灵诗：□□卷 ……………………… 5-280
永嘉先生三国六朝五代纪年总辨：二十八
卷 ……………………………………………… 1-344
永嘉郡记：一卷 …………………………… 2-130
永嘉真觉大师证道歌：一卷 …………… 3-409
永嘉真觉大师证道歌注：一卷………… 3-413
永嘉集：十二卷 …………………………… 4-227
永慕堂藏书目录：六卷附碑目一卷 ……… 2-496
司马太师温国文正公传家集：八十卷目录
二卷…………………………………………… 4-101
司马太师温国文正公传家集：八十卷目录
二卷…………………………………………… 4-101
司马太师温国文正公传家集：八十卷目录
二卷…………………………………………… 4-101
司马太师温国文正公传家集：八十卷目录
二卷…………………………………………… 4-101
司马氏书仪：十卷 ………………………… 1-83
司马文正公传家集：八十卷目录二卷 … 4-101

司马法集解：三卷 …… 3-42
司马奏疏：三卷 …… 2-104
司马温公切韵指掌图：一卷 …… 1-179
司马温公文集：八十二卷 …… 4-101
司马温公经进稽古录：二十卷 …… 4-101
司马温公稽古录：二十卷 …… 4-102
司马温公稽古录：二十卷 …… 4-102
司马温公稽古录：二十卷 …… 4-102
司马温公稽古录：二十卷 …… 4-102
司成遗翰：四卷 …… 4-299
司农奏议：十卷 …… 2-101
司牧安骥集：八卷 …… 3-57
司牧安骥集：八卷 …… 3-57
司牧安骥集：五卷 …… 3-57
司空表圣一鸣集：十卷 …… 4-76
司空表圣文集：十卷 …… 4-76
司空表圣文集：十卷 …… 4-76
司空表圣文集：十卷 …… 4-76
司空表圣文集：十卷 …… 4-76
司空表圣文集：十卷 …… 4-76
司空表圣文集：十卷 …… 4-76
司空曙集：二卷 …… 4-45
司空曙集：二卷 …… 4-45
司空曙集：二卷 …… 4-45
司徒恩遇日纪：二卷 …… 1-416
司铨奏章：八卷 …… 2-99
民历铺注解惑：一卷 …… 3-91
民历铺注解惑：一卷 …… 3-91
民政部折奏汇抄：不分卷 …… 2-94
民族小说洪秀全演义：四集八卷五十四回 …… 3-348
弗告堂集：二十六卷 …… 4-340
弘艺录：三十二卷首一卷 …… 4-283
弘正诗抄：十卷 …… 5-243
弘光实录钞：四卷 …… 1-266
弘光实录钞：四卷附弘光大臣月表一卷 …… 1-267
弘戒法仪：不分卷 …… 3-413
弘明集：十四卷 …… 3-422
弘简录：二百五十四卷 …… 1-204
弘简录：二百五十四卷 …… 1-204
出师表：二卷 …… 5-396
出巡条规：不分卷 …… 2-66
出围城记 …… 1-315
出塞集：一卷 …… 5-87
皮山县乡土志：一卷 …… 2-436
皮日休文集：十卷 …… 4-74
边华泉集：八卷 …… 4-269
边华泉集：八卷集稿六卷 …… 4-269
边华泉集：八卷集稿六卷 …… 4-269
边州闻见录：十一卷 …… 2-135
边事小纪：四卷 …… 1-305
边政考：十二卷 …… 2-62
圣门人物志：十二卷 …… 1-347
圣门人物志：十三卷 …… 1-347
圣门礼乐统：二十四卷 …… 2-40
圣门传诗嫡冢：十六卷 …… 1-48
圣门志：六卷 …… 1-347
圣门志：六卷 …… 1-347
圣门通考：十二卷年谱二卷 …… 1-347
圣安皇帝本纪：二卷 …… 1-311
圣论讲解录：不分卷 …… 3-32
圣观自在求修六字禅定经：一卷 …… 3-406
圣宋文选全集：三十二卷 …… 5-234
圣宋文选全集：三十二卷 …… 5-234
圣宋名贤五百家播芳大全文粹：一百十卷 …… 5-235
圣宋名贤五百家播芳大全文粹：一百五十卷目录十卷 …… 5-235
圣宋名贤五百家播芳大全文粹：一百五十卷目录十卷 …… 5-235
圣宋名贤五百家播芳大全文粹：一百卷 …… 5-235
圣宋名贤四六丛珠：一百卷 …… 3-304
圣宋名贤四六丛珠：一百卷 …… 3-304
圣宋名贤四六丛珠：一百卷 …… 3-304
圣宋皇祐新乐图记：三卷 …… 1-84
圣宋高僧诗选：三卷后集三卷续集一卷 …… 5-232
圣宋遵尧录：七卷别录一卷 …… 1-291

圣宋遵尧录：七卷别录一卷 ……… 1-291
圣武北征功成诗：一卷 ……… 5-52
圣雨斋赋集：二卷诗余二卷 ……… 4-381
圣贤像赞：三卷 ……… 1-354
圣庙祀典辑闻：不分卷 ……… 2-41
圣学心法：四卷 ……… 3-26
圣学心法：四卷 ……… 3-26
圣学宗传：十八卷 ……… 1-355
圣学宗传：十八卷 ……… 1-355
圣学格物通：一百卷纂要一卷 ……… 3-29
圣学嫡派：四卷 ……… 1-355
圣驾重幸太学录：不分卷 ……… 2-38
圣政纪要：二卷 ……… 1-302
圣祖仁皇帝圣训：六十卷 ……… 2-88
圣谕像解：二十卷 ……… 1-376
圣朝名画评：三卷 ……… 3-142
圣朝通制孔子庙祀：一卷 ……… 1-348
圣朝通制孔子庙祀：一卷 ……… 2-37
圣朝通制孔子庙祀：一卷 ……… 2-37
圣朝通制孔子庙祀：一卷 ……… 2-37
圣朝通制孔子庙祀：一卷 ……… 3-7
圣朝混一方舆胜览：三卷 ……… 2-117
圣谟全书：二十四卷 ……… 2-76
弁山久默音禅师语录：四卷 ……… 3-418
弁山小隐吟录：二卷 ……… 4-197
弁山小隐吟录：二卷 ……… 4-197
弁阳老人词：一卷 ……… 5-336
对山集：十九卷 ……… 4-268
对问编：八卷 ……… 3-213
对问编：八卷 ……… 3-214
对床夜语：五卷 ……… 5-316
对床夜语：五卷 ……… 5-316
对床夜语：五卷 ……… 5-316
对制谈经：十五卷 ……… 3-309
对类：二十卷 ……… 3-306
对类：二十卷 ……… 3-306
对类：二十卷 ……… 3-306
对类：二十卷 ……… 3-306
对类：二十卷 ……… 3-306
对类考注：二十卷 ……… 3-306
对策：六卷缀文 ……… 5-120
对策：六卷缀文六卷 ……… 5-120
对数广运：一卷 ……… 3-105
对数表：二卷；度数表：一卷 ……… 3-105
台山初稿瑞竹堂诗：四卷 ……… 5-93
台仪辑略：一卷 ……… 2-38
台仪辑略：一卷 ……… 2-38
台州金石录：十三卷阙访二卷 ……… 2-446
[康熙]台州府志：十八卷首一卷 ……… 2-270
台阳剿匪事略：一卷 ……… 1-315
台规：一卷 ……… 2-38
台事纪闻：一卷 ……… 1-318
台拱厅志略：三卷 ……… 2-401
台省疏稿：八卷 ……… 2-99
台阁集：一卷 ……… 4-47
台海见闻录：二卷 ……… 2-137
台海见闻录：四卷 ……… 2-137
台海采风图考：二卷 ……… 2-137
台谏宝鉴：三卷 ……… 1-352
[光绪]台湾小志：一卷 ……… 2-437
台湾外记：三十卷 ……… 3-348
[康熙]台湾县志：十卷 ……… 2-437
[嘉庆]台湾县志：八卷首一卷 ……… 2-437
[乾隆]台湾县志：六卷 ……… 2-437
台湾府总图纂要：一卷 ……… 2-137
幼幼新书：四十卷拾遗方一卷 ……… 3-76
幼幼新书：四十卷拾遗方一卷 ……… 3-76
幼学日诵五伦诗选内集：五卷 ……… 5-188
幼学堂文稿：四卷 ……… 5-129
幼学堂诗稿：十七卷 ……… 5-129
幼学堂诗稿：十七卷文稿八卷 ……… 5-129
幼学堂诗稿：十卷文稿四卷 ……… 5-129
辽小史：一卷 ……… 1-294
辽小史：一卷 ……… 1-294
辽小史：一卷；金小史：八卷 ……… 1-294
辽中县乡土志 ……… 2-231
辽左见闻录：一卷 ……… 2-124
辽左见闻录：不分卷 ……… 2-124
[嘉靖]辽东志：九卷图一卷 ……… 2-230
辽史：一百十六卷 ……… 1-230

辽史：一百十六卷 ······························· 1-230
辽史：一百十六卷 ······························· 1-230
辽史：一百十六卷 ······························· 1-230
辽史：一百十六卷 ······························· 1-230
辽史：一百十六卷 ······························· 1-231
辽史：一百十六卷 ······························· 1-231
辽史：一百十六卷 ······························· 1-231
辽史：一百六十卷 ······························· 1-230
辽史纪年表：一卷西辽纪年表一卷 ········ 1-231
辽史拾遗：二十四卷 ···························· 1-231
辽史拾遗：二十四卷 ···························· 1-231
辽史拾遗：二十四卷 ···························· 1-231
辽史拾遗：二十四卷 ···························· 1-231
辽史拾遗续：三卷 ······························· 1-231
辽州志：八卷 ···································· 2-218
辽阳乡土志 ······································ 2-232
辽变会议始末：二卷 ···························· 2-91
[康熙]辽载前集：不分卷 ······················ 2-231
辽筹：二卷奏草一卷陈谣杂咏一卷辽夷略
　　一卷 ·· 4-359
[宣统]辽源州志书 ······························· 2-234
丝纶录：六卷 ···································· 2-86
丝绢全书：八卷 ································· 2-55
丝绢全书：八卷 ································· 2-55

六画

匡时良言：一卷 ································· 2-49
匡林：二卷 ······································· 3-218
匡南先生诗集：四卷 ···························· 4-340
匡谬正俗：八卷 ································· 1-188
匡谬正俗：八卷 ································· 1-188
匡蠡草：二卷 ····································· 5-7
耒阳县乡土志：二卷 ···························· 2-353
[道光]耒阳县志：二十二卷首一卷 ········· 2-353
[光绪]耒阳县志：八卷首一卷 ··············· 2-353
邦畿水利集说：四卷 ···························· 2-76
邦畿水利集说：四卷 ···························· 2-77
巩屑：一卷 ······································· 3-271
式古堂书画汇考：六十卷目录二卷 ········· 3-128
式古堂书画汇考：六十卷目录三卷 ········· 3-128
式古堂朱墨书画纪：八十卷 ·················· 3-126
式古堂朱墨书画纪：八十卷 ·················· 3-126
式古堂集：文一卷诗四卷 ······················ 5-47
式馨堂文集：十五卷诗前集十二卷诗后集
　　八卷诗余偶存三卷 ························· 5-74
式馨堂诗：前集十二卷后集八卷诗余偶存
　　一卷 ·· 5-74
刑统赋：一卷 ···································· 2-64
刑统赋疏：一卷 ································· 2-64
刑统赋疏：一卷 ································· 2-64
刑统赋解：二卷 ································· 2-64
刑统赋解增注：二卷 ···························· 2-64
刑统赋解增注：二卷 ···························· 2-64
刑部山东司缓决重囚招册：一卷 ············ 2-72
刑部广东司情实重囚招册：一卷 ············ 2-72
刑部比照加减成案：三十二卷 ················ 2-70
刑部安徽等司咨驳题驳改正应行量加议叙
　　事件清册：不分卷 ························· 2-72
刑部情实重囚招册：不分卷 ·················· 2-72
刑案汇览三编：不分卷；中外交涉案件：
　　不分卷 ······································· 2-70
[道光]邢台县志：十卷首一卷 ··············· 2-201
[光绪]邢台县志：八卷首一卷 ··············· 2-201
邢丽文先生遗稿：一卷 ························· 4-252
邢部比照加减成案续编：三十二卷 ········· 2-70
戎事类占：二十一卷 ···························· 3-110
戎事类占：二十一卷 ···························· 3-110
迂翁志林：十二卷 ······························· 1-395
迂斋先生标注崇古文诀：三十五卷 ········· 5-199
迂斋学古编：四卷 ······························· 5-91
圭田记：一卷 ···································· 1-407
圭美堂集：二十六卷 ···························· 5-64
圭美堂集：二十六卷 ···························· 5-64
圭斋文集：十六卷 ······························· 4-204
圭斋文集：十六卷 ······························· 4-204
圭斋文集：十六卷 ······························· 4-204
圭斋文集：十六卷 ······························· 4-204
圭斋文集：十六卷 ······························· 4-204
圭塘小稿：十三卷别集二卷续集一卷附录

一卷 …… 4-205
圭塘小稿：十三卷别集二卷续集一卷附录一卷 …… 4-205
圭塘小稿：续集一卷别集二卷附录一卷 …… 4-206
圭塘小稿：续集一卷别集二卷附录一卷 …… 4-206
圭塘欸乃：一卷 …… 5-238
圭塘欸乃：一卷 …… 5-238
圭塘欸乃：一卷 …… 5-238
圭塘欸乃：二卷 …… 5-238
圭塘欸乃集：一卷 …… 5-238
圭窬漫载：八卷 …… 3-273
[光绪]吉水县志：六十六卷首一卷 …… 2-305
[乾隆]吉水县志：四十二卷 …… 2-305
吉光片羽：八卷 …… 3-129
吉州人文纪略：二十六卷 …… 1-383
[光绪]吉州全志：八卷 …… 2-222
[光绪]吉州全志：四卷 …… 2-222
[乾隆]吉安府志：七十四卷首一卷 …… 2-305
[顺治]吉安府志：三十六卷 …… 2-305
[光绪]吉安府志：五十三卷首一卷 …… 2-305
[道光]吉林外记：十卷 …… 2-234
[道光]吉林外记：十卷 …… 2-234
[光绪]吉林通志：一百二十二卷 …… 2-234
吉林舆地略：二卷 …… 2-234
吉金乐石山房诗集：二卷又不分卷 …… 5-135
吉金斋古铜印谱：六卷 …… 2-473
吉金斋古铜印谱：六卷续一卷 …… 2-473
吉金韵录：五卷 …… 1-177
吉皆公遗著：不分卷 …… 5-139
吉祥喜金刚本续王后分注疏：不分卷 …… 3-401
考工记：一卷 …… 1-63
考工记：二卷 …… 1-65
考工记图：二卷 …… 1-66
考工记图解：二卷 …… 1-65
考工记通：二卷 …… 1-77
考工记通：二卷集诸家论一卷 …… 1-66
考工记辑注：一卷 …… 1-65
考工记纂注：二卷 …… 1-65
考订大唐六典：三十卷 …… 2-44
考功集选：四卷 …… 5-30
考古正文印薮：五卷 …… 2-467
考古汇编：经集六卷史集六卷文集六卷续集六卷 …… 3-307
考古图：十卷 …… 2-449
考古图：十卷 …… 2-449
考古随录：一卷 …… 3-223
考古编：十卷 …… 3-195
考古辞宗：二十卷 …… 3-291
考成录略：□□卷 …… 2-50
考证注解伤寒论：十卷 …… 3-71
考事撮要：三卷附录一卷 …… 3-301
考定竹书：十三卷 …… 1-238
考亭渊源录：二十四卷 …… 1-365
考槃集：四卷 …… 4-310
老子：四卷 …… 3-367
老子指玄：二卷 …… 3-369
老子说略：二卷 …… 3-370
老子通：二卷；读老概辨：一卷 …… 3-369
老子通：二卷；读庄概辨：一卷；读老概辨：一卷 …… 3-370
老子章义：二卷 …… 3-370
老子章义：二卷 …… 3-370
老子集解：二卷考异一卷 …… 3-369
老子道德经：二卷 …… 3-367
老子道德经：二卷 …… 3-367
老子道德经：二卷 …… 3-367
老子道德经：二卷 …… 3-367
老子道德经：二卷 …… 3-370
老子道德经参互：二卷 …… 3-371
老子道德经荟解：二卷 …… 3-370
老子道德经章句：二卷 …… 3-367
老子道德经解：二卷 …… 3-370
老子道德真经：二卷；道德经古今本考正：一卷 …… 3-368
老子解：二卷 …… 3-369
老子鬳斋口义：二卷 …… 3-369
老子臆注：二卷 …… 3-371
老子翼：三卷 …… 3-370

老子翼：三卷；庄子翼：八卷 ………… 3-367
老子翼：三卷；庄子翼：八卷 ………… 3-367
老父云游始末：一卷 ………………… 5-51
老老恒言：五卷 ……………………… 3-86
老庄合刻：十卷 ……………………… 3-366
老庄郭注会解：二种十一卷 ………… 3-367
老庄通：十四卷 ……………………… 3-367
老学庵笔记：十卷 …………………… 3-196
老学庵笔记：十卷 …………………… 3-196
老学庵笔记：十卷 …………………… 3-196
老学庵笔记：十卷 …………………… 3-196
老学庵笔记：十卷 …………………… 3-196
老残游记：二十卷 …………………… 3-357
老泉先生文集：十四卷 ……………… 4-96
老泉先生文集：十四卷 ……………… 4-96
老圃集：二卷遗文一卷 ……………… 4-122
老解：二卷 …………………………… 3-370
老解：二卷 …………………………… 3-370
[康熙]巩昌府志：二十八卷 ………… 2-430
地名考异：一卷 ……………………… 2-138
地学答问：三卷 ……………………… 2-122
地祇诸阶秘法：一卷；追痨四檄：一卷 ………………………………… 3-387
地圆说：一卷 ………………………… 3-90
地理七书：七卷 ……………………… 3-111
地理天机会元：三十五卷 …………… 3-113
地理发微论集注：一卷 ……………… 3-114
地理发微论集注：一卷附录宋山陵议状一卷 ………………………………… 3-112
地理发微释义：一卷问辩一卷 ……… 3-114
地理志：□□卷 ……………………… 2-122
地理枢要：四卷地理余书一卷 ……… 3-111
地理葬书集注：一卷附录葬书问对一卷 ………………………………… 3-112
地藏经赞：一卷 ……………………… 3-412
耳食录：八卷 ………………………… 2-475
耳新：十卷 …………………………… 3-319
耳新：十卷 …………………………… 3-319
耳溪散稿：五卷 ……………………… 5-158
共赏编：八卷 ………………………… 5-207
芊绿草堂初集：二十二卷 …………… 1-4
芝山集：一卷 ………………………… 4-387
芝在堂文集：十五卷 ………………… 5-8
芝园外集：二十四卷 ………………… 3-206
芝园外集说林：十六卷 ……………… 3-206
芝园定集：五十一卷 ………………… 4-290
芝园秘录初刻：七种十四卷 ………… 5-422
芝园集：□□卷别集□□卷 ………… 4-290
芝秀堂抄澄怀录：二卷 ……………… 3-262
芝省斋碑录：不分卷 ………………… 2-464
芝庭诗稿：十六卷文稿八卷 ………… 5-92
芝祥随笔：三种三卷 ………………… 1-423
芝龛记：六卷 ………………………… 5-391
芝庵杂记：四卷 ……………………… 3-275
芑山文集：三十一卷 ………………… 4-350
芑山文集：三十一卷 ………………… 4-350
芑山先生文集：二十四卷 …………… 4-350
芗屿裘书：七种三十七卷 …………… 5-431
朴村文集：二十四卷诗集十三卷 …… 5-55
朴学斋诗稿：十卷 …………………… 5-66
朴学斋笔记：八卷 …………………… 3-236
朴庵偶存草：一卷；学蛩吟草：一卷 … 5-136
朴庵疏草：不分卷 …………………… 2-105
朴巢诗选：不分卷文选五卷 ………… 5-13
权载之文集：五十卷摭遗一卷附录一卷 … 4-52
权德舆集：二卷 ……………………… 4-52
权德舆集：二卷 ……………………… 4-52
权德舆集：二卷 ……………………… 4-52
权衡度量实验考：一卷 ……………… 2-57
亘史钞：□□卷 ……………………… 3-292
臣轨：二卷 …………………………… 3-34
臣轨：二卷 …………………………… 3-34
臣轨校本：二卷 ……………………… 3-35
吏户礼曹章奏：不分卷 ……………… 2-92
吏部处分章程：二十一卷 …………… 2-44
吏部职掌：不分卷 …………………… 2-45
吏部铨选汉官品级考：四卷 ………… 2-44
再生缘：二十卷 ……………………… 5-362
再生缘传奇：不分卷 ………………… 5-397
再起奏草：一卷 ……………………… 2-103

再续三十五举：一卷 …… 3-150
再续三十五举：一卷 …… 3-150
[乾隆]再续华州志：十二卷 …… 2-410
[乾隆]再续华州志：十二卷 …… 2-410
[光绪]再续高邮州志：八卷首一卷图一卷 …… 2-248
协忠录：三卷 …… 1-363
协律钩元：四卷外集一卷 …… 4-68
西山日记：二卷 …… 3-251
西山日记：二卷 …… 3-251
西山先生真文忠公文章正宗：二十四卷 …… 5-200
西山先生真文忠公文章正宗：二十四卷 …… 5-200
西山先生真文忠公文章正宗：二十四卷 …… 5-200
西山先生真文忠公文章正宗：二十四卷 …… 5-200
西山先生真文忠公文章正宗：二十四卷 …… 5-200
西山先生真文忠公文章正宗：二十四卷 …… 5-200
西山先生真文忠公文章正宗：二十四卷续二十卷 …… 5-200
西山先生真文忠公文集：五十一卷 …… 4-165
西山先生真文忠公文集：五十一卷 …… 4-165
西山先生真文忠公文集：五十五卷 …… 4-165
西山先生真文忠公文集：五十五卷目录二卷 …… 4-165
西山先生真文忠公文集：五十五卷目录二卷 …… 4-165
西山先生真文忠公读书记：五十九卷 …… 3-24
西山先生真文忠公读书记：六十一卷 …… 3-23
西山先生真文忠公读书记：六十一卷 …… 3-24
西山先生真文忠公读书记：□□卷 …… 3-24
西山先生真文忠公读书记甲集：三十七卷 …… 3-23
西山先生真文忠公续文章正宗：二十卷 …… 5-200
西山纪游：一卷 …… 2-167
西山纪游：一卷；奚囊草：一卷 …… 2-167
西山纪游诗：一卷 …… 5-64
西山真先生文集：□□卷 …… 4-165
西乡县乡土志：不分卷 …… 2-419
[道光]西乡县志：六卷 …… 2-419
[道光]西乡县志：六卷 …… 2-419
西丰县乡土志 …… 2-232
西天馆译语：一卷 …… 1-191
西天馆译语：一卷 …… 1-191
西方合论：十卷 …… 3-421
西北文集：四卷 …… 5-15
西归日札：一卷；待庵日札：一卷 …… 5-25
西归日札：一卷；待庵日札：一卷 …… 5-25
西田集：四卷 …… 5-52
西汉文纪：二十四卷 …… 5-216
西汉文苑：十卷 …… 5-216
西汉文苑：十卷 …… 5-216
西汉文类：四十卷 …… 5-216
西汉文鉴：二十一卷 …… 5-217
西汉文鉴：二十一卷东汉文鉴二十卷 …… 5-217
西汉文鉴：二十卷东汉文鉴二十卷 …… 5-216
西汉书：不分卷 …… 1-330
西汉书抄：六卷 …… 1-330
西汉书疏：六卷；东汉书疏：七卷 …… 2-89
西汉年纪：三十卷 …… 1-255
西汉会要：七十卷 …… 2-29
西汉会要：七十卷 …… 2-29
西汉奏疏：八卷；东汉奏疏：八卷 …… 2-89
西汉儒林传经表：二卷 …… 1-362
[道光]西宁县志：十二卷首一卷末一卷 …… 2-368
[康熙]西宁县志：十卷 …… 2-368
[康熙]西宁县志：八卷首一卷 …… 2-185
[乾隆]西宁府新志：四十卷 …… 2-432
[乾隆]西宁府新志：四十卷 …… 2-432
[同治]西宁新志：十卷首一卷 …… 2-185
[同治]西宁新志：十卷首一卷 …… 2-185
西台疏草：一卷；北畿疏草：一卷；东粤疏草：五卷 …… 2-103
西台漫记：六卷 …… 3-249

西台漫记：六卷 …… 3-249
西迁注：一卷漕书一卷 …… 2-137
西延轶志：十卷首一卷补遗一卷 …… 2-370
西庄始存稿：三十卷附一卷 …… 5-104
西庄始存稿：三十卷附一卷 …… 5-104
[康熙]西充县志：十二卷 …… 2-387
[光绪]西充县志：十四卷图一卷 …… 2-387
[光绪]西充县志：十四卷图一卷 …… 2-387
[康熙]西江志：二百六卷图一卷 …… 2-299
[康熙]西江志：二百六卷 …… 2-299
西江诗话：十二卷 …… 5-323
西江草：一卷 …… 5-55
西江祝嘏四种：四卷 …… 5-367
西江校士录：不分卷 …… 1-438
西安县乡土志 …… 2-235
[康熙]西安县志：十二卷首一卷 …… 2-269
[宣统]西安县志略：十三卷 …… 2-235
[宣统]西安县志略：十三卷 …… 2-235
西安县新志正误：三卷 …… 2-269
西安府志：八十卷 …… 2-406
西巡录：一卷 …… 1-416
西巡草：一卷 …… 4-351
西巡盛典：二十四卷首一卷 …… 2-40
西村先生集：二十八卷附录一卷 …… 4-252
西村诗集：二卷补遗一卷 …… 4-262
西村诗集：二卷补遗一卷 …… 4-262
西村诗集：二卷补遗一卷 …… 4-262
西村草堂集：七卷 …… 5-21
西村集：八卷 …… 4-251
西村集：八卷 …… 4-251
西村集：八卷 …… 4-252
西村集：八卷附录一卷 …… 4-252
西来意：四卷前一卷后一卷 …… 5-361
西轩郊唐集录：十二卷 …… 4-257
西吴枝乘：二卷 …… 2-130
西吴俚语：四卷 …… 2-130
西园公文集：八卷 …… 4-325
西园汇史义例：二卷 …… 1-337
西园先生遗训：六卷 …… 4-295
西园全集：十六卷；阳里公诗稿：一卷 …… 4-325
西园诗选：三卷 …… 5-73
西园前稿：□□卷续稿□□卷 …… 4-352
西园康范诗集：一卷实录一卷续录一卷附录外集一卷 …… 4-159
西园康范诗集：一卷实录一卷续录一卷附录外集一卷 …… 4-159
西园续稿：二十卷 …… 4-352
西陂类稿：五十卷 …… 5-43
西林全集：二十卷 …… 4-327
西林纂：一卷 …… 5-274
西事珥：八卷 …… 2-135
西昆酬唱集：二卷 …… 5-232
西昆酬唱集：二卷 …… 5-232
西昆酬唱集：二卷 …… 5-232
西岩弄珠集：三十二卷 …… 3-33
西岩和尚语录：不分卷 …… 3-417
西岩集：一卷 …… 4-159
西岳华山志：一卷 …… 2-157
西岳华山志：二卷 …… 2-157
西使记：一卷 …… 2-169
西征日记：一卷 …… 1-418
西征日记：二卷 …… 1-422
[康熙]西征记：一卷 …… 1-418
西征纪略：一卷 …… 1-314
西征纪略：二卷 …… 1-314
西征录：十卷 …… 5-431
西征集：二卷 …… 4-324
西征集：十卷 …… 4-328
西征集：十卷；冯文所诗稿：三卷；黔中语录：一卷 …… 4-328
西征稿：八卷 …… 4-357
西京杂记：六卷 …… 3-321
西京杂记：六卷 …… 3-321
西京杂记：六卷 …… 3-321
西京杂记：六卷 …… 3-321
西京杂记：六卷 …… 3-321
西京职官印录：二卷；印戋说：一卷 …… 2-469
西京职官印录：二卷；印戋说：一卷 …… 2-469
西京职官印录：二卷；印戋说：一卷 …… 2-469

西京职官印录：不分卷 ………… 2-469
西郊笑端集：一卷 ………… 4-235
西学凡：一卷；三山论学纪：一卷 …… 3-217
西河合集：一百十七种四百九十三卷 … 5-430
西垣奏草：九卷附录一卷 ………… 2-96
西城别墅倡和集：不分卷 ………… 5-261
西南纪事：六卷 ………… 1-303
西南纪事：六卷 ………… 1-303
西畇寓目编：七卷 ………… 3-129
西亭王公行状：一卷 ………… 1-405
西亭诗：三卷 ………… 5-19
西洋杂志：八卷 ………… 2-172
西洋杂志：八卷 ………… 2-172
西洋杂志：八卷 ………… 2-172
西洋番国志：一卷 ………… 2-170
西洋新法历书：一百卷 ………… 3-86
西晋文：二十卷 ………… 5-218
西夏书事：四十二卷 ………… 1-294
西夏书事：四十二卷 ………… 1-294
西夏书事：四十二卷 ………… 1-294
西原先生遗书：二卷 ………… 4-281
西原先生遗书：二卷 ………… 4-281
西原全集：十二卷 ………… 4-281
西原全集：十卷遗集一卷 ………… 4-280
西圃诗册：一卷 ………… 5-78
西斋话记：一卷 ………… 3-189
西斋集：十二卷 ………… 5-67
西斋集：十八卷 ………… 5-43
西斋集：十卷 ………… 5-67
西浙泉厓邵先生文集：十卷诗集十卷 … 4-285
西陵词选：八卷 ………… 5-353
西陲今略：八卷 ………… 2-63
西陲今略：不分卷 ………… 2-63
西陲笔略：一卷；绍兴采石大战始末：一卷 ………… 1-293
西域水道记：四卷 ………… 2-165
西域记：八卷 ………… 2-175
西域考古录：十八卷 ………… 2-434
西域闻见录：八卷 ………… 2-175
西域总志：四卷 ………… 2-175
西域琐谈：二卷 ………… 2-175
西域遗闻：不分卷 ………… 2-136
西曹秋思：一卷 ………… 4-373
西厢记：五卷 ………… 5-359
西厢记：五卷末一卷 ………… 5-361
西厢记：五卷末一卷 ………… 5-361
西厢记：五卷附录一卷 ………… 5-359
西厢记：五卷附录一卷 ………… 5-359
西厢记：五卷附录一卷 ………… 5-359
西厢记：五卷附录一卷 ………… 5-361
西厢记传奇：二卷 ………… 5-360
西厢记谱：五卷 ………… 5-412
西厢会真传：五卷 ………… 5-360
西厢定本：二卷 ………… 5-360
西厢定本：二卷 ………… 5-360
西厢酒令：不分卷 ………… 3-160
西堂乐府：七卷 ………… 5-363
西堂全集：四种一百三十三卷附一种六卷 ………… 5-430
西野李先生遗稿：十四卷 ………… 4-296
西庵草：一卷 ………… 5-75
西庵集：九卷 ………… 4-232
西清砚谱：二十四卷 ………… 3-163
西隐文稿：十卷附录一卷 ………… 4-225
西番译语：一卷 ………… 1-190
西番译语：一卷 ………… 1-191
西湖小史：四卷十六回 ………… 3-356
西湖六一泉崇祀录：一卷 ………… 1-355
西湖百咏：一卷 ………… 5-102
西湖百咏：二卷 ………… 4-172
西湖竹枝词：一卷 ………… 4-208
西湖竹枝词：一卷 ………… 4-208
西湖竹枝集：一卷 ………… 5-275
西湖竹枝集：一卷 ………… 5-275
西湖关帝庙广纪：八卷 ………… 2-145
西湖志：八卷志余十八卷 ………… 2-164
西湖志类钞：三卷首一卷 ………… 2-164
西湖志类钞：三卷首一卷 ………… 2-164
西湖志摘粹补遗奚囊便览：十二卷 ………… 2-164
西湖佳话古今遗迹：十六卷 ………… 3-336

西湖拾遗：四十四卷附录一卷 3-337
西湖览胜诗志：八卷 2-164
西湖梦寻：五卷 2-167
西湖欸乃集：一卷 5-275
西湖游览志：二十四卷 2-164
西湖游览志：二十四卷 2-164
西湖游览志：二十四卷 2-164
西湖游览志：二十四卷志余二十六卷 2-163
西湖游览志：二十四卷志余二十六卷 2-164
西湖游览志：二十四卷志余二十六卷 2-164
西湖游览志：二十四卷志余二十六卷 2-164
西湖游览志：二十四卷图一卷志余二十六卷 2-164
西渡诗集：一卷 4-122
西渡诗集：一卷 4-123
西渡诗集：一卷 4-123
西渡诗集：一卷 4-123
西渡诗集：一卷补遗一卷 4-123
西游记传：四卷 3-361
西游记金山以东释：一卷 2-169
西游证道大奇书：二十卷一百回 3-362
西游补：十六回 3-362
西游补：十六回 3-362
西游录注：一卷 2-168
西游录注：一卷 2-168
西游真诠：一百回 3-362
西游真诠：一百回 3-362
西游真诠：一百回 3-362
西游原旨：二十四卷一百回 3-362
西游续稿：六卷 4-355
西渼草：一卷 4-378
西湄草堂诗：一卷 5-50
西塘先生文集：十卷 4-114
西塘先生文集：十卷 4-114
西塘先生文集：十卷 4-114
西塘集耆旧续闻：十卷 3-325
西塘集耆旧续闻：十卷 3-325
西楼梦：二卷 5-385
西楼集：十八卷诗选二卷 4-349
西碛探梅倡和诗：一卷 5-265
西溪丛语：二卷 3-195
西溪丛语：二卷 3-195
西溪丛语：二卷 3-195
西溪丛语：二卷 3-195
西溪丛语：二卷 3-195
西溪先生易说：十二卷序说一卷 1-11
西溪汪氏先茔便览：不分卷定例一卷 1-441
西溪易说：十二卷序说一卷 1-11
西溪梵隐志：四卷 2-143
西樵白云洞志：不分卷 2-157
西樵野纪：十卷 3-326
西樵遗稿：八卷 4-260
西樵游览记：十四卷 2-168
西儒耳目资：三卷释疑一卷 1-181
西藏纪闻：一卷 2-405
西藏纪略：一卷 2-405
[乾隆]西藏志：四卷 2-405
西藏图考：八卷首一卷 2-405
西藏闻见录：一卷 5-405
西麓继周集：一卷 5-335
西麓继周集：一卷 5-335
西麓继周集：一卷 5-335
压线集：不分卷 5-133
厌次琐谈：一卷 3-209
在园杂志：四卷 3-219
在园杂志：四卷 3-219
在陆草堂文：不分卷 5-39
在亭丛稿：十二卷 5-79
在原咏：一卷题赠一卷 4-336
在野集：二卷 4-227
在笥集：十卷 4-294
百二十盘山旧舍诗稿：三卷 5-141
百二长生馆藏瓦目：一卷 2-475
百川书志：二十卷 2-483
百川书志：二十卷 2-483
百川书志：二十卷 2-483
百川书志：二十卷 2-483
百川书志：二十卷 2-483
百川学海：一百十二种一百五十四卷 5-414
百川学海：一百种 5-414

百川学海：一百种一百七十九卷 ………… 5-414
百川学海：一百种一百七十九卷 ………… 5-414
百川学海：一百种十集一百七十九卷 … 5-414
百川学海：一百种十集一百七十九卷 … 5-414
百川学海：一百种十集一百七十九卷 … 5-414
百川学海：二十卷 ………………………… 5-414
百川学海：二十卷 ………………………… 5-414
百不如人室诗草：三卷词草七卷 ………… 5-149
百氏统要：四卷 ………………………… 3-264
百尺梧桐阁集：二十六卷………………… 5-47
百尺梧桐阁集：诗十六卷文十卷 ………… 5-47
百尺楼诗余集句：二卷 ………………… 5-346
百正集：三卷……………………………… 4-176
百石图跋：不分卷 ……………………… 3-144
百夷传：一卷……………………………… 1-277
百夷传：一卷……………………………… 1-277
百夷传：一卷……………………………… 1-277
百夷传：一卷……………………………… 1-277
百名家词钞：一百卷 …………………… 5-330
百名家词钞：一百卷 …………………… 5-330
百名家词钞：二十卷 …………………… 5-330
百名家词钞初集：六十卷………………… 5-330
百名家诗选：八十九卷 ………………… 5-257
百名家诗选：八十九卷 ………………… 5-257
百名家诗选：八十九卷 ………………… 5-257
[光绪]百色厅志：八卷首一卷…………… 2-372
百花凡谱：一卷 ………………………… 5-49
百花诗：一卷；花王韵事：一卷；百果诗：一卷……………………………………… 5-24
百花诗：一卷；花王韵事：一卷；百果诗：一卷……………………………………… 5-24
百花诗笺谱：不分卷 …………………… 3-149
百花诗笺谱：不分卷 …………………… 3-149
百花诗笺谱：不分卷 …………………… 3-165
百花诗笺谱：不分卷 …………………… 3-165
百花洲集：二卷京华元夕诗一卷 ………… 4-354
百花洲集：二卷京华元夕诗一卷 ………… 4-354
百宋一廛书录：一卷 …………………… 2-493
百宋一廛书录：一卷 …………………… 2-493
百宋一廛赋：一卷 ……………………… 2-493
百宋一廛赋：一卷 ……………………… 2-493
百宋一廛赋：一卷 ……………………… 2-494
百译馆译语：一卷 ……………………… 1-191
百拙生传奇：四种八卷 ………………… 5-378
百城烟水：九卷 ………………………… 2-139
百城集：三十卷 ………………………… 5-4
百战奇法：二卷 ………………………… 3-43
百将传续编：四卷 ……………………… 3-40
百衲居士铁围山丛谭：六卷 …………… 3-192
百衲琴言：不分卷 ……………………… 5-345
百家录粹：六卷 ………………………… 3-266
百家类纂：四十卷 ……………………… 3-265
百家唐诗 ………………………………… 5-167
百陵学山：一百种一百十五卷…………… 5-418
百梅一韵：四卷；百花一韵：一卷 …… 5-193
百粤风土记：不分卷 …………………… 2-135
百签诗意图：不分卷 …………………… 3-120
有万熹斋丛抄：二种四卷………………… 5-425
有怀堂文稿：二十二卷诗稿六卷 ………… 5-46
有怀堂笔：八卷 ………………………… 5-29
有宋故和众辅国功臣太傅护国镇安保静军节度使扬国公致仕赠太师谥武僖追封鄜王刘公家传：□□卷 ………………… 1-393
有宋高僧传：三十卷 …………………… 3-424
有宋福建莆阳黄仲元四如先生文稿：五卷……………………………………… 4-174
有宋福建莆阳黄仲元四如先生文稿：五卷……………………………………… 4-174
有宋福建莆阳黄国簿四如先生文稿：五卷……………………………………… 4-174
有象列仙全传：九卷 …………………… 1-361
有象列仙全传：九卷 …………………… 1-361
有涯文集：二卷 ………………………… 5-59
而庵说唐诗：二十二卷首一卷…………… 5-322
存古地函：一卷 ………………………… 2-114
存庐新编宣和谱传奇：二卷 …………… 5-392
存春轩诗钞：不分卷 …………………… 5-158
存研楼文集：十六卷 …………………… 5-70
存砚楼二集：二十五卷 ………………… 5-70
存复斋文集：十卷附录一卷 …………… 4-208

存复斋文集：十卷附录一卷 …… 4-208
存复斋文集：十卷附录一卷 …… 4-208
存素堂文续集：一卷 …… 5-120
存素堂文集：四卷 …… 5-120
存素堂文集：四卷续集一卷 …… 5-120
存素堂书目：四卷 …… 2-492
存素堂诗稿：二卷 …… 5-120
存斋诗话：一卷 …… 5-318
存笥诗草：五卷 …… 4-365
存庵诗集：六卷 …… 5-36
匠门书屋文集：三十卷 …… 5-49
[嘉庆]达县志：五十二卷 …… 2-394
成幕闲谈：一卷 …… 3-217
成楼闲话：四卷 …… 1-303
列女传：十六卷 …… 1-348
列女传：十六卷 …… 1-349
列女传：十六卷 …… 1-349
列女传考证：一卷 …… 1-348
列女传考证：一卷 …… 1-348
列女传集注：八卷补遗一卷附录一卷 …… 1-348
列女演义：二卷 …… 3-335
列子：八卷 …… 3-377
列子冲虚真经：不分卷 …… 3-377
列子冲虚真经：不分卷 …… 3-377
列子注：八卷 …… 3-377
列子解：八卷 …… 3-377
列仙传：二卷 …… 1-360
列仙传：二卷 …… 1-360
列仙传：二卷 …… 1-360
列仙传：二卷 …… 1-360
列仙传：□□卷 …… 1-360
列仙传补：九卷 …… 1-361
列仙酒牌：一卷 …… 3-148
列传碑文：一卷 …… 1-408
列国史补：十八卷 …… 1-280
列国志辑要：八卷一百九十节 …… 3-339
列朝诗集：乾集二卷甲集前编十一卷甲集二十二卷乙集八卷丙集十六卷丁集十六卷闰集六卷 …… 5-248
列翠轩诗：一卷 …… 5-71
成化十一年会试录：一卷 …… 1-429
成化十一年进士登科录：一卷 …… 1-429
成化丁亥重刊改并五音类聚四声篇：十五卷 …… 1-172
成化丁亥重刊改并五音类聚四声篇海：十五卷 …… 1-172
成化四年浙江乡试录：一卷 …… 1-433
成化间苏材小纂：四卷 …… 1-379
[嘉庆]成安县志：二卷 …… 2-204
[康熙]成安县志：十二卷 …… 2-204
[乾隆]成县新志：四卷 …… 2-431
成佛止观：不分卷 …… 3-412
成规拾遗：不分卷 …… 2-35
成周石鼓考：一卷 …… 2-461
成都文类：五十卷 …… 5-287
[嘉庆]成都县志：六卷首一卷 …… 2-379
成都通览：不分卷 …… 2-379
成都谏奏疏：一卷 …… 2-106
成唯识论自考：十卷 …… 3-410
成唯识论讲录：十卷 …… 3-410
成唯识论疏：十卷 …… 3-410
成道记：一卷 …… 1-359
[嘉庆]夹江县志：十二卷首一卷 …… 2-390
夹注辅教编要义：六卷 …… 3-428
夹注辅教编原教要义：一卷 …… 3-428
夹漈遗稿：三卷 …… 4-139
夹漈遗稿：不分卷 …… 4-140
托素斋诗集：四卷文集六卷 …… 5-20
执斋先生文集：二十卷 …… 4-262
扪虱琐谭：二卷 …… 3-223
扪腹斋诗钞：不分卷 …… 5-86
扪膝轩草稿：一卷 …… 5-50
扫余之余：三卷 …… 4-365
扫垢山房诗钞：十二卷 …… 5-113
扫垢山房诗钞：十卷 …… 5-113
扫垢山房诗钞：十卷 …… 5-113
扬子云集：六卷 …… 4-8
扬子云集：六卷 …… 4-8
扬子太玄经：十卷 …… 3-107
扬子折衷：六卷 …… 3-29

扬子折衷：六卷 ………………………………… 3-29
扬子法言：十三卷 ……………………………… 3-15
扬子法言：十三卷音义一卷 ………………… 3-15
扬子法言：十三卷音义一卷 ………………… 3-15
扬子法言：十三卷首一卷音义一卷 ………… 3-15
扬子法言：十卷 ………………………………… 3-15
扬子法言：十卷 ………………………………… 3-15
扬子法言：十卷 ………………………………… 3-16
扬子法言：十卷 ………………………………… 3-16
扬州东园题咏：四卷 ………………………… 5-270
扬州休园志：八卷首一卷……………………… 2-147
[万历]扬州府志：二十七卷首一卷 ……… 2-246
[万历]扬州府志：二十七卷首二卷 ……… 2-246
[康熙]扬州府志：四十卷…………………… 2-246
[雍正]扬州府志：四十卷…………………… 2-246
扬州营志：十六卷 ……………………………… 2-60
扬州梦：二卷……………………………………… 5-389
扬州梦传奇：二卷 …………………………… 5-390
扬州梦传奇：二卷 …………………………… 5-390
扬州赋：一卷……………………………………… 4-102
扬州赋：一卷……………………………………… 4-102
夷门广牍：一百六种一百六十二卷 ……… 5-418
夷门广牍：一百六种一百六十二卷 ……… 5-419
夷门广牍：五十五种九十一卷…………… 5-419
夷白斋稿：三十五卷外集一卷…………… 4-216
夷白斋稿：三十五卷外集一卷…………… 4-216
夷白斋稿：三十五卷拾遗一卷外集二卷
……………………………………………… 4-216
夷白集：十二卷附录一卷…………………… 4-216
夷坚志：甲集二卷乙集二卷丙集二卷丁集
二卷戊集二卷己集二卷庚集二卷辛集
二卷壬集二卷癸集二卷 ………………… 3-325
夷寇杂录：不分卷 …………………………… 1-315
夷艘入寇记：二卷 …………………………… 1-316
轨范补遗：六卷 ……………………………… 5-286
尧山堂外纪：一百卷 ………………………… 3-271
尧山堂外纪：一百卷 ………………………… 3-271
尧山堂外纪：一百卷 ………………………… 3-271
尧山堂偶隽：七卷 …………………………… 5-326
尧封胜稿：一卷 ………………………………… 5-91
尧峰文钞：五十卷 ……………………………… 5-28
毕少保公传：一卷 …………………………… 1-401
毕公生祠记：一卷 …………………………… 1-400
毕公墓碑：一卷 ……………………………… 1-401
毕氏四代恩纶录：一卷 …………………… 1-400
毕氏恩纶录：一卷 …………………………… 1-400
毕氏恩纶录：三卷 …………………………… 1-400
毕氏家乘：一卷；南村毕氏家谱：一卷
………………………………………………… 2-11
[光绪]毕节县志：十卷首一卷…………… 2-399
[光绪]毕节县志：十卷首一卷…………… 2-399
毕司徒东郊先生年谱：不分卷…………… 1-413
毕自严记述奏对：不分卷………………… 2-103
毕自严遗稿：一卷 …………………………… 4-355
毕自严遗稿：一卷 …………………………… 4-355
毕秋帆奏稿：不分卷 ……………………… 2-109
至大重修宣和博古图录 …………………… 2-450
至大重修宣和博古图录：三十卷 ………… 2-450
至大重修宣和博古图录：三十卷 ………… 2-450
至大重修宣和博古图录：三十卷 ………… 2-450
至元法宝勘同总录：十卷………………… 3-426
至正四明续志：十二卷 …………………… 2-267
至正集：八十一卷 …………………………… 4-205
至圣先师孔子刊定世家：七卷…………… 1-387
至治之音：一卷 ……………………………… 5-240
至谊堂实纪：二卷 …………………………… 1-403
至游子：二卷…………………………………… 3-390
过日集：二十卷名媛诗一卷 ……………… 5-258
过日集：二十卷名媛诗一卷 ……………… 5-258
过去庄严劫千佛名经：一卷 ……………… 3-394
过江二集：四卷 ………………………………… 5-67
过岭集：一卷…………………………………… 5-17
过岭集：一卷…………………………………… 5-17
过庭私录：七卷；泉亭外集：一卷 …… 4-285
过庭诗话：二卷 ……………………………… 5-319
过夏杂录：六卷续录一卷………………… 3-236
此游计日：二卷 ……………………………… 2-167
贞一斋杂著：一卷诗稿一卷 ……………… 4-199
贞一斋集：十卷诗说一卷…………………… 5-82
贞丰拟乘：二卷 ……………………………… 2-258

贞白先生陶隐居集：二卷……4-19
贞白斋诗集：十卷；集陶新咏：六卷……5-31
贞观公私画史：一卷……3-142
贞观仪式：十卷……2-41
贞观政要：十卷……1-286
贞观政要：十卷……1-286
贞观政要：十卷……1-286
贞观政要：十卷……1-286
贞观政要：十卷……1-286
贞观政要集论：十卷……1-286
贞观政要集论：十卷……1-286
贞固斋书义：四卷……1-129
贞固斋易义：不分卷……1-22
贞居词：一卷……5-337
贞翁净稿：十二卷……4-261
贞暄野录：二卷……3-255
师山先生文集：八卷……4-211
师山先生文集：八卷遗文五卷……4-211
师山先生文集：八卷遗文五卷附录一卷……4-211
师山先生文集：八卷遗文五卷附录一卷；济美录：四卷……4-211
师山先生全集：十二卷……4-210
师子林天如和尚别录：五卷……3-415
师子林天如和尚净土或问：一卷……3-420
师古堂印谱：二卷；印文辑略：二卷……3-154
师古篆韵：六卷……1-164
师石山房书目：三十卷……2-496
师让庵汉铜印存：不分卷……2-473
师竹庐主人记年编：不分卷……1-424
师竹堂集：三十七卷……4-320
师竹堂集：三十七卷目录二卷……4-320
师竹堂集：三十七卷目录二卷……4-320
师伏堂日记：不分卷……1-424
师尚斋诗集：八卷……5-113
师经堂集：十八卷……5-66
师律：十六卷……3-50
师善堂诗集：十卷……5-74
尖阳丛笔：十卷续笔一卷……3-220
[乾隆]光山县志：三十二卷……2-329
[光绪]光化县志：八卷首一卷……2-334
[光绪]光化县志：八卷首一卷……2-334
[光绪]光州志：十二卷首一卷忠节志四卷节孝志二卷……2-328
光孝寺志：十二卷首一卷……2-145
光岳英华：十五卷……5-188
光岳英华：十五卷补遗一卷……5-188
光泽县乡土志略：一卷……2-292
[乾隆]光泽县志：三十二卷首一卷……2-292
光绪二十年京察满汉司员履历册：不分卷……1-440
光绪十七年京察满汉司员履历册：不分卷……1-440
光绪十六年庚寅科会试录：一卷金榜题名录一卷……1-431
光绪十四年戊子科顺天乡试录：一卷……1-432
光绪六年庚辰科会试同年齿录：不分卷……1-431
光绪丙子清河县志：二十六卷……2-245
光绪应城志：十四卷首一卷……2-335
光绪应城县志：十四卷首一卷……2-335
[光绪]光绪昌平州志：十八卷……2-176
光福许氏贮书楼收藏碑版：一卷续录三卷附录一卷；宋金元石刻补遗：一卷……2-464
[同治]当阳县志：十八卷首一卷末一卷……2-341
[同治]当阳县志：十八卷首一卷末一卷……2-341
[光绪]当阳县补续志：四卷首一卷……2-341
当阳避难记：不分卷……1-315
当涂县乡土志：二卷……2-277
[乾隆]当涂县志：三十三卷……2-277
当谱：一卷……3-161
吐绒记：不分卷……5-373
虫天志：十卷……3-171
曲水轩印志：二卷……3-151
曲目新编：一卷……5-413
曲江张文献先生文集：十二卷附录一卷……4-26
曲阳县乡土志……2-195

[康熙]曲阳县新志：十一卷 ………………… 2-194
[康熙]曲阳县新志：十一卷 ………………… 2-194
曲园老人书札：不分卷 ……………………… 5-148
曲园诗翰：不分卷 …………………………… 5-148
[康熙]曲沃县志：三十卷……………………… 2-220
曲阜颜氏家藏尺牍：不分卷 ………………… 5-304
[同治]曲周县志：二十卷首一卷 …………… 2-206
曲波园传奇：二种四卷 ……………………… 5-387
曲波园传奇：二种四卷 ……………………… 5-387
曲录：六卷 …………………………………… 2-501
曲录：六卷 …………………………………… 2-502
曲选：不分卷………………………………… 5-400
曲律：一卷 …………………………………… 5-400
曲律：一卷 …………………………………… 5-401
曲律：一卷；谭曲杂劄：一卷 ……………… 5-409
曲律：四卷 …………………………………… 5-412
曲洧旧闻：十卷 ……………………………… 3-193
曲洧旧闻：十卷 ……………………………… 3-193
曲洧旧闻：十卷 ……………………………… 3-193
曲洧旧闻：十卷 ……………………………… 3-193
曲谱：二卷 …………………………………… 5-393
曲谱：十二卷首一卷末一卷 ………………… 5-410
曲谱：十二卷首一卷末一卷 ………………… 5-410
曲藻：一卷 …………………………………… 5-356
吕大著点校标抹增节备注资治通鉴：一百二十卷 …………………………………… 1-243
吕大著增注点校三刘东汉详节：三十卷 …………………………………… 1-330
吕子评语：正编四十二卷首一卷附刻一卷余编八卷首一卷附刻一卷……………… 3-33
吕公实政录：七卷…………………………… 3-210
吕氏春秋：二十六卷 ……………………… 3-176
吕氏春秋：二十六卷 ……………………… 3-176
吕氏春秋：二十六卷 ……………………… 3-176
吕氏春秋：二十六卷 ……………………… 3-176
吕氏春秋：二十六卷 ……………………… 3-176
吕氏春秋：二十六卷 ……………………… 3-177
吕氏春秋：二十六卷 ……………………… 3-177
吕氏春秋：二十六卷 ……………………… 3-177
吕氏春秋：二十六卷 ……………………… 3-177
吕氏春秋：二十六卷 ……………………… 3-177
吕氏春秋：二十六卷 ……………………… 3-177
吕氏春秋：二十六卷 ……………………… 3-177
吕氏春秋：二十六卷 ……………………… 3-177
吕氏春秋：二十六卷 ……………………… 3-177
吕氏春秋：二十六卷 ……………………… 3-177
吕氏春秋：二十六卷 ……………………… 3-178
吕氏春秋：二十六卷 ……………………… 3-178
吕氏春秋：二十六卷 ……………………… 3-178
吕氏春秋订批：二十六卷…………………… 3-177
吕氏春秋训解：二十六卷…………………… 3-176
吕氏春秋训解：二十六卷…………………… 3-176
吕氏春秋训解：二十六卷…………………… 3-176
吕氏春秋训解：二十六卷…………………… 3-176
吕氏春秋训解：二十六卷…………………… 3-176
吕氏春秋训解：二十六卷…………………… 3-177
吕氏春秋训解：二十六卷…………………… 3-177
吕氏春秋新校正：二十六卷附考一卷 … 3-178
吕氏春秋新校正：二十六卷附考一卷 … 3-178
吕氏家塾读诗记：三十二卷 ………………… 1-43
吕氏家塾读诗记：三十二卷 ………………… 1-44
吕氏家塾读诗记：三十二卷 ………………… 1-44
吕氏家塾读诗记：三十二卷 ………………… 1-44
吕氏家塾读诗记：三十二卷 ………………… 1-44
吕氏家塾读诗记：三十二卷 ………………… 1-44
吕氏家塾读诗记：三十二卷 ………………… 1-44
吕氏家塾读诗记：三十二卷 ………………… 1-44
吕氏家塾读诗记：三十二卷 ………………… 1-44
吕氏家塾读诗记：三十二卷 ………………… 1-44
吕氏家谱：不分卷……………………………2-3
吕文懿公全集：十二卷 …………………… 4-246
吕东庄先生文集：八卷附录一卷 ………… 5-35
吕东莱先生大事记：十二卷通释三卷解题十二卷 …………………………………… 1-247
吕东莱先生文集：二十卷首一卷 ………… 4-153
吕圣求词：一卷 ……………………………… 5-332
吕贤基列传：一卷…………………………… 1-408
吕忠穆公年谱：一卷勤王记一卷遗事一卷逢辰记一卷 …………………………… 1-392
吕和叔文集：十卷…………………………… 4-60

吕和叔文集：十卷 …… 4-60
[嘉靖]吕泾野先生高陵县志：七卷后传一卷 …… 2-407
吕祖全传：一卷后卷一卷 …… 1-389
吕晚邨先生论文汇钞：不分卷 …… 5-326
吕晚村先生文集：八卷续集四卷附录一卷 …… 5-35
吕晚村先生文集：八卷续集四卷附录一卷 …… 5-35
吕晚村先生文集：八卷续集四卷附录一卷 …… 5-35
吕晚村先生行略：一卷 …… 1-405
吕晚村评选四书文六十六篇：不分卷 … 5-267
吕敬夫诗：三卷 …… 4-214
吕敬夫诗：五卷 …… 4-214
吕敬夫诗：四卷 …… 4-214
吕新吾先生去伪斋文集：十卷 …… 4-324
吕新吾先生去伪斋文集：十卷 …… 4-324
吕新吾先生闺范图说：四卷 …… 3-39
吕衡州文集：十卷 …… 4-60
吕衡州文集：十卷 …… 4-60
吕衡州文集：十卷 …… 4-60
吕衡州文集：十卷 …… 4-60
同人集：十二卷 …… 5-256
同文千字文：二卷 …… 1-167
同文韵统：六卷 …… 1-177
同书：不分卷 …… 1-253
同书：四卷 …… 3-273
同光之际名人尺牍：不分卷 …… 5-303
同光两朝草题名录：不分卷 …… 1-428
[咸丰]同州府志：三十四卷首二卷文征录三卷 …… 2-410
[咸丰]同州府志：三十四卷首二卷文征录三卷 …… 2-411
[乾隆]同州府志：六十卷首一卷 …… 2-410
[光绪]同州府续志：十六卷首一卷 …… 2-411
[嘉庆]同安县志：三十卷首一卷 …… 2-295
同安林次崖先生文集：十八卷 …… 4-273
同声千字文：十集 …… 1-167
同声集：十四卷 …… 5-266
同时尚论录：十六卷 …… 5-242
同时尚论录：十六卷 …… 5-242
同林倡和：一卷 …… 5-264
同林倡和：一卷 …… 5-264
同治二年癸亥恩科进士题名录：一卷 … 1-431
同治十一年户部现办各案节要：不分卷 … 2-51
同治十年补行庚午科带补戊午正科己未恩科云南武乡试题名录：一卷 …… 1-437
同治八年七月朔日食坤舆图纂稿：不分卷 …… 3-90
同治九年庚午正科并补行咸丰己未恩科贵州武乡试题名录：一卷 …… 1-436
同治九年庚午科广东乡试武举录：一卷 …… 1-436
同治九年庚午科广东乡试录：一卷 …… 1-436
同治九年庚午科江西武乡试题名录：一卷 …… 1-434
同治九年庚午科补带戊午江南武乡试题名录：一卷 …… 1-433
同治九年庚午科湖北武乡试题名录：一卷 …… 1-435
同治九年庚午科湖南武乡试题名录：一卷 …… 1-435
同治九年庚午科福建省武闱乡试题名录：一卷 …… 1-434
同治三年甲子京师日记：一卷 …… 1-421
同治三年甲子科广东乡试题名录：一卷 …… 1-436
同治三年甲子科江南乡试录：一卷 …… 1-433
同治元年壬戌恩科山西乡试同年齿录：不分卷 …… 1-432
同治六年丁卯科广东乡试武举录：一卷 …… 1-436
同治六年丁卯科广东乡试录：一卷 …… 1-436
同治六年丁卯科广西乡试题名录：一卷 …… 1-436
同治六年丁卯科并补行辛酉科江南乡试题名录：一卷 …… 1-433
同治六年丁卯科江西乡试题名录：一卷 …… 1-434

同治六年丁卯科江西乡试题名录：一卷 …… 1-434
同治四年补行己未恩科并辛酉正科浙江武乡试录：一卷 …… 1-434
同治京外奏议汇钞：不分卷 …… 2-94
同姓名谱：二十四卷补遗四卷目录二卷 …… 1-425
同度记：四卷 …… 3-105
同咨录：一卷 …… 1-439
吊伐录：二卷 …… 1-295
吊伐录：二卷 …… 1-295
吊伐录：二卷 …… 1-295
吊谱：一卷 …… 3-159
吊谱补遗：八卷 …… 3-159
因明入正理论集解：一卷 …… 3-410
因话录：六卷 …… 3-186
因话录：六卷 …… 3-186
因话录：六卷 …… 3-186
因柳阁诗录：三卷 …… 5-133
因树屋书影：十卷 …… 3-217
因树屋书影：十卷 …… 3-218
因树楼赠言：文一卷诗五卷诗余一卷 …… 5-256
因得啰菩提手印道要：一卷；端必瓦成就同生要：一卷；大手印无字要：一卷 …… 3-401
屿舫诗集：七卷目录一卷 …… 5-17
岁时广记：四十卷首一卷末一卷 …… 2-111
岁时广记：四十卷首一卷末一卷 …… 2-111
岁时广记：四卷首一卷 …… 2-111
岁时小令：四卷 …… 2-113
岁时日记：一卷 …… 2-113
岁时节气集解：一卷 …… 2-112
岁时节气集解：一卷附录一卷 …… 2-112
岁时杂咏今集：不分卷 …… 5-187
岁时碎金：四卷 …… 2-114
岁寒三友除授集：一卷 …… 4-162
岁寒咏物词：一卷 …… 5-343
岁寒居年谱：不分卷 …… 1-413
岁寒居答问：一卷 …… 3-32
岁寒堂初集：五卷存稿十二卷 …… 5-30
岁寒堂诗话：一卷 …… 5-312
岁寒堂诗话：一卷 …… 5-312
岁寒堂诗话：一卷 …… 5-316
岁寒集：二卷附录一卷 …… 4-225
岁寒集：二卷附录一卷 …… 4-225
回文类聚：四卷 …… 5-187
回回历法：一卷 …… 3-91
回回馆译语：一卷 …… 1-190
回回馆译语：一卷 …… 1-190
回谷先生人伦广鉴集说：十卷 …… 3-122
回青山房诗：二卷 …… 5-68
回青山房诗：二卷；稼雨轩近诗：一卷；桐野诗：一卷 …… 5-67
回话奏疏：一卷 …… 2-103
则堂先生文集：六卷 …… 4-171
则堂集：六卷 …… 4-170
则堂集：六卷 …… 4-170
网山集：八卷 …… 4-152
网山集：八卷 …… 4-152
网山集：八卷 …… 4-152
网山集：八卷 …… 4-152
网师园唐诗笺：十八卷 …… 5-230
年年集：一卷；从军集：一卷；梦曙集：一卷 …… 5-113
年华录：一百卷 …… 3-313
年华录：四卷 …… 3-313
朱一斋先生文集：前十卷后五卷；广游文集：一卷 …… 4-226
朱门授受录：十卷 …… 1-356
朱马氏家乘：二卷 …… 2-11
朱子大全：一百卷目录二卷 …… 4-148
朱子大全私抄：十二卷 …… 3-23
朱子大全私抄：十二卷 …… 3-23
朱子大全集补遗：二卷 …… 4-149
朱子文集补遗：五卷附录一卷 …… 4-149
朱子节要：十四卷 …… 3-23
朱子可闻诗集：五卷 …… 4-149
朱子成书：十卷 …… 3-22
朱子成书附录：十卷 …… 3-22
朱子成书附录：十卷 …… 3-22

朱子论定文抄：二十卷 …………………………… 5-214
朱子易图说：一卷 ………………………………… 1-12
朱子易学启蒙：通释二卷图式一卷 ………… 1-28
朱子易学启蒙：通释二卷图式一卷 ………… 1-28
朱子实纪：十二卷 ……………………………… 1-394
朱子诗义补正：八卷 ……………………………… 1-52
朱子经筵讲义：一卷 …………………………… 1-121
朱子语类：一百四十卷 …………………………… 3-22
朱子语类：一百四十卷 …………………………… 3-22
朱子语类：一百四十卷 …………………………… 3-22
朱子说书纲领：一卷 ……………………………… 1-33
朱子说书纲领：一卷 ……………………………… 1-33
朱子校昌黎先生集传：一卷 ……………………… 4-53
朱子校昌黎先生集传：一卷 ……………………… 4-54
朱子校昌黎先生集传：一卷 ……………………… 4-54
朱子校昌黎先生集传：一卷 ……………………… 4-54
朱子校昌黎先生集传：一卷 ……………………… 4-54
朱子校昌黎先生集传：一卷 ……………………… 4-54
朱子校昌黎先生集传：一卷 ……………………… 4-54
朱子校昌黎先生集传：一卷 ……………………… 4-54
朱子校昌黎先生集传：一卷 ……………………… 4-54
朱子晚年全论：八卷 ……………………………… 3-33
朱太复乙集：三十八卷目录四卷 ……………… 4-348
朱太复文集：五十二卷 ………………………… 4-348
朱止泉先生文集：八卷 …………………………… 5-71
朱少司农先生年谱：不分卷 …………………… 1-414
朱少师公事实：不分卷 ………………………… 1-400
朱公先生朱子大全：一百卷 …………………… 4-148
朱氏训蒙书门：六卷 ……………………………… 1-37
朱氏训蒙易门：七卷首一卷 ……………………… 1-22
朱氏训蒙诗门：三十六卷首一卷附录一卷
…………………………………………………… 1-50
朱氏统宗谱：不分卷 ……………………………… 2-3
朱氏家乘：□□卷 ………………………………… 2-3
朱氏逸经补正：不分卷 ………………………… 1-139
朱文公大同集：十卷 …………………………… 4-149
朱文公大同集：十卷 …………………………… 4-149
朱文公诗赋全集：十卷；朱文公诗集补遗：一卷；训蒙诗：一卷 ……………………… 4-149
朱文公校昌黎先生文集：二十卷外集一卷遗文一卷传一卷 ……………………………… 4-57
朱文公校昌黎先生文集：二十卷外集一卷遗文一卷传一卷 ……………………………… 4-57
朱文公校昌黎先生文集：四十卷 ……………… 4-56
朱文公校昌黎先生文集：四十卷 ……………… 4-57
朱文公校昌黎先生文集：四十卷 ……………… 4-57
朱文公校昌黎先生文集：四十卷外集十卷遗文一卷传一卷 ……………………………… 4-56
朱文公校昌黎先生文集：四十卷外集十卷遗文一卷传一卷 ……………………………… 4-57
朱文公校昌黎先生文集：四十卷外集十卷遗文一卷传一卷 ……………………………… 4-57
朱文公校昌黎先生文集：四十卷外集十卷遗文一卷传一卷 ……………………………… 4-57
朱文公校昌黎先生文集：四十卷外集十卷遗文一卷传一卷 ……………………………… 4-57
朱文公校昌黎先生文集：四十卷外集十卷遗文一卷传一卷 ……………………………… 4-57
朱文公校昌黎先生文集：四十卷外集十卷遗文一卷传一卷 ……………………………… 4-57
朱文公校昌黎先生集：五十二卷 ……………… 4-57
朱文公校昌黎先生集：四十卷 ………………… 4-56
朱文公校昌黎先生集：四十卷外集十卷附录一卷 ……………………………………… 4-56
朱文公校昌黎先生集：四十卷外集十卷遗文一卷传一卷 ……………………………… 4-57
朱文公校昌黎先生集：四十卷外集十卷遗文一卷集传一卷 …………………………… 4-53
朱文公校昌黎先生集：□□卷 ………………… 4-56
朱文公游艺至论：二卷 ………………………… 5-314
朱文公游艺至论：二卷 ………………………… 5-314
朱文肃公诗集：七卷 …………………………… 4-344
朱文懿公文集：十二卷 ………………………… 4-322
朱文懿公奏疏：十二卷 ………………………… 2-100
朱文懿公茶史：一卷；行状：一卷 …… 1-412
朱文懿文稿：不分卷 …………………………… 4-322
朱订西厢记：二卷首一卷 ……………………… 5-359
朱玉洲集：八卷 ………………………………… 4-286
朱杜溪先生集：七卷诗稿三卷又诗一卷游历记一卷 ……………………………………… 5-61

朱批谕旨：不分卷 …… 2-87
朱批谕旨：不分卷 …… 2-87
朱批谕旨：不分卷 …… 2-87
朱批蒲东诗：一卷；西厢记释义：二卷 …… 5-359
朱饮山千金谱：二十九卷；三韵易知：十卷 …… 5-327
朱枫林先生小学名数：十五卷 …… 1-167
朱枫林集：十卷 …… 4-220
朱枫林集：十卷 …… 4-220
朱卧庵藏书画目：一卷 …… 3-128
朱秉器杂著：六卷 …… 3-209
朱秉器诗集：四卷 …… 4-326
朱宗良集：十二卷 …… 4-320
朱弦集：四卷 …… 5-196
朱弦集：四卷 …… 5-196
朱衎庐先生遗稿续编：二卷 …… 5-156
朱将军大法：一卷；上请天医五雷院保胎催生高天丁秘旨：一卷 …… 3-387
朱栢庐先生愧讷集：十二卷 …… 5-31
朱栢庐先生愧讷集：十二卷附一卷 …… 5-31
朱陵洞稿：三十三卷中州武录一卷 …… 4-342
朱陵洞稿：三十三卷中州武录一卷拾残一卷伯固公诗拾遗一卷 …… 4-342
朱梅崖文钞：不分卷 …… 5-101
朱密所先生密林漫稿：十卷 …… 4-345
朱鲁存先生遗集：十卷 …… 5-135
朱鲁存先生遗集：十卷 …… 5-135
朱福州集：六卷 …… 4-273
朱翼：不分卷 …… 3-298
缶鸣集：十二卷 …… 4-234
先大夫世培府君殉节述：一卷 …… 1-402
先天后天理气心印补注：三卷 …… 3-117
先天集：十卷附录二卷 …… 4-171
先文毅公汇草辨疑题跋：不分卷 …… 5-262
先圣大训：八卷 …… 3-23
先圣大训：八卷 …… 3-23
先圣大训：八卷 …… 3-23
先考奕庆府君行略稿：一卷附一卷 …… 1-404
先进遗风：二卷 …… 1-369
先忧丛抄：不分卷 …… 2-57
先君子忠正公年谱：二卷录遗一卷行状一卷 …… 1-413
先拨志始：二卷 …… 1-304
先拨志始：二卷 …… 1-304
先拨志始：二卷 …… 1-305
先秦两汉文脍：五卷 …… 5-210
先秦诸子合编：十六种三十五卷 …… 3-2
先秦鸿文：五卷 …… 5-209
先都御史公奏疏：三十六卷 …… 2-110
先醒斋笔记：三卷 …… 3-84
先儒正修录：三卷齐治录三卷 …… 3-33
先儒诗集：一卷 …… 5-194
舌击编：五卷 …… 1-319
舌华录：九卷 …… 3-269
舌华录：九卷 …… 3-269
[同治]竹山县志：二十九卷 …… 2-332
[同治]竹山县志：二十九卷首一卷 …… 2-332
竹云题跋：四卷 …… 3-144
竹云题跋：四卷 …… 3-144
竹书纪年：二卷 …… 1-238
竹书纪年义证：四十卷 …… 1-239
竹书纪年六国年表：一卷 …… 1-239
竹书纪年统笺：十二卷前编一卷杂述一卷 …… 1-238
竹书纪年校补：二卷原委一卷 …… 1-238
竹书纪年校补：二卷原委一卷 …… 1-238
竹书纪年集成：四十五卷集说一卷 …… 1-239
竹书纪年集证：五十卷首一卷 …… 1-239
竹书纪年辨证：四卷 …… 1-238
竹叶亭杂记：八卷 …… 3-222
竹叶亭杂记：八卷 …… 3-222
竹叶庵文集：三十三卷 …… 5-108
竹汀先生日记钞：二卷 …… 2-475
竹汀先生日记钞：二卷 …… 2-475
竹汀先生日记钞：二卷 …… 2-475
竹汀先生日记钞：二卷 …… 2-475
竹汀先生日记钞：三卷 …… 2-475
竹汀先生日记钞：三卷 …… 2-475
竹汀府君行述：一卷 …… 1-407

竹汀题跋：一卷 …… 2-491
竹圣斋吟草：一卷 …… 4-363
竹里述略：十二卷附录一卷 …… 2-266
竹里秦汉瓦当文存：不分卷 …… 2-474
竹里秦汉瓦当文存：不分卷 …… 2-474
竹里秦汉瓦当文存：不分卷 …… 2-474
竹里秦汉瓦当文存：不分卷 …… 2-474
竹间诗话：八卷 …… 5-324
竹初乐府：两种四卷 …… 5-342
竹坡类稿：五卷附录一卷 …… 4-168
竹苞集：二卷 …… 5-256
竹雨亭诗集：一卷 …… 5-58
竹岩先生文集：十二卷 …… 4-247
竹岩诗草：二卷 …… 5-90
竹岩集：十八卷补遗一卷附录一卷 …… 4-247
竹房先生文集补：一卷 …… 2-147
竹居诗集：一卷 …… 4-235
竹居诗集：一卷 …… 4-235
竹垞文类：二十六卷 …… 5-35
竹香斋类书：三十七卷 …… 1-325
竹泉集：一卷 …… 1-397
竹洲文集：二十卷附录一卷 …… 4-144
竹洲文集：二十卷附录一卷 …… 4-144
竹洲文集：二十卷附录一卷 …… 4-144
竹洲文集：十卷附录一卷 …… 4-144
竹洲文集：十卷附录一卷 …… 4-144
竹洲诗文集：一卷 …… 5-182
竹素山房诗集：三卷附录一卷 …… 4-196
竹素园诗抄：八卷 …… 5-78
竹素园诗草：三卷；日下集：一卷 …… 5-104
竹素园集：九卷 …… 4-343
竹斋先生诗集：四卷 …… 4-161
竹斋诗集：三卷续集一卷附录一卷 …… 4-233
竹涧先生文集：八卷奏议四卷附录一卷 …… 4-269
竹涧先生文集：八卷奏议四卷附录一卷 …… 4-269
竹浪亭集补梅花集句：一卷 …… 4-259
竹浪亭集补梅花集句：一卷 …… 4-259
竹堂文类：八卷 …… 5-122
竹堂类稿：十六卷 …… 5-122
竹啸轩诗钞：十八卷 …… 5-76
竹崦盦传钞书目：不分卷 …… 2-492
竹崦盦传钞书目：不分卷 …… 2-492
竹窗情话：二卷；梦余谈剩：二卷 …… 3-253
竹窗随笔：三卷；直道录：一卷 …… 3-428
竹瑞堂诗钞：十四卷文钞二卷续集二卷 …… 5-141
竹楼诗钞：五卷 …… 5-87
竹(�)溪先生文集：二十四卷 …… 4-133
竹(�)溪先生文集：二十四卷 …… 4-133
[同治]竹溪县志：十六卷首一卷 …… 2-332
竹溪陈氏墓祀录：四卷 …… 1-442
竹溪诗集：三卷 …… 5-97
竹溪鬳斋十一稿续集：三十卷 …… 5-142
竹溪鬳斋十一稿续集：三十卷 …… 5-142
竹邁两宋泉类：四卷 …… 2-467
竹谱详录：七卷 …… 3-145
竹箭编：二卷；明月篇：二卷 …… 4-323
[光绪]迁江县志：四卷 …… 2-372
[同治]迁安县志：十八卷首一卷末一卷 …… 2-188
[乾隆]迁安县志：三十卷 …… 2-188
[乾隆]迁安县志：三十卷 …… 2-188
乔氏易俟：十八卷图一卷 …… 1-23
乔庄简公集：十卷 …… 4-260
乔阪先生遗诗：一卷 …… 5-129
乔家心易：九卷首一卷 …… 1-21
伟堂笔记：一卷 …… 1-408
传习录：三卷续录二卷 …… 3-27
传心录：一卷；艾陵文钞：十六卷补遗一卷诗钞二卷 …… 5-13
传衣录：不分卷 …… 1-437
传奇：八种十六卷 …… 5-388
传奇：三卷 …… 3-331
传奇：六种十卷 …… 5-388
传奇漫录：四卷 …… 3-337
传奇翻水浒记：二卷 …… 5-392
传法护国论：一卷 …… 3-420
传经表：二卷通经表二卷 …… 1-139

传经表：二卷通经表二卷………………………… 1-140
传经表：二卷通经表二卷………………………… 1-140
传经堂集：十卷 ………………………………… 5-267
传是堂合编：五卷奏议一卷；河东文告：
四卷奏议一卷 ……………………………… 4-367
传是楼书目：六卷 ……………………………… 2-490
传是楼书目：六卷 ……………………………… 2-490
传是楼书目：六卷 ……………………………… 2-490
传是楼书目：四卷 ……………………………… 2-490
传是楼宋元板书目：一卷………………………… 2-490
传家真宝一粒粟：一卷 ………………………… 3-113
传演毗尼仪范别集：一卷………………………… 3-413
[休宁]休宁陪郭程氏本宗谱：不分卷 …… 2-18
休宁西门汪氏宗谱：十四卷 ……………………2-8
休宁西门汪氏族谱：十一卷附录一卷 ………2-8
休宁西门汪氏族谱：十一卷附录一卷 ………2-8
[弘治]休宁志：三十八卷………………………… 2-281
休宁吴氏济美集：一卷 ………………………… 5-288
休宁吴田吴氏分支统谱：□□卷 ………………2-6
休宁县市吴氏本宗谱：十卷 ……………………2-6
[道光]休宁县志：二十四卷图一卷 ……… 2-282
[道光]休宁县志：二十四卷图一卷 ……… 2-282
[万历]休宁县志：八卷 ………………………… 2-281
[康熙]休宁县志：八卷 ………………………… 2-282
[康熙]休宁县志：八卷 ………………………… 2-282
[康熙]休宁县志：八卷 ………………………… 2-282
休宁县赋役官解条议全书：不分卷 ………… 2-52
休宁县编审小册………………………………… 2-84
[雍正]休宁孚潭志：四卷………………………… 2-282
休宁汪文端公诗：一卷 ………………………… 5-87
休宁邵氏宗谱：不分卷 …………………………2-9
休宁范氏族谱：九卷 ……………………………2-9
休宁厚田吴氏宗谱：六卷…………………………2-7
休宁厚田吴氏重修宗谱：六卷 …………………2-7
休宁宣仁王氏族谱：十二卷 ……………………2-1
休宁流塘詹氏宗谱：六卷………………………… 2-20
休宁陪郭叶氏世谱：四卷附录三卷 ………… 2-17
休宁率口程氏本宗谱：十卷 ………………… 2-18
休宁碎事：十二卷 ……………………………… 2-282
休宁璜源吴氏族谱：八卷…………………………2-6
休宁戴氏族谱：十五卷 …………………………2-23
休阳诗隽：前编四卷后编八卷 ……………… 5-281
休复居诗集：六卷文集六卷附一卷 ……… 5-136
休复居诗集：六卷文集六卷附一卷 ……… 5-137
休庵前集：一卷后集一卷…………………………5-12
伍忠襄公事迹钞略：一卷………………………… 1-397
伍肇基堂族谱：十卷 ……………………………2-4
[乾隆]伏羌县志：十二卷………………………… 2-426
[乾隆]伏羌县志：十四卷………………………… 2-426
伏虎韬：不分卷 ………………………………… 5-392
优古堂诗话：一卷 ……………………………… 5-311
优古堂诗话：一卷 ……………………………… 5-311
优古堂诗话：一卷 ……………………………… 5-311
优古堂诗话：一卷 ……………………………… 5-312
伐檀斋集：十二卷 ……………………………… 4-295
伐檀集：二卷…………………………………… 4-115
伐檀集：二卷…………………………………… 4-115
伐檀集：二卷…………………………………… 4-115
[顺治]延川县志：一卷 ………………………… 2-408
[康熙]延长县志：十卷首一卷 ……………… 2-408
[乾隆]延长县志：十卷 ………………………… 2-408
延平李先生答问：一卷附一卷 ………………… 3-22
[乾隆]延平府志：四十六卷首一卷 ……… 2-291
[乾隆]延平府志：四十六卷首一卷 ……… 2-291
延令宋板书目：一卷 …………………………… 2-489
延令纂：二卷…………………………………… 3-267
[光绪]延庆州志：十二卷首一卷末一卷
…………………………………………………… 2-177
[乾隆]延庆州志：十卷首一卷 ……………… 2-177
延安府志：十卷图一卷 ………………………… 2-407
延安府志：十卷图一卷 ………………………… 2-407
延陵合璧：二十四卷 …………………………… 5-289
仲蔚先生集：二十四卷附录一卷 ………… 4-304
仲蔚先生集：二十四卷附录一卷 ………… 4-304
任川独学甲午杂咏：不分卷 ……………………5-43
[乾隆]任邱县志：十二卷首一卷 ………… 2-195
[道光]任邱县志续编：二卷 ………………… 2-195
伤暑全书：二卷 ………………………………… 3-73
伤寒舌鉴：一卷 ………………………………… 3-71
伤寒论条辨：八卷 ……………………………… 3-71

伤寒论条辨：八卷一卷本草抄一卷痉书一卷 …… 3-72
伤寒秘要：二卷 …… 3-73
伤寒理镜：六卷 …… 3-72
伤寒微旨：二卷 …… 3-72
伤寒蕴要全书：八卷；金镜录：一卷 …… 3-72
华及堂视昔编：六卷 …… 5-262
华及堂视昔编：六卷 …… 5-262
华氏传芳集：八卷 …… 2-11
华氏家集：八种十一卷 …… 5-293
华允诚奏稿：一卷 …… 2-104
华夷花木鸟兽珍玩考：八卷续考三卷杂考一卷 …… 3-168
[万历]华州志：二十四卷 …… 2-410
华阳长短句：一卷 …… 5-332
华阳贞素斋文集：七卷附录一卷 …… 4-214
华阳贞素斋文集：八卷 …… 4-214
[嘉庆]华阳县志：四十四卷首一卷 …… 2-381
[嘉庆]华阳县志：四十四卷首一卷 …… 2-381
华阳国志：十二卷 …… 1-285
华阳国志：十二卷 …… 1-285
华阳国志：十二卷 …… 1-285
华阳国志：十二卷 …… 1-285
华阳国志：十二卷 …… 1-285
华阳国志：十二卷 …… 1-285
华阳国志：十二卷 …… 1-285
华阳国志：十二卷附录一卷 …… 1-285
华阳洞稿：二十二卷 …… 4-311
华阳陶隐居内传：三卷 …… 3-390
华阳陶隐居集：二卷 …… 4-19
华阳馆诗集：十四卷文集十二卷附录一卷 …… 4-313
华阳散稿：二卷 …… 5-87
华阳集：四十卷 …… 4-133
华阳集：四十卷 …… 4-134
华阳集：四十卷 …… 4-134
华阳稿：二卷 …… 4-268
[乾隆]华阴县志：二十二卷 …… 2-410
[万历]华阴县志：八卷 …… 2-410
[万历]华阴县志：九卷 …… 2-409
[万历]华阴县志：九卷 …… 2-410
华严七字经题法界观三十门颂：一卷 …… 3-412
华严径遗草：二卷 …… 4-332
华严经探玄记：二十卷 …… 3-408
华严原人论：一卷 …… 3-412
华严原人论解：三卷 …… 3-413
华严海印道场九会请佛仪：一卷 …… 3-429
华国编唐赋选：二卷 …… 5-198
华岳全集：十三卷 …… 2-157
华岳全集：十三卷 …… 2-158
华岳志：八卷首一卷 …… 2-158
[顺治]华亭县志：二卷 …… 2-429
[正德]华亭县志：十六卷 …… 2-239
[嘉庆]华亭县志：七卷 …… 2-429
[乾隆]华容县志：十二卷首一卷 …… 2-350
[光绪]华容县志：十五卷首一卷 …… 2-350
[光绪]华容县志：十五卷首一卷 …… 2-350
华野郭公年谱：一卷 …… 2-108
华野疏稿：五卷 …… 2-108
华野疏稿：五卷 …… 2-108
华鄂堂诗稿：二卷；研山十咏：一卷 …… 5-66
仰止子详考古今名家润色诗林正宗：十二卷韵林正宗六卷 …… 3-295
仰止子详考古今名家润色诗林正宗：□□卷 …… 3-295
仰止集：三卷 …… 5-139
仰节堂集：十四卷 …… 4-344
伙坏封疆录：一卷 …… 1-372
自号录：一卷 …… 3-305
自由堂稿：十一卷 …… 4-253
自鸣钟表图说：一卷 …… 3-161
自知堂集：二十四卷 …… 4-308
自怡轩乐府：四卷 …… 5-405
自怡集：一卷 …… 4-236
自怡集：一卷 …… 4-236
自叙宦梦录：四卷 …… 3-252
自娱集：十卷诗余一卷 …… 4-350
自娱集：十卷诗余一卷 …… 4-350
自堂存稿：十三卷 …… 4-170
自愉堂集：十卷 …… 4-381

自警编：十一卷 …… 3-262
自警编：九卷 …… 3-262
自警编：九卷 …… 3-262
自警编：九卷 …… 3-262
自警编：五卷 …… 3-261
自警编：五卷 …… 3-261
自警编：五卷 …… 3-261
自警编：五卷 …… 3-261
自警编：五卷 …… 3-262
自警编：五卷 …… 3-262
自警编：五卷 …… 3-262
伊川击壤集：二十卷 …… 4-97
伊川击壤集：二十卷集外诗一卷 …… 4-97
伊川击壤集：二十卷集外诗一卷 …… 4-97
伊川击壤集：二十卷集外诗一卷 …… 4-97
伊川击壤集：二十卷集外诗一卷 …… 4-97
伊川击壤集：二十卷集外诗一卷 …… 4-97
伊川击壤集：二十卷集外诗一卷 …… 4-97
伊川击壤集：二十卷集外诗一卷 …… 4-97
伊川击壤集：二十卷集外诗一卷 …… 4-97
伊川击壤集：八卷 …… 4-97
伊川击壤集：八卷 …… 4-97
伊川击壤集：八卷 …… 4-98
伊川击壤集集外诗：二十卷 …… 4-97
伊川程子年谱：七卷 …… 1-410
伊江笔录：二卷 …… 3-253
伊秉绶吴锡麟等书札 …… 5-302
伊府重刊周易参同契注解：三卷 …… 3-383
伊洛渊源录：十四卷 …… 1-364
伊洛渊源录：十四卷 …… 1-364
伊洛渊源录：十四卷 …… 1-364
伊洛渊源录：十四卷 …… 1-364
伊洛渊源续录：二十卷 …… 1-365
伊犁府宁远县乡土志大略：一卷 …… 2-437
伊蒿室文集：六卷诗集二卷诗余一卷 …… 5-138
伊想集：一卷 …… 5-67
伊滨集：二十四卷 …… 4-201
向明斋诗文附卷：一卷 …… 4-202
向明斋诗文附卷：一卷 …… 4-202
向惕斋先生集：十卷 …… 5-82
似山亭诗：四卷 …… 5-51
后一捧雪：二卷 …… 5-385
后一捧雪：二卷 …… 5-385
后山先生集：二十四卷 …… 4-119
后山先生集：三十卷 …… 4-119
后山先生集：三十卷 …… 4-119
后山先生集：三十卷 …… 4-119
后山陈先生诗集：六卷 …… 4-119
后山诗注：十二卷 …… 4-119
后山诗注：十二卷 …… 4-119
后山诗注：十二卷 …… 4-120
后山诗注：十二卷 …… 4-120
后山诗注：十二卷 …… 4-120
后山诗注：十二卷 …… 4-120
后山诗注：十二卷 …… 4-120
后山居士诗集：六卷逸诗五卷 …… 4-119
后甲集：二卷 …… 5-72
后四声猿散套：四卷 …… 5-365
后四声猿散套：四卷 …… 5-365
后乐园集：八卷 …… 4-305
后汉书：九十卷 …… 1-210
后汉书：九十卷 …… 1-210
后汉书：九十卷 …… 1-210
后汉书：九十卷 …… 1-210
后汉书：九十卷 …… 1-210
后汉书：九十卷 …… 1-210
后汉书：九十卷 …… 1-211
后汉书：九十卷 …… 1-211
后汉书：九十卷 …… 1-211
后汉书：九十卷 …… 1-211
后汉书：九十卷 …… 1-211
后汉书：九十卷 …… 1-211
后汉书：九十卷 …… 1-211
后汉书：九十卷 …… 1-212
后汉书：九十卷 …… 1-212
后汉书：九十卷 …… 1-212
后汉书：九十卷 …… 1-212
后汉书：九十卷 …… 1-212
后汉书：九十卷 …… 1-212
后汉书：九十卷 …… 1-212

后汉书：九十卷 ………………………………… 1-212
后汉书：九十卷 ………………………………… 1-212
后汉书：九十卷 ………………………………… 1-212
后汉书：九十卷 ………………………………… 1-212
后汉书：九十卷 ………………………………… 1-213
后汉书：九十卷 ………………………………… 1-213
后汉书：九十卷 ………………………………… 1-213
后汉书：九十卷 ………………………………… 1-213
后汉书：九十卷 ………………………………… 1-213
后汉书引书目录：不分卷………………………… 1-213
后汉书年表：十卷 ……………………………… 1-321
后汉书年表：十卷 ……………………………… 1-321
[后汉书]志：三十卷 …………………………… 1-210
[后汉书]志：三十卷 …………………………… 1-211
[后汉书]志：三十卷 …………………………… 1-211
[后汉书]志：三十卷 …………………………… 1-211
[后汉书]志：三十卷 …………………………… 1-212
[后汉书]志：三十卷 …………………………… 1-212
[后汉书]志：三十卷 …………………………… 1-212
[后汉书]志：三十卷 …………………………… 1-213
[后汉书]志：三十卷 …………………………… 1-213
后汉书志：三十卷 ……………………………… 1-210
后汉书志：三十卷 ……………………………… 1-210
后汉书志：三十卷 ……………………………… 1-211
后汉书志：三十卷 ……………………………… 1-211
后汉书志：三十卷 ……………………………… 1-211
后汉书志：三十卷 ……………………………… 1-211
后汉书志：三十卷 ……………………………… 1-212
后汉书志：三十卷 ……………………………… 1-212
后汉书志：三十卷 ……………………………… 1-212
后汉书志：三十卷 ……………………………… 1-212
后汉书志：三十卷 ……………………………… 1-213
后汉书志补注：三十卷 ………………………… 1-212
后汉书余论：一卷 ……………………………… 1-214
后汉书补表：八卷 ……………………………… 1-321
后汉书补注：二十四卷 ………………………… 1-213
后汉书补注：二十四卷 ………………………… 1-213
后汉书补逸：二十一卷 ………………………… 1-210
后汉书补逸：二十一卷 ………………………… 1-210
后汉书注：九十卷 ……………………………… 1-211
后汉书注：九十卷 ……………………………… 1-211
后汉书注：九十卷 ……………………………… 1-211
后汉书注：九十卷 ……………………………… 1-212
后汉书注补正：八卷 …………………………… 1-213
后汉书注校：不分卷 …………………………… 1-214
后汉书拾遗：一卷 ……………………………… 1-213
后汉书校语：不分卷 …………………………… 1-214
后汉书纂：十二卷 ……………………………… 1-331
后汉书纂：八卷 ………………………………… 1-331
后西游记：不分卷 ……………………………… 5-385
后西游记：四十回 ……………………………… 3-362
后西游记：四十回 ……………………………… 3-362
后红楼梦：三十回附刻吴下诸子和大观园菊花社原韵诗二卷 ………………………… 3-354
后村长短句：五卷 ……………………………… 5-334
后村先生大全集：一百九十六卷 ……………… 4-167
后村先生大全集：一百九十六卷 ……………… 4-167
后村先生大全集：一百九十六卷 ……………… 4-167
后村先生大全集：一百九十六卷目录五卷 ……………………………………………… 4-167
后村杂著：三卷 ………………………………… 5-65
后村别调补：一卷 ……………………………… 5-334
后村诗话：二卷 ………………………………… 5-315
后村诗话：十四卷 ……………………………… 5-315
后村诗话：十四卷 ……………………………… 5-315
后村居士诗：二十卷 …………………………… 4-167
后村居士集：五十卷 …………………………… 4-166
后村居士集：五十卷 …………………………… 4-166
后村居士集：五十卷目录二卷………………… 4-166
后村居士集：五十卷目录二卷………………… 4-167
后村居士集：五十卷目录二卷………………… 4-167
后村居士集：五十卷目录二卷………………… 4-167
后村居士集：五十卷目录二卷………………… 4-167
后村居士集：五十卷目录二卷………………… 4-167
后村居士集：五十卷目录二卷………………… 4-167
后言：二卷 ……………………………………… 3-30
后知堂文集：四十六卷 ………………………… 5-39
后圃集：四卷…………………………………… 4-202
后圃集：四卷…………………………………… 4-202
后圃编年稿：十六卷 …………………………… 5-65

后峰集：不分卷 …… 4-272
后梁春秋：二卷 …… 1-286
后梁春秋：二卷 …… 1-286
后梁春秋：二卷 …… 1-286
后梁春秋：二卷 …… 1-286
后梁春秋：二卷 …… 1-286
后续大宋杨家将文武曲星包公狄青初传：十四卷六十八回 …… 3-345
行己外篇：六卷 …… 4-269
行在阳秋：二卷 …… 1-312
行在阳秋：不分卷 …… 1-312
行有恒堂初集：二卷 …… 5-139
行吾先生摘稿：二卷附录一卷 …… 4-289
行间日记：不分卷 …… 1-417
行药吟：一卷 …… 4-346
行宫座落图；江南名胜图 …… 2-139
[乾隆]行唐县新志：十六卷 …… 2-181
行朝录：十一卷 …… 1-310
行朝录：十一卷 …… 1-310
行朝录：十一卷 …… 1-310
行朝录：十二卷附三藩偶记一卷 …… 1-310
行朝录：三卷 …… 1-309
行朝录：三卷 …… 1-309
行朝录：三卷 …… 1-310
月斋书札诗稿：不分卷 …… 5-142
月斋金石跋：一卷 …… 2-443
舟车集：二十卷后集十卷集唐一卷 …… 5-17
舟师绳墨：一卷 …… 3-50
舟枕山欣赏古文辞：六卷 …… 5-182
全上古三代秦汉三国晋南北朝文编目：一百三卷 …… 2-501
全氏七校水经注汇录：四十卷附水道表四十卷 …… 2-160
全本礼记体注：十卷 …… 1-75
全史吏鉴：四卷 …… 1-352
全史吏鉴：四卷 …… 1-352
全史吏鉴：四卷 …… 1-352
全史论赞：八十二卷 …… 1-323
全边略记：十二卷 …… 2-62
[光绪]全台舆图：不分卷 …… 2-137
全幼心鉴：四卷 …… 3-77
全幼心鉴：四卷 …… 3-77
[嘉靖]全辽志：六卷 …… 2-230
[嘉靖]全辽志：六卷 …… 2-230
[嘉靖]全辽志：六卷 …… 2-230
全辽备考：二卷 …… 2-124
全辽备考：二卷 …… 2-124
全辽备考：二卷 …… 2-124
[嘉庆]全州志：十二卷首一卷末一卷 …… 2-370
全芳备祖：五十八卷 …… 3-305
全芳备祖：前集二十七卷后集三十一卷 …… 3-305
全芳备祖乐府：六卷 …… 5-349
全芳备祖后集：三十一卷 …… 3-305
全相二十四孝诗选：一卷 …… 4-219
全闽诗话：十二卷 …… 5-323
全闽诗录：四十卷 …… 5-282
全室外集：九卷 …… 4-228
全唐风雅：十二卷唐诗人姓字爵里一卷 …… 5-226
全唐近体诗钞：五卷 …… 5-230
全唐诗：九百卷目录十二卷 …… 5-228
全唐诗：九百卷目录十二卷 …… 5-228
全唐诗话：十卷 …… 5-313
全唐诗话：三卷 …… 5-312
全唐诗话：三卷 …… 5-313
全唐诗话：三卷 …… 5-313
全唐诗话：六卷 …… 5-313
全唐诗话：六卷 …… 5-313
全唐诗钞：八十卷补遗十六卷附诗人爵里节略一卷 …… 5-230
全唐诗选：不分卷 …… 5-230
全唐诗逸：三卷 …… 5-229
[康熙]全椒县志：十八卷 …… 2-276
全谢山先生世谱：一卷年谱一卷 …… 5-94
全谢山先生句余土音：六卷 …… 5-95
全蜀艺文志：六十四卷 …… 2-498
全毁书目：一卷；抽毁书目：一卷 …… 2-499
全毁书目：一卷；抽毁书目：一卷 …… 2-499
全像封神传：十卷 …… 3-363

全韵梅花诗：一卷 …… 5-89
全潍纪略：一卷 …… 1-311
会心集：不分卷 …… 5-215
会心编：六卷 …… 3-209
[道光]会宁县志：十二卷首一卷 …… 2-426
[嘉庆]会同县志：十二卷首一卷 …… 2-360
[乾隆]会同县志：十卷首一卷 …… 2-360
[嘉庆]会同县志：十卷 …… 2-373
会昌进士诗集：一卷 …… 4-76
[同治]会昌县志：三十二卷首一卷 …… 2-302
会修尹氏宗谱：八卷 …… 2-2
会真六幻：十九卷 …… 5-361
会真记：一卷 …… 5-359
会真记：一卷 …… 5-359
会真记：一卷 …… 5-359
会真记：一卷 …… 5-359
会真记：一卷 …… 5-359
会真记：一卷 …… 5-359
会真记：一卷 …… 5-360
会真记：一卷 …… 5-360
会真记：一卷 …… 5-360
会真记：一卷 …… 5-361
会真记：一卷 …… 5-361
会真记：一卷 …… 5-361
会真记：一卷 …… 5-361
会通馆印正文苑英华辨证：十卷 …… 5-180
会通馆印正文苑英华辨证：十卷 …… 5-180
会通馆印正文苑英华纂要：八十四卷 …… 5-179
会理州志：十二卷附续志二卷首一卷 …… 2-397
会稽三赋：一卷 …… 4-141
会稽三赋：一卷 …… 4-141
会稽三赋：一卷 …… 4-141
会稽三赋：四卷 …… 4-141
会稽三赋：四卷 …… 4-141
会稽三赋：四卷首一卷 …… 4-141
会稽三赋：四卷首一卷 …… 4-141
会稽三赋注：一卷 …… 4-141
会稽三赋校注：一卷 …… 4-141
会稽三赋校注：一卷 …… 4-141
会稽三赋校注：一卷 …… 4-141
会稽朱太守事实：一卷 …… 1-387
[嘉泰]会稽志：二十卷 …… 2-269
[嘉泰]会稽志：二十卷 …… 2-269
[康熙]会稽县志：二十八卷首一卷 …… 2-269
[万历]会稽县志：十六卷图一卷 …… 2-269
会稽陶氏族谱：三十卷 …… 2-13
会稽掇英总集：二十卷 …… 5-277
会纂宋岳鄂武穆王精忠录：六卷图一卷 …… 1-393
[光绪]合水县志：二卷 …… 2-428
[光绪]合州志：十三卷首一卷 …… 2-374
合州志：十六卷首一卷 …… 2-374
[乾隆]合州志：十六卷 …… 2-374
[同治]合江县志：五十四卷首一卷 …… 2-391
[康熙]合肥县志：二十卷 …… 2-272
合刻山海经水经：五十八卷 …… 5-416
合刻山海经水经：五十八卷 …… 5-416
合刻山海经水经：五十八卷 …… 5-417
合刻五家言：五种二十八卷 …… 5-421
合刻分体李杜全集：一百二十卷 …… 5-160
合刻名公案断法林灼见：二卷首一卷 …… 3-335
合刻杨南峰先生全集：十种二十二卷 …… 5-428
合刻宋刘须溪点校书九种：七十四卷 …… 5-421
合刻忠武靖节二编：二十一卷 …… 5-159
合刻忠武靖节二编：二十一卷 …… 5-159
合刻周张两先生全书：二十二卷 …… 3-3
合刻周秦经书：十种二十八卷 …… 5-421
合刻酒经觞政：四卷 …… 3-167
合刻曹陶谢三家：十一卷 …… 5-162
合刻屠氏家藏二集：十二卷 …… 5-292
合刻管子韩非子：四十四卷 …… 3-50
合参四书蒙引存疑定解：二十卷 …… 1-128
合省国说：三卷 …… 2-175
合浦珠传奇：二卷 …… 3-350
合诸名家批点诸子全书：□□卷 …… 3-3
合诸名家评注三苏文定：十八卷 …… 5-295
合诸名家评注左传文定：十二卷 …… 1-93
杀狗记：二卷 …… 5-369
杀狗记：二卷 …… 5-370
众妙集：一卷 …… 5-221

众经目录：七卷 …… 2-501
众经目录：五卷 …… 2-501
众经宝卷音义：不分卷 …… 3-426
众香词：六卷 …… 5-352
众香国：一卷 …… 1-377
[嘉靖]邠州志：四卷 …… 2-414
邠县乡土志：不分卷 …… 2-415
危太朴云林集：二卷 …… 4-221
危太朴云林集：二卷 …… 4-221
危太朴云林集：二卷；说学斋稿：不分卷 …… 4-221
危太朴云林集：二卷文集不分卷 …… 4-221
危太朴文集：不分卷 …… 4-221
危太朴文集：不分卷 …… 4-221
危太朴集：四卷 …… 4-221
危太朴集续补：不分卷 …… 4-221
危言：四卷 …… 3-223
杂史四种：五卷 …… 1-274
杂记：不分卷 …… 3-275
杂考：一卷 …… 1-290
杂抄：二十种二十卷 …… 5-425
杂抄：五卷 …… 5-421
杂抄：不分卷 …… 3-264
杂剧十种：十卷 …… 5-358
杂剧三集三十四种：三十四卷 …… 5-358
杂剧曲谱：三十五种 …… 5-412
杂著十种：十卷 …… 5-430
杂著三种：五卷 …… 5-422
旭华堂文集：十四卷补遗一卷续编一卷 …… 5-58
负苞堂文选：四卷诗选五卷 …… 4-338
负苞堂诗选：五卷文选四卷 …… 4-338
各州县解存清河道宪库陈设器物图册：不分卷 …… 2-83
各省咨查禁毁书籍目录：不分卷 …… 2-499
名人书札选青：不分卷 …… 5-303
[光绪]名山县志：十五卷 …… 2-396
名山岩洞泉石古迹：十六卷 …… 2-149
名山胜概记：四十八卷名山图一卷附录一卷 …… 2-148
名山胜概记：四十六卷名山图一卷 …… 2-148
名山胜概记：四十六卷名山图一卷附录一卷 …… 2-148
名山游记：一卷 …… 2-166
名山游记：十二卷附录一卷 …… 2-166
名山藏：一百九卷 …… 1-233
名义考：十二卷 …… 3-232
名义考：十二卷 …… 3-232
名公书判清明集：十卷 …… 2-73
名公贻牍：四卷 …… 5-300
名公笔记：一卷 …… 4-257
名文小品冰雪携二刻：六卷 …… 5-213
名世文宗：二十卷 …… 5-204
名世文宗：八卷 …… 5-204
名世文宗：三十卷谈薮一卷 …… 5-204
名世文宗：三十卷谈薮一卷 …… 5-205
名世述：三卷 …… 1-354
名臣经世辑要：四卷 …… 1-365
名曲选尤：不分卷 …… 5-409
名园印谱：六卷 …… 3-152
名贤书札：不分卷 …… 5-301
名贤诗评：二十卷 …… 5-318
名贤遗迹：不分卷 …… 5-161
名帖纪闻：一卷 …… 3-140
名物考：二十卷 …… 1-126
名物类考：四卷 …… 3-308
名物通：十卷附一卷 …… 3-310
名相赞：五卷 …… 1-351
名迹录：七卷 …… 2-458
名迹录：六卷 …… 2-458
名家词钞：三十卷 …… 5-330
名家词钞：六十种六十卷 …… 5-330
名家表选：八卷 …… 5-204
名家制义六十一家：六十一卷 …… 5-305
名家诗永：十六卷 …… 5-249
名家诗词丛抄：二十八卷 …… 5-161
名家诗法：八卷 …… 5-308
名家诗选：四卷；阶木诗稿：一卷 …… 5-259
名雅遭贼记：一卷 …… 1-318
名媛玑囊：二卷 …… 5-190
名媛诗归：三十六卷 …… 5-191

名媛诗选：□□卷 …… 5-169
名媛题咏：一卷 …… 5-388
名媛题咏：一卷 …… 5-388
多识录：九卷 …… 1-52
多识编：七卷 …… 1-47
多能鄙事：十二卷 …… 3-255
多能鄙事：十二卷 …… 3-255
多野斋印说：一卷 …… 2-474
争春园全传：四十八回 …… 3-355
庄义要删：十卷 …… 3-373
庄子：十卷 …… 3-372
庄子内篇注：七卷 …… 3-375
庄子因：六卷 …… 3-375
庄子南华经心印：不分卷 …… 3-375
庄子南华真经：十卷 …… 3-372
庄子南华真经：十卷 …… 3-372
庄子南华真经：三卷 …… 3-375
庄子南华真经注：十卷 …… 3-371
庄子南华真经注释：十卷 …… 3-372
庄子独见：不分卷 …… 3-375
庄子郭注：十卷 …… 3-372
庄子通：十卷；读庄概辨：一卷 …… 3-373
庄子通义：十卷 …… 3-373
庄子释意：三卷 …… 3-375
庄子膏肓：四卷 …… 3-374
庄子鬳斋口义：十卷庄子释音一卷 …… 3-372
庄子鬳斋口义：十卷庄子释音一卷 …… 3-373
庄子翼：八卷 …… 3-374
庄子翼：八卷 …… 3-374
庄氏史案本末：二卷 …… 1-313
庄击壤公诗集：一卷附录一卷 …… 4-229
庄忠甫杂著：二十八种七十卷 …… 5-429
[康熙]庄浪县志：七卷 …… 2-429
[乾隆]庄浪县志略：二十卷 …… 2-430
庄浪政略：四卷 …… 2-51
庄陵志：四卷 …… 1-302
庄渠先生遗书：十二卷 …… 4-276
庄渠先生遗书：十二卷 …… 4-276
庄渠先生遗书：十六卷 …… 4-276
庄渠先生遗书：十六卷又十卷 …… 4-276
庄骚合刻：十二卷 …… 5-418
庄简集：十八卷 …… 4-128
庄靖先生遗集：十卷 …… 4-182
[康熙]庆元县志：十卷 …… 2-271
庆元条法事类：八十卷；开禧重修尚书吏部侍郎右选格：二卷 …… 2-64
庆元条法事类：八十卷；开禧重修尚书吏部侍郎右选格：二卷 …… 2-64
[咸丰]庆云县志：三卷首一卷末一卷 …… 2-310
庆安澜传奇：二卷 …… 5-398
[康熙]庆都县志：六卷 …… 2-193
[光绪]庆符县志：五十五卷 …… 2-392
[嘉庆]庆符县志：五十四卷首一卷 …… 2-392
庆湖遗老诗集：九卷 …… 4-119
庆湖遗老诗集：九卷拾遗一卷后集补遗一卷 …… 4-118
庆湖遗老诗集：九卷拾遗一卷后集补遗一卷 …… 4-118
庆湖遗老诗集：九卷拾遗一卷后集补遗一卷 …… 4-119
庆湖遗老诗集：九卷拾遗一卷后集补遗一卷 …… 4-119
庆湖遗老诗集：九卷拾遗一卷后集补遗一卷 …… 4-119
庆湖遗老诗集：九卷拾遗一卷后集补遗一卷 …… 4-119
庆湖遗老诗集：九卷拾遗一卷后集补遗一卷 …… 4-119
刘大司成文集：十六卷 …… 4-337
刘子：十卷 …… 3-185
刘子：十卷 …… 3-185
刘子：三种九卷 …… 5-429
刘子文心雕龙：二卷注二卷 …… 5-309
刘子文心雕龙：二卷注二卷 …… 5-309
刘子文心雕龙：二卷注二卷 …… 5-310
刘子文心雕龙：二卷注二卷 …… 5-310
刘子文心雕龙：二卷注二卷 …… 5-310
刘子威玄应录：六卷 …… 3-423
刘子威杂俎：十卷 …… 3-207
刘子威集：五十二卷 …… 4-307

刘子威集：五十二卷 …… 4-307
刘子威禅悦小草：十五卷 …… 4-307
刘太傅藏春集：六卷 …… 4-184
刘太傅藏春集：六卷 …… 4-184
刘氏二书：三十卷 …… 3-12
刘氏二书：三十卷 …… 3-12
刘氏二书：三十卷 …… 3-12
刘氏二书：三十卷 …… 3-12
刘氏二书：三十卷 …… 3-12
刘氏心法：一卷；杨公骑龙穴诗：一卷 …… 3-116
刘氏类山：十卷 …… 3-296
刘氏类山：十卷 …… 3-296
刘氏家谱：不分卷文献谱一卷 …… 2-23
刘氏鸿书：一百八卷 …… 3-296
刘氏鸿书：一百八卷 …… 3-297
刘凤川遗稿：九卷 …… 4-284
刘文成公文集：十二卷 …… 4-224
刘文和公集：十六卷附录一卷 …… 4-249
刘文烈公全集：十二卷 …… 4-366
刘文靖公文集：二十八卷 …… 4-189
刘左史文集：五卷 …… 4-123
刘左史文集：四卷 …… 4-123
刘左史文集：四卷 …… 4-123
刘左史文集：四卷 …… 4-123
刘左史文集：四卷附录一卷 …… 4-123
刘龙洲墓诗：一卷 …… 4-159
刘龙洲墓诗：一卷 …… 4-160
刘礼部集：十一卷 …… 5-130
刘礼部集：十一卷 …… 5-130
刘尧诲先生全集：十六卷 …… 4-313
刘仲修先生诗集：六卷；文集：二卷 …… 4-219
刘向古列女传：七卷续一卷 …… 1-348
刘向古列女传：七卷续一卷 …… 1-348
刘向古列女传：七卷续一卷 …… 1-348
刘向古列女传：七卷续一卷 …… 1-348
刘向古列女传：七卷续一卷 …… 1-348
刘向说苑：二十卷 …… 3-14
刘向说苑：二十卷 …… 3-14
刘向说苑：二十卷 …… 3-14
刘向说苑：二十卷 …… 3-14
刘向说苑：二十卷 …… 3-14
刘向说苑：二十卷 …… 3-14
刘向说苑：二十卷 …… 3-14
刘向说苑：二十卷 …… 3-14
刘向说苑：二十卷 …… 3-14
刘向说苑：二十卷 …… 3-14
刘向说苑：二十卷 …… 3-14
刘向说苑旁注评林：二十卷 …… 3-14
刘向新序：十卷 …… 3-12
刘向新序：十卷 …… 3-12
刘向新序：十卷 …… 3-12
刘向新序：十卷 …… 3-13
刘向新序：十卷 …… 3-13
刘向新序：十卷 …… 3-13
刘向新序：十卷 …… 3-13
刘向新序：十卷 …… 3-13
刘向新序：十卷 …… 3-13
刘向新序：十卷 …… 3-13
刘向新序：十卷 …… 3-13
刘秀峰先生遗集：一卷 …… 5-146
刘沈合集：二十卷 …… 5-160
刘宋二子：四卷 …… 3-2
刘宋二子：四卷 …… 3-2
刘初人存痂草：一卷未刻草一卷 …… 4-314
刘坦斋先生文集：二卷 …… 4-225
刘尚宾文集：五卷续集四卷 …… 4-225
刘忠肃集：二十卷 …… 4-105
刘季子书经讲意：不分卷 …… 1-37
刘侍郎奏议：六卷 …… 2-111
刘河间伤寒三书：二十卷 …… 3-72
刘河间伤寒三书：二十卷 …… 3-72
刘拾遗集：一卷 …… 4-72
刘须溪先生记钞：八卷 …… 4-175
刘须溪先生记钞：八卷 …… 4-175
刘须溪先生集略：四卷 …… 4-174
刘须溪先生集略：四卷附录一卷；刘须溪先生记钞：八卷 …… 4-175
刘总戎南巡纪略：不分卷 …… 2-137
刘炫规杜持平：六卷 …… 1-96

刘给谏文集：五卷 …… 4-126
刘原父公是先生集：不分卷 …… 4-95
刘原父公是先生集：不分卷 …… 4-95
刘唐岩先生文集：八卷 …… 4-307
刘宾客文集：三十卷 …… 4-61
刘宾客文集：三十卷外集十卷 …… 4-60
刘宾客文集：三十卷外集十卷 …… 4-61
刘宾客外集：十卷 …… 4-60
刘宾客诗集：九卷 …… 4-60
刘继庄先生广阳杂记：五卷 …… 3-253
刘雪湖梅谱：二卷 …… 3-145
刘雪湖梅谱：二卷 …… 3-145
刘随州文集：十一卷 …… 4-43
刘随州诗集：十二卷 …… 4-43
刘随州诗集：十卷 …… 4-43
刘随州集：十卷 …… 4-43
刘随州集：十卷 …… 4-43
刘椒云先生遗集：四卷 …… 5-147
刘潇湘先生集：四卷 …… 4-325
刘蕺山先生遗集：二十四卷年谱二卷 …… 4-363
刘蕺山先生集：十种二十四卷首一卷 …… 4-363
刘豫事迹：一卷 …… 1-389
刘豫事迹：一卷 …… 1-392
齐云山史集：不分卷 …… 4-264
齐云山志：五卷 …… 2-153
齐云山志：六卷 …… 2-153
齐东野语：二十卷 …… 3-200
齐民要术：十卷杂说一卷 …… 3-54
齐民要术：十卷杂说一卷 …… 3-54
齐民要术：十卷杂说一卷 …… 3-54
[康熙]齐河县志：八卷首一卷 …… 2-310
齐诗翼氏学：四卷 …… 1-55
齐省堂增订儒林外史：五十六回 …… 3-352
齐乘：六卷 …… 2-306
齐乘：六卷 …… 2-306
齐乘：六卷 …… 2-306
齐乘：六卷 …… 2-306
齐乘：六卷 …… 2-306
齐鲁韩三家诗释：十六卷 …… 1-58
交山平寇本末：三卷 …… 1-314
[康熙]交河县志：七卷图一卷 …… 2-195
[康熙]交城县志：十八卷首一卷 …… 2-229
[康熙]交城县志：十八卷首一卷 …… 2-229
[光绪]交城县志：十卷首一卷 …… 2-229
[光绪]交城县志：十卷首一卷 …… 2-229
交食历书：一卷 …… 3-92
交食通轨：一卷；月食通轨：一卷；日食通轨：一卷 …… 3-88
交绣阁诗草：四卷文一卷 …… 4-321
交辉园遗稿 …… 5-79
交辉园遗稿：一卷 …… 5-85
交游书翰：四卷 …… 5-299
交翠轩笔记：四卷 …… 3-222
交黎剿平事略：五卷 …… 2-98
交黎剿平事略：五卷 …… 2-98
亦玉堂稿：十卷 …… 4-320
亦有集：二卷 …… 5-26
亦园全集：六卷 …… 4-384
亦政堂重考古玉图：二卷 …… 2-438
亦政堂重修考古图：十卷 …… 2-438
亦政堂重修宣和考古玉图：二卷 …… 2-438
亦政堂重修宣和考古图：十卷 …… 2-438
亦政堂重修宣和博古图录：三十卷 …… 2-438
亦政堂重修宣和博古图录：三十卷 …… 2-438
亦斋随笔：三卷 …… 3-222
亦颓集：八卷 …… 4-342
亦嚣嚣斋考订竹书纪年：十三卷首一卷 …… 1-238
产宝百问：五卷总论一卷 …… 3-76
产宝杂录：一卷附芸窗万选方一卷 …… 3-75
产鹤亭诗十稿：十卷 …… 5-91
充然子诗文集：一卷 …… 4-252
闭关三疏：一卷 …… 2-98
问山文集：八卷 …… 5-45
问山诗集：十卷 …… 5-44
问山诗集：十卷；紫云词：一卷 …… 5-45
问水集：六卷 …… 2-75
问竹轩诗稿：一卷 …… 4-351
问字堂集：六卷 …… 5-120
问花楼遗稿：三卷 …… 5-46

问奇典注增释：六卷 …………………………… 3-301
问奇类林：三十五卷续三十卷……………… 3-297
问奇集：二卷………………………………… 1-162
问夜草：七卷………………………………… 2-102
问经堂丛书：二十八种五十五卷 ………… 5-424
问经堂丛书：二十六种五十卷……………… 5-424
问翁耿先生遗稿：四卷 ………………………5-88
问答节要：一卷 …………………………… 3-108
问答节要：一卷 …………………………… 3-108
问答节要：一卷 …………………………… 3-109
羊士谔集：二卷 …………………………………4-66
羊士谔集：二卷 …………………………………4-66
羊城古钞：八卷首一卷 …………………… 2-362
关王事迹：五卷 …………………………… 1-387
关中石刻汇编：不分卷 …………………… 2-448
关中胜迹图志：三十卷 …………………… 2-142
关中集：四卷………………………………… 4-348
关尹子：一卷………………………………… 3-375
关尹子：一卷………………………………… 3-375
关尹子：二卷………………………………… 3-376
关尹子文始真经：九卷 …………………… 3-376
关尹子文始真经注：九卷………………… 3-376
关尹子注：二卷 …………………………… 3-376
关尹子阐玄：三卷 ………………………… 3-376
关右经籍考：十一卷 ……………………… 2-498
关右经籍考：十一卷 ……………………… 2-498
关圣类编：六卷补编一卷………………… 1-388
关帝历代显圣志传：四卷………………… 3-364
关游稿：一卷………………………………… 4-287
[光绪]米脂县志：十二卷………………… 2-421
[光绪]米脂县志：十二卷………………… 2-421
[康熙]米脂县志：八卷 …………………… 2-421
米襄阳外纪：十二卷 ……………………… 1-392
米襄阳志林：十七卷 ……………………… 1-391
米襄阳志林：十三卷 ……………………… 1-391
米襄阳志林：十三卷 ……………………… 1-392
米襄阳志林：十三卷 ……………………… 1-392
米襄阳志林：十三卷 ……………………… 1-392
米襄阳志林：十三卷 ……………………… 1-392
米襄阳遗集：一卷 ………………………… 1-392
灯下闲谈：二卷 …………………………… 3-324
州县提纲：四卷 …………………………………2-48
州乘备采：不分卷 ………………………… 2-128
州乘资：四卷………………………………… 2-249
州乘资：四卷附续一卷 …………………… 2-249
州乘资钞：一卷 …………………………… 1-402
壮悔堂文集：十卷 ………………………………5-20
壮悔堂文集：十卷 ………………………………5-20
壮悔堂文集：十卷遗稿一卷 …………………5-20
壮悔堂文集：十卷遗稿一卷 …………………5-20
壮游记：二卷………………………………… 1-398
冲虚至德真经：八卷 ……………………… 3-376
冲虚至德真经：八卷 ……………………… 3-376
冲虚至德真经：八卷 ……………………… 3-376
冲虚至德真经：八卷 ……………………… 3-376
冲虚至德真经注：八卷 …………………… 3-377
冲虚至德真经注：八卷 …………………… 3-377
冲虚至德真经注：八卷 …………………… 3-377
冲庵顾先生抚辽奏议：□□卷…………… 2-100
冲溪先生集：二十二卷 …………………… 5-119
妆史：二卷 ………………………………… 3-274
妆楼记：二卷………………………………… 3-330
[光绪]兴山县志：二十二卷 ……………… 2-341
[同治]兴山县志：十卷首一卷…………… 2-341
[咸丰]兴义府志：七十二卷首一卷续编二卷 ……………………………………… 2-402
[光绪]兴义府志续编：二卷 ……………… 2-402
[万历]兴化县志：十卷 …………………… 2-249
[乾隆]兴化府莆田县志：三十六卷首一卷 ……………………………………… 2-294
[乾隆]兴化府莆田县志：三十六卷 ……… 2-294
[光绪]兴文县志：六卷首一卷…………… 2-392
[光绪]兴文县志：六卷首一卷…………… 2-393
[光绪]兴平县乡土志：不分卷…………… 2-413
[乾隆]兴平县志：二十五卷 ……………… 2-413
[乾隆]兴平县志：二十五卷 ……………… 2-413
兴平县金石志：不分卷 …………………… 2-449
[乾隆]兴业县志：四卷 …………………… 2-371
[兴宁]刘氏族谱：十四卷首一卷 ……………2-22
[兴宁]刘氏族谱：不分卷………………………2-22

[嘉庆]兴宁县志：十二卷……………………2-365
[光绪]兴宁县志：十八卷首一卷末一卷
……………………2-354
[嘉庆]兴宁县志：六卷……………………2-354
兴观集：一卷；山郇遗稿：一卷；山郇词：
一卷……………………4-193
[乾隆]兴县志：十八卷……………………2-228
[光绪]兴县续志：二卷……………………2-229
[光绪]兴国州志：三十六卷首一卷……………………2-338
次韵落花诗：一卷……………………4-367
汗简：七卷……………………1-162
汗简：七卷……………………1-162
江上怡云集：八卷……………………5-83
江上孤忠录：二卷后录一卷……………………1-378
江山人集：七卷……………………4-293
[康熙]江山县志：十四卷首一卷附录一卷
……………………2-269
江乡偶话：不分卷……………………5-139
江止庵遗集：八卷首一卷……………………4-378
江月松风集：十二卷……………………4-219
江月松风集：十二卷……………………4-219
江月松风集：十二卷；钱思复诗补：一卷
……………………4-219
江月松风集：十二卷续集一卷……………………4-219
江月松风集：十二卷续集一卷……………………4-219
江月松风集：十二卷续集一卷……………………4-219
江氏丛书：七种二十五卷……………………5-432
江氏音学十书：十二卷……………………1-182
江氏音学十书：十二卷……………………1-182
江氏笔录：二卷……………………3-187
江文通文集：十卷……………………4-18
江左十五子诗选：十五卷……………………5-269
江左三大家诗钞：九卷……………………5-269
江左石刻文编：不分卷……………………2-445
江左兴革事宜略：四卷……………………2-106
江右古文选：四十卷……………………5-283
江右纪变：一卷……………………1-310
江右纪变：一卷……………………1-310
江东十鉴：一卷……………………3-48
江东白苧：二卷续二卷……………………5-403
江东白苧：二卷续二卷……………………5-403
江北七子诗选：七卷……………………5-261
江北厅乡土志：□□卷……………………2-374
[道光]江北厅志：八卷首一卷……………………2-374
江北恤疏：一卷……………………2-72
[乾隆]江宁县新志：二十六卷……………………2-242
江宁金石记：八卷待访目二卷……………………2-445
[康熙]江宁府志：三十四卷……………………2-241
[江西丰城]李氏族谱：不分卷……………………2-5
江西金石存佚总目：不分卷……………………2-446
江西奏议：二卷……………………2-98
[嘉靖]江西省大志：八卷……………………2-298
江西盐饷稟稿：一卷……………………2-54
[雍正]江西通志：一百六十二卷首三卷
……………………2-299
[嘉靖]江西通志：三十七卷……………………2-298
[康熙]江西通志：五十四卷……………………2-298
[康熙]江西通志：五十四卷……………………2-298
江西疏稿：不分卷……………………2-105
[康熙]江西新城县志：十卷……………………2-304
[同治]江华县志：十二卷首一卷……………………2-357
[嘉庆]江安县志：六卷……………………2-392
[道光]江阴县志：二十八卷首一卷……………………2-255
[光绪]江阴县志：三十卷首一卷……………………2-255
江声草堂诗集：八卷……………………5-82
江村书画目：不分卷……………………3-128
江村遗稿：一卷……………………4-163
江辰六文集：十六卷……………………5-50
江邻几杂志：一卷补一卷……………………3-187
江邻几杂志：二卷补一卷……………………3-187
江表志：三卷……………………1-289
江表遗事：一卷……………………1-310
江变纪略：一卷……………………1-309
[光绪]江油县志：二十四卷图一卷……………………2-383
[乾隆]江油县志：二卷……………………2-383
[道光]江油县志：四卷首一卷……………………2-383
江建霞尺牍……………………5-157
江南司编案卷：□□卷……………………2-94
江南别录：一卷……………………1-289
江南余载：二卷……………………1-289

江南经略：八卷 …… 3-48
江南草：三卷 …… 4-375
[康熙]江南通志：七十六卷 …… 2-240
[康熙]江南通志：七十六卷 …… 2-240
江南野史：十卷 …… 1-289
江南野史：十卷 …… 1-289
江南野史：十卷 …… 1-289
江南野史：十卷 …… 1-289
江南野史：十卷 …… 1-289
江南简明赋役全书：□□卷 …… 2-52
[嘉庆]江津县志：二十二卷艺文补编一卷 …… 2-375
[光绪]江津县志：十二卷 …… 2-375
[康熙]江都县志：十六卷 …… 2-247
[光绪]江都县志：三十二卷图一卷 …… 2-247
[嘉庆]江都县续志：二十卷首一卷 …… 2-247
[光绪]江都县续志：三十卷首一卷 …… 2-247
江都焦氏家集：七种九卷 …… 5-292
[同治]江夏县志：八卷首一卷附文征二卷 …… 2-331
江夏黄氏宗谱：不分卷 …… 2-13
江皋小筑集：二卷附稿一卷 …… 5-286
江皋集：六卷遗稿一卷 …… 4-340
江浦埤乘：四十卷首一卷 …… 2-242
[顺治]江陵志余：十卷首一卷 …… 2-340
[乾隆]江陵县志：五十八卷首一卷 …… 2-340
[道光]江陵县志刊误：六卷 …… 2-340
江淮异人录 …… 1-360
江淮异人录：一卷 …… 1-361
江淮异人录：一卷 …… 3-324
江湖长翁文集：四十卷 …… 4-150
江湖长翁文集：四十卷 …… 4-150
江楼杂咏(集唐句)：不分卷 …… 4-352
汲古阁所刻书目：一卷补遗一卷 …… 2-502
汲古阁珍藏秘本书目：一卷 …… 2-484
汲古阁珍藏秘本书目：一卷 …… 2-485
汲古阁珍藏秘本书目：一卷 …… 2-485
汲古阁珍藏秘本书目：一卷 …… 2-485
汲古阁珍藏秘本书目：一卷 …… 2-485
汲古阁珍藏秘本书目：一卷 …… 2-489
汲古阁说文订：一卷 …… 1-144
汲古堂集：二十八卷 …… 4-347
汲古堂集：二十八卷续集一卷 …… 4-347
[乾隆]汲县志：十四卷 …… 2-323
汲修斋丛书：十五种十五卷 …… 5-426
汲冢纪年存真：二卷周年表一卷 …… 1-239
汜南诗钞：四卷 …… 5-285
池上诗人：四卷本末杂录一卷 …… 5-281
池北书目：一卷碑目一卷 …… 2-486
池北书目：一卷碑目一卷 …… 2-490
池州府历朝沿革考：□□卷 …… 2-131
[康熙]池州府志：九十二卷图一卷 …… 2-286
[乾隆]池州府志：五十八卷首一卷 …… 2-286
汝水巾谱：一卷 …… 3-165
[康熙]汝宁府志：十六卷 …… 2-330
[道光]汝州全志：十卷 …… 2-327
[乾隆]汝州续志：八卷首一卷 …… 2-327
[顺治]汝阳县志：十卷 …… 2-330
汝南军务纪略：不分卷 …… 1-316
汝南诗话：一卷 …… 5-319
汝南圃史：十二卷 …… 3-168
汝南圃史：十二卷 …… 3-168
汝南遗事：二卷 …… 2-132
汝麋玉屑：十五卷 …… 3-235
汤义仍先生邯郸梦记：二卷 …… 5-376
汤义仍先生南柯梦记：二卷 …… 5-377
汤子遗书：十卷 …… 5-31
汤子遗书：十卷 …… 5-31
汤文正公诗翰：不分卷 …… 5-31
[乾隆]汤阴县志：十卷 …… 2-324
汤若士先生点阅汤许二会元制义：十二卷 …… 5-306
汤海若问棘邮草：二卷 …… 4-338
汤睡庵先生历朝纲鉴全史：七十卷首一卷 …… 1-252
[万历]汤溪县志：八卷 …… 2-269
汤潜庵先生文集节要：八卷 …… 5-31
守令宝鉴录：四卷 …… 1-352
守令懿范：四卷 …… 1-352
守令懿范：四卷 …… 1-352

守宁行知录：二十八卷 …………………… 2-49
守边辑要：一卷 ………………………… 2-63
守扬练兵辑要：一卷 …………………… 3-49
守汴日志：一卷 ……………………… 1-307
守坡居士诗集：十二卷 ……………… 5-100
守官漫录：五卷 ……………………… 3-251
守城事宜：一卷 ………………………… 2-59
守城录：二卷…………………………… 3-44
守郧纪略：一卷 ……………………… 1-307
守皖献词：不分卷……………………… 2-73
宅葬书：十一种十一卷 ……………… 3-111
[同治]安义县志：十六卷首一卷末一卷
…………………………………………… 2-299
[康熙]安义县志：十卷 ……………… 2-299
安广县乡土志：□□卷 ……………… 2-234
[同治]安仁县志：十六卷首一卷 ………2-355
[嘉庆]安仁县志：十四卷……………… 2-355
[同治]安化县志：三十四卷首五卷末一卷
…………………………………………… 2-349
安化县志摘要：不分卷 ……………… 2-349
安正忘筌集：二卷……………………… 3-20
[道光]安平县志：十卷首一卷………… 2-399
[万历]安平县志：六卷 ……………… 2-200
[万历]安平县志：六卷 ……………… 2-200
[同治]安东县志：十五卷首一卷 ………2-245
[光绪]安东县志摘要…………………… 2-233
安丘刘氏族谱：十一卷 ………………… 2-22
[万历]安丘县志：二十八卷 ………… 2-311
安吉州思溪法宝资福禅寺大藏经：五百九
十九函一千四百五十九部 ………… 3-391
安吉州思溪法宝资福禅寺大藏经：□□卷
…………………………………………… 3-391
安成周氏家集：八卷 ………………… 5-289
安成周氏家集：五卷 ………………… 5-289
安危注：四卷………………………… 1-372
安庆旧影：不分卷 …………………… 2-278
[康熙]安庆府志：十八卷……………… 2-278
[正德]安庆府志：三十一卷 ………… 2-277
[嘉靖]安庆府志：三十一卷 ………… 2-278
[康熙]安庆府宿松县志：三十六卷 …… 2-279
[嘉庆]安阳县志：二十八卷 ………… 2-324
安阳集：五十卷 ………………………… 4-93
安阳集：五十卷 ………………………… 4-93
安阳集：五十卷 ………………………… 4-94
安阳集：五十卷 ………………………… 4-94
安阳集：五十卷 ………………………… 4-94
安阳集：五十卷 ………………………… 4-94
[安阳集]别录：三卷 …………………… 4-93
[安阳集]别录：三卷 …………………… 4-93
[安阳集]别录：三卷 …………………… 4-94
[安阳集]别录：三卷 …………………… 4-94
[安阳集]别录：三卷 …………………… 4-94
[安阳集]别录：三卷 …………………… 4-94
[安阳集]遗事：一卷 …………………… 4-93
[安阳集]遗事：一卷 …………………… 4-93
[安阳集]遗事：一卷 …………………… 4-94
[安阳集]遗事：一卷 …………………… 4-94
[安阳集]遗事：一卷 …………………… 4-94
[安阳集]遗事：一卷 …………………… 4-94
[乾隆]安远县志：八卷 ……………… 2-302
安吴四种：三十六卷 ………………… 5-432
安县志：三十二卷首一卷……………… 2-384
[嘉庆]安县志：三十卷首一卷………… 2-384
[乾隆]安邑县运城志：十六卷首一卷 … 2-224
[光绪]安邑县续志：六卷首一卷 ……… 2-224
安邱曹氏遗集三种：九卷……………… 5-292
[道光]安邱新志乘韦：二十八卷 ……… 2-311
[道光]安邱新志乘韦：二十八卷 ……… 2-311
安怀堂文集：二卷；申椒二集：一卷；红
蕚词二集：一卷 ………………………… 5-50
[道光]安陆县志：四十卷首一卷 ……… 2-335
[道光]安陆县志：四十卷首一卷 ……… 2-335
[同治]安陆县志补正：二卷 ………… 2-336
安陆集：一卷补遗一卷附录一卷………… 4-86
安岳冯公太师文集：三十卷 ………… 4-104
安岳冯公太师文集：三十卷 ………… 4-104
安岳冯公太师集：十二卷……………… 4-104
安岳冯公太师集：三十卷……………… 4-104
安岳县乡土志：不分卷 ……………… 2-395
[康熙]安岳县志：三卷 ……………… 2-395

安定先生周易口义：十卷；系辞：二卷；
说卦序卦杂卦：一卷 ……1-7
[光绪]安定县乡土志 …… 2-430
[道光]安定县志：八卷首一卷 …… 2-408
[乾隆]安定县志：不分卷 …… 2-408
安定胡氏世谱：十八卷首一卷 ……2-9
[乾隆]安肃县志：十六卷 …… 2-192
安居金镜：八卷 …… 3-112
安南世系略：一卷；使交吟：一卷 …… 2-58
安南纪略：二卷 …… 2-175
安南志：一卷 …… 2-174
安南志略：二十卷 …… 2-174
安南来威图册：三卷 …… 1-302
安南弃守本末：一卷 …… 1-301
安南使事纪要：四卷 …… 1-313
安南奏议：二卷 …… 2-90
[咸丰]安顺府志：五十四卷首一卷 …… 2-399
[咸丰]安顺府志：五十四卷首一卷 …… 2-399
安亭志：二十卷 …… 2-238
[嘉庆]安康县志：二十卷 …… 2-421
安越堂外集：十卷 …… 5-152
安雅堂集：十三卷 …… 4-206
安雅堂集：十三卷 …… 4-206
安禄山事迹：三卷 …… 1-389
安禄山事迹：三卷 …… 1-389
安禄山事迹：三卷 …… 1-389
安禄山事迹：三卷 …… 1-389
安禄山事迹：三卷 …… 1-389
安禄山事迹：三卷 …… 1-392
[康熙]安溪县志：十二卷 …… 2-295
安塞县志：不分卷 …… 2-408
[同治]安福县志：十八卷首一卷末一卷
…… 2-306
[道光]安福县志：三十二卷首一卷末一卷
…… 2-348
[同治]安福县志：三十四卷首三卷 …… 2-348
安德明诗选遗：一卷 …… 5-284
安德诗搜：一卷 …… 5-284
[安徽]郑氏宗谱：不分卷 …… 2-21
安徽乡土地理教科书：不分卷 …… 2-272
安徽省舆地志：不分卷 …… 2-272
[道光]安徽通志：二百六十卷首六卷 … 2-271
安徽通志采访章程：四十七卷 …… 2-271
冰川诗式：十卷 …… 5-320
冰川诗式：十卷 …… 5-320
冰川诗式：十卷 …… 5-320
冰川诗式：十卷 …… 5-320
冰月补：三卷 …… 3-267
冰玉堂缀逸稿：二卷；兰舟温稿：一卷；
二余词：一卷 …… 4-292
冰花唱和诗：二卷 …… 5-261
冰莲集：四卷 …… 4-367
冰莲集：四卷 …… 4-367
冰斋文集：四卷 …… 5-29
冰雪集：一卷 …… 5-69
冰槎集：五卷 …… 4-384
冰署笔谈：十二卷 …… 3-250
字书八法：不分卷 …… 1-158
字汇：十二卷首一卷末一卷附韵法直图一
卷韵法横图一卷 …… 1-158
字汇数求声：十二卷 …… 1-158
字考启蒙：十六卷 …… 1-157
字串：二篇 …… 1-167
字串：不分卷 …… 1-167
字诂：一卷 …… 1-188
字诂：一卷；义府：二卷 …… 1-188
字林考逸：八卷 …… 1-154
字林考逸：八卷 …… 1-154
字林考逸：八卷 …… 1-154
字林考逸：六卷 …… 1-155
字学大全：三十二卷 …… 1-157
字香亭梅花百咏：一卷 …… 5-65
字香亭梅花百咏：一卷 …… 5-66
字孪：二卷 …… 1-162
字孪：四卷 …… 1-162
字说：二十五卷 …… 1-189
字通：一卷 …… 1-161
字通：一卷 …… 1-161
字鉴：五卷 …… 1-161
字鉴：五卷 …… 1-161

字鉴：五卷 …… 1-162
字触：六卷 …… 3-126
讲武全书兵占：二十七卷 …… 3-118
讲武要略：十七卷首一卷附一卷 …… 3-49
讲学：二卷 …… 3-33
军中医方备要：二卷 …… 3-84
军务奏折稿：不分卷 …… 2-111
军务要件：不分卷 …… 2-82
军机大臣奏稿：不分卷 …… 2-94
军机大臣奏稿：不分卷 …… 2-94
军机处分次奏进应毁书籍单：不分卷 …… 2-499
军机处奏准全毁书目：一卷抽毁书目一卷 …… 2-499
军政条例类考：六卷 …… 2-59
军政事宜：一卷 …… 2-59
军政备例 …… 2-59
军器图说：不分卷 …… 3-46
军器图说：不分卷 …… 3-46
[康熙]祁门县志：八卷 …… 2-283
[同治]祁门县志：三十六卷首一卷 …… 2-283
[道光]祁门县志：三十六卷首一卷 …… 2-283
[万历]祁门县志：四卷 …… 2-283
[万历]祁门县志：四卷 …… 2-283
[万历]祁门县志：四卷 …… 2-283
[光绪]祁门县志补：不分卷 …… 2-283
祁门金吾谢氏仲宗文集：一卷吟集一卷 …… 5-242
祁门金吾谢氏仲宗文集：一卷诗集一卷 …… 5-242
祁门金吾谢氏宗谱：四卷 …… 2-24
祁门善和程氏谱：十四卷宠光录一卷足征录四卷 …… 2-19
祁尔光先生全稿选：八卷 …… 4-350
祁州乡土志 …… 2-191
[乾隆]祁州志：八卷图一卷 …… 2-191
[乾隆]祁州志：八卷图一卷 …… 2-191
[乾隆]祁州志：八卷首一卷图一卷 …… 2-191
[光绪]祁州续志：四卷图一卷 …… 2-191
[光绪]祁州续志：四卷图一卷 …… 2-191
[同治]祁阳县志：二十四卷首一卷 …… 2-357
[嘉庆]祁阳县志：二十四卷首一卷 …… 2-357
[乾隆]祁阳县志：八卷 …… 2-357
[光绪]祁县志：十六卷 …… 2-219
[乾隆]祁县志：十六卷 …… 2-219
[康熙]祁县志：八卷 …… 2-218
祁忠敏公日记：十五卷 …… 1-417
祁忠敏公年谱：一卷 …… 1-413
祁忠敏公年谱：一卷 …… 1-413
祁阊杂咏：一卷 …… 4-252
[永乐]祁阊志：十卷 …… 2-282
祁韵士等书札：不分卷 …… 5-119
讷斋未定稿：一卷读史吟一卷 …… 5-110
讷溪先生诗录：九卷文录十卷尺牍四卷 …… 4-296
讷溪先生诗录：九卷文录十卷奏疏一卷 …… 4-296
许山集：一卷承平杂咏一卷 …… 4-386
许太常归田稿：十卷 …… 4-294
许太常归田稿：八卷 …… 4-294
许氏贻谋四则：四卷 …… 3-29
许氏说文解字五音韵谱：四卷 …… 1-150
许氏家谱：一卷 …… 2-15
许氏族志：广东番禺潭山 …… 2-15
许文穆公全集：二十卷 …… 4-318
许正吾集：二十八卷 …… 4-308
许白云先生文集：四卷 …… 4-183
许白云先生文集：四卷 …… 4-183
许白云先生文集：四卷 …… 4-183
许白云先生文集：四卷补遗一卷附录一卷 …… 4-183
许白云先生文集：四卷附录一卷 …… 4-183
[康熙]许州志：十五卷首一卷 …… 2-326
许红桥先生文集：一卷 …… 5-100
许红桥先生文稿：一卷 …… 5-100
许君年表：一卷 …… 1-410
许君年表：一卷；淮南参正残草：一卷；说文古读考：二卷 …… 1-410
许学三书：十四卷 …… 1-154
许学三书：十四卷 …… 1-154
许学札记：不分卷；说文汇字：不分卷；

杂抄：不分卷 1-154
许钟斗文集：五卷 4-351
许屏山集：九卷 5-76
许旌阳事迹图：一卷 1-388
许敬宗集：一卷 4-20
许默斋集：四卷 4-286
论古闲睟：不分卷 3-216
论古闲睟：不分卷 3-216
论史同异全集本：二十卷 1-340
论曲：一卷 5-357
论曲：一卷 5-357
论画胜说：一卷；梅隐草堂题画诗：一卷 3-141
论学统宗：二卷 5-255
论学统宗：二卷 5-325
论学绳尺：十卷 5-235
论孟集注附考：二卷 1-121
论语：一卷 1-116
论语广注：二卷 1-117
论语孔注证伪：二卷 1-118
论语孔注证伪：二卷 1-118
论语孔注辨伪：二卷 1-118
论语古训：十卷 1-117
论语古注集笺：十卷 1-117
论语外篇：十八卷 1-117
论语训：二卷 1-118
论语讲义：一卷 1-117
论语异文考证：十卷 1-118
论语郑氏注：二卷 1-116
论语注疏解经：二十卷 1-116
论语注疏解经：二十卷 1-116
论语详解：二十卷首二卷 1-117
论语笔解：二卷 1-116
论语商：二卷 1-117
论语集注：十卷 1-118
论语集注：十卷序说一卷 1-118
论语集解：十卷 1-116
论语竢质：三卷 1-117
论语温知录：一卷 1-117
论语解：不分卷 1-117
论语翼注骈枝：二卷 1-118
论陶：一卷 4-16
论陶：一卷 4-16
论碑帖诗：一卷；论书绝句：一卷 3-140
论衡：十三卷 3-183
论衡：十卷 3-183
论衡：三十卷 3-182
论衡：三十卷 3-182
论衡：三十卷 3-182
论衡：三十卷 3-182
论衡：三十卷 3-182
论衡：三十卷 3-183
论衡：三十卷 3-183
论衡：三十卷 3-183
论衡：三十卷 3-183
论衡：三十卷 3-183
论衡：三十卷 3-183
论衡：三十卷 3-183
论衡：三十卷 3-183
论衡：三十卷 3-183
论衡：三十卷 3-183
论衡：三十卷 3-183
论衡：三十卷 3-183
讽字室诗集：一卷 5-150
农丈人文集：二十卷诗集八卷 4-310
农丈人诗集：八卷 4-310
农丹：一卷 3-56
农书：二十二卷 3-55
农书：二十二卷 3-55
农书：三十六卷 3-55
农书：三十六卷 3-55
农书：三十六卷 3-55
农书：三卷；蚕书：一卷；于潜令楼公进耕织二图诗：一卷 3-54
农安乡土志 2-234
农邑乡土志 2-234
农政全书：六十卷 3-55
农圃六书：六卷 3-56
农桑辑要：七卷 3-55
农桑撮要：一卷 3-55

访册：不分卷…………………………………………2-50
访求中州先贤诗文集目：一卷………………2-498
访粤集：一卷…………………………………………5-141
聿修堂集：不分卷…………………………………5-18
寻乐习先生文集：二十卷遗事一卷………4-242
寻乐堂：二十五卷…………………………………1-418
寻壑外言：五卷……………………………………5-43
艮山杂志：二卷……………………………………2-129
艮斋文选：一卷；滇行日纪：二卷；卧象
山房诗集：□□卷文集一卷赋集一卷
……………………………………………………………5-37
艮斋先生薛常州浪语集：三十五卷………4-150
艮斋先生薛常州浪语集：三十五卷………4-150
艮斋先生薛常州浪语集：三十五卷………4-150
艮斋先生薛常州浪语集：三十五卷………4-151
艮斋诗集：十四卷…………………………………4-186
艮斋笔记：八卷……………………………………3-219
尽言集：十三卷……………………………………2-95
尽言集：十三卷……………………………………2-95
尽言集：十三卷……………………………………2-95
异林：十六卷…………………………………………3-318
异物汇苑：十八卷…………………………………3-307
异鱼图赞：二卷……………………………………3-171
异鱼图赞：四卷……………………………………3-171
异鱼图赞补：三卷闰集一卷……………………3-171
异香集：二卷…………………………………………5-7
异香集：二卷…………………………………………5-7
异说后唐传三集薛丁山征西樊梨花全传：
十卷八十八回……………………………………3-343
异说后唐传三集薛丁山征西樊梨花全传：
十二卷八十八回…………………………………3-343
异说征西演义全传：四十卷四十回………3-343
异域志：二卷…………………………………………2-170
异域录：一卷…………………………………………2-171
异域琐谈：四卷……………………………………2-175
异梦记：二卷…………………………………………5-380
异僧传：九卷…………………………………………1-360
阮元俞樾等书札……………………………………5-302
阮氏积古斋汉铜印得：不分卷………………2-471
阮亭诗余略：一卷…………………………………5-339
阮亭选古诗：三十二卷…………………………5-188
阮亭选志壑堂诗：十五卷………………………5-31
阮亭游记：一卷外集二卷………………………5-298
阮嗣宗集：二卷……………………………………4-11
阮嗣宗集：二卷……………………………………4-11
阮嗣宗集：四卷……………………………………4-12
阳山志：三卷…………………………………………2-150
阳山志：三卷…………………………………………2-150
阳山志：三卷…………………………………………2-150
阳山县志：十五卷首一卷………………………2-363
阳山顾氏文房小说：四十种五十八卷……5-416
阳山顾氏文房小说：四十种四十卷………5-416
阳山顾氏文房小说：四十种四十卷………5-416
[道光]阳曲县志：十六卷………………………2-208
[康熙]阳曲县志：十四卷首一卷……………2-208
阳关三叠：一卷……………………………………3-157
[光绪]阳江县志：八卷…………………………2-368
阳宅大全：十卷……………………………………3-111
阳宅珍藏：二卷……………………………………3-112
阳宅秘传三书：三卷………………………………3-112
[康熙]阳谷县志：八卷首一卷………………2-308
[乾隆]阳武县志：十二卷………………………2-324
阳明先生文录：十七卷…………………………4-265
阳明先生文录：五卷外集九卷………………4-265
阳明先生文录：五卷外集九卷别录十四卷
……………………………………………………………4-264
阳明先生文录：五卷外集九卷别录十卷
……………………………………………………………4-264
阳明先生文选：四卷………………………………4-264
阳明先生文粹：十一卷…………………………4-264
阳明先生文粹：十一卷…………………………4-265
阳明先生文粹：十一卷…………………………4-265
阳明先生则言：二卷………………………………3-28
阳明先生年谱：二卷………………………………1-412
阳明先生年谱：三卷………………………………1-412
阳明先生别录：十三卷…………………………4-265
阳明先生要书：八卷附录五卷………………4-265
阳明先生语录：三卷………………………………3-28
阳明先生祠志：三卷………………………………2-145
阳明先生集要：三编………………………………5-428

阳春白雪：八卷外集一卷…………………… 5-349
阳春白雪：八卷外集一卷…………………… 5-349
阳春白雪：八卷外集一卷…………………… 5-349
阳春白雪：□□卷 ………………………… 5-350
阳春白雪：前集四卷后集五卷……………… 5-399
阳春白雪校补：不分卷 …………………… 5-399
[康熙]阳春县志：十八卷…………………… 2-368
阳春奏：□□卷 …………………………… 5-357
阳春草稿：不分卷；西行稿：不分卷 … 4-313
阳春堂琴谱：四卷续集一卷 ……………… 3-156
[康熙]阳城志：八卷 ……………………… 2-214
[同治]阳城县志：十八卷首一卷 ………… 2-214
[乾隆]阳城县志：十六卷…………………… 2-214
阳峰家藏集：三十六卷 …………………… 4-268
[雍正]阳高县志：六卷 …………………… 2-209
[道光]阳朔县志：五卷首一卷……………… 2-370
阳遁阴遁：□□卷…………………………… 3-122
阳羡摩厓纪略：一卷 ……………………… 2-446
[乾隆]阳湖县志：十二卷首一卷 ………… 2-252
[光绪]阶州直隶州续志：三十三卷 ……… 2-431
阴阳钟：不分卷 …………………………… 5-397
阴那山志：六卷 …………………………… 2-157
阴常侍集：一卷 …………………………… 4-19
阴符经：一卷附阴符经解一卷……………… 3-379
阴符经解：一卷 …………………………… 3-380
阴德录：一卷……………………………… 3-324
如韦馆墨评：一卷………………………… 3-163
如兰集：二十卷 …………………………… 5-259
如如居士三教语录：□□卷 ……………… 3-428
如面谈：十六卷 …………………………… 5-300
如积引蒙：十卷 …………………………… 3-106
[嘉庆]如皋县志：二十四卷 ……………… 2-250
[康熙]如皋县志：十六卷…………………… 2-250
[乾隆]如皋县志：三十二卷附录一卷 … 2-250
[乾隆]如皋县志：三十二卷附录一卷 … 2-250
[道光]如皋县续志：十二卷 ……………… 2-250
[同治]如皋县续志：十六卷 ……………… 2-250
如斋吟稿：一卷 …………………………… 5-46
如梦录：一卷……………………………… 2-132
如意缘：二卷……………………………… 5-395
妇人集：一卷补一卷 ……………………… 1-349
好古堂书目：四卷附收藏宋元板书目一卷
……………………………………………… 2-490
好我篇：二卷……………………………… 5-300
好逑传：四卷十八回 ……………………… 3-351
好逑传：四卷十八回 ……………………… 3-351
戏曲二十一种：二十一卷………………… 5-367
观世音菩萨三十二变相：一卷…………… 3-429
观世音菩萨大悲心陀罗尼神咒：一卷 … 3-400
观世音菩萨救诸难咒：一卷 …………… 3-406
观世音菩萨救诸难咒：一卷 …………… 3-406
观世音菩萨救诸难咒：一卷 …………… 3-406
观世音菩萨救诸难咒：一卷 …………… 3-406
观世音菩萨普门品经：一卷 …………… 3-396
观世音菩萨普门品经：一卷 …………… 3-396
观老庄影响论：一卷 ……………………… 3-367
观自在大悲成就瑜珈莲华部念诵法门：一
卷 ………………………………………… 3-421
观宇篇天极：前篇六卷后篇六卷续篇六卷
别篇六卷………………………………… 1-28
观我图册汇编：五卷首一卷 …………… 1-399
观我斋日记：不分卷 …………………… 1-419
观妙居日记：不分卷 …………………… 1-419
观妙斋藏金石文考略：十六卷…………… 2-441
观妙斋藏金石文考略：十六卷…………… 2-442
观妙斋藏金石文考略：十六卷目录一卷
……………………………………………… 2-442
观所缘缘论释发硎：一卷………………… 3-410
观经义疏妙宗钞证义：二卷 …………… 3-409
[道光]观城县志：十卷首一卷…………… 2-308
观树堂诗集：七种十二卷………………… 5-80
观复庵集：十六卷………………………… 4-379
观音灵感真言：一卷 …………………… 3-406
观音密集玄文九种：九卷………………… 3-391
[嘉靖]观海卫志：四卷 ………………… 2-267
观海堂书目：不分卷 …………………… 2-496
观海集：一卷……………………………… 5-67
观剧绝句：一卷 ………………………… 5-92
观象玩占：五十卷………………………… 3-109
观象玩占：五十卷………………………… 3-109

观颐先生集：二十卷墓志铭一卷附录一卷 ······ 4-313
观颐摘稿：一卷 ······ 4-240
观楞伽阿跋多罗宝经记：四卷略科一卷 ······ 3-407
观槿续稿：十九卷 ······ 4-330
观槿稿：六卷 ······ 4-330
观槿稿：六卷 ······ 4-330
观澜堂文集：八卷诗集九卷 ······ 5-29
羽庭集：六卷 ······ 4-212
羽庭集：六卷 ······ 4-212
红巾军新会围城记：一卷 ······ 1-318
红牙小谱：二卷；浔阳诗稿：一卷词稿一卷 ······ 5-394
红牙集：一卷 ······ 5-339
红术轩紫泥法定本：一卷 ······ 3-150
红叶山房诗草：五卷 ······ 5-122
红叶馆话别图题词：一卷附录一卷 ······ 5-267
红兰逸乘：四卷 ······ 2-128
红豆庄杂录：不分卷 ······ 3-299
红青绝句：二卷 ······ 4-365
红苗归化恭纪诗：一卷 ······ 5-262
红雨楼题跋：一卷 ······ 2-484
红雨楼题跋：二卷 ······ 2-484
红拂记：四卷 ······ 5-372
红拂记：四卷 ······ 5-373
红拂记：四卷 ······ 5-373
红拂记：四卷 ······ 5-373
红拂记：四卷 ······ 5-373
红拂记：四卷 ······ 5-373
红拂记传奇：二卷 ······ 5-372
红莲记：一卷 ······ 5-362
红桥倡和第一集：一卷 ······ 5-350
红桥倡和第一集：一卷 ······ 5-351
红雪轩稿：六卷 ······ 5-66
红雪轩稿：六卷 ······ 5-66
红崖古刻释文题咏：一卷 ······ 2-464
红梨记：二卷 ······ 5-377
红梨花记：二卷 ······ 5-384
红梨花杂剧：一卷 ······ 5-377
红梨花杂剧：一卷 ······ 5-378
红梨花杂剧：一卷 ······ 5-378
红梨花杂剧：一卷 ······ 5-378
红情言：二卷 ······ 5-386
红萼轩杜诗汇：二种六卷 ······ 4-42
红萼轩词牌：一卷 ······ 5-355
红萼轩词牌：一卷 ······ 5-355
红榈书屋诗集：九卷 ······ 5-114
红楼梦：一百二十回 ······ 3-352
红楼梦：一百二十回 ······ 3-353
红楼梦：一百二十回 ······ 3-353
红楼梦：一百二十回 ······ 3-353
红楼梦：一百二十回 ······ 3-353
红楼梦：一百二十回 ······ 3-353
红楼梦：一百二十回 ······ 3-353
红楼梦：一百二十回 ······ 3-353
红楼梦：一百二十回 ······ 3-353
红楼梦：一百二十回 ······ 3-353
红楼梦：一百二十回 ······ 3-353
红楼梦：一百二十回 ······ 3-353
红楼梦：一百二十回 ······ 3-353
红楼梦：一百二十回 ······ 3-353
红楼梦：一百二十回赞一卷总评一卷大观园图说一卷像一卷 ······ 3-353
红楼梦：八十回 ······ 3-352
红楼梦：八十回 ······ 3-352
红楼梦传奇：八卷 ······ 5-394
红楼梦图咏：四册 ······ 3-148
红楼梦散套：十六卷 ······ 5-366
纤言：不分卷 ······ 1-320
约言：一卷 ······ 3-28
纪元汇考：一卷 ······ 1-254
纪元余论：一卷 ······ 1-254
纪元编：三卷 ······ 1-255
纪元编：三卷 ······ 1-255
纪元韵叙：二卷 ······ 1-254
纪元韵编：五卷 ······ 1-254
纪古滇说集：一卷 ······ 2-136
纪年经纬：七卷 ······ 1-255
纪年类编：四卷 ······ 1-253

纪行诗：十卷 …… 5-100
纪行诗：十卷 …… 5-100
纪行诗钞：二卷 …… 5-114
纪事录：四卷 …… 2-39
纪录汇编：一百二十三种二百二十四卷 …… 5-418
纪录汇编：一百二十三种二百二十四卷 …… 5-418
纪录汇编：二百十六卷 …… 5-418
纪城文稿：四卷；倦游草：一卷；岳江草：一卷 …… 5-32
纪效新书：十八卷首一卷 …… 3-45
纪效新书：十八卷首一卷 …… 3-45
纪效新书：十四卷 …… 3-45
纪效新书：十四卷 …… 3-45
纪盛集：一卷 …… 5-36
纪善录：一卷 …… 1-378
纪善录：一卷 …… 1-378
纪善录：一卷 …… 3-247
纪游诗草：八卷文集三卷 …… 5-69
纪游稿：二卷 …… 4-324
驰报军书：不分卷 …… 1-319
纫兰阁诗集：十四卷 …… 4-366
纫余漫草：一卷 …… 5-106
纫斋画剩：不分卷 …… 3-149
孙子：二卷 …… 3-41
孙子书：三卷 …… 3-41
孙子取衷：十三卷 …… 3-41
孙子明解：八卷附师卦解一卷 …… 3-41
孙子参同：五卷 …… 3-41
孙子参同：五卷 …… 3-41
孙子集注：十三卷 …… 3-41
孙子集注：十三卷 …… 3-41
孙子集注：十三卷 …… 3-41
孙子集注：十三卷 …… 3-41
孙子集注：十三卷 …… 3-41
孙子算经：三卷 …… 3-102
孙内翰北里志：一卷 …… 3-241
孙从周诗：四卷 …… 4-367
孙月峰先生批评史记：一百三十七卷褚先生附余一卷 …… 1-196
孙月峰先生批评史记：一百三十卷 …… 1-196
孙月峰先生批评汉书：一百卷 …… 1-207
孙月峰先生批评礼记：六卷 …… 1-74
孙月峰先生批点南华真经：六卷 …… 3-374
孙月峰先生评文选：三十卷 …… 5-177
孙月峰先生评文选：三十卷 …… 5-177
孙氏世系：一卷 …… 2-13
孙氏世乘：三卷 …… 2-13
孙氏祠堂书目：内编四卷外编三卷 …… 2-493
孙氏祠堂书目：内编四卷外编三卷 …… 2-493
孙氏家传：二卷 …… 2-13
孙氏家乘集略：□□卷 …… 2-13
孙文恪公集：二十卷附录夫人杨氏诗稿一卷 …… 4-290
孙文简公瀼溪草堂稿：五十八卷 …… 4-273
孙文靖公书札：不分卷 …… 5-127
孙可之文集：十卷 …… 4-77
孙可之集：十卷 …… 4-77
孙百川先生未刻稿：不分卷 …… 4-307
孙宇台集：四十卷 …… 5-29
孙宇台集：四十卷 …… 5-29
孙武子：三卷 …… 3-41
孙武子会解：四卷 …… 3-42
孙尚书内简尺牍编注：十卷 …… 4-132
孙尚书内简尺牍编注：十卷 …… 4-132
孙尚书内简尺牍编注：十卷 …… 4-132
孙尚书内简尺牍编注：十卷 …… 4-132
孙尚书内简尺牍编注：十卷 …… 4-132
孙尚书文集：七十卷 …… 4-132
孙明复小集：一卷附录一卷 …… 4-86
孙明复先生小集：一卷 …… 4-86
孙明复先生小集：一卷 …… 4-86
孙明复先生小集：一卷 …… 4-86
孙明复先生小集：一卷附录一卷 …… 4-86
孙征君日谱录存：□□卷 …… 1-417
孙庞演义：四卷二十回；新编批评绣像后七国乐田演义：四卷十八回 …… 3-339
孙宗伯集：十卷 …… 4-338
孙思克行述：不分卷 …… 1-404

孙耕闲集：一卷 …… 4-170
孙真人备急千金要方：九十三卷目录二卷 …… 3-78
孙真人备急千金要方：九十三卷目录二卷 …… 3-78
孙真人备急千金要方：九十三卷目录二卷 …… 3-79
孙夏峰先生日谱残稿：不分卷 …… 1-417
孙逖集：一卷 …… 4-27
孙渊如先生书札：不分卷 …… 5-120
孙渊如先生书札：不分卷 …… 5-120
孙渊如先生年谱：二卷 …… 1-415
孙渊如先生年谱：二卷 …… 1-415
孙蔗庵先生诗选：五卷 …… 5-30
丞相魏公谭训：十卷 …… 3-187
丞相魏公谭训：十卷 …… 3-187
丞相魏公谭训：十卷 …… 3-187
巡抚河南都察院右副御史吴景道塘报：一卷 …… 2-82
巡宪杨公保台实绩录：不分卷 …… 1-407
巡盐题稿：□□卷 …… 2-105
巡漳献词：不分卷 …… 2-73

七画

寿世秘典：十八卷 …… 3-273
[康熙]寿宁县志：八卷 …… 2-298
[嘉庆]寿光县志：二十卷图一卷 …… 2-313
[光绪]寿州乡土志：不分卷 …… 2-284
[乾隆]寿州志：十二卷首一卷末一卷 …… 2-283
[光绪]寿州志：三十六卷首一卷末一卷 …… 2-284
[光绪]寿州志：三十六卷首一卷末一卷 …… 2-284
[光绪]寿州志：三十六卷首一卷末一卷 …… 2-284
[道光]寿州志：三十六卷首一卷末一卷 …… 2-284
[光绪]寿阳县志：十三卷首一卷 …… 2-218
[乾隆]寿阳县志：十卷首一卷 …… 2-218
[光绪]寿阳县志：三十卷首一卷 …… 2-218
[光绪]寿张县志：十卷首一卷 …… 2-308
寿昌乘：不分卷 …… 2-338
寿星岁事录：不分卷 …… 3-275
寿亲养老新书：四卷 …… 3-85
寿亲养老新书：四卷 …… 3-85
寿亲养老新书：四卷 …… 3-85
寿亲养老新书：四卷 …… 3-85
寿亲养老新书：四卷 …… 3-85
寿养丛书：十六种三十七卷 …… 5-420
寿域神方：□□卷 …… 3-82
弄石庵唐诗名花集：四卷 …… 5-226
弄珠楼：二卷 …… 5-380
麦氏族谱：不分卷 …… 2-14
进呈册：不分卷 …… 5-308
[道光]进贤县志：二十五卷首一卷 …… 2-299
进藏纪程：一卷 …… 2-136
戒山文存：不分卷诗存二卷；河工见闻录：一卷 …… 5-43
戒庵老人漫笔：八卷 …… 3-249
吞月子集：不分卷 …… 4-387
远山堂文稿：一卷 …… 4-379
远山堂尺牍：不分卷 …… 4-379
远山堂曲品：一卷 …… 5-413
远西奇器图说录最：三卷 …… 3-161
远西奇器图说录最：三卷 …… 3-161
远西奇器图说录最：三卷 …… 3-162
[咸丰]远安县志：八卷 …… 2-341
[顺治]远安县志：八卷 …… 2-341
[同治]远安县志：八卷首一卷 …… 2-341
远秀堂集：八卷 …… 5-59
远秀堂集：文二卷赋一卷诗一卷词一卷；拾箨余闲：一卷 …… 5-59
远游集：十二卷 …… 4-357
远游篇：十二卷 …… 4-382
远游篇：十二卷 …… 4-382
违禁书籍名目：不分卷 …… 2-500
违碍书目：一卷 …… 2-500
违碍书籍目录：一卷 …… 2-499
违碍书籍目录：一卷 …… 2-500

违碍书籍目录：不分卷 ………………………… 2-499
违碍书籍目录：不分卷 ………………………… 2-499
违碍书籍目录：不分卷 ………………………… 2-500
违碍书籍目录：不分卷 ………………………… 2-500
违碍书籍目录：不分卷 ………………………… 2-500
违碍书籍目录：不分卷 ………………………… 2-500
运使复斋郭公言行录：一卷敏行录一卷
……………………………………………… 1-395
运甓漫稿：七卷 ……………………………… 4-240
巩荷谱：一卷 ………………………………… 3-170
走越卮言：不分卷 …………………………… 4-343
贡文靖公云林诗集：六卷附录一卷 ……… 4-195
贡礼部玩斋集：十卷 ……………………… 4-211
贡礼部玩斋集：十卷 ……………………… 4-212
贡礼部玩斋集：十卷拾遗一卷 …………… 4-211
贡礼部玩斋集：十卷拾遗一卷 …………… 4-211
贡礼部玩斋集：十卷拾遗一卷 …………… 4-211
贡礼部玩斋集：十卷拾遗一卷 …………… 4-211
贡礼部玩斋集：十卷拾遗一卷 …………… 4-211
贡西园集：三卷 ……………………………… 4-295
攻媿先生文集：一百二十卷 ……………… 4-154
攻媿先生文集：一百二十卷 ……………… 4-154
攻媿先生文集：一百二十卷 ……………… 4-154
攻媿先生文集：一百二十卷 ……………… 4-154
攻媿先生文集：一百二十卷 ……………… 4-154
攻媿先生文集：一百二十卷目录三卷 … 4-154
赤山汪氏宗谱：不分卷 ……………………… 2-8
赤水玄珠：三十卷 …………………………… 3-62
赤水玄珠：三十卷；医旨绪余：二卷；医
案：五卷 …………………………………… 3-62
赤谷诗钞：十五卷 …………………………… 5-77
赤城后集：三十三卷 ………………………… 5-278
[乾隆]赤城县志：八卷首一卷附续补一卷
……………………………………………… 2-185
[乾隆]赤城县志：八卷首一卷 …………… 2-185
[同治]赤城县志 ……………………………… 2-185
[同治]赤城县续志：十卷首一卷 ………… 2-186
[同治]赤城县续志：十卷首一卷 ………… 2-186
赤城词：一卷 ………………………………… 5-332
赤城诗集：六卷 ……………………………… 5-278
赤城诗集：六卷 ……………………………… 5-278
赤城集：十八卷 ……………………………… 5-278
赤雅：不分卷 ………………………………… 2-135
赤牍清裁：二十八卷 ………………………… 5-297
赤牍清裁：十一卷补遗四卷 ……………… 5-297
赤牍清裁：十卷 ……………………………… 5-297
赤牍清裁：四卷 ……………………………… 5-296
赤壁赋：一卷 ………………………………… 3-139
均奕集：一卷附录一卷 ……………………… 4-274
均藻：四卷 …………………………………… 3-315
[光绪]孝义厅志：十二卷首一卷 ………… 2-424
[乾隆]孝义县志：二十卷首一卷 ………… 2-227
[光绪]孝义县续志：二卷首一卷末一卷
……………………………………………… 2-228
孝义真迹珍珠塔：二十四回 ……………… 5-407
孝子盛建极事实：一卷 ……………………… 1-406
孝友传：二十四卷 …………………………… 1-362
孝贞录：□□卷 ……………………………… 1-376
孝诗：一卷 …………………………………… 4-171
孝肃包公奏议集：十卷 ……………………… 2-95
孝肃包公奏议集：十卷 ……………………… 2-95
孝肃包公奏议集：十卷 ……………………… 2-95
孝肃包公奏议集：十卷 ……………………… 2-95
孝肃包公奏议集：十卷 ……………………… 2-95
孝肃包公奏议集：十卷 ……………………… 2-95
孝经：一卷 …………………………………… 1-113
孝经：一卷 …………………………………… 1-114
孝经大全：二十八卷首一卷孝经或问三卷
孝经翼一卷 ……………………………… 1-114
孝经刊误：一卷 ……………………………… 1-114
孝经古注：五卷 ……………………………… 1-115
孝经本义：一卷列传七卷 …………………… 1-114
孝经丛书：十四卷 …………………………… 1-114
孝经忠经等书合刊：四种十卷 …………… 5-421
孝经郑氏解：一卷 …………………………… 1-113
孝经注：一卷 ………………………………… 1-114
孝经注疏：九卷 ……………………………… 1-114
孝经注疏：九卷 ……………………………… 1-114
孝经注疏：九卷；孝经正义：一卷 ……… 1-114
孝经衍义：二十二卷附今文孝经一卷 … 1-114

孝经总类：二十卷 …… 1-115
孝经集传：四卷 …… 1-114
孝经集注：一卷 …… 1-115
孝经精义：一卷后录一卷或问一卷原孝一卷余论一卷 …… 1-114
孝经赞义：一卷 …… 1-114
孝顺事实：十卷 …… 1-350
孝洁黄先生墓志铭：一卷 …… 1-406
[康熙]孝感县志：二十四卷 …… 2-335
[光绪]孝感县志：二十四卷续补志一卷 …… 2-335
[光绪]孝感县志：二十四卷续补志一卷 …… 2-335
孝慈堂书目：不分卷 …… 2-491
孝慈堂书目：六卷 …… 2-491
孝静康慈皇后大事档：十一卷 …… 2-84
志远斋史话：三卷 …… 1-341
志远斋史话：六卷 …… 1-341
志园集：三卷 …… 4-319
志学堂礼记拟言：十卷 …… 1-75
志注补：三十卷 …… 1-211
志注补：三十卷 …… 1-211
志注补：三十卷 …… 1-212
志姜堂赠言：一卷 …… 5-246
志雅堂杂抄：二卷 …… 3-200
志雅堂杂抄：八卷 …… 3-200
志雅堂杂钞：一卷 …… 3-200
志道集：一卷 …… 4-111
志壑堂诗集：十二卷文集十二卷后集□□卷 …… 5-31
声训纬纂：不分卷 …… 1-189
声训纬纂：不分卷重订谐声表不分卷 … 1-189
声字实相义：一卷 …… 3-408
声系：三卷 …… 1-179
声律发蒙：五卷 …… 3-305
声类：一卷 …… 1-168
声类：不分卷 …… 1-188
声类：不分卷 …… 1-188
声类辨：八卷 …… 1-178
声冤录：五卷 …… 1-405
声韵考：四卷 …… 1-178
声韵考：四卷声类表九卷首一卷 …… 1-179
却扫编：三卷 …… 3-193
却扫编：三卷 …… 3-193
却扫编：三卷 …… 3-193
劫灰录：不分卷 …… 1-312
劫灰录：不分卷附录一卷 …… 1-312
劫灰录：六卷 …… 1-312
劫余所见诗录前编：一百十七种 …… 5-266
芙村文钞：二卷附芙村学吟一卷 …… 5-130
芙航诗襭：十二卷 …… 5-87
芙蓉山馆文抄：一卷 …… 5-121
芙蓉山馆词钞：二卷；移筝语：一卷；拗莲词集温庭筠诗：一卷 …… 5-342
芙蓉城四种书：七卷 …… 3-172
芙蓉楼传奇：二卷 …… 5-387
芙蓉碣传奇：二卷 …… 5-395
[乾隆]芜湖县志：二十四卷首一卷末一卷 …… 2-277
[嘉庆]芜湖县志：二十四卷首一卷 …… 2-277
邯郸记：二卷 …… 5-376
[乾隆]邯郸县志：十二卷首一卷 …… 2-204
[乾隆]邯郸县志：十二卷首一卷 …… 2-204
邯郸梦：二卷 …… 5-376
邯郸梦：三卷 …… 5-376
邯郸梦：三卷 …… 5-376
邯郸淳艺经：一卷弹棋经一卷杂录一卷博戏部纪事杂录一卷 …… 3-160
苇间诗集：五卷 …… 5-32
芸心识余：七卷续一卷 …… 3-265
芸心识余：七卷续一卷 …… 3-265
芸香馆重刊正字略：一卷 …… 1-162
芸香馆遗诗：二卷 …… 5-151
[乾隆]芷经县志：十二卷 …… 2-360
[同治]芷经县志：六十四卷 …… 2-360
[道光]芷经县志：六十四卷首一卷 …… 2-360
芷湘吟稿：不分卷 …… 5-140
芷湘笔乘：一卷 …… 3-275
芮城刘氏家传：不分卷 …… 1-398
[乾隆]芮城县志：十六卷首一卷 …… 2-225

[光绪]芮城县续志：四卷首一卷 ………… 2-225
花马池志迹：十六卷 ………………………… 2-433
花月痕传奇：二卷 ……………………………… 5-393
花月痕全书：十六卷五十二回……………… 3-356
花史：四卷 ………………………………………… 3-169
花史：四卷 ………………………………………… 3-169
花史左编：二十七卷 ………………………… 3-169
花史左编：二十四卷 ………………………… 3-169
[花县]华氏家谱：不分卷………………………2-11
[康熙]花县志：四卷 ………………………… 2-362
花近楼丛书：七十四种九十二卷补遗十九
　　种二十二卷附存八种九卷………………… 5-425
花妥楼诗：二十卷……………………………… 5-82
花间九奏：九卷 ……………………………… 5-365
花间九奏：九卷 ……………………………… 5-365
花间小集乐府：□□卷 …………………… 5-345
花间堂诗钞：八卷 ……………………………… 5-98
花间集：十卷………………………………………… 5-346
花间集：十卷………………………………………… 5-346
花间集：十卷………………………………………… 5-346
花间集：十卷………………………………………… 5-346
花间集：十卷………………………………………… 5-347
花间集：十卷………………………………………… 5-347
花间集：十卷………………………………………… 5-347
花间集：十卷………………………………………… 5-347
花间集：十卷………………………………………… 5-347
花间集：十卷补二卷音释二卷…………… 5-347
花间集：四卷………………………………………… 5-328
花间集：四卷………………………………………… 5-328
花间集：四卷………………………………………… 5-328
花间集：四卷………………………………………… 5-328
花事录：二卷附录一卷 …………………… 3-169
花果会唱和诗：二卷 ……………………… 5-261
花宜馆文略：一卷 …………………………… 5-137
花宜馆诗续抄：一卷 ……………………… 5-137
花政：不分卷……………………………………… 3-169
花草粹编：二十四卷 ……………………… 5-350
花草粹编：十二卷 …………………………… 5-350
花语山房诗文小钞：一卷；三重赋：一卷；
　　南汇县志分目原稿：一卷………………… 5-74
花部农谭：一卷 ……………………………… 3-254
花龛诗：一卷……………………………………… 5-262
花隐庵诗草：一卷 …………………………… 5-131
花隐庵诗草：一卷 …………………………… 5-131
花隐庵随笔：一卷 …………………………… 3-222
花韵轩咏物诗存：一卷 …………………… 5-114
花溪志补遗：一卷 …………………………… 2-266
花溪集：三卷……………………………………… 4-217
花聚庵诗集：二卷 ……………………………… 5-16
花麈：一卷 ………………………………………… 3-169
[芥子园]画传：三集四卷……………………… 3-148
芥子园画传：三集四卷末一卷……………… 3-147
芥子园画传：五卷 …………………………… 3-147
芥子园画传：五卷 …………………………… 3-147
芥子园画传二集：八卷 …………………… 3-147
芥子园画传二集：八卷首一卷末一卷 … 3-147
芥子园画传二集：八卷首一卷末一卷 … 3-147
芥子园画传二集：四卷 …………………… 3-147
芥舟书舍全集曲谱：八卷…………………… 5-411
苍玉洞题名石刻：一卷 …………………… 2-446
苍耳斋诗集：十七卷 ……………………… 4-359
苍岘山人集：五卷；微云集：一卷 ……… 5-45
苍谷全集：十二卷附录一卷 ……………… 4-270
苍谷集录：十二卷 …………………………… 4-270
苍润轩碑帖跋记：一卷 …………………… 2-459
苍润轩碑跋纪：一卷续纪一卷…………… 2-459
[同治]苍梧县志：十八卷首一卷 ……… 2-371
苍梧词：十二卷 ……………………………… 5-339
苍雪山房稿：一卷 ……………………………… 5-79
苍雪轩全集：二十卷 ……………………… 4-330
苍崖子：一卷……………………………………… 3-216
苍崖子：不分卷 ……………………………… 3-216
苍崖先生金石例：十卷 …………………… 5-327
苍崖先生金石例：十卷 …………………… 5-327
苍崖先生金石例：十卷 …………………… 5-327
苍崖先生金石例：十卷 …………………… 5-327
苍崖先生金石例：十卷 …………………… 5-327
苍崖先生金石例：十卷 …………………… 5-327
苍崖先生金石例：十卷 …………………… 5-327
[乾隆]苍溪县志：四卷 …………………… 2-382

苍霞草文集：二十卷苍霞草诗八卷苍霞续草文集二十二卷 …… 4-344
芳坚馆书髓：一卷 …… 3-136
芳草园文甲集：不分卷乙集不分卷 …… 5-141
芳荪书屋存稿：四卷制艺一卷 …… 5-112
芳洲文集：十卷附录一卷 …… 4-242
严太仆先生集：十二卷 …… 5-57
严氏诗辑：三十五卷 …… 1-43
严文靖公集：十二卷 …… 4-302
严文靖公集：十二卷 …… 4-302
严本仪礼郑氏注校录：一卷 …… 1-66
严永思先生通鉴补正略：三卷 …… 1-242
严永思先生通鉴补正略：三卷 …… 1-242
严永思先生通鉴补正略：三卷 …… 1-242
严州图经：八卷 …… 2-264
严武集：一卷 …… 4-45
严城守：一卷 …… 3-44
严逸山先生文集：十三卷 …… 5-17
严逸山先生文集：十三卷；善余堂家乘后编：一卷补编一卷 …… 5-17
严绳孙诗文稿：不分卷 …… 5-28
严维集：二卷 …… 4-51
严维集：三卷 …… 4-51
严镇志草：四卷 …… 2-281
芦川归来集：十六卷 …… 4-136
芦川归来集：六卷 …… 4-136
芦中秋瑟谱：不分卷 …… 5-343
芦中集：十卷 …… 5-44
芦花涠集：二十九卷 …… 4-340
芦浦笔记：十卷 …… 3-197
芦浦笔记：十卷 …… 3-197
芦浦笔记：十卷 …… 3-197
芦浦笔记：十卷 …… 3-197
芦溪诗钞：三卷 …… 5-100
劳氏碎金：三卷 …… 2-495
劳母荣哀录：一卷 …… 1-398
克敌武略荧惑神机：十卷 …… 3-118
克斋集：二卷 …… 4-279
克薪堂诗集：九卷文集十三卷 …… 4-372
克薪堂诗集：九卷首二卷文集十三卷 …… 4-372
苏山选集：七卷 …… 4-298
苏门山人诗钞：三卷 …… 5-109
苏门山房诗草：二卷文草四卷家乘一卷东事书一卷 …… 4-349
苏门六君子文粹：七十卷 …… 5-236
苏门六君子文粹：七十卷 …… 5-236
苏门六君子文粹：七十卷 …… 5-236
苏门集：八卷 …… 4-291
苏门集：八卷 …… 4-291
苏门集：八卷 …… 4-291
苏门集：八卷 …… 4-291
苏长公二妙集：二十二卷 …… 4-107
苏长公小品：二卷 …… 4-113
苏长公小品：二卷 …… 4-113
苏长公小品：四卷 …… 4-113
苏长公文腴：三十卷 …… 4-108
苏长公文燧：不分卷 …… 4-112
苏长公文燧：不分卷 …… 4-112
苏长公尺牍选：二卷；苏长公表选：一卷；苏长公启选：二卷 …… 4-112
苏长公外纪：十二卷 …… 1-391
苏长公外纪：十二卷 …… 1-391
苏长公外纪：十二卷 …… 1-391
苏长公外纪：十六卷 …… 1-391
苏长公合作内外篇：不分卷 …… 4-112
苏长公合作内外篇：不分卷 …… 4-112
苏长公表启：五卷 …… 4-112
苏长公易解：八卷 …… 1-7
苏长公密语：十六卷首一卷 …… 4-112
苏长公集选：二十二卷 …… 4-108
苏氏印略：一卷 …… 3-151
苏氏易解：八卷 …… 1-7
苏文：六卷 …… 4-111
苏文：六卷 …… 4-111
苏文奇赏：五十卷 …… 4-112
苏文忠公外纪：二卷；逸编：一卷 …… 1-391
苏文忠公表启：二卷 …… 4-112
苏文忠公诗编注集成：四十六卷总案四十五卷诸家杂缀酌存一卷苏海识余四卷版诗图一卷 …… 4-111

苏文忠公策论选：十二卷……4-112
苏文忠公集：一百十一卷……4-107
苏文忠公集：一百十二卷……4-107
苏文忠先生寓惠全集：四卷……4-108
苏文忠诗合注：五十卷首一卷……4-111
苏文忠诗注补正：三卷……4-111
苏文嗜：六卷……4-97
苏甘廊词集：二卷……5-343
苏甘廊诗集：十八卷文集二十卷乐府二卷……5-131
苏平仲文集：十六卷……4-231
苏平仲文集：十六卷……4-231
苏东坡诗集：二十五卷……4-109
苏东坡诗集注：三十二卷……4-110
苏东坡诗集注：三十二卷……4-110
苏老泉文集：十三卷……4-95
苏老泉先生全集：二十卷……4-96
苏老泉先生全集：二十卷附录二卷……4-96
苏老泉先生全集：二十卷附录二卷……4-96
苏老泉先生全集：十六卷……4-95
苏老泉先生全集：十六卷……4-95
苏老泉先生全集：十六卷附录一卷……4-95
苏老泉批点孟子：二卷……1-119
苏廷硕集：二卷……4-25
苏廷硕集：二卷……4-25
苏米志林：三卷……1-365
苏米志林：三卷……1-365
苏米志林：三卷……1-365
苏米斋兰亭考：八卷……3-140
苏米斋兰亭考：八卷……3-140
苏米斋兰亭考：八卷……3-140
苏米斋兰亭考：四卷……3-140
苏米谭史广：六卷……3-270
[道光]苏州府志：一百五十卷首十卷图一卷……2-256
[同治]苏州府志：一百五十卷首三卷附金石目一卷……2-257
[同治]苏州府志：一百五十卷首三卷图一卷……2-257
[同治]苏州府志：一百五十卷首三卷图一卷……2-257
[乾隆]苏州府志：八十卷首一卷……2-256
苏州府学志：十二卷……2-45
苏州府学金石志：不分卷……2-446
苏州府微显志：八卷……1-380
苏州织选局志：十二卷……2-45
苏松田赋考：三卷……2-51
苏松财赋图：一卷……2-51
苏松浮量考：不分卷……2-51
苏学士文集：十六卷……4-93
苏诗补注：八卷……4-111
苏诗摘律：六卷……4-109
苏叟养疴闲记：四卷……3-221
苏亭诗话：六卷……5-324
苏阁文稿：不分卷……5-105
苏隽：五卷……5-296
苏斋书札：不分卷……5-112
苏斋书简：不分卷……5-111
苏斋论碑帖杂文：不分卷……2-460
苏斋诗中书画金石略记：不分卷……3-276
苏斋遗稿：二十三卷……5-431
苏斋遗稿：十一种十五卷……5-431
苏斋题跋：不分卷；铁函斋书跋：补一卷……2-460
苏谈：一卷……2-127
苏黄门龙川别志：八卷……3-244
苏黄门龙川略志：十卷……3-244
苏黄风流小品(东坡题跋)：十六卷……5-171
苏黄题跋：二种十二卷……5-171
苏集选：九卷……5-296
苏魏公文集：七十二卷……4-102
苏魏公文集：七十二卷……4-102
杜工部七言律诗：二卷……4-37
杜工部七言律诗：不分卷……4-38
杜工部七言律诗分类集：二卷……4-39
杜工部七言律诗注：二卷……4-38
杜工部五言诗选直解：三卷七言诗选直解二卷年谱一卷……4-40
杜工部五言律诗：二卷……4-38
杜工部五言律诗：二卷……4-38

杜工部文集：二卷 ………… 4-40
杜工部诗：二十卷文集二卷 ………… 4-37
杜工部诗：二十卷集外诗一卷文集二卷 … 4-40
杜工部诗：八卷 ………… 4-39
杜工部诗钞：五卷 ………… 4-40
杜工部诗通：十六卷 ………… 4-41
杜工部诗集：二十卷文集二卷 ………… 4-37
杜工部诗集：二十卷集外诗一卷文集二卷 ………… 4-40
杜工部草堂诗笺：五十卷外集一卷 ………… 4-35
杜工部草堂诗笺：四十卷补遗十卷外集一卷 ………… 4-35
杜工部草堂诗笺：四十卷补遗十卷外集一卷 ………… 4-35
杜工部集：二十卷 ………… 4-34
杜工部集：二十卷附录一卷年谱一卷诸家诗话一卷唱酬题咏附录一卷 ………… 4-33
杜工部集：二十卷附录一卷年谱一卷诸家诗话一卷唱酬题咏附录一卷 ………… 4-34
杜工部集：二十卷附录一卷年谱一卷诸家诗话一卷唱酬题咏附录一卷 ………… 4-34
杜工部集：二十卷附录一卷年谱一卷诸家诗话一卷唱酬题咏附录一卷 ………… 4-34
杜工部集：二十卷附录一卷年谱一卷诸家诗话一卷唱酬题咏附录一卷 ………… 4-34
杜工部集：二十卷附录一卷年谱一卷诸家诗话一卷唱酬题咏附录一卷 ………… 4-34
杜工部集：二十卷附录一卷年谱一卷诸家诗话一卷唱酬题咏附录一卷 ………… 4-34
杜工部集：二十卷附录一卷年谱一卷诸家诗话一卷唱酬题咏附录一卷 ………… 4-34
杜工部集：二十卷附录一卷年谱一卷诸家诗话一卷唱酬题咏附录一卷 ………… 4-34
杜工部集：二十卷诸家诗话一卷 ………… 4-34
杜工部集：十八卷 ………… 4-33
杜子美七言律：一卷 ………… 4-39
杜子美沽酒游春记：一卷 ………… 5-401
杜少陵集：十卷 ………… 4-33
杜氏通典：二百卷 ………… 2-25
杜氏通典纂要：二卷 ………… 2-26
杜东原杂著：一卷补遗一卷 ………… 4-244
杜曲集：十一卷 ………… 4-385
杜阳杂编：三卷 ………… 3-241
杜阳杂编：三卷 ………… 3-241
杜注水中盐：五卷 ………… 4-41
杜审言集：二卷 ………… 4-22
杜审言集：二卷 ………… 4-22
杜诗七言律注例：四卷 ………… 4-40
杜诗分类：五卷 ………… 4-39
杜诗双声叠韵括略：八卷 ………… 1-179
杜诗本义：二卷 ………… 4-40
杜诗字评：十八卷 ………… 4-42
杜诗论文：五十六卷 ………… 4-41
杜诗论文：五十六卷 ………… 4-41
杜诗论文：五十六卷 ………… 4-41
杜诗论文：五十六卷 ………… 4-41
杜诗详注：二十五卷首一卷附编二卷 ………… 4-39
杜诗钞述注：十六卷 ………… 4-39
杜诗胥钞：十五卷 ………… 4-39
杜诗胥钞：十五卷 ………… 4-39
杜诗胥钞：十五卷 ………… 4-39
杜诗琐证：二卷 ………… 4-42
杜诗琐证：二卷 ………… 4-42
杜诗偶评：四卷 ………… 4-42
杜诗偶评：四卷 ………… 4-42
杜诗阐：三十三卷 ………… 4-41
杜诗集评：十五卷 ………… 4-42
杜诗精华：六卷 ………… 4-40
杜诗镜铨：二十卷年谱一卷附录一卷 ………… 4-42
杜诗镜铨：二十卷年谱一卷附录一卷 ………… 4-42
杜诗镜铨：二十卷年谱一卷附录一卷 ………… 4-42
杜诗镜铨：二十卷附录一卷 ………… 4-42
杜茶村诗钞：八卷 ………… 5-12
杜律二注：四卷 ………… 4-38
杜律七言注解：一卷 ………… 4-38
杜律七言注解：四卷 ………… 4-38
杜律七言注解：四卷 ………… 4-38
杜律七言注解：□□卷 ………… 4-38
杜律七言集解：二卷 ………… 4-39
杜律五言注解：三卷 ………… 4-38

杜律单注：十卷 …… 4-40
杜律注：二卷 …… 4-38
杜律通解：四卷 …… 4-39
杜律詹言：二卷 …… 4-41
杜律詹言：二卷 …… 4-41
杜律韵集：四卷 …… 4-41
杜陵绮语：一卷 …… 5-342
杜清献公集：十九卷首一卷 …… 4-166
杜清献公集：十九卷首一卷 …… 4-166
杜蕙堂全集：二十六卷 …… 5-21
杜樊川集：十七卷 …… 4-68
杜樊川集：十七卷 …… 4-68
杖乡集：四卷 …… 5-101
杏庭摘稿：一卷 …… 4-125
杏庭摘稿：一卷 …… 4-194
杏庭摘稿：一卷 …… 4-194
[光绪]巫山县志：三十二卷首一卷 …… 2-377
极玄集：二卷 …… 5-219
极玄集：二卷 …… 5-219
[乾隆]杞县志：二十卷首一卷 …… 2-326
杞园吟稿：八卷 …… 5-146
杨大年先生武夷心集：二十卷 …… 4-84
杨子卮言：六卷 …… 3-205
杨太真外传：二卷 …… 3-243
杨太真外传：二卷 …… 3-331
杨升庵夫妇长短句乐府：九卷 …… 5-337
杨升庵史略词话：二卷 …… 1-345
杨升庵先生夫人乐府词余：五卷次序一卷 …… 5-402
杨升庵先生长短句：四卷 …… 5-337
杨升庵先生批点文心雕龙：十卷 …… 5-309
杨升庵先生批点文心雕龙音注：十卷 …… 5-309
杨升庵先生评注先秦五子全书：五卷 …… 3-1
杨升庵先生评注先秦五子全书：五卷 …… 3-1
杨升庵杂著十四种：四十三卷 …… 5-428
杨升庵词品：四卷 …… 5-356
杨升庵诗：五卷 …… 4-280
杨升庵诗：五卷 …… 4-280
杨升庵诗：五卷 …… 4-280
杨公笔录：一卷 …… 3-190
杨氏易传：二十卷 …… 1-11
杨氏易传：二十卷 …… 1-11
杨氏易传：二十卷 …… 1-11
杨氏差不贫于古斋古泉喜神谱：不分卷 …… 2-466
杨氏差不贫于古斋古泉喜神谱：不分卷 …… 2-466
杨氏差不贫于古斋古泉喜神谱：不分卷 …… 2-467
杨氏家藏方：二十卷 …… 3-79
杨氏塾训：六卷 …… 3-265
杨氏塾训：六卷 …… 3-265
杨文定公年谱：一卷 …… 1-411
杨文定公诗集：七卷 …… 4-240
杨文恪公集：六十二卷 …… 4-258
杨文宪公考岁略：一卷 …… 4-182
杨文宪公考岁略：一卷 …… 4-182
杨文敏公集：二十五卷附录一卷 …… 4-240
杨文懿公文集：三十六卷 …… 4-249
杨文懿公文集：三十卷 …… 4-249
杨文懿公文集：三十卷 …… 4-249
杨幼云藏空首布拓本：不分卷 …… 2-467
杨全甫谏草：四卷 …… 2-102
杨园先生备忘录补遗：不分卷 …… 3-32
杨园张先生年谱：一卷 …… 1-413
杨园张先生年谱：四卷 …… 1-414
杨龟山先生文集：四十二卷首一卷 …… 4-121
杨妙泉诗集：不分卷 …… 5-124
杨忠愍公集：三卷 …… 4-308
杨忠愍公集：三卷附一卷 …… 4-308
杨忠愍公集：三卷附一卷 …… 4-308
杨忠愍公集：不分卷遗集一卷 …… 4-308
杨忠愍公集：四卷 …… 4-308
杨舍堡城志稿：十四卷首一卷 …… 2-255
杨宜间文集：十二卷 …… 4-246
杨宜间诗集：六卷文集十三卷 …… 4-246
杨诚斋先生天问天对解：一卷 …… 4-8
杨诚斋诗话：一卷 …… 5-314
杨诚斋集：一百三十三卷别集二卷附录一卷 …… 4-147

杨星吾先生手书谢幼槃集校记稿：一卷 ……… 5-153
杨施二先生遗著：二卷 ……… 5-426
杨炯集：二卷 ……… 4-22
杨炯集：二卷 ……… 4-23
杨炯集：二卷 ……… 4-23
杨炯集：二卷 ……… 4-23
杨盈川集：十三卷 ……… 4-23
杨盈川集：十卷附录一卷 ……… 4-23
杨盈川集：十卷附录一卷 ……… 4-23
杨盈川集：十卷附录一卷 ……… 4-23
杨盈川集：十卷附录一卷 ……… 4-23
杨勇悫公事略：一卷 ……… 1-409
杨监笔记：不分卷 ……… 1-313
杨铁崖文集：五卷古乐府八卷古赋二卷 ……… 4-209
杨铁崖文集：五卷史义拾遗二卷香奁集一卷 ……… 4-208
杨铁崖文集：五卷史义拾遗二卷香奁集一卷 ……… 4-208
杨铁崖先生文集：一卷 ……… 4-209
杨铁崖先生文集全录：四卷 ……… 4-209
杨铁崖先生古乐府：八卷古赋二卷补遗一卷 ……… 4-208
杨铁崖咏史古乐府：一卷 ……… 4-209
杨铁崖香奁集：一卷 ……… 5-275
杨梦羽集：不分卷 ……… 4-287
杨雪沧日记：不分卷 ……… 1-422
杨维斗先生评订王文恪公家藏未刻稿：不分卷 ……… 4-257
杨椒山先生集：四卷 ……… 4-308
杨慈湖先生诗抄：一卷 ……… 4-98
杨襄毅公本兵疏议：二十四卷 ……… 2-99
杨襄毅公奏疏：十七卷 ……… 2-99
李于田诗集：十二卷 ……… 4-341
李于田诗集：十二卷 ……… 4-341
李于鳞唐诗广选：六卷 ……… 5-225
李义山文集：五卷 ……… 4-71
李义山文集笺注：十卷 ……… 4-71
李义山诗集：十六卷 ……… 4-71
李义山诗集：三卷 ……… 4-70
李义山诗集：三卷诗谱一卷诸家诗评一卷 ……… 4-70
李义山诗集笺注：十六卷 ……… 4-71
李义山诗解：不分卷 ……… 4-71
李义山集：三卷 ……… 4-69
李义山樊南文集：六卷 ……… 4-71
李卫公望江南集：一卷 ……… 3-118
李卫公望江南集：一卷 ……… 3-118
李子田诗集：四卷；一悦园稿：一卷 … 4-313
李元宾文集：五卷 ……… 4-53
李元宾文集：五卷 ……… 4-53
李元宾文集：五卷附一卷 ……… 4-52
李元宾文集：五卷附一卷 ……… 4-52
李元宾文集：五卷附一卷 ……… 4-52
李元宾文编：三卷 ……… 4-52
李五峰文集：十一卷 ……… 4-205
李五峰先生集：六卷 ……… 4-205
李五峰集：十一卷 ……… 4-205
李太史参补古今大方四书大全：十八卷 ……… 1-123
李太白文集：三十六卷 ……… 4-31
李太白文集：三十卷 ……… 4-31
李太白文集：三十卷 ……… 4-31
李中麓闲居集：十二卷 ……… 4-291
李中麓闲居集：十二卷 ……… 4-291
李中麓闲居集：十二卷 ……… 4-291
李中麓闲居集：十二卷 ……… 4-292
李中麓闲居集：十二卷 ……… 4-292
李长吉昌谷集句解定本：四卷 ……… 4-67
李长吉昌谷集句解定本：四卷 ……… 4-67
李长吉昌谷集句解定本：四卷 ……… 4-67
李长吉诗删注：二卷 ……… 4-68
李长吉诗集：四卷外诗集一卷 ……… 4-67
李长吉集：四卷外卷一卷 ……… 4-66
李长吉集：四卷外卷一卷 ……… 4-67
李长吉歌诗：一卷外诗集一卷 ……… 4-67
李长吉歌诗：四卷外诗集一卷 ……… 4-67
李长吉歌诗：四卷外诗集一卷 ……… 4-67
李长吉歌诗：四卷外集一卷首一卷 ……… 4-68

李长卿集：二十八卷 …………………… 4-337
李长卿集：二十卷 …………………… 4-337
李公案奇闻初集：三十四回 …………… 3-361
李氏山房集：四卷 …………………… 4-303
李氏文集：二十卷 …………………… 4-318
李氏乐书：六种十九卷 ………………… 1-87
李氏弘德集：三十二卷 ……………… 4-266
李氏易解：十卷 ……………………………1-6
李氏说书：九卷 ……………………… 1-125
李氏焚书：六卷 ……………………… 4-318
李氏焚书：六卷 ……………………… 4-318
李氏藏书：六十八卷续藏书二十七卷 … 1-204
李丹记：二卷……………………………… 5-380
李文：十八卷……………………………… 4-60
李文：十八卷……………………………… 4-60
李文：十八卷……………………………… 4-60
李文：十八卷……………………………… 4-60
李文山诗集：三卷 ……………………… 4-72
李文山诗集：三卷 ……………………… 4-72
李文山诗集：三卷附录一卷 ………… 4-72
李文公集：十八卷补遗一卷附录二卷 …… 4-60
李文贞公易义：不分卷 ………………… 1-23
李文定公贻安堂集：十卷………………… 4-302
李文饶文集：二十卷别集十卷外集四卷 … 4-66
李文饶文集：二十卷别集十卷外集四卷 … 4-66
李文饶文集：二十卷别集十卷外集四卷 … 4-66
李文饶文集：二十卷别集十卷外集四卷 … 4-66
李文饶文集：二十卷别集十卷外集四卷 … 4-66
李文敏公遗集定本：二卷附录一卷 ……… 4-367
李文襄公年谱：一卷 ………………… 2-108
李文襄公奏议：二卷奏疏十卷别录六卷
…………………………………………… 2-108
李文襄公奏议：二卷奏疏十卷首一卷别录
六卷………………………………………… 2-107
李文襄公奏议：二卷奏疏十卷首一卷别录
六卷………………………………………… 2-108
李石叠集：四卷附录一卷………………… 4-288
李迂仲黄实夫毛诗集解：四十二卷 ……… 1-43
李师师外传：一卷附录一卷 ………… 3-332
李先生编辑梁昭明太子文选品汇：十八卷
…………………………………………… 3-309
李竹朋先生古泉汇：首集四卷元集十四卷
亨集十四卷利集十八卷真集十四卷
…………………………………………… 2-466
李仲公文集(番阳侯庵先生文集)：三十
卷附录一卷 …………………………… 4-204
李兴锐日记：不分卷附畿南赈次稟稿一卷
…………………………………………… 1-422
李丞相诗集：二卷…………………………4-80
李杜诗选：十一卷………………………… 5-164
李杜诗选：十二卷………………………… 5-164
李杜诗通：六十一卷 …………………… 5-164
李员外遗集：二卷…………………………4-44
李何近体诗选：七卷 ………………… 5-168
李君实先生杂著：八种二十五卷 ……… 5-429
李君虞诗集：二卷…………………………4-48
李英诗：一卷；餐霞集：一卷；历游集：
二卷………………………………………… 4-326
李卓吾五种：九卷………………………… 5-428
李卓吾先生批评三国志：一百二十四回
…………………………………………… 3-341
李卓吾先生批评三国志：一百二十回 … 3-341
李卓吾先生批评玉合记：二卷…………… 5-377
李卓吾先生批评玉合记：二卷…………… 5-377
李卓吾先生批评古本荆钗记：二卷 ……… 5-369
李卓吾先生批评西游记：一百回 ……… 3-361
李卓吾先生批评红拂记：二卷…………… 5-372
李卓吾先生批评红拂记：二卷…………… 5-372
李卓吾先生批评忠义水浒传：一百卷一百
回 ………………………………………… 3-357
李卓吾先生批评忠义水浒传：一百卷引首
一卷………………………………………… 3-357
李卓吾先生批评幽闺记：二卷…………… 5-369
李卓吾先生批评幽闺记：二卷…………… 5-369
李卓吾先生批评琵琶记：二卷…………… 5-368
李卓吾先生批点西厢记真本：二卷 ……… 5-359
李卓吾先生批点西厢记真本：二卷 ……… 5-359
李卓吾先生读升庵集：二十卷…………… 4-280
李卓吾批点曹氏一门：二卷 ………… 5-291

李卓吾评选方正学文集：十一卷首一卷 ······ 4-237
李忠简公文溪存稿：二十卷 ······ 4-170
李忠简公文溪集：二十卷 ······ 4-170
李侍郎经进六朝通鉴博议：十卷 ······ 1-335
李侍郎经进六朝通鉴博议：十卷 ······ 1-335
李侍郎经进六朝通鉴博议：十卷 ······ 1-335
李侍御诗略：一卷 ······ 4-263
李诗选：十卷 ······ 4-31
李诗选注：十三卷辩疑二卷 ······ 4-31
李诗集遗：四卷 ······ 5-289
李建州诗：一卷附录一卷 ······ 4-77
李草阁诗集：六卷拾遗一卷 ······ 4-226
李草阁诗集：六卷拾遗一卷文集一卷 ··· 4-226
李草阁诗集：六卷拾遗一卷文集一卷 ··· 4-226
李南涧先生古文：三卷 ······ 5-107
李相国论事集：六卷 ······ 2-94
李峤集：三卷 ······ 4-22
李峤集：三卷 ······ 4-22
李峤集：三卷 ······ 4-22
李宫保湘洲先生集：一卷 ······ 4-349
李郡疏草：一卷；典剧疏草：一卷；抚畿疏草：四卷 ······ 2-104
李颀集：三卷 ······ 4-27
李益集：二卷 ······ 4-48
李益集：二卷 ······ 4-48
李晦卿真人道书：八卷 ······ 3-379
李笙鱼日记：不分卷 ······ 1-422
李笠翁批阅三国志：一百二十回 ······ 3-341
李商隐小传：一卷 ······ 4-71
李商隐诗集：十卷补遗一卷 ······ 4-70
李商隐诗集：三卷 ······ 4-70
李商隐诗集：三卷 ······ 4-70
李深之文集：六卷又一卷 ······ 1-389
李深之文集：六卷又一卷 ······ 1-389
李深之文集：六卷补一卷 ······ 1-389
李温陵外纪：五卷 ······ 4-319
李温陵集：二十卷 ······ 4-318
李裕州萧然亭集：四卷 ······ 4-325
李勤恪公奏议：不分卷 ······ 2-111
李献吉诗选：四卷 ······ 4-266
李嘉祐集：二卷 ······ 4-47
李端集：二卷 ······ 4-52
李潜夫先生遗文：一卷 ······ 5-3
李鹤年奏稿：不分卷 ······ 2-111
李翰林分类诗：八卷赋集一卷 ······ 4-31
李翰林批点四书初问讲义：八卷补一卷 ······ 1-125
李翰林诗范德机批选：四卷 ······ 4-31
李翰林集：二十五卷 ······ 4-30
李翰林集：十卷 ······ 4-29
李翰林集：三十卷 ······ 4-31
李澹岩行实：一卷 ······ 1-403
李襄敏公奏议：十四卷 ······ 2-99
甫田集：三十六卷 ······ 4-263
甫田集：三十六卷 ······ 4-263
甫田集：三十六卷 ······ 4-263
甫田集：三十六卷 ······ 4-263
甫里先生集：二十卷 ······ 4-74
甫里逸诗：二卷 ······ 5-270
甫里逸诗：二卷；[甫里]逸文：一卷闻见集一卷诗文选一卷 ······ 5-270
甫里逸诗：二卷；甫里倡酬集：一卷，[甫里]逸文：一卷闻见集一卷诗文选一卷 ······ 5-270
更癸轩汇辑闲居笔记：五卷 ······ 3-293
更癸轩汇辑闲居笔记：六卷 ······ 3-293
束鹿乡土志：不分卷 ······ 2-180
[乾隆]束鹿县志：十二卷首一卷 ······ 2-180
[嘉庆]束鹿县志：十卷 ······ 2-180
吾尽吾意斋乐府：二卷 ······ 5-343
吾吾类稿：三卷 ······ 4-215
吾吾类稿：三卷 ······ 4-215
吾汶稿：十卷 ······ 4-179
吾汶稿：十卷 ······ 4-179
吾妻镜补：二十八卷 ······ 2-174
吾征录：三卷节略五卷续一卷；率道人素草：一卷 ······ 2-91
吾炙集：二卷 ······ 5-260
吾学编：六十九卷 ······ 1-298

吾学编：六十九卷 ………………………… 1-298
吾学编：六十九卷 ………………………… 1-298
吾学编：六十九卷 ………………………… 1-298
吾学编：六十九卷 ………………………… 1-298
吾学编余：不分卷 ………………………… 1-298
吾悔集：一卷 ……………………………… 5-149
吾悔集：四卷；撰杖集：一卷 …………… 5-11
豆棚闲话：十二卷 ………………………… 3-336
豆棚闲话：十二卷 ………………………… 3-336
两大儒语录：四卷 ………………………… 3-30
两山墨谈：十八卷 ………………………… 3-205
两山墨谈：十八卷 ………………………… 3-205
两汉五经博士考：三卷 …………………… 1-362
两汉日月考：三卷 ………………………… 1-214
两汉文删：二十四卷 ……………………… 5-217
两汉文选：不分卷 ………………………… 5-217
两汉文选：四十卷 ………………………… 5-217
两汉文选：四十卷 ………………………… 5-217
两汉书选：三卷 …………………………… 1-322
两汉书疏：十六卷 ………………………… 2-89
两汉书疏：十六卷 ………………………… 2-89
两汉刊误补遗：十卷 ……………………… 1-214
两汉刊误补遗：十卷 ……………………… 1-214
两汉刊误补遗：十卷 ……………………… 1-214
两汉石续：六卷 …………………………… 2-462
两汉纪：六十卷 …………………………… 1-237
两汉纪：六十卷 …………………………… 1-237
两汉纪：六十卷 …………………………… 1-237
两汉纪：六十卷 …………………………… 1-238
两汉纪：六十卷 …………………………… 1-238
两汉纪：六十卷 …………………………… 1-238
两汉诏令：二十三卷 ……………………… 2-85
两汉诏令：二十三卷 ……………………… 2-85
两汉诏令：二十三卷 ……………………… 2-85
两汉金石记：二十二卷 …………………… 2-442
两汉金石记：二十二卷 …………………… 2-442
两汉隽言：十六卷 ………………………… 3-308
两汉隽言：十六卷 ………………………… 3-308
两汉萃宝评林：三卷 ……………………… 1-331
两汉博闻：十二卷 ………………………… 1-329
两汉博闻：十二卷 ………………………… 1-329
两汉博闻：十二卷 ………………………… 1-329
两汉策要：十二卷 ………………………… 5-217
两台奏议：十卷 …………………………… 2-100
两当轩诗抄：十四卷；悔存词抄：二卷
…………………………………………… 5-118
两当轩集：二十二卷考异二卷附录六卷
…………………………………………… 5-118
两当轩集：二十二卷考异二卷附录六卷
…………………………………………… 5-118
[乾隆]两当县志：四卷 …………………… 2-431
[道光]两当县新志：十二卷首一卷 ……… 2-431
[道光]两当县新志：十二卷首一卷 ……… 2-432
两江奏稿录存：三卷 ……………………… 2-93
两苏经解：七种六十四卷 ………………… 5-428
两宋名贤小集：三百八十卷附录一卷 … 5-167
两纱：二卷；小青娘挑灯闲看牡丹亭：一
卷 ………………………………………… 5-362
两纱：二卷附一卷 ………………………… 5-362
两纱：二卷附一卷 ………………………… 5-363
两厓集：八卷 ……………………………… 4-285
两京遗编：十二种七十三卷 ……………… 5-418
两河清汇易览：八卷 ……………………… 2-75
两孤存：四卷 ……………………………… 5-169
两度梅：三卷 ……………………………… 5-391
两洲集：十卷 ……………………………… 4-356
两院发刻司道酌议钱粮征解事宜：一卷 … 2-51
两晋文钞：十卷 …………………………… 5-217
两晋南北史合纂：二十四卷 ……………… 1-332
两晋南北合纂：四十卷 …………………… 1-332
两晋南北奇谈：六卷 ……………………… 1-332
两部曼荼罗私抄：不分卷 ………………… 3-423
两浙订正鹾规：四卷 ……………………… 2-54
两浙地志录：一卷 ………………………… 2-497
两浙名贤录：五十四卷外录八卷 ………… 1-381
两浙南关榷事书：不分卷 ………………… 2-55
两浙耆献传略：不分卷 …………………… 1-381
两浙海防类考续编：十卷 ………………… 2-62
两浙裁减全书：不分卷 …………………… 2-52
两淮运司志：□□卷 ……………………… 2-45

两淮盐法志：十二卷 …… 2-54
两淮盐法志：十二卷 …… 2-54
两朝从信录：三十五卷 …… 1-263
两朝从信录：三十五卷 …… 1-263
两朝平攘录：五卷 …… 1-273
两朝平攘录：五卷 …… 1-273
两朝纲目备要：十六卷 …… 1-258
两朝宪章录：二十卷 …… 1-262
两湖总督两广总督奏议：不分卷 …… 2-111
两溪刘忠悯先生文集：二十四卷诗集四卷 …… 4-243
两镇三关通志：□□卷 …… 2-179
两罍轩尺牍残稿：不分卷 …… 5-144
两罍轩书札：不分卷 …… 5-144
两罍轩校汉碑录：六卷 …… 2-462
酉阳正俎：十卷 …… 2-133
丽句集：六卷 …… 3-311
丽句集：六卷 …… 3-311
丽句集：六卷 …… 3-311
丽句集：六卷 …… 3-311
丽则遗音：四卷附录一卷 …… 4-209
[光绪]丽江府志：八卷首一卷 …… 2-403
丽奇轩文集：四卷 …… 4-387
丽泽论说集录：十卷 …… 3-20
丽泽论说集录：十卷 …… 4-152
丽泽录：二十四卷 …… 5-242
医方考：六卷 …… 3-83
医方考：六卷 …… 3-83
医方考：六卷脉语二卷 …… 3-83
医方选要：十卷 …… 3-82
医方集宜：十卷 …… 3-83
医史：十卷 …… 1-356
医灯续焰：二十一卷 …… 3-71
医论问答：一卷 …… 3-60
医彻：四卷 …… 3-63
医林正印：十卷 …… 3-62
医林类证集要：十卷 …… 3-73
医林绳墨：八卷 …… 3-61
医学六要：十九卷 …… 3-58
医学权舆：一卷 …… 3-61
医学纲目：四十卷 …… 3-60
医学纲目：四十卷 …… 3-60
医学纲目：四十卷 …… 3-60
医学便览：四卷 …… 3-61
医学统旨：六卷 …… 3-60
医宗粹言：十四卷 …… 3-62
医经溯洄集：一卷 …… 3-75
医贯：六卷 …… 3-62
医要集览：九种九卷 …… 3-58
医要集览：九种九卷 …… 3-58
医闾先生集：九卷附录一卷 …… 4-253
医闾先生集：九卷附录一卷 …… 4-253
医说：十卷 …… 3-59
医说：十卷 …… 3-59
医说：十卷 …… 3-59
医说：十卷 …… 3-59
医说续编：十八卷 …… 3-61
医说续编：十八卷 …… 3-61
医垒元戎：十二卷 …… 3-59
医藏目录：一卷附秘传痧子心法一卷 …… 1-356
辰州府乡土志 …… 2-359
辰州府乡土志：十二章 …… 2-359
[乾隆]辰州府志：五十卷首一卷 …… 2-358
[道光]辰溪县志：四十卷首一卷终一卷 …… 2-359
[道光]辰溪县志：四十卷首一卷 …… 2-359
[咸丰]邳州志：二十卷首一卷 …… 2-243
还山草：一卷 …… 4-370
还山遗稿：二卷 …… 4-182
还山遗稿：二卷附录一卷 …… 4-182
还丹发秘：二卷 …… 3-385
还京日记：三卷；澄怀园日记：一卷；南归日记：二卷 …… 1-418
还峰宋先生集：十卷首一卷附录一卷 …… 4-284
还浦集：六卷；丁卯集：一卷 …… 5-103
还魂记定本：二卷 …… 5-375
㑇史：一百卷拾遗一卷 …… 3-301
来子谈经：五种十八卷 …… 1-4
[同治]来凤县志：三十二卷首一卷末一卷 …… 2-344

来凤馆合选古今传奇：四卷 …………………… 5-409
来生福弹词：三十六回 ………………………… 5-406
[道光]来安县志：十四卷首一卷末一卷 …………………………………………… 2-276
来阳伯集：二十卷 ……………………………… 4-365
来青园文集：一卷诗集一卷 …………………… 5-10
来青阁遗稿：二卷 ……………………………… 5-130
来复斋稿：十卷 ………………………………… 4-357
来斋金石刻考略：三卷；唐昭陵石迹考略：五卷附唐昭陵陪葬名氏考 ……………… 2-441
来斋金石刻考略：三卷；唐昭陵石迹考略：五卷附唐昭陵陪葬名氏考 ……………… 2-441
来寄轩诗草：四卷 ……………………………… 5-51
来集之先生诗话稿：不分卷 …………………… 5-321
来禽馆集：二十八卷目录一卷 ………………… 4-339
来禽馆集：二十九卷 …………………………… 4-339
扶风县石刻记：二卷；兴平县金石志：一卷 …………………………………………… 2-449
[嘉庆]扶风县志：十八卷 ……………………… 2-417
[乾隆]扶沟县志：十二卷首一卷末一卷 …………………………………………… 2-329
[道光]扶沟县志：十三卷 ……………………… 2-329
[光绪]扶沟县志：十六卷首一卷 ……………… 2-329
扶轮广集：十四卷 ……………………………… 5-194
扶轮广集：十四卷 ……………………………… 5-194
扶轮集：十四卷 ………………………………… 5-194
扶轮新集：十四卷 ……………………………… 5-194
扶轮新集：十四卷 ……………………………… 5-194
扶荔词：三卷别录一卷 ………………………… 5-339
扶荔堂文集选：十二卷诗选十二卷扶荔词三卷词别录一卷 ……………………… 5-24
扶桑阁集：十四卷 ……………………………… 5-40
抚上郡集：一卷 ………………………………… 4-267
抚上郡集：一卷 ………………………………… 4-267
抚云集：八卷 …………………………………… 5-52
抚云集：九卷 …………………………………… 5-53
抚云集：九卷 …………………………………… 5-53
抚云集：九卷 …………………………………… 5-53
抚本礼记郑注考异：二卷 ……………………… 1-71
[康熙]抚宁县志：十二卷图一卷 ……………… 2-187
[光绪]抚宁县志：十六卷首一卷 ……………… 2-187
抚辽疏稿：六卷 ………………………………… 2-101
[光绪]抚州府志：八十六卷首一卷 …………… 2-303
抚吴封事：八卷；抚黔封事：一卷；辑瑞陈言：一卷 ………………………………… 2-106
抚苗录：不分卷；红苗归化诗：不分卷… 2-83
抚苗录：不分卷；沿边营汛路程：一卷；新抚苗寨路程：一卷 ………………………… 2-83
抚直奏稿：不分卷 ……………………………… 2-107
抚郧疏稿：不分卷 ……………………………… 2-105
抚闽奏稿：不分卷 ……………………………… 2-109
抚闽奏稿：不分卷 ……………………………… 2-109
抚津疏草：四卷 ………………………………… 2-102
抚夏奏议：六卷 ………………………………… 2-101
抚虔草：十六卷 ………………………………… 5-18
抚浙疏草：七卷；抚浙檄草：二卷；抚浙移牍：一卷 ………………………………… 2-107
抚蜀奏议：十三卷 ……………………………… 2-100
抚畿奏疏：十卷；计部奏疏：四卷 …… 2-101
批点分类诚斋先生文脍前集：十二卷后集十二卷 …………………………………… 4-147
批点分类诚斋先生文脍前集：十二卷后集十二卷 …………………………………… 4-147
批点考工记：二卷 ……………………………… 1-65
批点考工记：二卷 ……………………………… 1-65
批点明诗七言律：十二卷 ……………………… 5-243
批点孟子书：二卷 ……………………………… 1-119
批点唐诗正声：二十二卷 ……………………… 5-223
批点聊斋志异：十六卷 ………………………… 3-334
批点崇正文选：十二卷 ………………………… 5-206
批释校注世说新语补：二十卷释名一卷 …………………………………………… 3-240
批释校注世说新语补：二十卷释名一卷 …………………………………………… 3-240
连山乡土志：不分卷 …………………………… 2-363
[道光]连山绥猺厅志：不分卷 ………………… 2-363
[雍正]连平州志：十卷 ………………………… 2-364
[嘉庆]连江县志：十卷首一卷 ………………… 2-291
连阳八排风土记：八卷 ………………………… 2-363
连阳八排风土记：八卷 ………………………… 2-363

连抑武杂记：不分卷 …… 3-249
连环记：一卷 …… 5-368
连环记：不分卷 …… 5-370
[乾隆]连城县志：十卷 …… 2-297
连香集：五卷 …… 5-248
连理堂重订四书存疑：十四卷 …… 1-124
折中历法：十三卷 …… 3-92
折狱龟鉴：二卷 …… 2-71
折狱龟鉴：八卷 …… 2-71
折狱新语：十卷 …… 2-72
折麻集：一卷；水影堂编：一卷 …… 4-330
折韩：一卷 …… 3-54
折疑论：一卷 …… 3-428
折疑论：二卷 …… 3-429
折疑论述注：一卷续增折疑论颂诗一卷 …… 3-429
抢榆子评古：一卷；覆瓿语：一卷 …… 3-209
抑未录：四卷 …… 3-235
投桃记：二卷 …… 5-379
投笔集：一卷 …… 5-2
投梭记：二卷 …… 5-377
投辖录：一卷 …… 3-225
投辖录：一卷 …… 3-317
投辖录：一卷 …… 3-317
护法论：一卷 …… 3-428
护法论：一卷 …… 3-428
拟山园书札 …… 5-3
拟山园初集：七十一卷王子二卷 …… 5-3
拟山园诗稿：不分卷 …… 5-3
拟山园选集：七十五卷 …… 5-3
拟山园选集：八十一卷 …… 5-3
拟古乐府：二卷 …… 1-345
拟汉乐府：八卷补遗一卷附录二卷 …… 4-273
拟两晋南北史乐府：二卷 …… 5-117
拟明史传：不分卷 …… 1-233
拟故宫词：一卷 …… 4-360
拟寒山诗：一卷 …… 4-287
拟嘉定县艺文志稿：三卷 …… 2-497
求古录：一卷 …… 2-441
求古录：一卷 …… 2-441
求古录：一卷 …… 2-441
求古录：一卷 …… 2-441
求古录礼说：十六卷 …… 1-80
求古居宋本书目：一卷 …… 2-493
求古精舍金石图初集：四卷 …… 2-443
求志居诗稿：四卷 …… 5-136
求志堂存稿汇编：□□种□□卷 …… 5-433
求雨法：一卷 …… 3-111
求是斋文集：一卷 …… 5-131
求是堂丛书：六种九十五卷 …… 5-433
求是堂诗集：二十二卷诗余一卷 …… 5-129
求真是斋诗钞：不分卷诗余一卷 …… 5-129
求阕斋弟子记：不分卷 …… 1-408
求阙斋日记类抄：二卷 …… 1-421
求阙斋日记类钞：二卷 …… 1-421
求阙斋奏疏：不分卷 …… 2-110
步天歌：一卷 …… 3-87
邺中记：一卷 …… 2-132
邺中记：一卷 …… 2-132
坚心正意经：一卷 …… 3-397
里中尺牍：不分卷 …… 4-379
里居越言：不分卷 …… 4-379
里堂诗集：八卷词集二卷 …… 5-124
里堂道听录：四十卷又一卷 …… 3-222
里堂道听录：四十卷又一卷 …… 3-222
呈越春秋：十卷补注一卷 …… 1-284
吴下方言考：十二卷 …… 1-190
吴下冢墓遗文：三卷 …… 2-445
吴下冢墓遗文续：三卷 …… 2-445
吴大澂书札 …… 5-152
吴大澂书札：不分卷 …… 5-152
吴大澂书札：不分卷 …… 5-152
吴大澂书札：不分卷 …… 5-152
吴大澂书札：不分卷 …… 5-152
吴山尊先生手札：不分卷 …… 5-121
吴山觳音：四卷 …… 5-339
[康熙]吴川县志：四卷 …… 2-369
吴门表隐：二十卷补录一卷附集一卷 …… 1-380
吴门表隐：二十卷附集一卷 …… 1-380
吴子：二卷 …… 3-42

吴云胡澍吴大澂等书札 …… 5-303
吴太宰公年谱：二卷 …… 1-412
吴太常殉节遗书：一卷 …… 1-402
吴日千先生文集：不分卷 …… 5-22
吴中人物志：十三卷 …… 1-379
吴中水利全书：二十八卷 …… 2-77
吴中旧事：一卷 …… 2-127
吴中旧事：一卷 …… 2-127
吴中旧事：一卷 …… 2-127
吴中旧事：一卷 …… 2-127
吴中旧事：一卷 …… 2-128
吴中旧事：一卷 …… 3-200
吴中灵岩山志：八卷 …… 2-150
吴中灵岩山志：八卷 …… 2-150
吴中往哲记：一卷补遗三卷 …… 1-379
吴中金石新编：八卷 …… 2-445
吴氏本枝墓谱：不分卷 …… 2-147
吴氏丛书堂外集：不分卷 …… 5-242
吴氏纪源录：不分卷 …… 2-6
吴氏族谱：不分卷 …… 2-7
吴氏遗著：五卷附录一卷 …… 1-138
吴氏遗著：五卷附录一卷 …… 1-138
吴风：二卷 …… 5-269
吴风：二卷 …… 5-269
吴文肃公文集：二十卷；棣华杂著：一卷附录一卷 …… 4-144
吴文肃公摘稿：四卷 …… 4-259
吴文恪公文集：三十二卷附录一卷 …… 4-339
吴文恪公书：四种四卷 …… 2-102
吴文端公涣亭存稿：二十八卷 …… 4-368
吴平斋尺牍 …… 5-144
吴生三美集：一卷 …… 3-336
吴汉槎诗集：不分卷 …… 5-38
吴礼部文集：二十卷附录一卷 …… 4-205
吴礼部文集：二十卷附录一卷 …… 4-205
吴礼部别集：一卷 …… 5-317
[吴礼部诗话]：二卷 …… 5-317
吴式芬书札 …… 5-139
吴地记：一卷后集一卷 …… 2-256
吴吏部文集：十二卷 …… 4-358
吴廷康抚砖文：一卷 …… 2-474
吴会吟：一卷濒海集一卷 …… 5-115
吴庆伯先生行状：一卷 …… 1-405
吴兴合璧：四卷 …… 2-130
吴兴沈梦麟先生花溪集：三卷 …… 4-217
[天启]吴兴备志：三十二卷 …… 2-264
吴兴闽氏两尚书诗集：十五卷 …… 5-293
吴兴掌故集：十七卷 …… 2-264
吴兴掌故集：十七卷 …… 2-264
[弘治]吴江志：二十二卷 …… 2-258
[嘉靖]吴江县志：二十八卷首一卷 …… 2-258
[康熙]吴江县志：十六卷首一卷 …… 2-258
[乾隆]吴江县志：五十八卷首一卷 …… 2-258
[乾隆]吴江县志：五十八卷首一卷 …… 2-258
[康熙]吴江县志：四十六卷首一卷 …… 2-258
[光绪]吴江县续志：四十卷首一卷 …… 2-258
吴江沈氏诗集：十二卷 …… 5-289
吴汝纶书札 …… 5-153
吴志仁先生遗集：□□卷 …… 5-38
吴步高等书札 …… 5-305
吴吴山三妇合评牡丹亭还魂记：二卷 …… 5-376
吴吴山三妇合评牡丹亭还魂记：二卷 …… 5-376
[乾隆]吴县志：一百十二卷首一卷 …… 2-257
[崇祯]吴县志：五十四卷首一卷 …… 2-257
吴县潘氏友朋书札诗翰：不分卷 …… 5-304
吴园先生周易解：九卷附录一卷 …… 1-8
吴松邻舍人遗札 …… 5-156
吴非熊诗：十一卷 …… 4-321
吴昌绶书札 …… 5-156
吴忠节公遗集：四卷 …… 4-374
吴征君莲洋诗钞：不分卷 …… 5-51
吴兔床行述：一卷 …… 1-407
吴诗集：二十卷补注二十卷 …… 5-10
吴诗集览：二十卷补注二十卷 …… 5-10
吴音奇字：一卷 …… 1-190
吴逆始末：一卷 …… 1-314
吴郡乐圃朱先生余稿：十卷补遗一卷附录一卷 …… 2-123
吴郡乐圃朱先生余稿：十卷补遗一卷附录一卷 …… 4-114

吴郡乐圃朱先生余稿：十卷附录一卷 …… 4-113
吴郡乐圃朱先生余稿：十卷附录一卷 …… 4-114
吴郡乐圃朱先生余稿：十卷附录一卷 …… 4-114
吴郡乐圃朱先生余稿：十卷附编一卷 …… 4-113
[绍定]吴郡志：五十卷 …… 2-256
[绍定]吴郡志：五十卷 …… 2-256
[绍定]吴郡志：五十卷 …… 2-256
吴郡甫里诗编：十二卷；国朝甫里诗编：八卷 …… 5-270
吴郡陆氏藏书目录：不分卷 …… 2-496
[元丰]吴郡图经续记：三卷 …… 2-256
[元丰]吴郡图经续记：三卷 …… 2-256
[元丰]吴郡图经续记：三卷 …… 2-256
[元丰]吴郡图经续记：三卷 …… 2-256
[元丰]吴郡图经续记：三卷 …… 5-43
吴郡黄氏所藏宋椠本书目：一卷 …… 2-493
吴郡新刊造福秘诀语略：一卷 …… 3-115
吴都文粹：十卷 …… 5-271
吴都文粹：十卷 …… 5-271
吴都文粹：十卷 …… 5-271
吴都文粹：十卷 …… 5-271
吴都文粹：十卷 …… 5-271
吴都文粹：十卷 …… 5-271
吴都文粹：十卷 …… 5-271
吴都文粹：十卷 …… 5-271
吴都文粹续集：五十六卷补遗一卷 …… 5-272
吴都文粹续集：五十六卷补遗二卷 …… 5-271
吴都法乘：十二卷 …… 1-380
[光绪]吴桥县志：十二卷图一卷 …… 2-197
[光绪]吴桥县志：十二卷图一卷 …… 2-197
[康熙]吴桥县志：十卷续补一卷 …… 2-197
吴挚甫先生函稿：一卷 …… 5-153
吴皋先生文集：四卷 …… 4-296
吴姬百媚：二卷 …… 3-145
吴继疏先生遗集：十三卷首一卷 …… 4-345
吴菘圃先生奏疏：不分卷 …… 2-110
吴梅村先生诗集笺注：十二卷；诗余小令笺注：一卷 …… 5-10
吴梅村诗笺：十二卷；诗余小令笺注：一卷 …… 5-10
吴清卿书剳：不分卷 …… 5-152
吴清卿学使金文考：一卷；读古陶文记：一卷 …… 2-454
吴清卿学使读古陶文记：一卷；金文考：一卷 …… 2-474
吴渊颖先生文集：四卷 …… 4-210
吴渊颖先生集：十二卷 …… 4-210
吴越史：二十六卷 …… 1-277
吴越纪余：五卷附杂咏一卷 …… 1-284
吴越改元疑辩：一卷 …… 1-290
吴越所见书画录：六卷 …… 3-129
吴越所见书画录：六卷 …… 3-129
吴越所见书画录：六卷 …… 3-129
吴越备史：五卷补遗一卷 …… 1-290
吴越备史：五卷补遗一卷杂考一卷 …… 1-290
吴越备史：五卷补遗一卷杂考一卷 …… 1-290
吴越备史：四卷 …… 1-290
吴越备史：四卷 …… 1-290
吴越备史：四卷 …… 1-290
吴越备史：四卷 …… 1-290
吴越春秋：十卷 …… 1-283
吴越春秋：十卷 …… 1-283
吴越春秋：十卷 …… 1-284
吴越春秋：十卷 …… 1-284
吴越春秋：十卷 …… 1-284
吴越春秋：十卷 …… 1-284
吴越春秋：十卷 …… 1-284
吴越春秋：十卷 …… 1-284
吴越春秋音注：十卷 …… 1-283
吴越春秋音注：十卷 …… 1-284
吴越顺存集：三卷外集一卷 …… 1-379
吴越顺存集：三卷附一卷 …… 1-378
吴越钱氏凤林派宗谱：不分卷 …… 2-23
吴越钱氏传芳集：一卷 …… 5-294
吴鼎吾行实：一卷 …… 1-402
吴鼎吾行实：一卷 …… 1-402
吴游集：二卷 …… 5-16
吴疏山先生遗集：五卷 …… 4-292
吴骚集：四卷 …… 5-400
吴骚集：四卷二集四卷 …… 5-400

吴锡麒等书札：不分卷 …………………… 5-301
吴歙萃雅：四卷 …………………… 5-408
助字辨略：五卷 …………………… 1-190
时日选择用事宜忌：一卷 …………………… 3-125
时日选择用事宜忌：一卷 …………………… 3-125
时令事宜：一卷 …………………… 2-113
时令事宜：一卷 …………………… 2-113
时用集：不分卷 …………………… 5-57
时贤题咏卞氏牡丹花诗：一卷首一卷 … 5-257
时斋唱和诗：不分卷 …………………… 5-265
园冶：三卷 …………………… 2-74
园冶：三卷 …………………… 2-74
园林午梦院本：一卷；打哑禅院本：一卷 …………………… 5-361
园庭等处提归内库收存各项玉器清册：不分卷 …………………… 2-84
围炉诗话：六卷 …………………… 5-321
围棋近谱：不分卷 …………………… 3-158
足余居诗草：二卷 …………………… 5-31
足雨簃诗抄：一卷 …………………… 5-141
男训：二十一卷 …………………… 3-265
困知记：二卷 …………………… 3-28
困知记：二卷续二卷三续一卷四续一卷续补一卷附录一卷 …………………… 3-28
困知记：二卷续二卷三续一卷四续一卷续补一卷附录一卷 …………………… 3-28
困学纪闻：二十卷 …………………… 3-228
困学纪闻：二十卷 …………………… 3-228
困学纪闻：二十卷 …………………… 3-228
困学纪闻：二十卷 …………………… 3-228
困学纪闻：二十卷 …………………… 3-228
困学纪闻：二十卷 …………………… 3-228
困学纪闻：二十卷 …………………… 3-228
困学纪闻：二十卷 …………………… 3-228
困学纪闻：二十卷 …………………… 3-228
困学纪闻补注：二十卷 …………………… 3-229
困学纪闻注：二十卷 …………………… 3-228
困学纪闻注：二十卷 …………………… 3-229
困学纪闻注：二十卷 …………………… 3-229
困学录：不分卷 …………………… 3-221
困学语：一卷 …………………… 3-34
困学斋杂录：一卷 …………………… 3-201
困学斋杂录：一卷 …………………… 3-201
吽字义：一卷 …………………… 3-408
听云阁雷琴篇：十卷 …………………… 3-156
听月楼：二十回 …………………… 3-355
听邠馆赤牍：不分卷 …………………… 5-155
听松庐诗钞：六卷 …………………… 5-131
听松图题辞：一卷 …………………… 1-407
听松阁诗：不分卷 …………………… 5-126
听雨楼词：二卷 …………………… 5-343
听钟山房集食味杂咏：二卷 …………………… 5-103
听香读画山房遗稿：四卷 …………………… 5-139
听莺居文钞：三十卷 …………………… 5-123
听真稿：二卷 …………………… 4-301
听雪轩诗存：三卷 …………………… 5-143
听嘤堂选苏黄尺牍：四卷 …………………… 5-296
吟风弄月诗稿：四卷 …………………… 5-96
吟风阁：四卷 …………………… 5-364
吟风阁：四卷 …………………… 5-364
吟风阁：四卷谱二卷 …………………… 5-364
吟风阁：四卷谱二卷 …………………… 5-364
吟风阁：四卷谱二卷 …………………… 5-364
吟香仙馆书目：不分卷 …………………… 2-492
吟香堂曲谱：四卷 …………………… 5-411
吟雪山房诗草：一卷 …………………… 5-153
吟碧山馆词钞：四卷 …………………… 5-345
吟碧居曲谱：八卷 …………………… 5-412
吟箫偶存：二卷 …………………… 5-126
吹万阁诗钞：五卷文抄六卷词抄一卷 …… 5-91
吹万楼诗稿：不分卷 …………………… 5-112
吹剑录：一卷 …………………… 3-199
吹剑录：一卷 …………………… 3-199
吹剑稿：二卷 …………………… 4-235
吹景集：十四卷 …………………… 3-216
吹景集：十四卷 …………………… 3-216
吹景集：十四卷 …………………… 3-217
吹景集：十四卷 …………………… 3-217
吹豳录：五十卷 …………………… 1-87
邑侯许公保障教养实政录：一卷 …………………… 2-49

邑乘管窥：二卷 …………………………… 2-270
邑乘管窥拾遗：十二卷 ……………………… 2-270
别下斋书画录：七卷补阙一卷 ……………… 3-130
别下斋丛书：二十六种九十一卷 ………… 5-425
别下斋丛书初集：十种四十八卷 ………… 5-425
别号录：九卷 …………………………………… 3-313
别号录前编：一卷；明人别号录：八卷
…………………………………………………… 3-313
别号录前编：一卷；明人别号录：八卷
…………………………………………………… 3-313
别苑倡和诗册：不分卷 ……………………… 5-259
别雅：五卷 ……………………………………… 1-187
别雅：五卷 ……………………………………… 1-187
别雅：五卷 ……………………………………… 1-187
[光绪]岐山县志：八卷 ……………………… 2-417
[乾隆]岐山县志：八卷 ……………………… 2-417
岐阳石鼓地名考：一卷 ……………………… 2-461
岘泉集：六卷 …………………………………… 4-238
岑楼诗钞：五卷 ……………………………… 5-66
岑嘉州诗：七卷 ……………………………… 4-44
岑嘉州诗：七卷 ……………………………… 4-44
岑嘉州诗：八卷 ……………………………… 4-44
岑嘉州诗：四卷 ……………………………… 4-44
岑嘉州集：八卷 ……………………………… 4-43
岑嘉州集：八卷 ……………………………… 4-43
岑嘉州集：八卷 ……………………………… 4-44
岑嘉州集：八卷 ……………………………… 4-44
针灸大成：十卷 ……………………………… 3-84
针灸大成：十卷 ……………………………… 3-84
针灸大成：十卷 ……………………………… 3-84
针灸问对：三卷 ……………………………… 3-84
针灸择日编集：一卷 ………………………… 3-84
牡丹丛书：七种七卷 ………………………… 5-425
牡丹百咏集：一卷 …………………………… 4-257
牡丹亭：四卷 …………………………………… 5-375
牡丹亭还魂记：二卷 ………………………… 5-375
牡丹亭还魂记：二卷 ………………………… 5-375
牡丹亭还魂记：二卷 ………………………… 5-376
牡丹亭还魂记：二卷 ………………………… 5-376
牡丹亭还魂记：八卷 ………………………… 5-376
牡丹亭还魂记：四卷 ………………………… 5-375
[光绪]利川县志：十四卷首一卷 ………… 2-343
[光绪]利津县志：十卷附文征五卷 ……… 2-310
[康熙]利津县新志：十卷 …………………… 2-310
[光绪]秀山县志：十四卷首一卷 ………… 2-378
[光绪]秀山县志：十四卷首一卷 ………… 2-378
[光绪]秀山县志：十四卷首一卷 ………… 2-378
秀水朱氏家乘：不分卷 ………………………2-3
秀野堂集：十卷 ……………………………… 4-356
我川寓赏编：不分卷 ………………………… 3-129
我有轩集：四卷哀挽诗一卷 ……………… 4-331
兵机纂：八卷 …………………………………… 3-49
兵机纂：□□卷 ……………………………… 3-49
兵经百篇：三卷 ……………………………… 3-44
兵垣：四编四卷附四种四卷 ……………… 3-40
兵垣：四编四卷附编 ………………………… 3-40
兵科造完顺治十一年八月分注销清册：不
分卷 …………………………………………… 2-83
兵部右侍郎邵基诰敕志铭行状：一卷 … 1-406
兵部则例：□□卷 …………………………… 2-79
兵部奏疏：不分卷 …………………………… 2-90
兵镜：二十卷 …………………………………… 3-49
[乾隆]邱县志：八卷 ………………………… 2-205
估修粤东省垣文牍：不分卷 ……………… 2-82
体仁汇编：六卷 ……………………………… 3-60
何士抑宛委斋集：八卷 ……………………… 4-335
何大复先生学约古文：十二卷 …………… 5-202
何大复先生学约古文：十卷 ……………… 5-202
何大复先生集：三十八卷附录一卷 ……… 4-275
何大复先生集：三十八卷附录一卷 ……… 4-275
何大复先生集：三十八卷附录一卷 ……… 4-275
何大复先生集：三十八卷附录一卷 ……… 4-275
何大复先生集：三十八卷附录一卷 ……… 4-275
何义门选诗：不分卷 ………………………… 5-196
何子贞文稿：不分卷 ………………………… 5-140
何长人集：八卷 ……………………………… 4-362
何氏芝园集：二十五卷；居庐集：十五卷
…………………………………………………… 4-335
何氏学：四卷 …………………………………… 3-222
何氏语林：三十卷 …………………………… 3-317

何氏语林：三十卷 …… 3-317
何氏语林：三十卷 …… 3-317
何氏语林：三十卷 …… 3-317
何氏集：二十六卷 …… 4-275
何氏集：二十六卷 …… 4-275
何氏集：二十六卷 …… 4-275
何氏镜山集：不分卷 …… 4-343
何文定公文集：十一卷 …… 4-267
何文简公文集：十八卷 …… 4-267
何水部集：三卷 …… 4-19
何礼部集：十卷 …… 4-301
何吉阳诗集：五卷 …… 4-290
何仲默先生诗集：十五卷 …… 4-275
何仲默诗选：四卷 …… 4-275
何求老人诗稿：七卷集外诗一卷 …… 5-34
何求老人残稿：七卷 …… 5-34
何求老人残稿：八卷释略一卷 …… 5-34
何求老人残稿：三卷 …… 5-34
何求集：五卷 …… 5-60
何绍基日记：不分卷 …… 1-420
何绍基诗文稿：不分卷 …… 5-140
何桂珍列传：一卷 …… 1-409
何竟山日记：不分卷 …… 1-420
何道林传：一卷 …… 1-403
何震川先生集：二十八卷 …… 4-316
何蝯叟致杨龙石诗翰：不分卷 …… 5-140
何潜斋先生文集：四卷 …… 4-173
何燕泉诗集：四卷 …… 4-267
何燕泉诗集：四卷 …… 4-267
何翰林集：二十八卷 …… 4-298
佐右集：□□卷 …… 4-312
佑启堂诗稿：十五卷 …… 5-154
[同治]攸县志：五十五卷 …… 2-351
[同治]攸县志：五十五卷 …… 2-351
[嘉庆]攸县志：五十五卷首一卷 …… 2-351
[嘉庆]攸县志：五十五卷 …… 2-351
[乾隆]攸县志：六卷 …… 2-351
伸蒙续孟子：二卷 …… 3-18
佚文：一卷 …… 1-289
佚礼扶微：二卷附录一卷 …… 1-71
佚礼扶微：二卷附录一卷 …… 1-71
佚存丛书：十五种七十八卷 …… 5-427
作论秘诀心法：不分卷 …… 5-320
作邑自箴：十卷 …… 2-48
伯牙琴：一卷 …… 4-178
伯牙琴：一卷 …… 4-178
伯都纳乡土志 …… 2-234
伯喈定本琵琶记：二卷 …… 5-368
佟氏宗谱：一卷 …… 2-7
佟府四辈公太夫人传：一卷 …… 1-407
伴铎吟：一卷 …… 5-68
身易实义：五卷 …… 1-22
佛山忠义乡土志：十四卷 …… 2-367
佛山忠义乡志：十一卷首一卷 …… 2-367
佛尔雅：八卷 …… 3-426
佛母大准提神咒：一卷 …… 3-400
佛母出生三法藏般若波罗蜜多经：二十五卷 …… 3-394
佛坪厅乡土志 …… 2-420
[光绪]佛坪厅志：二卷 …… 2-420
佛顶心大陀罗尼经：三卷 …… 3-402
佛顶心大陀罗尼经：三卷 …… 3-402
佛顶心大陀罗尼经：三卷 …… 3-402
佛顶心大陀罗尼经：三卷 …… 3-403
佛顶心大陀罗尼经：三卷 …… 3-403
佛顶心大陀罗尼经：三卷 …… 3-403
佛顶心大陀罗尼经：三卷 …… 3-403
佛顶心大陀罗尼经：三卷 …… 3-403
佛顶心大陀罗尼经：三卷 …… 3-403
佛顶心大陀罗尼经：三卷 …… 3-403
佛顶心大陀罗尼经：三卷 …… 3-403
佛顶心大陀罗尼经：三卷 …… 3-403
佛顶心大陀罗尼经：三卷 …… 3-403
佛顶心大陀罗尼经：三卷 …… 3-403
佛顶心大陀罗尼经：三卷 …… 3-403
佛顶心大陀罗尼经：三卷 …… 3-403
佛顶心观世音大陀罗尼经：一卷 …… 3-402
佛顶心观世音菩萨大陀罗尼经：三卷 …… 3-402
佛顶心陀罗尼经：三卷 …… 3-403
佛顶心陀罗尼经：三卷 …… 3-403

佛顶心陀罗尼经：三卷 …… 3-404
佛顶尊胜陀罗尼经疏：二卷 …… 3-399
佛顶尊胜神咒：一卷 …… 3-399
佛果圆悟禅师击节雪窦显和尚拈古语要：二卷 …… 3-419
佛果圆悟禅师碧岩录：十卷 …… 3-419
佛果圆悟禅师碧岩录：十卷 …… 3-419
佛果圆悟禅师碧岩录：十卷 …… 3-419
佛果圆悟禅师碧岩录：十卷 …… 3-419
佛国禅师文殊指南图赞：一卷 …… 3-423
佛法金汤征文录：十卷 …… 3-429
佛法金汤编：十卷 …… 1-360
佛经：十二种十二卷 …… 3-392
佛祖三经：三卷 …… 3-392
佛祖历代通载：二十二卷 …… 1-386
佛祖历代通载：二十二卷 …… 1-386
佛祖历代通载：二十二卷 …… 1-386
佛祖历代通载：二十二卷 …… 1-386
佛祖历代通载：二十二卷 …… 1-386
佛说二十六分功德疏经：一卷 …… 3-397
佛说十一面观世音神咒经：一卷 …… 3-398
佛说三十五佛名经：一卷 …… 3-392
佛说大方广曼殊室利经：□□卷 …… 3-400
佛说大报父母恩重经：一卷 …… 3-401
佛说大悲空智金刚大教王仪轨：□□卷 …… 3-398
佛说大藏正教血盆经：一卷 …… 3-401
佛说龙王兄弟经：一卷 …… 3-397
佛说四十二章经：一卷 …… 3-409
佛说地狱还报经：一卷 …… 3-423
佛说观无量寿佛经：一卷 …… 3-395
佛说观无量寿佛经：一卷 …… 3-395
佛说观世音菩萨救苦经：一卷 …… 3-402
佛说观世音菩萨救苦经：一卷；佛说护身咒：一卷 …… 3-402
佛说寿生经：一卷 …… 3-402
佛说寿生经：一卷 …… 3-402
佛说坚固女经：一卷 …… 3-393
佛说阿舍须摩提女经：一卷 …… 3-397
佛说阿弥陀经：一卷 …… 3-392
佛说陀罗尼集经：十二卷 …… 3-399
佛说高王观世音经：一卷 …… 3-402
佛说高王观世音经：一卷 …… 3-402
佛说高王观世音经：一卷 …… 3-402
佛说高王观世音经：一卷 …… 3-402
佛说高王观世音经：一卷；佛说观世音菩萨救苦经：一卷 …… 3-402
佛说梵网经：二卷 …… 3-401
佛说救苦经尊胜咒：一卷 …… 3-401
佛说阎罗王经：一卷 …… 3-397
佛说摩利支天菩萨经：一卷 …… 3-400
佛说摩诃衍宝严经：一卷 …… 3-392
佛说灌顶十二万神王护比丘尼咒经：□□卷 …… 3-400
佛说灌顶梵天王神策经：□□卷 …… 3-402
佛遗教经：一卷 …… 3-409
佛像：一卷 …… 1-386
伽师县乡土志：一卷 …… 2-435
伽音集：六卷附录一卷 …… 4-388
近支宗室名册：不分卷；远支宗室名册：不分卷 …… 2-20
近今名贤手简：不分卷 …… 5-304
近代名臣言行录：十卷 …… 1-368
近光集：二十八卷 …… 5-195
近光集：二十八卷 …… 5-195
近花楼纂释分类合法百将全传：二卷 …… 3-43
近体秋阳：十七卷 …… 5-227
近青堂诗：一卷 …… 5-249
近青堂诗：一卷 …… 5-249
近事会元：五卷 …… 3-187
近事会元：五卷 …… 3-187
近事会元：五卷 …… 3-187
近思录：十四卷 …… 3-21
近思录：十四卷 …… 3-21
近思录：十四卷 …… 3-21
近思录：十四卷 …… 3-21
近思录：十四卷 …… 3-22
近思录集说：十四卷 …… 3-22
近思录集解：十四卷 …… 3-21
近思录集解：十四卷 …… 3-21

近思录集解：十四卷 ……………………………… 3-21
近思续录：十四卷 ………………………………… 3-22
近道斋文集：六卷诗集四卷附录一卷 …… 5-72
近道斋诗集：四卷文集六卷 ………………… 5-72
近谱：不分卷 ……………………………………… 3-158
余子畴先生杂著：六卷 ………………………… 4-387
余文敏公文集：十二卷 ………………………… 4-317
余生诗稿：十卷不尽诗稿一卷 ……………… 5-24
余生录：一卷 ……………………………………… 1-307
余生录：一卷 ……………………………………… 1-307
余生录：一卷 ……………………………………… 1-307
余生录：二卷 ……………………………………… 1-306
余冬序录：二卷 ………………………………… 3-205
余冬序录：六十五卷 …………………………… 3-204
余冬序录：六十五卷 …………………………… 3-204
余冬序录：六十五卷 …………………………… 3-204
余冬序录：六十五卷 …………………………… 3-204
余冬序录：六十五卷 …………………………… 3-205
余师录后集：十卷续集八卷 ………………… 1-355
余先生诗钞：一卷 ……………………………… 5-95
[光绪]余庆县志：不分卷 ……………………… 2-399
余庆录：一卷 ……………………………………… 3-266
余园诗钞：六卷 ………………………………… 5-76
余园诗钞：六卷 ………………………………… 5-76
[康熙]余杭县志：八卷 ………………………… 2-264
[嘉庆]余杭县志：四十卷 ……………………… 2-264
余事集：不分卷 ………………………………… 5-43
余忠宣公青阳山房集：五卷 ………………… 4-213
余忠宣公集：四卷 ……………………………… 4-213
余忠宣集：六卷 ………………………………… 4-213
余忠宣集：六卷 ………………………………… 4-213
余忠宣集：六卷附青阳先生忠节附录二卷 ……………………………………………… 4-213
余泽录：四卷 ……………………………………… 1-384
余肃敏公奏议：六卷附录一卷 ……………… 2-97
余姚新河吕氏家乘：十二卷附录一卷 ……… 2-3
余庵杂录：三卷 ………………………………… 3-301
余清轩文稿：一卷 ……………………………… 2-113
余廉堂集：八卷 ………………………………… 4-370
余鹤池诗集：十卷 ……………………………… 4-331
佘叶方氏续修世谱：四卷 …………………… 2-1
希夷梦：四十卷 ………………………………… 3-365
希夷梦：四十卷 ………………………………… 3-365
希声馆藏稿：十卷附录一卷 ………………… 4-333
希声馆藏稿：十卷附录一卷 ………………… 4-333
希贤录：五卷 ……………………………………… 1-355
希音堂集：六卷 ………………………………… 5-109
希董先生遗集：五卷 …………………………… 4-236
希腊春秋：八卷 ………………………………… 2-175
坐秋轩集：十五卷 ……………………………… 5-21
坐隐先生精订冯海浮山堂词稿：二卷 … 5-403
坐隐先生精订陈大声乐府全集：十二卷 ……………………………………………… 5-402
坐隐先生精订梨云寄傲：二卷 ……………… 5-402
谷口山房诗集：三十二卷文集六卷 ……… 5-33
谷口集：七卷 ……………………………………… 5-6
谷山笔麈：十八卷 ……………………………… 3-209
谷山笔麈：十八卷 ……………………………… 3-209
谷山笔麈：十八卷 ……………………………… 3-209
谷园文钞：十卷 ………………………………… 5-54
谷园印谱：四卷 ………………………………… 3-152
谷园集文：一卷诗一卷 ………………………… 5-2
谷诒汇：十六卷 ………………………………… 3-32
[谷岭]文俊公房世系 …………………………… 2-10
谷城山馆诗集：二十卷 ………………………… 4-335
谷城山馆诗集：二十卷 ………………………… 4-335
谷城山馆诗集：二十卷文集四十二卷 … 4-335
[同治]谷城县志：八卷 ………………………… 2-334
谷响集：一卷 ……………………………………… 4-200
谷音：二卷 ………………………………………… 5-237
谷原诗集：八卷 ………………………………… 4-283
谷原诗集：八卷 ………………………………… 4-283
谷原奏议：四卷 ………………………………… 2-99
孚远县乡土志：一卷 …………………………… 2-436
[乾隆]含山县志：十六卷 ……………………… 2-285
[康熙]含山县志：三十卷 ……………………… 2-285
含英阁诗余：三卷 ……………………………… 5-340
含经堂集：三十卷别集二卷附录一卷 …… 5-42
含经堂集：三十卷别集二卷附录二卷 …… 5-42
含星别集崇祯宫词：二卷 …………………… 5-45

含星集：六卷 5-45
[道光]邻水县志：六卷首一卷 2-388
邻苏老人书札：一卷 5-153
邻苏园藏书目：一卷 2-496
邸中杂记：一卷 3-213
龟卜玉灵经：不分卷 3-119
龟山先生语录：四卷 3-20
龟山先生集：十六卷 4-120
龟山先生集：三十五卷附录一卷 4-120
龟山先生集：三十五卷附录一卷 4-120
龟山先生集：四十二卷 4-120
龟山先生集：四十二卷 4-121
龟山先生集：四十二卷 4-121
龟峰词：一卷 5-337
龟巢词：一卷补遗一卷 5-337
龟巢诗文钞：二卷 4-209
龟巢摘稿：三卷 4-210
龟巢摘稿：三卷 4-210
龟巢稿：二十卷 4-210
龟巢稿：二十卷 4-210
龟巢稿：十七卷 4-210
犹贤集：四卷 3-157
狄云行馆奏议：不分卷 2-111
[乾隆]狄道州志：十六卷 2-430
[宣统]狄道州续志：十二卷 2-430
删订二奇合传：十六卷四十回 3-337
删补古今文致：十卷 5-212
删补性命圭旨：五卷 3-384
删注楚辞：不分卷；史记屈原传 4-6
删定武库益智录：二十卷 3-49
删定唐诗解：二十四卷 5-226
删录纂序诗经说约讲旨：二卷 1-52
删微：三十六卷 1-167
鸠坞随手录：□□种□□卷 5-424
鸠兹集：十二卷又三卷杂著一卷 4-352
彤管新编：八卷 5-189
条议船政拨差事宜书册：不分卷 2-83
条麓堂集：三十四卷目录一卷 4-316
岛夷纪略：不分卷 1-315
岛夷志略：一卷 2-169
邹子存真集：十二卷；方外集：一卷 4-340
邹子存真集：六卷 4-340
邹子愿学集：八卷 4-340
邹太史文集：八卷 4-341
邹东廓先生文选：四卷 4-282
[万历]邹志：四卷图一卷 2-317
邹县乡土志：一卷 2-317
[康熙]邹县志：三卷图一卷 2-317
邹县金石志：不分卷 2-447
邹忠介公奏疏：五卷 2-101
邹南皋集选：七卷 4-340
邹聚所先生文集：六卷易教一卷语录三卷外集一卷 4-325
迎晖楼诗集：二卷 5-74
迎銮日纪：一卷二纪一卷三纪一卷 1-417
饮水词：一卷 5-340
饮水词钞：二卷 5-340
饮水诗集：二卷词集三卷 5-62
饮水诗集：二卷词集三卷 5-62
饮膳正要：三卷 3-166
饮膳正要：三卷 3-166
言治纪略：一卷；保安太守文登刘公去思录：一卷；保安州士民歌戴刘天录：一卷 2-49
库车直隶州乡土志：一卷 2-435
[同治]应山县志：三十六卷首一卷末一卷 2-335
[光绪]应州再续志：二卷 2-210
[万历]应州志：六卷 2-210
[乾隆]应州续志：十卷首一卷 2-210
应制体排律自得编：四卷 5-259
应制集：四卷 4-274
[雍正]应城县志：十二卷 2-335
应庵和尚语录：不分卷 3-417
应禁书目：一卷 2-500
应潜斋文集：不分卷 5-17
应缴违碍书籍各种名目：一卷 2-500
庐山太平兴国宫采访真君事实：八卷 1-383
庐山白莲正宗昙华集：二卷 3-420
庐山记：三卷 2-154

庐山记：三卷 …… 2-154
庐山记事：十二卷 …… 2-154
庐山记事：十二卷 …… 2-154
庐山记事：十二卷 …… 2-154
庐山记事：十二卷 …… 2-155
庐山记略：一卷 …… 2-154
庐山记略：一卷 …… 2-154
庐山问：二卷 …… 3-420
庐山纪游：一卷 …… 2-167
庐山莲社高贤传：七卷 …… 1-383
庐山莲宗宝鉴：十卷 …… 3-420
庐山集：五卷；英溪集：一卷 …… 4-171
[乾隆]庐州卫志：六卷首一卷 …… 2-272
[嘉庆]庐州府志：五十四卷 …… 2-272
[康熙]庐州府志：四十七卷 …… 2-272
[康熙]庐州府志：四十七卷 …… 2-272
[雍正]庐江县志：十二卷 …… 2-285
[同治]庐江县志：十五卷首一卷 …… 2-285
[光绪]庐江县志：十六卷首一卷 …… 2-285
[同治]庐陵县志：五十六卷首一卷 …… 2-305
序芳园稿：二卷 …… 4-292
辛巳泣蕲录：一卷 …… 1-293
辛巳泣蕲录：一卷 …… 1-293
辛巳泣蕲录：一卷 …… 1-293
辛巳越中荒纪：一卷；辛巳岁救荒小议：一卷 …… 1-307
辛壬朓录：一卷 …… 1-317
辛未嘿庐杂著草稿：不分卷 …… 5-155
[万历]怀仁县志：二卷 …… 2-210
[宣统]怀仁县志：十四卷 …… 2-232
[光绪]怀仁县新志：十二卷 …… 2-210
怀古田舍梅统：不分卷 …… 1-358
怀古堂印稿：□□卷 …… 3-152
怀古堂初集：不分卷 …… 5-51
怀旧集：一卷 …… 5-30
怀旧集：一卷 …… 5-250
怀旧集：二卷 …… 5-250
怀旧集：二卷 …… 5-250
怀旧集：二卷 …… 5-250
怀旧集：二卷 …… 5-250
[道光]怀宁县志：二十八卷首一卷末一卷 …… 2-278
[道光]怀宁县志：二十八卷首一卷末一卷 …… 2-278
怀永堂绘像第六才子书：八卷 …… 5-361
[乾隆]怀安县志：二十四卷图一卷 …… 2-185
[光绪]怀安县志：八卷首一卷末一卷 …… 2-185
[嘉庆]怀远县志：二十八卷 …… 2-275
[乾隆]怀远县志：三卷首一卷 …… 2-420
怀远堂批点燕子笺：二卷 …… 5-383
[光绪]怀来县志：十八卷首一卷 …… 2-185
[康熙]怀来县志：十八卷首一卷 …… 2-185
怀园集杜诗：八卷；集李诗：八卷 …… 4-39
怀净土诗：一卷 …… 3-421
怀柏先生诗集：十卷 …… 4-261
[康熙]怀柔县新志：八卷图一卷 …… 2-177
[康熙]怀柔县新志：八卷图一卷 …… 2-177
怀舫集：四十一卷 …… 5-74
怀陵流寇始终录：十八卷 …… 1-306
怀清堂诗稿：不分卷 …… 5-62
怀清堂集：二十卷 …… 5-62
怀清堂集：二十卷首一卷 …… 5-62
怀集公歌：二首诗一首 …… 4-229
[乾隆]怀集县志：十卷 …… 2-368
怀嵩堂赠言：四卷 …… 5-256
怀德县乡土志 …… 2-234
怀麓堂文后稿：三十卷讲读录一卷东祀录一卷集句录一卷集句后录一卷哭子录一卷求退录三卷 …… 4-256
怀麓堂诗稿：二十卷诗后稿十卷文稿三十卷文后稿三十卷文后续稿十卷 …… 4-256
忧患集偶钞：不分卷；孑遗录：一卷 …… 5-60
[乾隆]忻州志：六卷 …… 2-214
[光绪]忻州志：四十二卷 …… 2-214
快士传：十六卷 …… 3-351
快心录：七卷十四回 …… 3-350
快心编：初集五卷十回二集五卷十回三集六卷十二回 …… 3-350
快心编：初集五卷十回二集五卷十回三集六卷十二回 …… 3-350

快书小品：十四卷 …………………………… 3-214
快阁藏书：十种五十八卷…………………… 5-421
快活三：二卷……………………………… 5-386
快活庵批评红梨花记：二卷 ……………… 5-384
快语堂题跋：八卷 ………………………… 3-138
快雪堂集：六十四卷 ……………………… 4-337
快雪堂集：六十四卷 ……………………… 4-337
闰八月考：三卷 ……………………………… 3-90
闰余子续集：九卷 …………………………… 5-29
闹事纪闻：六卷 …………………………… 3-276
闲止书堂集钞：二卷 ………………………… 5-57
闲中今古：二卷 …………………………… 3-204
闲中录前集：不分卷 ………………………… 3-88
闲中漫编：二卷 …………………………… 3-202
闲书十五种：六卷 ………………………… 3-274
闲古斋集四种：四卷 ……………………… 4-385
闲存录：四卷……………………………… 3-214
闲闲老人滏水文集：二十卷 ……………… 4-181
闲闲老人滏水文集：二十卷 ……………… 4-181
闲闲老人滏水文集：二十卷 ……………… 4-181
闲闲老人滏水文集：二十卷 ……………… 4-181
闲闲老人滏水文集：二十卷 ……………… 4-181
闲闲老人滏水文集：二十卷附录一卷 … 4-181
闲闲老人滏水文集：二十卷附录一卷 … 4-181
闲闲老人滏水文集：二十卷附录一卷 … 4-181
闲青堂诗集：十卷附录一卷 ………………… 5-81
闲居录：一卷……………………………… 3-201
闲居录：一卷……………………………… 3-201
闲居录：一卷……………………………… 3-202
闲居录：一卷……………………………… 3-202
闲居录：一卷……………………………… 3-202
闲居录：一卷……………………………… 3-202
闲斋琴趣外篇：六卷 ……………………… 5-331
闲情小品：二十八种二十九卷…………… 5-421
闲情偶寄：十六卷 ………………………… 3-273
闲情集：六卷……………………………… 5-249
闲情集：六卷……………………………… 5-249
闲渔闲闲录：九卷 ………………………… 3-220
闲道堂集：九卷 ……………………………… 5-44
闲窗集：一卷………………………………… 5-17
闲署日抄：六卷 …………………………… 3-213
闲辟录：十卷………………………………… 3-22
间存集：八卷……………………………… 4-295
闵川十万程氏本宗谱：十卷 ………………… 2-19
判花轩吟稿：一卷 ………………………… 5-147
判花轩集诗：一卷文一卷………………… 5-147
判语全书：六卷 ……………………………… 2-73
判案须知：一卷 ……………………………… 2-70
灼艾集：二卷续集二卷别集二卷余集二卷 …………………………………… 3-263
灼艾集：二卷续集二卷余集一卷别集二卷 …………………………………… 3-263
灼艾集：二卷续集二卷余集二卷别集二卷 …………………………………… 3-263
灼艾集：二卷续集二卷新集二卷别集二卷余集二卷…………………………… 3-263
灼薪剧谈：二卷 …………………………… 3-205
弟子职注：一卷 ……………………………… 3-52
状元图考：六卷 …………………………… 1-427
状元酒筹：一卷 …………………………… 3-146
状元酒筹：一卷 …………………………… 3-146
冷斋夜话：十卷 …………………………… 5-314
冷斋夜话：十卷 …………………………… 5-314
汪士铎书札 ………………………………… 5-141
汪义妇辞：一卷 …………………………… 5-267
汪子中诠：六卷 ……………………………… 3-31
汪公(汪应蛟)哀终录：一卷 ……………… 1-400
汪氏世范录：不分卷 ………………………… 2-8
汪氏世谱：十二卷 …………………………… 2-8
汪氏世谱：十二卷 …………………………… 2-8
汪氏迁派实录提纲：七卷…………………… 2-8
汪氏学行记：六卷 ………………………… 1-415
汪氏珊瑚网名画题跋：二十四卷 ………… 3-137
汪氏珊瑚网名画题跋：二十四卷 ………… 3-144
汪氏珊瑚网名画题跋：二十四卷；汪氏珊瑚网法书题跋：二十四卷……………… 3-144
汪氏珊瑚网法书题跋：二十四卷 ………… 3-137
汪氏珊瑚网法书题跋：二十四卷；名画题跋：二十四卷……………………………… 3-137
汪氏统宗正脉：一卷 ………………………… 2-8

汪氏振绮堂刻书：七种三十八卷 ………… 5-426
汪氏家传：不分卷 ……………………………2-8
汪氏家集：三种十九卷附崇礼堂诗一卷
………………………………………………… 5-289
汪氏渊源录：十卷 ……………………………2-8
汪氏痘书：一卷 ……………………………… 3-77
汪氏鉴古斋墨薮：不分卷………………… 3-164
汪氏鉴古斋墨薮：不分卷………………… 3-165
汪氏鉴古斋墨薮：不分卷………………… 3-165
汪文定公集：十三卷附录一卷…………… 4-143
汪文定公集：十三卷附录一卷…………… 4-143
汪文定公集：十三卷附录一卷…………… 4-143
汪文端评点古文：不分卷………………… 5-215
汪水云诗抄：一卷附录一卷 …………… 4-177
汪本隶释刊误：一卷 …………………… 2-456
汪本隶释刊误：一卷 …………………… 2-456
汪东峰先生奏议：四卷 ………………… 2-99
汪师训词存稿：九卷 …………………… 4-284
汪仲伊所著书十二种：不分卷…………… 5-434
汪鸣銮书札 ……………………………… 5-153
汪柯庭汇刻宾朋诗：十一卷 …………… 5-169
汪韩门四种：十三卷 …………………… 5-431
汪虞卿梅史：一卷 ……………………… 3-145
[顺治]汧阳县志：不分卷………………… 2-417
[乾隆]汧阳县志：不分卷………………… 2-417
汧阳述古编：二卷 ……………………… 2-136
[嘉庆]沅江县志：三十卷………………… 2-349
[嘉庆]沅江县志：三十卷………………… 2-349
[康熙]沅陵县志：十卷首一卷末一卷 … 2-359
[同治]沅陵县志：五十卷首一卷 ……… 2-359
[万历]沛志：二十五卷图一卷…………… 2-243
[乾隆]沛县志：十卷首一卷 …………… 2-243
[光绪]沔阳州志：十二卷首一卷 ……… 2-340
[康熙]沔县志：四卷 …………………… 2-419
[光绪]沔县新志：四卷 ………………… 2-419
汰存录：一卷…………………………… 1-309
沥滘卫氏仗义祠备录：广州 …………… 2-22
沙头里志：十卷 ………………………… 2-260
[道光]沙县志：二十卷首一卷末一卷 … 2-293
[道光]沙县志：二十卷首一卷末一卷 … 2-293
[康熙]沙县志：十二卷 ………………… 2-293
[乾隆]沙河县志：十卷首一卷末一卷 … 2-201
[乾隆]沙河县志：十卷首一卷…………… 2-201
沙河逸老小稿：六卷；嶰谷词：一卷 …… 5-86
沙弥十戒法并威仪：一卷………………… 3-397
沙南方氏宗谱：五卷 ……………………2-2
沙雅县乡土志：一卷 …………………… 2-435
沙溪集略：八卷 ………………………… 5-149
[康熙]沃史：二十五卷 ………………… 2-220
[万历]沃史：二十六卷 ………………… 2-220
浒东乐府：二卷 ………………………… 5-402
浒东乐府：二卷 ………………………… 5-402
浒东乐府：二卷 ………………………… 5-402
[道光]沂水县志：十卷 ………………… 2-316
[康熙]沂水县志：六卷 ………………… 2-316
[康熙]沂州县志：八卷图一卷…………… 2-316
[乾隆]沂州府志：三十六卷首一卷 …… 2-316
[光绪]汾西县志：八卷首一卷…………… 2-223
[康熙]汾西县志：八卷 ………………… 2-223
[万历]汾州府志：十六卷………………… 2-228
[乾隆]汾州府志：三十四卷首一卷附一卷
………………………………………………… 2-228
[乾隆]汾州府志：三十四卷首一卷 …… 2-228
[光绪]汾阳县志：十四卷首一卷 ……… 2-228
[乾隆]汾阳县志：十四卷首一卷 ……… 2-228
[道光]汾阳县志：十四卷首一卷 ……… 2-228
[康熙]汾阳县志：八卷首一卷…………… 2-228
泛舟诗：一卷…………………………… 5-247
泛黄涛：二卷…………………………… 5-396
[乾隆]沧州志：十六卷 ………………… 2-196
[万历]沧州志：八卷 …………………… 2-196
[万历]沧州志：八卷 …………………… 2-196
[康熙]沧州新志：十五卷图一卷 ……… 2-196
[康熙]沧州新志：十五卷首一卷 ……… 2-196
沧江诗选：三卷 ………………………… 5-169
沧海遗珠：四卷 ………………………… 5-244
沧海遗珠：四卷 ………………………… 5-244
沧浪小志：二卷 …………………………… 4-93
沧浪先生吟卷：二卷 …………………… 4-164
沧浪先生吟卷：二卷 …………………… 4-164

沧浪先生吟卷：二卷 ………………………… 4-164
沧浪严先生吟卷：三卷 ……………………… 4-164
沧浪严先生吟卷：三卷 ……………………… 4-164
沧浪集：四卷 …………………………………… 4-164
沧湄诗稿：三十卷补遗三卷别稿二卷文稿六卷介峰札记四卷 ……………………… 5-54
沧溟先生文钞：九卷 ……………………… 4-306
沧溟先生集：三十一卷附录一卷附录补遗一卷 ………………………………………… 4-306
沧溟先生集：三十二卷 …………………… 4-306
沧溟先生集：三十卷附录一卷 ………… 4-305
沧溟先生集：三十卷附录一卷 ………… 4-305
沧溟先生集：三十卷附录一卷 ………… 4-305
沧溟先生集：三十卷附录一卷 ………… 4-305
沧溟先生集：三十卷附录一卷 ………… 4-305
沧溟先生集：三十卷附录一卷 ………… 4-305
沧溟先生集：三十卷附录一卷 ………… 4-305
沧溟先生集：三十卷附录一卷 ………… 4-305
沧趣楼律赋：一卷 ………………………… 5-155
沸圆集：一卷 ………………………………… 4-339
沟洫水利辑说：八卷 ……………………… 3-56
汴围湿襟录：三卷 ………………………… 1-307
汴京匃异记：八卷 ………………………… 3-326
汴京遗迹志：二十四卷 …………………… 2-141
汴京遗迹志：二十四卷 …………………… 2-141
汴京遗迹志：二十四卷 …………………… 2-141
[万历]汶上县志：八卷 …………………… 2-318
[康熙]汶上县志：六卷 …………………… 2-318
[嘉庆]汶志纪略：四卷图一卷 ………… 2-397
沪上从戎日记 ……………………………… 1-420
沪城浩劫录：一卷 ………………………… 1-316
沈下贤文集：十二卷 ……………………… 4-65
沈下贤文集：十二卷 ……………………… 4-65
沈下贤文集：十二卷 ……………………… 4-65
沈下贤文集：十二卷 ……………………… 4-65
沈下贤文集：十二卷 ……………………… 4-65
沈下贤文集：十二卷 ……………………… 4-65
沈下贤文集：十二卷 ……………………… 4-66
沈下贤文集：十二卷 ……………………… 4-66
沈下贤文集：十二卷 ……………………… 4-66
沈下贤文集：十二卷 ……………………… 4-66
沈云卿文集：五卷补遗一卷 ……………… 4-20
沈云卿文集：五卷补遗一卷 ……………… 4-23
沈公家政：二卷 …………………………… 3-209
沈氏三先生文集：三十九卷 ……………… 5-289
沈氏三先生文集：六十卷附录二卷 …… 5-289
沈氏弋说：六卷 …………………………… 3-215
沈氏学弢：十六卷 ………………………… 3-266
沈氏韵经：五卷 …………………………… 1-175
沈文肃公牍：十六卷 ……………………… 2-82
沈水三春集：十二卷 ……………………… 5-83
沈石田先生集：不分卷 …………………… 4-250
[乾隆]沈丘县志：十二卷 ………………… 2-329
沈兰轩集：五卷 …………………………… 4-245
沈司成先生集：□□卷 …………………… 4-326
沈西雍先生遗著：五种十三卷 ………… 5-433
沈存圃书札诗翰 …………………………… 5-116
沈先生春秋比事：二十卷 ………………… 1-102
沈休文集：五卷 …………………………… 4-18
沈华阳传：一卷 …………………………… 1-402
沈伯含集：十三卷附录一卷 ……………… 4-344
沈果堂全集：六种二十九卷 ……………… 5-431
沈国勉学书院集：十二卷 ………………… 5-288
沈忠敏公龟溪集：十二卷 ………………… 4-134
沈忠敏公龟溪集：十二卷 ………………… 4-134
沈忠敏公龟溪集：十二卷 ………………… 4-134
沈佺期集：四卷 …………………………… 4-23
沈佺期集：四卷 …………………………… 4-23
沈佺期集：四卷 …………………………… 4-23
沈南疑先生檇李诗系：四十二卷 ……… 5-275
沈南疑先生檇李诗系：四十二卷 ……… 5-275
沈宾渔四种曲：八卷 ……………………… 5-392
沈梦塘词稿：一卷 ………………………… 5-345
沈隐侯集：四卷 …………………………… 4-18
沈隐侯集：四卷 …………………………… 4-18
沈隐侯集：四卷 …………………………… 4-18
沈隐侯集：四卷 …………………………… 4-18
沈御史存奏：一卷 ………………………… 2-98
沈孺人行实：一卷 ………………………… 1-404
沈蘧翁寿杯歌：一卷 ……………………… 5-265

[光绪]沁水县志：十二卷首一卷 ………… 2-214
[康熙]沁水县志：十卷 ………………………… 2-214
[乾隆]沁州志：十卷首一卷 ……………… 2-213
[光绪]沁州复续志：四卷末一卷 ………… 2-213
沁南稿：二卷；诗余：一卷……………… 4-286
[雍正]沁源县志：十卷首一卷……………… 2-213
[光绪]沁源县续志：四卷……………………… 2-213
完玉堂诗集：十卷 ……………………………… 5-62
完县乡土志 ……………………………………… 2-195
[雍正]完县志：十卷图一卷 ……………… 2-195
完庵刘先生诗集：二卷 ……………………… 4-245
完庵集：一卷……………………………………… 4-245
完庵集：四卷……………………………………… 4-245
宋十五家诗选：十六卷 ……………………… 5-167
宋八家词：八卷 ………………………………… 5-329
宋人小集：十卷 ………………………………… 5-161
宋人小集：五十五种七十六卷……………… 5-161
宋人小集：四种四卷 ………………………… 5-168
宋人小集六种：不分卷 ……………………… 5-168
宋九家词：九卷 ………………………………… 5-329
宋大臣汇志三种：十九卷…………………… 1-345
宋大家苏文忠公文抄：二十八卷 ………… 4-111
宋山陵议状：一卷……………………………… 3-114
宋之问集：二卷 ………………………………… 4-23
宋之问集：二卷 ………………………………… 4-23
宋王忠文公文集：二十四卷 ……………… 4-141
宋开封石经：不分卷；宋绍兴石经：不分
卷 …………………………………………… 1-134
宋天文志：十五卷；步天歌：一卷 …… 1-229
宋元十家词：十二卷 ………………………… 5-330
宋元八家词：八卷……………………………… 5-329
宋元人诗集：八十二种二百七十卷 ……… 5-162
宋元旧本书经眼录：三卷附录一卷 ……… 2-478
宋元旧本书经眼录：三卷附录二卷 ……… 2-478
宋元旧本书经眼录：不分卷 ……………… 2-478
宋元名家诗选 …………………………………… 5-162
宋元纪事本末：一百三十六卷……………… 1-269
宋元明三十三家词：五十三卷……………… 5-329
宋元明书谱：不分卷 ………………………… 3-133
宋元学案：一百卷首一卷…………………… 1-355
宋元学案：一百卷首一卷…………………… 1-355
宋元诗：六十一种二百七十三卷 ………… 5-162
宋元诗：四十二种二百八卷 ……………… 5-162
宋元诗会：一百卷 …………………………… 5-188
宋元诗会：一百卷 …………………………… 5-188
宋元科举题名录：七卷 ……………………… 1-426
宋元宪集：一卷 ………………………………… 4-87
宋元资治通鉴：六十四卷…………………… 1-249
宋元资治通鉴：六十四卷…………………… 1-249
宋元通鉴：一百五十七卷…………………… 1-248
宋元通鉴：一百五十七卷…………………… 1-248
宋元通鉴：一百五十七卷…………………… 1-249
宋元通鉴：一百五十七卷…………………… 1-249
宋元通鉴：目录二十卷朔考一卷 ………… 1-249
宋元检验三录：九卷 ………………………… 2-70
宋艺圃集：二十二卷续集三卷……………… 5-233
宋五家词：六卷 ………………………………… 5-329
宋太学生陈东尽忠录：八卷 ……………… 4-134
宋历科状元录：八卷 ………………………… 1-426
宋历科状元录：八卷 ………………………… 1-426
宋少阳公文集：十卷 ………………………… 4-134
宋少保右丞相信国公文山集：四卷附录三
卷 …………………………………………… 4-176
宋中兴四将传：四卷 ………………………… 1-365
宋中兴百官题名：一卷 ……………………… 1-438
宋化卿诗草：二卷……………………………… 4-371
宋氏树畜部：四卷……………………………… 3-55
宋氏家要部：三卷；家规部：四卷；燕闲
部：二卷…………………………………… 3-256
宋六一先生文钞：不分卷…………………… 4-92
宋六家词：六卷 ………………………………… 5-330
宋文文山先生全集：二十一卷……………… 4-176
宋文文山先生全集：十六卷 ……………… 4-176
宋文正范先生文集：十卷…………………… 5-171
宋文纪：十八卷 ………………………………… 5-218
宋文宪公护法录：十卷 ……………………… 3-408
宋文鉴：一百五十卷目录三卷……………… 5-234
宋文鉴：一百五十卷目录三卷……………… 5-235
宋文鉴：一百五十卷目录三卷……………… 5-235
宋文鉴：一百五十卷目录三卷……………… 5-235

宋文鉴删：十二卷 …… 5-235
宋书：一百卷 …… 1-220
宋书：一百卷 …… 1-220
宋书：一百卷 …… 1-220
宋书：一百卷 …… 1-220
宋书：一百卷 …… 1-220
宋书：一百卷 …… 1-220
宋书：一百卷 …… 1-220
宋书：一百卷 …… 1-220
宋书补表：四卷 …… 1-322
宋布衣文集：一卷诗集二卷清平阁倡和诗一卷 …… 4-367
宋布衣诗集：二卷 …… 4-367
宋东京留守宗忠简公文集：六卷 …… 4-124
宋东莱吕成公外录：四卷 …… 1-394
宋史：四百九十六卷 …… 1-228
宋史：四百九十六卷 …… 1-228
宋史：四百九十六卷 …… 1-229
宋史：四百九十六卷目录三卷 …… 1-229
宋史：四百九十六卷目录三卷 …… 1-229
宋史：四百九十六卷目录三卷 …… 1-229
宋史：四百九十六卷目录三卷 …… 1-229
宋史本传：一卷 …… 4-110
宋史记：二百五十卷 …… 1-230
宋史全文续资治通鉴：三十六卷 …… 1-258
宋史全文续资治通鉴：三十六卷 …… 1-258
宋史全文续资治通鉴：三十六卷 …… 1-258
宋史全文续资治通鉴：三十六卷 …… 1-258
宋史纪事本末：一百九卷 …… 1-271
宋史纪事本末：二十八卷 …… 1-271
宋史质：一百卷 …… 1-230
宋史质：一百卷 …… 1-230
宋史笔断：十二卷 …… 1-344
宋史道学传：四卷 …… 1-229
宋史新编：二百卷 …… 1-230
宋史新编：二百卷 …… 1-230
宋史新编：二百卷 …… 1-230
宋四十名家小集：六十一卷 …… 5-168
宋四子抄释：二十一卷 …… 3-3
宋四六丛珠汇选：十卷 …… 3-304
宋四六丛珠汇选：十卷 …… 3-304
宋四六选：二十四卷 …… 5-236
宋四六选：二十四卷 …… 5-236
宋四名家诗钞：二十七卷 …… 5-167
宋包孝肃公奏议：四卷 …… 2-95
宋司马温国文正公家范：十卷 …… 3-35
宋西事案：二卷 …… 1-291
宋百家诗存：一百卷 …… 5-168
宋存书室宋元秘本书目：四卷 …… 2-496
宋贞士罗沧洲先生集：五卷 …… 4-174
宋会要：不分卷 …… 2-30
宋会要：不分卷 …… 2-30
宋会要：四百六十卷 …… 2-30
宋会要：四百六十卷宋会要考略一卷宋会要辑一卷 …… 2-30
宋会要辑稿：不分卷 …… 2-30
宋会要辑稿：不分卷 …… 2-30
宋名臣言行略：十二卷 …… 1-365
宋名家词：六十种九十卷 …… 5-329
宋刘文简公云庄文集：八卷 …… 4-157
宋刘后村先生集：十二卷 …… 4-167
宋纪受终考：三卷 …… 1-291
宋孙仲益内简尺牍：十卷 …… 4-132
宋孙莘老先生年谱：一卷 …… 1-410
宋丞相文山先生全集：十六卷 …… 4-176
宋丞相文山先生全集：十六卷 …… 4-176
宋丞相文山先生别集：六卷 …… 4-176
宋丞相李忠定公奏议：六十九卷附录九卷 …… 2-96
宋丞相李忠定公奏议：六十九卷附录九卷 …… 2-96
宋丞相李忠定公奏议：六十九卷附录九卷 …… 2-96
宋丞相崔清献公全录：十卷 …… 1-394
宋丞相崔清献公全录：十卷 …… 1-394
宋丞相崔清献公全录：十卷 …… 1-394
宋丞相崔清献公全录：十卷 …… 1-394
宋丞相崔清献公全录：十卷 …… 1-394
宋丞相崔清献公全录：十卷 …… 1-394
宋丞相崔清献公全录：十卷 …… 1-394

宋丞相崔清献公言行录：内集二卷外集三卷 …… 1-394
宋丞相崔清献公言行录：内集二卷外集三卷 …… 1-395
宋苏文忠公居儋录：五卷 …… 4-113
宋杜清献公集：十九卷首一卷 …… 4-166
宋李忠定公奏议选：十五卷文集选二十九卷首四卷 …… 4-133
宋吴允文集：一卷 …… 4-145
宋陈少阳先生文集：十卷 …… 4-134
宋陈少阳先生文集：十卷 …… 4-134
宋陈少阳先生尽忠录：八卷补录二卷 …… 1-392
宋陈少阳先生尽忠录：八卷补录二卷 …… 1-392
宋陈少阳先生尽忠录：八卷补录二卷 …… 1-393
宋陈忠肃公言行录：六卷 …… 1-392
宋邵康节先生伊川击壤集：十卷 …… 4-97
宋范文正公流寓长山事迹考：一卷 …… 1-390
宋林和靖先生诗集：四卷补遗一卷 …… 4-84
宋林和靖先生诗集：四卷补遗一卷省心录一卷 …… 4-83
宋林和靖先生诗集：四卷附录一卷 …… 4-83
宋贤事汇：二卷 …… 3-267
宋国录流塘詹先生集：三卷 …… 4-164
宋明十六家词：十六卷 …… 5-329
宋明两苏先生易说合删：六卷 …… 1-18
宋季三朝政要：六卷 …… 1-258
宋季三朝政要：六卷 …… 1-258
宋季三朝政要：六卷 …… 1-258
宋季忠义录：十六卷 …… 1-366
宋季朝事实：二卷 …… 1-258
宋季朝事实：二卷 …… 1-258
宋金三家诗选：五卷 …… 5-162
宋金元明人词：十七种二十八卷 …… 5-329
宋金元明赋选：八卷 …… 5-197
宋金元诗永：二十卷补遗二卷 …… 5-188
宋金元诗选：六卷 …… 5-188
宋郑所南先生心史：七卷 …… 4-177
宋学士文集：七十五卷 …… 4-223
宋学士文集：七十五卷 …… 4-223
宋学士文集：七十五卷 …… 4-223
宋学士文集：七十五卷 …… 4-223
宋学士文粹：十卷 …… 4-224
宋学士文粹：十卷 …… 4-224
宋学士文粹：十卷补遗一卷 …… 4-224
宋学士夹漈先生六经奥论：六卷总论一卷 …… 1-134
宋学士全集：三十二卷附录一卷 …… 4-223
宋学士徐文惠公存稿：五卷附录一卷 …… 4-168
宋学士徐文惠公存稿：六卷 …… 4-168
宋学士徐文惠公存稿：六卷附录一卷 …… 4-168
宋学士集：九卷附录一卷 …… 4-24
宋宝章阁直学士忠惠铁庵方公文集：三十六卷 …… 4-166
宋宝章阁直学士忠惠铁庵方公文集：三十六卷 …… 4-166
宋宝章阁直学士忠惠铁庵方公文集：三十六卷 …… 4-166
宋宗伯徐清正公存稿：六卷附录一卷 …… 4-163
宋宗忠简公全集：十二卷首一卷末一卷 …… 4-124
宋宗忠简公集：八卷 …… 4-123
宋诗纪事：一百卷 …… 5-323
宋诗删：二卷 …… 5-233
宋诗钞：四集一百六卷 …… 5-167
宋诗选：不分卷 …… 5-233
宋诗略：十八卷 …… 5-234
宋荔裳入蜀诗：一卷 …… 5-15
宋待制徐文清公家传：一卷 …… 1-395
宋祠部集：六卷 …… 4-301
宋真宗御制玉京集：六卷 …… 4-84
宋高僧传：三十卷 …… 3-424
宋高僧传：三十卷 …… 3-424
宋宰辅编年录：二十卷 …… 1-438
宋宰辅编年录：二十卷 …… 1-438
宋宰辅编年录：二十卷 …… 1-439
宋琐碎录：十卷 …… 3-283
宋著作王先生文集：八卷 …… 4-133
宋著作王先生文集：八卷 …… 4-133
宋黄太史公集选：三十六卷 …… 4-115
宋黄太史公集选：三十六卷 …… 4-116

宋黄文节公文集：正集三十卷外集二十四
卷别集十九卷首四卷 4-115
宋崇文总目[简目]：六十六卷 2-478
宋淳熙敕编古玉图谱：一百卷 3-161
宋朝大诏令集：二百四十卷 2-85
宋朝文鉴：一百五十卷 5-235
宋朝道学名臣言行录外集：十七卷 1-364
宋景文公笔记：三卷 3-189
宋景文集：一卷 4-87
宋景濂先生未刻集：不分卷 4-224
宋遗民录：十五卷 1-365
宋遗民录：十五卷 1-365
宋遗民录：十五卷 1-365
宋遗民录：不分卷；广宋遗民录：不分卷
1-366
宋锁碎录：□□卷 3-289
宋鲁斋王文宪公遗集：十二卷 4-168
宋鲁斋文宪公遗集：十三卷 4-168
宋稗类钞：八卷 3-273
宋稗类钞：八卷 3-273
宋蔡忠惠文集：三十六卷 4-98
宋蔡忠惠文集：三十六卷 4-98
宋僧诗选补：三卷 5-232
宋端明殿学士蔡忠惠公文集：三十六卷；
别纪补遗：二卷 4-98
宋端明殿学士蔡忠惠公文集：四十卷 4-98
宋端明殿学士蔡忠惠公文集：四十卷 4-98
宋端明殿学士蔡忠惠公文集：四十卷 4-98
宋穆参军先生文集：三卷遗事一卷 4-84
宋儒龟山先生通纪：二卷 1-392
宋儒学案：一百卷备览十九卷 1-367
宋濂溪周元公先生集：十卷 4-99
宋濂溪周元公先生集：十卷 4-99
宋徽钦二帝赴燕京北行纪略：一卷；阿计
替传：一卷 1-293
宋衢州本蜀志诸葛忠武侯传 1-388
宏所谏疏：一卷 2-98
牢溪生诗钞：四卷 5-156
冶城客轮：一卷 3-326
[光绪]良乡县志：八卷 2-176
良辰乐事：不分卷 5-403
证山堂集：八卷 5-45
证治准绳：六种四十四卷 3-58
证道歌：一卷 3-413
诂经丛话：四卷 1-139
启隽类函：一百二卷职官考五卷目录九卷
5-298
启祯臣节录：二卷 1-373
启祯两朝剥复录：十卷 1-305
启祯两朝常熟实录补编：不分卷 1-305
启祯野乘：十六卷 1-374
启祯野乘一集：十六卷 1-373
启祯野乘一集：十六卷 1-374
启祯野乘一集：十六卷 1-374
启祯野乘二集：八卷 1-374
启祯野乘二集：八卷 1-374
评订红楼梦：六卷一百二十回 3-354
评林新锲甋甀洞稿文类：二十卷诗集六卷
4-315
评画行：一卷 3-143
评注图像水浒传：七十五卷七十回 3-358
评注周美成词片玉集：十卷 5-332
评点凤求凰：二卷 5-371
评鉴阐要：十二卷 1-341
补三州郡县目录：一卷 1-285
补三州郡县目录：一卷 1-285
补三州郡县目录：一卷 1-285
补天石传奇八种：八卷 5-365
补五代史艺文志：一卷 1-203
补订新译大方广佛华严经音义：二卷 3-425
补订新译大方广佛华严经音义：二卷 3-425
补刊全室外集：九卷续一卷 4-228
补刊震川先生集：八卷 4-297
补石仓诗选：十四卷 5-192
补汉兵志：一卷 1-209
补汉兵志：一卷 1-209
补汉兵志：一卷 1-209
补汉兵志：不分卷 1-209
补后汉书艺文志：□□卷 1-213
补闲：三卷 3-223

补闲集：三卷……3-223
补陀洛伽山志：六卷……2-151
补注李沧溟先生文选：四卷……4-306
补注释文黄帝内经素问：十二卷……3-63
补注释文黄帝内经素问：十二卷……3-63
补注释文黄帝内经素问：十二卷遗篇一卷……3-63
补注释文黄帝内经素问：十二卷遗篇一卷……3-63
补注释文黄帝内经素问：十二卷遗篇一卷……3-63
补注释文黄帝内经素问：十二卷遗篇一卷……3-64
补要小儿痘疹方论别集博爱心鉴：二卷……3-77
补要袖珍小儿方论：十卷附小儿豆疹方论别集：二卷秘传小儿豆疹经验良方口诀一卷……3-77
补亭先生遗稿：不分卷……5-113
补亭诗抄：五卷……5-115
补晋书艺文志：四卷……1-219
补晋书艺文志：四卷……1-219
补晋书艺文志：四卷附录一卷……1-219
补晋书艺文志：四卷附录一卷……1-219
补晋书艺文志：四卷附录一卷……1-219
补晋书艺文志：四卷附录一卷……1-219
补晋书艺文志：四卷附录一卷……1-219
补续汉书艺文志：一卷……1-213
补续汉书艺文志：一卷……1-213
补续全蜀艺文志：五十六卷……2-498
补勤诗存：七卷续编三卷……5-148
[道光]补辑石砫厅新志：十二卷……2-378
补樵书：不分卷……5-23
补瓢存稿：六卷……5-113
补瓢存稿：六卷……5-113
补寰宇访碑录：五卷……2-445
补寰宇访碑录：五卷失编一卷……2-444
补寰宇访碑录：五卷失编一卷……2-445
初从北征录：一卷诗一卷；二从北征录：一卷；三从北征录：一卷……1-301
初月楼闻见录：十卷……3-319
初仕录：一卷……2-48
初白庵诗评：三卷……5-322
初白庵诗评：三卷；词综偶评：一卷……5-322
初白庵藏珍记：一卷题跋一卷尺牍二卷……3-126
初学记：三十二卷……3-278
初学记：三十卷……3-278
初学记：三十卷……3-278
初学记：三十卷……3-278
初学记：三十卷……3-278
初学记：三十卷……3-278
初学记：三十卷……3-278
初学记：三十卷……3-278
初学记：三十卷……3-278
初学记：三十卷……3-278
初学记：三十卷……3-278
初学记：三十卷……3-278
初学记：三十卷……3-278
初学字训增辑：三卷……3-39
初祖菩提达磨大师安心法门：一卷；佛说金刚经八道门金沙论：一卷……3-413
初唐四子集：四十八卷……5-160
初唐汇诗：七十卷诗人氏系履历一卷目录十卷……5-226
[咸丰]初续献县志：四卷……2-198
[咸丰]初续献县志：四卷……2-198
初潭集：十二卷……3-264
初潭集：十二卷……3-264
初潭集：三十卷……3-264
初潭集：三十卷……3-264
初潭集：三十卷……3-264
初潭集：三十卷……3-264
初寮集：八卷……4-128
社会小说二十年目睹之怪现状：八卷一百八回……3-357
祀孔典礼：三十五卷……2-40
祀典汇册：不分卷……2-39
识大录：不分卷……1-233
识小编：二卷……3-234

识匡斋全集：十六卷 ………………………… 4-366
识字琐言：四卷；辨字杂说：一卷 …… 1-167
识闲堂第一种翻西厢：二卷 ……………… 5-389
识姓便蒙：三十四卷 ……………………… 1-425
识病捷法：十卷 ……………………………… 3-70
词坛艳逸品：四卷 ………………………… 5-350
词余偶抄：不分卷 ………………………… 5-409
词苑丛谈：十二卷 ………………………… 5-356
词苑英华：九种四十五卷………………… 5-328
词林典故：一卷 ……………………………… 2-46
词林典故：八卷 ……………………………… 2-46
词林海错：十六卷 ………………………… 3-294
词林逸响：四卷 …………………………… 5-408
词林逸响：四卷 …………………………… 5-408
词林韵释：不分卷 ………………………… 5-413
词林韵释：不分卷 ………………………… 5-413
词林摘艳：十卷 …………………………… 5-407
词林摘艳：十卷 …………………………… 5-407
词林摘艳：十卷 …………………………… 5-408
词林摘艳：十卷 …………………………… 5-408
词林摘艳：十卷 …………………………… 5-408
词林摘艳：十卷 …………………………… 5-408
词的：四卷 ………………………………… 5-350
词学丛书：二十三卷 ……………………… 5-328
词学标准：不分卷 ………………………… 5-356
词珍雅调：八种十三卷 …………………… 5-404
词选：二卷附录一卷 ……………………… 5-351
词律：二十卷……………………………… 5-355
词律：二十卷……………………………… 5-355
词律：二十卷……………………………… 5-355
词律：二十卷……………………………… 5-355
词洁：六卷 ………………………………… 5-351
词洁：六卷前集一卷 ……………………… 5-351
词致录：十六卷 …………………………… 5-207
词海评林：三卷 …………………………… 5-354
词海遗珠：四卷 …………………………… 5-181
词海遗珠：四卷 …………………………… 5-181
词海遗珠：四卷 …………………………… 5-181
词谑：不分卷……………………………… 5-355
词综：三十六卷 …………………………… 5-352
词综：三十六卷 …………………………… 5-352
词综：三十六卷补遗六卷………………… 5-352
词综：三十卷……………………………… 5-352
词综补遗：二十卷 ………………………… 5-351
词鹄初编：十五卷 ………………………… 5-354
词脔：一卷 ………………………………… 5-403
词源：二卷 ………………………………… 5-355
词谱：六卷 ………………………………… 5-355
词谱：四十卷……………………………… 5-354
词谱：四十卷……………………………… 5-354
词谱：四十卷……………………………… 5-355
[康熙]诏安县志：十二卷………………… 2-296
译语：不分卷……………………………… 1-191
译峨籁汇录：一卷续刻一卷 ……………… 2-157
诒美堂集：二十四卷 ……………………… 4-343
诒晋斋集：八卷后集一卷随笔一卷 ……… 5-119
诒晋斋集：八卷后集一卷随笔一卷 ……… 5-119
诒清堂集：十二卷补遗四卷 ………………… 5-21
君臣图鉴：不分卷 ………………………… 1-351
[嘉庆]灵山县志：十三卷………………… 2-372
灵山藏：□□卷赋一卷诗余一卷颂铭赞一卷辞一卷；怀玉藏洹泥集：六卷；杜吟：五卷续一卷 ………………………… 4-356
[嘉庆]灵石县志：十二卷………………… 2-219
灵台仪器图：不分卷 ………………………… 3-89
灵台秘苑：十五卷 ………………………… 3-109
[嘉庆]灵州志迹：四卷 …………………… 2-433
灵阳方氏谱：四卷 …………………………… 2-2
[万历]灵寿县志：十卷 …………………… 2-181
[同治]灵寿县志：十卷末一卷…………… 2-181
[康熙]灵寿县志：十卷末一卷…………… 2-181
[康熙]灵寿县志：十卷末一卷…………… 2-181
[康熙]灵寿县志：十卷 …………………… 2-181
灵严奏稿：不分卷 ………………………… 2-109
[康熙]灵邱县志：四卷 …………………… 2-209
[光绪]灵邱县补志：十卷………………… 2-209
灵枢运气音释补遗：一卷；入式运气论奥：三卷……………………………………… 3-65
灵岩山纪略：一卷 ………………………… 2-151
灵岩记略：内篇二卷外篇二卷…………… 2-151

灵岩志略：一卷 …… 2-151
灵岩宝镜三昧：一卷 …… 1-389
灵宝刀：二卷 …… 5-374
灵宝毕法：三卷 …… 3-383
灵洞山房集：三卷 …… 5-279
灵隐子：六卷 …… 4-22
灵隐子：六卷 …… 4-22
灵棋经：一卷 …… 3-120
灵棋经：一卷 …… 3-120
灵棋经：二卷 …… 3-120
灵棋经：不分卷 …… 3-119
灵棋经注解：一卷 …… 3-120
灵棋经注解：一卷 …… 3-120
灵犀劫：十二回 …… 3-337
灵璧县志略：四卷首一卷 …… 2-273
即子集：不分卷 …… 5-42
即身成佛义：一卷 …… 3-408
[同治]即墨县志：十二卷图一卷 …… 2-315
[乾隆]即墨县志：十二卷首一卷 …… 2-315
迟鸿轩诗续：一卷文续一卷 …… 5-148
局方发挥：一卷 …… 3-81
改元考：一卷 …… 1-253
改元部类：二卷；改元定次第：一卷 …… 2-41
改正湘山野录：三卷续录一卷 …… 3-244
改本白仙传：四卷 …… 5-406
改吟斋诗：四卷 …… 5-126
改吟斋烬余什一：一卷 …… 5-126
改吟斋集：九卷 …… 5-126
改亭存稿：十卷续稿二卷 …… 4-272
改堂先生文钞：二卷 …… 5-73
改庵偶集：三卷 …… 5-68
张九龄集：六卷 …… 4-25
张大家兰雪集：二卷后附一卷 …… 4-190
张大家兰雪集：二卷后附一卷 …… 4-190
张之洞等书札 …… 5-304
张小山小令：二卷 …… 5-401
张小山小令：二卷 …… 5-401
张子文粃：十八卷诗粃五卷 …… 4-377
张子全书：十五卷 …… 3-18
张子全书：十五卷 …… 3-18
张子全书：十五卷 …… 3-19
张子寿文集：二十卷 …… 4-26
张子远先生爨下语：二卷 …… 3-216
张子野词：一卷 …… 5-331
张天如先生汇订四书人物名物经文合考：十二卷 …… 1-128
张太史评选秦汉文范：十三卷 …… 5-212
张太史明道杂志：一卷 …… 3-190
张太微诗集：十二卷后集四卷 …… 4-278
张中丞诗集：二卷 …… 4-291
张月泉诗集：不分卷 …… 4-320
张月霄遗像 …… 1-408
张氏印谱：六卷 …… 3-154
张氏诗纪：不分卷 …… 1-49
张氏统宗世谱：十八卷 …… 2-16
张氏统宗世谱：十八卷文献十一卷 …… 2-16
张氏族谱：不分卷 …… 2-17
张氏集注百将传：一百卷 …… 3-43
张氏藏书：十二种十五卷 …… 3-160
张氏藏书：十种□□卷 …… 3-160
张文忠公文集：二十八卷附录一卷 …… 4-195
张文定公文选：三十九卷 …… 4-277
张文定公观光楼集：十卷；环辟楼集：十六卷 …… 4-277
张文献公集：十二卷 …… 4-25
张文潜文集：十三卷 …… 4-121
张文潜文集：十三卷 …… 4-121
张文潜文集：十三卷 …… 4-121
张文潜文集：十三卷 …… 4-121
张水南文集：十一卷 …… 4-279
张玉田词：二卷 …… 5-336
张玉娘闺房三清鹦鹉墓贞文记：二卷 …… 5-382
张右史文集：六十卷 …… 4-121
张右史文集：六十卷 …… 4-121
张右史文集：六十卷补遗七卷 …… 4-121
张龙湖先生文集：十五卷 …… 4-279
张平叔悟真篇集注：五卷 …… 3-384
张东海先生诗集：四卷文集五卷 …… 4-248
张东海先生诗集：四卷文集五卷 …… 4-249
张丘建算经：三卷 …… 3-102

张玄九诗集：四卷 …… 5-73
张司业诗集：八卷 …… 4-53
张司业诗集：八卷附录一卷 …… 4-53
张弘山先生集：四卷 …… 4-293
张光弼诗集：二卷 …… 4-207
张曲江集：二卷 …… 4-25
张仲景注解伤寒百证歌：五卷 …… 3-73
张仲景注解伤寒百证歌：五卷 …… 3-73
张异度先生自广斋集：十六卷 …… 4-354
张阳和先生不二斋文选：七卷 …… 4-325
张阳和先生不二斋文选：七卷附录一卷 …… 4-325
张阳和先生不二斋稿：十六卷首一卷 …… 4-325
张杨园先生寒风伫立图题跋：不分卷 …… 5-267
张来仪先生文集：不分卷 …… 4-232
张来仪先生文集：不分卷 …… 4-232
张陆二先生批评战国策抄：四卷 …… 1-327
张陆二先生批评战国策抄：四卷 …… 1-327
张叔未日记：不分卷 …… 1-418
张叔未编年诗：不分卷 …… 5-126
张易参义：一卷 …… 1-26
张忠烈公文集：一卷奇零草三卷 …… 4-383
张忠烈公文集：七卷 …… 4-383
张忠烈公存集：□□卷 …… 4-360
张鸣珂书札：不分卷 …… 5-150
张乖崖文集：十一卷 …… 4-81
张佩纶书札 …… 5-155
张南湖先生诗集：四卷 …… 4-270
张禺山戊巳吟：三卷附作诗一卷续一卷 …… 4-272
张香涛诗稿：一卷 …… 5-153
张待轩先生遗集：十二卷 …… 4-371
张阁学文集：二卷 …… 4-384
张洺南文集：十二卷 …… 4-336
张洺南诗集：十卷 …… 4-336
张祖翼书札 …… 5-155
张说之文集：二十五卷 …… 4-25
张说之文集：二十五卷 …… 4-25
张说之文集：二十五卷 …… 4-25
张说之文集：二十五卷 …… 4-25
张说之文集：二十五卷 …… 4-25
张说之文集：二十五卷补遗五卷 …… 4-25
张说之文集：三十卷 …… 4-25
张说之文集：三十卷补遗一卷 …… 4-25
张说之集：八卷 …… 4-24
张说之集：八卷 …… 4-24
张恭懿松窗梦语：八卷 …… 3-249
张莼江先生存笥集：二卷 …… 4-360
张烈愍公全集：四卷 …… 4-352
张晓行宝墓志铭：一卷 …… 1-401
张翀汉行状：一卷 …… 1-406
张船山书札：不分卷 …… 5-124
张清恪公年谱：二卷 …… 1-415
张清恪公墓志铭：一卷 …… 1-406
张淮阳诗集：一卷乐府一卷 …… 4-187
张淮阳诗集：一卷乐府一卷 …… 4-187
张淮阳诗集：一卷乐府一卷 …… 4-187
张淮阳诗集：一卷附诗余 …… 4-188
张深之先生正北西厢秘本：五卷 …… 5-359
张深之先生正北西厢秘本：五卷 …… 5-359
张湘门先生诗稿：不分卷 …… 5-76
张湘晓行述：一卷 …… 1-403
张端木钱录：十二卷 …… 2-465
张燕公集：二十五卷 …… 4-25
张翰林校正礼记大全：三十卷 …… 1-73
张穆祁寯藻等书札：不分卷 …… 5-303
张衡大象赋：一卷 …… 3-87
张耀祖折奏稿：一卷 …… 2-108
陆士龙文集：十卷 …… 4-12
陆士龙文集：十卷 …… 4-12
陆士龙文集：十卷 …… 4-12
陆士龙文集：十卷 …… 4-12
陆子余集：八卷附录一卷 …… 4-286
陆子学谱：二十卷 …… 3-21
陆氏家制：一卷 …… 3-36
陆文定公集：二十六卷 …… 4-301
陆文裕公续集：十卷 …… 4-270
陆右丞蹈海录：一卷 …… 1-395
陆生口谱：五卷 …… 3-299
陆生口谱：四卷 …… 3-299

陆务观先生四六：二卷 ……………………… 4-145
陆巩疏考证：二卷 ……………………………… 1-53
陆庄简公掌铨疏略：四卷……………………… 2-100
陆丽京雪罪云游记：一卷……………………… 1-313
陆状元增节音注精议资治通鉴：一百二十
卷目录三卷首一卷 ……………………… 1-244
陆放翁剑南诗选：六卷 ……………………… 4-145
陆学士先生遗稿：十六卷……………………… 4-350
陆宣公文选：十五卷 ………………………… 4-51
陆宣公全集：二十四卷 ……………………… 4-50
陆宣公奏议：十五卷 ………………………… 2-94
陆宣公集：二十四卷 ………………………… 4-50
陆宣公集：二十四卷 ………………………… 4-51
[乾隆]陆凉州志：六卷 ……………………… 2-403
陆桴亭思辨录辑要：三十五卷………………… 3-32
陆堂文集：二十卷 …………………………… 5-70
陆堂诗学：十二卷读诗总论一卷 …………… 1-51
陆堂诗学：十二卷读诗总论一卷花龛诗一
卷 ………………………………………… 1-51
陆密庵文集：二十卷录余二卷诗集十二卷
…………………………………………… 5-18
陆鲁望文集：八卷 …………………………… 4-74
陆稼书先生年谱：一卷 ……………………… 1-414
陆稼书先生年谱定本：二卷附录一卷 … 1-414
阿文成公年谱：三十四卷……………………… 1-415
阿字无禅师光宣台集：二十五卷 …………… 5-40
阿毗达磨顺正理论：八十卷 ………………… 3-398
阿毗达磨藏显宗论：四十卷 ………………… 3-398
阿毗昙经：三十卷 …………………………… 3-398
阿桂列传：一卷 ……………………………… 1-407
阿哥婚娶定例：二卷 ………………………… 2-41
阿喇多罗陀罗尼阿噜力品第十四：一卷
…………………………………………… 3-400
陇西分县武阳志：五卷 ……………………… 2-430
[乾隆]陇西县志：二十卷首一卷 …………… 2-431
[光绪]陇西县志：二卷 ……………………… 2-431
[康熙]陇州志：八卷首一卷 ………………… 2-417
[乾隆]陇州续志：八卷首一卷末一卷 … 2-418
陈子昂集：二卷 ……………………………… 4-24
陈子昂集：二卷 ……………………………… 4-24
陈子兼文稿：不分卷 ………………………… 4-298
陈云书札：不分卷 …………………………… 5-158
陈太史无梦园初集：三十四卷………………… 4-366
陈太史无梦园初集：三十四卷………………… 4-366
陈太史无梦园初集：三十四卷………………… 4-366
陈太史昭代经济言：十四卷 ………………… 5-253
陈介祺致潘祖荫手札：不分卷………………… 5-146
陈氏支谱：三卷 ……………………………… 2-12
陈氏毛诗：五种三十七卷……………………… 1-54
陈氏六书：十三卷 …………………………… 3-102
陈氏丛书：七种一百五卷……………………… 5-428
陈氏宗祠祀产记：不分卷……………………… 2-12
陈氏宗谱：不分卷 …………………………… 2-13
陈氏香品：一卷 ……………………………… 3-165
陈氏家乘旧谱序跋：不分卷 ………………… 1-442
陈氏裛露轩丛书：四种十五卷………………… 5-431
陈氏增辑宗谱：□□卷 ……………………… 2-12
陈文纪：八卷………………………………… 5-218
陈文定公澹然遗书全集：十三卷 ………… 4-241
陈允平词：一卷 ……………………………… 5-335
陈书：三十六卷 ……………………………… 1-221
陈书：三十六卷 ……………………………… 1-221
陈书：三十六卷 ……………………………… 1-221
陈书：三十六卷 ……………………………… 1-221
陈书：三十六卷 ……………………………… 1-221
陈书：三十六卷 ……………………………… 1-221
陈书：三十六卷 ……………………………… 1-221
陈书：三十六卷 ……………………………… 1-222
陈书：三十六卷 ……………………………… 1-222
陈石甫师述：一卷 …………………………… 1-407
陈石闾诗：三十卷 …………………………… 5-88
陈白阳集：十卷附录四卷……………………… 4-276
陈兰甫先生陶诗编年：一卷 ………………… 4-17
陈兰甫先生履历及著述：不分卷 ………… 1-409
陈让泉先生杂著：十种十卷 ………………… 5-433
陈权等书札 …………………………………… 5-299
陈贞亭禅寄笔谭诬辩：一卷 ……………… 1-290
陈光龙行略：一卷 …………………………… 1-404
陈同甫集：三十卷 …………………………… 4-157
陈刚中诗集：三卷附录一卷 ………………… 4-188

陈后冈诗集：一卷 …… 4-289
陈后冈诗集：一卷文集一卷 …… 4-289
陈众仲文集：十三卷 …… 4-206
陈观察遗事：一卷 …… 1-390
陈伯玉文集：十卷 …… 4-24
陈伯玉文集：十卷 …… 4-24
陈伯玉文集：十卷 …… 4-24
陈伯玉文集：十卷附录一卷 …… 4-24
陈伯玉文集：十卷附录一卷 …… 4-24
陈伯玉文集：十卷附录一卷 …… 4-24
陈沈两先生稿：二十二卷 …… 5-171
陈明卿先生订正四书人物备考：四十八卷 …… 1-124
陈明卿先生订正四书人物备考：四十八卷 …… 1-124
陈明卿先生评选古今文统：十六卷 …… 5-211
陈图南先生河洛真数起例：三卷；陈绍二先生河洛真数易卦释义：上经二卷下经三卷；陈图南先生河洛真数诗断秘诀：二卷 …… 3-117
陈征士集：四卷 …… 4-283
陈学士文集：十八卷 …… 5-74
陈学士先生初集：三十六卷 …… 4-349
陈学士吟窗杂录：五十卷 …… 5-312
陈学士吟窗杂录：五十卷目录三卷 …… 5-312
陈定宇先生文集：十六卷别集一卷 …… 4-190
陈定宇先生文集：十四卷 …… 4-190
陈建安诗余：一卷 …… 5-338
陈拾遗文集：十卷 …… 4-24
陈思王集：十卷 …… 4-10
陈思王集：十卷 …… 4-11
陈思王集：十卷 …… 4-11
陈思王集：十卷 …… 4-11
陈思王集：十卷 …… 4-11
陈选传：一卷 …… 1-396
陈恪勤公集：不分卷 …… 5-68
陈眉公订正南唐近事：一卷 …… 3-242
陈眉公订正南唐近事：一卷 …… 3-243
陈眉公正廿一史弹词：二卷 …… 5-406
陈眉公先生手评书法离钩：十卷 …… 3-135
陈眉公先生订正丹渊集：四十卷拾遗二卷 …… 4-99
陈眉公先生订正书谱：四卷 …… 3-139
陈眉公先生订正画谱：八卷 …… 3-146
陈眉公先生全集：六十卷年谱一卷 …… 4-344
陈眉公吴宁野精校青莲露六笺：六卷 … 5-428
陈眉公重订学古编：一卷附录一卷 …… 3-149
陈眉公集：十七卷 …… 4-344
陈眉公集：十七卷 …… 4-344
陈恭介文集：十二卷附录一卷 …… 4-372
陈卿贤鳌峰载笔图纪事辑录：一卷 …… 1-408
[宣统]陈留县志：四十二卷首一卷 …… 2-326
陈乾初先生年谱：二卷 …… 1-413
陈检讨词钞：十二卷 …… 5-340
陈检讨集：二十卷 …… 5-29
陈检讨集：二十卷 …… 5-29
陈副使遗稿：一卷附录一卷 …… 4-87
陈虚白规中指南：二卷 …… 3-385
陈庶常遗集：四卷附一卷 …… 4-367
陈章矦绣像楚辞：五卷 …… 4-4
陈章侯画博古牌：不分卷 …… 3-148
陈章侯画博古牌：不分卷 …… 3-149
陈情归本：一卷 …… 2-102
陈清端公文集：八卷 …… 5-63
陈寄生图书苑：不分卷 …… 3-151
陈紫峰先生周易浅说：五卷 …… 1-15
陈辉祖奏稿：不分卷 …… 2-109
陈鲁南杂著：四种五卷 …… 5-428
陈聘君海粜先生集：十卷 …… 4-222
陈槐建入祠文移碑传：一卷 …… 1-397
陈靖质居士文集：六卷 …… 4-370
陈履吉采芝堂文集：十六卷附一卷 …… 4-351
附音傍训句解论语：二卷 …… 1-117
附释文互注礼部韵略：五卷 …… 1-171
附释音毛诗注疏：二十卷 …… 1-42
附释音礼记注疏：六十三卷 …… 1-72
附释音礼记注疏：六十三卷 …… 1-72
附释音礼记注疏：六十三卷 …… 1-72
附释音尚书注疏：二十卷 …… 1-31
附释音尚书注疏：二十卷 …… 1-31

附释音尚书注疏：二十卷………………………… 1-31
附释音周礼注疏：四十二卷 ……………………… 1-60
附释音周礼注疏：四十二卷 ……………………… 1-61
附释音春秋左传注疏：六十卷…………………… 1-89
陀罗尼杂集：十卷 ………………………………… 3-423
陂门山人集：八卷 ………………………………… 4-302
妙叶堂诗抄：一卷 ………………………………… 5-72
妙远堂诗三集：一卷 ……………………………… 4-387
妙还堂诗集：十四卷 ……………………………… 4-363
妙法莲华经：七卷 ………………………………… 3-395
妙法莲华经：七卷 ………………………………… 3-409
妙法莲华经：八卷 ………………………………… 3-395
妙法莲华经大窾：七卷 …………………………… 3-409
妙法莲华经文句：十卷 …………………………… 3-409
妙法莲华经击节：一卷 …………………………… 3-409
妙法莲华经玄义：二十卷………………………… 3-409
妙法莲华经观世音菩萨普门品：一卷 … 3-395
妙法莲华经观世音菩萨普门品：一卷 … 3-395
妙法莲华经观世音菩萨普门品：一卷 … 3-395
妙法莲华经观世音菩萨普门品：一卷 … 3-395
妙法莲华经观世音菩萨普门品：一卷 … 3-395
妙法莲华经观世音菩萨普门品：一卷 … 3-395
妙法莲华经观世音菩萨普门品：一卷 … 3-395
妙法莲华经观世音菩萨普门品：一卷 … 3-396
妙法莲华经观世音菩萨普门品：一卷 … 3-396
妙法莲华经观世音菩萨普门品：一卷 … 3-396
妙法莲华经观世音菩萨普门品：一卷 … 3-396
妙法莲华经观世音菩萨普门品：一卷 … 3-396
妙法莲华经观世音菩萨普门品：一卷 … 3-396
妙法莲华经观世音菩萨普门品：一卷 … 3-396
妙法莲华经观世音菩萨普门品：一卷 … 3-396
妙法莲华经观世音菩萨普门品：一卷 … 3-396
妙法莲华经观世音菩萨普门品：一卷 … 3-396
妙法莲华经观世音菩萨普门品经：一卷
…………………………………………………… 3-396
妙法莲华经直指：七卷 …………………………… 3-409
妙法莲华经解：七卷 ……………………………… 3-409
妙法莲华经解：七卷 ……………………………… 3-409
妙香馆咏物全韵：一卷 …………………………… 5-143
妙绝古今：不分卷 ………………………………… 5-201
妙绝古今：不分卷 ………………………………… 5-201
妙绝古今：不分卷 ………………………………… 5-201
邵子全书 …………………………………………… 3-18
邵子全书：二十四卷 ……………………………… 3-18
邵氏四家诗册：一卷 ……………………………… 5-290
邵氏闻见录：二十卷 ……………………………… 3-245
邵北虞先生遗文：不分卷………………………… 4-311
邵半江存稿：四卷 ………………………………… 4-254
邵阳县乡土志：四卷 ……………………………… 2-358
[光绪]邵阳县志：十卷 …………………………… 2-358
[乾隆]邵阳县志：四十二卷首一卷 ……… 2-358
[嘉庆]邵阳县志：四十九卷首一卷 ……… 2-358
邵位西诗册：一卷 ………………………………… 5-143
[咸丰]邵武县志：十九卷首一卷 ………… 2-292
[乾隆]邵武府志：二十四卷 ……………… 2-291
邵康节先生诗抄：一卷 …………………………… 4-98
邵蕙西先生诗稿：一卷 …………………………… 5-143
忍书：一卷 ………………………………………… 3-262
忍书：一卷 ………………………………………… 3-262
忍龙天宝经：一卷；金函经：一卷；穴法
赋：一卷……………………………………… 3-112
忍字测：三卷……………………………………… 3-208
忍经：一卷 ………………………………………… 3-262
忍辱庵诗稿：二卷 ………………………………… 2-448
忍辱庵诗稿：二卷 ………………………………… 5-56
劲草堂诗稿：三卷诗余一卷 ……………………… 5-64
甬上耆旧诗：三十卷 ……………………………… 5-276
甬上续耆旧集：一百四十卷 ……………………… 5-276
甬东正气集：四卷 ………………………………… 5-277
甬东诗括：十三卷 ………………………………… 5-276
甬东薛氏世风删：二卷 …………………………… 5-294
鸡肋删：三卷……………………………………… 4-349
鸡肋集：一卷……………………………………… 4-240
鸡肋集：一卷……………………………………… 5-77
鸡肋编：不分卷 …………………………………… 3-193
鸡足山志：十卷首一卷 …………………………… 2-157
鸡足山志：十卷首一卷 …………………………… 2-157
[乾隆]鸡泽县续志：二十卷图一卷 ……… 2-205
纬弢：二卷 ………………………………………… 3-49
纬候佚文：不分卷 ………………………………… 1-141

纬萧草堂诗：六卷 ………………………… 5-63
纬略：十二卷………………………………… 3-226
纬略：十二卷………………………………… 3-226
纬略：十二卷………………………………… 3-226
纬略：十二卷………………………………… 3-226
纬略：十二卷………………………………… 3-226
纬谶候图校辑：不分卷 …………………… 1-141
纯正蒙求：三卷 …………………………… 3-38
纯阳吕真人诗：二卷 ……………………… 4-68
纯甫文稿：一卷 …………………………… 5-127
纯良祠碑记：一卷 ………………………… 1-407
纲目分注发微：十卷 ……………………… 1-247
纲常懿范：十卷 …………………………… 3-263
纲鉴大成：三十六卷 ……………………… 1-255
纲鉴大全：三十九卷首一卷 ……………… 1-251
纲鉴正史约：三十卷；甲子纪纲元：一卷 …………………………………………… 1-252
纲鉴会通：九十八卷 ……………………… 1-251
纲鉴会编：九十八卷；历代统系表略：三卷 ……………………………………… 1-252
纲鉴标题：四卷 …………………………… 1-252
纲鉴类纂：五十四卷首一卷 ……………… 1-326
纳书楹曲谱：正集四卷续集四卷补遗四卷外集二卷；纳书楹玉茗堂四梦曲谱：八卷……………………………………… 5-411
纳兰词：五卷………………………………… 5-340
纳兰词：五卷补遗一卷 …………………… 5-340
纳兰词：五卷补遗一卷 …………………… 5-340
[嘉庆]纳溪县志：十卷 …………………… 2-391
驳漫录评正：不分卷 ……………………… 3-211
纶扉奏草：四卷 …………………………… 2-100
纶扉奏稿：六卷 …………………………… 2-100
纶扉简牍：十卷 …………………………… 4-323
纺授堂集：八卷二集十卷………………… 4-371
纺授堂集：八卷二集十卷文集八卷 ……… 4-371

八画

[咸丰]奉天开原县志：八卷首一卷 ……… 2-231
奉天辽阳州千山剩禅师塔碑铭：一卷 … 1-403
奉天录：四卷……………………………… 1-286
奉天录：四卷……………………………… 1-287
[宣统]奉天省靖安县志 …………………… 2-234
奉天郡邑志：五卷 ………………………… 2-231
[光绪]奉化县志：十四卷末一卷图一卷 …………………………………………… 2-234
[光绪]奉节县志：三十六卷首一卷 ……… 2-377
奉贤乡土历史：三编 ……………………… 2-240
[乾隆]奉贤县志：十卷首一卷…………… 2-240
奉使日记：不分卷 ………………………… 1-422
奉使西域行程记：三卷 …………………… 2-170
奉使陕甘日记：一卷 ……………………… 1-419
奉使琉球诗：三卷附词一卷文一卷 ……… 5-74
奉新县志：十二卷 ………………………… 2-304
[同治]奉新县志：十六卷首一卷末一卷 …………………………………………… 2-305
玩世斋集：十二卷 ………………………… 4-384
玩画斋杂著编：八卷 ……………………… 4-314
玩易心得：不分卷 ………………………… 1-15
玩易意见：二卷 …………………………… 1-15
玩梅亭集稿：二卷 ………………………… 4-284
玩鹿亭稿：二卷 …………………………… 4-289
玩鹿亭稿：八卷附录一卷………………… 4-289
[乾隆]环县志：十卷首一卷 ……………… 2-428
环谷杏山二先生诗稿：六卷 ……………… 5-289
环溪诗话：一卷 …………………………… 5-314
环溪诗话：三卷 …………………………… 5-313
环溪漫集：八卷 …………………………… 4-289
环碧斋集：三种九卷 ……………………… 4-326
[乾隆]武乡县志：六卷首一卷…………… 2-213
[光绪]武乡县续志：四卷………………… 2-213
武元衡集：三卷 …………………………… 4-51
武元衡集：三卷 …………………………… 4-51
武冈州乡土志：不分卷 …………………… 2-358
[乾隆]武冈州志：十卷首一卷…………… 2-357
[嘉庆]武冈州志：三十卷首一卷 ………… 2-358
[光绪]武冈州志：五十四卷首一卷 ……… 2-358
武功县乡土志：不分卷 …………………… 2-416
[正德]武功县志：三卷 …………………… 2-415
[正德]武功县志：三卷…………………… 2-415

[正德]武功县志：三卷 ………… 2-416
[正德]武功县志：三卷图一卷 ………… 2-415
[正德]武功县志：三卷首一卷 ………… 2-415
[正德]武功县志：三卷首一卷 ………… 2-416
[正德]武功县志：三卷首一卷 ………… 2-416
[正德]武功县志：三卷首一卷 ………… 2-416
[正德]武功县志：三卷首一卷 ………… 2-416
[光绪]武功县续志：二卷 ………… 2-416
[乾隆]武宁县志：三十卷首一卷 ………… 2-299
武夷山志：二十四卷首一卷 ………… 2-154
武夷山志：十八卷 ………… 2-154
武夷山志：十九卷 ………… 2-154
武夷山志：十卷附录一卷 ………… 2-154
武夷山志：四卷 ………… 2-154
武夷志略：四卷 ………… 2-154
武夷诗集：二卷 ………… 5-283
武当山玄天上帝垂训：一卷 ………… 3-390
武当山玄天上帝垂训：一卷 ………… 3-390
武当山玄天上帝垂训：一卷 ………… 3-391
武安乡土志：不分卷 ………… 2-203
[乾隆]武安县志：二十卷图一卷 ………… 2-203
[光绪]武阳志余：十二卷首一卷 ………… 2-252
[同治]武阶备志：二十一卷 ………… 2-431
武进庄氏增修族谱：三十卷首一卷 ………… 2-11
[道光]武进阳湖县合志：三十六卷首一卷 ………… 2-252
[光绪]武进阳湖县志：三十卷首一卷 … 2-252
[乾隆]武进县志：十四卷首一卷 ………… 2-252
[万历]武进县志：八卷 ………… 2-252
[万历]武进县志：八卷 ………… 2-252
[同治]武邑县志：十卷首一卷 ………… 2-199
[康熙]武邑县志：六卷 ………… 2-199
武闱乡试事宜：一卷 ………… 2-43
武英殿东庑凝道殿存贮书目：十九卷 … 2-481
武英殿修书处报销档案：不分卷 ………… 2-84
武英殿颁发通行书籍目录：一卷；国子监典籍厅存贮书目：一卷石刻目录一卷；懋勤殿书目：二卷 ………… 2-481
武英殿聚珍版丛书：一百四十一种二千六百五卷 ………… 5-423
武林石刻记：一卷 ………… 2-446
武林石刻记：□□卷 ………… 2-446
武林旧事：十卷 ………… 2-129
武林旧事：六卷 ………… 2-128
武林旧事：六卷 ………… 2-129
武林旧事：六卷后集四卷 ………… 2-129
武林旧事：六卷后集四卷 ………… 2-129
武林旧事逸：四卷 ………… 2-129
武林临民录：四卷首一卷 ………… 2-72
武林耆旧诗：不分卷 ………… 5-275
武林耆旧集：不分卷 ………… 5-275
武林梵志：十二卷 ………… 2-143
武林游记：一卷 ………… 5-19
[光绪]武昌县志：二十六卷首一卷末一卷 ………… 2-338
[乾隆]武昌县志：十卷首一卷 ………… 2-338
武周刊定众经目录：十四卷伪经目录一卷 ………… 2-501
武备志：二百四十卷 ………… 3-49
武备志：二百四十卷 ………… 3-49
武备志：二百四十卷 ………… 3-49
武备要略：十二卷 ………… 3-50
武学备考：十四卷 ………… 2-59
武定李氏家集：不分卷 ………… 5-289
武定明诗钞：二卷 ………… 5-284
[同治]武定府志：三十八卷首一卷 ………… 2-319
武定诗补钞：不分卷 ………… 5-285
武经七书：二十五卷 ………… 3-39
武经七书全集：二十三卷 ………… 3-39
武经七书直解：二十三卷 ………… 3-39
武经汇解：九卷 ………… 3-40
武经直解：二十五卷附录一卷 ………… 3-39
武经直解：二十五卷附录一卷 ………… 3-39
武经直解：十二卷 ………… 3-39
武经直解：七种二十三卷附录一卷 ………… 3-39
武经要览行军须知：二卷 ………… 3-48
武经总要：前集二十一卷后集二十一卷 … 3-48
武经总要：前集二十二卷 ………… 3-47
武经总要：前集二十二卷后集二十一卷 … 3-47
武经总要：前集二十二卷后集二十一卷行

军须知二卷百战奇法二卷 ………………… 3-48
武经总要：前集二十卷 ………………………… 3-47
武经总要：前集二十卷 ………………………… 3-48
武经总要：前集二十卷后集二十卷 ……… 3-47
武经总要：前集二十卷后集二十卷 ……… 3-47
武经总要：前集二十卷后集二十卷 ……… 3-47
武经总要：前集二十卷后集二十卷 ……… 3-48
武经摘要：孙武子一卷吴子一卷行军须知二卷百战奇法前后集十门 ………………… 3-40
[道光]武城县志续编：十四卷首一卷 … 2-310
武侯兵要七种：十六卷 ……………………… 3-40
武侯武备心法百章：一卷…………………… 3-42
[嘉庆]武宣县志：十六卷首一卷 ……… 2-372
[康熙]武陟县志：八卷 …………………… 2-323
[道光]武陟县志：三十六卷 …………… 2-323
武陵小史初编：一卷汇编一卷…………… 1-380
[同治]武陵县志：三十二卷首一卷附文征二卷诗征二卷 …………………………… 2-347
[同治]武陵县志：四十八卷附诗征二卷文征二卷 ………………………………………… 2-347
武略神机：一卷 ……………………………… 3-49
[乾隆]武清县志：十二卷首一卷图一卷 ………………………………………………… 2-178
武梁祠画像赞考证：一卷………………… 2-462
武梁祠像：不分卷 ………………………… 2-462
[道光]武强县志重修：十二卷图一卷 … 2-199
[乾隆]武缘县志：十六卷………………… 2-369
武缘县图经：八卷 ………………………… 2-370
武塘野史：不分卷 ………………………… 1-311
武溪集：二十一卷 …………………………… 4-87
武溪集：二十一卷 …………………………… 4-87
武溪集：二十一卷 …………………………… 4-87
武溪集：二十一卷 …………………………… 4-87
武溪集：二十一卷 …………………………… 4-87
武德全书：十五卷 …………………………… 3-49
青山集：十卷又六卷 ……………………… 4-105
青山集：三十卷 …………………………… 4-105
青山集：三十卷 …………………………… 4-105
青未了：一卷………………………………… 4-370
青石山：八卷………………………………… 5-405
青史吟谈：四卷 …………………………… 5-149
青立轩诗稿：八卷 …………………………… 5-85
青在堂梅谱：二卷竹谱二卷 …………… 3-147
青在堂梅谱：二卷菊谱二卷兰谱二卷竹谱二卷…………………………………………… 3-148
青在堂梅谱：二卷菊谱二卷兰谱二卷竹谱二卷…………………………………………… 3-148
青衣小名录：二卷 ………………………… 1-426
青羊万寿宫万字碑：一卷………………… 3-390
青州百问：一卷；通玄百问：一卷 …… 3-414
[康熙]青州府志：二十二卷 …………… 2-312
[万历]青州府志：二十卷………………… 2-312
[康熙]青州府志：二十卷………………… 2-312
青阳先生文集：九卷 …………………… 4-213
青阳先生文集：九卷 …………………… 4-213
青阳先生文集：六卷 …………………… 4-213
青阳先生文集：六卷 …………………… 4-213
青阳先生文集：六卷 …………………… 4-213
青阳先生文集：六卷 …………………… 4-213
[光绪]青阳县志：十二卷………………… 2-287
[乾隆]青阳县志：八卷 ………………… 2-286
[顺治]青阳县志：六卷 ………………… 2-286
青阳县志刊误补遗：不分卷 …………… 2-287
青阳集：不分卷 …………………………… 4-235
青村遗稿：一卷 …………………………… 4-203
青来阁二集：十卷………………………… 4-346
青来阁初集：十卷………………………… 4-346
青来馆吟稿：十二卷文一卷 …………… 5-124
[嘉庆]青县志：八卷 …………………… 2-196
[嘉庆]青县志：八卷 …………………… 2-196
青邱诗集撷华：八卷 …………………… 4-234
青邱高季迪先生凫藻集：五卷………… 4-234
青邱高季迪先生诗集：十八卷遗诗一卷 ………………………………………………… 4-234
青岩集：十二卷 ……………………………… 5-7
青泥莲花记：十三卷 …………………… 3-329
青泥莲花记：十三卷 …………………… 3-329
青城山人诗集：八卷 …………………… 4-236
青城山人诗集：八卷 …………………… 4-236
[道光]青城县志：十二卷图一卷 ……… 2-311

青城词：三卷 5-339
青荃诗集：二卷外集二卷 5-132
青要集：十二卷 5-60
青宫乐调：三卷 1-86
[光绪]青神县志：五十四卷首一卷 2-396
[康熙]青浦县志：十卷 2-239
[光绪]青浦县志：三十卷首二卷末一卷 2-239
[乾隆]青浦县志：四十卷 2-239
[乾隆]青浦县志：四十卷 2-239
青琐高议：前集十卷后集十卷 3-324
青琐高议：前集十卷后集十卷别集七卷 3-324
青琐高议：前集十卷后集十卷别集七卷 3-324
青琐高议：前集十卷后集十卷别集七卷 3-324
青萝馆诗：六卷 4-309
青萝馆诗：前集四卷续集二卷 4-309
青雀集：二卷 4-323
青崖集：五卷 4-186
青崖集：五卷 4-186
青棠集：八卷 4-346
青棠集：八卷 4-346
青嵝遗稿：二卷 5-87
青楼韵语辑注校证：四卷 5-192
青楼韵语辑注校证：四卷 5-192
青楼韵语辑注校证：四卷 5-192
青楼韵语辑注校证：四卷 5-192
青锦园文集选：五卷 4-352
青溪山人文集常谈考误：四卷 3-231
青溪山人文集常谈考误：四卷 3-231
青溪诗集：六卷 5-280
青溪笑：二卷 5-365
青溪遗稿：二十八卷 5-7
青溪富山先生遗稿：十卷 4-174
青溪富山先生遗稿：十卷 4-174
青溪暇笔：二卷 3-204
青溪漫稿：二十四卷 4-254
青磷屑：二卷 1-311
青霞沈公遗集：十六卷 4-299
青霞诗集：四卷后集一卷词一卷；澹雪词：一卷；雨花集：五卷 5-34
青藜斋集：二卷 4-345
青藜斋集：二卷；祀岳集：一卷；孝行始末文稿：一卷 4-345
青藜馆诗集：六卷 4-328
青藤山人路史：二卷 3-232
青囊内传：不分卷 3-116
青囊杂纂：八种八卷 3-58
表异录：二卷 3-269
表约：不分卷 2-90
表忠录：一卷 2-99
表忠录：九卷 1-372
[光绪]盂县志：二十二卷首一卷末一卷 2-211
[乾隆]盂县志：十卷首一卷末一卷 2-211
坦上翁集：不分卷 4-268
坦斋刘先生文集：二卷 4-225
坦斋刘先生文集：二卷 4-225
坦斋刘先生文集：二卷附录一卷 4-225
坦庵词曲：五种八卷 5-363
坦庵词曲：六种九卷 5-363
坦庵词曲：六种九卷 5-363
坦庵词曲：六种九卷 5-363
坻场集：十九卷 4-386
幸存录：不分卷 1-308
幸存录：不分卷 1-308
幸鲁盛典：四十卷 2-40
幸鲁盛典：四十卷 2-40
幸鲁盛典：四十卷 2-40
坡门酬唱：二十三卷 5-232
坡门酬唱：二十三卷 5-232
坡仙集：十六卷 4-108
坡仙集：十六卷 4-108
坡仙集：十六卷 4-108
取此居文集：二卷 5-67
苦瓜和尚画语录：一卷 3-141
苦海航：一卷 5-344
苦海航：一卷 5-344

若庵集：五卷 …… 5-76
若庵集：五卷 …… 5-76
若庵集：四卷 …… 5-76
茂山堂诗草：一卷二集一卷 …… 5-80
[嘉庆]茂名县志：二十一卷首一卷 …… 2-368
[道光]茂州志：四卷首一卷 …… 2-397
[道光]茂州志：四卷首一卷 …… 2-397
苹花阁藏书目录：八卷 …… 2-496
苹洲渔笛谱：二卷 …… 5-336
苹洲渔笛谱：二卷；集外词：一卷 …… 5-336
[乾隆]英山县志：二十六卷首一卷 …… 2-337
[道光]英山县志：二十六卷 …… 2-337
[同治]英山县志：十卷首一卷 …… 2-337
英云梦传：八卷 …… 3-355
英云梦传：八卷 …… 3-355
英石砚山图记：一卷 …… 3-143
英吉利夷舶入寇记：二卷 …… 2-175
英吉沙尔厅乡土志：一卷 …… 2-435
英雄记：一卷 …… 1-350
英雄概：二卷 …… 5-388
英雄谱 …… 3-359
英雄谱：二种 …… 3-359
[道光]英德县志：十六卷首一卷 …… 2-363
[康熙]茌平县志：五卷 …… 2-309
苑诗类选：三十卷 …… 5-189
苑洛志乐：二十卷 …… 1-86
苑洛志乐：十三卷 …… 1-86
苑洛集：二十二卷 …… 4-272
苑洛集：二十二卷 …… 4-272
茑询录：□□卷 …… 1-378
范太仆集：十四卷 …… 4-320
范氏后汉书批评：一百卷 …… 1-213
范文正公年谱：一卷 …… 1-410
范文正公别集：四卷 …… 4-85
范文正公别集：四卷奏议二卷尺牍三卷 …… 4-85
范文正公言行拾遗事录：一卷义庄规矩一卷 …… 1-390
范文正公忠宣公全集：七十三卷 …… 5-291
范文正公政府奏议：二卷 …… 2-95
范文正公政府奏议：二卷 …… 2-95
范文正公集：二十四卷附录一卷年谱一卷年谱补遗一卷 …… 4-86
范文正公集：二十四卷附录一卷年谱一卷年谱补遗一卷 …… 4-86
范文正公集：二十四卷附录一卷年谱一卷年谱补遗一卷 …… 4-86
范文正公集：二十卷别集四卷奏议二卷 …… 4-86
范文正公集：二十卷别集四卷遗文一卷 …… 4-85
范文正公集：二十卷奏议二卷尺牍三卷附录五卷 …… 4-86
范文忠公文稿：不分卷 …… 4-370
范文忠公初集：十二卷 …… 4-370
范石湖诗集：二十卷 …… 4-146
范运吉传：一卷 …… 1-398
范杨溪先生遗文：一卷 …… 4-139
范杨溪先生遗文：一卷 …… 4-139
[嘉庆]范县志：四卷 …… 2-325
[光绪]范县志续编：不分卷 …… 2-325
范忠贞公文集：五卷首一卷 …… 5-28
范忠贞公画壁集：不分卷 …… 5-28
范忠贞公集：十卷 …… 5-28
范忠宣公文集：二十卷 …… 4-104
范忠宣公文集：二十卷 …… 4-104
范忠宣公文集：二十卷 …… 4-104
范忠宣公文集：二十卷 …… 4-104
范忠宣公奏议：三卷 …… 2-95
范忠宣公集：二十卷奏议二卷遗文一卷补编一卷附录一卷 …… 4-104
范勋卿诗集：二十一卷 …… 4-361
范香溪先生文集：二十二卷 …… 4-139
范香溪先生文集：二十二卷 …… 4-139
范衍：十卷 …… 3-109
范玺卿诗集：一卷补遗一卷 …… 4-361
范玺卿诗集：□□卷 …… 4-361
范蒙斋先生遗文：一卷 …… 4-139
范蒙斋先生遗文：一卷 …… 4-139
范德机诗：十卷 …… 4-197
范德机诗：不分卷 …… 4-197
范德机诗集：七卷 …… 4-197
范德机诗集：七卷 …… 4-197

范蘅洲先生文稿：一卷 ………………………… 5-100
苧萝志：八卷……………………………………… 2-140
茔原总录：□□卷 ……………………………… 3-114
茔原总录：□□卷 ……………………………… 3-114
直讲李先生文集：三十七卷 …………………… 4-95
直讲李先生文集：三十七卷 …………………… 4-95
直讲李先生文集：三十七卷外集三卷 …… 4-95
直讲李先生文集：三十七卷外集三卷年谱一卷……………………………………… 4-95
直讲李先生文集：三十七卷外集三卷年谱一卷门人录一卷 ………………………… 4-95
直讲李先生文集：三十七卷外集三卷年谱一卷门人录一卷 ………………………… 4-95
直庐集：一卷；使粤日记：一卷；使粤集：一卷……………………………………… 5-49
直庐稿：十卷……………………………………… 4-273
直庐稿：十卷……………………………………… 4-273
直隶五道成规：五卷目录一卷……………… 2-162
[嘉庆]直隶太仓州志：六十五卷 ………… 2-260
[嘉庆]直隶太仓州志：六十五卷 ………… 2-260
[嘉庆]直隶太仓州志：六十五卷 ………… 2-260
[乾隆]直隶代州志：六卷图一卷 ………… 2-215
[乾隆]直隶达州志：四卷……………………… 2-393
[乾隆]直隶邠州志：二十五卷……………… 2-414
[雍正]直隶完县志：十卷…………………… 2-195
[嘉庆]直隶松潘厅志：四卷 ……………… 2-397
[乾隆]直隶易州志：十八卷首一卷 ……… 2-192
[道光]直隶和州志：二十四卷首一卷 … 2-285
[光绪]直隶和州志：四十卷首一卷补遗一卷……………………………………… 2-286
[光绪]直隶泸州志：十二卷 ……………… 2-391
[光绪]直隶泸州志：十二卷 ……………… 2-391
[道光]直隶定州志：二十二卷首一卷 … 2-190
[道光]直隶定州志：二十二卷首一卷 … 2-190
[道光]直隶定州志：二十二卷首一卷 … 2-190
[道光]直隶定州志：二十二卷首一卷 … 2-191
[光绪]直隶赵州志：十六卷首一卷末一卷……………………………………… 2-183
[道光]直隶南雄州志：三十四卷首一卷……………………………………… 2-364
直隶相距各省路程：不分卷 ……………… 2-122
直隶顺德府赋役全书：十卷 ……………… 2-52
[嘉庆]直隶叙永厅志：四十八卷 ………… 2-391
[光绪]直隶绛州志：二十卷首一卷 ……… 2-226
[乾隆]直隶绛州志：二十卷 ……………… 2-226
[乾隆]直隶秦州新志：十二卷首一卷末一卷……………………………………… 2-426
[乾隆]直隶郴州总志：三十卷首一卷末一卷……………………………………… 2-354
[嘉庆]直隶郴州总志：四十三卷首一卷……………………………………… 2-354
[乾隆]直隶通州志：二十二卷……………… 2-250
[同治]直隶理番厅志：六卷首一卷 ……… 2-397
[同治]直隶理番厅志：六卷首一卷 ……… 2-397
[同治]直隶彬州桂阳县志：二十二卷 … 2-354
[乾隆]直隶商州志：十四卷首一卷图一卷续志十卷 ……………………………… 2-423
[乾隆]直隶商州志：十四卷 ……………… 2-423
[乾隆]直隶绵州志：十九卷 ……………… 2-383
[同治]直隶绵州志：五十五卷……………… 2-383
[嘉庆]直隶绵州志：五十四卷……………… 2-383
[道光]直隶靖州志：十二卷首一卷附重建学宫记四卷 ……………………………… 2-360
[乾隆]直隶遵化州志：二十卷……………… 2-188
[乾隆]直隶遵化州志：十二卷……………… 2-188
[道光]直隶霍州志：二十五卷首一卷 … 2-220
[道光]直隶霍州志：二十五卷首一卷 … 2-220
[道光]直隶澧州志：二十八卷首三卷 … 2-347
[同治]直隶澧州志：二十六卷首一卷 … 2-347
[同治]直隶澧州志：二十六卷首三卷 … 2-348
[乾隆]直隶澧州志林：二十六卷首一卷末一卷附补编一卷 ………………………… 2-347
直说素书：一卷 ………………………………… 3-42
直说素书：一卷 ………………………………… 3-42
直说素书：一卷 ………………………………… 3-42
直说通略：十三卷……………………………… 1-323
直道编：三卷…………………………………… 1-400
直塘里志：六卷 ……………………………… 2-260
苕雅：四卷余集一卷；苕华诗余：一卷……………………………………… 5-346

苕溪真寂禅院闻谷大师遗语：四卷 ……… 3-416
苕溪渔隐诗评丛话：前集六十卷后集四十卷 …………………………………………… 5-314
苕溪集：五十五卷目录三卷 ……………… 4-131
苕溪集：五十五卷目录三卷 ……………… 4-131
苕溪集：五十五卷目录三卷 ……………… 4-131
苕溪集：五十五卷目录三卷 ……………… 4-131
苕溪集：五十五卷目录三卷 ……………… 4-131
苕溪集：五十五卷目录三卷 ……………… 4-131
苕溪集：五十五卷目录三卷 ……………… 4-131
苔岑集：二十四卷附二卷………………… 5-263
茅山志：十五卷 ………………………… 2-150
茅山志：十五卷 ………………………… 2-150
茅亭客话：十卷 ………………………… 3-260
茅鹿门先生文集：三十六卷 …………… 4-304
茅鹿门先生文集：三十四卷附二卷 ……… 4-304
茅鹿门先生批评史记抄：一百四卷 ……… 1-328
茅檐集：八卷…………………………… 4-376
林下词选：十四卷 ……………………… 5-353
林下词选：十四卷 ……………………… 5-353
林下词选：十四卷 ……………………… 5-353
林下堂诗：二十卷 ……………………… 5-81
林子全集：元部十一册亨部十册利部十册贞部十册 ………………………………… 3-431
林子庄日记：一卷 ……………………… 1-424
林氏杂记：不分卷 ……………………… 1-399
林文安公文集：四卷 …………………… 4-252
林文忠公尺牍 …………………………… 5-135
林文忠公书札诗稿：不分卷 …………… 5-135
林文忠函牍汇存：八卷 ………………… 2-81
林艾轩先生文抄：不分卷………………… 4-142
林石逸兴：十卷 ………………………… 5-403
林石逸兴：十卷 ………………………… 5-403
林外野言：二卷 ………………………… 4-214
林外野言：二卷 ………………………… 4-214
林外野言：二卷补遗一卷………………… 4-214
林外野言：二卷补遗一卷………………… 4-214
林兰香：八卷六十四回 ………………… 3-356
林兰香：八卷六十四回 ………………… 3-356
林兰香：八卷六十四回 ………………… 3-356
林同孝诗：一卷 ………………………… 4-171
林同孝诗：一卷 ………………………… 4-171
[乾隆]林县志：十卷 …………………… 2-324
林间录：二卷后集一卷 ………………… 3-427
林间录：二卷后集一卷 ………………… 3-428
林初文诗文全集：十五卷………………… 4-251
林茂之诗选：二卷 ……………………… 5-1
林茂之诗选：二卷 ……………………… 5-1
林卧遥集：二卷千叠波余一卷 ………… 5-33
林卧遥集：二卷千叠波余一卷续编一卷补遗一卷庚辰匝岁杂感诗四卷辛巳匝岁杂感诗不分卷 ……………………… 5-33
林忠宣公全集：二十一卷………………… 4-340
林和靖先生诗集：四卷省心录一卷林集诗话一卷 …………………………………… 4-83
林和靖先生诗集：四卷省心录一卷林集诗话一卷 …………………………………… 4-83
林和靖先生诗集：四卷省心录一卷林集诗话一卷 …………………………………… 4-83
林学士诗集：六卷文集十六卷 ………… 4-313
林居集：十二卷 ………………………… 4-310
林居漫录：前集六卷别集九卷畸集五卷多集六卷 ……………………………………… 3-211
林泉老人评唱丹霞淳禅师颂古虚堂习听录：三卷………………………………… 3-420
林泉老人评唱投子青和尚颂古空谷传声集：三卷………………………………… 3-419
林泉高士孙西川诗稿：一卷 …………… 4-250
林泉高致：一卷 ………………………… 3-141
林屋民风：十二卷见闻录一卷 ………… 2-163
林屋民风：十二卷见闻录一卷 ………… 2-163
林屋唱酬录：五卷 ……………………… 5-271
林湖遗稿：一卷 ………………………… 4-163
林登州遗集：二十三卷附录一卷 ……… 4-229
林榕江先生集：三十卷 ………………… 4-292
林僧宝传：三十卷；临济宗旨：一卷 … 3-428
枝山野记：四卷 ………………………… 3-248
[同治]枝江县志：二十卷首一卷 ……… 2-340
[同治]枝江县志：二十卷首一卷 ……… 2-341
枝栖吟草：一卷 ………………………… 5-152

枢廷载笔：不分卷 …… 1-420
松子阁诗集：不分卷 …… 5-28
松乡先生文集：十卷 …… 4-191
松乡先生文集：十卷 …… 4-191
松月堂目下旧见：不分卷 …… 3-253
松月集：一卷 …… 4-233
松月集：一卷 …… 4-233
松风余韵：五十卷末一卷 …… 5-273
松石斋集：二十卷又六卷 …… 4-322
松石斋集：二十卷又六卷 …… 4-322
松存轩集：二卷 …… 5-34
松竹梅百咏：三卷 …… 5-64
松关偶钞：二卷 …… 3-250
[嘉庆]松江府志：八十四卷首二卷图一卷 …… 2-238
[康熙]松江府志：五十四卷图经一卷 …… 2-238
[光绪]松江府续志：四十卷首一卷图一卷 …… 2-239
[顺治]松阳县志：十卷 …… 2-271
松园印谱：不分卷 …… 3-154
松园诗老小传：一卷 …… 4-351
松坡词：一卷 …… 5-333
松坡居士词：一卷 …… 5-333
松弦馆琴谱：二卷 …… 3-156
松泉诗集：二十六卷文集二十二卷 …… 5-87
松泉诗集：六卷 …… 5-95
松壶先生画赞集：二卷 …… 5-124
[道光]松桃厅志：三十二卷 …… 2-400
松斋忆存草：一卷 …… 5-141
松涛诗稿：四卷 …… 4-372
松陵文献：十五卷 …… 1-380
松陵文献：十五卷 …… 1-380
松陵唱和钞：四卷 …… 5-83
松陵集：十卷 …… 5-219
松陵集：十卷 …… 5-219
松陵集：十卷 …… 5-219
松陵集：十卷 …… 5-219
松陵集：十卷 …… 5-219
松陵集：十卷 …… 5-219
松陵集：十卷 …… 5-219
松陵集：十卷 …… 5-219
松陵集：十卷 …… 5-219
松陵集：十卷 …… 5-220
松梦寮文集：三卷 …… 5-152
松雪斋文集：二卷 …… 4-191
松雪斋文集：十二卷 …… 4-191
松雪斋文集：十卷 …… 4-191
松雪斋文集：十卷 …… 4-191
松雪斋文集：十卷外集一卷 …… 4-191
松雪斋文集：十卷外集一卷 …… 4-191
松雪斋文集：十卷外集二卷 …… 4-191
松雪斋集：二卷 …… 4-192
松雪斋集：十卷 …… 4-191
松雪堂印萃：四卷 …… 3-154
松隐文集：四十卷 …… 4-138
松隐文集：四十卷 …… 4-138
[同治]松滋县志：十二卷首一卷 …… 2-339
松窗快笔：不分卷 …… 2-128
松窗梦语：八卷 …… 3-318
松窗随录：一百卷 …… 5-212
松筹堂集：十二卷 …… 4-259
松筠小草：七卷 …… 5-68
松漠纪闻：一卷补遗一卷 …… 1-295
松漠纪闻：二卷补遗一卷 …… 1-295
松寥诗：一卷 …… 4-351
松鹤山房诗集：九卷 …… 5-57
松鹤山房诗集：九卷文集二十卷 …… 5-57
松麈剩言：二卷 …… 3-219
松鳞轩新锲春秋愍渡：十五卷 …… 1-108
枫山章文懿公年谱：二卷 …… 1-411
枫山章先生文集：九卷 …… 4-253
枫山章先生文集：四卷实纪一卷 …… 4-253
枫香集：二卷 …… 5-73
杭州八旗驻防营志略：二十五卷 …… 2-60
[万历]杭州府志：一百卷 …… 2-263
[万历]杭州府志：一百卷外志一卷 …… 2-263
[成化]杭州府志：六十三卷首一卷 …… 2-263
[康熙]杭州府志：四十卷首一卷 …… 2-263
杭城辛酉纪事诗：一卷 …… 1-317
述古堂书目：二卷 …… 2-486

述古堂书目：二卷 …… 2-486
述古堂书目：十卷 …… 2-486
述古堂书目：不分卷 …… 2-486
述古堂书目：不分卷宋板目一卷 …… 2-486
述本堂诗集：十六卷续集五卷 …… 5-288
述本堂诗集：十六种十八卷 …… 5-287
述本堂奏议：不分卷 …… 2-109
述史楼书目：四卷 …… 2-497
述异记：二卷 …… 3-322
述异补遗：一卷 …… 3-328
述学：三卷 …… 5-117
述学：内篇三卷外篇一卷 …… 5-117
述学：内篇三卷外篇一卷补遗一卷别录一卷 …… 5-117
述学：内篇三卷外篇一卷补遗一卷别录一卷 …… 5-117
述学：内篇三卷外篇一卷补遗一卷别录一卷 …… 5-117
述耐堂诗集：八卷 …… 5-115
述闻类编：十二卷 …… 3-274
述闻类编：十二卷 …… 3-274
述难琐笔：一卷 …… 1-319
枕中记：一卷 …… 5-376
枕中记：一卷 …… 5-376
枕中草：四卷 …… 4-371
枕肱亭文集：二十卷目录二卷附录一卷 …… 4-249
枕函小史：四卷 …… 3-273
枕函小史：四卷 …… 3-273
枕琴轩诗草：一卷 …… 5-142
杼山集：十卷 …… 4-33
画中人传奇：二卷 …… 5-381
画石轩卧游随录：四卷 …… 3-129
画史会要：五卷 …… 1-357
画史会要：五卷 …… 1-358
画杂俎：二十四卷 …… 3-141
画志：一卷 …… 3-143
画苑补益：十四种十四卷 …… 3-141
画林：二卷 …… 3-143
画眉解：一卷 …… 3-171
画舫斋诗十集：□□卷 …… 5-49
画继：十卷 …… 3-142
画继：十卷 …… 3-142
画继：十卷；五代名画补遗：一卷 …… 3-142
画继补遗：二卷 …… 3-143
画筌析览：二卷 …… 3-142
画禅室随笔：四卷 …… 3-126
画禅室随笔：四卷 …… 3-126
画溪西堂稿：三卷 …… 5-49
画墁录：一卷 …… 3-244
画墁录：一卷 …… 3-244
卧云楼琴谱：八卷指法二卷 …… 3-156
卧云稿：一卷 …… 4-363
卧龙山人集：十四卷 …… 5-16
卧龙岗志：二卷 …… 2-141
卧病江皋：一卷 …… 5-404
卧象山房诗集：三十二卷文集二卷艮斋笔记八卷杂传一卷 …… 5-37
卧庵藏书画目：一卷 …… 3-128
卧游录：一卷 …… 3-261
卧游录：一卷 …… 3-331
卧痴阁汇稿：不分卷 …… 4-254
事言要玄：天集三卷地集八卷人集十四卷事集四卷物集三卷引用诸书源流一卷 …… 3-297
事物考：八卷 …… 3-307
事物考：八卷 …… 3-307
事物纪原：二十卷 …… 3-303
事物纪原：二十卷 …… 3-303
事物纪原集类：十卷 …… 3-303
事物纪原集类：十卷 …… 3-303
事物纪原集类：十卷 …… 3-303
事物纪原集类：十卷 …… 3-303
事物纪原集类：十卷 …… 3-303
事物纪原集类：十卷 …… 3-303
事物纪原集类：十卷 …… 3-303
事物纪原集类：十卷 …… 3-303
事物纪原集类：十卷 …… 3-303
事物别名：十二卷 …… 3-310
事物绀珠：四十六卷 …… 3-309

事类赋：三十卷 …… 3-279
事类赋：三十卷 …… 3-279
事类赋注：三十卷 …… 3-279
事类赋注：三十卷 …… 3-279
事类赋注：三十卷 …… 3-279
事类赋注：三十卷 …… 3-279
事类赋注：三十卷 …… 3-279
事类赋注：三十卷 …… 3-279
事类赋注：三十卷 …… 3-280
事略：一卷 …… 4-250
[同治]枣阳县志：三十卷首一卷末一卷 …… 2-333
[同治]枣阳县志：三十卷首一卷末一卷 …… 2-333
枣林艺箦：一卷 …… 3-217
枣林外索：三卷 …… 3-217
枣林外索：三卷 …… 3-217
枣林杂俎：六卷 …… 3-217
枣林杂俎：六卷外索三卷 …… 3-217
枣林杂俎：□□卷 …… 3-217
枣林诗选：二卷 …… 4-375
枣林诗集：不分卷 …… 4-375
枣林集：五卷 …… 4-375
枣林集：不分卷 …… 4-375
枣窗闲笔：不分卷 …… 3-354
[嘉庆]枣强县志：二十卷 …… 2-199
[嘉庆]枣强县志：二十卷 …… 2-199
[乾隆]枣强县志：八卷首一卷末一卷 …… 2-199
[乾隆]枣强县志：八卷首一卷末一卷 …… 2-199
[光绪]枣强县志补正：五卷 …… 2-199
[光绪]枣强县志补正：五卷附补遗 …… 2-199
[同治]枣强县志补正：五卷附补遗 …… 2-199
雨花台传奇：二卷 …… 5-391
雨春轩诗草：十卷经进诗一卷 …… 5-113
雨泉龛合刻：八卷 …… 5-23
雨航记：一卷 …… 4-322
雨航吟稿：三卷 …… 4-328
雨蕉斋诗选：不分卷 …… 5-16
厓山烈传奇：不分卷 …… 5-382
郁冈斋笔麈：四卷 …… 3-212
郁冈斋笔麈：四卷 …… 3-212
[光绪]郁林州志：二十卷首一卷 …… 2-371
[乾隆]郁林州志：十卷 …… 2-371
郁离子：二卷 …… 3-203
郁离子：十卷 …… 3-203
郁麓樵诗文集：□□卷；殆编读周易臆：二卷 …… 5-6
[乾隆]砀山县志：十四卷 …… 2-273
奇女子传：四卷 …… 1-349
奇女子传：四卷 …… 1-349
奇姓通：十四卷 …… 1-425
奇姓通：十四卷 …… 1-425
奇姓通：十四卷 …… 1-425
奇晋斋丛书：十六种十九卷 …… 5-423
奇效良方：六十九卷 …… 3-82
奇赏斋古文汇编：二百三十六卷 …… 5-211
奇觚室乐石文述：七卷 …… 2-461
奇觚室吉金文述：二十卷首一卷 …… 2-454
奇游漫纪：四卷 …… 2-166
奇零草：一卷；北征录：一卷；[北征录]文：一卷 …… 4-383
奇零草：二卷 …… 4-384
奇零草：二卷 …… 4-384
奇零草：二卷补遗一卷 …… 4-384
奇零草：二卷续草一卷 …… 4-384
奇零草：不分卷；北征录：一卷；崇祯十五年壬午科乡试朱卷：一卷 …… 4-383
奇零草：六卷 …… 4-384
[康熙]瓯宁县志：十三卷 …… 2-292
瓯江游草：一卷 …… 5-106
欧子建集：十八卷 …… 4-366
欧子建集：十八卷 …… 4-366
欧阳公史钞：二种二十二卷 …… 1-332
欧阳文忠公五代史抄：二十卷 …… 1-332
欧阳文忠公五代史抄：二十卷 …… 1-333
欧阳文忠公毛诗本义：十六卷 …… 1-42
欧阳文忠公毛诗本义：十六卷 …… 1-42
欧阳文忠公毛诗本义：十六卷 …… 1-42
欧阳文忠公文抄：十卷 …… 4-92
欧阳文忠公文抄：十卷 …… 4-92

欧阳文忠公全集：一百三十五卷 ………… 4-91
欧阳文忠公诗集：六卷 ………………… 4-91
欧阳文忠公集：一百三十卷附录四卷目录
　　十二卷 ……………………………… 4-91
欧阳文忠公集：一百五十三卷………… 4-91
欧阳文忠公集：一百五十三卷附录五卷 … 4-90
欧阳文忠公集：一百五十三卷附录五卷 … 4-90
欧阳文忠公集：一百五十三卷附录五卷 … 4-90
欧阳文忠公集：一百五十三卷附录五卷 … 4-90
欧阳文忠公集：一百五十三卷附录五卷 … 4-90
欧阳文忠公集：一百五十三卷附录五卷 … 4-90
欧阳文忠公集：一百五十三卷附录五卷 … 4-90
欧阳文忠公集：一百五十三卷附录五卷 … 4-90
欧阳文忠公集：一百五十三卷附录五卷 … 4-91
欧阳文忠公集：一百五十三卷附录五卷 … 4-91
欧阳文忠公集：一百五十三卷附录五卷 … 4-91
欧阳文忠公集：一百五十三卷附录五卷 … 4-91
欧阳文忠公集：一百五十三卷附录六卷 … 4-91
欧阳文忠公集：五十卷 ………………… 4-92
欧阳文忠公集：五十卷 ………………… 4-92
欧阳文忠公集：五十卷 ………………… 4-92
欧阳文忠公集近体乐府：三卷………… 4-91
欧阳文忠公新唐书抄：二卷；五代史抄：
　　二十卷 ……………………………… 1-332
欧阳文忠公新唐书抄：二卷；五代史抄：
　　二十卷 ……………………………… 1-332
欧阳文集：五十卷 …………………… 4-92
欧阳文醇读本：一卷 ………………… 4-93
欧阳四门文集：十卷附录一卷………… 4-51
欧阳先生文粹：二十卷 ……………… 4-92
欧阳先生文粹：二十卷 ……………… 4-92
欧阳先生文粹：二十卷 ……………… 4-93
欧阳先生文粹：二十卷 ……………… 4-93
欧阳先生文粹：二十卷 ……………… 4-93
欧阳先生文粹：二十卷 ……………… 4-93
欧阳先生文粹：五卷 ………………… 4-92
欧阳先生飘然集：七卷 ……………… 4-137
欧阳行周文集：十卷 ………………… 4-51
欧阳行周文集：十卷 ………………… 4-51
欧阳行周文集：十卷 ………………… 4-51
欧阳行周集：十卷附录一卷 ………… 4-51
欧阳南野先生文选：五卷…………… 4-287
欧阳南野先生文集：三十卷 ………… 4-287
欧阳修撰集：七卷 …………………… 4-137
欧阳修撰集：八卷 …………………… 4-137
欧阳恭简公遗集：二十二卷 ………… 4-273
欧余漫录：十二卷 …………………… 3-211
欧虞部选集：十四卷 ………………… 4-309
欧虞部集：十五种七十九卷 ………… 4-309
欧虞部集：十五种七十九卷 ………… 4-309
[康熙]郏县志：四卷 ………………… 2-328
拓花词稿：二卷；月夜咏怀：一卷 …… 5-341
拓花词稿：二卷；月夜咏怀：一卷 …… 5-341
抽毁书目：一卷；全毁书目：一卷 …… 2-499
抽簪赘言：一卷 ……………………… 2-103
拍案惊奇：十八卷 …………………… 3-335
拍案惊奇：三十五回 ………………… 3-335
拍案惊奇：三十六卷 ………………… 3-335
拥双艳三种：六卷 …………………… 5-389
拥双艳三种：六卷 …………………… 5-389
拥双艳三种：六卷 …………………… 5-389
拘虚集：五卷；拘虚诗谈：一卷；游名山
　　录：四卷…………………………… 4-263
抱一堂经疑：一卷 …………………… 1-138
抱山堂小草：一卷函玉集一卷………… 5-31
抱山堂诗集：十卷 …………………… 5-108
抱朴子：内篇二十卷外篇五十卷 …… 3-388
抱朴子：内篇二十卷外篇五十卷 …… 3-388
抱朴子：内篇二十卷外篇五十卷 …… 3-389
抱朴子：内篇二十卷外篇五十卷 …… 3-389
抱朴子：内篇二十卷外篇五十卷 …… 3-389
抱朴子：内篇二十卷外篇五十卷 …… 3-389
抱朴子内篇：二十卷 ………………… 3-389
抱朴子外篇注：五十卷 ……………… 3-389
抱朴子外篇勖学：一卷 ……………… 3-389
抱瓮余闻：四卷 ……………………… 3-274
抱经堂文抄：一卷 …………………… 5-102
抱经堂丛书：十八种二百七十五卷 …… 5-424
抱经堂丛书：十八种二百七十五卷 …… 5-424
抱经堂杂钞：不分卷 ………………… 3-274

抱经楼日课编：四卷 …… 3-153
抱经楼日课编：四卷 …… 3-153
抱经楼书目：四卷 …… 2-491
抱经楼卢氏书目：四卷 …… 2-491
抱经楼藏书目录：十二卷 …… 2-491
抱珠轩诗存：六卷 …… 5-80
抱润轩文：一卷 …… 5-156
抱犊山房集：六卷 …… 5-45
抱膝庐谭粹残稿 …… 3-275
抱膝居存稿：二卷 …… 4-347
抱膝斋集：三卷 …… 4-351
抱潜诗稿：一卷 …… 5-149
拙政园诗余：三卷附录一卷 …… 5-338
拙圃诗草：初集一卷二集一卷三集一卷；
　　烟花债传奇：一卷 …… 5-91
拙斋文集：二十卷 …… 4-142
拙斋文集：二十卷拾遗一卷 …… 4-142
拙斋蒋夫子请兵日记：一卷 …… 1-319
拙斋集：五卷 …… 5-75
拙斋集：六卷 …… 4-181
拙斋集：六卷 …… 4-181
拙斋集：四卷 …… 5-75
拙巢先生遗稿：一卷 …… 5-103
披云阁词：一卷 …… 5-342
披芸漫笔：十八卷 …… 3-301
转注古音略：五卷；古音余：五卷；古音
　　拾遗：五卷 …… 1-158
转情集：二卷 …… 4-332
转情集：二卷 …… 4-332
斩鬼传：五卷十回 …… 3-337
轮台县乡土志：一卷 …… 2-436
非水舟遗集：二卷 …… 5-83
非水舟遗集：二卷 …… 5-83
非水居词笺：三卷 …… 5-338
非水居词笺：三卷 …… 5-338
非昔居士日记：不分卷 …… 1-422
非周礼辨：一卷经传正讹一卷 …… 1-63
歧路灯：一百五回二十卷 …… 3-354
歧疑韵辨：五卷；口音辨讹：一卷；韵字
　　旁通：一卷 …… 1-177
肯綮录：一卷 …… 3-197
卓氏忠烈遗事：一卷 …… 1-396
卓氏遗书：二卷 …… 2-9
卓氏藻林：八卷 …… 3-293
卓氏藻林：八卷 …… 3-293
卓光禄集：三卷 …… 4-322
卓珂月先生全集：十六卷 …… 4-381
卓澄甫诗集：十卷 …… 4-322
虎丘山志：十卷首一卷 …… 2-151
虎丘山志：六卷 …… 2-151
虎丘山图志：四卷 …… 2-151
虎丘山图志：四卷 …… 2-151
虎丘志总集：一卷 …… 2-151
虎苑：二卷 …… 3-171
虎阜石刻仅存录：一卷 …… 2-446
虎钤经：二十卷 …… 3-47
虎钤经：二十卷 …… 3-47
虎钤经：二十卷 …… 3-47
虎钤经：二十卷 …… 3-47
虎钤经：二十卷 …… 3-47
虎溪渔叟集：十八卷 …… 5-24
贤母年谱：一卷 …… 1-415
贤星聚院本：二卷 …… 5-396
贤奕编：四卷附录二卷 …… 3-249
尚干乡土志：一卷附一卷 …… 2-291
尚友丛书：七种七卷 …… 5-422
尚友录：二十二卷 …… 3-299
尚友录：四卷 …… 3-250
尚友堂诗集：十三卷 …… 4-324
尚友堂诗集：十三卷 …… 4-324
尚友集：一百九十七卷首三卷目录一卷续
　　集二十卷 …… 1-252
尚氏宗谱：六卷 …… 2-9
尚书：二卷 …… 1-35
尚书：二卷 …… 1-35
尚书大传：四卷 …… 1-31
尚书大传注：四卷补一卷 …… 1-31
尚书大传注：四卷补遗一卷 …… 1-31
尚书义考：□□卷 …… 1-38
尚书王氏注：二卷 …… 1-31

尚书日记：十六卷 ………………………………… 1-36
尚书日记：十六卷 ………………………………… 1-36
尚书日记：十六卷 ………………………………… 1-36
尚书日记：十六卷 ………………………………… 1-36
尚书今古文注疏：三十卷…………………………… 1-39
尚书今古文集解：三十卷…………………………… 1-39
尚书古文证疑：四卷 ……………………………… 1-39
尚书古文疏证：八卷 ……………………………… 1-38
尚书古文疏证：八卷；朱子古文书疑：一
卷 ……………………………………………… 1-38
尚书古文疏证：八卷；朱子古文书疑：一
卷 ……………………………………………… 1-38
尚书古文疏证：五卷 ……………………………… 1-38
尚书汇纂必读：十二卷 …………………………… 1-38
尚书记：九卷……………………………………… 1-39
尚书考异：不分卷 ………………………………… 1-35
尚书考异：不分卷 ………………………………… 1-35
尚书考异：不分卷 ………………………………… 1-36
尚书考异：不分卷 ………………………………… 1-36
尚书考异：六卷 …………………………………… 1-35
尚书传：十三卷 …………………………………… 1-30
尚书传：十三卷 …………………………………… 1-30
尚书传：十三卷 …………………………………… 1-30
尚书会解：六卷 …………………………………… 1-36
尚书约注：五卷 …………………………………… 1-38
尚书苇籥：五十八卷 ……………………………… 1-37
尚书严公流芳录：三卷 ………………………… 1-396
尚书私学：四卷 …………………………………… 1-38
尚书评注：六卷附校正尚书评注讹字表一
卷 ……………………………………………… 1-38
尚书注考：一卷 …………………………………… 1-37
尚书注疏：二十卷 ………………………………… 1-31
尚书注疏：二十卷 ………………………………… 1-31
尚书注疏：二十卷 ………………………………… 1-31
尚书注疏：二十卷 ………………………………… 1-31
尚书隶古定释文：八卷 …………………………… 1-30
尚书隶古定释文：八卷 …………………………… 1-30
尚书要义：二十卷序说一卷 ……………………… 1-33
尚书要义：二十卷序说一卷 ……………………… 1-33
尚书音释：一卷 …………………………………… 1-41
尚书洪公遗芳录：六卷 ………………………… 1-396
尚书说统：四十卷 ………………………………… 1-37
尚书倪文正公传：一卷 ………………………… 1-402
尚书通义残帙：二卷 ……………………………… 1-39
尚书通义残帙：二卷 ……………………………… 1-39
尚书通考：十卷 …………………………………… 1-34
尚书通考：十卷 …………………………………… 1-34
尚书埤传：十五卷补二卷首一卷；尚书考
异补：一卷；书经考异：一卷 ……… 1-37
尚书傍注：二卷 …………………………………… 1-35
尚书释天：六卷 …………………………………… 1-38
尚书释天：六卷 …………………………………… 1-38
尚书蔡传音释：六卷 ……………………………… 1-34
尚书蔡传音释辨误：六卷………………………… 1-34
尚书精义：五十卷 ………………………………… 1-33
尚书谱：五卷……………………………………… 1-36
尚书谱：五卷……………………………………… 1-36
尚书瀹：八卷……………………………………… 1-37
尚书辨解：十卷 …………………………………… 1-37
尚古类氏集：十二卷 …………………………… 3-291
尚史：七十卷…………………………………… 1-203
尚论编：二十卷 ………………………………… 1-339
[乾隆]盱眙县志：二十四卷首一卷 ……… 2-245
[同治]盱眙县志：六卷 ………………………… 2-245
[光绪]盱眙县志稿：十七卷图一卷附续补
遗一卷校勘记一卷 ………………………… 2-245
[光绪]盱眙县志稿：十七卷首一卷 ……… 2-245
具区志：十六卷 ………………………………… 2-163
具茨晁先生诗集：一卷 ………………………… 4-122
具茨晁先生诗集：一卷 ………………………… 4-122
具茨晁先生诗集：一卷 ………………………… 4-122
具茨晁先生诗集：一卷 ………………………… 4-122
昙花记：二卷…………………………………… 5-374
昙花记：二卷…………………………………… 5-374
昙花记：二卷…………………………………… 5-374
昙花记：二卷…………………………………… 5-374
昙花记：四卷…………………………………… 5-374
果报录：十二卷一百回 ………………………… 5-407
果亲王西藏日记：不分卷……………………… 1-418
果堂诗文杂存：不分卷 ………………………… 5-147

果堂集：十二卷 ……………………………… 5-86
味无味斋汉印存：一卷 ……………………… 2-471
味水轩日记：八卷 …………………………… 1-416
味水轩日记：八卷 …………………………… 1-416
味水轩日记：八卷 …………………………… 1-416
味古斋诗存：六卷 …………………………… 5-156
味余书室全集定本：四十卷目录四卷随笔
二卷……………………………………… 5-123
味和堂诗集：六卷 …………………………… 5-77
味和堂诗集：六卷 …………………………… 5-77
味蔗轩诗钞：四卷 …………………………… 5-136
杲堂文钞：六卷诗钞七卷……………………… 5-25
杲堂文钞：六卷诗钞七卷……………………… 5-25
昆山杂咏：二十八卷 ………………………… 5-272
昆山杂咏：六卷 ……………………………… 5-272
昆山名贤墓志铭：十二卷……………………… 1-380
[康熙]昆山县志：二十卷……………………… 2-259
昆山诗征稿：前集二卷后集二卷续集一卷
附集一卷 ………………………………… 5-272
[至正]昆山郡志：六卷 ……………………… 2-259
[至正]昆山郡志：六卷 ……………………… 2-259
[至正]昆山郡志：六卷 ……………………… 2-259
[乾隆]昆山新阳合志：三十八卷首一卷末
一卷……………………………………… 2-259
昆仑山房诗集残稿：三卷；百一诗：二卷
……………………………………………… 5-71
[道光]昆阳州志：十六卷……………………… 2-403
[道光]昆明县志：十卷 ……………………… 2-403
昆新乡土地理志：不分卷……………………… 2-259
[道光]昆新两县志：四十卷首一卷末一卷
……………………………………………… 2-259
[光绪]昆新两县续修合志：五十二卷首一
卷末一卷 ………………………………… 2-259
国山碑考：一卷 ……………………………… 2-463
国山碑考：一卷 ……………………………… 2-463
国山碑考：一卷补遗一卷……………………… 2-463
国山碑释文：不分卷；苍颉庙碑释文：不
分卷……………………………………… 2-463
国子先生璞山蒋公政训：一卷………………… 2-48
国子监则例：四十五卷………………………… 2-81
国子监则例：四十四卷首六卷拟删旧例一
卷 ………………………………………… 2-81
国子监志：八十二卷首二卷引用书目一卷
……………………………………………… 2-45
国子监典籍厅存贮书目：一卷石刻目录一
卷；御书楼书目：一卷；懋勤殿书目：
二卷……………………………………… 2-481
国史考异：六卷 ……………………………… 1-345
国史经籍志：六卷 …………………………… 2-476
国史经籍志：六卷 …………………………… 2-476
国史经籍志：六卷 …………………………… 2-476
国史经籍志：六卷 …………………………… 2-476
国史经籍志：六卷 …………………………… 2-477
国史经籍志：六卷 …………………………… 2-477
国史经籍志：六卷 …………………………… 2-477
国史经籍志：六卷 …………………………… 2-477
国史经籍志：六卷补一卷……………………… 2-477
国史唯疑：十二卷 …………………………… 1-299
国史馆签档：不分卷 ………………………… 1-237
国史儒林传：二卷；国史文苑传：二卷；
国史循吏传：一卷 ……………………… 1-236
国医宗旨：四卷 ……………………………… 3-73
国秀集：三卷………………………………… 5-218
国秀集：三卷………………………………… 5-218
国秀集：三卷………………………………… 5-218
国秀集：三卷………………………………… 5-218
国初礼贤录：一卷 …………………………… 1-299
国初群雄事略：十二卷 ……………………… 1-299
国初群雄事略：不分卷 ……………………… 1-299
国事：三卷 …………………………………… 1-283
国学礼乐录：二十卷 ………………………… 2-40
国宪家猷：五十六卷 ………………………… 3-291
国语：二十一卷 ……………………………… 1-278
国语：二十一卷 ……………………………… 1-278
国语：二十一卷 ……………………………… 1-279
国语：二十一卷 ……………………………… 1-279
国语：二十一卷 ……………………………… 1-279
国语：二十一卷 ……………………………… 1-279
国语：二十一卷 ……………………………… 1-279
国语：二十一卷 ……………………………… 1-279

国语：二十一卷 ………………………………… 1-280
国语：二十一卷 ………………………………… 1-280
国语：二十一卷 ………………………………… 1-280
国语：二十一卷 ………………………………… 1-280
国语：九卷 ……………………………………… 1-280
国语：不分卷…………………………………… 1-309
国语补音：二卷 ………………………………… 1-279
国语补音：三卷 ………………………………… 1-280
国语补音：三卷 ………………………………… 1-280
国语注：二十一卷 ……………………………… 1-278
国语钞评：八卷 ………………………………… 1-326
国语裁注：九卷 ………………………………… 1-280
国语解：二十一卷 ……………………………… 1-278
国语解：二十一卷 ……………………………… 1-278
国语解：二十一卷 ……………………………… 1-278
国语解：二十一卷 ……………………………… 1-278
国语解：二十一卷 ……………………………… 1-278
国语解：二十一卷 ……………………………… 1-279
国语解：二十一卷 ……………………………… 1-279
国语解：二十一卷 ……………………………… 1-279
国语解：二十一卷 ……………………………… 1-279
国语解：二十一卷 ……………………………… 1-279
国语解订讹：一卷 ……………………………… 1-280
国语髓析：二十一卷 …………………………… 1-280
国难睹记：一卷 ………………………………… 1-308
国清百录：四卷 ………………………………… 3-422
国朝七名公尺牍：八卷 ………………………… 5-299
国朝七律诗钞：十卷 …………………………… 5-260
国朝三家文钞：三十二卷……………………… 5-172
国朝大事记：十二卷 …………………………… 1-273
国朝大家文归：二卷 …………………………… 5-209
国朝大家文归：二卷 …………………………… 5-209
国朝大家制义：四十二卷……………………… 5-172
国朝山左诗补钞：七卷 ………………………… 5-284
国朝历科题名碑录初集：不分卷；明洪武至崇祯各科题名录：不分卷 ………… 1-428
国朝内阁名臣事略：十六卷 …………………… 1-370
国朝六家诗钞：八卷 …………………………… 5-170
国朝六家诗钞：八卷 …………………………… 5-170
国朝文钞：初编不分卷二编不分卷三编不分卷四编不分卷五编不分卷 ………… 5-267
国朝文类：七十卷目录三卷 …………………… 5-241
国朝文类：七十卷目录三卷 …………………… 5-241
国朝文类：七十卷目录三卷 …………………… 5-241
国朝文类：七十卷目录三卷 …………………… 5-241
国朝文类：六十四卷 …………………………… 5-241
国朝文纂：五十卷 ……………………………… 5-252
国朝书法名家考略：一卷；孔谷元书法论：一卷……………………………… 1-377
国朝列卿年表：一百三十九卷………………… 1-439
国朝列卿年表：一百三十九卷………………… 1-439
国朝列卿表：一百四十五卷 …………………… 1-439
国朝名公诗选：十二卷 ………………………… 5-244
国朝名公经济文钞：十卷第一续不分卷 ……………………………………… 5-252
国朝名公翰藻：五十二卷……………………… 5-299
国朝名世类苑：四十六卷……………………… 1-368
国朝名臣言行略：四卷 ………………………… 1-368
国朝名臣事略：十五卷 ………………………… 1-366
国朝名臣事略：十五卷 ………………………… 1-367
国朝名家小传：不分卷 ………………………… 1-376
国朝孝子传：九卷 ……………………………… 1-362
国朝两浙校官诗录：十八卷附编一卷 … 5-266
国朝别号录：十卷末一卷……………………… 3-314
国朝词综：四十八卷 …………………………… 5-352
国朝词综补：十八卷 …………………………… 5-353
国朝武功纪胜通考：八卷；补漏居寓言：一卷……………………………… 1-299
国朝武定诗钞：不分卷 ………………………… 5-285
国朝松陵诗征：二十卷 ………………………… 5-273
国朝杭郡诗续辑：四十六卷 …………………… 5-274
国朝画传编韵：十一卷 ………………………… 3-143
国朝画后续集：一卷 …………………………… 3-145
国朝典汇：二百卷 ……………………………… 2-33
国朝典故：□□卷 ……………………………… 5-417
国朝典故：□□卷 ……………………………… 5-417
国朝典故：□□卷 ……………………………… 5-417
国朝典故：□□卷 ……………………………… 5-417
国朝典故：□□卷 ……………………………… 5-417
国朝典故：□□卷 ……………………………… 5-417

国朝典章：不分卷……2-31
国朝诗正：六卷……5-259
国朝诗因：不分卷……5-259
国朝诗观：十六卷……5-259
国朝诗别裁集：三十六卷……5-259
国朝诗选：十四卷……5-259
国朝诗选：十四卷……5-259
国朝诗选：十卷外编一卷……5-260
国朝练音初集：十卷首一卷末一卷……5-269
国朝绍兴诗录：四卷……5-278
国朝奏疏：四十八卷……2-92
国朝律介：一卷……5-264
国朝闺秀正始续集：十卷附录一卷补遗一卷……5-260
国朝闺秀正始集：二十卷附录二卷补遗一卷……5-260
国朝闽诗选：不分卷……5-282
国朝宫史续编：一百卷……2-40
国朝骈体正宗：十二卷……5-266
国朝骈体正宗续编：八卷……5-266
国朝海上诗钞：八卷初续集二卷首一卷末一卷……5-269
国朝诸臣奏议：一百五十卷……2-89
国朝诸臣奏议：一百五十卷……2-89
国朝诸臣奏议：一百五十卷……2-89
国朝碑版考：不分卷；碑帖目录：不分卷……2-463
国朝殿阁部院大臣年表：十七卷附录一卷……1-439
国雅：二十卷续四卷……5-244
国雅：二十卷续四卷……5-244
国雅初集：不分卷……5-258
国雅品：一卷……5-244
国雅品：一卷……5-244
国策补遗：不分卷……1-283
国策编年：十卷首一卷……1-283
国榷：二十卷……1-261
国榷：不分卷……1-261
国榷：不分卷……1-261
[光绪]昌化县志：十一卷首一卷……2-373
[光绪]昌平外志：六卷……2-177
[光绪]昌平州志：十八卷……2-176
[隆庆]昌平州志：八卷……2-176
[嘉庆]昌乐县志：三十二卷首一卷……2-313
昌志编：二卷续编二卷附一卷三编二卷附一卷；吴越游草：一卷……5-65
[乾隆]昌邑县志：八卷图一卷……2-311
[乾隆]昌邑县志：八卷……2-311
昌谷集：四卷……4-66
昌谷集：四卷……4-67
昌谷集：四卷……4-67
昌图府乡土志……2-232
昌图府志……2-232
昌峰论古录：十六卷……1-341
昌瑞山万年统志：十六卷……2-146
昌瑞山万年统志：十六卷首一卷……2-146
昌黎先生全集：四十卷外集十卷遗文一卷传一卷……4-53
昌黎先生诗集注：十一卷年谱一卷……4-55
昌黎先生诗集注：十一卷年谱一卷……4-55
昌黎先生诗集注：十一卷年谱一卷……4-55
昌黎先生诗集注：十一卷年谱一卷……4-55
昌黎先生诗集注：十一卷年谱一卷……4-55
昌黎先生诗集注：十一卷年谱一卷……4-55
昌黎先生集：十卷外集一卷遗文一卷……4-54
昌黎先生集：四十卷目录一卷……4-54
昌黎先生集：四十卷外集十卷遗文一卷…4-53
昌黎先生集：四十卷外集十卷遗文一卷…4-54
昌黎先生集：四十卷外集十卷遗文一卷…4-54
昌黎先生集：四十卷外集十卷遗文一卷…4-54
昌黎先生集：四十卷外集十卷遗文一卷…4-54
昌黎先生集：四十卷外集十卷遗文一卷…4-54
昌黎先生集：四十卷外集十卷遗文一卷…4-54
昌黎先生集：四十卷外集十卷遗文一卷…4-54
昌黎先生集：四十卷遗文一卷外集十卷…4-54
昌黎先生集考异：十卷……4-58
昌黎先生集考异：十卷……4-58
昌黎县乡土志……2-186
[同治]昌黎县志：十卷……2-186
[康熙]昌黎县志：八卷图一卷……2-186

明十二家诗选：三十九卷 5-168
明人手简序录：三卷 5-300
明人尺牍：不分卷 5-300
明人尺牍选：四卷 5-301
明人尺牍选：四卷 5-301
明人书札 5-301
[明人诗文选集]：一卷 5-242
明人诗钞：正集十四卷续集十四卷 5-249
明人诗钞续集：十四卷 5-249
明三十家诗选：初集八卷二集八卷 5-250
明三元太傅商文毅公年谱：四卷 1-411
明三异人记略：四卷 1-372
明山先生存集：四卷 4-279
明山先生存集：四卷 4-279
明女史：八卷 1-371
明天启崇祯两朝题本：不分卷 2-91
明太子少保资政大夫都察院左都御史中湛先生事述：不分卷 1-401
明太宗实录：不分卷 1-265
明中奉大夫四川布政使司右布政使充庵潘公墓志铭行状行实敕谕碑记：不分卷 1-398
明内阁部院大臣年表：十八卷 1-439
明月环传奇：二卷 5-380
明六部纂修条例 2-33
明文西：四卷 5-287
明文在：一百卷 5-255
明文英华：十卷 5-255
明文奇赏：四十卷 5-253
明文钞：一卷 5-254
明文钞：五编 5-255
明文钞：不分卷诗钞不分卷 5-254
明文致：二十卷 5-253
明文海：四百八十二卷 5-255
明文海：四百八十二卷 5-255
明文海：四百八十二卷目录三卷 5-255
明文授读：六十二卷 5-255
明文霱：二十卷 5-253
明尺牍谷音：七卷 5-300
明水陈先生年谱：二卷 1-412
明刊释名：八卷 1-183
明末史事杂抄三种：三卷 1-276
明末忠烈纪实：二十卷 1-375
明末忠烈纪实：二十卷 1-375
明末忠烈纪实：二十卷 1-375
明末忠烈纪实：五卷 1-375
明末殉难诸臣备考：四卷 1-374
明末殉难诸臣请恤疏：一卷 1-374
明末滇南纪略：一卷；纤言：二卷 1-313
明世学山：五十种五十七卷 5-418
明世学山：五十种五十七卷 5-418
明本大字应用碎金：二卷 3-305
明本大字应用碎金：二卷 3-305
明目至宝：四卷 3-74
明史：三百三十六卷 1-234
明史：三百三十六卷 1-234
明史：四百十六卷目录三卷 1-233
明史：□□卷 1-234
明史三朝考异：六卷 1-345
明史地理志稿：不分卷 1-234
明史列传分纂：十五卷 1-234
明史列传拟稿：不分卷 1-233
明史列传稿：一百六十二卷 1-234
明史杂咏：四卷 5-89
明史纪传：三百十三卷 1-233
明史纪事本末补遗：六卷 1-273
明史志：三十六卷 1-234
明史南都大略：三卷 1-313
明史续编：不分卷 1-234
明史稿：二百八卷目录三卷 1-234
明四家文选：十四卷 5-172
明四家集：八卷 5-172
明刑裒鉴：三卷 2-71
明臣列传：一卷 1-369
明伦大典：二十四卷 2-38
明伦大典：二十四卷 2-38
明伦大典：二十四卷 2-38
明州系年录：七卷 2-130
明州岳林寺志：六卷 2-144
明州福泉山法海禅寺志：十二卷 2-144

明农轩乐府：一卷 …… 5-403
明农草堂读史衡初钞：不分卷 …… 1-339
明志稿：□□卷 …… 4-334
明医杂著：一卷续一卷 …… 3-60
明医指掌图：十卷 …… 3-61
明状元图考：五卷 …… 1-427
明状元图考：五卷 …… 1-427
明状元图考：五卷 …… 1-427
明良世翰：不分卷 …… 1-395
明良记：四卷 …… 1-320
明良庆会：四卷 …… 1-394
明良交泰录：十八卷 …… 3-27
明张伯起诗稿：不分卷 …… 4-319
明纲目前纪：二卷 …… 1-259
明画姓氏编韵：三卷 …… 3-143
明欧阳德传集：三卷 …… 1-397
明忠肃王公行状神道碑：一卷 …… 1-396
明季十家集：十一种十四卷 …… 5-161
明季甲乙汇编：四卷；明季甲申日纪：四卷 …… 1-309
明季甲乙两年汇略：三卷 …… 1-309
明季实录：四卷 …… 1-309
明季野史七种：十一卷 …… 1-275
明季野史八种：八卷 …… 1-275
明季野史三十四种：三十六卷 …… 1-275
明季野史三种：三卷 …… 1-276
明季野史三种：三卷 …… 1-276
明季野史四种：十七卷 …… 1-275
明季野史四种：四卷 …… 1-275
明季野史汇抄七种：八卷 …… 1-275
明季野史汇编：二十九种一百十六卷 …… 1-275
明季逸史：四卷 …… 1-309
明季遗闻：四卷 …… 1-309
明季遗闻：四卷 …… 1-309
明季遗闻：四卷 …… 1-309
明季编年：十二卷 …… 1-261
明季稗乘三种：七卷 …… 1-275
明季稗乘四种：四卷 …… 1-275
明宗集：四卷 …… 1-359
明诗十二家：十二卷 …… 5-245
明诗正声：六十卷 …… 5-243
明诗去浮：四卷 …… 5-249
明诗平论二集：二十卷 …… 5-247
明诗平论二集：二十卷 …… 5-247
明诗归：八卷 …… 5-248
明诗百一钞：十二卷 …… 5-249
明诗百三十名家集抄：二十四卷 …… 5-249
明诗存：不分卷 …… 5-247
明诗别裁集：十二卷 …… 5-249
明诗选：十二卷首一卷 …… 5-242
明诗选：八卷续七卷 …… 5-245
明诗选：不分卷 …… 5-245
明诗选最：八卷 …… 5-244
明诗综：一百卷 …… 5-248
明诗综：一百卷 …… 5-248
明诗综采摭书目：一卷 …… 2-501
明诗综诗话：不分卷 …… 5-248
明诗摘钞：四卷 …… 5-242
明练章续集：十卷首一卷末一卷 …… 5-269
明经题断诗义矜式：十卷 …… 1-45
明故嘉靖大夫南京光禄寺卿前都察院右副都御史象冈胡公(胡植)行状：一卷 …… 1-398
明南京工部尚书进阶荣禄大夫简庵陈公年谱：一卷 …… 1-412
明南京工部尚书进阶荣禄大夫简庵陈公年谱：一卷 …… 1-412
明罚录：不分卷 …… 2-66
明音：四卷 …… 1-141
明音类选：十二卷 …… 5-244
明类性登科考：□□卷 …… 1-428
明前太仆寺少卿泺川王公配刘氏合葬墓志铭：一卷 …… 1-398
明珠记：二卷 …… 5-370
明珠记：五卷；王无双传：一卷 …… 5-370
明都察院右佥都御史张公(张九一)暨元配王恭人墓志铭：行状一卷 …… 1-399
明聂双江先生文集：十四卷首一卷 …… 4-279
明夏赤城先生文集：二十三卷首一卷 …… 4-249
明能书人名：二卷 …… 3-136

明能书人名：二卷 3-136
明敕累封太安人毕母刘氏墓志铭：一卷 1-399
明堂大道录：八卷附禘说二卷 1-80
明堂阴阳夏小正经传考释：十卷 1-79
明常熟先贤事略：十六卷 1-381
明崇祯朝手本揭帖咨文 2-91
明崇祯朝题本咨文 2-91
明朝小史：十八卷 1-320
明朝纪事本末：八十卷 1-273
明朝宝训：四十卷 2-86
明朝宫史：五卷 2-39
明椒山杨忠愍公全集：四卷 4-308
明策：四卷 2-91
明善堂诗集：三十卷诗余一卷词余一卷 5-104
明善堂诗集：四十二卷文集四卷诗余一卷词余一卷 5-104
明道本考异：四卷 1-279
明谥考：四卷 2-42
明谥考存：七卷 2-42
明禁碑录：□□卷 2-67
明鉴会纂：十五卷 1-262
明鉴会纂：十五卷 1-262
明僧弘秀集：十三卷 5-245
明翠湖亭四韵事：四卷 5-363
明翠湖亭四韵事：四卷 5-363
明德先生文集：二十六卷制艺一卷 4-369
明德先生文集：二十六卷制艺一卷 4-369
明儒学案：六十二卷师说一卷 1-371
明儒学案：六十二卷师说一卷 1-371
明儒学案：六十二卷师说一卷 1-371
明儒学案小传：不分卷师说一卷 1-371
明辨类函：六十四卷 3-210
易大象义：一卷 1-17
易义古象通：八卷 1-20
易义提纲：六卷 1-21
易义提纲：□□卷 1-22
易义辑要缀言：八卷 1-27
易小传：六卷 1-8
易见：十一卷 1-25
易本象：四卷 1-20
易占经纬：四卷附录一卷 1-29
易存：一卷 1-22
易因：二卷 1-17
易传：三卷 1-29
易传通解初稿：不分卷 1-26
易传集解：十七卷 1-6
易传集解：十七卷 1-7
易传集解：十七卷 1-7
易会：八卷 1-19
易会：八卷 1-19
易守：八卷 1-25
易安诗稿：一卷 5-270
易安斋文集：一卷诗集一卷 5-39
易讲义：二卷 1-7
易纬通义：八卷 1-30
易纬通义：八卷 1-30
易纬稽览图：二卷 1-30
易林：四卷 1-29
易林补遗：十二卷 1-29
易林注：十六卷 3-117
易林释文：二卷 1-29
易图存是：二卷 1-29
易图明辨：十卷 1-28
易图略：八卷 1-29
易图解：一卷 1-28
易学本原启蒙意见：四卷 1-28
易学别编：不分卷 1-26
易学启蒙：二卷通释附图一卷 1-28
易学图说会通：八卷 1-29
易学变通：六卷 1-13
易学象数举隅：二卷 1-15
易学蓍贞：四卷 1-29
易注：十二卷；洪范传：一卷 1-23
易经：八卷 1-7
易经切解：八卷 1-24
易经正解：四卷 1-19
易经汇征：二十四卷 1-15
易经抉微：四卷附周易本义 1-20

易经易解：三卷 ………………………………… 1-26
易经注疏大全合纂：六十四卷；周易系辞注疏大全合纂：四卷；周易略例：一卷………………………………… 1-21
易经贯一：二十卷 ………………………………… 1-25
易经揆一：十四卷；易学启蒙补：二卷… 1-25
易经释义：四卷 ………………………………… 1-24
易经蒙引：十二卷 ………………………………… 1-15
易经蒙引：十二卷 ………………………………… 1-15
易经解：不分卷 …………………………………1-7
易经澹窝因指：八卷 ………………………………… 1-20
易经纂注：四卷 …………………………………1-9
易贯：十四卷………………………………… 1-23
易冒：十卷 ………………………………… 3-118
易说存悔：二卷 ………………………………… 1-25
易酌：十四卷………………………………… 1-22
易原：三卷；易或：十卷 ………………………………… 1-22
易原就正：六卷 ………………………………… 1-22
易斋稿：十卷补遗一卷 ………………………………… 4-236
易斋稿：十卷附录一卷 ………………………………… 4-236
易通变：四十卷 ………………………………… 3-108
易象义：十六卷；统论：一卷 ………………………………… 1-12
易象钩解：四卷 ………………………………… 1-17
易庵先生编注丹溪纂要：四卷………………………………… 3-81
易庵蒲塘二翁诗稿：二卷………………………………… 5-291
易筌：六卷附论一卷 ………………………………… 1-18
易疏：五卷首一卷 ………………………………… 1-20
易解大旨：一卷二集六卷………………………………… 1-19
易裨传：一卷外篇一卷 ………………………………… 1-28
易疑：不分卷………………………………… 1-27
易纂言：十二卷 ………………………………… 1-12
易纂言：十卷首一卷 ………………………………… 1-12
迪吉录：八卷首一卷 ………………………………… 3-272
典制测蠡：十六卷 ………………………………… 3-301
典制测蠡：十六卷 ………………………………… 3-301
典类：四十二卷 ………………………………… 3-313
典雅词：十种十卷 ………………………………… 5-329
[咸丰]固安县志：八卷 ………………………………… 2-189
[康熙]固始县志：十二卷首一卷 ………… 2-329
[万历]固原州志：二卷 ………………………………… 2-433
[宣统]固原州志：十二卷附新纂硝河城志一卷………………………………… 2-433
固原州宪纲事宜………………………………… 2-433
忠义水浒传：一百回 ………………………………… 3-357
忠义水浒全书：一百二十回首一卷图一卷………………………………… 3-358
忠义传：一卷………………………………… 1-368
忠义录：不分卷 ………………………………… 1-375
忠义集：七卷………………………………… 5-237
忠介公正气堂文集：八卷；越中集：二卷；南征集：十卷………………………………… 4-381
忠节附录：二卷 ………………………………… 4-213
忠节附录：二卷 ………………………………… 4-213
忠节附录：二卷 ………………………………… 4-213
忠节附录：二卷 ………………………………… 4-213
忠贞录：三卷附录一卷 ………………………………… 1-396
[同治]忠州直隶州志：十二卷首一卷 … 2-378
[道光]忠州直隶州志：八卷首一卷 ……… 2-378
忠孝廉节汇集：三十四卷………………………………… 1-353
忠孝福：二卷………………………………… 5-364
忠武录：五卷………………………………… 1-388
忠定公履历：不分卷 ………………………………… 1-413
忠肃公和梅花百咏：一卷………………………………… 4-244
忠经孝经合刊：四卷 ………………………………… 5-421
忠统日录：三卷 ………………………………… 3-50
忠烈考：二卷………………………………… 1-375
忠烈侠义传：一百二十回………………………………… 3-360
忠烈侠义传：一百二十回………………………………… 3-360
忠惠集：十卷附录一卷 ………………………………… 4-128
忠勤录：□□卷 ………………………………… 1-398
忠献韩魏王君臣相遇别录：三卷 ………… 1-390
忠献韩魏王家传：十卷 ………………………………… 1-390
忠简宗公遗事：三卷 ………………………………… 1-392
忠愍公诗集：三卷………………………………… 4-83
忠愍公诗集：三卷………………………………… 4-83
忠愍公诗集：三卷………………………………… 4-83
忠愍公诗集：三卷………………………………… 4-83
忠愍公诗集：三卷………………………………… 4-83
忠穆集：八卷………………………………… 4-132
黾记：四卷 ………………………………… 3-30

邵亭日记：不分卷 …… 1-420
邵亭日记：不分卷 …… 1-420
邵亭行箧书目：不分卷 …… 2-495
邵亭知见传本书目：十六卷 …… 2-478
邵亭知见传本书目：十六卷 …… 2-478
邵亭诗文稿：不分卷 …… 5-144
邵亭诗文稿：不分卷书跋不分卷 …… 5-144
邵亭诗钞：一卷 …… 5-144
邵亭诗钞：六卷 …… 5-144
邵亭校碑记：一卷 …… 2-460
呼图壁乡土志：一卷 …… 2-436
呼桓日记：五卷 …… 1-416
鸣凤记：二卷 …… 5-372
鸣玉堂稿：七卷 …… 4-304
鸣春集：一卷 …… 5-108
鸣秋集：二卷 …… 4-244
鸣秋集：二卷 …… 4-244
鸣盛集：二卷 …… 5-110
鸣盛集：四卷；乐府：一卷 …… 5-110
鸣野山房书画记：三卷 …… 3-129
鸣晦庐书目：不分卷 …… 2-497
咏七十二候诗：一卷 …… 4-376
咏文丞相诗：一卷 …… 4-176
咏归亭诗钞：八卷 …… 5-79
咏史新乐府：一卷 …… 5-54
咏庄集：一卷 …… 3-375
咏怀诗：一卷 …… 4-12
咏怀堂诗集：四卷外集二卷 …… 4-370
咏怀堂新编十错认春灯谜记：二卷 …… 5-383
咏怀堂新编十错认春灯谜记：二卷 …… 5-383
咏怀堂新编勘蝴蝶双金榜记：二卷 …… 5-383
咏物诗：六卷 …… 4-335
咏菊百绝句：一卷 …… 5-93
咏梅集句：一卷 …… 4-241
咄咄吟：二卷 …… 5-138
咄咄录：四卷 …… 1-318
[光绪]岢岚州志：十二卷 …… 2-216
岩下放言：三卷 …… 3-191
岩下放言：三卷 …… 3-191
岩下放言：三卷 …… 3-191
岩下放言：三卷 …… 3-191
岩下放言：三卷拾遗一卷 …… 3-191
岩居稿：八卷 …… 4-288
[乾隆]罗山县志：八卷 …… 2-329
罗氏世征集：十七卷 …… 5-294
罗氏重刊家政：三卷 …… 3-36
[康熙]罗平州志：四卷 …… 2-403
[光绪]罗田县志：八卷首一卷 …… 2-337
罗司勋文集：八卷外集一卷 …… 4-296
罗圭峰先生文集：三十卷首一卷 …… 4-256
罗江东外纪：三卷 …… 1-390
[嘉庆]罗江县志：十卷 …… 2-385
[嘉庆]罗江县志：三十六卷 …… 2-386
罗纹山先生全集：十八卷首一卷 …… 4-377
罗店镇志：八卷附罗溪文征一卷 …… 2-237
罗店镇志：八卷附罗溪文征一卷 …… 2-237
[雍正]罗定州志：六卷首一卷 …… 2-368
罗经解秘传：一卷；阳宅真诀口授：一卷；
　　地理捷诀：一卷 …… 3-116
罗郢州遗文：一卷 …… 4-151
罗郢州遗文：一卷 …… 4-151
罗郢州遗文：一卷 …… 4-151
罗郢州遗文：一卷 …… 4-151
罗昭谏江东集：五卷 …… 4-73
罗昭谏江东集：五卷 …… 4-73
罗昭谏集：八卷 …… 4-73
罗振玉书札 …… 5-157
罗振玉书札：不分卷 …… 5-157
罗浮山志：十二卷 …… 2-157
罗浮山志会编：二十二卷首一卷 …… 2-157
罗浮山志会编：二十二卷首一卷 …… 2-157
罗浮志略：二卷 …… 2-157
罗鄂州小集：八卷 …… 4-151
罗鄂州小集：五卷附一卷 …… 4-151
罗鄂州小集：六卷 …… 4-151
罗鄂州小集：六卷 …… 4-151
罗鄂州小集：六卷 …… 4-151
罗鄂州小集：六卷 …… 4-152
罗鄂州小集：六卷附录一卷 …… 4-151
罗湖野录：二卷 …… 3-317

罗湖野录：二卷 …… 3-317
罗裙草：五卷 …… 5-340
罗德安文集：三卷 …… 4-231
岫岩州乡土志 …… 2-233
岭云编：不分卷 …… 5-213
岭西水陆兵纪：二卷；拙政编：一卷 …… 2-59
[岭南]冼氏宗谱：九卷首一卷末一卷 ……2-9
岭南三大家诗选：二十四卷 …… 5-286
岭南风雅：三卷 …… 5-286
岭南文献：三十二卷 …… 5-286
岭南胜概：六卷 …… 2-134
岭南逸史：八卷二十八回 …… 3-355
岭南集：八卷 …… 5-90
岭海见闻：四卷 …… 2-138
岭海名胜记：二十卷 …… 2-138
岭海名胜记：二十卷 …… 2-138
岭海异闻：一卷续闻一卷 …… 2-170
岭海楼诗钞：四卷 …… 5-130
[康熙]岷州志：二十卷 …… 2-431
岷州续志采访初稿 …… 2-431
[光绪]峄县志：二十五卷首一卷图一卷 …… 2-316
[乾隆]峄县志：十卷首一卷 …… 2-316
图书府印谱：六卷 …… 2-469
图书便览：一百五十六卷 …… 3-301
图书说：一卷 …… 3-90
图书集成图：不分卷 …… 3-301
图书编：一百二十七卷 …… 3-293
图画见闻志：六卷 …… 3-143
图画考：七卷 …… 3-143
图注八十一难经辨真：四卷 …… 3-66
图注王叔和脉诀：四卷附方一卷 …… 3-71
图注脉诀辨真：四卷附方一卷 …… 3-71
图绘宝鉴：五卷补遗一卷 …… 1-357
图绘宝鉴：五卷补遗一卷续补一卷续一卷 …… 1-357
图绘宝鉴：五卷补遗续补一卷 …… 1-357
图像本草蒙筌：十二卷首一卷总论一卷 … 3-69
钓台集：八卷附录一卷 …… 5-280
钓台集：四卷 …… 5-280
钓矶立谈：一卷 …… 1-288
钓矶立谈：一卷 …… 1-288
垂休录：不分卷 …… 1-396
制诰：十卷 …… 2-94
知一斋日记：一卷 …… 1-424
知止斋日记：不分卷 …… 1-419
知止斋遗集：不分卷 …… 5-433
知本堂读杜诗：二十四卷 …… 4-40
知白斋诗草：八卷续草八卷 …… 5-140
知白斋诗草：四卷续草八卷别草一卷吟草四卷杂文不分卷附一卷 …… 5-140
知圣道斋读书跋尾：一卷 …… 2-492
知过轩随录：不分卷 …… 1-320
知言：二卷 …… 3-212
知非堂稿：六卷 …… 4-194
知非堂稿：六卷 …… 4-194
知非堂稿：六卷 …… 4-194
知非堂稿：六卷 …… 4-194
知非堂稿：六卷 …… 4-194
知畏堂文存：十二卷诗存四卷 …… 4-376
知儒编：一卷 …… 3-428
牧云和尚四悉书：十四卷 …… 3-416
牧云和尚病游初草：一卷后草一卷 ……5-5
牧云和尚懒斋后集：六卷 ……5-5
牧云和尚懒斋别集：十四卷 ……5-5
牧云和尚懒斋别集：十四卷 ……5-5
牧牛图颂：一卷 …… 3-416
牧羊记：二卷 …… 5-371
牧津：四十四卷 …… 2-49
牧斋书目：不分卷 …… 2-486
牧斋外集：二十五卷 ……5-2
牧斋有学集：五十一卷 ……5-1
牧斋有学集：五十卷 ……5-1
牧斋有学集：五十卷补遗一卷 ……5-1
牧斋有学集：五十卷集外诗一卷 ……5-1
牧斋有学集补遗：不分卷 ……5-2
牧斋有学集补遗：不分卷 ……5-2
牧斋有学集诗注：十四卷 ……5-1
牧斋初学集：一百十卷 ……5-1
牧斋初学集：一百十卷目录二卷 ……5-1

牧斋初学集诗注：二十卷……5-1
牧斋初学集诗注：二十卷有学集诗注十四卷投笔集注一卷……5-1
牧斋诗钞：不分卷……5-1
牧斋诗集：九卷……5-1
牧庵集：三十六卷年谱一卷……4-188
牧隐诗稿：三十五卷目录三卷文稿二十卷附录一卷……5-158
牧鉴：十卷……2-49
牧鉴：十卷……2-49
牧群司抄案：一卷……2-83
物初和尚语录：七卷……3-417
物原：一卷……3-306
物原：一卷……3-307
物原：一卷……3-307
乖崖先生文集：十二卷附录一卷……4-81
乖崖先生文集：十二卷附录一卷……4-81
乖崖先生文集：十二卷附录一卷……4-81
乖崖先生文集：十二卷附录一卷……4-81
乖崖先生文集：十二卷附录一卷……4-81
[乾隆]和平县志：八卷……2-364
和汉茶志：三卷……3-167
和西溪百咏：二卷；福胜庵八咏：一卷；曲水庵八咏：一卷……4-376
和名类聚抄：十卷……3-302
[嘉靖]和州志：十七卷……2-285
[康熙]和州志：三十卷……2-285
和林考：一卷……2-449
和林金石录：一卷诗一卷……2-449
[咸丰]和林格尔城志：四卷……2-230
和松庵存札：不分卷……5-43
[光绪]和顺县志：十卷首一卷末一卷……2-218
和陶小稿：一卷……4-274
和梅花百咏：□□卷……4-276
和梅花百咏诗稿：二卷……4-259
和清真词：一卷……5-335
和清真词：一卷……5-335
和清真词：一卷……5-335
和清真词：一卷……5-335
和靖尹先生文集：十卷……4-125
和靖尹先生文集：十卷……4-125
和靖尹先生文集：十卷附录一卷……4-125
和靖尹先生文集：十卷附录一卷……4-125
和靖尹先生文集：十卷附录一卷……4-125
和靖尹先生文集：八卷附集二卷……4-125
和靖先生文集：五卷……4-125
和靖先生文集：不分卷……4-125
和靖先生文集附集：一卷……4-125
和韵诗：五卷……4-373
和阗直隶州乡土志：一卷……2-436
季文敏公日记：不分卷……1-419
季汉五志：十二卷……1-362
季汉书：六十卷正论一卷答问一卷……1-218
季汉书：六十卷正论一卷答问一卷……1-218
季汉书：六十卷正论一卷答问一卷……1-218
季汉官爵考：三卷……2-43
季沧苇藏书目：一卷……2-485
季沧苇藏书目：一卷……2-489
季沧苇藏书目：一卷……2-489
季彭山先生文集：四卷……4-278
佳山堂书目：一卷……2-486
佳山堂书目：一卷……2-490
佳春堂诗选：不分卷……5-230
侍郎葛公归愚集：十卷……4-140
侍宸祖师法语：一卷……3-386
侍御公诗集：不分卷……4-370
岳石帆先生鉴定四六宙函：三十卷……5-250
岳石帆先生鉴定四六宙函：三十卷……5-250
岳归堂合集：十卷……4-368
[康熙]岳州府志：二十八卷……2-349
[乾隆]岳州府志：三十卷首一卷……2-349
[光绪]岳池县志：二十卷首一卷……2-387
岳阳风土记：一卷……2-133
岳阳风土记：一卷……2-133
岳阳古集：不分卷……5-286
岳阳纪胜汇编：四卷……2-141
岳阳楼诗集：二卷……5-286
岳纪：六卷……2-149
岳武穆尽忠报国传：七卷……3-346
岳武穆集：一卷……4-139

岳武穆精忠传：六卷六十八回 3-345
岳武穆精忠传：六卷六十八回 3-346
岳武穆精忠传：六卷六十八回 3-346
岳武穆精忠全传：六卷六十八回 3-345
岳忠武王文集：八卷首一卷末一卷 4-139
岳图秘书：二卷 2-149
岳集：五卷 4-139
岳麓书院石壁禹碑：一卷 2-461
岳麓书院石壁禹碑：一卷 2-461
供冀小言：一卷 3-34
使西日记：二卷 1-416
使交纪事：一卷 2-58
使闽杂志：不分卷 1-424
使秦草：一卷 5-58
使琉球：一卷 1-369
使琉球录：一卷 2-172
使琉球录：一卷 2-172
使朝鲜录：二卷 2-58
使粤纪行：一卷 5-20
使粤草：不分卷 5-122
使署闲情：四卷 5-283
使蜀纪事：一卷 5-22
使蜀稿：二卷 4-250
使滇草：一卷 5-56
使黔杂记：不分卷 3-276
侠义小说璞玉葆真：□□回 3-361
岱史：十八卷 2-155
岱史：十八卷 2-155
岱宗藏稿：五十卷 4-367
岱南阁集：二卷；嘉谷堂集：一卷 5-120
侣鹤堂诗集：八卷 4-331
凭山阁汇辑四六留青采珍集：十二卷 5-213
凭山阁留青：二集十卷 5-213
凭山阁增辑留青新集：三十卷 5-214
侨吴遗集：不分卷 4-207
侨吴集：十二卷附录一卷 4-208
侨吴集：十二卷附录一卷 4-208
侨吴集：十二卷附录一卷 4-208
佩韦室日记：不分卷 1-423
佩韦斋文集：二十卷 4-175
佩韦斋文集：十六卷辑闻四卷 4-175
佩韦斋文集：四十卷 4-175
佩韦斋辑闻：四卷 3-200
佩韦斋辑闻：四卷 3-200
佩文诗韵删注：五卷 3-316
佩文斋广群芳谱：一百卷目录二卷 3-168
佩文斋书画谱：一百卷 3-129
佩文韵府：一百六卷 3-316
佩兰子文集：三卷 4-283
佩渠：前集一卷后集一卷 5-134
佩觿：三卷 1-159
佩觿：三卷 1-159
佩觿：三卷 1-159
佩觿：三卷 1-159
佩觿：三卷 1-159
佩觿：三卷 1-160
佩觿：三卷 1-160
佩觿：三卷 1-160
佩觿：三卷辩证一卷附一卷 1-159
佩觿：□□卷 1-159
货布文字考：四卷说一卷 2-466
依水园文集：前集二卷后集二卷 5-5
依归草：十八卷；自长吟：十二卷 5-69
依归草：不分卷 5-69
依竹山房集：十二卷 5-114
依园七子诗选：七卷 5-169
依园诗草：不分卷 5-84
[同治]阜平县志：四卷首一卷 2-195
[光绪]阜宁县志：二十四卷首一卷 2-246
[道光]阜阳县志：二十四卷首一卷 2-274
[乾隆]阜阳县志：二十卷首一卷 2-274
[雍正]阜城县志：二十二卷首一卷 2-200
阜康县乡土志：一卷 2-436
质言：三卷 1-125
质疑：一卷 1-139
质疑删存：三卷 3-236
欣赏续编：十种十卷 5-416
欣赏续编：十种十卷 5-416
欣赏编：十种十四卷 5-415
欣赏编：十种十四卷 5-415

欣赏编：十种十四卷 ………………… 5-415
欣赏编：十种十四卷 ………………… 5-416
征车草：一卷 ………………………… 5-48
征行录：一卷 ………………………… 4-360
征安南敉征安南事实：不分卷 ……… 1-301
征君孙先生年谱稿：四卷 …………… 1-413
征南录：一卷 ………………………… 1-291
征蛮疏草：二卷 ……………………… 2-103
征剿纪略：四卷 ……………………… 1-319
徂徕文集：二十卷 …………………… 4-88
徂徕文集：二十卷 …………………… 4-89
徂徕文集：二十卷 …………………… 4-89
徂徕石先生全集：二十卷附录一卷 … 4-89
徂徕先生集：二十卷 ………………… 4-89
往深斋诗集：八卷 …………………… 5-57
往深斋诗集：八卷 …………………… 5-57
爬疥漫录：不分卷 …………………… 1-318
径山志：十四卷 ……………………… 2-151
径山集：三卷 ………………………… 2-151
径山藏目：不分卷 …………………… 2-501
所见录：四卷 ………………………… 1-307
所存集：二卷 ………………………… 5-101
所安遗集：一卷 ……………………… 4-203
所安遗集：一卷 ……………………… 4-203
所安遗集：一卷 ……………………… 4-203
所安遗集：一卷 ……………………… 4-203
所安遗集：一卷 ……………………… 4-203
所知录：一卷 ………………………… 1-310
所知录：二卷 ………………………… 1-310
所知录：二卷附录一卷 ……………… 1-310
所知集：初编十二卷二编四卷三编十二卷 ………………… 5-260
所南翁一百二十图诗集：一卷 ……… 4-169
所南翁一百二十图诗集：一卷 ……… 4-169
所南翁一百二十图诗集：一卷 ……… 4-169
所南翁一百二十图诗集：一卷 ……… 4-169
舍头谏经：一卷 ……………………… 3-397
金山龙游禅寺志略：四卷 …………… 2-143
金山龙游禅寺志略：四卷首一卷 …… 2-143
[光绪]金山县志：三十卷首一卷 …… 2-238
[光绪]金山县志：三十卷首一卷 …… 2-238
金山集：二卷 ………………………… 2-150
金川玉屑集：六卷 …………………… 4-237
金川玉屑集：六卷附录一卷 ………… 4-237
[光绪]金门志：十六卷 ……………… 2-295
金小史：八卷 ………………………… 1-296
金子有集：一卷 ……………………… 4-282
[康熙]金乡县志：十六卷首一卷 …… 2-317
[同治]金乡县志略：十二卷首一卷 … 2-317
金井志：四卷首一卷 ………………… 2-139
金氏文集：二卷 ……………………… 4-98
金氏尚书注：十二卷 ………………… 1-34
金风亭长书目：五种五卷 …………… 2-475
金丹心法口诀：不分卷 ……………… 3-386
金丹正理大全：二十四卷 …………… 3-378
金丹正理大全周易参同契解：三卷 … 3-383
金丹正理大全悟真篇注疏：三卷 …… 3-384
金丹正理大全群仙珠玉集成：四卷 … 3-378
金丹百问：一卷 ……………………… 3-384
金丹辩惑：一卷 ……………………… 3-385
金文通公集：二十六卷诗集六卷外集八卷 ………………… 5-3
金文通公集：二十卷 ………………… 5-3
金文最：一百二十卷 ………………… 5-237
金文最：一百卷 ……………………… 5-237
金文最定本目次：一卷 ……………… 5-237
金文靖公北征录：二卷 ……………… 1-301
金文靖公前北征录：一卷后北征录一卷 ………………… 1-301
金文靖公集：十卷 …………………… 4-239
金正希先生文集辑略：九卷 ………… 4-377
金正希先生燕诒阁集：七卷 ………… 4-377
金正希稿：不分卷 …………………… 4-377
金石三例：十五卷 …………………… 5-327
金石三例：十五卷 …………………… 5-328
金石三例：十五卷 …………………… 5-328
金石文：七卷 ………………………… 2-440
金石文：七卷 ………………………… 2-440
金石文字记：六卷 …………………… 2-441
金石玉铭：二十卷 …………………… 2-443

金石古文：十四卷 2-440
金石古文：十四卷 2-440
金石古文：十四卷 2-440
金石古文：十四卷 2-440
金石目录分编：五卷 2-443
金石史：二卷 2-440
金石史：不分卷附录一卷 2-440
金石汇目分编：二十卷 2-444
金石汇目分编：二十卷 2-444
金石存：十五卷 2-442
金石年表：一卷 2-449
金石后录：八卷 2-442
金石字样：八卷 1-165
金石红文：六卷 3-152
金石志：十四卷 2-448
金石志：不分卷 2-446
金石补编：不分卷 2-444
金石苑三巴汉石纪存：不分卷 2-448
金石苑三巴汉石纪存：不分卷 2-448
金石刻墨所见目录：不分卷 2-464
金石学录：四卷 1-356
金石录：三十卷 2-439
金石录：三十卷 2-439
金石录：三十卷 2-439
金石录：三十卷 2-439
金石录：三十卷 2-439
金石录：三十卷 2-439
金石录：三十卷 2-439
金石录：三十卷 2-439
金石录：三十卷 2-439
金石录：三十卷 2-439
金石录：三十卷 2-439
金石录：三十卷 2-440
金石录补：二十七卷 2-441
金石录补：不分卷 2-441
金石录补：不分卷 2-441
金石契：不分卷 2-442
金石契：不分卷 2-443
金石著录考：一卷 2-460
金石萃编：一百六十卷 2-442
金石萃编：一百六十卷 2-442
金石萃编：一百六十卷 2-442
金石萃编未刻稿：三卷 2-442
金石萃编未刻稿：不分卷 2-442
金石萃编补目：三卷；元碑存目：一卷 2-442
金石综例：四卷 5-327
金石遗文：五卷 2-440
金石缘全传：八卷二十四回 3-351
金石缘全传：八卷二十四回首一卷 3-351
金石韵府：五卷 1-157
金石韵府：五卷 1-157
金石韵府：五卷 1-157
金石韵府：五卷 1-157
金石韵府：四卷 1-157
金石摘录：十卷 2-444
金石衡鉴录：十二卷 2-443
金石衡鉴录：□□卷补三十二卷再补十二卷续一卷三补一卷 2-443
金石癖：十五卷 2-442
金龙印：不分卷 5-397
金东山文集：十二卷 5-75
金东山文集：十二卷 5-75
金史：一百三十五卷 1-231
金史：一百三十五卷 1-231
金史：一百三十五卷 1-231
金史：一百三十五卷 1-231
金史：一百三十五卷 1-231
金史：一百三十五卷 1-232
金史：一百三十五卷目录二卷 1-232
金史补：不分卷 1-232
金史补：□□卷 1-232
金兰集：三卷耕渔轩遗书一卷 5-244
金兰集：四卷补录一卷 5-244
金台集：二卷 4-215
金刚凤：不分卷 5-386
金刚光焰止风雨陀罗尼经：一卷 3-400
金刚顶瑜伽中发阿耨多罗三藐三菩提心论：一卷 3-398
金刚顶瑜伽中发阿耨多罗三藐三菩提心论：

一卷 …… 3-398
金刚经：一卷解一卷；心经：一卷解一卷 …… 3-394
金刚经注解：四卷 …… 3-408
金刚恐怖集会方广轨仪观自在菩萨三世最胜心明王大威力乌枢瑟么明王经：三卷 …… 3-399
金刚般若波罗蜜经：一卷 …… 3-394
金刚般若波罗蜜经：四卷 …… 3-408
金刚般若波罗蜜经集注：不分卷 …… 3-408
金刚萨埵说频那夜迦天成就仪轨经：四卷 …… 3-400
金先生讲学纪录：二卷 …… 3-31
金华山樵诗后集：十卷 …… 5-119
金华子：二卷 …… 3-242
金华文征：二十卷 …… 5-279
金华文征：二十卷 …… 5-279
金华文统：十三卷 …… 5-279
金华文统：十三卷 …… 5-279
金华文统：十三卷 …… 5-279
金华文统：十三卷 …… 5-279
金华正学编：十二卷 …… 5-279
金华正学编：十卷 …… 5-279
金华先民传：十卷 …… 1-382
金华杂识：四卷 …… 2-130
金华贤达传：十二卷 …… 1-382
金华诗录：六十卷外集六卷别集四卷书后一卷 …… 5-279
金华诗粹：十二卷 …… 5-279
金华黄先生文集：四十三卷 …… 4-200
金华黄先生文集：四十三卷 …… 4-200
金华游录：一卷 …… 2-167
金华游录注：二卷 …… 2-167
金汤借箸十二筹：十二卷 …… 3-45
[乾隆]金坛县志：十二卷 …… 2-253
[光绪]金坛县志：十六卷首一卷 …… 2-253
金声玉振：不分卷 …… 5-412
金声玉振集：五十种六十一卷 …… 5-417
金奁集：一卷补一卷 …… 5-346
金县新志稿 …… 2-425
金沙许氏宗谱：十卷 …… 2-15
金沙细唾：一卷 …… 1-311
金沙魏公将军壮烈志：二卷 …… 1-397
金枢符应秘文：三卷；景祐遁甲莲华通神经：一卷 …… 3-125
金国南迁录：一卷 …… 1-296
金国南迁录：一卷 …… 1-296
金鱼图谱：不分卷 …… 3-171
金鱼图谱：不分卷 …… 3-172
金鱼图谱：不分卷 …… 3-172
金诗选：四卷 …… 5-237
金荃集：七卷别集一卷 …… 4-71
金荃集：七卷别集一卷 …… 4-71
金荃集：七卷别集一卷 …… 4-71
金钟传：八卷六十四回 …… 3-356
金珠宝石细毛绸缎纱等谱：不分卷 …… 3-160
金壶记：三卷 …… 3-133
金壶记：三卷 …… 3-133
金壶记：三卷 …… 3-133
金莲记：二卷 …… 5-380
金瓶梅：二卷 …… 5-392
金涂铜塔考：一卷 …… 2-454
金屑一撮：一卷 …… 3-416
金陵世纪：四卷 …… 2-125
金陵古今图考：一卷 …… 2-125
金陵古金石考目：一卷 …… 2-445
金陵名胜：不分卷 …… 2-139
金陵图咏：一卷 …… 4-337
金陵金石志：一卷；唐昭陵墨迹考略：五卷 …… 2-445
金陵琐事：四卷 …… 2-125
金陵琐事：四卷续二卷 …… 2-125
金陵琐事：四卷续二卷二续二卷 …… 2-125
金陵集：三卷 …… 4-359
金陵集：三卷；游太湖诗：一卷 …… 4-359
[至正]金陵新志：十五卷 …… 2-241
[至正]金陵新志：十五卷 …… 2-241
金姬传：一卷 …… 1-395
金匮玉函经二注：二十二卷 …… 3-73
[嘉庆]金堂县志：九卷首一卷末一卷 … 2-380

[嘉庆]金堂县志：九卷首一卷末一卷 … 2-381
金银珠宝谱：一卷 ………… 3-161
金章兰谱：一卷 ………… 3-168
金章兰谱：一卷 ………… 3-169
金闾稿：二卷 ………… 4-328
金渊集：六卷 ………… 4-193
金液还丹印证图：一卷 ………… 3-386
金梁梦月词：二卷；怀梦词：一卷 …… 5-343
金粟书屋诗稿：四卷；二知堂试帖偶存：
　　一卷 ………… 5-132
金粟逸人逸事：一卷 ………… 3-144
金焦集：一卷；山阴集：一卷 ………… 5-70
金楼子附校：六卷 ………… 3-185
金楼子附校：六卷 ………… 3-185
金源札记：二卷序例一卷又札一卷史论五
　　答一卷；吉贝居暇唱：一卷 ………… 1-232
金舆山房稿：十四卷 ………… 4-313
金銮配：二卷 ………… 5-391
金精直指：一卷 ………… 3-386
金精直指注论：一卷 ………… 3-386
金精廖公秘授地学心法正传画筴扒砂经：
　　四卷补遗一卷 ………… 3-113
金精廖公秘授地学心法正传画筴扒砂经：
　　四卷补遗一卷 ………… 3-114
金薤琳琅：二十卷 ………… 2-458
金薤琳琅：二十卷 ………… 2-458
金薤琳琅：二十卷 ………… 2-458
金薤琳琅：二十卷 ………… 2-458
金薤琳琅：二十卷 ………… 2-458
金薤琳琅：二十卷 ………… 2-458
金薤琳琅：二十卷 ………… 2-458
金薤琳琅：二十卷 ………… 2-458
金薤琳琅：二十卷 ………… 2-458
金薤琳琅：二十卷 ………… 2-459
金薤琳琅：二十卷 ………… 2-459
金薤琳琅：二十卷 ………… 2-459
金薯传习录：二卷；治蝗传习录：一卷… 3-56
金罍子：四十四卷 ………… 3-208
[乾隆]郃阳县全志：四卷 ………… 2-413
采山堂诗集：八卷首一卷 ………… 5-27
采风类记：十卷 ………… 2-127
采风类记：十卷 ………… 2-127
采风类记：十卷 ………… 2-128
采兰斋诗：二卷 ………… 5-146
采衣堂集：八卷 ………… 5-49
采饮集：九卷 ………… 5-40
采录大通县乘帙稿：不分卷 ………… 2-432
采真机要：三卷 ………… 3-384
采真别墨：一卷 ………… 3-276
采菽堂古诗选：三十八卷补遗四卷 ……… 5-188
采蓝集：四卷 ………… 4-340
采蕺斋集：不分卷语录一卷 ………… 4-363
采霞集：九卷 ………… 5-49
受宜堂宦游笔记：四十六卷 ………… 3-219
受经堂汇稿：十四卷 ………… 5-424
受祜堂集：十二卷 ………… 5-58
受祜堂集：十二卷 ………… 5-58
受教辑录：六卷 ………… 2-69
受庵功行谱：一卷 ………… 1-398
受祺堂诗：三十五卷 ………… 5-38
念西堂诗集：八卷；古雪堂文集：十九卷
　　………… 5-21
念园存稿：四卷 ………… 5-8
念修堂七言诗选：不分卷 ………… 5-250
念诵次第：一卷 ………… 3-400
念庵罗先生文要：六卷 ………… 4-294
念庵罗先生文集：八卷外集十五卷别集四
　　卷 ………… 4-294
念庵罗先生集：十三卷 ………… 4-294
念庵罗先生集：十三卷 ………… 4-294
念鲁先生本传：一卷 ………… 1-405
念楼诗稿：一卷 ………… 5-137
念楼集：八卷 ………… 5-137
瓮牖闲评：八卷 ………… 3-226
朋旧及见录：不分卷 ………… 5-264
[同治]肥乡县志：三十六卷补遗一卷 … 2-205
[雍正]肥乡县志：六卷 ………… 2-205
肥乡政略：四卷 ………… 2-51
[光绪]肥城县志：十卷首一卷 ………… 2-318
[康熙]肥城县志书：二卷 ………… 2-318

周人诗说：四卷 1-53
周子全书：七卷 4-98
周子弼集：不分卷 4-302
周天星位经纬宿度考：不分卷 3-89
周天星鉴：一卷 3-88
周元公世系遗芳集：十五卷 1-379
周毛公瘖鼎铭释文：一卷 2-454
周文归：二十卷 5-216
周文忠公文选：□□卷 4-146
周书：十卷逸文一卷 1-278
周书：五十卷 1-223
周书：五十卷 1-223
周书：五十卷 1-223
周书：五十卷 1-223
周书：五十卷 1-223
周书：五十卷 1-223
周书：五十卷 1-223
周书：五十卷 1-223
周书：五十卷 1-224
周书：五十卷 1-224
周书年表：一卷；周书年月考：二卷 1-40
周书金氏注：六卷 1-40
周尔墉日记：不分卷 1-420
周礼：十二卷 1-59
周礼：十二卷 1-60
周礼：十八卷 1-63
周礼：六卷 1-59
周礼：六卷 1-60
周礼：六卷 1-60
周礼：六卷 1-60
周礼：六卷；考工记：一卷 1-60
周礼三注粹抄：不分卷 1-64
周礼文物大全图：不分卷 1-64
周礼文物大全图：不分卷 1-64
周礼古本订注：五卷考工记一卷 1-63
周礼句解：十二卷 1-61
周礼句解：十二卷 1-61
周礼句解：十二卷 1-62
周礼句解：十二卷 1-62
周礼句解：十二卷 1-62
周礼句解：六卷集注句解一卷 1-63
周礼汉读考：六卷；仪礼汉读考：一卷 1-66
周礼训隽：二十卷 1-62
周礼传：五卷翼传二卷图说二卷 1-63
周礼全经集：十三卷；周礼传叙论：一卷 1-63
周礼会注：十五卷 1-63
周礼会通：六卷 1-65
周礼军赋说：四卷 1-64
周礼完解：十二卷读周礼一卷 1-63
周礼补亡：六卷 1-62
周礼补亡：六卷 1-62
周礼补亡：六卷 1-62
周礼补注：六卷 1-65
周礼注：十二卷 1-59
周礼注：十二卷 1-59
周礼注：十二卷 1-60
周礼注：十二卷 1-60
周礼注：六卷 1-60
周礼注释：十二卷 1-60
周礼注疏：四十二卷 1-60
周礼注疏：四十二卷 1-60
周礼注疏：四十二卷 1-60
周礼注疏：四卷 1-65
周礼注疏删翼：三十卷 1-63
周礼注疏述注：十卷 1-64
周礼注疏献疑：七卷 1-65
周礼经注节钞：七卷 1-65
周礼俗说：六卷 1-64
周礼说：十二卷 1-63
周礼笔记：六卷 1-63
周礼通义：二卷 1-63
周礼提纲辑注：六卷 1-65
周礼集注：七卷 1-62
周礼集说：十一卷纲领一卷复古编一卷 1-62
周礼集说：十一卷纲领一卷复古编一卷 1-62
周礼集说：十一卷纲领一卷复古编一卷编补二卷 1-62
周礼释文问答：一卷 1-66
周礼疏：五十卷 1-60

周礼疑义：四十四卷 ………………………… 1-64
周礼疑义举要：七卷 ………………………… 1-64
周礼瀹义：三十二卷 ………………………… 1-64
周司寇匜揭本：一卷 ………………………… 2-454
周存斋行略：一卷 ………………………… 1-407
周此山先生诗集：四卷 ………………………… 4-195
周此山先生诗集：四卷 ………………………… 4-195
周此山先生诗集：四卷 ………………………… 4-196
周此山诗集：四卷 ………………………… 4-195
周会魁校正四书大全：十八卷序二卷 … 1-123
周会魁校正易经大全：二十卷首一卷 …… 1-15
周庄镇志：六卷首一卷附贞丰里庚甲见闻录二卷 ………………………… 2-258
周衣亭谭易：不分卷 ………………………… 1-25
周吾堂行略：一卷夏太孺人行述一卷遗事一卷 ………………………… 1-407
周两塍先生行状：一卷 ………………………… 1-407
周君建鉴定古牌谱：二卷 ………………………… 3-159
周张全书：二十二卷 ………………………… 3-3
周叔夜先生集：十一卷 ………………………… 4-310
周易：一卷 ………………………… 1-5
周易：二十四卷 ………………………… 1-10
周易：二十四卷 ………………………… 1-10
周易：十卷 ………………………… 1-5
周易：十卷 ………………………… 1-5
周易：八卷；附王辅嗣论易：一卷 ………… 1-7
周易：三卷 ………………………… 1-5
周易：四卷 ………………………… 1-5
周易：四卷 ………………………… 1-14
[周易]音义：一卷 ………………………… 1-6
[周易]略例：一卷 ………………………… 1-6
周易大义图说续稿：一卷 ………………………… 1-29
周易大全纂：十二卷 ………………………… 1-17
周易上经程朱先生传义附录：二十卷 …… 1-12
周易上经程朱先生传义附录：二十卷 …… 1-12
周易义丛：十六卷首一卷 ………………………… 1-16
周易义海撮要：一卷 ………………………… 1-8
周易义海撮要：十二卷 ………………………… 1-8
周易爻变义蕴：四卷 ………………………… 1-13
周易孔义集说：二十卷 ………………………… 1-24
周易示掌：不分卷 ………………………… 1-27
周易正义：十四卷 ………………………… 1-6
周易正解：二十卷读易一卷 ………………………… 1-19
周易正解：二十卷读易一卷 ………………………… 1-19
周易古今文全书：二十一卷 ………………………… 1-17
周易古文羽义：十二卷首一卷 ………………………… 1-15
周易古本集注：十二卷首一卷末一卷续编一卷 ………………………… 1-23
周易古本集注：十二卷首一卷末一卷续编一卷 ………………………… 1-23
周易本义：十二卷 ………………………… 1-9
周易本义：十二卷易图一卷五赞一卷 ……… 1-9
周易本义：十二卷易图一卷五赞一卷筮仪一卷 ………………………… 1-9
周易本义：十二卷易图一卷五赞一卷筮仪一卷 ………………………… 1-9
周易本义：五卷图说一卷五赞一卷 ………… 1-9
周易本义：四卷 ………………………… 1-9
周易本义：四卷 ………………………… 1-9
周易本义：四卷 ………………………… 1-9
周易本义：四卷图说一卷 ………………………… 1-8
周易本义：四卷图说一卷 ………………………… 1-9
周易本义：四卷筮仪一卷图说一卷 ………… 1-9
周易本义：四卷筮仪一卷图说一卷卦歌一卷 ………………………… 1-9
周易本义析疑：不分卷 ………………………… 1-23
周易本义析疑：不分卷 ………………………… 1-23
周易本义通释：十二卷 ………………………… 1-12
周易本义通释：十二卷 ………………………… 1-13
周易本义通释：十二卷易义一卷 ………… 1-13
周易本义通释：十二卷易义一卷 ………… 1-13
周易本义集成：十二卷 ………………………… 1-13
周易本义集成：十二卷 ………………………… 1-13
周易本义集成：十二卷 ………………………… 1-13
周易札记：四卷 ………………………… 1-27
周易可说：七卷 ………………………… 1-20
周易议卦：二卷 ………………………… 1-16
周易考异：三卷 ………………………… 1-27
周易传义：二十四卷 ………………………… 1-10
周易传义：二十四卷 ………………………… 1-10

周易传义：二十四卷上下篇义一卷图说一卷五赞一卷筮仪一卷……1-11
周易传义：十六卷上下篇义一卷易图集录一卷五赞一卷筮仪一卷……1-10
周易传义：十卷……1-9
周易传义大全：二十四卷……1-14
周易传义大全：二十四卷……1-14
周易传义大全：二十四卷朱子图说一卷五赞一卷筮仪一卷易说纲领一卷……1-15
周易传义大全：二十四卷朱子图说一卷纲领一卷……1-14
周易传义大全：二十四卷纲领一卷朱子图说一卷……1-14
周易传义大全：二十四卷纲领一卷朱子图说一卷……1-14
周易传义大全：二十四卷纲领一卷朱子图说一卷……1-14
周易传义大全：二十四卷纲领一卷朱子图说一卷……1-14
周易传义大全：二十四卷首一卷……1-14
周易传义大全：二十四卷首一卷……1-15
周易传义补疑：十二卷……1-17
周易会通：十二卷……1-20
周易杂论精义：一卷……1-11
周易守：不分卷……1-28
周易观玩篇：十二卷首一卷……1-25
周易观变：二卷；周易观象：一卷……1-25
周易折中：二十二卷首一卷……1-23
周易补义：四卷……1-24
周易补注……1-24
周易初谈讲意：六卷……1-19
周易玩辞：十六卷……1-11
周易玩辞：十六卷……1-11
周易玩辞：十六卷……1-11
周易玩辞集解：十卷卷首一卷……1-23
周易明洛义：二卷二义二卷三义一卷……1-19
周易图说述：四卷首一卷……1-28
周易郑康成注：一卷……1-5
周易学统：不分卷……1-27
周易注：九卷……1-6
周易注疏：十三卷附周易略例一卷……1-6
周易宗义：十二卷……1-20
周易详解：十六卷……1-11
周易参义：十二卷……1-14
周易参义：十二卷……1-14
周易参义：十二卷……1-14
周易参同契：三卷……3-383
周易参同契：三卷……3-383
周易参同契发挥：三卷……3-383
周易参同契发挥：三卷释疑一卷……3-383
周易参同契发挥：三卷释疑一卷……3-383
周易参同契发挥：三卷释疑一卷……3-383
周易参同契发挥：三卷释疑一卷后音一卷……3-383
周易参同契注：三卷……3-384
周易参同契注解：三卷……3-384
周易经传：二十四卷……1-10
周易经传：二十四卷……1-10
周易经传传义：二十四卷……1-10
周易经传传义：二十四卷……1-10
周易经传集程朱解附录纂注：十四卷；朱子易图附录纂注：一卷；朱子启蒙五赞附录纂注：一卷……1-13
周易经传集解：三十六卷……1-8
周易函书：三十八卷首十二卷别集三卷……1-23
周易函书约存：十八卷约注十八卷别集二十三卷……1-23
周易要义：十卷……1-12
周易要义：十卷……1-12
周易要义：十卷……1-12
周易要义：十卷首一卷……1-12
周易要义：十卷首一卷……1-12
周易音义：一卷……1-6
周易音义：一卷……1-6
周易类经：二卷……1-25
周易总义：二十卷……1-11
周易洗心：七卷首二卷……1-24
周易说：十一卷……1-27
周易说略：八卷……1-22
周易原意：二卷……1-25

周易旁注会通：九卷 ………… 1-14
周易旁注前图：二卷 ………… 1-13
周易兼义：九卷 ………… 1-6
周易兼义：九卷 ………… 1-6
周易兼义：九卷 ………… 1-6
周易兼两：七卷 ………… 1-24
周易读本：不分卷 ………… 1-23
周易读本：四卷 ………… 1-27
周易通：十卷 ………… 1-22
周易通论月令：二卷 ………… 1-26
周易通略：一卷 ………… 1-15
周易乾凿度：二卷 ………… 1-6
周易乾凿度：二卷 ………… 1-29
周易乾凿度：二卷 ………… 1-29
周易乾凿度：二卷 ………… 1-30
周易推：六卷 ………… 1-27
周易略例：一卷释文一卷 ………… 1-6
周易象义：不分卷；读易杂记：四卷 ………… 1-17
周易象义：四卷；读易法：一卷 ………… 1-17
周易象旨决录：七卷 ………… 1-16
周易象说：四卷 ………… 1-24
周易象通：八卷 ………… 1-19
周易揆：十二卷 ………… 1-20
周易程朱先生传义：十九卷 ………… 1-10
周易程朱先生传义附录：二十卷 ………… 1-10
周易程朱传义：二十四卷 ………… 1-10
周易程朱传义：二十四卷 ………… 1-10
周易集莹：十二卷 ………… 1-16
周易集解：十七卷 ………… 1-7
周易集解：十卷 ………… 1-26
周易辑闻：六卷 ………… 1-12
周易辑闻：六卷 ………… 1-12
周易虞氏义：九卷虞氏消息二卷 ………… 1-26
周易虞氏义：九卷虞氏消息二卷 ………… 1-26
周易虞氏义：九卷虞氏消息二卷 ………… 1-26
周易虞氏消息：二卷 ………… 1-26
周易像象述：十卷；像象金针题辞总论：一卷 ………… 1-19
周易像象述：七卷；像象金针：一卷 ………… 1-19
周易像象述：六卷首一卷 ………… 1-19
周易像象述：四卷 ………… 1-20
周易解故：一卷 ………… 1-26
周易赞义：十七卷 ………… 1-15
周易赞义：十七卷 ………… 1-15
周易辩录：四卷 ………… 1-16
周易辩录：四卷 ………… 1-16
周易繁露：五卷 ………… 1-27
周易纂：不分卷 ………… 1-25
周易露研：四卷首一卷 ………… 1-21
周忠愍奏疏：二卷 ………… 2-103
周忠毅公奏议：四卷 ………… 2-104
周季平先生青藜馆集：四卷 ………… 4-345
周季珍行述：一卷 ………… 1-404
周官图：四卷 ………… 1-64
周官经：六卷 ………… 1-59
周官禄田考：三卷 ………… 1-64
周官禄田考：三卷 ………… 1-64
周官禄田考：三卷附释骨一卷 ………… 1-64
周官禄田考：三卷附释骨一卷 ………… 1-64
周诗遗轨：十卷 ………… 5-190
周诗遗轨：十卷 ………… 5-190
周秦玉印玺：一卷 ………… 2-472
周秦印谱：不分卷 ………… 2-472
周秦汉魏六朝隋唐金石记：不分卷 ………… 2-443
周秦名字解故：二卷 ………… 1-188
周秦名字解故附录：一卷 ………… 1-188
周秦两汉文选：十二卷 ………… 5-204
周恭肃公集：十六卷 ………… 4-269
周恭肃公集：十六卷附录一卷 ………… 4-269
周益公文集：二百卷附录五卷 ………… 4-146
周益文忠公集：二百卷附录五卷 ………… 4-146
周益文忠公集：二百卷附录五卷 ………… 4-146
周翰林近光集：三卷扈从诗一卷 ………… 4-211
周翰林近光集：三卷扈从诗一卷 ………… 4-211
周髀：二卷 ………… 3-87
周髀：二卷音义一卷 ………… 3-102
周髀算经：二卷 ………… 3-87
周襄公年谱：二卷附录一卷 ………… 1-411
鱼仓小草：不分卷 ………… 5-81
鱼水绿传奇：□□卷 ………… 5-391

[乾隆]鱼台县志：十三卷首一卷末一卷图一卷 …… 2-317
[光绪]鱼台县志：四卷首一卷末一卷 …… 2-317
鱼睨集：一卷 …… 5-77
兔床日记：不分卷 …… 1-418
狐狸缘：六卷二十二回 …… 5-406
备书：二十卷 …… 3-49
备全古今十便良方：四十卷 …… 3-80
备论：一卷 …… 3-42
备员条略：一卷 …… 2-50
备忘录：一卷 …… 3-300
备忘集：十二卷 …… 4-288
备忘集：八卷附录二卷 …… 4-306
备遗录：一卷 …… 1-372
匊芳园诗钞：八卷 …… 5-92
郄庵订定谭子诗归：十卷 …… 4-368
郄庵订定谭子诗归：十卷首一卷 …… 4-368
郄庵重订李于鳞唐诗选：七卷 …… 5-225
炙砚琐谈：三卷 …… 3-221
迹训：二十卷 …… 3-249
饲蚕记：四卷 …… 5-366
饴山文集：十二卷附录一卷；礼俗权衡：二卷 …… 5-68
饴山诗集：二十卷 …… 5-68
京口耆旧传：九卷 …… 1-378
[光绪]京山县志：二十七卷首一卷 …… 2-335
[康熙]京山县志：十卷 …… 2-335
京氏易传：三卷 …… 1-29
京本玉海精粹：二十二卷 …… 3-286
京本吕氏春秋明解大全：二十六卷 …… 3-177
京本点校重言重意春秋经传集解：三十卷 …… 1-89
京本音释注解书言故事大全：十二卷 …… 3-285
京本音释注解书言故事大全：十二卷 …… 3-285
京本音释注解书言故事大全：十二卷 …… 3-285
京本校正音释唐柳先生集：四十三卷别集一卷外集一卷附录一卷 …… 4-62
京本校正音释唐柳先生集：四十三卷别集一卷外集一卷附录一卷 …… 4-62
京本校正音释唐柳先生集：四十三卷别集一卷外集一卷附录一卷 …… 4-62
京外武职大臣名单：不分卷 …… 1-440
京华诗：一卷 …… 5-44
京兆舒氏统宗谱 …… 2-19
京闱小录：一卷 …… 1-437
京城古迹考：不分卷 …… 2-138
京锲皇明通俗演义全像戚南塘剿平倭寇志传：□□卷 …… 3-348
京畿金石考：二卷 …… 2-445
享千秋：不分卷 …… 5-397
享帚词：三卷 …… 5-342
庙制图考：一卷 …… 2-39
庙学典礼：六卷 …… 2-37
庙学典礼：六卷 …… 2-37
庙学典礼：六卷 …… 2-38
府谷县乡土志：二卷 …… 2-420
[乾隆]府谷县志：四卷 …… 2-420
底哩三昧耶不动尊威怒王使者念诵法：一卷 …… 3-400
郊议录：一卷 …… 2-97
郊祀奏议：二卷 …… 2-98
郊居诗抄：八卷 …… 5-283
郊居遗稿：十卷 …… 4-326
疡医准绳：六卷 …… 3-75
疡科选粹：八卷 …… 3-74
[万历]兖州府志：五十二卷 …… 2-317
庚子非昔日记：一卷补录书目一卷 …… 1-422
庚子拳变录：四卷 …… 1-319
庚子销夏记：八卷 …… 3-128
庚子销夏记：八卷 …… 3-128
庚申北略：一卷 …… 1-318
庚申外史：一卷；庚申闻见录：一卷 …… 1-297
庚申外史：二卷 …… 1-297
庚申夷氛纪略：一卷 …… 1-318
庚申围城始末追记：一卷 …… 1-319
庚戌水灾传鼓儿词：一卷 …… 5-405
庚癸纪略：二卷续编一卷 …… 1-316
庚寅漫录：一卷 …… 3-218
放下唫稿：一卷 …… 5-10
放翁诗抄：二卷 …… 4-145

刻九我李太史十三经纂注：十六卷……1-3
刻大藏经缘起：一卷……3-427
刻王氏家宝伤寒证治明条备览：□□卷…3-72
刻王凤洲先生家藏通考纲鉴旁训：二十卷……1-252
刻历朝捷录大成：二卷……1-337
刻历朝捷录大成：二卷……1-337
刻壬辰翰林馆课纂：二十三卷……5-306
刻孔圣全书：十四卷首一卷……1-347
刻孔圣全书：八卷……1-347
刻四书便蒙讲述：十一卷……1-125
刻生民未有编：四卷续刻一卷……1-347
刻孙百川先生文集：十二卷……4-307
刻孙齐之先生松韵堂集：十二卷……4-323
刻孙齐之先生松韵堂集：十二卷……4-323
刻孙齐之先生松韵堂集：十二卷……4-323
刻杜少陵先生诗分类集注：二十三卷目录一卷……4-38
刻杨升庵先生批选汉书市言：八卷……1-330
刻李九我先生批评破窑记：二卷……5-371
刻李衷一先生清源洞文集：六卷……4-337
刻李谏议山庐惜阴评纂……3-267
刻医无问子医贯：六卷附增补医贯奇方一卷射乡便方一卷……3-62
刻宋郑一拂先生祠录：一卷……1-391
刻张太史精选古文蓝田玉：四卷……5-208
刻金粟头陀青莲露六笺：七卷……5-428
刻庚辰进士少薇许先生窗稿：一卷会试墨卷一卷……4-339
刻注解标题历朝鉴纲论抄：十二卷……1-251
刻经缘起：一卷……3-427
刻徐文长先生秘集：十二卷……3-265
刻海若汤先生合并注释五侯鲭对类：二十卷……3-292
刻黄帝内经素问钞：七卷……3-65
刻梅太史评释骆宾王文抄神驹：四卷……4-22
刻野鹤洪山人水云诗选：二卷……4-332
刻续名世文宗评林：十卷……5-205
刻楮吟：一卷陟岵草一卷字字珠一卷梦余草一卷……5-115
刻御制新颁大明律例注释招拟直折狱指南：十八卷首一卷……2-70
刻御制新颁大明律例注释招拟直折狱指南：十八卷首一卷……2-70
刻碑姓名录：三卷……2-460
刻新编奇遇玉丸记：二卷……5-380
刻精选百家锦绣联：六卷……3-312
刻毅斋查先生阐道集：十卷附一卷……4-308
性气先生熊廷弼传：不分卷……1-400
性命双修万神圭旨：不分卷……3-385
性命双修万神圭旨：四卷……3-385
性命双修万神圭旨：四卷……3-385
性命双修万神圭旨：四卷……3-385
性命双修万神圭旨：四卷……3-385
性命宗指：二卷……3-386
性学李先生古今文章精义：一卷……5-201
性学李先生古今文章精义：一卷……5-325
性理三解：七卷……3-29
性理三解：七卷……3-29
性理大中：二十八卷……3-33
性理大全书：七十卷……3-4
性理大全书：七十卷……3-4
性理大全书：七十卷……3-4
性理大全书：七十卷……3-4
性理大全书：七十卷……3-4
性理会通：七十卷续编四十二卷……3-5
性理论题摘要：不分卷……3-269
性理抄：二十卷……3-5
性理标题综要：二十二卷……3-5
性理指归：二十八卷……3-31
性理真诠：六卷……3-430
性理群书集览大全：七十卷……3-5
性情集：六卷……4-202
性情集：六卷……4-202
怡山馆文稿：不分卷……5-127
怡云阁西楼记：二卷……5-385
怡阁浣纱记：二卷……5-371
怡堂诗草：不分卷……5-122
怡情集：二卷……5-100
闸务全书续刻：四卷……2-78

郑大司农蔡中郎年谱合表：一卷 ········ 1-410
郑山齐先生文集：二十四卷 ········ 4-262
郑元庆遗集：四卷 ········ 5-431
郑少白诗集：□□卷 ········ 4-285
郑少谷先生全集：二十卷 ········ 4-278
郑中丞公益楼集：四卷；郑氏家乘：一卷；
三代遗真录：一卷 ········ 4-377
郑氏周易：三卷 ········ 1-5
郑氏周易：三卷 ········ 1-5
郑氏周易：三卷 ········ 1-6
郑氏注韩居七种：十四卷 ········ 5-423
郑氏注韩居七种：十四卷 ········ 5-423
郑氏诗谱：一卷 ········ 1-42
郑氏诗谱：一卷 ········ 1-42
郑凤超文集：□□卷 ········ 5-26
郑文：十五卷郑诗十三卷附录二卷 ········ 4-278
郑本大学中庸说：一卷 ········ 1-115
郑玄列传：一卷 ········ 1-387
郑司农年谱：一卷 ········ 1-410
郑司农集：一卷 ········ 1-6
郑弘佑印谱：一卷 ········ 3-151
郑华亭考选处分始末：一卷 ········ 1-307
郑华亭考选处分始末：一卷 ········ 1-307
郑志：三卷附录一卷 ········ 1-134
郑志疏证：三卷补遗疏证一卷 ········ 1-134
郑伯更杂著：二卷 ········ 5-434
郑君举诗集：一卷 ········ 4-202
郑松庵漫稿：七卷附录一卷 ········ 4-318
郑易小学：一卷 ········ 1-27
郑易马氏学：一卷 ········ 1-27
郑忠肃公年谱：一卷 ········ 2-96
郑忠肃公奏议遗集：一卷 ········ 2-96
郑忠愍公北山文集：三十卷附录四卷 ··· 4-135
郑所南先生太极祭炼内法：一卷 ········ 3-386
郑所南先生太极祭炼内法：一卷祭炼议略
一卷 ········ 3-386
郑所南先生文集：一卷 ········ 4-169
郑所南先生文集：一卷 ········ 4-169
郑所南先生文集：一卷 ········ 4-169
郑所南先生文集：一卷 ········ 4-169
郑学十八种：七十一卷 ········ 1-3
郑学十八种：七十二卷 ········ 1-2
郑学五种：五卷 ········ 1-3
郑诗：十三卷附录一卷 ········ 4-278
郑诗：□□卷 ········ 4-278
郑侯升集：四十卷 ········ 4-345
郑堂读书记：七十一卷 ········ 2-494
郑堂读书记：不分卷 ········ 2-494
郑庵书札 ········ 5-151
郑端简公古言：二卷 ········ 3-206
郑端简公征吾录：二卷 ········ 1-298
郑端简公奏议：十四卷 ········ 2-98
郑敷文景望书说：一卷 ········ 1-32
[乾隆]单县志：十三卷 ········ 2-320
炊臼集：一卷 ········ 5-73
[道光]炎陵志：十卷首一卷 ········ 2-147
[道光]炎陵志：八卷首一卷末一卷 ········ 2-147
学山堂印谱：八卷；学山记：一卷；学山
题咏：不分卷 ········ 3-151
学山堂印谱：五卷首一卷 ········ 3-151
学文堂集：□□卷 ········ 5-48
学文堂集：□□卷 ········ 5-48
学书篇：不分卷 ········ 3-136
学古堂墨迹考：不分卷 ········ 3-238
学古绪言：二十五卷 ········ 4-353
学古集：四卷；诗论：一卷；牧牛村舍外
集：四卷 ········ 5-117
学古编：一卷 ········ 3-149
学古编：二卷 ········ 3-149
学史：十三卷 ········ 1-337
学史：十三卷 ········ 1-337
学史：十三卷 ········ 1-337
学史：十三卷 ········ 1-337
学半斋集：不分卷 ········ 4-337
学约古文：三卷 ········ 5-202
学吟草：六卷 ········ 5-80
学吟稿：不分卷 ········ 5-85
学余集：二卷 ········ 5-19
学余集客问随述：二卷 ········ 5-19
学余集稿：一卷 ········ 5-19

学言：一卷 ……………………………… 3-31
学忍堂诗词小草：二卷 ……………………… 5-142
学范：二卷 ……………………………… 3-36
学范：二卷 ……………………………… 3-36
学范：不分卷……………………………… 3-36
学范辑览：八卷 …………………………… 3-208
学林：十卷 ……………………………… 3-194
学林就正：四卷 …………………………… 3-231
学易记：九卷……………………………… 1-13
学易记：九卷……………………………… 1-13
学易记：五卷……………………………… 1-16
学易斋集：二十卷 ………………………… 4-294
学易堂三笔：一卷；滴露轩杂著：一卷
……………………………… 3-215
学易堂笔记：一卷；学易三章：一卷 … 3-215
学易慎余录：四卷 ………………………… 1-25
学典：三十卷……………………………… 2-42
学的：二卷 ……………………………… 3-27
学诗津逮：八卷 …………………………… 5-308
学思录：不分卷 …………………………… 3-34
学津讨原：二十集一百七十三种一千五十
一卷……………………………… 5-424
学圃杂疏：二卷拾遗一卷…………………… 3-56
学圃萱苏：六卷 …………………………… 3-264
学圃萱苏：六卷 …………………………… 3-264
学斋占毕：四卷 …………………………… 3-227
学海君道部：二百三十卷目录八卷 ……… 3-294
学海类编：四百三十二种八百三卷 ……… 5-422
学海类编目录：一卷 ……………………… 5-423
学海堂丁亥课士录：不分卷 ……………… 1-438
学庵类稿：□□种□□卷…………………… 5-430
学庵类稿：□□种□□卷…………………… 5-430
学道纪言：五卷补遗一卷附录一卷 ……… 3-208
学蔀通辨：前编三卷后编三卷续编三卷终
编三卷 ……………………………… 3-29
学蔀通辩：前编三卷后编三卷续编三卷终
编三卷 ……………………………… 3-29
学源堂文集：十九卷诗集十卷……………… 5-25
学福斋说文温知录：一卷…………………… 1-153
净土三部经音义集：四卷…………………… 3-411
净土三部经音义集：四卷…………………… 3-411
净土三部经音义集：四卷…………………… 3-411
净土决：四卷……………………………… 3-421
净土宗要集：六卷 ………………………… 3-421
净土诗：一卷……………………………… 3-421
净砚斋艎印录：三十卷续一卷……………… 2-473
净信堂初集：八卷 ………………………… 4-377
净渌轩词：不分卷词草五卷 ……………… 5-345
法书考：八卷……………………………… 3-133
法书要录：十卷 …………………………… 3-132
法华文句记：三十卷 ……………………… 3-409
法华文句科：□□卷 ……………………… 3-409
法华科注：七卷 …………………………… 3-409
法言：十卷 ……………………………… 3-15
法库厅乡土志 …………………………… 2-231
法库厅乡土志：一卷 ……………………… 2-231
法库厅乡土志：不分卷 …………………… 2-231
法苑珠林：一百二十卷 …………………… 3-422
法苑珠林：一百二十卷 …………………… 3-422
法苑珠林：一百卷 ………………………… 3-422
法苑珠林：一百卷 ………………………… 3-422
法苑珠林述意：二卷 ……………………… 3-422
法帖刊误：二卷 …………………………… 3-137
法帖刊误：二卷 …………………………… 3-138
法帖音释刊误：一卷 ……………………… 3-131
法帖音释刊误：一卷 ……………………… 3-132
法帖音释刊误：一卷 ……………………… 3-132
法帖音释刊误：一卷 ……………………… 3-138
法帖释文：十卷 …………………………… 3-138
法性禅院倡和诗：六卷续集六卷 ………… 5-262
法界安立图：三卷 ………………………… 3-423
法家裒集：一卷 …………………………… 2-71
法梧门友朋书札：不分卷…………………… 5-302
法喜志：四卷……………………………… 1-360
法喜志：四卷……………………………… 1-360
法喜志：四卷续志四卷 …………………… 1-360
法数举要：八卷 …………………………… 3-426
法墨珍图记：十卷 ………………………… 3-137
法藏碎金录：十卷 ………………………… 3-427
法藏碎金录：十卷 ………………………… 3-427

法藏碎金录：十卷 …… 3-427
法藏碎金录：十卷 …… 3-427
沽上梅花诗社存稿：二十卷 …… 5-268
沽上题襟集：八卷 …… 5-263
[康熙]沭阳县志：四卷 …… 2-244
河干诗钞：四卷 …… 5-115
河工诸议：三卷附一卷新议一卷 …… 2-76
河工器具图说：四卷 …… 2-76
河工器具图说：四卷 …… 2-76
河上易注：八卷图说二卷 …… 1-26
[康熙]河内县志：五卷 …… 2-323
河东先生文集：十六卷 …… 4-81
河东先生集：十五卷 …… 4-81
河东先生集：十五卷 …… 4-81
河东先生集：十五卷 …… 4-81
河东先生集：十五卷 …… 4-82
河东先生集：十五卷 …… 4-82
河东先生集：十五卷附一卷 …… 4-82
河东先生集：十六卷 …… 4-81
河东先生集：四十五卷外集二卷龙城录二卷附录一卷传一卷 …… 4-63
河东先生集：四十五卷外集二卷龙城录二卷附录二卷传一卷 …… 4-62
河东先生集：四十五卷外集二卷龙城录二卷附录二卷传一卷 …… 4-62
河东先生集：四十五卷外集二卷龙城录二卷附录二卷传一卷 …… 4-63
河东柳仲涂先生文集：十五卷 …… 4-81
河东柳仲涂先生文集：十六卷 …… 4-81
[康熙]河西县志：六卷 …… 2-403
[同治]河曲县志：八卷 …… 2-216
[康熙]河州志：六卷 …… 2-432
[康熙]河州志：六卷 …… 2-432
[嘉靖]河州志：四卷 …… 2-432
河州景忠录：一卷附记二卷 …… 2-137
河防一览：十四卷 …… 2-75
河防一览：十四卷 …… 2-75
河防一览権：十二卷 …… 2-75
河防一览纂要：五卷 …… 2-75
河防志：二十四卷 …… 2-76
河防志：□□卷 …… 2-76
河防疏略：二十卷附崇祀录一卷墓志铭一卷 …… 2-105
河防献曝：不分卷 …… 2-76
[康熙]河间县志：十二卷 …… 2-196
[乾隆]河间县志：六卷 …… 2-196
[康熙]河间府志：二十二卷 …… 2-195
[康熙]河间府志：二十二卷 …… 2-195
[乾隆]河间府新志：二十卷首一卷 …… 2-196
河汾诗集：八卷 …… 4-243
河汾诸老诗集：八卷 …… 1-379
河汾诸老诗集：八卷 …… 5-268
河汾诸老诗集：八卷 …… 5-268
河汾诸老诗集：八卷 …… 5-268
河汾诸老诗集：八卷 …… 5-268
河汾诸老诗集：八卷 …… 5-268
河岳英灵集：三卷 …… 5-218
河岳英灵集：三卷 …… 5-218
河岳英灵集：三卷 …… 5-218
河南尹先生文集：二十七卷 …… 4-88
河南尹先生文集：二十七卷附录一卷 …… 4-87
河南尹先生文集：二十七卷附录一卷 …… 4-88
河南布政司赋役全书：一卷 …… 2-52
河南议处录量稿：一卷 …… 2-52
河南先生文集：二十七卷附录一卷 …… 4-87
河南先生文集：二十七卷附录一卷 …… 4-87
河南先生文集：二十七卷附录一卷 …… 4-87
河南先生文集：二十七卷附录一卷 …… 4-87
河南先生文集：二十七卷附录一卷 …… 4-87
河南先生文集：二十七卷附录一卷附录补一卷 …… 4-88
河南守城保案奏稿：一卷 …… 2-110
河南邵氏闻见录：二十卷 …… 3-245
河南邵氏闻见录：二十卷 …… 3-245
[乾隆]河南府志：一百十六卷首四卷 …… 2-322
河南省区县沿革简表 …… 2-321
河南省赋役全书：□□卷 …… 2-52
[雍正]河南通志：八十卷 …… 2-321
河南赋役总会文册：十卷 …… 2-52
河南集：三卷 …… 4-84

河南集：三卷遗事一卷 …… 4-85
河南管河道事宜：一卷 …… 2-78
河南穆公集：三卷遗事一卷 …… 4-84
河南穆公集：三卷遗事一卷 …… 4-84
河南穆公集：三卷遗事一卷 …… 4-84
河南穆公集：三卷遗事一卷 …… 4-84
河南穆先生诗文集：三卷遗事一卷 …… 4-85
[乾隆]河津县志：十二卷图一卷 …… 2-224
[嘉庆]河津县志：十二卷图一卷 …… 2-224
[光绪]河津县志：十四卷首一卷 …… 2-225
[同治]河津县志：十四卷首一卷 …… 2-224
河朔访古记：三卷 …… 2-138
河朔访古记：三卷 …… 2-138
河渎奏疏：不分卷 …… 2-105
河渠考略：一卷 …… 2-162
河渠志：四卷 …… 2-162
[河源]邝氏桃溪公祠族谱：四卷 …… 2-23
[光绪]河源县志：十五卷首一卷末一卷 …… 2-364
[乾隆]河源县志：十五卷 …… 2-364
河漕备考：四卷；历代黄河指掌图说：一卷 …… 2-56
河壖杂志：二卷；禀复廖工部鸿荃委查黄河水源：一卷 …… 2-76
[光绪]沾化县志：十六卷首一卷 …… 2-319
泸州九姓乡志：四卷 …… 2-391
[康熙]泸志：十二卷 …… 2-391
[道光]泸溪县志：十二卷首一卷 …… 2-304
[顺治]泗水县志：十二卷图一卷 …… 2-318
[光绪]泗水县志：十五卷首一卷 …… 2-318
泗水余氏会通世谱：五卷 …… 2-7
泗水余氏会通世谱：五卷外纪一卷 …… 2-7
[乾隆]泗州志：十一卷 …… 2-273
[康熙]泗州志：十八卷 …… 2-273
泗州府君事辑：一卷 …… 5-109
[光绪]泗虹合志：十九卷 …… 2-273
泗洲大圣明觉普照国师(僧伽)传：不分卷 …… 1-393
泊水斋文钞：三卷 …… 4-364
泊宅编：十卷 …… 3-190
泊宅编：十卷 …… 3-190
泊如斋重修考古图：十卷 …… 2-449
泊如斋重修宣和博古图录：三十卷 …… 2-450
泊如斋重修宣和博古图录：三十卷 …… 2-450
泊斋集：三卷 …… 5-66
泊庵芙蓉影：二卷 …… 5-383
泺函：十卷 …… 5-6
泺函：十卷 …… 5-6
泺源随笔：不分卷 …… 3-274
注华严法界观门：一卷 …… 3-412
注补正：一卷 …… 3-185
注陆宣公奏议：十五卷 …… 2-94
注易日记：三卷 …… 1-418
注唐诗鼓吹：十卷 …… 5-222
注释考工记：一卷；注释古周礼：五卷 1-63
注释评点古今名将传：十七卷 …… 1-351
沱村先生集：六卷 …… 4-289
泥版试印初编 …… 5-135
泼墨轩诗集：一卷 …… 5-134
泽古斋重钞：一百十种二百三十八卷 … 5-424
泽存堂五种：五十卷 …… 1-191
[雍正]泽州府志：五十二卷 …… 2-213
泽国纪闻：五卷沪城备考三卷 …… 2-124
泽雅堂集：一卷 …… 5-154
[泾川]泾川茂林吴氏宗谱：五卷 …… 2-7
泾川水东翟氏宗谱：不分卷 …… 2-21
泾川吴氏统宗族谱：五卷 …… 2-7
[宣统]泾川采访新志 …… 2-429
泾川查氏族谱世系：四卷前一卷后一卷 … 2-10
泾州乡土志 …… 2-429
泾州乡土志：不分卷 …… 2-429
[乾隆]泾州志：二卷 …… 2-429
[乾隆]泾州志：二卷 …… 2-429
[道光]泾州志：二卷 …… 2-429
泾阳乡土志：□□卷 …… 2-414
[乾隆]泾阳县志：十卷首一卷 …… 2-414
[雍正]泾阳县志：八卷首一卷 …… 2-414
[嘉靖]泾县志：十一卷 …… 2-288
[乾隆]泾县志：十卷首一卷志余二卷 … 2-288
[嘉庆]泾县志：三十二卷首一卷 …… 2-288

[乾隆]泾县志：四十五卷首一卷 …………2-288
[道光]泾县续志：九卷附乐轮省志一卷
………………………………………………2-288
[道光]泾县续志：九卷 …………………2-288
泾皋藏稿：二十二卷 ……………………4-338
泾野先生五经说：二十一卷 ………………1-3
泾野先生五经说：二十一卷 ………………1-3
泾野先生文集：三十六卷…………………4-272
泾野先生文集：三十六卷…………………4-272
泾野先生别集：十二卷 …………………4-272
泾野先生语录：二十卷 ……………………3-28
治安文献：十卷 ……………………………2-49
治法汇：七卷………………………………3-62
治河书：三卷………………………………2-75
治河全书：二十四卷 ………………………2-76
治河奏牍：□□卷…………………………2-108
治河通考：十卷 ……………………………2-75
治统会要：八卷 …………………………1-251
治斋读诗蒙说：一卷首一卷 ………………1-52
治谱：十卷 …………………………………2-49
治谱：十卷续集一卷 ………………………2-49
治稿记略：一卷 ……………………………2-50
[乾隆]宝山县志：十卷首一卷……………2-237
[光绪]宝山县志稿：十四卷首一卷 ………2-237
宝日堂杂抄：不分卷 ……………………1-299
宝日堂初集：三十二卷 …………………4-359
宝古堂重考古玉图：二卷 ………………2-474
宝古堂重修考古图：十卷…………………2-449
宝古堂重修宣和博古图录：三十卷 ………2-450
[康熙]宝宁志：八卷 ……………………2-143
[道光]宝庆府志：一百四十三卷首二卷
　　末三卷 ………………………………2-357
[康熙]宝庆府志：二十八卷 ……………2-357
[乾隆]宝庆府志：八十四卷首一卷………2-357
[康熙]宝庆府志：三十八卷首一卷 ………2-357
宝芸斋诗草：三卷 ………………………5-145
宝应乡贤刘蓼野端临乔梓遗札 …………5-119
宝应名胜纪略：二卷 ……………………2-139
[康熙]宝应县志：二十四卷图一卷………2-248
[万历]宝应县志：十二卷…………………2-248
[道光]宝应图经：六卷首二卷……………2-248
宝闲斋藏书目：四卷 ……………………2-491
宝闲堂集：四卷末一卷 …………………5-100
[乾隆]宝鸡县志：十六卷图一卷 …………2-416
[乾隆]宝鸡县志：十六卷…………………2-416
[乾隆]宝坻县志：十八卷图一卷 …………2-178
[康熙]宝坻县志：八卷 …………………2-178
宝刻丛编：二十卷 ………………………2-455
宝刻丛编：二十卷 ………………………2-455
宝刻丛编：二十卷 ………………………2-455
宝刻丛编：二十卷 ………………………2-455
宝刻丛编：二十卷 ………………………2-455
宝刻丛编：二十卷 ………………………2-455
宝刻丛编：二十卷 ………………………2-455
宝刻类编：八卷 …………………………2-457
宝刻类编：八卷 …………………………2-457
宝刻类编：八卷 …………………………2-457
宝砚堂砚辨：一卷 ………………………3-163
宝泉新牍：二卷 ……………………………2-56
宝祐四年登科录：一卷 …………………1-429
宝祐四年登科录：一卷 …………………1-429
宝祐四年登科录：一卷附一卷……………1-429
宝绘录：二十卷 …………………………3-145
宝素室金石书画编年录：二卷……………1-408
宝晋山林集拾遗：八卷 …………………4-118
宝晋山林集拾遗：八卷 …………………4-118
宝晋英光集：六卷附录一卷 ……………4-118
宝晋英光集：六卷附录一卷 ……………4-118
宝真斋法书赞：二十八卷…………………3-138
宝真斋法书赞：二十八卷…………………3-138
宝铁斋金石文跋尾：不分卷 ……………2-443
宝笏堂随笔：不分卷 ……………………3-271
宝庵集：二十四卷 ………………………4-336
宝善堂稿：二卷 …………………………4-342
宝颖堂诗集：一卷 …………………………5-88
宝颜堂订正丙丁龟鉴：五卷续二卷 ………3-123
宝颜堂秘笈汇集：四十二种八十二卷 …5-419
宝颜堂秘笈续集：五十种九十九卷………5-419
宝翰堂藏书考：十四卷 …………………2-491
宗门玄鉴图：一卷 ………………………3-415

宗子相先生集：二十五卷…… 4-315
宗子相集：八卷 …… 4-315
宗风师法真传：五卷 …… 5-170
宗玄先生文集：三卷 …… 4-47
宗玄先生文集：三卷；南统大君内丹九章经：一卷；玄纲论：一卷 …… 4-47
宗圣志：十二卷 …… 1-387
宗圣谱：十四卷 …… 1-347
宗圣谱：十四卷 …… 1-347
宗旨：一卷 …… 1-114
宗伯冯先生尺牍：四卷 …… 4-343
宗伯集：八十一卷 …… 4-343
宗伯集：六卷…… 4-343
宗祀议：不分卷 …… 2-41
宗室王公功绩表传：五卷…… 1-235
宗室王公功绩表传：五卷世系图一卷 … 1-235
宗室王公世职章京爵秩册：不分卷附现任职官…… 1-439
宗室孝行诗：一卷 …… 5-245
宗鉴法林：七十二卷 …… 3-416
宗镜会要：二卷 …… 3-413
宗藩训典：十二卷…… 1-351
宗藩条例：二卷 …… 2-32
定山先生集：十卷附录一卷 …… 4-253
定山堂诗集：四十三卷 …… 5-17
定风轩活句参：十一卷 …… 5-326
定风珠：二卷…… 5-397
[嘉庆]定边县志：十四卷首一卷 …… 2-421
[雍正]定州志：十卷 …… 2-190
[咸丰]定州续志：四卷 …… 2-191
[光绪]定兴县志：二十六卷首一卷 …… 2-193
[光绪]定兴县志：二十六卷首一卷 …… 2-193
[乾隆]定兴县志：十二卷…… 2-193
定兴鹿氏家谱：十三卷 …… 2-16
定兴鹿氏家谱：十三卷 …… 2-16
[光绪]定安县志：十卷首一卷…… 2-373
[光绪]定远厅志：二十六卷 …… 2-419
[光绪]定远县志：十二卷…… 2-276
[嘉靖]定远县志：十卷 …… 2-276
[道光]定远县志：八卷 …… 2-404
[嘉庆]定远县志：三十五卷 …… 2-387
[光绪]定远县志：六卷 …… 2-388
定园诗集：十一卷文集一卷 ……5-7
定园集：三十六卷 …… 4-369
定武敷文：一卷 …… 5-99
定例全编：五十七卷续刊七卷…… 2-70
[乾隆]定南厅志：七卷 …… 2-302
[康熙]定南县志：十卷 …… 2-302
定圃先生遗稿：不分卷 …… 5-103
定斋先生诗集：二卷 …… 4-294
定斋集：二十卷 …… 4-156
[光绪]定海厅志：三十卷首一卷 …… 2-267
[康熙]定海县志：十七卷…… 2-267
[嘉靖]定海县志：十三卷…… 2-267
[康熙]定海县志：□□卷…… 2-267
定陵注略：十卷 …… 1-273
[乾隆]定陶县志：十卷首一卷…… 2-320
定庵文集：一卷余集一卷…… 5-138
定庵文集：三卷余集一卷…… 5-138
定庵文集：三卷续集四卷…… 5-137
定庵文集：三卷续集四卷续录一卷；己亥杂诗：一卷；庚子雅词：一卷 …… 5-137
定庵词：五卷…… 5-344
定庵龚先生集外文：不分卷 …… 5-138
定庵续集己亥杂诗：一卷 …… 5-138
[康熙]定番州志：二十一卷诗一卷 …… 2-402
[雍正]定襄县志：八卷首一卷…… 2-215
[光绪]定襄县补志：十三卷图一卷 …… 2-215
宜兴县乡评备考：□□卷…… 1-379
宜兴县志刊讹：不分卷 …… 2-256
宜兴岳氏族谱：不分卷 ……2-9
[光绪]宜兴荆溪县新志：十卷首一卷末一卷 …… 2-256
[光绪]宜阳县志：十六卷…… 2-323
[康熙]宜阳县志：四卷 …… 2-323
[乾隆]宜良县志：四卷首一卷…… 2-403
[雍正]宜君县志：不分卷…… 2-409
[同治]宜昌府志：十六卷首一卷 …… 2-340
[康熙]宜春县志：二十卷…… 2-304
[同治]宜春县志：十卷首一卷…… 2-304

[光绪]宜城志续志：二卷…………………… 2-333
[同治]宜城县志：十卷 …………………… 2-333
[同治]宜城县志：十卷 …………………… 2-333
宜秋馆诗余丛抄：七卷 …………………… 5-329
宜秋集：四卷………………………………… 4-240
[康熙]宜都县志：十二卷首一卷末一卷
……………………………………………… 2-341
[同治]宜都县志：四卷首一卷末一卷 … 2-341
[嘉庆]宜宾县志：五十四卷首一卷 ……… 2-391
[嘉庆]宜章县志：二十四卷首一卷 ……… 2-355
[乾隆]宜章县志：十三卷…………………… 2-355
宜焚小疏：五卷 …………………………… 2-105
宜雅堂词：二卷 …………………………… 5-344
审岩集：九种二十三卷 …………………… 5-161
审音鉴古录：不分卷 ……………………… 5-409
宙载：二卷 ………………………………… 3-207
宙载：二卷 ………………………………… 3-207
官韵考异：一卷 …………………………… 1-179
官箴：一卷 …………………………………… 2-48
官爵志：三卷………………………………… 2-44
空同子集：六十六卷 ……………………… 4-266
空同子集：六十六卷目录三卷…………… 4-266
空同子集：六十六卷目录三卷…………… 4-266
空同子集：六十六卷目录三卷附录二卷
……………………………………………… 4-266
空同子集：六十六卷目录三卷附录二卷
……………………………………………… 4-266
空同先生集：六十三卷 …………………… 4-266
空同先生集：六十三卷 …………………… 4-266
空同先生集：六十三卷 …………………… 4-266
空同先生集：六十三卷 …………………… 4-266
空同诗选：一卷 …………………………… 4-266
空同诗选：四卷 …………………………… 4-265
空同诗选：四卷 …………………………… 4-265
空同集：六十三卷………………………… 4-266
空同集：六十三卷………………………… 4-266
空同集：六十四卷………………………… 4-266
空同精华集：三卷………………………… 4-267
空华集：二卷；饮河集：二卷；石头庵集：
五卷………………………………………… 4-342
空谷集：三卷………………………………… 3-420
空际格致：二卷 ……………………………… 3-89
空际格致：二卷 ……………………………… 3-89
空青石传奇：二卷………………………… 5-389
空明子全集：六十五卷 ……………………… 5-65
空香亭集：一卷；舫园十二首：一卷；孤
馆十韵：一卷……………………………… 5-28
空斋遗集：十二卷附一卷；春秋质疑：一
卷；唐宋节录：一卷 ……………………5-8
帘钩倡和诗：不分卷 ……………………… 5-264
穹窿山志：六卷图一卷 ………………… 2-151
宛平王氏族谱：不分卷……………………2-1
[康熙]宛平县志：六卷…………………… 2-175
[康熙]宛平县志：六卷…………………… 2-175
[康熙]宛平县志：六卷…………………… 2-176
宛丘先生文集：七十六卷………………… 4-121
宛丘先生文集：七十六卷………………… 4-121
宛丘先生文集：七十六卷补遗五卷 ……… 4-121
宛邻书屋丛书：十二种七十五卷 ………… 5-425
宛委山人诗集：十二卷 ……………………… 5-73
宛委山人诗集：十二卷 ……………………… 5-73
宛陵先生文集：六十卷 ……………………… 4-88
宛陵先生文集：六十卷 ……………………… 4-88
宛陵先生文集：六十卷 ……………………… 4-88
宛陵先生文集：六十卷拾遗一卷 ………… 4-88
宛陵先生文集：六十卷拾遗一卷附录一卷
……………………………………………… 4-88
宛陵先生文集：六十卷拾遗一卷附录一卷
……………………………………………… 4-88
宛陵先生文集：六十卷拾遗一卷附录一卷
……………………………………………… 4-88
宛陵先生集：六十卷拾遗一卷附录一卷 … 4-88
宛陵先生集：六十卷拾遗一卷附录三卷 … 4-88
宛陵郡志备要：四卷附太平郡志二卷 … 2-287
宛雅初编：八卷 ………………………… 5-281
宛谿先生沧州摘稿：□□卷；沧州近稿：
二卷；无文漫草：□□卷 ………… 4-302
实政录：九卷………………………………… 2-49
实砚斋印谱 ……………………………… 3-152
试差事宜：一卷 ………………………… 3-276

郎士元集：二卷 4-48
郎潜集：六卷卢隐集六卷 4-355
诗人玉屑：二十一卷 5-315
诗人玉屑：二十一卷 5-315
诗人玉屑：二十卷 5-315
诗人玉屑：二十卷 5-315
诗人玉屑：二十卷 5-315
诗人玉屑：二十卷 5-315
诗人玉屑：十卷补遗一卷 5-315
诗广传：五卷 1-50
诗女史纂：十四卷 1-349
诗毛氏传疏：三十卷 1-54
诗书古训：六卷 1-138
诗古训：十二卷 1-53
诗古微：十五卷首一卷 1-58
诗归：五十一卷 5-191
诗归：五十一卷 5-191
诗外传：十卷 1-55
诗外传：十卷 1-55
诗外传：十卷 1-55
诗外传：十卷 1-56
诗外传：十卷 1-56
诗外传：十卷 1-56
诗外传：十卷 1-56
诗外传：十卷 1-56
诗外传：十卷 1-56
诗外传：十卷 1-56
诗外别传：二卷 1-47
诗礼堂古文：五卷 5-81
诗对押韵前集：一卷后集一卷 1-176
诗式：五卷 5-310
诗式：五卷 5-310
诗考：一卷 1-57
诗考异字笺余：十四卷 1-57
诗考异补：二卷 1-54
诗考补：二卷 1-57
诗考补注：二卷 1-57
诗存：四卷 5-92
诗存：四卷 5-92
诗传大全：二十卷纲领一卷图一卷 1-46
诗传注疏：三卷 1-45
诗传通释大成：二十卷纲领一卷外纲领一卷 1-46
诗传阐：二十三卷余二卷 1-48
诗传纂义：一卷 1-49
诗伦：二卷 5-195
诗伦：二卷 5-195
诗问：一卷 1-50
诗问稿：□□卷 5-142
诗异文考证：□□卷 1-54
诗观：初集十二卷二集十四卷闺秀别卷一卷三集十三卷闺秀别卷一卷 5-257
诗观：初集十二卷二集十四卷闺秀别卷一卷三集十三卷闺秀别卷一卷 5-257
诗纪：一百三十卷前集十卷外集四卷别集十二卷 5-184
诗纪：一百三十卷前集十卷附录一卷外集四卷别集十二卷 5-184
诗纪：一百五十六卷 5-184
诗纪：一百五十六卷目录三十六卷 5-184
诗纪：一百五十六卷目录三十六卷 5-184
诗志：二十六卷 1-49
诗体明辨：二十六卷 5-192
诗余广选：十六卷杂说一卷 5-349
诗余花钿集：四卷首一卷末一卷 5-352
诗余画谱：不分卷 3-145
诗余画谱：不分卷 3-145
诗余画谱：不分卷 3-145
诗余图谱：二卷 5-354
诗余图谱：三卷 5-354
诗余图谱：六卷 5-354
诗删：二十三卷 5-193
诗删：十卷 5-193
诗序辨说：一卷 1-46
诗序辨说：一卷 1-46
诗序辨说：一卷 1-46
诗序辨说：一卷 1-58
诗沈：二十卷 1-52
诗沈：二十卷 1-52
诗冶：二十六卷 5-193

诗识名解：十五卷……1-53
诗识名解：十五卷……1-53
诗词杂组：十二种二十五卷……5-160
诗词随抄：四卷……5-197
诗附记：□□卷……1-53
诗苑天声应制集：四卷应试集三卷朝堂集七卷馆课集六卷历代乐章二卷……5-194
诗苑雅谈：三卷……5-324
诗苑雅谈：五卷……5-324
诗林韶濩：二十卷……5-195
诗林韶濩选：二十卷……5-195
诗林辨体：十六卷……5-193
诗述：不分卷……1-50
诗所：五十五卷补遗一卷……5-192
诗所：五十六卷首一卷……5-191
诗学正宗：十六卷……5-189
诗学正宗：十六卷……5-190
诗学全舆：二十二卷……5-321
诗学问津：二卷……5-323
诗学体要类编：三卷……5-319
诗学集成押韵渊海：二十卷……3-315
诗学集成押韵渊海：二十卷……3-315
诗学集成押韵渊海：二十卷……3-315
诗学禁脔：一卷……5-318
诗法：五卷……5-319
诗法：五卷……5-319
诗法：五卷；诗法源流：三卷……5-319
诗法火传：十六卷……5-322
诗法指南：二卷……5-320
诗法举要：不分卷……5-324
诗法家数：一卷……4-38
诗法家数：一卷……4-38
诗话补遗：三卷……5-319
诗话类编：三十二卷……5-321
诗经：二十卷……1-41
诗经：三卷……1-48
诗经：不分卷……1-41
诗经：不分卷……1-41
诗经：不分卷……1-48
诗经：四卷……1-41
诗经：四卷……1-48
诗经人物考：三十四卷……1-49
诗经三注粹抄：不分卷……1-50
诗经大全：二十卷纲领一卷……1-46
诗经大全：二十卷纲领一卷图一卷……1-46
诗经大全：二十卷纲领一卷图一卷……1-46
诗经大全：二十卷诗序一卷纲领一卷图一卷……1-46
诗经大题：不分卷……1-51
诗经广诂：三十卷……1-54
诗经小学：三十卷……1-59
诗经小学：四卷……1-58
诗经世本古义：二十八卷首一卷末一卷…1-49
诗经古韵：四卷……1-59
诗经古韵：四卷……1-59
诗经主意默雷：八卷……1-49
诗经考：十八卷……1-49
诗经传说汇纂：二十一卷首二卷诗序二卷……1-51
诗经传说汇纂：二十一卷首二卷诗序二卷……1-51
诗经图史合考：二十卷……1-48
诗经注疏大全合纂：三十四卷……1-49
诗经类考：三十卷……1-50
诗经类考：三十卷……1-50
诗经说通：十三卷首一卷……1-47
诗经说通：十三卷首一卷……1-47
诗经秘旨：八卷……1-49
诗经读序私记：二十四卷……1-58
诗经集传：八卷……1-43
诗经集传：八卷……1-43
诗经集注：二十卷……1-43
诗经集注：八卷……1-43
诗经集解：八卷……1-43
诗经疏义会通：二十卷……1-45
诗经疏义会通：二十卷……1-45
诗经疏义会通：二十卷……1-46
诗经疏义会通：二十卷纲领一卷大全图一卷……1-46
诗经解颐：四卷……1-46

诗经疑问：七卷附编一卷……1-46
诗经疑问：七卷附编一卷……1-46
诗契斋九种：二十一卷……5-434
诗草存删：一卷；花痴生词稿：一卷文稿一卷……5-125
诗故：十卷……1-47
诗故：十卷……1-47
诗故考异：三十二卷……1-54
诗持：一集四卷二集十卷三集十卷……5-195
诗持：一集四卷二集十卷三集十卷……5-195
诗品：三卷……5-310
诗音辩略：二卷……1-178
诗音辩略：二卷……1-178
诗逆：不分卷；诗考：一卷……1-48
诗总闻：二十卷……1-43
诗说：二种三卷……5-323
诗说：十二卷总说一卷……1-45
诗说：十二卷总说一卷……1-45
诗说：三卷……1-51
诗说：三卷……1-51
诗说：三卷……1-51
诗说解颐总论：二卷正释三十卷字义八卷……1-47
诗原：一集四卷二集五卷三集五卷四集四卷五集七卷……5-194
诗原：五卷；诗说略：一卷……1-49
诗囿：不分卷……1-54
诗笑：二卷……3-273
诗隽类函：一百五十卷……5-189
诗隽类函：一百五十卷……5-189
诗隽类函：一百五十卷……5-189
诗准：四卷；诗翼：四卷……5-187
诗家全体：十四卷……5-190
诗家全体：十四卷……5-190
诗家鼎脔：二卷……5-232
诗谈：一卷……5-322
诗通：四卷……1-48
诗龛声闻集：□□卷续编□□卷……5-256
诗龛图：不分卷……2-476
诗龛诗稿：一卷……5-120
诗深：二十六卷首二卷……1-52
诗宿：二十八卷……5-191
诗绩：二卷……1-52
诗筌：六卷……5-319
诗集：四卷文集四卷……5-77
诗集传：二十卷……1-42
诗集传：二十卷……1-43
诗集传：二十卷诗序辨说一卷诗传纲领一卷诗图一卷……1-43
诗集传：十卷诗传纲领一卷诗图一卷诗序一卷……1-45
诗集传：不分卷……1-43
诗集传名物钞：八卷……1-45
诗集传名物钞：八卷……1-45
诗集传附录纂疏：二十卷……1-45
诗集传通释大成：二十卷纲领一卷外纲领一卷……1-46
诗童子问：二十卷……1-44
诗禅：不分卷……3-160
诗禅：不分卷……5-192
诗媛名家红蕉集：二卷……5-260
诗缉：三十六卷……1-43
诗缉：三十六卷……1-43
诗辑：一卷……1-8
诗韵捷径：五卷……1-175
诗韵释义：二卷……1-176
诗韵释义：不分卷……1-175
诗韵辑略：五卷……1-175
诗源：不分卷……5-317
诗源初集：十七卷……5-194
诗源辩体：十六卷；许伯清诗稿：一卷……5-321
诗源辩体：三十六卷后集纂要二卷……5-321
诗疑：二卷……1-45
诗疑义释：二卷……1-53
诗疑辩证：六卷……1-52
诗谭：十六卷续录一卷……5-321
诗谭：十卷续录一卷……5-321
诗谭：十卷续录一卷……5-321
诗谱：一卷……1-41

诗慰：□□卷 5-169
诗慰初集二十家：二十四卷 5-169
诗慰初集二十家：二十四卷 5-169
诗薮：二十卷 5-320
诗薮：内编六卷外编六卷杂编六卷续编二卷 5-320
诗薮：内编六卷外编六卷杂编六卷续编二卷 5-320
诗薮续编：二卷 5-320
诗镜：九十四卷 5-193
诗辩坻：四卷 1-50
[康熙]房山县志：十卷 2-176
[康熙]房山县志：十卷续志一卷 2-176
[同治]房县志：十二卷首一卷：一卷 2-332
[同治]房县志：十二卷首一卷 2-332
诚信录：一卷 1-399
诚斋四六发遣膏馥：十卷 3-302
诚斋乐府：二卷 5-401
诚斋乐府：二卷 5-401
诚斋先生易传：二十卷 1-8
诚斋先生易传：二十卷 1-8
诚斋杂记：二卷 3-263
诚斋杂剧：二十五卷 5-361
诚斋牡丹百咏：一卷；玉堂春百咏：一卷；梅花百咏：一卷 4-242
诚斋诗话：一卷 5-314
诚斋诗钞：不分卷 4-147
诚斋集：一百三十三卷 4-147
诚斋集：一百三十三卷 4-147
诚斋集：一百三十三卷 4-147
诚斋集：一百三十三卷 4-147
诚斋集：一百三十三卷 4-147
诚意伯刘先生文集：二十卷 4-225
诚意伯刘先生文集：二十卷 4-225
[光绪]郓城县志：十六卷首一卷 2-320
视草余录：一卷 1-302
视草余录：二卷 1-302
祈祷文檄：一卷 3-387
祈祷节次诸式：一卷 3-387
祈祷里社行移：一卷 3-387
祈祷家书立限便宜檄：一卷 3-387
祈祷诸阶秘旨：一卷 3-387
话雨山房诗草：二卷 5-16
话堕集：三卷 5-95
诠叙管子成书：十五卷首一卷 3-51
诠解封神演义：一百回补遗一卷 3-363
详注东莱先生左氏博议：二十五卷 1-90
详注东莱先生左氏博议：二十五卷 1-90
详注百家唐诗汇选：三十卷 5-226
详校元本西厢记：二卷 5-361
详校元本西厢记：二卷 5-361
详增经旨音释毛诗白文：四卷 1-47
建元类聚考：二卷 1-254
建元类聚考：二卷；节历代建元表：一卷 1-254
建文书法拟：前编一卷正编二卷附编二卷 1-300
建文书法拟：前编一卷正编二卷附编二卷 1-301
建文年谱：二卷后事一卷辨疑一卷 1-411
建文逊国记：一卷 1-300
建文朝野汇编：二十卷 1-300
[雍正]建平县志：二十二卷 2-287
[康熙]建平县志：二十四卷 2-287
[嘉靖]建平县志：九卷 2-287
建宁人物传：四卷 1-383
[乾隆]建宁县志：二十八卷首一卷 2-294
[万历]建宁府志：五十二卷首一卷 2-292
建安七子集：二十八卷 5-160
建安七子集：二十八卷 5-160
[同治]建安县乡土志：四卷 2-292
[康熙]建昌府志：二十六卷 2-303
建炎以来系年要录：二百卷 1-257
建炎以来系年要录：二百卷 1-257
建炎以来朝野杂记：甲集二十卷 2-31
建炎以来朝野杂记：甲集二十卷乙集二十卷 2-30
建炎以来朝野杂记：甲集二十卷乙集二十卷 2-31
建炎以来朝野杂记：甲集二十卷乙集二十

卷 …… 2-31
建炎以来朝野杂记：甲集二十卷乙集二十卷 …… 2-31
建炎以来朝野杂记：甲集二十卷乙集二十卷 …… 2-31
建炎以来朝野杂记：甲集二十卷乙集二十卷 …… 2-31
建炎以来朝野杂记：甲集二十卷乙集二十卷；皇朝中兴系年要录：一卷 …… 2-31
建炎以来朝野杂记：四十卷 …… 3-200
建炎复辟记：一卷 …… 1-292
建炎复辟记：一卷南渡录大略一卷 …… 1-292
建炎复辟记：一卷南渡录大略一卷 …… 1-292
建炎笔录：三卷 …… 1-292
[同治]建始县志：八卷首一卷 …… 2-343
建昭雁足镫考：二卷 …… 2-443
建康实录：二十卷 …… 1-201
建康实录：二十卷 …… 1-201
建康实录：二十卷 …… 1-201
[宣统]建德县志：二十卷首一卷 …… 2-286
[道光]建德县志：二十卷首一卷 …… 2-286
[康熙]建德县志：十卷 …… 2-286
[乾隆]建德县志：八卷首一卷 …… 2-286
[乾隆]肃宁县志：十卷图一卷 …… 2-197
[乾隆]肃宁县志：十卷图一卷 …… 2-197
[乾隆]肃宁县志：十卷首一卷 …… 2-197
[光绪]肃州新志稿：不分卷 …… 2-427
[光绪]肃州新志稿：不分卷 …… 2-428
肃松录：四卷 …… 2-146
肃雍集：一卷 …… 4-218
[万历]肃镇志：四卷 …… 2-427
帚珍斋诗存：二十卷 …… 5-135
隶样：八卷 …… 1-165
隶续：二十一卷 …… 2-456
隶续：二十一卷 …… 2-457
隶续：二十一卷 …… 2-457
隶续：二十一卷 …… 2-457
隶续：二十一卷 …… 2-457
隶续：二十一卷 …… 2-457
隶续：二十一卷 …… 2-457
隶续：二十一卷 …… 2-457
隶释：二十七卷 …… 2-456
隶释：二十七卷 …… 2-456
隶释：二十七卷 …… 2-456
隶释：二十七卷 …… 2-456
隶释：二十七卷 …… 2-456
隶释：二十七卷 …… 2-456
隶释：二十七卷 …… 2-456
隶释：二十七卷 …… 2-456
隶释：二十七卷隶续二十一卷 …… 2-456
隶释：二十七卷隶续二十一卷 …… 2-456
隶韵：十卷碑目一卷考证一卷 …… 1-163
隶辨：八卷 …… 1-165
隶辨：八卷 …… 1-165
录异记：八卷 …… 3-323
录呈江西粮台第一案报销各款清册：不分卷 …… 2-84
录鬼簿：二卷 …… 5-413
居士集：五十卷 …… 4-91
居士集：五十卷 …… 4-91
居东集：六卷 …… 4-353
居业录：四卷 …… 3-27
居业斋诗钞：二十二卷文稿二十卷别集十卷 …… 5-38
居业堂诗续稿：三卷 …… 5-65
居夷集：三卷 …… 4-264
居竹轩诗集：四卷 …… 4-201
居竹轩诗集：四卷 …… 4-201
居竹轩集：四卷 …… 4-201
居来先生集：六十五卷 …… 4-317
居易子铿铿斋外稿续集：一卷杂一卷 … 4-361
居易堂围棋新谱：六卷首一卷 …… 3-158
居易堂集：二十卷 …… 5-25
居济一得：八卷 …… 2-76
居济一得：八卷 …… 2-76
居济一得：五卷 …… 2-76
居家必用事类全集：十卷 …… 3-255
居家必用事类全集：十卷 …… 3-305
居家必用事类全集：十卷 …… 3-305
居家必用事类全集：十卷 …… 3-305

居家必备：十卷九十三种 3-272
居家懿范：八卷 3-36
屈子：七卷评一卷参疑一卷 4-8
屈子贯：五卷 4-8
屈子说志：六卷首一卷末一卷 4-8
屈宋古音义：三卷 1-178
屈原列传：一卷 4-6
屈原传 4-6
屈原传：一卷 4-1
屈原传：一卷 4-1
屈原传：一卷 4-1
屈原传：一卷 4-1
屈原传：一卷 4-1
屈原传：一卷 4-1
屈原传：一卷 4-1
屈原传：一卷 4-6
屈原传：一卷 4-7
屈原赋注：七卷通释二卷 4-8
屈原赋注：七卷通释二卷 4-8
屈翁山诗集：八卷词一卷 5-37
屈陶合刻：□□卷 5-158
[雍正]弥勒州志：二十七卷首一卷 2-404
弥勒菩萨所问本愿经：一卷 3-392
弥撒经典：五卷 3-430
弦索十三套琵琶谱：四卷 3-157
弦索调时剧新谱：二卷 5-411
弦索调时剧新谱：二卷 5-411
弢甫洞庭集：二卷闽峤集二卷 5-89
弢甫集诗：十四卷集文三十卷 5-89
弢园日记：不分卷 1-422
弢园藏书目：不分卷 2-495
弢园藏书志：二卷 2-495
陋轩诗钞：不分卷 5-156
陋巷志：八卷 2-140
陋巷志：八卷 2-140
陋巷志：六卷 2-140
陋草：一卷 5-5
陕甘总督奏稿：不分卷 2-93
陕西右布政使备兵靖边道毕自严生祠记：一卷 1-401
陕西右布政使备兵靖边道毕自严生祠记：一卷 1-401
[道光]陕西志辑要：六卷首一卷附四种四卷 2-405
[道光]陕西志辑要：六卷首一卷 2-405
[嘉靖]陕西通志：四十卷 2-405
[万历]陕州志：八卷 2-321
[光绪]陕州直隶州志：十五卷首一卷 2-322
陔华吟馆书画杂物目：不分卷 3-161
陔华馆折稿：一卷 2-110
姑山遗集：三十卷 4-381
姑苏杂咏：一卷 4-234
姑苏名贤小纪：二卷 1-379
姑苏名贤小纪：二卷 1-380
姑苏名贤续记：一卷 1-380
[正德]姑苏志：六十卷 2-256
姑苏杨柳枝词：一卷 5-260
姑苏新刻彤管遗编：二十卷 5-190
姑苏新刻彤管遗编：前集四卷后集十卷续集三卷附集一卷 5-190
姑射山人吟稿：二卷 4-325
姑溪居士文集：五十卷 4-117
姑溪居士文集：五十卷后集二十卷 4-117
姑溪居士文集：五十卷后集二十卷 4-117
姑溪居士文集：五十卷后集二十卷 4-117
姑溪居士文集：五十卷后集二十卷 4-117
姑溪居士文集：四十七卷附录一卷 4-117
姓氏考：一卷附增补姓氏一卷 1-425
姓氏异同小录：不分卷 3-301
姓氏谱纂：四卷 1-425
姓韵：一百卷 1-425
始丰稿：十四卷 4-227
始丰稿：十四卷 4-227
始丰稿：六卷 4-227
迦陵词全集：三十卷 5-340
迦陵集：一卷 4-379
参同易测：一卷 3-384
参同契经文：三卷 3-384
参附群书三刘互注西汉详节：三十卷 1-328
参读礼志疑：二卷 1-80

参筹秘书：十卷 ………………………… 3-44
参寥子诗集：十二卷 …………………… 4-114
参寥子诗集：十二卷 …………………… 4-114
参寥子诗集：十二卷 …………………… 4-115
参寥子诗集：十二卷 …………………… 4-115
参寥子诗集：十二卷 …………………… 4-115
承天纪：十卷 …………………………… 3-111
承华事略：一卷 ………………………… 1-296
承清馆印谱：一卷续集一卷 …………… 3-151
承清馆印谱：一卷续集一卷 …………… 3-151
[宣统]承德县志书 ……………………… 2-231
[道光]承德府志：六十卷首二十六卷 … 2-186
[道光]承德府志：六十卷首二十六卷 … 2-186
绀珠集：十三卷 ………………………… 3-259
绀珠集：十三卷 ………………………… 3-259
绀珠集：十三卷 ………………………… 3-259
绀珠集：十三卷 ………………………… 3-259
绀珠集：十三卷 ………………………… 3-259
绀珠集：不分卷 ………………………… 3-266
绀雪斋集印谱：四卷 …………………… 3-154
绀寒亭诗集：九卷文集四卷 ……………… 5-43
练川名人画象：四卷附二卷 …………… 1-378
练江诗钞：八卷 …………………………… 5-90
练兵实纪：九卷杂集六卷 ………………… 3-45
练兵实纪：九卷杂集六卷 ………………… 3-45
练音集补：四卷首一卷附卷一卷外卷一卷
……………………………………………… 5-269
织云楼诗：八卷附抄一卷 ………………… 5-96
织帘居诗：四卷 ………………………… 4-373
孟子：二卷 ……………………………… 1-118
孟子：二卷 ……………………………… 1-118
孟子：二卷 ……………………………… 1-118
孟子：十四卷 …………………………… 1-120
孟子：七卷 ……………………………… 1-119
孟子：七卷 ……………………………… 1-119
孟子正义：三十卷 ……………………… 1-120
孟子正义：三十卷 ……………………… 1-121
孟子节文：七卷 ………………………… 1-120
孟子节文：七卷 ………………………… 1-120
孟子节文：七卷 ………………………… 1-120
孟子节文：七卷 ………………………… 1-120
孟子四考：四卷 ………………………… 1-120
孟子四考：四卷 ………………………… 1-120
孟子四考：四卷 ………………………… 1-120
孟子外书：一卷 ………………………… 1-119
孟子外书四篇：四卷 …………………… 1-119
孟子外书四篇：四卷 …………………… 1-119
孟子考义发：十三卷 …………………… 1-121
孟子年谱：一卷 ………………………… 1-409
孟子杂记：四卷 ………………………… 1-120
孟子时事考征：四卷 …………………… 1-409
孟子注：十四卷 ………………………… 1-118
孟子注疏解经：十四卷 ………………… 1-119
孟子注疏解经：十四卷 ………………… 1-119
孟子赵氏注：十四卷 …………………… 1-119
孟子音义：二卷 ………………………… 1-119
孟子音义：二卷 ………………………… 1-130
孟子音义：二卷 ………………………… 1-131
孟子说解：十四卷孟子遗事一卷 ……… 1-120
孟子集注：十四卷 ……………………… 1-119
孟子集注：十四卷 ……………………… 1-119
孟子集注：十四卷 ……………………… 1-119
孟子集注辑释：十四卷 ………………… 1-119
孟子篇叙：七卷年表一卷 ……………… 1-120
孟云浦先生集：八卷附录一卷 ………… 4-335
孟公不在兹集：一卷 ……………………… 5-34
孟东野诗集：十卷 ………………………… 4-48
孟东野诗集：十卷 ………………………… 4-49
孟东野诗集：十卷 ………………………… 4-49
孟东野诗集：十卷 ………………………… 4-49
孟东野诗集：十卷 ………………………… 4-49
孟东野诗集：十卷 ………………………… 4-49
孟东野诗集：十卷 ………………………… 4-49
孟东野诗集：十卷 ………………………… 4-49
孟东野诗集：十卷 ………………………… 4-49
孟东野诗集：十卷 ………………………… 4-49
孟东野诗集：十卷；孟东野诗集联句：一
卷 …………………………………………… 4-49
孟东野诗集：八卷 ………………………… 4-49
孟兰舟先生诗文稿：不分卷附录一卷 … 5-112

孟有涯集：十七卷 ……………………… 4-275
孟我疆先生集：八卷 ……………………… 4-315
孟邻堂文钞：十六卷 ……………………… 5-78
[嘉庆]孟津县志：十二卷首一卷图一卷
……………………… 2-322
孟津诗：十九卷 ……………………… 5-288
孟浩然诗集：二卷 ……………………… 4-27
孟浩然诗集：二卷 ……………………… 4-27
孟浩然诗集：二卷 ……………………… 4-27
孟浩然诗集：二卷 ……………………… 4-27
孟浩然诗集：三卷 ……………………… 4-27
孟浩然诗集：三卷补遗一卷 ……………… 4-26
孟浩然诗集：三卷补遗一卷襄阳外编一卷
拾遗一卷 ……………………… 4-26
孟浩然集：三卷 ……………………… 4-26
孟浩然集：三卷 ……………………… 4-26
孟浩然集：三卷 ……………………… 4-26
孟浩然集：四卷 ……………………… 4-26
孤竹宾谈：四卷 ……………………… 3-214
孤忠小史：□□卷 ……………………… 3-317
孤树裒谈：十卷 ……………………… 3-318
孤树裒谈：十卷 ……………………… 3-318
孤树裒谈：十卷 ……………………… 3-318
孤树裒谈：五卷 ……………………… 3-318
孤愤集：一卷 ……………………… 1-397
絅斋先生文集：□□卷 ……………………… 4-321
终南山祖庭仙真内传：二卷 ……………… 1-384
终南山说经台历代真仙碑记：一卷 ……… 1-384
驻防太原正蓝镶蓝满洲蒙古四旗造送乾隆
四十八年四十九年兵部来文抄案册：
不分卷 ……………………… 2-84
驻防德州满营军械工科价值图册：不分卷
……………………… 2-74
绍圣新仪象法要：三卷 ……………………… 3-87
绍兴十八年同年小录：一卷 ……………… 1-428
绍兴十八年同年小录：一卷 ……………… 1-428
绍兴十八年同年小录：一卷 ……………… 1-428
绍兴十八年同年小录：一卷 ……………… 1-428
绍兴十八年同年小录：一卷 ……………… 1-428
绍兴十八年同年小录：一卷附录一卷 … 1-429
绍兴十八年同年小录：一卷附录一卷 … 1-429
绍兴十八年同年小录：一卷附录一卷 … 1-429
绍兴十八年进士登科录：一卷 …………… 1-428
[乾隆]绍兴府志：八十卷首一卷 ………… 2-268
[康熙]绍兴府志：五十八卷 ……………… 2-268
[康熙]绍兴府志：五十八卷 ……………… 2-268
[康熙]绍兴府志：五十八卷 ……………… 2-268
绍闻编：八卷 ……………………… 3-30
绍陶录：二卷 ……………………… 1-388
绍陶录：二卷 ……………………… 1-388
绍陶录：二卷 ……………………… 1-388
绍陶录：二卷 ……………………… 1-388
绎史：一百六十卷 ……………………… 1-270
绎史：一百六十卷 ……………………… 1-270
经义考：三百卷 ……………………… 2-500
经义考异：七卷杂考一卷 ……………… 1-137
经义考异：七卷杂考一卷 ……………… 1-137
经义述闻：三十二卷 ……………………… 1-138
经义述闻：不分卷 ……………………… 1-138
经义述闻：不分卷 ……………………… 1-138
经义述闻：不分卷 ……………………… 1-138
经义述闻太岁考：二卷 ……………………… 3-235
经义斋集：十八卷 ……………………… 5-44
经子法语：二十四卷 ……………………… 3-261
经子法语：二十四卷 ……………………… 3-261
经子难字：二卷；杂字韵宝：五卷 …… 1-158
经见录：不分卷 ……………………… 1-408
经书后语：□□卷 ……………………… 1-136
经书补注：一卷 ……………………… 1-135
经书补注：一卷 ……………………… 1-135
经世大典辑本：不分卷 ……………………… 2-31
经世名编：二十三卷 ……………………… 5-253
经世导源录：十六卷 ……………………… 2-33
经世环应编：八卷 ……………………… 3-270
经世奇谋：八卷 ……………………… 3-268
经世挈要：□□卷 ……………………… 2-85
经史艺文：不分卷 ……………………… 5-215
经史正音切韵指南：一卷 ……………… 1-172
经史正音切韵指南：一卷 ……………… 1-172
经史正音切韵指南：一卷 ……………… 1-180

经史问答：不分卷 …… 3-229
经史直解：六卷 …… 3-231
经史典奥：六十七卷 …… 3-269
经史质疑录：不分卷 …… 3-237
经史症类大观本草：三十一卷 …… 3-58
经史集说：十五卷 …… 3-302
经史管窥：六卷 …… 3-237
经史避名汇考：四十六卷 …… 3-236
经礼补逸：九卷附录一卷 …… 1-70
经考：五卷 …… 1-137
经传考证：八卷 …… 1-138
经传释词：十卷 …… 1-190
经字异同：十卷；春秋经字异同：三卷 …… 1-189
经进皇宋中兴四将传：四卷 …… 1-365
经序录：五卷 …… 2-500
经纬堂诗集：十卷 …… 5-42
经玩五种：二十卷 …… 1-4
经武要略：□□卷 …… 3-50
经武秘要：九种十八卷 …… 3-41
经武渊源内编：六卷外编六卷 …… 3-48
经国大典：六卷 …… 2-35
经国雄略：□□卷 …… 2-32
经国雄略：□□卷 …… 2-32
经典文字考异：一卷 …… 1-162
经典通用考：十四卷；五音类聚：十卷 …… 1-141
经典释文：一卷 …… 1-6
经典释文：三十卷 …… 1-140
经典释文：三十卷 …… 1-140
经典释文：三十卷 …… 1-140
经典释文：三十卷 …… 1-140
经典释文：三十卷 …… 1-140
经典释文：三十卷 …… 1-140
经典释文：三十卷 …… 1-140
经典释文校勘记：二十五卷 …… 1-140
经学五种：二十七卷 …… 1-4
经学识余：不分卷 …… 1-5
经学要义：不分卷 …… 1-137
经学博采录：十二卷 …… 1-139
经济文集：六卷附录一卷 …… 4-216
经济文集：六卷附录一卷 …… 4-216
经济文集：六卷附录一卷 …… 4-216
经济类编：一百卷 …… 3-308
经济类编：一百卷 …… 3-308
经络全书前编：一卷 …… 3-85
经验济世良方：十一卷 …… 3-83
经略复国要编：十四卷图一卷后附一卷 …… 2-62
经略御倭奏议 …… 2-101
经略疏稿：二卷 …… 2-99
经雅：不分卷 …… 1-187
经遗堂全集：二十六卷 …… 5-119
经幄管见：四卷 …… 1-343
经鉏堂杂志：八卷 …… 3-196
经鉏堂杂志：八卷 …… 3-196
经鉏堂杂志：八卷 …… 3-196
经韵楼集校勘记：一卷 …… 5-113
经籍考：七十六卷 …… 2-28
经籍考：七十六卷 …… 2-28
经籍考：不分卷 …… 2-476
经籍跋文：一卷 …… 2-492
经籍跋文：一卷 …… 2-492
经籍跋文：一卷 …… 2-493
贯华堂评论金云翘传：四卷 …… 3-349
贯华堂选批唐才子诗甲集七言律：八卷 …… 5-227
贯华堂第六才子书西厢记：八卷 …… 5-361
贯虱篇：一卷 …… 3-50
贯经：一卷；投壶谱：一卷；礼记投壶篇注：一卷 …… 3-158
贯道堂文集：四卷 …… 5-69
函玉集：一卷 …… 5-31
函史：一百三卷 …… 1-204
函史：一百三卷 …… 1-204
函史：一百三卷 …… 1-204
函史：一百三卷 …… 1-204
函史下编：二十一卷 …… 1-204
函字通：二种四卷 …… 5-422

九画

契丹国志：二十七卷 …………………………… 1-293
契丹国志：二十七卷 …………………………… 1-293
契丹国志：二十七卷 …………………………… 1-293
契丹国志：二十七卷 …………………………… 1-294
契丹国志：二十七卷 …………………………… 1-294
贰臣传：十二卷 ………………………………… 1-237
奏议：不分卷 …………………………………… 2-106
奏议：四卷 ……………………………………… 2-102
奏雅世业：二卷 ………………………………… 5-243
奏牍：八卷 ……………………………………… 2-105
奏牍：不分卷 …………………………………… 2-105
奏疏：不分卷 …………………………………… 2-106
奏疏：不分卷 …………………………………… 2-106
奏疏：不分卷 …………………………………… 2-106
奏疏：不分卷 …………………………………… 2-106
奏稿：不分卷 …………………………………… 2-94
春及园虫鸣草：四卷 …………………………… 5-136
春及园虫鸣草选抄：一卷 ……………………… 5-136
春早堂诗集：十二卷 …………………………… 5-34
春华阁词：二卷 ………………………………… 5-342
春凫小稿：十二卷 ……………………………… 5-86
春灯玉簪记：一卷；春灯雁书记：一卷 …………………………… 5-366
春芜词：二卷 …………………………………… 5-339
春花集：十五卷 ………………………………… 5-214
春别篇：一卷 …………………………………… 4-358
春雨轩诗正集：□□卷 ………………………… 4-225
春雨轩集：八卷 ………………………………… 4-225
春雨轩集：八卷 ………………………………… 4-225
春雨诗钞：四卷 ………………………………… 5-104
春雨楼诗略：八卷 ……………………………… 5-119
春雨楼诗集：五卷 ……………………………… 5-110
春雨楼集：十四卷题词一卷 …………………… 5-110
春雨楼集：三卷 ………………………………… 5-110
春明退朝录：三卷 ……………………………… 3-189
春草斋文集：六卷诗集五卷附赞词一卷 …………………………… 4-226
春草斋文集选：六卷诗集选一卷附录一卷 …………………………… 4-226
春草堂黄河远：二卷 …………………………… 5-394
春草堂黄河远：二卷 …………………………… 5-394
春柳莺：四卷十回 ……………………………… 3-336
春星草堂诗稿：八卷 …………………………… 5-97
春星堂诗集：十卷 ……………………………… 5-289
春秋人名同名录：一卷 ………………………… 1-96
春秋人名同名录：一卷 ………………………… 1-96
春秋人名同名录：一卷 ………………………… 1-96
春秋人物谱：十三卷 …………………………… 1-108
春秋三书：三十一卷 …………………………… 1-112
春秋三传：三十八卷 …………………………… 1-104
春秋三传：三十八卷 …………………………… 1-104
春秋三传异文考：一卷 ………………………… 1-96
春秋三传定说：十二卷首一卷 ………………… 1-110
春秋三传释地：一卷 …………………………… 1-111
春秋三传释地：不分卷 ………………………… 1-111
春秋三传辨疑：二十卷 ………………………… 1-103
春秋土地名考：一卷补遗一卷；[春秋]疏引土地名：一卷；[春秋]土地名考异：一卷 …………………………… 1-96
春秋大成：三十一卷 …………………………… 1-109
春秋大成讲义：三十一卷 ……………………… 1-109
春秋大意：十二卷 ……………………………… 1-112
春秋上律表：不分卷 …………………………… 1-111
春秋义：十五卷 ………………………………… 1-110
春秋五礼例宗：十卷 …………………………… 1-100
春秋五礼例宗：十卷 …………………………… 1-100
春秋五礼例宗：十卷 …………………………… 1-100
春秋五礼例宗：十卷 …………………………… 1-100
春秋五论：一卷 ………………………………… 1-102
春秋不传：十二卷 ……………………………… 1-109
春秋不传：十二卷 ……………………………… 1-109
春秋内传古注辑存：三卷 ……………………… 1-111
春秋手抄：不分卷 ……………………………… 1-108
春秋长历：十卷 ………………………………… 1-109
春秋长历：十卷 ………………………………… 1-109
春秋分记：九十卷 ……………………………… 1-102
春秋分记：九十卷 ……………………………… 1-102

春秋分记：九十卷 …… 1-102
春秋分年系传表：一卷 …… 1-95
春秋公羊传：二十卷 …… 1-97
春秋公羊传：二十卷；春秋谷梁传：十二卷 …… 1-112
春秋公羊传：十二卷 …… 1-98
春秋公羊传：十二卷 …… 1-98
春秋公羊传：十二卷 …… 1-98
春秋公羊传：十三卷；春秋谷梁传：十三卷 …… 1-98
春秋公羊注疏：二十八卷 …… 1-98
春秋公羊注疏：二十八卷 …… 1-98
春秋公羊注疏：二十八卷 …… 1-98
春秋公羊注疏：二十八卷 …… 1-98
春秋公羊经何氏释例：十卷 …… 1-98
春秋订误：十五卷首二卷 …… 1-110
春秋孔义：十二卷 …… 1-107
春秋书法钩玄：四卷 …… 1-105
春秋正旨：一卷 …… 1-106
春秋正旨：一卷 …… 1-106
春秋世本图谱：一卷 …… 1-110
春秋世学：三十三卷 …… 1-107
春秋世族谱：一卷 …… 1-96
春秋世族谱：一卷 …… 1-110
春秋世族谱：一卷 …… 1-110
春秋世族谱：一卷考一卷人名同名录一卷 …… 1-96
春秋世族谱：不分卷 …… 1-110
春秋世族谱：不分卷 …… 1-110
春秋本义：十卷 …… 1-109
春秋左氏传古注：□□卷 …… 1-97
春秋左氏传补注：十二卷 …… 1-96
春秋左氏传补注：十二卷 …… 1-96
春秋左氏传补注：十二卷 …… 1-96
春秋左氏传补注：十卷 …… 1-91
春秋左氏传补注：十卷 …… 1-91
春秋左氏传补注：十卷 …… 1-91
春秋左氏传补注：十卷 …… 1-92
春秋左氏传补注：十卷 …… 1-92
春秋左氏传补注：十卷 …… 1-92
春秋左氏全传白文：十二卷 …… 1-87
春秋左氏经传集解：三十卷 …… 1-89
春秋左传：十五卷 …… 1-93
春秋左传：十五卷 …… 1-93
春秋左传：三十卷 …… 1-89
春秋左传：三十卷 …… 1-89
春秋左传：三十卷 …… 1-89
春秋左传：五十卷 …… 1-89
春秋左传节文：十五卷 …… 1-92
春秋左传杜林合注：五十卷 …… 1-89
春秋左传杜注：三十卷首一卷 …… 1-95
春秋左传评林：三十卷 …… 1-92
春秋左传补注：六卷 …… 1-95
春秋左传补注：六卷 …… 1-95
春秋左传补注：六卷 …… 1-95
春秋左传典略：十二卷 …… 1-94
春秋左传郑贾服注参考：一卷 …… 1-88
春秋左传注评测义：七十卷 …… 1-94
春秋左传注评测义：七十卷世系谱一卷名号异称便览一卷地名配古籍一卷总评一卷引用书目一卷注评测义姓氏一卷测言一卷凡例一卷 …… 1-93
春秋左传注评测义：七十卷世系谱一卷名号异称便览一卷地名配古籍一卷总评一卷图说一卷 …… 1-94
春秋左传注疏：六十卷 …… 1-90
春秋左传注疏：六十卷 …… 1-90
春秋左传详节句解：三十五卷 …… 1-91
春秋左传详节句解：三十五卷 …… 1-91
春秋左传详节句解：三十五卷 …… 1-91
春秋左传姓名同异考：四卷 …… 1-95
春秋左传标释：三十卷 …… 1-94
春秋左传类解：二十卷地谱世系一卷 …… 1-92
春秋左传集解：三十卷 …… 1-89
春秋左传释义评苑：二十卷 …… 1-92
春秋左传属事：二十卷 …… 1-93
春秋左传属事：二十卷 …… 1-93
春秋左传属事：二十卷；古字奇字音释：一卷；春秋左传注解辨误：二卷补遗一卷 …… 1-93

春秋左传属事：二十卷；古字奇字音释：一卷；春秋左传注解辨误：二卷补遗一卷 …… 1-93
春秋左传属事：二十卷；古字奇字音释：一卷；春秋左传注解辨误：二卷补遗一卷 …… 1-93
春秋左传键：二十四卷 …… 1-97
春秋左翼：三十四卷首一卷 …… 1-92
春秋归义：十二卷 …… 1-107
春秋四传：三十八卷 …… 1-105
春秋四传：三十八卷纲领一卷提要一卷年表一卷诸国兴废说一卷 …… 1-104
春秋四传：三十八卷纲领一卷提要一卷图说一卷年表一卷诸国兴废说一卷 …… 1-105
春秋四传：三十八卷纲领一卷提要一卷图说一卷年表一卷诸国兴废说一卷 …… 1-105
春秋四传：三十八卷首一卷 …… 1-105
春秋四传：三十八卷提要一卷诸国兴废说一卷年表一卷 …… 1-105
春秋四传通辞：十二卷 …… 1-108
春秋四家五传平文：四十一卷 …… 1-108
春秋地考：一卷 …… 1-106
春秋地考：一卷 …… 1-106
春秋地名考：一卷 …… 1-96
春秋地名考略：十四卷 …… 1-94
春秋地名考略：十四卷 …… 1-94
春秋地名同名录：一卷 …… 1-96
春秋地名同名录：一卷补遗一卷 …… 1-96
春秋地理志：十六卷 …… 1-94
春秋权衡：十七卷 …… 1-100
春秋臣传：三十卷 …… 1-346
春秋列传：十卷 …… 1-346
春秋列传：五卷 …… 1-346
春秋列国卿大夫世系表：二卷 …… 1-95
春秋师说：三卷附录二卷 …… 1-104
春秋师说：三卷附录二卷 …… 1-104
春秋师说：三卷附录二卷 …… 1-104
春秋师说：三卷附录二卷 …… 1-104
春秋年考：一卷 …… 1-108
春秋传：三十卷 …… 1-101
春秋传：三十卷纲领一卷提要一卷诸国兴废说一卷列国图说一卷 …… 1-101
春秋传正谊：四卷 …… 1-112
春秋传议：六卷 …… 1-109
春秋传注：三十六卷提纲一卷 …… 1-109
春秋传注汇约：二十三卷 …… 1-107
春秋会义：十二卷 …… 1-102
春秋会异：六卷 …… 1-107
春秋会解：十二卷 …… 1-108
春秋名号归一图：一卷 …… 1-101
春秋名号归一图：二卷 …… 1-89
春秋名号归一图：二卷 …… 1-89
春秋名号归一图：二卷 …… 1-90
春秋志在：十二卷 …… 1-108
春秋折衷论：一卷 …… 1-99
春秋私考：三十六卷 …… 1-106
春秋谷梁传：十二卷 …… 1-99
春秋谷梁传：十二卷考一卷 …… 1-99
春秋谷梁传时月日书法释例：一卷 …… 1-99
春秋谷梁疏：十二卷 …… 1-99
春秋补传：二卷 …… 1-110
春秋词命：三卷 …… 1-92
春秋词命：三卷 …… 1-92
春秋词命：三卷 …… 1-92
春秋附记：□□卷 …… 1-111
春秋取义测：十二卷 …… 1-110
春秋直解：十五卷 …… 1-107
春秋事义全考：十六卷 …… 1-107
春秋金锁匙：一卷 …… 1-104
春秋录疑：十六卷 …… 1-106
春秋经世：不分卷 …… 1-106
春秋经左氏传句解：七十卷 …… 1-91
春秋经传类求：十二卷 …… 1-110
春秋经传集解：三十卷 …… 1-88
春秋经传集解：三十卷 …… 1-88
春秋经传集解：三十卷 …… 1-88
春秋经传集解：三十卷 …… 1-88
春秋经传集解：三十卷 …… 1-88
春秋经传集解：三十卷 …… 1-88
春秋经传集解：三十卷 …… 1-88

春秋经传集解：三十卷 ······ 1-88
春秋经传集解：三十卷 ······ 1-89
春秋经传集解：三十卷 ······ 1-89
春秋经传集解：三十卷 ······ 1-89
春秋经传集解：三十卷 ······ 1-89
春秋经传集解考正：三十卷 ······ 1-95
春秋经传集解考正：三十卷外传考正二十一卷 ······ 1-95
春秋经传阙疑：四十五卷 ······ 1-103
春秋经传阙疑：四十五卷 ······ 1-103
春秋经解：十五卷 ······ 1-100
春秋经解：十五卷 ······ 1-100
春秋贯玉：四卷 ······ 1-106
春秋贯玉：四卷 ······ 1-106
春秋胡氏传：三十卷诸国兴废说一卷年表一卷 ······ 1-101
春秋胡氏传纂疏：三十卷 ······ 1-103
春秋胡传：三十卷 ······ 1-101
春秋胡传：三十卷 ······ 1-101
春秋胡传：三十卷 ······ 1-101
春秋胡传：三十卷纲领一卷图说一卷诸国兴废说一卷提要一卷 ······ 1-101
春秋胡传：三十卷纲领一卷提要一卷诸国兴废说一卷图说一卷正经音训一卷 ······ 1-101
春秋胡传：三十卷首一卷 ······ 1-101
春秋胡传：三十卷首一卷 ······ 1-101
春秋胡传：三十卷诸国兴废说一卷纲领一卷图说一卷提要一卷正经音训一卷 ······ 1-101
春秋胡传：三十卷诸国兴废说一卷图说一卷提要一卷纲领一卷正经音训一卷 ······ 1-101
春秋胡传考正：四卷续录二卷 ······ 1-111
春秋胡传翼：三十卷 ······ 1-107
春秋指掌：三十卷首二卷附录二卷 ······ 1-109
春秋类例：一卷 ······ 1-97
春秋类编：三十二卷 ······ 1-199
春秋说：不分卷 ······ 1-111
春秋校记：不分卷 ······ 1-111
春秋笔削大义微言考：十一卷 ······ 1-112
春秋旁训：四卷 ······ 1-104
春秋诸传会通：二十四卷 ······ 1-103
春秋诸传会通：二十四卷 ······ 1-103
春秋诸国统纪：六卷 ······ 1-102
春秋诸国统纪：六卷 ······ 1-103
春秋诸国统纪：六卷目录一卷 ······ 1-103
春秋通论：十五卷论旨一卷春秋无例详考一卷 ······ 1-109
春秋通说：四卷 ······ 1-102
春秋啖赵二先生集传纂例：十卷 ······ 1-99
春秋阐微：三十卷 ······ 1-109
春秋断义：不分卷 ······ 1-106
春秋提纲：十卷 ······ 1-103
春秋提要：一卷 ······ 1-89
春秋集义：十二卷 ······ 1-111
春秋集传：二十六卷纲领一卷 ······ 1-102
春秋集传：二十六卷纲领一卷 ······ 1-102
春秋集传：二十六卷纲领一卷 ······ 1-102
春秋集传：十三卷 ······ 1-111
春秋集传：十五卷 ······ 1-104
春秋集传：十五卷 ······ 1-104
春秋集传：十六卷义例一卷 ······ 1-110
春秋集传：三十卷 ······ 1-106
春秋集传大全：七十卷 ······ 1-106
春秋集传大全：三十七卷 ······ 1-106
春秋集传大全：三十七卷 ······ 1-106
春秋集传大全：三十七卷序论一卷 ······ 1-105
春秋集传大全：三十七卷序论一卷诸国兴废说一卷 ······ 1-105
春秋集传大全：三十七卷序论一卷诸国兴废说一卷年表一卷 ······ 1-105
春秋集传大全：三十七卷序论一卷诸国兴废说一卷年表一卷 ······ 1-105
春秋集传大全：三十七卷序论一卷诸国兴废说一卷年表一卷 ······ 1-105
春秋集传大全：三十七卷序论一卷诸国兴废说一卷图说一卷年表一卷 ······ 1-105
春秋集传大全：三十七卷诸国兴废说一卷年表一卷 ······ 1-105

春秋集传纂例：十卷 …………………… 1-100
春秋集传纂例：十卷 …………………… 1-100
春秋集传纂例：十卷 …………………… 1-100
春秋集注：十一卷 ……………………… 1-102
春秋集注：十一卷纲领一卷 …………… 1-102
春秋集解：十二卷 ……………………… 1-109
春秋释例：不分卷 ……………………… 1-97
春秋释例世族谱补缺：一卷 …………… 1-97
春秋释例世族谱补缺：一卷释例补遗一卷
长历考一卷 ……………………… 1-97
春秋鲁十二公年谱：不分卷 …………… 1-112
春秋尊王发微：十二卷 ………………… 1-100
春秋属辞：十五卷 ……………………… 1-103
春秋属辞：十五卷 ……………………… 1-104
春秋属辞：十五卷 ……………………… 1-104
春秋属辞：十五卷 ……………………… 1-104
春秋属辞：十五卷附录二卷 …………… 1-103
春秋属辞：□□卷 ……………………… 1-103
春秋辑传：十三卷春秋凡例二卷春秋宗旨
一卷…………………………………… 1-107
春秋简秀集：三十四卷又六卷………… 1-108
春秋意林：二卷 ………………………… 1-100
春秋慎行义：二卷；春秋刑法义：一卷；
春秋使帅义：一卷 ……………… 1-111
春秋摘微：一卷 ………………………… 1-99
春秋管见：八十五卷 …………………… 1-112
春秋疑问：十二卷 ……………………… 1-107
春秋增订旁训：四卷 …………………… 1-111
春秋谳义：五卷 ………………………… 1-103
春秋衡库：三十卷附录三卷备录一卷 … 1-107
春秋辨义：十二卷 ……………………… 1-111
春秋辩义：四十卷 ……………………… 1-107
春秋繁露：十七卷 ……………………… 1-112
春秋繁露：十七卷 ……………………… 1-112
春秋繁露：十七卷 ……………………… 1-112
春秋繁露：十七卷 ……………………… 1-112
春秋繁露：十七卷 ……………………… 1-112
春秋繁露：十七卷 ……………………… 1-113
春秋繁露：十七卷 ……………………… 1-113
春秋繁露：十七卷 ……………………… 1-113
春秋繁露：十七卷附录一卷 …………… 1-113
春秋繁露义证：十七卷 ………………… 1-113
春秋翼附：二十卷 ……………………… 1-107
春音集：不分卷 ………………………… 4-276
春晖堂书目：一卷 ……………………… 2-490
春晖楼十三君子表忠诗：一卷………… 1-375
春晖楼四六：一卷 ……………………… 5-70
春晖楼骈体：一卷 ……………………… 5-70
春卿遗稿：一卷 ………………………… 4-85
春卿遗稿：一卷续编一卷……………… 4-85
春卿遗稿：二卷 ………………………… 4-85
春酒堂诗：六卷 ………………………… 5-21
春海侍郎焦桐遗响：不分卷 …………… 5-135
春浮园别集：五种六卷 ………………… 1-417
春雪笺：八卷…………………………… 5-298
春雪馆诗：十六卷 ……………………… 4-356
春渚纪闻：十卷 ………………………… 3-192
春渚纪闻：十卷 ………………………… 3-192
春渚纪闻：十卷 ………………………… 3-192
春蔼堂续集：二卷 ……………………… 5-55
春蔼堂集：十八卷 ……………………… 5-55
春漪斋笔识：六卷 ……………………… 3-222
春融堂集：六十八卷 …………………… 5-105
春霭亭杂录文稿：不分卷……………… 5-37
珂雪词：二卷补遗一卷 ………………… 5-339
珂雪诗：五卷…………………………… 5-42
珂雪斋近草：十卷……………………… 4-361
珍山陈庶子易说：二十四卷 …………… 1-22
珍珠船印谱：不分卷 …………………… 3-152
珍善斋印印：不分卷 …………………… 3-151
珊网一隅：四卷 ………………………… 3-129
珊瑚木难：八卷 ………………………… 3-127
珊瑚木难：八卷 ………………………… 3-127
珊瑚木难：八卷 ………………………… 3-127
珊瑚木难：八卷 ………………………… 3-127
珊瑚木难：不分卷 ……………………… 3-127
珊瑚网法书题跋：二十四卷名画题跋二十
四卷附录一卷 …………………… 3-130
珊瑚网法书题跋：不分卷名画题跋不分卷
法帖题跋三卷 …………………… 3-130

珊瑚林：二卷；金屑编：一卷 …………… 3-212
珊瑚鞭传奇：二卷 ………………………………… 5-393
珊影杂识：三卷 …………………………………… 5-433
[道光]封川县志：十卷 ………………………… 2-368
封氏闻见记：十卷 ………………………………… 3-186
封氏闻见记：十卷 ………………………………… 3-186
封氏闻见记：十卷 ………………………………… 3-186
封氏闻见记：十卷 ………………………………… 3-186
[顺治]封邱县志：九卷 ………………………… 2-324
封邱县志：康熙 …………………………………… 2-324
封泥考略：十卷 …………………………………… 2-473
封神天榜：十卷 …………………………………… 5-397
封神演义诠解：十卷 …………………………… 3-363
[光绪]垣曲县志：十四卷……………………… 2-227
项氏瓶笙榭新刻皮袭美诗：二卷 …………… 4-73
项襄毅公年谱：五卷实纪四卷………………… 1-411
项襄毅公年谱：五卷实纪四卷遗稿一卷
…………………………………………………………… 1-411
项襄毅公实纪续补：四卷……………………… 1-411
项襄毅公遗稿：一卷 …………………………… 4-247
项襄毅公遗稿：一卷实纪四卷年谱五卷
…………………………………………………………… 4-247
[道光]城口厅志：二十卷首一卷 ………… 2-377
城书：四卷 ………………………………………… 3-45
城北汪氏族谱：二卷 ……………………………2-8
城守筹略：五卷 …………………………………… 3-45
城阳山志：三卷 …………………………………… 2-153
城阳赵氏族谱：不分卷 ………………………… 2-21
城步县乡土志：五卷 …………………………… 2-358
[同治]城步县志：十卷 ………………………… 2-358
城步宦游诗集：一卷；竹氏家谱：一卷
…………………………………………………………… 4-388
[道光]城武县志：十卷首一卷……………… 2-320
[康熙]城固县志：十卷首一卷……………… 2-418
[康熙]城固县志：十卷 ………………………… 2-418
政和五礼新仪：二百二十卷；御制冠礼：
十卷………………………………………………… 2-36
政和五礼新仪：二百二十卷目录一卷；御
制冠礼：十卷…………………………………… 2-36
政和五礼新仪：二百二十卷目录六卷；御
制冠礼：十卷…………………………………… 2-36
政和五礼新仪：二百二十卷目录六卷；御
制冠礼：十卷…………………………………… 2-36
政和五礼新仪：二百四十卷目录六卷 …… 2-36
[道光]政和县志：十一卷首一卷末一卷
…………………………………………………………… 2-293
政治典训：不分卷 ………………………………… 2-34
政治典训初集：一百卷目录一卷 …………… 2-34
政治典训初集：一百卷目录一卷 …………… 2-34
政监：三十二卷 …………………………………… 1-337
赴滇纪程：一卷 …………………………………… 2-169
赵凡夫传叙行实：三卷 ………………………… 1-400
赵之谦等书札：不分卷 ………………………… 5-303
赵子常选杜律五言注：三卷；虞伯生选杜
律七言注：三卷 ………………………………… 4-38
赵氏连城：十八卷 ………………………………… 3-172
赵氏族谱：一卷 …………………………………… 2-20
赵文肃公文集：二十三卷……………………… 4-300
赵文肃公文集：二十三卷……………………… 4-300
赵文肃公文集：二十三卷……………………… 4-300
赵文肃公集：四卷 ………………………………… 4-300
赵文敏公松雪斋全集：十卷外集一卷续集
一卷………………………………………………… 4-191
赵考古先生遗集：六卷 ………………………… 4-236
赵州乡土志：不分卷 …………………………… 2-183
[光绪]赵州属邑志：八卷……………………… 2-183
赵进士文论：不分卷 …………………………… 4-339
赵抝叔手稿：不分卷 …………………………… 5-150
赵佑奏稿：不分卷 ………………………………… 2-109
赵松雪年谱：一卷 ………………………………… 1-411
赵忠毅公集：二十四卷………………………… 4-339
赵宝峰先生文集：二卷………………………… 4-202
赵宝峰先生文集：二卷 ………………………… 4-202
[乾隆]赵城县志：二十四卷首一卷 ……… 2-221
赵南海诗：一卷 …………………………………… 4-244
赵恭毅公剩稿：八卷；赵裘萼公剩稿：四
卷 …………………………………………………… 5-51
赵梅峰先生遗稿：四卷 ………………………… 4-284
赵清献公文集：十六卷………………………… 4-94
赵清献公文集：十六卷………………………… 4-94

赵清献公文集：十卷 …………………………… 4-94
赵清献公文集：十卷附录一卷 ………………… 4-94
赵清献公文集：十卷附录一卷 ………………… 4-94
赵清献公集：十卷 ……………………………… 4-94
赵清献公集：六卷附刻一卷 …………………… 5-22
赵清献公集：六卷首一卷 ……………………… 5-22
赵清献年谱：一卷 ……………………………… 1-410
赵悲盦诗文稿：不分卷 ………………………… 5-150
郝公崇祀名宦录：一卷 ………………………… 1-404
郝氏春秋二种：十四卷 ………………………… 1-112
郝文忠公陵川文集：三十九卷 ………………… 4-185
郝文忠公陵川文集：三十九卷 ………………… 4-185
郝文忠公陵川文集：三十九卷 ………………… 4-185
郝文忠公陵川文集：三十九卷附录一卷
…………………………………………………… 4-185
郝兰石先生集：十九卷 ………………………… 5-3
郝兰石全集：二十卷 …………………………… 5-3
郝兰石集：十八卷 ……………………………… 5-3
郝复阳行实略：一卷 …………………………… 1-404
荆川文集：十八卷 ……………………………… 4-300
荆川先生右编：四十卷 ………………………… 2-88
荆川先生右编：四十卷 ………………………… 2-88
荆川先生批点精选汉书：六卷 ………………… 1-330
荆川先生精选批点史记：十二卷 ……………… 1-327
[乾隆]荆门州志：三十六卷 …………………… 2-334
[同治]荆门直隶州志：十二卷首一卷 ………… 2-334
[乾隆]荆门直隶州志：三十六卷 ……………… 2-334
荆门耆旧纪略：三卷；烈女纪略：一卷
…………………………………………………… 1-384
荆州记：一卷 …………………………………… 2-133
[光绪]荆州府志：八十卷首一卷 ……………… 2-339
[乾隆]荆州府志：五十八卷首一卷 …………… 2-339
荆园进语：一卷 ………………………………… 3-32
荆钗记：二卷 …………………………………… 5-382
荆南诗：二卷附录一卷 ………………………… 4-348
荆南倡和诗集：一卷附录一卷 ………………… 5-239
荆溪外纪：二十五卷 …………………………… 2-126
荆溪外纪：二十五卷 …………………………… 2-126
荆溪疏：二卷 …………………………………… 4-323
革除遗事：六卷 ………………………………… 1-300
革除遗事：六卷 ………………………………… 1-300
革除编年：不分卷 ……………………………… 1-300
革象新书：二卷 ………………………………… 3-88
革象新书：五卷 ………………………………… 3-88
革朝志：十卷 …………………………………… 1-300
革朝志：十卷 …………………………………… 1-300
荐举同年姓氏：不分卷 ………………………… 1-437
带存堂集：十卷 ………………………………… 5-58
带经堂书目：四卷 ……………………………… 2-494
带经堂书目：四卷 ……………………………… 2-494
带经堂诗话：三十卷首一卷 …………………… 5-322
带经堂集：九十二卷 …………………………… 5-42
草木子：四卷 …………………………………… 3-203
草木子：四卷 …………………………………… 3-203
草木子：四卷 …………………………………… 3-203
草木子：四卷 …………………………………… 3-203
草木子：四卷 …………………………………… 3-203
草木子：四卷 …………………………………… 3-203
草木春秋演义：五卷三十二回 ………………… 3-365
草木疏校正：一卷 ……………………………… 1-42
草木疏校正：二卷 ……………………………… 1-42
草木疏校正：二卷 ……………………………… 1-42
草兮笔记：二卷 ………………………………… 3-258
草书集韵：□□卷 ……………………………… 3-139
草玄居诗稿：二卷 ……………………………… 4-385
草字汇：十二卷 ………………………………… 3-140
草诀百韵歌：一卷 ……………………………… 3-135
草庐吴先生辑粹：七卷 ………………………… 3-26
草庐集：四十九卷首一卷 ……………………… 4-190
草茅一得：三卷续得一卷 ……………………… 1-319
草贤堂词笺：十卷蘗弦斋词笺一卷杂笺一
卷 ……………………………………………… 5-338
草贤堂词笺：十卷蘗弦斋词笺一卷杂笺一
卷 ……………………………………………… 5-338
草草：一卷 ……………………………………… 5-5
草莽私乘：一卷 ………………………………… 1-367
草莽私乘：一卷 ………………………………… 1-367
草莽私乘：一卷 ………………………………… 1-367
草莽私乘：一卷 ………………………………… 1-367
草莽私乘：一卷 ………………………………… 1-367

草堂诗余：十六卷杂说一卷 5-349
草堂诗余：五卷 5-348
草堂诗余：五卷 5-348
草堂诗余：正集六卷续集二卷别集四卷新集五卷 5-349
草堂诗余：四卷 5-347
草堂诗余：四卷 5-348
草堂诗余：前集二卷后集二卷 5-347
草堂诗余：前集二卷后集二卷 5-347
草堂雅集：十三卷 5-238
草堂雅集：十三卷 5-238
草堂雅集：十三卷 5-238
草堂雅集：十三卷 5-238
草堂雅集：十三卷 5-238
草堂雅集：十三卷 5-238
草堂雅集：十三卷 5-238
草堂雅集：十三卷 5-239
草堂雅集：十三卷 5-239
草堂雅集：十三卷后四卷 5-239
草堂雅集：十六卷 5-239
草堂雅集：十六卷 5-239
草堂嗣响：四卷 5-351
草蔻草：一卷 1-318
草窗梅花集句：三卷；红梅集句：一卷 4-258
草窗梅花集句：三卷附录一卷 4-259
草窗梅花集句：四卷 4-259
草窗梅花集句：四卷 4-259
草韵汇编：二十六卷 3-140
草韵辨体：五卷 3-135
草韵辨体：五卷 3-135
草韵辨体：六卷 3-135
草檐即山集：一卷枣窗文稿二卷 5-127
茧斋诗选：二卷补遗一卷诗谈八卷论文六卷 5-55
[康熙]莒州志：二卷 2-315
[嘉庆]莒州志：十六卷首一卷 2-316
茶史：二卷 3-167
茶史补：一卷 3-167
茶花谱：一卷总说一卷；茶花咏：一卷；茶花别名咏：一卷 3-170
茶余客话：十二卷 3-221
茶余客话：十卷 3-221
茶坪诗钞：十卷 5-95
茶苑：二十卷 3-167
茶经：一卷 3-167
茶经：三卷 3-167
茶经：三卷 3-167
茶经：三卷外集一卷 3-167
茶经：三卷外集一卷茶具图赞一卷 3-167
[康熙]茶陵州志：二十三卷首一卷 2-351
[康熙]茶陵州志：二十三卷首一卷 2-352
[同治]茶陵州志：二十四卷 2-352
茶董：二卷 3-167
茶董补：二卷 3-167
茶集：二卷烹茶图集一卷 5-148
茶集：二卷烹茶图集一卷 5-148
荀子：二十卷 3-8
荀子：二十卷 3-8
荀子：二十卷 3-8
荀子：二十卷 3-9
荀子：二十卷 3-9
荀子：二十卷 3-9
荀子：二十卷 3-9
荀子：二十卷 3-9
荀子：二十卷 3-9
荀子：二十卷 3-9
荀子：二十卷校勘补遗一卷 3-9
[荀子]补注：二卷 3-9
[荀子]校勘补遗：一卷 3-9
荀子考异：一卷 3-9
荀子考异：一卷 3-9
荀子补注：二卷 3-9
荀子校勘补遗：一卷 3-9
茗洲吴氏家典：八卷 1-442
茗雪山房二种曲：四卷 5-394
荒史：六卷 1-277
荒政丛书：六种六卷 2-57
荒政琐言：一卷 2-57
荡妇秋思：一卷；葬花：一卷 5-365

荣木堂集赋：一卷诗集十卷 …… 4-379
荣氏二奇女传：一卷 …… 1-395
[道光]荣成县志：十卷图一卷 …… 2-315
[嘉庆]荣县志：十卷 …… 2-390
[道光]荣县志：三十八卷首一卷 …… 2-390
[乾隆]荣县志：四卷 …… 2-390
[光绪]荣昌县志：二十二卷 …… 2-376
[同治]荣昌县志：二十二卷 …… 2-376
[光绪]荣河县志：十四卷首一卷 …… 2-226
[乾隆]荣河县志：十四卷首一卷 …… 2-226
荣贲录：一卷 …… 1-400
荣哀录：六卷 …… 1-396
荣祭酒遗文：一卷 …… 4-186
荣祭酒遗文：一卷 …… 4-186
荥阳杂俎：八种十一卷 …… 5-427
[乾隆]荥阳县志：十二卷 …… 2-321
[乾隆]荥泽县志：十四卷图一卷 …… 2-321
故明工科给事中范公奏折：一卷 …… 2-105
[雍正]故城县志：六卷 …… 2-200
故唐律疏议：三十卷 …… 2-63
胡子知言：六卷 …… 3-20
胡子衡齐：八卷 …… 3-30
胡公行实：不分卷 …… 1-398
胡氏粹编：五种二十卷 …… 5-420
胡文学集：五种九卷 …… 5-430
胡白水著书：四种十一卷 …… 5-433
胡仲子集：十卷 …… 4-222
胡仲子集：十卷 …… 4-222
胡仲子集：十卷 …… 4-222
胡仲子集：十卷 …… 4-222
胡伯良集：六卷；诗说纪事：三卷；游庐山诗：一卷 …… 4-331
胡君宝印隽：不分卷 …… 3-152
胡林翼等书札：不分卷 …… 5-303
胡学士续添简斋诗笺正误：一卷简斋先生年谱一卷 …… 4-135
胡学士续添简斋诗笺正误：一卷简斋先生年谱一卷 …… 4-135
胡祭酒集：十四卷 …… 4-238
胡曾咏史诗：一卷 …… 4-78
胡澹庵先生文集：六卷 …… 4-139
胡澹庵先生文集：六卷传一卷 …… 4-139
荫泉亭文稿：三卷；于斯堂诗草：二卷 …… 5-121
茹古略集：三十卷 …… 3-312
荔门诗录：九卷 …… 5-102
荔支诗：一卷 …… 5-96
[咸丰]荔波县志稿：一卷 …… 2-401
[咸丰]荔波县志稿：一卷 …… 2-401
南九宫十三调曲谱：四卷 …… 5-409
南九宫谱大全：□□卷 …… 5-410
[光绪]南川县志：十二卷首一卷 …… 2-375
[咸丰]南川县志：十二卷首一卷 …… 2-375
南门仲子续集：二卷 …… 4-323
南丰西理刘氏重修宗谱：□□卷 …… 2-22
南丰先生元丰类稿：五十一卷 …… 4-99
南丰先生元丰类稿：五十一卷 …… 4-100
南丰先生元丰类稿：五十一卷 …… 4-100
南丰先生元丰类稿：五十卷 …… 4-100
南丰先生元丰类稿：五十卷续附一卷 … 4-100
南丰先生元丰类稿：五十卷续附一卷 … 4-100
南丰先生元丰类稿：五十卷续附一卷 … 4-100
南丰先生元丰类稿：五十卷续附一卷 … 4-100
南丰先生元丰类稿：五十卷续附一卷 … 4-100
南丰先生元丰类稿：五十卷续附一卷 … 4-100
南丰先生元丰类稿：五十卷续附一卷 … 4-100
南丰先生元丰类稿：五十卷续附一卷 … 4-100
南丰先生元丰类稿：五十卷续附一卷 … 4-100
南丰先生元丰类稿：五十卷集外文二卷续附一卷 …… 4-101
南丰先生元丰类稿：五十卷集外文二卷续附南丰先生行状碑志哀挽一卷 …… 4-101
[同治]南丰县志：四十六卷首一卷末一卷 …… 2-304
南丰曾文昭公曲阜集：二卷遗录一卷首一卷 …… 4-101
南丰曾先生文粹：十卷 …… 4-101
南丰曾先生文粹：四卷 …… 4-101
南天痕：二十六卷 …… 1-235
南无大慈悲灵感观世音菩萨三十二课：一

卷；观音感应卦：一卷 …………………… 3-120
南冈诗草：十六卷 …………………… 5-104
[南本]大般涅槃经：四十卷 …………………… 3-395
[康熙]南平县志：二十五卷图一卷 ……… 2-291
南北史记疑：四卷 …………………… 1-201
南北史年表：一卷；南北史帝王世系表：一卷；南北史世系表：五卷 ……… 1-320
南北史钞：不分卷 …………………… 1-332
南北史类钞：一百五卷 …………………… 1-332
南北史续世说：十卷 …………………… 3-242
南北史意摭：不分卷 …………………… 1-332
南北词广韵选：十九卷 …………………… 5-408
南北词曲随笔：不分卷 …………………… 5-403
南北朝文归：四卷 …………………… 5-209
南北朝存石目：八卷 …………………… 2-463
南北朝侨置州郡考：八卷 …………………… 1-201
南归纪行：三卷南归稿一卷 …………………… 4-239
南田纪略：一卷 …………………… 2-268
南史：八十卷 …………………… 1-199
南史：八十卷 …………………… 1-199
南史：八十卷 …………………… 1-199
南史：八十卷 …………………… 1-200
南史：八十卷 …………………… 1-200
南史：八十卷 …………………… 1-200
南史：八十卷 …………………… 1-200
南史：八十卷 …………………… 1-200
南史：八十卷 …………………… 1-200
南史：八十卷 …………………… 1-200
南史：八十卷 …………………… 1-200
南史：八十卷 …………………… 1-200
南史：八十卷 …………………… 1-200
南史识小录：八卷；北史识小录：八卷 …………………… 1-332
南史演义：三十二卷 …………………… 3-342
[光绪]南乐县乡土志：十七章 …………………… 2-325
[康熙]南乐县志：十五卷 …………………… 2-325
[光绪]南乐县志：十卷首一卷补遗一卷 …………………… 2-325
[光绪]南汇县志：二十二卷首一卷末一卷 …………………… 2-239
[乾隆]南汇县新志：十五卷首一卷 ……… 2-239
南汉纪：五卷南汉地理志一卷金石志二卷 …………………… 1-203
[道光]南宁府志：五十六卷 …………………… 2-369
南皮乡土志：二卷 …………………… 2-197
[光绪]南皮县志：十五卷首一卷末一卷 …………………… 2-197
[康熙]南皮县志：八卷首一卷 …………………… 2-197
[康熙]南皮县志：八卷 …………………… 2-197
南台旧闻：十六卷 …………………… 2-43
南台遗疏：不分卷 …………………… 2-106
南邦黎献集：十六卷 …………………… 5-256
南邦黎献集：十六卷 …………………… 5-256
南西厢记：二卷 …………………… 5-371
南有堂诗集：十卷 …………………… 4-322
南邨帖考：不分卷 …………………… 3-140
南邨帖考：不分卷 …………………… 3-141
南邨帖考：不分卷 …………………… 3-141
南曲次韵：一卷 …………………… 5-402
南迁录：一卷 …………………… 1-295
南迁录：一卷 …………………… 1-295
南迁录：一卷 …………………… 1-295
南迁录：一卷 …………………… 1-295
南迁录：一卷 …………………… 1-296
南华山房诗钞：六卷；南华山人诗钞：十六卷 …………………… 5-86
南华发覆：八卷 …………………… 3-375
南华诂：六卷首一卷 …………………… 3-374
南华经：六卷 …………………… 3-374
南华经内篇集注：七卷 …………………… 3-375
南华经台县：三卷 …………………… 3-374
南华经注：十六卷 …………………… 3-372
南华经荟解：三十三卷 …………………… 3-374
南华经解：三十三卷 …………………… 3-375
南华真经：十卷 …………………… 3-371
南华真经：十卷 …………………… 3-372
南华真经：八卷 …………………… 3-372
南华真经义海纂微：一百六卷 …………………… 3-373
南华真经义纂：十卷 …………………… 3-373
南华真经评注：十卷 …………………… 3-373

南华真经注：十卷 …… 3-372
南华真经注：十卷 …… 3-372
南华真经注：十卷 …… 3-372
南华真经注：十卷 …… 3-372
南华真经标解：六卷 …… 3-374
南华真经旁注：五卷 …… 3-374
南华真经旁注：五卷 …… 3-374
南华真经副墨：八卷 …… 3-373
南华真经副墨：八卷 …… 3-373
南华真经副墨：八卷；读南华真经杂说：一卷 …… 3-373
南华真经副墨：八卷；读南华真经杂说：一卷 …… 3-373
南华真经副墨：八卷；读南华真经杂说：一卷 …… 3-373
南华真经新传：二十卷拾遗一卷 …… 3-372
南华集古：八卷 …… 5-192
南行载笔：六卷 …… 4-381
南行载笔：六卷 …… 4-381
南庄类稿：八卷 …… 5-91
南齐文纪：十卷 …… 5-218
南齐书：五十九卷 …… 1-220
南齐书：五十九卷 …… 1-220
南齐书：五十九卷 …… 1-220
南齐书：五十九卷 …… 1-221
南齐书：五十九卷 …… 1-221
南齐书：五十九卷 …… 1-221
南齐书：五十九卷 …… 1-221
[咸丰]南充县志：八卷图一卷 …… 2-386
南州草堂集：三十卷首一卷续集四卷；词话：一卷 …… 5-44
南江文钞：十二卷诗钞四卷札记四卷 …… 5-116
[道光]南江县志：三卷 …… 2-393
南池集：不分卷 …… 5-285
[光绪]南安府志补正：十二卷首一卷 …… 2-301
南阳邓氏世谱：不分卷 …… 2-21
南阳叶氏诗存：不分卷 …… 5-293
[光绪]南阳县志：十二卷首一卷 …… 2-328
[康熙]南阳县志：六卷首一卷 …… 2-328
[嘉庆]南阳府志：六卷图一卷 …… 2-328
南阳集：三十卷 …… 4-99
南巡纪恩诗：一卷 …… 5-63
南村随笔：六卷 …… 3-219
南村随笔：六卷 …… 3-219
南村辍耕录：三十卷 …… 3-202
南村辍耕录：三十卷 …… 3-202
南村辍耕录：三十卷 …… 3-202
南村辍耕录：三十卷 …… 3-202
南村辍耕录：三十卷 …… 3-202
南村辍耕录：三十卷 …… 3-202
南村辍耕录：三十卷 …… 3-202
南村辍耕录：三十卷 …… 3-202
南轩文集节要：八卷 …… 4-150
南轩先生文集：四十四卷 …… 4-150
南轩先生文集：四十四卷 …… 4-150
南轩先生文集：四十四卷 …… 4-150
南轩先生文集：四十四卷 …… 4-150
南轩先生张侍讲易说：五卷 …… 1-11
南园风雅：二卷 …… 5-273
南园初集诗钞：一卷 …… 5-104
南园倡和集：一卷 …… 5-80
南沙先生文集：八卷 …… 4-283
南宋六陵遗事：一卷庚申君遗事一卷 …… 1-293
南宋杂事诗：七卷 …… 1-345
南宋馆阁录：十卷 …… 2-47
南宋群贤小集：十一种二十卷 …… 5-168
南宋群贤小集：十种二十一卷 …… 5-168
南宋群贤小集补遗：十五卷 …… 5-168
南宋群贤诗选：十二卷 …… 5-233
南宋群贤诗选：十二卷 …… 5-233
南词：十三种十六卷 …… 5-328
南词便览：不分卷 …… 5-411
南词叙录：一卷 …… 5-413
南诏野史：一卷 …… 2-136
南坪诗钞：十四卷；观光纪程诗：一卷 …… 5-106
南坡诗稿：十五卷 …… 4-253
南国贤书：五卷 …… 1-428
南国贤书：六卷 …… 1-428
南昌文考：二十卷 …… 5-284

[同治]南昌府志：六十六卷首一卷末一卷 …… 2-299
南明纪游诗：一卷 …… 5-246
南忠记：一卷 …… 1-375
南和十二景诗：一卷 …… 5-268
南和县乡土志：二卷 …… 2-202
[光绪]南和县志：十二卷首一卷图一卷 …… 2-202
[乾隆]南和县志：十二卷首一卷 …… 2-202
[乾隆]南岳志：八卷 …… 2-156
南岳志辑要：四卷 …… 2-156
南岳总胜集：三卷 …… 2-156
南岳倡酬集：一卷 …… 5-232
南岳倡酬集：一卷附录一卷 …… 5-232
南阜山人诗集类稿：二十一卷敩文存稿十五卷 …… 5-82
南阜山人诗集类稿：四十三卷夷白草一卷 …… 5-82
南征日记：不分卷 …… 1-314
南征记：一卷 …… 1-311
南征图诗章：一卷 …… 2-24
南征集：二卷 …… 4-338
南京五城察院职掌志：二卷 …… 2-48
南京尚宝司志：二十卷 …… 2-48
南京詹事府志：二十卷 …… 2-48
南郑乡土志：不分卷 …… 2-418
[乾隆]南郑县志：十六卷 …… 2-418
[乾隆]南郑县志：十六卷 …… 2-418
南河全考：二卷图一卷 …… 2-162
南河志：十卷全考二卷 …… 2-162
南陔堂诗集：十二卷 …… 5-76
[康熙]南城县志：十二卷 …… 2-303
南柯记：二卷 …… 4-338
南柯梦：二卷 …… 4-338
南柯梦：二卷 …… 4-338
南柯梦：二卷 …… 4-338
南昀文稿：十二卷 …… 5-52
南昀文稿：十二卷 …… 5-52
南泉慈化寺志：二卷 …… 2-144
南音三籁：四卷 …… 5-409
南浔石刻存考：不分卷 …… 2-446
南宫县乡土志 …… 2-201
南宫县乡土志 …… 2-201
[康熙]南宫县志：十二卷 …… 2-200
[光绪]南宫县志：十八卷 …… 2-201
[道光]南宫县志：十六卷图一卷 …… 2-200
南宫奏议：三十卷 …… 2-98
南宫奏草：四卷 …… 2-102
南宫奏牍：二卷 …… 2-99
南宫集：十五卷 …… 4-376
南宫疏略：八卷 …… 2-98
南屏山人诗集：十卷赋一卷 …… 5-97
南屏行箧录残本：一卷 …… 3-130
南屏净慈寺志：十卷 …… 2-143
南耕词：六卷；南耕草堂诗稿：二卷 …… 5-341
南都防乱公揭：一卷 …… 1-373
南都新建关中表忠祠录：一卷 …… 1-372
南都新赋：不分卷 …… 4-364
南都稿：三卷 …… 4-357
南校草：一卷 …… 5-2
南原家藏集：七卷 …… 4-268
南圃行业：二卷北塘漫录二卷 …… 5-26
南峰杨先生松筹堂文集：十二卷 …… 4-259
南皋邹先生会语合编：二卷；南皋邹先生讲义合编：二卷 …… 3-31
南郭丛谈：二卷 …… 3-213
南斋先生魏文靖公摘稿：十卷 …… 4-240
南斋先生魏文靖公摘稿：十卷 …… 4-241
南斋先生魏文靖公摘稿：十卷附录一卷 …… 4-241
南斋诗集：不分卷附录一卷 …… 5-35
南斋诗集：不分卷附录一卷 …… 5-35
南斋集：六卷词二卷 …… 5-89
南斋集：六卷词二卷 …… 5-89
南唐二主词：一卷 …… 5-330
南唐书：十八卷 …… 1-228
南唐书：十八卷音释一卷 …… 1-228
南唐书：十八卷音释一卷 …… 1-228
南唐书：三十卷 …… 1-227
南唐书：三十卷 …… 1-227

南唐书：三十卷 …………………………… 1-227
南唐书：三十卷 …………………………… 1-228
南唐书：三十卷 …………………………… 1-228
南唐书：三十卷 …………………………… 1-228
南唐书：三十卷 …………………………… 1-228
南唐书合订：二十五卷 ……………… 1-228
南唐书笺注：十八卷 ………………… 1-228
南唐书笺注：十八卷 ………………… 1-228
南唐近事：一卷 …………………………… 1-289
南唐近事：三卷 …………………………… 3-243
南唐近事：三卷 …………………………… 3-243
南唐近事：三卷 …………………………… 3-243
南唐近事：三卷 …………………………… 3-330
南唐近事：三卷 …………………………… 3-332
[道光]南部县志：三十卷首一卷图一卷 …………………………………… 2-386
[道光]南部县志：三十卷首一卷 ……… 2-386
南部新书：十卷补遗一卷………………… 3-186
南部新书：十卷补遗一卷………………… 3-186
南烬纪闻：一卷；窃愤录：一卷续录一卷 …………………………………… 1-292
南烬纪闻：一卷；窃愤录：一卷续录一卷 …………………………………… 1-292
南烬纪闻：一卷附记阿计替本末一卷 … 1-293
南烬纪闻：三卷 …………………………… 1-292
[南海]区氏族谱：一卷 ……………………2-15
[南海]吕氏家谱：不分卷…………………2-3
[南海]阮氏寻复二世祖坟墓碑记：不分卷…2-4
[南海]劳氏族谱：四卷首一卷……………2-19
[南海]苏氏族谱：十卷 ……………………2-24
[南海]李申及堂族谱：不分卷……………2-5
[南海]庞氏族谱：十二卷…………………2-24
南海九江乡志：五卷 ……………………… 2-367
南海乡土志：不分卷 ……………………… 2-367
南海丹桂方谱：不分卷 ……………………2-2
南海百咏：一卷 …………………………… 4-165
南海先生礼运注稿：一卷…………………1-77
南海先生论语注稿：二卷………………… 1-118
南海先生孟子微稿：二卷………………… 1-121
南海杂咏：十卷 …………………………… 4-258
[同治]南海县志：二十六卷 ………………… 2-367
[乾隆]南海县志：二十卷…………………… 2-367
[南海罗格房]孔氏家谱：六卷 ……………2-2
南海新声：五卷 …………………………… 4-229
南涧文稿：不分卷 ………………………… 5-107
南涧甲乙稿：二十二卷 …………………… 4-143
南陵小志：四卷首一卷 …………………… 2-277
南陵小志历史：不分卷 …………………… 2-277
南陵无双谱：一卷 ………………………… 1-382
南陵无双谱：一卷 ………………………… 1-382
[雍正]南陵县志：十六卷首一卷 ………… 2-277
[雍正]南陵县志：十六卷………………… 2-277
南陵县建置沿革表：不分卷 …………… 2-131
南通州五山全志：二十卷………………… 2-150
南雪巢诗钞：二卷 ………………………… 5-105
南堂诗抄：十二卷词赋一卷 ………………5-65
南船纪：四卷………………………………2-73
南船纪：四卷………………………………2-73
南庾奏议：八卷 …………………………… 2-104
南庾疏钞：二卷 …………………………… 2-104
[道光]南康县志：二十四卷首一卷 ……… 2-301
[同治]南康府志：二十四卷首一卷 ……… 2-299
南朝史精语：十卷 ………………………… 1-332
南朝齐文：十二卷 ………………………… 5-218
南朝宋文：二十八卷 ……………………… 5-218
南翔镇志：十二卷首一卷………………… 2-238
南湖先生文选：八卷 ……………………… 4-267
南湖先生文选：八卷 ……………………… 4-267
南湖先生文选：八卷 ……………………… 4-267
南湖集：十卷……………………………… 4-159
南湖集：六卷……………………………… 4-215
南湖集：六卷……………………………… 4-215
南渟诗稿：不分卷 ………………………… 5-110
南渡江：一卷；北渡江：一卷 ………… 5-399
南渡录：五卷……………………………… 1-312
南渡录：四卷；阿计替传：一卷 ……… 1-292
南游草：一卷……………………………… 4-381
南游草：一卷………………………………5-61
南游埙篪集：二卷 ………………………… 5-294
南游埙篪集：二卷 ………………………… 5-294

南滁会景编：十二卷 …… 5-282
南滁会景编：十四卷 …… 5-282
南窗纪谈：一卷 …… 3-192
南窗草存：六卷 …… 5-24
南塘先生四六：一卷 …… 4-173
南楼传：不分卷 …… 5-384
南楼吟香集：六卷 …… 5-39
南楼吟香集：六卷 …… 5-39
南楼吟香集：六卷 …… 5-70
南楼吟稿：二卷 …… 5-103
南楼吟稿：二卷 …… 5-106
南雷文定：十一卷后集四卷 …… 5-11
南雷文定：十一卷后集四卷 …… 5-11
南雷文定：十一卷后集四卷附录一卷 …… 5-11
南雷文定：十一卷后集四卷附录一卷 …… 5-11
南雷文定：后集四卷附录一卷 …… 5-11
南雷文案：十卷外卷一卷；续文案吾悔集：四卷；撰杖集：一卷 …… 5-11
南雷文案：十卷外卷一卷；撰杖集：一卷；子刘子行状：二卷 …… 5-11
南雷诗历：四卷 …… 5-11
南辅纪程：二卷 …… 1-422
南虞小草：二卷词一卷 …… 5-61
南溪书院志：四卷 …… 2-147
南溪县乡土志：不分卷 …… 2-392
[嘉庆]南溪县志：十卷首一卷 …… 2-392
[同治]南溪县志：八卷 …… 2-392
南溪笔录群贤诗话：前集一卷后集一卷续集一卷 …… 5-318
南疑诗集：十一卷 …… 5-26
南漪先生遗集：四卷 …… 5-95
[嘉庆]南漳县志集钞：二十六卷首一卷 …… 2-334
南牖日笺：七卷 …… 3-216
[光绪]南澳志：十二卷首一卷 …… 2-365
南畿代射录：一卷 …… 5-306
[嘉靖]南畿志：六十四卷 …… 2-241
南濠文跋：四卷 …… 3-130
南濠居士文跋：四卷 …… 2-484
南濠居士文跋：四卷 …… 2-484
南疆绎史勘本：三十卷首二卷绎史纪略补一卷 …… 1-235
南疆逸史：二十八卷 …… 1-234
南疆逸史：二十卷 …… 1-234
南疆逸史：五十六卷 …… 1-234
南疆逸史：五十六卷 …… 1-235
南疆逸史：四十四卷 …… 1-234
药地炮庄：九卷 …… 3-375
药师瑠璃光七佛本愿功德经：二卷 …… 3-399
药师瑠璃光如来本愿功德经：一卷 …… 3-399
药园文集：二十七卷 …… 4-358
药园诗稿：二卷 …… 5-77
药房诗稿：七卷 …… 5-68
药房樵唱：三卷 …… 4-207
药房樵唱：三卷 …… 4-207
药房樵唱：三卷 …… 4-207
药房樵唱：三卷 …… 4-207
药房樵唱：三卷 …… 4-207
药准：二卷方纪二卷 …… 3-69
苏堂集：十卷 …… 4-336
标题句解孔子家语：三卷 …… 3-6
标题句解孔子家语：三卷 …… 3-7
标题句解孔子家语：三卷 …… 3-7
标题句解孔子家语：三卷 …… 3-7
标题武经七书开宗：七卷 …… 3-40
标题事义明解十九史略大全：十卷首一卷 …… 1-322
标题详注十九史音义明解：十卷 …… 1-323
标题徐状元补注蒙求：三卷 …… 3-302
枯树斋诗集：二卷 …… 4-384
柯子答问：六卷 …… 3-29
柯村遗稿：八卷 …… 5-37
柯园十咏：不分卷 …… 5-278
柯庭余习：十二卷 …… 5-65
柯庭余习：十二卷 …… 5-65
柯斋选稿：二十卷 …… 5-48
柯家山馆词：三卷 …… 5-343
柯家山馆遗诗：六卷词三卷 …… 5-128
柘轩诗集：三卷文集一卷词一卷 …… 4-229
柘轩集：四卷词一卷 …… 4-229

柘湖小稿：一卷 …………………………………… 5-77
栋山日记：不分卷 ………………………………… 1-422
查氏七烈编：三卷词一卷………………………… 1-376
查吟集：四卷……………………………………… 5-52
查初白文集：不分卷 ……………………………… 5-57
查浦诗钞：十二卷 ………………………………… 5-60
相山居士词：一卷 ………………………………… 5-331
相山居士词：一卷 ………………………………… 5-332
相山居士词：一卷 ………………………………… 5-333
相山集：三十卷 …………………………………… 4-137
相台书塾刊正九经三传沿革例 …………………… 1-141
相台书塾刊正九经三传沿革例：一卷 … 1-141
相宅全书：一卷 …………………………………… 3-112
相宗八要直解：八卷 ……………………………… 3-410
柚堂笔谈：四卷 …………………………………… 3-221
枳记：二十八卷 …………………………………… 3-298
[乾隆]柏乡县志：十卷首一卷…………………… 2-201
[乾隆]柏乡县志：十卷首一卷…………………… 2-201
柏台集：一卷……………………………………… 5-18
柏斋文集：十卷 …………………………………… 4-268
柏堂集：九十四卷附编□□卷余编一卷后编□□卷外编□□卷……………………… 5-147
栒墟私语：不分卷 ………………………………… 3-254
柳下堂文集：四卷诗集四卷 ……………………… 5-33
柳屯田乐章集：三卷 ……………………………… 5-330
柳文：二十二卷 …………………………………… 4-63
柳文：七卷 ………………………………………… 4-63
柳文：四十三卷别集二卷外集二卷附录一卷 …………………………………… 4-63
柳文：四十三卷别集二卷外集二卷附录一卷 …………………………………… 4-63
柳文：四十三卷别集二卷外集二卷附录一卷 …………………………………… 4-63
柳文：四十三卷别集二卷外集二卷附录一卷 …………………………………… 4-63
柳文：四十三卷别集二卷外集二卷附录一卷后录一卷 …………………………… 4-63
柳文：四十三卷别集二卷外集二集附录一卷 …………………………………… 4-63
柳东先生诗词剩稿：不分卷 ……………………… 5-132
柳东居士长短句：五卷 …………………………… 5-343
柳先生文集：三卷 ………………………………… 4-61
柳先生年谱：一卷 ………………………………… 1-409
柳州词选：六卷 …………………………………… 5-353
柳州诗集：十卷 …………………………………… 5-275
柳如是诗：一卷…………………………………… 5-20
柳村诗集：十二卷 ………………………………… 5-47
[光绪]柳河志：一卷 ……………………………… 2-235
柳河县乡土志 ……………………………………… 2-235
柳待制文集：二十卷 ……………………………… 4-195
柳待制文集：二十卷标目二卷附录一卷 …………………………………… 4-195
柳待制文集：二十卷标目二卷附录一卷 …………………………………… 4-195
柳待制文集：二十卷标目二卷附录一卷 …………………………………… 4-195
柳亭庵志：二卷 …………………………………… 2-143
柳庭舆地隅说：四卷图说一卷…………………… 2-138
柳洲诗存：一卷 …………………………………… 5-50
柳洲诗存：一卷 …………………………………… 5-70
柳桥山人诗草：二卷 ……………………………… 5-122
柳烟词：四卷词评一卷 …………………………… 5-342
柳浪馆批评玉茗堂紫钗记：二卷 ………… 5-375
柳堂订讹略：二卷 ………………………………… 1-178
柳崖外编：十六卷 ………………………………… 3-319
柳集点勘：四卷 …………………………………… 4-64
柳塘外集：二卷 …………………………………… 4-171
柳塘外集：二卷 …………………………………… 4-171
柳塘诗集：十二卷 ………………………………… 5-46
柳潭遗集：六卷 …………………………………… 5-19
柳潭遗集：六卷 …………………………………… 5-19
枹罕陈氏族谱：五卷 ……………………………… 2-13
栎阳金：六卷……………………………………… 3-219
栎寄诗存：一卷 …………………………………… 5-145
柱下刍言：一卷 …………………………………… 2-102
咸丰三年至五年吏部议恤忠义录：不分卷 …………………………………… 1-377
咸丰六年丙辰科会试同年齿录：不分卷 …………………………………… 1-431
咸丰军务奏稿：不分卷 …………………………… 2-94

咸丰玖年己未恩科山西乡试题名录：一卷 …… 1-432
[同治]咸丰县志：二十卷首一卷 …… 2-344
咸丰初朝邑县志：三卷 …… 2-412
咸丰初朝邑县志：三卷附志例一卷志例后录一卷 …… 2-412
咸丰象山粤氛纪实：一卷 …… 1-317
咸平集：三十卷 …… 4-80
咸平集：三十卷 …… 4-80
咸平集：三十卷 …… 4-81
[嘉庆]咸宁县志：二十六卷首一卷 …… 2-406
咸同之际川黔军事档：不分卷 …… 1-318
咸同以来中俄交涉记：三卷 …… 3-431
咸同间名人书札：不分卷 …… 5-304
咸同间名人诗笺：不分卷 …… 5-266
[乾隆]咸阳县志：二十二卷首一卷 …… 2-413
咸陟堂二集：三卷 …… 5-46
咸陟堂文集：二十五卷 …… 5-46
咸陟堂文集：二十五卷 …… 5-46
咸宾录：八卷 …… 2-170
咸宾录：八卷 …… 2-171
咸淳临安志：一百卷 …… 2-263
咸淳临安志：一百卷 …… 2-263
[乾隆]威远县志：八卷首一卷 …… 2-389
[嘉庆]威远县志：六卷 …… 2-389
[康熙]威县志：十六卷图一卷 …… 2-203
研山斋杂记：四卷 …… 3-257
研山斋珍赏历代名法书图绘集览：五卷 …… 3-126
研山堂诗草：一卷 …… 5-39
研六室文钞：十卷 …… 5-132
研六室文钞：十卷 …… 5-132
研北杂志：二卷 …… 3-201
研北杂志：二卷 …… 3-201
研北杂志：二卷 …… 3-201
研史：一卷 …… 1-392
研朱集五经总类：二十二卷 …… 1-137
研经室全唐文补遗：一卷 …… 5-231
研秋斋诗略：一卷文略一卷笔记二卷 …… 5-127
研堂诗：十卷赠言三卷续稿二卷晚稿二卷拾遗一卷；花外散吟：一卷 …… 5-71
[同治]研樵山房日记：不分卷 …… 1-422
研樵山房倡和诗存：二卷 …… 5-266
研露楼两种曲：二卷 …… 5-364
[光绪]砖坪厅志：不分卷 …… 2-422
[宣统]砖坪县志：不分卷 …… 2-422
厚冈文集：二十卷 …… 5-104
厚石斋诗集：十二卷 …… 5-103
厚斋子著年谱：一卷 …… 1-405
厚铭日记：四卷 …… 1-400
砚山斋集：一卷 …… 3-32
砚小史：四卷 …… 3-163
砚北杂录：十六卷札记一卷 …… 3-221
砚北杂录：十六卷札记一卷 …… 3-221
砚北易抄：不分卷 …… 1-24
砚北诗草：一卷；半缘词：一卷 …… 5-79
砚北偶钞十二种：十七卷 …… 5-423
砚史：一卷 …… 3-162
砚史：十卷 …… 3-162
砚林诗集：四卷 …… 5-89
砚思集：四卷 …… 5-78
砚贻堂诗钞：二卷 …… 5-62
砚笺：四卷 …… 3-162
砚笺：四卷 …… 3-162
砚笺：四卷 …… 3-162
砚笺：四卷 …… 3-162
砚笺：四卷 …… 3-162
斫冰词：三卷 …… 5-342
斫研山房诗钞：八卷存吾春室诗赏三卷 …… 5-147
斫桂山房诗存：六卷 …… 5-80
耐轩文初钞：十卷首一卷 …… 5-146
耐翁先生集外诗：一卷 …… 4-387
耐歌词：四卷首一卷；笠翁词韵：四卷 …… 5-339
鸥陂渔话：六卷 …… 3-223
残唐五代演义传：十二卷六十回 …… 3-344
持世经：四卷 …… 3-393
持静斋书目：一卷续增书目一卷 …… 2-495
拱和诗集：一卷附一卷 …… 4-215

括异志：十卷……3-324
括异志：十卷……3-324
括异志：十卷……3-324
括囊稿：一卷……4-249
拾得丰干诗：一卷……4-20
拾得诗：一卷……4-20
拾雅：六卷……1-187
拾遗补艺斋遗书：五种七卷……5-432
拾箨余闲：一卷……3-252
拾穗山房文稿：不分卷……5-128
拾穗山房诗存：十卷文钞四卷……5-128
拾穗山房诗存：三卷……5-128
拾穗山房诗稿：不分卷……5-128
拾穗山房倡和集：一卷……5-128
指月录：三十二卷……3-416
指月录：三十二卷……3-416
指头画说：一卷……3-142
指海：一百四十种四百十六卷……5-424
[光绪]垫江县志：十卷……2-376
[道光]垫江县志：十卷……2-376
[乾隆]垫江县志：八卷……2-376
按辽疏稿：六卷……2-103
按吴审录词语：不分卷……2-82
按吴亲审檄稿：不分卷……2-82
按吴疏稿：七卷……2-107
按吴檄稿：不分卷；牌示稿：不分卷……2-82
按闽奏议：三卷……2-105
按粤疏稿：六卷……2-102
挥尘前录：四卷后录十一卷第三录三卷余话二卷……3-245
挥麈新谭：二卷……3-326
挥麈新谭：二卷……3-326
轶事：一卷……5-88
皆山堂诗：一卷……5-70
皆非集：二卷；一枝轩吟草：一卷……4-316
皆春园集：四卷……4-363
鸦片战争史料：一卷……1-315
鸦片战争初期奏稿选集：不分卷……2-93
鸦片战事奏档：不分卷……2-93
战机览快览恨：不分卷……3-44
战守心法：二卷……3-44
战守全书：十八卷……3-45
战国策：十二卷……1-282
战国策：十二卷……1-283
战国策：十二卷元本目录一卷……1-283
战国策：十卷……1-281
战国策：十卷……1-282
战国策：十卷……1-282
战国策：十卷……1-282
战国策：十卷……1-282
战国策：十卷……1-282
战国策：三十三卷……1-281
战国策：三十三卷……1-281
战国策：三十三卷……1-281
战国策：三十三卷……1-281
战国策：三十三卷……1-281
战国策节本：不分卷……1-280
战国策评苑：十卷首一卷……1-282
战国策注：三十三卷……1-280
战国策注：三十三卷……1-280
战国策注：三十三卷……1-281
战国策选：八卷附录一卷……1-327
战国策选：四卷……1-327
战国策校注：十卷……1-281
战国策校注：十卷……1-281
战国策校注：十卷……1-282
战国策校注：十卷……1-282
战国策裁注：十二卷元本目录一卷……1-283
战国策裁注：十二卷元本目录一卷……1-283
战国策裁注：十二卷元本目录一卷……1-283
战国策谭棷：十卷……1-282
战国策谭棷：十卷……1-282
战国策谭棷：十卷……1-282
点石斋周易说约：□□卷……1-20
点金丹：二卷……5-396
虐政集：一卷；邪氛集：一卷；倒戈集：一卷……1-305
临川王先生文粹：四卷……4-104
临川王先生荆公文集：一百卷……4-103
临川王先生荆公文集：一百卷……4-103

临川文选：十一卷 …………………………………… 5-284
临川文献：二十五卷 ………………………………… 5-284
临川文献：二十五卷 ………………………………… 5-284
临川玉茗堂批评西楼记：二卷 ……………… 5-385
临川先生文集：一百卷 ………………………… 4-102
临川先生文集：一百卷 ………………………… 4-102
临川先生文集：一百卷 ………………………… 4-102
临川先生文集：一百卷 ………………………… 4-103
临川先生文集：一百卷目录二卷 ………… 4-102
临川先生文集：一百卷目录二卷 ………… 4-102
临川先生文集：一百卷目录二卷 ………… 4-103
临川先生文集：一百卷目录二卷 ………… 4-103
临川先生文集：一百卷目录二卷 ………… 4-103
临川先生文集：一百卷目录二卷 ………… 4-103
临川汤若士先生玉茗堂尺牍：六卷绝句选
二卷 ………………………………………………… 4-338
临川吴文正公外集：三卷 …………………… 4-190
临川吴文正公集：一百卷 …………………… 4-190
临川吴文正公集：四十九卷外集三卷道学
基统一卷 ………………………………………… 4-190
临川吴文正公集：四十九卷外集三卷道学
基统一卷 ………………………………………… 4-190
[同治]临川县志：五十四卷首一卷末一卷
……………………………………………………… 2-303
[乾隆]临川县志：四十九卷 ………………… 2-303
临川集拾遗：一卷 …………………………… 4-103
临汀汇考：四卷 ……………………………… 2-132
[同治]临江府志：三十二卷首一卷 ……… 2-300
临江阁集：十二卷 …………………………… 5-116
[淳祐]临安志：五十二卷 …………………… 2-263
[淳祐]临安志：五十二卷 …………………… 2-263
[嘉庆]临安府志：二十卷 …………………… 2-404
临安集：六卷 ………………………………… 4-221
临安集：诗五卷文五卷 ……………………… 4-220
[康熙]临县志：八卷首一卷 ………………… 2-229
[同治]临邑县志：十六卷首一卷末一卷
……………………………………………………… 2-310
[道光]临邑县志：十六卷首一卷末一卷
……………………………………………………… 2-310
[乾隆]临汾县志：十卷首一卷末一卷 … 2-219
[雍正]临汾县志：八卷 ……………………… 2-219
[康熙]临汾县志：九卷 ……………………… 2-219
[嘉庆]临武县志：四十七卷首一卷 ……… 2-355
[嘉庆]临武县志：四十七卷首一卷 ……… 2-355
[康熙]临城县志：八卷图一卷 …………… 2-201
[光绪]临朐县志：十六卷首一卷 ………… 2-313
[光绪]临朐县志：十六卷首一卷 ………… 2-313
[康熙]临洮府志：二十二卷 ……………… 2-424
[康熙]临洮府志：二十六卷 ……………… 2-424
[乾隆]临晋县志：八卷 ……………………… 2-225
[乾隆]临晋县志：八卷 ……………………… 2-225
[嘉庆]临桂县志：三十二卷 ……………… 2-370
临海县补志料：不分卷 ……………………… 2-270
临野堂文集：十卷诗集十三卷诗余二卷 … 5-59
临野堂文集：十卷诗集十三卷诗余二卷尺
牍四卷 ……………………………………………… 5-59
[康熙]临淮县志：八卷 ……………………… 2-276
[康熙]临淄县志：十六卷 …………………… 2-311
[同治]临湘县志：十三卷末一卷 ………… 2-349
[同治]临湘县志：十三卷末一卷 ………… 2-349
[光绪]临榆县志：二十四卷首一卷 ……… 2-187
[乾隆]临榆县志：十四卷首一卷 ………… 2-187
[乾隆]临颍县续志：八卷 …………………… 2-327
临雍档册：十卷 ………………………………… 2-83
临溪吴氏族谱：七卷 …………………………… 2-6
临漪园诗集：三卷附偶存一卷 …………… 5-74
[光绪]临漳县志：十八卷首一卷 ………… 2-204
[康熙]临漳县志：六卷首一卷 …………… 2-204
[康熙]临潼县志：八卷 ……………………… 2-406
[乾隆]临潼县志：九卷 ……………………… 2-406
[光绪]临潼县续志：二卷 …………………… 2-406
[光绪]临潼县续志：四卷 …………………… 2-406
省中稿：四卷 ………………………………… 4-294
省轩考古类编：十二卷 ……………………… 3-301
省身集要：四卷 ……………………………… 3-265
省括编：二十三卷 …………………………… 3-268
省耕诗图：一卷 ………………………………… 5-96
省耕诗图：一卷 ………………………………… 5-96
省庵叶余稿二集：一卷 ……………………… 5-141
省庵漫稿：四卷 ……………………………… 4-279

是真语者斋吟草：不分卷 5-137
是程堂集：十四卷 5-131
郢雪初编：一卷 5-261
郢雪斋纂稿：前集二卷后集四卷 5-52
显密圆通成佛心要集：二卷 3-423
显密圆通成佛心要集：三卷 3-423
映日堂诗：六卷 5-56
映玉堂集：二十卷 4-387
映旭斋增订北宋三遂平妖全传：十八卷四十回 3-362
映雪楼古文练要正编：三十四卷 5-215
映然子吟红集：三十卷 5-8
禺园悼往录：不分卷 1-401
禺峡山志：四卷 2-157
[同治]星子县志：十四卷首一卷 2-300
星变志：一卷 1-303
星烈日记：□□卷 1-421
星源集庆：不分卷 2-20
星算补遗：不分卷 3-106
昨非庵日纂：一集二十卷二集二十卷三集二十卷 3-272
[雍正]昭文县志：十卷首一卷 2-261
[乾隆]昭平县志：八卷 2-371
昭代名人尺牍小传：二十四卷 1-376
昭代名人尺牍目录：一卷 5-301
昭代芳摹：三十五卷 1-261
昭代词选：三十八卷 5-353
昭代明良录：二十卷 1-370
昭代诗针：十六卷 5-259
昭代箫韶：二十卷 5-394
昭代箫韶：十本二十卷 5-393
昭代箫韶：十本二十卷 5-394
昭代箫韶：十本二十卷首一卷 5-394
昭代箫韶：十本二十卷首一卷 5-394
昭君传：八卷八十回 3-348
昭君怨诗集：一卷 5-197
昭明文选：六十卷 5-173
昭忠录：五卷附录一卷 1-363
昭忠祠列传二集：□□卷 1-236
昭忠祠列传初集：□□卷 1-236
昭忠祠列传续集：□□卷 1-236
昭忠祠列传续编：二百卷 1-237
昭忠祠列传续编：三百六十卷 1-237
昭昧詹言节录：四卷 5-327
昭陵碑考：十二卷 2-449
昭鉴录：五卷 1-350
昭德先生郡斋读书志：二十卷 2-482
昭德先生郡斋读书志：二十卷 2-482
昭德先生郡斋读书志：二十卷 2-482
昭德先生郡斋读书志：五卷后志二卷 2-482
昭德先生郡斋读书志：四卷后志二卷 2-481
昭德先生郡斋读书志：四卷后志二卷 2-481
昭德先生郡斋读书志：四卷后志二卷 2-481
昭德先生郡斋读书志：四卷后志二卷 2-482
畏垒山人诗集：四卷笔记四卷 5-74
畏垒笔记：四卷 3-234
畏斋存稿：一卷附录五卷 4-248
畏斋存稿：十卷 4-248
畏斋薛先生艺文类稿：十四卷续集三卷 4-288
畏斋薛先生绪言：四卷 3-207
毗陵六逸诗钞：二十四卷 5-274
毗陵六逸诗钞：二十四卷 5-274
毗陵科第考：八卷 1-437
毗陵集：二十卷 4-45
毗陵集：二十卷 4-45
毗陵集：二十卷 4-45
毗陵集：二十卷 4-45
毗陵集：二十卷 4-45
毗陵集：二十卷补遗一卷附录一卷 4-45
毗陵集：二十卷补遗一卷附录一卷 4-45
毗陵集：三十卷 4-45
昆陵经籍志：四卷 2-497
贵耳集：三卷 3-199
[乾隆]贵州通志：四十六卷首一卷 2-398
[光绪]贵池县志：四十四卷 2-286
[道光]贵池县志：四十四卷首一卷 2-286
[道光]贵阳府志：八十八卷首二卷余编二十卷 2-398
[道光]贵阳府志：八十八卷首二卷余编二

十卷 2-398
[光绪]贵县志：八卷 2-372
[乾隆]贵溪县志：十四卷首一卷 2-300
[同治]贵溪县志：十卷首一卷 2-300
[康熙]虹县志：二卷 2-273
[康熙]虹县志：二卷 2-273
蚁术词：四卷 5-337
蚁术词选：四卷 5-337
蚁术诗选：八卷 4-215
蚁术诗选：八卷 4-215
蚁术诗选：八卷词选四卷 4-215
思元斋全集：七卷 5-127
思旧录：一卷 1-377
思生录：二卷 2-70
思玄集：十六卷 4-255
思玄集：十六卷 4-255
思玄集：十六卷附录一卷 4-255
思过斋杂体诗：□□卷 5-147
[康熙]思州府志：八卷 2-400
思园选辑明人尺牍：不分卷 5-300
思居堂集：十三卷 5-79
思南县允文乡采访录：一卷 2-400
[道光]思南府续志：十二卷 2-400
思适斋集：十八卷 5-125
思适斋集：十八卷 5-125
思适斋集：十八卷 5-125
思适斋集：十八卷 5-125
思复堂集：十卷 5-55
思庵先生文粹：十一卷 4-240
思庵先生文粹：十一卷 4-240
思绮堂文集：十卷 5-63
思聪录：一卷 3-32
[同治]郧西县志：二十卷首一卷 2-332
[乾隆]郧西县志：二十卷首一卷 2-332
[嘉庆]郧西县续志：四卷首一卷 2-332
[嘉庆]郧阳志：十卷首一卷 2-331
[嘉庆]郧阳县志补：一卷 2-332
[嘉庆]郧阳府志：十卷首一卷补遗一卷 2-331
[同治]郧县志：十卷首一卷 2-332
[同治]郧县志：八卷首一卷 2-332
郧溪集：十卷 4-104
响泉集：十二卷 5-109
响泉集：三十卷 5-109
哈望喷儿剌敕命一道 1-399
[宣统]哈密乡土志：一卷 2-436
峚阳草堂诗集：二十卷 4-374
峚阳草堂诗集：八卷 4-374
峡川志略：一卷 2-130
峡川诗钞：二十卷词钞一卷 5-275
[道光]峡江县志：十四卷首一卷 2-305
[同治]峡江县志：十卷首一卷 2-306
峡流词：三卷 5-341
峣山集：不分卷 5-58
峣山集：四卷补刻一卷诗集一卷 5-58
峣山集：四卷补刻一卷诗集一卷乡会闱墨一卷 5-58
峤雅：二卷 4-380
峤雅：二卷 4-380
觃鹤亭集：十二卷 5-40
贻清堂集：不分卷 4-342
幽兰居士东京梦华录：十卷 2-132
幽兰居士东京梦华录：十卷 2-132
幽兰居士东京梦华录：十卷 2-132
幽忧子集：七卷附录一卷 4-21
幽怪诗谭：六卷 3-333
幽怪录：四卷 3-330
幽草轩诗集：七卷 5-36
幽闺记：二卷 5-369
钜文：十二卷 5-207
钜文：十二卷 5-207
钜鹿东观集：十卷补遗一卷附录一卷 4-82
钜鹿东观集：七卷附录一卷 4-82
[光绪]钜鹿县志：十二卷首一卷 2-202
钝吟全集：二十三卷 5-7
钝砚卮言：不分卷 3-221
钝翁前后类稿：前稿六十二卷 5-28
钝庵管见：八卷遗补一卷 1-355
钞币论：一卷 2-56
钞币论：一卷 2-56

钞郑樵通志六书略平议：十卷 ……………… 1-150
钟山考：三卷 ……………………………………… 2-150
钟山草堂诗集：二卷 …………………………… 5-19
钟山献：四卷续一卷再续二卷 ………………… 4-372
钟山献：续一卷再续二卷三续二卷 ……… 4-372
钟伯敬先生朱评词府灵蛇：四卷 ………… 5-321
钟伯敬先生批评汉书：一百卷 ……………… 1-207
钟伯敬先生批评汉书：一百卷 ……………… 1-207
钟伯敬先生批评汉书：七十卷 ……………… 1-207
钟伯敬先生遗稿：四卷 ……………………… 4-358
钟伯敬评公羊谷梁二传合刻：二十四卷
……………………………………………… 1-112
钟奇氏附录人镜经：二卷 …………………… 3-70
钟贵溪先生四体诗稿：一卷 ……………… 4-334
钟律通考：三卷 ……………………………… 1-86
[同治]钟祥县志：二十卷 …………………… 2-334
[同治]钟祥县志：二十卷补编二卷 ……… 2-334
钟情缘：二卷 ………………………………… 5-398
钟鼎字源：五卷附录一卷 …………………… 1-165
钟嵘诗品：三卷 ……………………………… 5-310
钟谭诗选：不分卷 …………………………… 5-250
铃山堂集：三十二卷附录一卷 …………… 4-273
铃山堂集：四十卷附录一卷 ……………… 4-273
钦天监则例：一卷 …………………………… 2-80
钦天监明传秘指日用通书：三卷 ……… 3-124
钦训堂文存：二卷 …………………………… 5-89
[钦定]工部则例：五十卷 ………………… 2-79
[钦定]方舆路程考略：不分卷 …………… 2-121
钦定八旗则例：十二卷 …………………… 2-81
钦定八旗通志：三百四十二卷目录二卷首
十二卷 ………………………………………… 2-60
钦定大清会典：一百卷 …………………… 2-34
钦定大清会典：一百卷则例一百八十卷 … 2-34
钦定大清会典则例：一百八十卷 ……… 2-34
钦定大清会典图：一百三十二卷目录二卷
………………………………………………… 2-34
钦定大清律例：四十七卷 ………………… 2-68
钦定天文正义：八十卷 …………………… 3-89
钦定天禄琳琅书目：十卷 ………………… 2-480
钦定天禄琳琅书目：十卷 ………………… 2-480
钦定天禄琳琅书目：十卷 ………………… 2-480
钦定天禄琳琅书目：十卷后编二十卷 … 2-481
钦定天禄琳琅书目：十卷后编二十卷 … 2-481
钦定五军道里表：十八卷 ………………… 2-60
钦定五军道里表：十八卷 ………………… 2-60
钦定历代职官表：七十二卷 ……………… 2-43
钦定日下旧闻考：一百六十卷译语总目一
卷 ……………………………………………… 2-123
钦定中枢政考：三十一卷 ………………… 2-60
钦定方舆路程考略：不分卷 ……………… 2-121
钦定户部则例：一百二十六卷首一卷 …… 2-79
钦定户部鼓铸则例：十卷 ………………… 2-57
钦定户部旗务则例：十二卷 ……………… 2-79
钦定书经传说汇纂：二十一卷首二卷书序
一卷 …………………………………………… 1-38
钦定古今图书集成：一万卷目录四卷 … 3-300
钦定古今储贰金鉴：六卷首一卷 ……… 1-341
钦定平苗纪略：五十二卷首四卷 ……… 1-274
钦定四库全书考证：一百卷 ……………… 2-480
钦定四库全书总目：二百卷首一卷圣谕一
卷凡例目录一卷 …………………………… 2-479
钦定四库全书总目：二百卷首四卷 …… 2-479
钦定四库全书简明目录：二十卷 ……… 2-480
钦定四库全书简明目录：二十卷 ……… 2-480
钦定外藩蒙古回部王公表传：一百二十卷
……………………………………………… 1-235
钦定兰州纪略：二十一卷 ………………… 1-274
钦定礼部则例：一百九十四卷图一卷 …… 2-79
钦定训饬州县规条：一卷 ………………… 2-50
钦定吏部则例：六十八卷 ………………… 2-79
钦定吏部则例：六十八卷 ………………… 2-79
钦定吏部则例：六十六卷 ………………… 2-79
钦定吏部铨选满官则例：一卷 …………… 2-44
钦定吏部满洲铨选则例：一卷 …………… 2-44
钦定全唐文：一千卷首四卷 ……………… 5-231
钦定军器则例：二十卷 …………………… 2-60
钦定军器则例：不分卷 …………………… 2-60
钦定辛酉工赈纪事：三十八卷首二卷 …… 2-58
钦定武英殿聚珍版程式：一卷 …………… 2-74
钦定国子监则例：三十卷首二卷 ………… 2-81

钦定国史忠义传：四十八卷 ………………… 1-236
钦定国史贰臣表传：二十卷；逆臣传：四卷 …………………………………………… 1-237
钦定明鉴：二十四卷首一卷 ……………… 1-261
钦定服色肩舆永例：一卷……………………… 2-39
钦定学政全书：八十卷 ………………………… 2-43
钦定学政全书：八卷；续增学政全书：四卷 …………………………………………… 2-43
钦定河源纪略：三十五卷首一卷 ………… 2-162
钦定宗人府则例：三十一卷 ……………… 2-78
钦定宗人府则例：三十一卷首一卷 ……… 2-78
钦定宗室王公功绩表传：十二卷 ………… 1-235
钦定宗室王公功绩表传：十二卷首一卷 …………………………………………… 1-235
钦定春秋左传读本：三十卷 ……………… 1-96
钦定春秋传说汇纂：三十八卷首二卷 … 1-109
钦定选择历书：十卷 ……………………… 3-124
钦定科场条例：四卷；钦定翻译考试条例：一卷………………………………………… 2-42
钦定科场条例：四卷；钦定翻译考试条例：一卷………………………………………… 2-43
钦定皇舆全览：□□卷 …………………… 2-121
钦定皇舆全览：□□卷 …………………… 2-122
钦定总管内务府现行则例：二卷 ………… 2-80
钦定酌归简易条款：一卷…………………… 2-35
钦定酌归简易条款：一卷…………………… 2-35
[乾隆]钦定热河志：一百二十卷首一卷 …………………………………………… 2-186
[乾隆]钦定热河志：一百二十卷 ………… 2-186
[乾隆]钦定盛京通志：一百三十卷首一卷 …………………………………………… 2-231
[乾隆]钦定盛京通志：三十二卷图一卷 …………………………………………… 2-230
钦定清会典：八十卷目录一卷；大清会典事例：九百二十卷目录八卷；大清会典图：一百三十卷目录二卷 ………… 2-34
钦定续纂外藩蒙古回部王公表：十二卷传十二卷 ……………………………………… 1-236
钦定蒙古源流：八卷 ……………………… 1-297
钦定蒙古源流：八卷 ……………………… 1-297
钦定蒙古源流：八卷 ……………………… 1-297
钦定廓尔喀纪略：五十四卷首四卷 ……… 1-274
钦定新疆识略：十二卷首一卷……………… 2-434
钦定满洲祭神祭天典礼：六卷……………… 2-41
钦定满洲源流考：二十卷…………………… 2-124
钦定满洲源流考：二十卷…………………… 2-124
钦定剿平三省邪匪方略：正编三百五十二卷续编三十六卷附编十二卷首九卷表文一卷 ………………………………… 1-274
钦定熙朝雅颂集：一百六卷首集二十六卷余集二卷 ………………………………… 5-260
钮少雅格正牡丹亭：二卷………………… 5-376
拜石山房诗钞：八卷词钞四卷…………… 5-134
拜竹诗堪诗存：二卷；钓船笛谱：一卷 …………………………………………… 5-132
拜竹诗堪诗集外稿：一卷；拜竹诗堪集外稿：一卷；种芸词初稿：一卷 …… 5-133
拜竹诗堪集外稿：五卷 ………………… 5-133
拜针楼：一卷……………………………… 5-381
拜针楼：一卷……………………………… 5-381
拜针楼：八折一卷 ……………………… 5-381
拜环堂文集：六卷 ……………………… 4-375
拜环堂文集：六卷 ……………………… 4-375
拜经堂文稿：不分卷；拜经日记：十二卷；诗考：四卷 ………………………………… 5-126
拜经堂丛书：十种六十四卷 ………………1-4
拜经楼书目：一卷 ……………………… 2-492
拜经楼书目：不分卷 …………………… 2-492
拜经楼杂抄：四卷 …………………………1-4
拜经楼诗文稿：十三卷 ………………… 5-110
拜经楼诗草：不分卷 …………………… 5-110
拜经楼藏书题跋记：五卷附录一卷 ……… 2-492
拜经楼藏书题跋记：五卷附录一卷 ……… 2-492
拜经楼藏书题跋记：五卷附录一卷 ……… 2-492
拜城县乡土志：一卷 …………………… 2-435
看山阁乐府：二种四卷 ………………… 5-364
看山阁乐府雷峰塔：二卷………………… 5-391
看山阁集：四十卷 …………………………5-91
矩洲诗集：十卷 ………………………… 4-268
矩庵诗质：十二卷 …………………………5-43

矩庵集：十五卷 ……………… 4-192
郜氏家谱：二卷 ……………… 2-10
选玉溪生诗：二卷 ……………… 4-71
选古今南北剧：十卷 ……………… 5-362
选择历书：五卷 ……………… 3-123
选择集要：七卷 ……………… 3-124
选刻钓台集：五卷 ……………… 5-280
选诗：七卷订注七卷 ……………… 5-179
选诗：八卷 ……………… 5-177
选诗：八卷 ……………… 5-177
选诗：三卷 ……………… 5-178
选诗：三卷 ……………… 5-178
选诗：三卷 ……………… 5-178
选诗：三卷 ……………… 5-178
选诗：三卷补一卷 ……………… 5-178
选诗：三卷补一卷 ……………… 5-178
选诗：三卷补一卷 ……………… 5-178
选诗约注：八卷评议一卷 ……………… 5-178
选诗补注：八卷 ……………… 5-177
选诗补注：八卷 ……………… 5-177
选诗补注：八卷 ……………… 5-178
选诗补注：八卷补遗二卷续编四卷 ……… 5-177
选诗补注：八卷补遗二卷续编四卷 ……… 5-177
选诗补注：八卷补遗二卷续编四卷 ……… 5-178
选诗补注：八卷补遗二卷续编四卷 ……… 5-178
选诗补注：八卷补遗二卷续编四卷 ……… 5-178
选诗续编：四卷 ……………… 5-178
选校范文白公诗集：六卷续选三卷 ……… 4-197
选赋：六卷 ……………… 5-179
选集汉印分韵：二卷 ……………… 2-471
选寒江集：三卷 ……………… 4-370
选辑诸名家评注批点苏文：八卷 ……… 5-296
适志编：不分卷 ……………… 5-207
适园丛稿：四卷 ……………… 5-142
适园杂著：一卷 ……………… 3-204
适适草：一卷 ……………… 4-367
适情录：二十卷 ……………… 3-157
适暮稿：一卷 ……………… 5-404
秕言：四卷 ……………… 3-232
[香山]刘氏本支谱：不分卷 ……………… 2-22
[香山]南村伍氏家谱：不分卷 ……………… 2-4
香山九老诗：一卷 ……………… 5-218
[香山小榄]绿围伍氏家谱：不分卷 ……… 2-4
香山集：十六卷 ……………… 4-143
香石诗话：四卷 ……………… 5-324
香叶草堂诗存：不分卷 ……………… 5-112
香宇集：三十四卷 ……………… 4-321
香严古溪和尚语录：十五卷 ……………… 3-418
香严斋词：一卷词话一卷 ……………… 5-338
香严斋诗集：□□卷 ……………… 5-17
香奁集：一卷；韩内翰别集：一卷 ……… 4-76
香谷集：六卷 ……………… 5-46
香厓府君行述：一卷 ……………… 1-409
香厓府君行述：一卷 ……………… 1-409
香厓府君行述：一卷挽联一卷 ……………… 1-409
香国楼精选蘡薁草：十卷 ……………… 4-369
香岩词约：二卷 ……………… 5-356
[康熙]香河县志：十一卷 ……………… 2-189
[康熙]香河县志：十一卷 ……………… 2-189
香草居集：七卷 ……………… 5-43
香草笺：不分卷 ……………… 5-82
香树斋诗集：十八卷诗续集三十六卷文集二十八卷文集续钞五卷 ……………… 5-84
香亭文稿：十二卷 ……………… 5-109
香圃诗钞：六卷 ……………… 5-53
香乘：二十八卷 ……………… 3-165
香乘：二十八卷 ……………… 3-165
香乘：二十八卷 ……………… 3-165
香涛制军手札 ……………… 5-153
香屑集：十八卷首一卷末一卷 ……………… 5-72
香屑集：十八卷首一卷末一卷 ……………… 5-72
香雪林集：二十六卷 ……………… 5-190
香雪林集：二十六卷 ……………… 5-190
香雪林集：二十六卷 ……………… 5-191
香崖杂抄：不分卷 ……………… 3-275
香禅精舍集：一卷 ……………… 5-148
香溪先生范贤良文集：二十二卷 ……… 4-139
香溪先生范贤良文集：二十二卷 ……… 4-139
香溪先生范贤良文集：二十二卷 ……… 4-139
香谱：四卷 ……………… 3-165

香囊记：二卷 5-370
种太尉传：一卷 1-365
种太尉传：一卷 1-365
种太尉传：一卷 1-391
种芸仙馆词：五卷 5-343
种豆园初稿略存：一卷 5-344
种菊庵诗：四卷 4-228
种墨斋诗集：二卷 5-77
种墨斋诗集：二卷诗余一卷 5-77
秋风三叠：三卷女红纱一卷 5-362
秋风红豆楼词钞：□□卷 5-345
秋心废稿：一卷；皋庑偶存：一卷；淮浦闲草：一卷 5-149
秋心集：一卷 5-115
秋水轩倡和词：二十二卷 5-352
秋水阁墨副：九卷；已酉科河南武试录：一卷 4-357
秋水庵花影集：五卷 5-404
秋水庵花影集：五卷 5-404
秋水庵花影集：五卷 5-404
秋水集：十六卷 5-6
秋水集：十卷 5-28
秋水集：四卷诗余一卷 5-28
秋竹山房传奇二种：二卷 5-398
秋农诗草：一卷 5-123
秋声阁尺牍：二卷 5-46
秋声阁尺牍：二卷 5-47
秋声馆吟稿：一卷 5-95
秋声集：八卷 4-207
秋声集：九卷 4-206
秋声集：九卷 4-206
秋声集：九卷 4-207
秋声集：四卷 4-207
秋声集：四卷 4-207
秋声集：四卷 4-207
秋声集：四卷 4-207
秋园杂佩：一卷 3-257
秋闲词：一卷 5-339
秋闲诗草：□□卷 5-8
秋坪老人日记：不分卷 1-418
秋林琴雅：一卷 5-341
秋林琴雅：四卷 5-341
秋虎丘：二卷 5-386
秋岩诗集：二卷 4-192
秋岩诗集：二卷 4-192
秋岩集略：十卷 5-4
秋夜月：四卷 5-409
秋查集：二卷；双井书屋集：三卷 5-70
秋思草堂遗集：一卷 5-51
秋室印粹：四卷 3-153
秋室百衲琴：一卷 5-114
秋室百衲琴：一卷 5-114
秋室百衲琴：一卷 5-114
秋室遗文：一卷南疆逸史跋一卷 5-121
秋室集：十卷 5-121
秋屏词钞：□□卷 5-341
秋莲子词：前稿一卷后稿二卷 5-344
秋晓赵先生覆瓿集：六卷 4-178
秋舫诗钞：二卷 5-128
秋涧大全集：一百卷附一卷 4-187
秋涧先生大全文集：一百卷 4-187
秋涧先生大全文集：一百卷 4-187
秋涧先生大全文集：一百卷 4-187
秋涧先生大全文集：一百卷附录一卷 4-187
秋涧先生大全集：一百卷附录一卷 4-187
秋涧先生大全集：一百卷附录一卷 4-187
秋崖先生小稿：三十八卷 4-170
秋崖先生小稿：三十八卷 4-170
秋崖先生小稿：三十八卷 4-170
秋崖先生小稿：四十五卷 4-169
秋崖先生小稿：四十五卷 4-170
秋崖先生小稿：四十五卷又三十八卷 4-169
秋崖先生小稿：四十五卷又三十八卷 4-169
秋崖先生诗集：三十八卷 4-169
秋涯诗稿：一卷词稿一卷跋稿一卷杂文一卷 5-71
秋涯诗稿：一卷词稿一卷跋稿一卷杂文一卷 5-71
秋蝉吟草：不分卷 5-136
秋窗随笔：一卷 5-323

秋锦山房集：二十二卷外集三卷 ……………… 5-43
秋锦山房集：十卷 ……………………………… 5-43
秋塍文钞：十二卷 ……………………………… 5-87
秋影园诗：七卷 ………………………………… 5-54
秋影园诗：七卷二集五卷北游草一卷 …… 5-54
科名盛事录：七卷 …………………………… 1-427
重广补注黄帝内经素问：二十四卷 ……… 3-64
重广补注黄帝内经素问：二十四卷 ……… 3-65
重广补注黄帝内经素问：二十四卷 ……… 3-65
重广补注黄帝内经素问：二十四卷 ……… 3-65
重广补注黄帝内经素问：二十四卷 ……… 3-65
重广陈用之学士真本入经论语全解义：十卷 …………………………………………… 1-116
重广陈用之真本入经论语全解义：十卷 …………………………………………… 1-116
重广陈用之真本入经论语全解义：十卷 …………………………………………… 1-117
重广草木虫鱼杂咏诗集：□□卷 ………… 5-227
重订三家诗拾遗：十卷源流一卷 ………… 1-58
重订天书记：二卷 ……………………………… 5-379
重订丹溪心法：五卷附录一卷 …………… 3-81
重订古史全本：六十卷 ……………………… 1-199
重订四书说丛：十七卷 ……………………… 1-127
重订四书说丛：十七卷 ……………………… 1-127
重订四书辑释：四十一卷 …………………… 1-122
重订礼记疑问：十二卷 ……………………… 1-74
重订成仁遗稿：七卷 ………………………… 5-171
重订并音连声韵学集成：十三卷 ………… 1-175
重订李义山诗集笺注：三卷集外诗笺注一卷 …………………………………………… 4-70
重订李义山诗集笺注：三卷集外诗笺注一卷 …………………………………………… 4-70
重订李义山诗集笺注：三卷集外诗笺注一卷 …………………………………………… 4-70
重订批点春秋左传详节句解：三十五卷 … 1-91
重订直音篇：七卷 …………………………… 1-157
重订直音篇：七卷 …………………………… 1-157
重订易经疑问：十二卷 ……………………… 1-18
重订骆丞集：六卷 …………………………… 4-21
重订高邮王西楼先生野菜谱：一卷 ……… 3-57
重订集古梅花诗：四卷 ……………………… 4-259
重订道光二年壬午恩科同年齿录：不分卷 …………………………………………… 1-431
重订路史全本：四十七卷 …………………… 1-276
重订路史全本：四十七卷 …………………… 1-276
重订路史全本：四十七卷 …………………… 1-276
重订嘉庆七年壬戌科会试齿录：二卷 … 1-431
重订增补陶朱公致富奇书：八卷 ………… 3-55
重刊人子须知资孝地理心学统宗：八卷 …………………………………………… 3-115
重刊书法雅言：一卷 ………………………… 3-135
重刊甘镇志：不分卷 ………………………… 2-428
重刊申阁老校正朱文公家礼正衡：八卷 … 1-83
重刊仪礼考注：十七卷 ……………………… 1-68
重刊仪礼考注：十七卷 ……………………… 1-68
重刊仪礼考注：十七卷 ……………………… 1-68
重刊会真记辩：一卷 ………………………… 3-330
重刊并音连声韵学集成：十三卷 ………… 1-175
[弘治]重刊兴化府志：五十四卷 ………… 2-294
重刊许氏说文解字五音韵谱：十二卷 … 1-150
重刊许氏说文解字五音韵谱：十二卷 … 1-150
重刊许氏说文解字五音韵谱：十二卷 … 1-150
重刊许氏说文解字五音韵谱：十二卷 … 1-150
重刊许氏说文解字五音韵谱：十二卷 … 1-150
重刊孙真人备急千金要方：三十卷 ……… 3-78
重刊体仁汇编：十卷 ………………………… 3-61
重刊宋本十三经注疏：四百十六卷附校勘记一卷 …………………………………………… 1-2
重刊宋濂学士先生文集：□□卷 ………… 4-224
重刊补订四书浅说：十三卷 ……………… 1-123
重刊改并五音类聚四声篇：十五卷 …… 1-171
重刊改并五音集韵：十五卷 ……………… 1-171
重刊明心宝鉴：二卷 ………………………… 3-37
[嘉庆]重刊宜兴县志：四卷首一卷 ……… 2-255
[嘉庆]重刊宜兴县志：四卷首一卷 ……… 2-255
重刊详校篇海：五卷 ………………………… 1-157
重刊经史证类大全本草：三十一卷 ……… 3-67
重刊经史证类大全本草：三十一卷 ……… 3-67
重刊经史证类大全本草：三十一卷 ……… 3-68
重刊经史证类大全本草：三十一卷 ……… 3-68

重刊经史证类大全本草：三十一卷 ………… 3-68
重刊荆川先生文集：十七卷外集三卷附录一卷 ………… 4-300
重刊荆川先生文集：十七卷外集三卷附录一卷 ………… 4-300
[嘉庆]重刊荆溪县志：四卷首一卷 ………… 2-255
重刊草木子：四卷 ………… 3-203
重刊说苑新序：三十卷 ………… 3-12
重刊校正唐荆川先生文集：十二卷 ………… 4-299
重刊校正唐荆川先生文集：十二卷 ………… 4-299
重刊校正唐荆川先生文集：十二卷续集六卷奉使集二卷 ………… 4-299
重刊校正笠泽丛书：四卷 ………… 4-75
重刊校正笠泽丛书：四卷 ………… 4-75
重刊校正笠泽丛书：四卷补遗诗一卷 ………… 4-75
重刊校正笠泽丛书：四卷补遗诗一卷 ………… 4-75
重刊校正笠泽丛书：四卷补遗诗一卷 ………… 4-75
重刊校正笠泽丛书：四卷补遗诗一卷 ………… 4-75
重刊校正笠泽丛书：四卷补遗诗一卷 ………… 4-75
重刊校正笠泽丛书：四卷补遗诗一卷续补遗一卷 ………… 4-75
重刊校正笠泽丛书：四卷补遗诗一卷续补遗一卷 ………… 4-75
重刊校正笠泽丛书：四卷补遗诗一卷续补遗一卷 ………… 4-75
重刊校正笠泽丛书：四卷补遗詩一卷续补遗一卷 ………… 4-75
[顺治]重刊凉镇志：不分卷 ………… 2-427
[顺治]重刊凉镇志：不分卷 ………… 2-427
重刊通鉴集要：二十八卷通鉴总论一卷 ………… 1-250
重刊埤雅：二十卷 ………… 1-186
重刊黄文献公文集：十卷 ………… 4-201
重刊黄文献公文集：十卷 ………… 4-201
重刊黄文献公文集：十卷 ………… 4-201
重刊救荒活民补遗书：二卷 ………… 2-57
[道光]重刊续纂宜荆县志：十卷首一卷 ………… 2-256
重刊巢氏诸病源候总论：五十卷 ………… 3-70
重刊湖海新闻夷坚续志：前集二卷后集二卷补遗一卷 ………… 3-325
重刊湖海新闻夷坚续志后集：不分卷 ………… 3-325
重刊鲍氏战国策：十二卷 ………… 1-281
重刊嘉祐集：十五卷 ………… 4-96
重刊嘉祐集：十五卷 ………… 4-96
重刊嘉祐集：十五卷 ………… 4-96
重刊嘉祐集：十五卷 ………… 4-96
重刊蔡虚斋先生四书蒙引：十五卷 ………… 1-123
重刊增广分门类林杂说：十五卷 ………… 3-287
重刊增广分门类林杂说：十五卷 ………… 3-287
重刊增广分门类林杂说：十五卷 ………… 3-288
重刊增订虚斋旧续四书蒙引：十五卷 ………… 1-123
重刊横浦先生文集：二十卷心传录三卷日新一卷 ………… 4-136
重正怀幼切要：二卷 ………… 3-77
重立瘗鹤铭诗集：一卷 ………… 2-463
重庆乡土志：不分卷 ………… 2-373
[道光]重庆府志：九卷 ………… 2-373
重远斋吟稿：一卷 ………… 5-139
重刻三渠先生集：十六卷附录一卷 ………… 4-291
重刻小儿杂症秘传便蒙捷法：一卷 ………… 3-78
重刻天元奇门遁甲句解烟波钓叟歌：不分卷 ………… 3-122
重刻元本题评音释西厢记：二卷 ………… 5-360
重刻元本题评音释西厢记：二卷附录一卷 ………… 5-360
重刻太平惠民和剂局方：十卷 ………… 3-79
重刻内府原板张阁老经筵四书直解指南：二十七卷 ………… 1-125
重刻订正元本批点画意北西厢：五卷 ………… 5-359
重刻订正元本批点画意北西厢：五卷 ………… 5-359
重刻古今医鉴：八卷 ………… 3-61
重刻会稽三赋：四卷 ………… 4-141
重刻纪言：一卷 ………… 5-187
重刻纪言：一卷 ………… 5-187
重刻孙真人千金翼方：三十卷 ………… 3-79
重刻宋濂学士先生文集：二十六卷附录二卷 ………… 4-224
重刻补遗秘传痘疹全婴金镜录：三卷 ………… 3-78
重刻质庵章先生文集：不分卷附录一卷 ………… 4-241

重刻荆川先生文集：十七卷外集三卷附录一卷…… 4-300
重刻类编草堂诗余评林：六卷…… 5-348
重刻校增武侯入门神书：一卷…… 3-125
重刻唐荆川精选史记：十二卷；精选汉书：六卷…… 1-327
重刻剡川姚氏本战国策札记：三卷…… 1-281
重刻绣像说唐演义全传：六十八回后传五十五回…… 3-343
重刻黄文节山谷先生文集：三十卷…… 4-115
重刻黄文节山谷先生文集：三十卷外集十四卷别集二十卷…… 4-115
重刻韩柳欧苏文抄：四种八卷…… 5-163
重刻痘疹仙传妙诀：二卷…… 3-77
重刻渼陂王太史先生全集：二十七卷…… 4-262
重刻巽隐先生集：四卷…… 4-235
重刻蒙潭康氏族谱：不分卷…… 2-15
重刻畸人十篇：二卷…… 3-430
重刻增补燕居笔记：十卷…… 3-333
重刻翰林校正资治通鉴大全：二十卷…… 1-244
重选唐音大成：十五卷…… 5-224
重修大明会典：二百二十八卷…… 2-32
重修大宗祠仗义众孙题签千子会名份录…… 2-22
[道光]重修上高县志：十二卷首一卷末一卷…… 2-305
[同治]重修山阳县志：二十一卷图一卷…… 2-244
[光绪]重修广平府志：六十三卷首一卷…… 2-203
[光绪]重修广平府志：六十三卷首一卷…… 2-203
[同治]重修开建县志：十二卷首一卷末一卷…… 2-368
[光绪]重修天津府志：五十四卷首一卷末一卷…… 2-177
[康熙]重修无极志：二卷图一卷…… 2-182
[康熙]重修无极志：二卷图一卷…… 2-182
[康熙]重修无极志：二卷…… 2-182
[弘治]重修无锡县志：三十六卷古今郡县表一卷…… 2-253
[雍正]重修太原县志：十六卷图一卷…… 2-207
[光绪]重修长寿县志：十卷…… 2-374
[乾隆]重修凤翔县志：八卷首一卷…… 2-417
[万历]重修凤翔府志：五卷…… 2-416
重修正文对音捷要真传琴谱大全：十卷…… 3-155
重修古歙城东许氏世谱：八卷…… 2-15
重修古歙城东许氏世谱：八卷…… 2-15
[光绪]重修龙阳县志：三十二卷首一卷…… 2-347
重修龙坦胡氏世谱：不分卷…… 2-10
[道光]重修平度州志：二十七卷…… 2-315
[康熙]重修平遥县志：八卷图一卷…… 2-219
[康熙]重修平遥县志：八卷…… 2-219
[乾隆]重修卢氏县志：十七卷首一卷…… 2-322
[光绪]重修电白县志：三十卷首一卷…… 2-369
[光绪]重修仪征县志：五十卷首一卷…… 2-247
重修白云福林禅院志：二卷…… 2-144
[乾隆]重修宁乡县志：十卷首一卷…… 2-346
[同治]重修宁乡县志：四十四卷首一卷…… 2-346
[光绪]重修宁羌州志：五卷…… 2-419
[同治]重修宁海州志：二十六卷…… 2-313
[乾隆]重修台湾府志：二十五卷首一卷…… 2-437
重修考古图：十卷…… 2-449
[同治]重修成都县志：十六卷首一卷…… 2-379
[嘉庆]重修扬州府志：七十二卷首一卷…… 2-246
[光绪]重修曲阳县志：二十卷…… 2-194
重修迁浙支代表：二卷祠墓考续一卷…… 2-8
[道光]重修延川县志：五卷首一卷…… 2-408
[道光]重修延川县志：五卷首一卷…… 2-408
[嘉庆]重修延安府志：八十卷…… 2-407
[嘉庆]重修延安府志：八十卷…… 2-408
[嘉庆]重修延安府志：八十卷…… 2-408
[康熙]重修延绥镇志：六卷…… 2-420
[光绪]重修华亭县志：二十四卷首一卷末一卷…… 2-239
[光绪]重修会同县志：十四卷首一卷…… 2-360
[咸丰]重修兴化县志：十卷…… 2-249
[康熙]重修江浦县新志：八卷…… 2-242
[嘉庆]重修安化县志：二十一卷首一卷…… 2-349
[嘉庆]重修安化县志：二十卷首一卷…… 2-349

[光绪]重修安徽通志：三百五十卷补遗十卷 …… 2-271
[光绪]重修安徽通志：三百五十卷首一卷 …… 2-271
重修李氏族谱：五卷 ……2-5
[顺治]重修岐山县志：四卷 …… 2-417
[雍正]重修岚县志：十六卷 …… 2-229
[道光]重修汧阳县志：十二卷首一卷 … 2-417
重修沧洲志稿 …… 2-196
[光绪]重修奉贤县志：二十卷 …… 2-240
[光绪]重修奉贤县志：二十卷首一卷末一卷 …… 2-240
[光绪]重修青县志：十卷 …… 2-196
[乾隆]重修直隶陕州志：二十卷首一卷附增直隶陕州志二卷 …… 2-322
[乾隆]重修直隶陕州志：二十卷 …… 2-322
重修事物纪原集：十卷 …… 3-303
[咸丰]重修枣阳县志：十五卷首一卷 … 2-333
[乾隆]重修和顺县志：八卷首一卷 …… 2-218
[乾隆]重修宝丰县志：五卷图一卷 …… 2-327
[道光]重修宝应县志：二十八卷首一卷 …… 2-248
[乾隆]重修肃州新志：三十卷 …… 2-427
重修经史证类大全本草：三十一卷 …… 3-68
重修政和经史证类备用本草：一卷 …… 3-67
重修政和经史证类备用本草：三十卷 …… 3-66
重修政和经史证类备用本草：三十卷 …… 3-67
重修政和经史证类备用本草：三十卷 …… 3-67
重修政和经史证类备用本草：三十卷 …… 3-67
重修政和经史证类备用本草：三十卷 …… 3-67
重修政和经史证类备用本草：三十卷 …… 3-67
重修政和经史证类备用本草：三十卷 …… 3-67
重修政和经史证类备用本草：三十卷 …… 3-67
重修政和经史证类备用本草：三十卷 …… 3-67
重修政和经史证类备用本草：三十卷 …… 3-67
重修政和经史证类备用本草：三十卷 …… 3-67
重修政和经史证类备用本草：三十卷目录一卷 …… 3-67
[道光]重修昭化县志：四十八卷图一卷 …… 2-382
[咸淳]重修毗陵志：三十卷图一卷 …… 2-252
[咸淳]重修毗陵志：三十卷图一卷 …… 2-252
[咸淳]重修毗陵志：三十卷图一卷 …… 2-252
[成化]重修毗陵志：四十卷 …… 2-252
[成化]重修保定志：二十五卷 …… 2-190
[乾隆]重修洛阳县志：二十四卷图考一卷 …… 2-322
[乾隆]重修洛阳县志：三十六卷首一卷 …… 2-322
重修济阳江氏族谱：八卷 ……2-4
重修宣和博古图录：三十卷 …… 2-450
[光绪]重修秦州直隶州新志：二十四卷首一卷 …… 2-426
[嘉庆]重修泰兴县志：八卷 …… 2-249
[乾隆]重修桃源县志：十卷首一卷 …… 2-244
[宣统]重修恩县志：十卷首一卷 …… 2-310
[道光]重修胶州志：四十卷 …… 2-315
[万历]重修通渭县志：四卷 …… 2-430
[万历]重修通渭县志：四卷 …… 2-430
[咸丰]重修梓潼县志：六卷 …… 2-384
[万历]重修常州府志：二十卷 …… 2-252
[道光]重修略阳县志：四卷 …… 2-419
[同治]重修涪州志：十六卷首一卷 …… 2-374
重修琴川志：十五卷 …… 2-261
[道光]重修博兴县志：十三卷 …… 2-319
[光绪]重修彭县志：十三卷首一卷末一卷附补遗一卷 …… 2-380
重修鼓山志：□□卷 …… 2-153
[道光]重修蓬莱县志：十四卷 …… 2-314
[光绪]重修新乐县志：六卷图一卷 …… 2-180
[嘉庆]重修慈利县志：八卷首一卷 …… 2-346
[乾隆]重修福建台湾府志：二十卷 …… 2-437
[同治]重修嘉鱼县志：十二卷 …… 2-339
[乾隆]重修嘉鱼县志：八卷 …… 2-339
[万历]重修镇江府志：三十六卷图一卷 …… 2-251
[康熙]重修德州志：十卷 …… 2-309
[乾隆]重修襄垣县志：八卷 …… 2-212
[同治]重修酆都县志：四卷首一卷 …… 2-377
[康熙]重修赣榆县志：四卷 …… 2-244

重校一峰先生集：十卷 ………………… 4-251
重校十无端巧合红蕖记：二卷………………… 5-377
重校五伦传香囊记：二卷………………… 5-370
重校双鱼记：二卷 ………………… 5-377
重校玉合记：四卷 ………………… 5-377
重校玉簪记：二卷 ………………… 5-373
重校刊官板地理玉髓真经：二十八卷后卷
一卷………………… 3-114
重校正地理新书：十五卷………………… 3-114
重校正唐文粹：一百卷 ………………… 5-230
重校正唐文粹：一百卷 ………………… 5-230
重校正唐文粹：一百卷 ………………… 5-230
重校正唐文粹：一百卷 ………………… 5-230
重校正唐文粹：一百卷 ………………… 5-230
重校正唐文粹：一百卷 ………………… 5-230
重校正唐文粹：一百卷 ………………… 5-231
重校正唐文粹：一百卷 ………………… 5-231
重校正唐文粹：一百卷 ………………… 5-231
重校古周礼：六卷 ………………… 1-63
重校四美记：二卷 ………………… 5-384
重校四美记：二卷 ………………… 5-384
重校四美记：二卷 ………………… 5-384
重校尔雅翼：三十二卷 ………………… 1-187
重校吕真人黄粱梦境记：二卷………………… 5-374
重校全补海篇直音：十二卷首一卷 ……… 1-157
重校红拂记：二卷 ………………… 5-372
重校孝义祝发记：二卷 ………………… 5-373
重校苏季子金印记：二卷………………… 5-371
重校宋苏文忠公寓惠录：四卷………………… 4-108
重校宋窦太师疮疡经验全书：十二卷 …… 3-74
重校金印记：四卷 ………………… 5-371
重校经史海篇直音：十卷 ………………… 1-157
重校拜月亭记：二卷 ………………… 5-369
重校拜月亭记：二卷 ………………… 5-369
重校班仲升投笔记：二卷………………… 5-371
重校浣纱记：四卷 ………………… 5-372
重校添注音辩唐柳先生文集：四十五卷 … 4-63
重校琵琶记：四卷释义大全一卷 ………… 5-368
重校紫钗记：二卷 ………………… 5-375
重校锦笺记：二卷 ………………… 5-374
重校鹤山先生大全文集：一百十卷 ……… 4-165
重校鹤山先生大全文集：一百十卷 ……… 4-165
重校鹤山先生大全文集：一百十卷 ……… 4-165
重校鹤山先生大全文集：一百十卷 ……… 4-165
重校襄阳耆旧传：二卷 ………………… 1-384
重恩录：三卷 ………………… 1-397
重浚江南水利全书：八十四卷首一卷 …… 2-77
重梓遂邑纯峰张氏宗谱：一卷 ………… 2-16
重续千字文：二卷 ………………… 1-166
重续千字文：二卷 ………………… 1-166
重续千字文：二卷 ………………… 1-166
重续千字文：二卷 ………………… 1-166
重续千字文：二卷 ………………… 1-166
重锓文公先生奏议：十五卷 ………………… 2-96
重锓文公先生奏议：十五卷 ………………… 2-96
重锓朱子易学启蒙：四卷………………… 1-28
重游泮水纪盛录：一卷 ………………… 1-377
重游南岳纪行录：一卷 ………………… 2-168
重编义勇武安王集：八卷………………… 1-387
重编古筠洪城幸清节公松垣文集：十一卷
………………… 4-161
重编东坡先生外集：八十六卷年谱一卷
………………… 4-107
重编俞氏统谱：十八卷又二卷………………… 2-10
重编棠樾鲍氏三族宗谱：二百卷首一卷 … 2-23
重编嘉祐集：二十卷附录一卷 ………… 4-96
重编嘉祐集：二十卷附录一卷 ………… 4-96
重辑枫泾小志：十卷首一卷附二卷 ……… 2-238
[道光]重辑渭南县志：十八卷 ………… 2-409
重新校正入注附音通鉴外纪：四卷 ……… 1-243
重新校正集注附音资治通鉴外纪：四卷
………………… 1-243
重锲初庵方先生书经集解：十卷 ……… 1-37
重镌一庵王先生遗集：二卷 ………………… 4-293
重镌心斋王先生全集：六卷 ………………… 4-276
重镌苏紫溪先生易经儿说：八卷 ……… 1-18
重镌两厓集：八卷 ………………… 4-285
重镌武经七书集注：七卷附录兵法渊源一
卷 ………………… 3-40

重镌徽郡官板翁太史补选文公家礼：八卷 ……………………………………… 1-83
重雕老杜诗史押韵：八卷……………………… 4-34
[光绪]重纂光泽县志：三十卷首一卷 … 2-292
[光绪]重纂邵武府志：三十卷首一卷 … 2-291
重纂靖远街志：六卷 ……………………… 2-425
[道光]重纂福建通志：二百七十八卷首六卷 …………………………………………… 2-290
重麟玉册：六卷 ……………………………… 1-375
复古诗：十四卷 ……………………………… 5-74
复古编：二卷………………………………… 1-160
复古编：二卷………………………………… 1-160
复古编：二卷………………………………… 1-160
复古编：二卷附录一卷校正一卷 ………… 1-160
复古编：二卷附录一卷校正一卷 ………… 1-160
复古编：二卷附录一卷校正一卷 ………… 1-160
复古编：二卷附录一卷校正一卷 ………… 1-160
复生杂文：不分卷 ………………………… 5-143
复庄今乐府选：□□卷 …………………… 5-358
复庄诗问：三十四卷 ……………………… 5-142
复庄诗评：一卷 …………………………… 5-324
复阳府君行实略：一卷 …………………… 1-404
复县乡土志：一卷 ………………………… 2-233
复园诗钞：八卷 …………………………… 5-51
复初斋文集：三十五卷 …………………… 5-111
复初斋文集：三十五卷 …………………… 5-111
复初斋文集：三十五卷 …………………… 5-111
复初斋诗集：十二卷 ……………………… 5-111
复初斋诗集：七十卷 ……………………… 5-111
复初斋诗集：七十卷 ……………………… 5-111
复初斋诗集：七十卷 ……………………… 5-111
复初斋诗集：七十卷 ……………………… 5-111
复初斋诗稿：不分卷 ……………………… 5-111
复社纪略：四卷 …………………………… 1-305
复社姓氏目录前卷：一卷………………… 1-373
复社姓氏录：一卷 ………………………… 1-373
复社姓氏录：不分卷 ……………………… 1-373
复始编：一卷；冯氏祠堂规条：一卷 … 1-442
复斋易说：六卷 …………………………… 1-11
复堂词录：十一卷 ………………………… 5-351
复堂类集三礼说：不分卷………………… 1-80
复宿山房集：四十卷 ……………………… 4-324
复辟录：不分卷 …………………………… 1-301
笃素堂文集：十六卷诗集七卷…………… 5-45
段氏说文注订：八卷 ……………………… 1-147
段氏说文注订：八卷 ……………………… 1-147
段氏说文注订：八卷；说文新附考：六卷；说文续考：一卷 ……………………… 1-147
俨山文集：一百卷外集四十卷续集十卷… 4-270
俨山外集：四十卷………………………… 4-270
俨山外集：四十卷………………………… 4-270
便于蒐检：四卷 …………………………… 3-266
便于蒐检：四卷 …………………………… 3-266
便民图纂：十五卷………………………… 3-55
便产须知：二卷 …………………………… 3-76
便农占镜：三卷 …………………………… 3-56
[光绪]顺天府志：一百三十卷附录一卷 …………………………………………… 2-175
[万历]顺天府志：六卷 …………………… 2-175
[乾隆]顺宁府志：十卷 …………………… 2-404
顺存佚记：不分卷………………………… 1-378
顺则集：八卷……………………………… 5-245
[康熙]顺庆府志：十卷增续一卷 ………… 2-386
[嘉庆]顺昌县志：十卷图一卷…………… 2-292
[乾隆]顺昌县志：十卷 …………………… 2-292
顺治十一年山东乡试录：一卷…………… 1-435
顺治十八年缙绅册：不分卷 ……………… 1-440
顺治十五年会试录：一卷………………… 1-430
顺治十六年己亥科会试进士三代履历便览：一卷……………………………………… 1-431
顺治八年辛卯科山东同贡序齿录：一卷 …………………………………………… 1-438
顺治九年壬辰科翰林院馆课：不分卷 … 5-306
顺治九年壬辰科翰林院馆课：不分卷 … 5-306
顺治九年司道职名册：一卷 ……………… 1-439
顺治六年己丑科登科录：一卷 …………… 1-430
顺治六年己丑科会试四百名进士三代履历便览：一卷 ………………………………… 1-430
顺治录疏：不分卷………………………… 2-92

顺治康熙雍正三朝会乡试题名录：不分卷 ······ 1-430
顺适堂吟稿：五卷 ······ 4-145
顺适堂吟稿：前集一卷续集一卷 ······ 4-145
顺斋先生闲居丛稿：二十六卷附录一卷 ······ 4-193
[顺德]邓氏景望房家谱：不分卷 ······ 2-21
[顺德]邓华熙世系及乡试朱卷：不分卷 ··· 2-21
[顺德]卢氏族谱：一卷 ······ 2-23
[顺德]卢氏族谱：不分卷 ······ 2-23
[顺德]仕版伍萃诚堂族谱：不分卷 ······ 2-4
[顺德]施氏族谱：不分卷 ······ 2-10
顺德区氏族谱：不分卷 ······ 2-13
[顺德古朗]伍氏族谱：不分卷 ······ 2-4
顺德龙山乡邓氏族谱：不分卷 ······ 2-21
顺德龙江水部张氏族谱：不分卷 ······ 2-17
[顺德杨滘]马氏宗谱：不分卷 ······ 2-11
[乾隆]顺德府志：十六卷图一卷 ······ 2-200
[万历]顺德府志：四卷 ······ 2-200
[康熙]顺德府志：四卷 ······ 2-200
[顺德桂洲]李氏族谱：不分卷 ······ 2-5
修习止观坐禅法要：一卷 ······ 3-412
修习止观坐禅法要：二卷 ······ 3-412
修习法门：□□卷 ······ 3-420
[光绪]修仁县志：二卷 ······ 2-370
修吉堂文稿：八卷；道贵堂类稿：十一种二十一卷；耄余残沈：二卷 ······ 5-27
修吉堂遗稿：二卷 ······ 5-27
修竹编：一卷 ······ 4-353
[乾隆]修武县志：二十卷首一卷 ······ 2-323
[道光]修武县志：十二卷首一卷 ······ 2-323
[道光]修武县志：十卷 ······ 2-323
修建东莞炮台文牍：不分卷 ······ 2-62
修珍宝传因果全集：一卷 ······ 5-407
修养正传丹经类粹：三卷 ······ 3-385
修辞指南：二十卷 ······ 3-290
修辞指南：二十卷 ······ 3-290
修辞鉴衡：二卷 ······ 5-317
修攘通考：六卷 ······ 2-119
保生秘钥：四卷 ······ 3-84
[道光]保宁府志：六十二卷图考一卷补遗一卷 ······ 2-386
[道光]保宁府志：六十二卷图考一卷 ··· 2-386
保安州乡土志 ······ 2-184
[康熙]保安州志：二卷 ······ 2-184
[道光]保安州志：八卷首一卷 ······ 2-184
[光绪]保安州续志：四卷首一卷 ······ 2-184
[咸丰]保安县志：八卷 ······ 2-408
[咸丰]保安县志：八卷 ······ 2-408
保闲堂续集：四卷 ······ 4-382
保闲堂集：二十六卷 ······ 4-382
保闲堂集：二十六卷 ······ 4-382
[康熙]保定县志：四卷 ······ 2-190
[康熙]保定府志：二十九卷 ······ 2-190
[光绪]保定府志：七十九卷首一卷 ······ 2-190
保晚斋集：十六卷 ······ 5-158
保婴撮要：二十卷 ······ 3-77
保婴撮要：十卷 ······ 3-77
[同治]保康县志：七卷首一卷末一卷补遗一卷 ······ 2-334
保越录：一卷 ······ 1-298
保靖志稿辑要：四卷 ······ 2-362
[同治]保靖县志：十二卷首一卷 ······ 2-362
[同治]保靖县志：十二卷首一卷 ······ 2-362
[乾隆]保德州志：十二卷首一卷 ······ 2-217
[道光]信丰县志续编：十六卷 ······ 2-301
信天巢遗稿：一卷 ······ 4-163
信古余论：八卷 ······ 3-31
[信宜]华山李氏世德录：八卷附录六卷 ······ 2-6
皇王大纪：八十卷 ······ 1-247
皇元大科三场文选四书疑：一卷；周易疑：一卷；易义：二卷 ······ 1-135
皇元风雅前集：十二卷 ······ 5-237
皇元风雅前集：六卷 ······ 5-237
皇元风雅前集：六卷 ······ 5-237
皇元圣武亲征录：一卷 ······ 1-297
皇元圣武亲征录：一卷 ······ 1-297
皇元圣武亲征录：一卷 ······ 1-297
皇元圣武亲征录：一卷；故宫遗录：一卷 ······ 1-297

皇考圣德神功全韵诗：四卷 ………………… 5-123
皇华集：一卷；附石湖草：一卷 ………… 5-91
皇华集：二卷……………………………… 5-248
皇华集：五卷……………………………… 5-248
皇华集：不分卷 ………………………… 5-248
皇极图韵：不分卷 ……………………… 1-180
皇极经世：十二卷 ……………………… 3-108
皇极经世书：观物篇十二卷后一卷遗文一卷 ……………………………… 3-108
皇极经世书传：八卷 …………………… 3-108
皇极经世书解：十三卷下篇五卷 ……… 3-108
皇极经世观物外篇释义：四卷………… 3-108
皇极统韵：二十四卷 …………………… 1-181
皇极篇：二十七卷 ……………………… 4-363
皇甫少玄集：二十六卷外集十卷 ……… 4-288
皇甫冉集：三卷 ………………………… 4-47
皇甫冉集：三卷 ………………………… 4-47
皇甫冉集：三卷 ………………………… 4-47
皇甫司勋庆历稿：□□卷……………… 4-288
皇甫司勋集：六十卷 …………………… 4-288
皇甫司勋集：六十卷 …………………… 4-288
皇甫持正文集：六卷 …………………… 4-64
皇甫持正文集：六卷 …………………… 4-64
皇甫持正文集：六卷 …………………… 4-64
皇甫持正文集：六卷 …………………… 4-64
皇甫持正文集：六卷 …………………… 4-64
皇甫持正文集：六卷 …………………… 4-64
皇甫持正集：六卷……………………… 4-64
皇甫曾集：二卷 ………………………… 4-47
皇甫曾集：二卷 ………………………… 4-47
皇甫曾集：二卷 ………………………… 4-48
皇宋十朝纲要：二十五卷……………… 1-257
皇宋十朝纲要：二十五卷……………… 1-257
皇宋书录：三卷外篇一卷……………… 3-136
皇明二祖十四宗增补标题评断实纪：二十七卷………………………………… 1-260
皇明二祖十四宗增补标题评断通纪：二十七卷………………………………… 1-260
皇明十大家文选：二十五卷 …………… 5-171
皇明十六家小品：三十二卷 …………… 5-172
皇明十六朝广汇记：二十八卷………… 1-260
皇明十六朝广汇记：十八卷 ………… 1-261
皇明七山人诗集：七卷 ………………… 5-247
皇明三元考：十四卷 ………………… 1-427
皇明三元考：十四卷 ………………… 1-427
皇明三元考：十四卷科名盛事录一卷 … 1-427
皇明三儒言行要录：十四卷 ……………3-4
皇明大训记：十六卷 ………………… 2-86
皇明大政记：三十六卷 ……………… 1-259
皇明大政记：三十六卷 ……………… 1-259
皇明大政记：三十六卷 ……………… 1-259
皇明大政记：三十六卷 ……………… 1-259
皇明大政纂要：六十三卷……………… 1-259
皇明开天玉律：四卷 ………………… 2-33
皇明开国功臣录：三十一卷续编一卷 … 1-368
皇明开国功臣录：三十一卷续编一卷 … 1-368
皇明天全先生遗事：一卷……………… 1-396
皇明五朝国史纪事本末：不分卷 ……… 1-273
皇明太学志：十二卷 ………………… 2-45
皇明历科会试录典要：五卷 ………… 2-42
皇明历科状元录：四卷 ……………… 1-427
皇明历朝文选类抄：不分卷 ………… 5-252
皇明从信录：四十卷 ………………… 1-260
皇明风雅：四十卷……………………… 5-244
皇明风雅：四十卷……………………… 5-244
皇明风雅：四十卷……………………… 5-244
皇明文则：二十二卷 ………………… 5-252
皇明文范：九十六卷 ………………… 5-251
皇明文范：六十八卷 ………………… 5-252
皇明文范：六十八卷目录二卷………… 5-251
皇明文征：七十四卷 ………………… 5-252
皇明文征：七十四卷 ………………… 5-253
皇明文选：二十卷……………………… 5-251
皇明文准：八卷 ……………………… 5-253
皇明文准：八卷 ……………………… 5-253
皇明文教录：五卷……………………… 5-252
皇明文衡：一百卷……………………… 5-251
皇明文衡：一百卷目录二卷 ………… 5-251
皇明书：四十五卷……………………… 1-233
皇明末造录：二卷……………………… 1-310

皇明末造录：二卷附志一卷 …………………… 1-310
皇明世法录：九十二卷目录二卷 ………… 2-33
皇明世说新语：八卷释名一卷…………… 3-318
皇明史窃：一百五卷 ……………………… 1-233
皇明四夷考：二卷 ………………………… 2-170
皇明印史：四卷 …………………………… 3-149
皇明圣制策要：一卷 ……………………… 2-33
皇明驭倭录：九卷附略二卷寄语略一卷
……………………………………………… 1-299
皇明臣言行录：三十二卷………………… 1-368
皇明臣谥汇考：二卷 ……………………… 2-42
皇明臣谥汇考：二卷 ……………………… 2-42
皇明西江诗选：十卷 ……………………… 5-283
皇明百方家问答：十五卷………………… 1-126
皇明百家文范：八卷 ……………………… 5-252
皇明百家文范：八卷 ……………………… 5-252
皇明成化二十三年条例：二卷…………… 2-66
皇明后军都督府署都同知高策行状：一卷
……………………………………………… 1-400
皇明名臣言行录：四卷 …………………… 1-370
皇明名臣言行录新编：三十四卷 ……… 1-368
皇明名臣言行录新编：四十四卷 ……… 1-368
皇明名臣录赞：一卷 ……………………… 1-368
皇明名臣经济录：十八卷………………… 2-90
皇明名臣琬琰录：二十四卷 …………… 1-368
皇明名臣琬琰录：二十四卷后集二十二卷
……………………………………………… 1-368
皇明论程文选：四卷 ……………………… 5-172
皇明词林人物考…………………………… 1-371
皇明诏令：二十一卷 ……………………… 2-86
皇明诏制：十卷 …………………………… 2-86
皇明诏制：八卷 …………………………… 2-86
皇明表忠纪：十卷 ………………………… 1-372
皇明表忠纪：十卷附录一卷 …………… 1-372
皇明表忠纪：十卷首一卷………………… 1-372
皇明卓异记：□□卷 ……………………… 1-370
皇明卓异记：□□卷 ……………………… 1-370
皇明昆山人物传：十卷 …………………… 1-368
皇明典礼志：二十卷 ……………………… 2-38
皇明典故纪闻：十八卷 …………………… 1-299
皇明制书：十四卷 ………………………… 2-25
皇明制书：□□卷 ………………………… 2-25
皇明法传录嘉隆纪：六卷皇明续纪三朝法
　　传全录十六卷 ………………………… 1-260
皇明泳化类编：一百三十六卷…………… 3-312
皇明泳化类编：一百三十六卷续编十七卷
……………………………………………… 3-313
皇明泳化类编：一百三十六卷续编十七卷
……………………………………………… 3-313
皇明宝训：四十卷 ………………………… 2-86
皇明诗选：十三卷 ………………………… 5-243
皇明诗选：十三卷 ………………………… 5-243
皇明诗选：七卷 …………………………… 5-243
皇明诗统：四十二卷 ……………………… 5-243
皇明诗统：四十二卷 ……………………… 5-243
皇明肃皇大谟：□□卷 …………………… 1-262
皇明肃皇外史：四十六卷………………… 1-262
皇明经世文编：五百四卷补遗四卷姓氏爵
　　里一卷 ………………………………… 5-254
皇明经济文录：四十一卷………………… 5-252
皇明经济文辑：二十三卷………………… 5-253
皇明经济文辑：二十三卷………………… 5-253
皇明奏议备选：十六卷 …………………… 2-90
皇明奏疏类钞：六十一卷 ……………… 2-90
皇明政要：二十卷 ………………………… 1-298
皇明政要：二十卷 ………………………… 1-298
皇明修文备史：一百五十五卷…………… 1-274
皇明律范：二十三卷 ……………………… 5-244
皇明阁臣录：四卷 ………………………… 1-370
皇明阁臣录：四卷 ………………………… 1-370
皇明将略：五卷 …………………………… 3-41
皇明祖训：一卷 …………………………… 2-86
皇明留台奏议：二十卷 …………………… 2-90
皇明资治通纪：十四卷 …………………… 1-260
皇明资治通纪：三十卷 …………………… 1-260
皇明资治通纪：三十卷 …………………… 1-260
皇明浙士登科考：十卷首一卷…………… 1-438
皇明通纪述遗：十二卷 …………………… 1-260
皇明通纪法传全录：二十八卷…………… 1-260
皇明通纪集要：六十卷 …………………… 1-260

皇明通纪集要：六十卷 …… 1-260
皇明理学名臣言行录：二卷续一卷 …… 1-370
皇明辅世编：六卷 …… 1-369
皇明象胥录：八卷 …… 2-171
皇明馆课经世宏辞续集：十五卷 …… 5-305
皇明馆课标奇：二十一卷 …… 5-306
皇明鸿猷录：十六卷 …… 1-273
皇明鸿猷录：十六卷 …… 1-273
皇明鸿猷录：十六卷 …… 1-273
皇明续纪：三卷 …… 1-260
皇明朝野记录：□□卷 …… 5-242
皇明程世录：□□卷 …… 1-427
皇明策衡：二十二卷 …… 5-305
皇明谥法考：一卷 …… 2-42
皇明疏议辑略：三十七卷 …… 2-90
皇明疏钞：七十卷 …… 2-90
皇明疏钞：七十卷 …… 2-90
皇明献实：三十九卷 …… 1-369
皇明献实：不分卷 …… 1-369
皇明碑刻：不分卷 …… 2-459
皇明嘉隆两朝闻见纪：十二卷 …… 1-262
皇明豫章诗选：二十四卷 …… 5-283
皇明翰阁文宗：十二卷 …… 5-252
皇明徽诗汇编：四十二卷附录一卷 …… 5-281
皇明藩府政令：六卷 …… 2-66
皇和律：十二卷 …… 2-69
皇祖四大法：十二卷 …… 1-300
皇祖四大法：十二卷 …… 1-300
皇象本急就章：一卷王氏音略一卷 …… 1-165
皇清文颖：一百卷首二十四卷目录六卷 …… 5-266
皇清文颖续编：一百八卷首五十六卷目录十卷 …… 5-266
皇清诗选：十三卷 …… 5-258
皇清诗选：三十卷首一卷 …… 5-258
皇清陕西历科进士录：一卷 …… 1-438
皇清奏议：不分卷 …… 2-91
皇清奏议：不分卷 …… 2-92
皇清奏议：□□卷 …… 2-91
皇清奏议副本：不分卷 …… 2-92
皇清奏议副本：不分卷 …… 2-92
皇清奏议副本：不分卷 …… 2-92
皇朝大臣谥迹录：四卷 …… 1-376
皇朝太平治迹统类：不分卷 …… 1-290
皇朝太学志：□□卷 …… 2-45
皇朝中兴小纪：四十卷 …… 1-257
皇朝中兴纪事本末：七十六卷 …… 1-258
皇朝文献通考：三百卷 …… 2-34
皇朝文鉴：一百五十卷 …… 5-234
皇朝文鉴：一百五十卷目录三卷 …… 5-234
皇朝文鉴：一百五十卷目录三卷 …… 5-234
皇朝本纪：一卷 …… 1-259
皇朝四明风雅：四卷 …… 5-276
皇朝四明风雅：四卷 …… 5-276
皇朝仕学规范：四十卷 …… 3-260
皇朝名臣言行别录：□□卷 …… 1-364
皇朝名臣言行续录：八卷别集三卷 …… 1-363
皇朝名臣续录：八卷 …… 1-364
皇朝词林典故：六十四卷 …… 2-46
皇朝实录：一百六十卷 …… 1-267
皇朝经解：十六卷 …… 1-4
皇朝钦定书目录：一卷 …… 2-481
皇朝类苑：七十八卷 …… 3-260
皇朝类苑：六十三卷目录五卷 …… 3-260
皇朝类苑：六十三卷目录五卷 …… 3-260
皇朝类苑：六十三卷目录五卷 …… 3-260
皇朝通志：一百二十六卷 …… 2-35
皇朝通志：一百二十六卷 …… 2-35
皇朝通典：一百卷 …… 2-35
皇朝通鉴长编纪事本末：一百五十卷 …… 1-271
皇朝通鉴长编纪事本末：一百五十卷 …… 1-271
皇朝通鉴长编纪事本末：一百五十卷 …… 1-271
皇朝通鉴长编纪事本末：一百五十卷 …… 1-271
皇朝通鉴政要：十八卷 …… 1-256
皇朝道学名臣言行外录：十七卷 …… 1-363
皇朝道学名臣言行外录：十七卷 …… 1-364
皇朝谥法考：五卷 …… 2-42
皇朝谥法考：五卷续编一卷 …… 2-42
皇朝谥法考：五卷续编一卷补编一卷 …… 2-42
皇朝编年备要：三十卷 …… 1-256

皇朝编年备要：三十卷 ………………………… 1-256
皇朝编年备要：三十卷 ………………………… 1-257
皇朝编年备要：三十卷 ………………………… 1-257
皇朝编年备要：三十卷 ………………………… 1-257
皇朝编年备要：三十卷 ………………………… 1-257
皇舆考：十卷……………………………………… 2-119
皇舆考：十卷……………………………………… 2-119
皇舆表：十六卷 ………………………………… 2-121
皇舆统志：十四卷 ……………………………… 2-122
皇霸文纪：十三卷 ……………………………… 5-216
鬼谷子：三卷……………………………………… 3-175
鬼谷子：三卷……………………………………… 3-175
鬼谷子：三卷篇目考一卷附录一卷 ……… 3-175
鬼谷子注：三卷 ………………………………… 3-175
鬼谷子注：三卷 ………………………………… 3-176
鬼谷子前定书：一卷 ………………………… 3-120
鬼谷子篇目考：一卷；附录：一卷 …… 3-175
鬼谷四友志：三卷 ……………………………… 3-337
鬼董：五卷 ……………………………………… 3-325
鬼董狐：五卷…………………………………… 3-325
泉币图说：六卷 ………………………………… 2-465
泉币图说：六卷 ………………………………… 2-466
泉文：不分卷…………………………………… 2-465
泉史：十六卷…………………………………… 2-465
泉史：十六卷…………………………………… 2-465
泉史：十六卷…………………………………… 2-465
[乾隆]泉州府志：七十六卷首一卷 ……… 2-294
[乾隆]泉州府志：七十六卷首一卷 ……… 2-294
泉志：十五卷…………………………………… 2-464
泉志：十五卷…………………………………… 2-465
泉河史：十五卷 ………………………………… 2-165
泉南杂志：二卷 ………………………………… 2-132
泉斋简端录：十二卷 ………………………… 1-136
泉斋简端录：十二卷 ………………………… 1-136
泉斋简端录：十二卷 ………………………… 1-136
泉湖山房稿：三十卷 ………………………… 4-321
泉缘汇珍记：十二卷 ………………………… 2-467
[道光]禹州志：二十六卷……………………… 2-327
[同治]禹州志：二十六卷增续二卷 ……… 2-327
禹贡：一卷 ……………………………………… 1-39
禹贡山川地理图：二卷 ……………………… 1-39
禹贡山川郡邑考：四卷 ……………………… 1-40
禹贡山川郡邑考：四卷 ……………………… 1-40
禹贡今释：二卷 ………………………………… 1-40
禹贡分笺：七卷 ………………………………… 1-40
禹贡古今合注：五卷图一卷 ……………… 1-40
禹贡汇疏：十二卷图一卷考略一卷别录一
卷 ………………………………………………… 1-39
禹贡合图纂注：一卷附录一卷 …………… 1-40
禹贡述略：十一卷首一卷…………………… 1-40
禹贡备遗：一卷书法一卷…………………… 1-39
禹贡郑注释：二卷 ……………………………… 1-40
禹贡说长笺：一卷 ……………………………… 1-39
禹贡锥指：二十卷图一卷…………………… 1-40
禹贡谱：二卷…………………………………… 1-40
[光绪]禹城县志：十二卷…………………… 2-309
[嘉庆]禹城县志：十二卷…………………… 2-309
禹峰先生文集：二十四卷……………………5-9
侯官县乡土志：八卷 ………………………… 2-291
侯鲭录：八卷…………………………………… 3-189
追维往事录：二卷 ……………………………… 3-252
俟知堂集：十三卷 ……………………………… 4-284
俟庵李先生文集：三十一卷 ……………… 4-204
盾鼻余沈：不分卷 ……………………………… 1-315
盾墨：四卷 ……………………………………… 1-316
衎石先生致弟书：不分卷…………………… 5-134
衎石斋记事稿：十卷 ………………………… 5-134
衎石斋记事稿：十卷续稿十卷；刻楮集：
四卷；旅逸小稿：二卷 ……………… 5-134
衎石斋诗集：三十卷 ………………………… 5-134
衎石斋集：二卷 ………………………………… 5-134
衎石斋集：十三卷 ……………………………… 5-134
衎庐杂稿：不分卷 ……………………………… 5-156
衎庐遗稿：不分卷 ……………………………… 5-156
待访录：一卷…………………………………… 3-33
待访录：一卷…………………………………… 3-33
待清轩遗稿：一卷 ……………………………… 4-172
待清轩遗稿：一卷；读书录存遗：一卷
……………………………………………………… 4-180

待清轩遗稿：一卷；读书录存遗：一卷 …… 4-180
待清轩遗稿：一卷；读书录存遗：一卷 …… 4-180
衍庆录：十二卷又二卷 …… 1-400
衍芬草堂藏书目录：不分卷 …… 2-495
衍极：五卷 …… 3-133
衍谢：一卷 …… 3-220
律吕元音：二卷 …… 1-87
律吕正义：五卷 …… 1-86
律吕正声：六十卷 …… 1-86
律吕古义：三卷 …… 1-86
律吕古义：三卷 …… 1-86
律吕考：一卷；九歌解：一卷 …… 1-87
律吕阐微：十卷首一卷 …… 1-86
律吕解注：二卷 …… 1-86
律吕新书：二卷八音考略一卷 …… 1-85
律例图说：十卷 …… 2-69
律话：三卷 …… 1-87
律谐：二卷 …… 1-176
须庵诗集：十一卷 …… 5-114
须庵集：不分卷 …… 5-114
须溪先生四景诗集：四卷 …… 4-174
须溪先生四景诗集：四卷 …… 4-174
须溪批点杜工部诗注：二十二卷 …… 4-37
须溪批点选注杜工部诗：二十二卷 …… 4-37
须溪批点选注杜工部诗：二十四卷 …… 4-37
[光绪]叙州府志：四十三卷首一卷末一卷 …… 2-391
[光绪]叙州府志：四十三卷首一卷末一卷 …… 2-391
俞氏爰园印薮：□□卷 …… 2-469
俞石涧易外别传：一卷 …… 3-384
俞石涧易外别传：一卷 …… 3-385
俞荫甫先生遗稿：九种五十一卷 …… 5-434
俞渐川集：四卷 …… 5-16
弇山堂别集：一百卷 …… 1-298
弇山堂别集：一百卷 …… 1-298
弇山堂别集：一百卷 …… 1-298
弇山堂别集：一百卷 …… 1-299
弇州山人艺苑卮言：十二卷 …… 5-318
弇州山人文抄：十二卷 …… 4-317
弇州山人四部稿：一百七十四卷 …… 4-316
弇州山人四部稿：一百七十四卷目录十二卷附遗一卷 …… 4-316
弇州山人四部稿：一百八十卷目录十二卷 …… 4-316
弇州山人四部稿：一百八十卷目录十二卷 …… 4-316
弇州山人四部稿选：十六卷 …… 4-317
弇州山人年谱：一卷 …… 1-412
弇州山人读书后：八卷 …… 4-317
弇州山人续稿：二百七卷目录十卷 …… 4-317
弇州山人续稿：二百七卷目录十卷 …… 4-317
弇州山人续稿选：三十八卷 …… 4-317
弇州史料前集：三十卷后集七十卷 …… 1-299
弇州史料前集：三十卷后集七十卷 …… 1-299
剑州志：二十四卷首一卷 …… 2-382
[同治]剑州志：十卷图一卷 …… 2-382
剑侠传：四卷附录一卷 …… 3-332
剑南诗钞：六卷 …… 4-144
剑南诗稿：八十五卷 …… 4-144
剑虹斋诗文集：十二卷 …… 5-93
爰书：一卷 …… 2-103
爰清子致命篇：二卷 …… 3-384
食味杂咏：一卷 …… 5-103
食物本草：二十二卷 …… 3-70
食物本草：四卷 …… 3-70
食品集：二卷附录一卷 …… 3-166
食宪鸿秘：二卷附录一卷 …… 3-166
食宪鸿秘：二卷附录一卷 …… 3-166
逃虚子诗集：十卷续集一卷逃虚类稿五卷 …… 4-233
逃虚类稿：五卷 …… 4-233
逃虚类稿：五卷 …… 4-233
逃虚集：四卷 …… 4-233
胜饮编：十八卷 …… 3-166
胜国遗献小传：不分卷 …… 1-375
胜萧曹遗笔：四卷 …… 2-72
脉诀刊误集解：二卷附录二卷 …… 3-71

脉诀汇编说统：不分卷 …………………… 3-71
脉经：十卷 ………………………………… 3-70
脉经：十卷 ………………………………… 3-70
脉经：十卷 ………………………………… 3-70
脉荟：二卷 ………………………………… 3-71
脉药联珠：一卷 …………………………… 3-63
脉理会参：三卷 …………………………… 3-71
脉望馆书目：四卷 ………………………… 2-484
脉望馆藏书目：不分卷 …………………… 2-484
勉学堂针灸集成：二卷；经穴评集：二卷
………………………………………… 3-85
勉斋先生黄文肃公文集：四十卷 ……… 4-159
勉斋先生遗稿：三卷 …………………… 4-259
勉益斋偶存稿：不分卷 ………………… 5-138
独异志：三卷 …………………………… 3-323
独学庐初稿：四种十三卷 ……………… 5-122
独学庐诗稿：一卷 ……………………… 5-121
独峰和尚禅要：一卷 …………………… 3-417
独断：一卷 ……………………………… 3-224
独断：二卷 ……………………………… 3-223
独断：二卷 ……………………………… 3-224
独漉堂诗集：十五卷文集十五卷 ……… 5-38
狯园：十六卷 …………………………… 3-328
狯园：十六卷 …………………………… 3-328
急救仙方：十一卷 ……………………… 3-80
急救良方：二卷 ………………………… 3-82
急就篇注：二卷 ………………………… 1-165
急就篇注：四卷 ………………………… 1-165
[同治]饶州府志稿：三十二卷首一卷 … 2-302
[顺治]饶阳县后志：六卷 ……………… 2-199
[顺治]饶阳县后志：六卷 ……………… 2-200
[乾隆]饶阳县志：二卷首一卷末一卷 … 2-200
哀兰集些：一卷；挽篇：一卷 ………… 5-110
哀艳小说桃花新梦：二编 ……………… 3-357
亭林文集：六卷诗集五卷 ……………… 5-15
亭林先生年谱：二卷 …………………… 1-414
亭林先生遗书汇辑：二十三种六十三卷附
录三种四卷 ……………………………… 5-430
亭林诗集：五卷 ………………………… 5-15
亭林著书目录 …………………………… 3-234
亭林遗书：十种二十七卷 ……………… 5-430
[亮工杂抄]：不分卷 …………………… 1-326
度支奏议：一百十九卷 ………………… 2-103
度曲须知：二卷 ………………………… 5-412
度曲须知：二卷弦索辨讹二卷 ………… 5-412
度曲须知：二卷弦索辨讹三卷 ………… 5-412
度曲须知：二卷弦索辨讹三卷 ………… 5-412
度陇记：四卷 …………………………… 2-169
庭训录：一卷 …………………………… 3-218
庭闻录：二卷 …………………………… 1-314
疮疡经验全书：十三卷 ………………… 3-74
施先生孟子发题：一卷 ………………… 4-136
施侍读年谱：一卷矩斋先生外传一卷；寄
云楼书目：一卷 ………………………… 1-414
施注苏诗：四十二卷首一卷总目二卷 … 4-111
施注苏诗：四十二卷总目二卷 ………… 4-110
施注苏诗：四十二卷总目二卷 ………… 4-110
施注苏诗：四十二卷总目二卷 ………… 4-110
施注苏诗：四十二卷总目二卷 ………… 4-110
施注苏诗：四十二卷续补遗二卷 ……… 4-110
[光绪]施南府志续编：十卷 …………… 2-343
施信阳文集：七卷 ……………………… 4-283
施愚山先生全集：九十六卷 …………… 5-430
奕正：二卷 ……………………………… 3-157
奕庆藏书楼书目：四卷 ………………… 2-486
奕志：五卷 ……………………………… 3-157
奕园杂咏：一卷；奕园史：一卷 ……… 5-247
奕余：一卷二集二卷绮语一卷 ………… 4-377
奕善堂集：一卷 ………………………… 4-332
奕编：十卷 ……………………………… 3-158
奕薮：四卷 ……………………………… 3-157
奕薮：四卷 ……………………………… 3-157
奕薮：四卷；棋经注：一卷 …………… 3-157
音声纪元：六卷 ………………………… 1-180
音声纪元：六卷 ………………………… 1-180
音纬：二卷 ……………………………… 1-181
音学五书：一卷；音论：三卷；诗本音：
十卷 ……………………………………… 1-182
音学辨微：一卷校正一卷 ……………… 1-181
音注全文春秋括例始末左传句读直解：七

十卷 …… 1-91
音注全文春秋括例始末左传句读直解：七十卷 …… 1-91
音点春秋左传：十六卷 …… 1-88
音点春秋左传详节句解：三十五卷 …… 1-91
音点春秋左传详节句解：三十五卷 …… 1-91
音韵日月灯：六十卷 …… 1-181
音韵日月灯：六十卷 …… 1-181
音韵启蒙：四卷 …… 1-177
音韵学稽古录：一卷 …… 1-181
音韵校正：四卷首一卷 …… 1-177
音韵阐微：十八卷 …… 1-176
帝乡戚氏家传葩经大成心印：五卷 …… 1-49
帝王庙谥年讳谱：一卷 …… 1-321
帝王庙谥年讳谱：一卷 …… 1-321
帝王经世图谱：十六卷附录一卷 …… 3-282
帝里明代人文略：二十二卷附后一卷 … 1-378
帝系：不分卷 …… 2-20
帝范：二卷 …… 3-34
帝范：二卷 …… 3-34
帝范：二卷 …… 3-34
帝范：四卷；臣轨：二卷 …… 3-34
帝京岁时纪胜：一卷 …… 2-123
帝京景物略：八卷 …… 2-122
帝京景物略：八卷 …… 2-122
帝京景物略：八卷 …… 2-122
帝京景物略：八卷 …… 2-123
帝京景物略：八卷 …… 2-123
帝京景物略：八卷 …… 2-123
帝京景物略：不分卷 …… 2-123
帝学：八卷 …… 3-34
帝学：八卷 …… 3-34
帝祖万年金鉴录：三卷 …… 3-35
帝陵图说：三卷 …… 2-146
帝鉴图说：不分卷 …… 1-351
帝鉴图说：不分卷 …… 1-351
帝鉴图说：六卷 …… 1-351
帝鉴图说：六卷 …… 1-351
帝鉴图说：六卷 …… 1-351
恸余杂记：一卷；江东乐府：一卷 …… 1-320
恒山游草：一卷 …… 4-373
恒轩诗稿：不分卷 …… 5-15
[光绪]恒春县志：二十二卷首一卷末一卷 …… 2-438
恒斋诗集：十六卷 …… 5-53
恒游草：一卷；燕游草：一卷 …… 4-381
恬裕斋藏书记：四卷 …… 2-495
恤忠全典：一卷 …… 1-374
恤谥考：八卷摭遗十八卷 …… 1-235
恪勤陈公墓志铭：一卷 …… 1-406
恽氏家集：十八卷；感怀诗：一卷 …… 5-292
闺范：四卷 …… 1-349
闺范：四卷 …… 1-349
闺范：四卷 …… 1-349
闻见近录：一卷 …… 3-244
闻见录：一卷 …… 3-326
闻见录：五卷 …… 3-329
闻见录：不分卷 …… 1-376
闻见琐录：一卷 …… 3-249
闻过斋集：八卷 …… 4-217
闻过斋集：八卷 …… 4-217
闻过斋集：八卷 …… 4-217
闻过斋集：八卷 …… 4-217
闻过斋集：八卷 …… 4-217
闻过斋集：八卷 …… 4-217
闻妙香室诗：十二卷文十九卷 …… 5-130
闻妙香室诗：十二卷词一卷文十九卷经进集五卷黔记四卷 …… 5-130
闻渔阁续集：不分卷；瓠屋漫稿：不分卷 …… 5-100
[乾隆]闻喜县志：十二卷首一卷图一卷 …… 2-226
[乾隆]闻喜县志：十二卷首一卷 …… 2-226
[顺治]闻喜县志：七卷 …… 2-226
[光绪]闻喜县志：三卷首一卷 …… 2-226
[光绪]闻喜县志补：四卷 …… 2-226
[光绪]闻喜县志续：四卷 …… 2-226
闻雁斋笔谈：六卷 …… 3-210
闻鹤轩录见汇抄：三卷附刊二卷 …… 5-267
闽大记：五十五卷 …… 2-289

闽小纪：四卷……2-131
闽中十子诗：十种三十卷……5-283
闽中书画录：十四卷……3-127
闽中书画录：十四卷……3-127
闽中书画录：十卷……3-127
闽中书画录：不分卷……3-127
闽中正声：七卷……5-282
闽中石刻记：二卷……2-446
闽中金石略：十五卷……2-446
闽中荔枝通谱：十六卷……3-170
闽中理学渊源考：九十二卷……1-383
闽中稿：一卷……4-242
闽书：一百五十四卷……2-289
闽书抄：□□卷……2-289
闽师进剿纪略：不分卷……1-317
闽行日志：一卷……2-167
闽会小纪百韵：一卷……5-24
闽词钞：四卷……5-353
闽词钞：四卷……5-354
闽贤遗墨：不分卷……5-282
闽学宗传：四卷；浙学宗传：五卷；推豪别录：一卷……1-383
闽诗传初集：四卷附录一卷……5-282
闽南唐雅：十二卷……5-282
闽轺日记：一卷……1-419
闽省竹枝词：不分卷……5-141
闽省贤书：七卷续一卷……1-438
[康熙]闽泰宁县志：十卷……2-293
闽都记：三十三卷……2-290
闽都记：三十三卷……2-290
闽都记：三十三卷……2-290
闽颂汇编：四十卷……1-404
闽海风雅：十卷……5-282
闽海关常税则例：二卷……2-52
闽海纪录：不分卷；狩缅纪事：一卷……1-313
闽海纪略：二卷……1-313
闽游诗话：三卷……5-324
闽幕纪略：一卷……1-314
闽碑考：十卷……2-446
闽溪纪略：一卷……1-341
闽漳先贤列传：四卷……1-383
闽藩政务：三卷……2-35
闾丘诗集：二十卷……5-70
闾丘诗集：六十卷味蔗诗集三卷……5-70
闾丘辩囿：□□卷……5-423
阁史：一卷……3-328
阁臣年表：一卷内阁行略一卷……1-374
阁皂山志：二卷……2-155
阁皂山志：二卷……2-155
阁帖汇考：十卷……3-140
阁帖汇考：十卷……3-140
养正图解：二卷……3-38
养正图解：不分卷……3-38
养正图解：不分卷……3-38
养正图解：不分卷……3-38
养正图解：不分卷……3-38
养正图解：不分卷……3-38
养正图解：不分卷……3-39
养正录：一卷……3-31
养生月览：二卷……3-85
养生月览：二卷……3-85
养生杂类：二十二卷……3-86
养生类要前集：一卷……3-86
养生编：一卷……3-386
养吉斋丛录：二十六卷余录十卷……1-313
养余月令：三十卷……2-112
养余月令：三十卷……2-112
养余月令：三十卷……2-113
养知书屋日记：不分卷……1-421
养和堂丛书：八种四十卷……5-423
养素堂集外文稿：不分卷……5-15
养素堂藏书目录：一卷续目一卷……2-491
养根集：十卷……5-213
养疾唱和诗：二卷……5-250
养蒙先生文集：十卷……4-188
养蒙图说：不分卷……1-348
养默山房诗余：三卷……5-344
美益奇观孝义传：八卷六十四回……3-356
姜氏秘史：一卷……1-300
姜氏秘史：一卷……1-300

姜氏秘史：一卷 …… 1-300
姜氏家谱：不分卷 …… 2-10
姜凤阿文集：三十八卷 …… 4-314
姜白石诗词合集：十五卷 …… 4-160
姜白石诗词合集：九卷附录一卷 …… 4-160
姜西溟文钞：四卷 …… 5-33
姜西溟书札 …… 5-33
姜西溟先生文稿：不分卷 …… 5-32
姜尧章续书谱：一卷 …… 3-131
姜贞毅先生挽章：不分卷 …… 1-403
姜畦诗集：六卷 …… 5-102
类书读：三十卷 …… 3-280
类次书肆说铃：二卷 …… 3-213
类次书肆说铃：二卷 …… 3-213
类抄：不分卷 …… 3-236
类证注释钱氏小儿方诀：十卷 …… 3-76
类证普济本事方：十卷 …… 3-79
类证普济本事方：十卷 …… 3-79
类姓登科考：不分卷 …… 1-428
类经：三十二卷图翼十一卷附翼四卷 …… 3-64
类经图翼：十一卷 …… 3-64
类选大成：不分卷 …… 3-290
类选苑诗秀句：十二卷 …… 3-309
类选注释骆丞全：四卷 …… 4-21
类选唐宋四时绝句：不分卷 …… 5-185
类选唐诗助道微机：六卷；类选唐诗助道微机或问记：一卷 …… 5-226
类选笺释草堂诗余：六卷 …… 5-348
类音：八卷 …… 1-181
类说：五十卷 …… 3-260
类说：六十卷 …… 3-260
类隽：三十卷 …… 3-292
类隽：三十卷 …… 3-292
类笺唐王右丞诗集：十卷 …… 4-28
类笺唐王右丞诗集：十卷年谱一卷 …… 4-28
类笺唐王右丞诗集：十卷年谱一卷 …… 4-28
类笺唐王右丞诗集：十卷年谱一卷 …… 4-28
类笺唐王右丞诗集：十卷年谱一卷文集四卷集外编一卷 …… 4-28
类博稿：十卷 …… 4-245
类博稿：十卷 …… 4-245
类博稿：十卷附录二卷 …… 4-245
类赋：二十一卷 …… 3-280
类集今古闲评客座清谈陶情集：二卷 …… 3-272
类编历法通书大全：三十卷 …… 3-124
类编历法通书大全：三十卷 …… 3-124
类编历法通书大全：三十卷 …… 3-124
类编历法通书大全：三十卷 …… 3-124
类编长安志：十卷 …… 2-406
类编长安志：十卷目录一卷 …… 2-406
类编古今名贤汇语：二十二卷 …… 5-417
类编古今名贤汇语：□□卷 …… 5-417
类编草堂诗余：三卷 …… 5-348
类编草堂诗余：四卷 …… 5-347
类编草堂诗余：四卷 …… 5-347
类编草堂诗余：四卷 …… 5-348
类编草堂诗余：四卷续四卷 …… 5-348
类编标注文公朱先生经济文衡前集：二十五卷后集二十五卷续集二十二卷 …… 3-22
类编皇朝大事记讲义：二十三卷 …… 1-343
类编皇朝大事记讲义：二十三卷；中兴讲义：一卷 …… 1-343
类编笺释国朝诗余：五卷 …… 5-348
类聚名贤乐府群玉：五卷 …… 5-399
类篇：四十五卷 …… 1-156
迷藏一哂：不分卷 …… 3-160
娄上编：二十一卷 …… 5-291
娄子静文集：六卷 …… 4-322
娄子静文集：六卷附醇儒传一卷 …… 4-322
娄东诗派：二十八卷 …… 5-273
娄东耆旧传：九卷 …… 1-380
娄东耆旧传：九卷 …… 1-380
娄江志：二卷 …… 2-163
[乾隆]娄县志：三十卷 …… 2-239
[光绪]娄县续志：二十卷 …… 2-239
前汉书：一百卷 …… 1-205
前汉书：一百卷 …… 1-207
前汉书：一百卷 …… 1-207
前汉书：一百卷 …… 1-210
前汉书抄：八卷；后汉书抄：八卷 …… 1-322

前后桃坞百绝：二卷 …………………………… 5-154
前赤壁赋：一卷；后赤壁赋：一卷 …… 5-406
前贤小集拾遗：五卷 ………………………… 5-232
前明山东历科乡试录：一卷；国朝山东历
科乡试录：一卷 …………………………… 1-435
前明河南道监察御史诚所公文集：八卷
………………………………………………… 4-345
前定录：一卷续录一卷 …………………… 3-323
前唐十二家诗：二十四卷………………… 5-165
前唐十二家诗：□□卷 …………………… 5-165
首楞严义疏注经：二十卷………………… 3-411
首楞严经义海：三十卷 …………………… 3-411
总制浙闽文檄：六卷 ………………………… 2-82
总制浙闽疏章：四卷 ……………………… 2-107
总理河漕奏疏：初二任三卷三任五卷四任
六卷……………………………………… 2-100
总集十三经注疏略：十三卷 …………… 1-140
总督四镇奏议：十卷 ……………………… 2-100
总督两河宣化录：四卷；总督河南山东宣
化录：四卷 ……………………………… 2-108
总督奏议：六卷 …………………………… 2-107
总督奏议：六卷 …………………………… 2-107
总管内务府会计司晓谕众庄头档：一卷 … 2-83
总管内务府畅春园现行则例：一卷 ……… 2-81
总管内务府畅春园现行则例：三卷 ……… 2-81
总管内务府圆明园现行则例：二卷 ……… 2-80
炳烛斋随笔：一卷 ………………………… 3-215
炳烛斋稿：不分卷 ………………………… 4-362
炳烛斋稿：不分卷随笔一卷 …………… 4-362
炳烛编：一卷……………………………… 3-231
炳烛编：四卷……………………………… 3-236
炮炙大法：一卷 …………………………… 3-84
烂柯山志：不分卷 ………………………… 2-152
将将纪：二十四卷…………………………… 3-43
将鉴论断：十卷 …………………………… 3-43
将鉴论断：十卷 …………………………… 3-43
举业正式：六卷 …………………………… 5-305
举业式程程论：一卷 ……………………… 5-305
觉山先生绪言：二卷 ……………………… 3-207
觉世名言：十二卷三十八回 …………… 3-336
觉世名言：十二卷三十八回 …………… 3-336
觉世名言：六卷三十八回………………… 3-336
觉非先生文集：五卷 ……………………… 4-241
觉非斋文集：二十八卷附录一卷 ……… 4-239
觉非集：十卷……………………………… 4-240
觉罗满保奏疏：□□卷 …………………… 2-108
咨访册：不分卷 …………………………… 2-44
洁斋毛诗经筵讲义：四卷………………… 1-44
洁庵选义林逊国全书：五卷；土木案：一
卷；刘子文选：一卷 …………………… 1-301
洪氏家乘：十二卷附录一卷 ……………… 2-10
洪文敏公文集：八卷 ……………………… 4-144
洪龟父集：二卷 …………………………… 4-124
洪龟父集：二卷 …………………………… 4-124
洪武正韵：十六卷 ………………………… 1-173
洪武正韵：十六卷 ………………………… 1-173
洪武正韵：十六卷 ………………………… 1-173
洪武正韵：十六卷 ………………………… 1-174
洪武正韵：十六卷 ………………………… 1-174
洪武正韵：十六卷 ………………………… 1-174
洪武正韵：十六卷 ………………………… 1-174
洪武正韵：十六卷 ………………………… 1-174
洪武正韵：十六卷 ………………………… 1-174
洪武正韵：十六卷 ………………………… 1-174
洪武正韵：十六卷 ………………………… 1-174
洪武正韵：十六卷 ………………………… 1-174
洪武正韵：十六卷；洪武正韵玉键：一卷
………………………………………………… 1-174
洪武正韵汇编：四卷 ……………………… 1-174
洪武正韵补笺：十卷 ……………………… 1-174
洪武正韵高唐王篆书：五卷 …………… 1-174
洪武正韵傍音释义：二卷………………… 1-175
洪武圣政记：十二卷 ……………………… 1-299
洪武京城图志：一卷 ……………………… 2-123
洪武京城图志：一卷 ……………………… 2-123
洪武南藏：一百八十二卷………………… 3-391
洪范正论：五卷 …………………………… 1-41
洪范图解：二卷 …………………………… 3-108
洪范浅解：十一卷 ………………………… 1-40
洪范注补：五卷 …………………………… 1-41

洪范政鉴：十二卷 …………………………… 3-125
洪范皇极内篇：五卷 ………………………… 3-108
洪范统一：一卷 ……………………………… 1-40
洪承畴揭帖：一卷 …………………………… 2-105
洪驹父老圃集：二卷 ………………………… 4-122
[万历]洪洞县志：八卷图一卷 ……………… 2-221
[雍正]洪洞县志：九卷图一卷 ……………… 2-221
[雍正]洪洞县志：九卷 ……………………… 2-221
[嘉庆]洪雅县志：二十五卷首一卷图一卷
………………………………………………… 2-396
[光绪]洪雅县志：十二卷首一卷 …………… 2-396
洹词：十二卷 ………………………………… 4-271
洹词：十二卷 ………………………………… 4-271
洞山九潭志：四卷 …………………………… 2-154
洞天清禄集：一卷 …………………………… 3-255
洞天福地岳渎名山记：一卷 ………………… 3-316
洞天福地岳渎名山记：一卷 ………………… 3-391
洞灵经；黄庭经 ……………………………… 3-378
洞庭文集：不分卷 …………………………… 5-62
洞庭唱和：四卷 ……………………………… 5-247
洞庭集：五十三卷 …………………………… 4-299
洞庭集：五十三卷 …………………………… 4-299
洞庭集：五十三卷 …………………………… 4-299
洞庭集：四卷 ………………………………… 4-299
洞庭湖志：十四卷 …………………………… 2-165
洞庭湖君山诗集：三卷 ……………………… 5-286
洞庭湖棹歌：一卷续一卷 …………………… 5-73
洞箫词：一卷 ………………………………… 5-344
洞麓堂集：三十八卷 ………………………… 4-298
测食：二卷 …………………………………… 3-88
测圆图解：不分卷 …………………………… 3-105
测圆海镜分类释术：十卷 …………………… 3-103
测圆海镜细草：十二卷 ……………………… 3-103
测圆算术：四卷 ……………………………… 3-103
测圆算术：四卷勾股算术二卷弧矢算术一
卷方圆术一卷 ………………………………… 3-103
测圆算术：四卷弧矢筭术一卷附一卷 …… 3-104
测海集：六卷 ………………………………… 5-115
测量高远仪器作法：一卷；比例规解：一
卷；八线表根：一卷 ………………………… 3-105
洗心居雅言集：二卷 ………………………… 1-340
洗海近事：二卷 ……………………………… 1-302
洗冤录详义：四卷 …………………………… 2-70
洗冤录详义：四卷 …………………………… 2-70
活人书：二十卷首一卷 ……………………… 3-72
活幼便览：二卷 ……………………………… 3-77
活字版孝经附录：一卷 ……………………… 1-113
[光绪]洮州厅志：十八卷 …………………… 2-432
洮岷文武禁约：一卷 ………………………… 2-66
洮岷边备知参政事毕自严生祠志：一卷
………………………………………………… 1-401
洮岷边备知参政事毕自严生祠志：一卷
………………………………………………… 1-401
[光绪]洵阳县志：十四卷 …………………… 2-423
[乾隆]洵阳县志：十四卷 …………………… 2-422
[雍正]洵阳县志：六卷 ……………………… 2-422
洛西平寇纪略：一卷 ………………………… 1-314
洛阳九老祖龙学文集：十六卷 ……………… 4-89
洛阳九老祖龙学文集：十六卷源流始末一
卷 …………………………………………… 4-89
洛阳九老祖龙学文集：十六卷源流始末一
卷 …………………………………………… 4-89
洛阳九老祖龙学文集：十六卷源流始末一
卷 …………………………………………… 4-89
洛阳九老祖龙学文集：十六卷源流始末一
卷 …………………………………………… 4-89
洛阳九老祖龙学文集：十六卷源流始末一
卷 …………………………………………… 4-89
洛阳九老祖龙学文集：十六卷源流始末一
卷 …………………………………………… 4-89
洛阳花木记：一卷 …………………………… 3-168
[顺治]洛阳县志：十二卷 …………………… 2-322
洛阳伽蓝记：五卷 …………………………… 2-144
洛阳伽蓝记：五卷 …………………………… 2-144
洛阳伽蓝记：五卷 …………………………… 2-144
洛阳伽蓝记：五卷 …………………………… 2-144
洛阳伽蓝记：五卷 …………………………… 2-144
洛阳贾生传：一卷 …………………………… 3-10
洛如诗抄：六卷 ……………………………… 5-261
洛间山人诗抄：十卷 ………………………… 5-103

洛草：三卷 …… 4-330
洛神庙传奇：二卷 …… 5-390
洛浦县乡土志：一卷 …… 2-436
[同治]浏阳县志：二十四卷首一卷末一卷 …… 2-345
[同治]浏阳县志：二十四卷首一卷末一卷 …… 2-345
[康熙]浏阳县志：十七卷 …… 2-345
[嘉庆]浏阳县志：四十卷首一卷志余备考二卷 …… 2-345
[嘉庆]浏阳县志：四十卷首一卷志余备考二卷 …… 2-345
[雍正]浏阳县志：四卷首一卷 …… 2-345
济世内科经验全方：三卷 …… 3-73
济北晁先生鸡肋集：七十卷 …… 4-120
济北晁先生鸡肋集：七十卷 …… 4-120
济北晁先生鸡肋集：七十卷目录二卷 …… 4-120
济北晁先生鸡肋集：七十卷目录二卷 …… 4-120
济北晁先生鸡肋集：七十卷目录二卷 …… 4-120
济生方：八卷 …… 3-79
济生产宝论方：二卷 …… 3-76
济尔哈朗图等处陈设铺垫漆木器皿清档：不分卷 …… 2-84
[道光]济宁直隶州志：十卷首一卷末一卷图一卷 …… 2-316
[道光]济宁直隶州志：十卷首一卷 …… 2-317
[乾隆]济宁直隶州志：三十四卷首一卷图一卷 …… 2-316
[咸丰]济宁直隶州续志：四卷 …… 2-317
[乾隆]济阳县志：十四卷首一卷 …… 2-308
济阴纲目：五卷 …… 3-76
济南百咏：一卷 …… 4-364
济南金石志：四卷 …… 2-447
[道光]济南府志：七十二卷首一卷图一卷 …… 2-307
济胜一览：不分卷 …… 2-140
济美录：九卷 …… 4-210
济美录：四卷 …… 4-211
济美堂集：四卷 …… 4-312
济颠大师醉菩提全传：二十回 …… 3-364
济颠语录：不分卷 …… 3-364
洨滨蔡先生语录：二十卷附录一卷 …… 3-29
洋防通论：四卷 …… 2-61
洋县乡土志：不分卷 …… 2-418
[光绪]洋县志：八卷 …… 2-418
[康熙]洋县志：八卷 …… 2-418
洋泉平猺纪略：一卷 …… 1-315
洴澼百金方：十四卷 …… 3-45
洴澼百金方：十四卷 …… 3-45
洴澼百金方：十四卷 …… 3-45
浑仪镜：不分卷 …… 5-388
浑盖通宪图说：二卷首一卷 …… 3-103
浑盖通宪图说：二卷首一卷 …… 3-103
[顺治]浑源州志：二卷 …… 2-209
[乾隆]浑源州志：十卷附录一卷 …… 2-209
[乾隆]浑源州志：十卷 …… 2-209
[光绪]浑源州续志：十卷 …… 2-209
浒山志：八卷 …… 2-267
浒东山房批校庐陵曾公十八史略：八卷 …… 1-322
浒东山房批校庐陵曾氏十八史略：八卷 …… 1-322
[康熙]浒墅关志：二十卷 …… 2-257
浒墅关志：十八卷 …… 2-257
津门杂事诗：一卷 …… 5-93
津门诗钞：三十卷 …… 5-268
津门闻见录：六卷 …… 1-315
津夫诗钞：二卷 …… 5-86
津沪京各路密报军情：不分卷 …… 2-82
津逮秘书：十五集一百四十六种七百四十八卷 …… 5-422
[同治]浔州府志：三十八卷首一卷 …… 2-371
浔阳书目：一卷 …… 2-493
浔阳书目：一卷 …… 2-493
浔阳诗稿：一卷词稿一卷附辋川乐事一卷新调思春一卷 …… 5-107
宣大山西三镇图说：三卷 …… 2-63
宣化县乡土志：不分卷 …… 2-203
[康熙]宣化县志：三十卷图一卷 …… 2-184
[乾隆]宣化府志：四十二卷首一卷 …… 2-184

[乾隆]宣化府志：四十二卷首一卷 …… 2-184
宣化录：一卷；抚豫宣化录：一卷 …… 2-108
宣西通：三卷 …… 3-90
宣和书谱：二十卷 …… 1-356
宣和书谱：二十卷 …… 1-356
宣和书谱：二十卷 …… 1-356
宣和书谱：二十卷 …… 1-356
宣和书谱：二十卷；宣和画谱：二十卷 …… 1-356
宣和书谱：不分卷 …… 1-356
宣和北苑贡茶录：一卷 …… 3-167
宣和奉使高丽图经：四十卷 …… 2-173
宣和奉使高丽图经：四十卷 …… 2-173
宣和奉使高丽图经：四十卷 …… 2-173
宣和奉使高丽图经：四十卷 …… 2-173
宣和画谱：二十卷 …… 1-356
宣和画谱：二十卷 …… 1-357
宣和画谱：二十卷 …… 1-357
宣和画谱：二十卷 …… 1-357
宣和画谱：二十卷 …… 1-357
宣和遗事：二卷 …… 3-345
宣和集古印史：八卷 …… 2-468
宣和集古印史：八卷 …… 2-468
[正德]宣府镇志：十卷 …… 2-184
[正德]宣府镇志：十卷 …… 2-184
宣炉杂记：一卷 …… 3-161
宣宗圣政记：□□卷 …… 1-262
宣宗成皇帝大事档：□□卷 …… 2-84
宣宗实录随记：不分卷 …… 1-268
[嘉庆]宣城县志：三十二卷 …… 2-287
[光绪]宣城县志：四十卷首一卷 …… 2-287
宣城陈氏族谱：一卷 …… 2-12
宣室志：十卷补遗一卷 …… 3-331
[同治]宣恩县志：二十卷首一卷 …… 2-343
宣靖备史：四卷 …… 1-291
宣德八年进士登科录：一卷 …… 1-429
宣德鼎彝谱：八卷 …… 3-161
宣德鼎彝谱：八卷 …… 3-161
宣德彝器图谱：二十卷 …… 3-161
宣德彝器谱：三卷 …… 3-161
宣德彝器谱：三卷 …… 3-161
宧游杂记：不分卷 …… 1-419
宧蜀纪程：四卷 …… 2-169
宫保绎梅公遗集：不分卷 …… 4-154
宫教集：十二卷 …… 4-148
宪世编：六卷 …… 3-31
宪台通纪：不分卷 …… 2-31
宪章外史续编：十四卷 …… 1-262
宪章录：四十七卷 …… 1-259
宪章录：四十六卷 …… 1-259
宪章类编：四十二卷 …… 2-32
穿山小识：二卷 …… 2-262
窃符记：二卷 …… 5-373
窃愤录：一卷续录一卷 …… 1-293
客建集：四卷 …… 4-307
客乘：二十八卷 …… 4-347
客座赘语：十卷 …… 3-318
客座赘语：十卷 …… 3-318
客座赘语：十卷 …… 3-318
客斋诗话：六卷 …… 5-320
客越志：二卷 …… 2-169
客越近咏：一卷 …… 5-39
客越集：一卷 …… 4-324
冠松岩文稿：六卷 …… 5-26
冠松岩文稿：六卷首一卷诗稿八卷 …… 5-25
冠悔堂文：四卷诗二卷词二卷 …… 5-151
冠悔堂丛书：八十六种三十一册 …… 5-426
冠悔堂诗评选：一卷书评选一卷 …… 5-322
冠悔堂稿：不分卷剩稿不分卷 …… 5-151
语石：十卷 …… 2-461
语余谩录：十九卷附集一卷 …… 5-26
扁舟子丛稿：六种 …… 5-434
祐山先生文集：十卷 …… 4-292
袚园集文：四卷诗四卷词一卷 …… 5-9
袚园集文：四卷诗四卷词一卷 …… 5-9
祖氏遗编：十卷 …… 5-291
祖咏集：一卷 …… 4-29
祖咏集：一卷 …… 4-29
祖咏集：一卷 …… 4-29
[道光]神木县志：八卷附补编一卷 …… 2-420

[道光]神木县志：八卷 …… 2-420
神龙百法：三卷 …… 3-141
神仙感遇传：五卷 …… 3-388
神机制敌太白阴经：十卷 …… 3-47
神机制敌太白阴经：十卷 …… 3-47
神机营官兵衔名数目：一卷 …… 1-439
[光绪]神池县志：十卷首一卷 …… 2-216
神农本草经疏：三十卷 …… 3-66
神技编：不分卷 …… 3-46
神相全编：十二卷首一卷 …… 3-122
神隐：二卷 …… 3-390
神隐：二卷 …… 3-390
神隐：二卷 …… 3-390
神隐：二卷 …… 3-390
神道大编历宗通议：十八卷 …… 3-90
神道大编象宗华天五星：九卷 …… 3-88
神僧传：九卷 …… 1-359
神僧传：九卷 …… 1-359
神僧传：九卷 …… 1-359
神僧传：九卷 …… 1-359
神僧传：九卷 …… 1-359
祝子小言：一卷 …… 3-210
祝子志怪录：五卷 …… 3-326
祝子遗书：六卷 …… 4-382
祝子遗书：六卷 …… 4-382
祝子罪知录：十卷 …… 3-205
祝氏事偶：十五卷 …… 3-329
祝氏家集：不分卷 …… 4-384
祝氏集略：三十卷 …… 4-260
祝氏集略：三十卷 …… 4-260
祇平居士集：三十卷 …… 5-101
祇平居士集：三十卷 …… 5-101
祇役纪略：六卷 …… 2-99
祠山事要指掌集：十卷 …… 2-140
祠山事要指掌集：十卷 …… 2-140
说山：一卷 …… 2-149
说文大小徐本录异：一卷 …… 1-145
说文广诂：十二卷 …… 1-148
说文长笺：一百卷首二卷解题一卷六书长笺七卷 …… 1-145
说文分均再稿：五卷 …… 1-150
说文分类榷失：六卷 …… 1-148
说文订订：一卷 …… 1-144
说文引经考：十九卷 …… 1-148
说文引经异字：三卷 …… 1-149
说文古本考：十四卷 …… 1-146
说文古籀补：十四卷补遗一卷附录一卷 …… 1-149
说文考异：□□卷 …… 1-144
说文字句异同录：不分卷 …… 1-173
说文字原：一卷 …… 1-153
说文字原：一卷 …… 1-153
说文字原：一卷 …… 1-153
说文字原：一卷 …… 1-153
说文字原：一卷六书正讹五卷 …… 1-153
说文字原：一卷六书正讹五卷 …… 1-153
说文字原集注：十六卷附表一卷表说一卷 …… 1-153
说文字通：十四卷说文经典异字释一卷 …… 1-148
说文声表：□□卷标目十七卷 …… 1-150
说文声类谱：十七卷首一卷 …… 1-150
说文佚字考：不分卷 …… 1-149
说文系传考异：四卷 …… 1-145
说文系传校录：三十卷 …… 1-145
说文补徐集释：不分卷 …… 1-149
说文拈字：七卷补遗一卷 …… 1-148
说文经字正谊 …… 1-148
说文经字考：一卷 …… 1-191
说文经字录：三卷 …… 1-149
说文段注订补：不分卷 …… 1-147
说文便检：不分卷；说文重文：不分卷 …… 1-149
说文闽音通：一卷附录一卷 …… 1-150
说文类考：不分卷 …… 1-154
说文举隅：一卷 …… 1-154
说文举隅：一卷 …… 1-154
说文统释序：不分卷；音同义异辨：不分卷 …… 1-147
说文校本录存：一卷；五音韵谱校本录存：

一卷 …… 1-145
说文校议：十五卷 …… 1-144
说文校议：十五卷 …… 1-144
说文校议：三十卷 …… 1-144
说文校字记：一卷 …… 1-146
说文徐氏未详说：一卷 …… 1-149
说文徐氏未详说：一卷 …… 1-149
说文部目分韵：一卷 …… 1-146
说文部目分韵：一卷 …… 1-146
说文部次便览：一卷 …… 1-153
说文部首韵语：一卷释一卷 …… 1-153
说文通检：十五卷 …… 1-146
说文检字：一卷 …… 1-144
说文略例：四卷段本刊误一卷段义刊补一卷 …… 1-148
说文塍语：一卷 …… 1-154
说文逸字：二卷附录一卷 …… 1-149
说文谐声后案：二卷 …… 1-152
说文谐声表：十七卷 …… 1-153
说文揭原：二卷 …… 1-153
说文释例：八卷 …… 1-149
说文解字：十二卷 …… 1-142
说文解字：十二卷 …… 1-142
说文解字：十五卷 …… 1-142
说文解字：十五卷 …… 1-142
说文解字：十五卷 …… 1-142
说文解字：十五卷 …… 1-142
说文解字：十五卷 …… 1-142
说文解字：十五卷 …… 1-142
说文解字：十五卷 …… 1-142
说文解字：十五卷 …… 1-142
说文解字：十五卷 …… 1-142
说文解字：十五卷 …… 1-142
说文解字：十五卷 …… 1-142
说文解字：十五卷 …… 1-143
说文解字：十五卷 …… 1-143
说文解字：十五卷 …… 1-143
说文解字：十五卷 …… 1-143
说文解字：十五卷 …… 1-143
说文解字：十五卷 …… 1-143
说文解字：十五卷 …… 1-143
说文解字：十五卷 …… 1-143
说文解字：十五卷 …… 1-143
说文解字：十五卷 …… 1-143
说文解字：十五卷 …… 1-143
说文解字：十五卷 …… 1-143
说文解字：十五卷 …… 1-143
说文解字：十五卷 …… 1-143
说文解字：十五卷 …… 1-144
说文解字：十五卷 …… 1-144
说文解字：十五卷 …… 1-146
说文解字：三十卷六书音韵表二卷汲古阁说文订一卷 …… 1-146
说文解字：三十卷部目分韵一卷六书音韵表五卷 …… 1-146
说文解字义证：五十卷 …… 1-147
说文解字义证：五十卷 …… 1-147
说文解字义证：五十卷 …… 1-147
说文解字木部唐写本校异：一卷 …… 1-145
说文解字句读：十五卷 …… 1-148
说文解字考异：十五卷 …… 1-144
说文解字考异：十五卷 …… 1-144
说文解字考异：十五卷 …… 1-144
说文解字考异：十五卷 …… 1-144
说文解字系传：四十卷 …… 1-145
说文解字系传：四十卷附录一卷 …… 1-145
说文解字系传：四十卷附录一卷 …… 1-145
说文解字系传：四十卷附录一卷 …… 1-145
说文解字系传：四十卷附录一卷 …… 1-145
说文解字补义：十二卷 …… 1-145
说文解字述谊：二卷 …… 1-153
说文解字注：三十二卷 …… 1-146
说文解字注：三十二卷 …… 1-146
说文解字注：三十二卷六书音韵表五卷 …… 1-146
说文解字注：三十卷六书音韵表 …… 1-146
说文解字注：三十卷六书音韵表五卷 …… 1-146
说文解字注：三十卷六书音韵表五卷 …… 1-146
说文解字注：三十卷六书音韵表五卷 …… 1-146
说文解字段注考正：十五卷 …… 1-147

说文解字校勘记：一卷 …… 1-144
说文解字读：十五卷 …… 1-146
说文解字通释：四十卷系传校勘记三卷 …… 1-145
说文解字通释：四十卷校勘记三卷 …… 1-145
说文解字假借证：一卷证信录一卷许书正文重文对证编二卷 …… 1-149
说文解字签注：一卷 …… 1-147
说文解字韵谱：十卷 …… 1-149
说文解字群经正字：二十八卷 …… 1-162
说文解字斠诠：十四卷 …… 1-147
说文解字斠诠：十四卷 …… 1-147
说文解字篆韵谱：五卷 …… 1-149
说文解字篆韵谱：五卷附录一卷 …… 1-150
说文解字翼：十四卷 …… 1-148
说文新附考：六卷续考一卷 …… 1-148
说文新附考：六卷续考一卷 …… 1-148
说文新附考：六卷续考一卷 …… 1-148
说文韵谱校：五卷 …… 1-150
说文韵谱校：五卷 …… 1-150
说文疑疑：二卷 …… 1-148
说文疑疑：二卷 …… 1-148
说文凝锦录：一卷 …… 1-153
说文蠡笺：十四卷 …… 1-147
说玄：一卷 …… 3-106
说玄：一卷 …… 3-106
说玄：一卷 …… 3-106
说玄：一卷 …… 3-106
说玄：一卷 …… 3-106
说玄：一卷 …… 3-106
说玄：一卷 …… 3-106
说玄：一卷 …… 3-106
说玄：一卷 …… 3-107
说玄：一卷 …… 3-107
说玄：一卷 …… 3-107
说玄五篇：一卷；太玄经释文：一卷 …… 3-107
说礼约：十七卷 …… 1-74
说庄：三卷 …… 3-374
说庄：三卷 …… 3-374
说安堂集：八卷 …… 5-30
说听：四卷 …… 3-327
说苑：二十卷 …… 3-13
说苑：二十卷 …… 3-13
说苑：二十卷 …… 3-13
说苑：二十卷 …… 3-13
说苑：二十卷 …… 3-13
说苑：二十卷 …… 3-13
说苑：二十卷 …… 3-14
说帖：不分卷目录七卷 …… 2-70
说学斋稿：二卷 …… 4-222
说学斋稿：不分卷 …… 4-221
说学斋稿：不分卷 …… 4-221
说学斋稿：不分卷 …… 4-221
说学斋稿：不分卷 …… 4-221
说学斋稿：不分卷 …… 4-221
说学斋稿：不分卷 …… 4-222
说学斋稿：不分卷又二卷 …… 4-222
说学斋稿：四卷 …… 4-222
说经札记：十卷 …… 1-136
说经札记：八卷 …… 1-136
说郛：一百二十卷 …… 5-415
说郛：一百卷 …… 5-414
说郛：一百卷 …… 5-415
说郛：一百卷 …… 5-415
说郛：一百卷 …… 5-415
说郛：一百卷 …… 5-415
说郛：一百卷 …… 5-415
说郛：不分卷 …… 5-415
说郛书目考：□□卷 …… 2-498
说郛续：四十六卷 …… 5-415
说类：六十二卷 …… 3-267
说唐前传：十卷六十八回；说唐后传：六卷四十二回 …… 3-343
说略：三十卷 …… 3-295
说略：三十卷 …… 3-295
说略：六十卷 …… 3-295
说储：八卷 …… 3-318
说储：八卷 …… 3-319
说储：八卷二集八卷 …… 3-318
说储：八卷二集八卷 …… 3-319

说储：八卷二集四卷 …………………………… 3-318
说裸：一卷 …………………………………………… 1-80
说颐：八卷 …………………………………………… 3-209
诵芬录：四卷……………………………………… 1-381
郡县释名：二十六卷 …………………………… 2-119
郡贤崇祀录：一卷 ………………………………… 5-92
郡国利病书：一百二十卷………………………… 2-120
郡斋读书记：二十卷 …………………………… 2-482
退谷文集：二十二卷 …………………………… 5-60
退思轩诗集：一卷 ………………………………… 5-30
退思草堂集：十卷 ………………………………… 5-18
退思堂焚香日录：六卷 ………………………… 4-385
退耕录：三十卷 …………………………………… 3-203
退翁文集：六卷 …………………………………… 4-241
退斋印类：十卷 …………………………………… 3-153
退斋印类：十卷 …………………………………… 3-153
退庵日记：一卷 …………………………………… 1-419
退庵文集：二十一卷 ……………………………… 5-19
退庵未焚草：不分卷 …………………………… 2-111
退庵先生遗集：二卷 …………………………… 4-168
既勤著述七种叙例：一卷………………………… 2-497
昼上人集：十卷 …………………………………… 4-33
昼上人集：十卷 …………………………………… 4-33
昼永编：二卷……………………………………… 3-207
昼帘绪论：一卷 …………………………………… 2-48
昼帘绪论：一卷 …………………………………… 2-48
咫进斋丛书：五种六卷 ………………………… 5-426
咫进斋丛书：五种六卷 ………………………… 5-426
咫闻集：二十四卷………………………………… 3-274
屏山县志：八卷首一卷 ………………………… 2-393
[乾隆]屏山县志：八卷首一卷………………… 2-393
[乾隆]屏山县志：八卷首一卷续编一卷
…………………………………………………… 2-393
[光绪]屏山县续志：二卷首一卷 …………… 2-393
屏山集：二十卷 …………………………………… 4-138
屏山集：二十卷 …………………………………… 4-138
屏山集：二十卷 …………………………………… 4-138
屏山集：二十卷 …………………………………… 4-138
屏山集：二十卷 …………………………………… 4-138
屏山集：二十卷 …………………………………… 4-139
屏山集：二十卷 …………………………………… 4-139
屏山集：二十卷 …………………………………… 4-139
[乾隆]屏南县志：八卷首一卷………………… 2-298
[乾隆]屏南县志：八卷首一卷………………… 2-298
[道光]屏南县志：六卷 ………………………… 2-298
[道光]屏南县志：六卷 ………………………… 2-298
[道光]屏南县志：六卷 ………………………… 2-298
费氏家训：十卷费生十书一卷…………………… 3-36
费文宪公摘稿：二十卷 ………………………… 4-274
[光绪]费县志：十六卷首一卷图一卷 … 2-316
[康熙]费县志：十卷首一卷 ………………… 2-316
费念慈盛昱王懿荣汪鸣銮江标端方手札
…………………………………………………… 1-409
眉山苏氏三大家文选：四卷 ………………… 5-296
眉山唐先生文集：三十卷……………………… 4-126
眉公先生晚香堂小品：二十四卷 ………… 4-344
眉公先生晚香堂小品：二十四卷 ………… 4-344
[嘉庆]眉州属志：十九卷……………………… 2-395
眉庵集：十二卷补遗一卷……………………… 4-229
胥山诗录：一卷 …………………………………… 5-92
院试平苗善后策：一卷偏累议一卷复议一
卷 ………………………………………………… 2-63
姚少监诗集：十卷 ………………………………… 4-65
姚少监诗集：十卷 ………………………………… 4-65
姚氏世刻：十五卷 ……………………………… 5-290
姚文公牧庵集：二卷 …………………………… 4-188
姚文公牧庵集：不分卷 ………………………… 4-188
姚文公牧庵集：不分卷 ………………………… 4-188
姚文敏公遗稿：十卷 …………………………… 4-245
姚文敏公遗稿：十卷附录一卷………………… 4-245
[光绪]姚州志：十一卷 ………………………… 2-404
[康熙]姚州志：四卷图考一卷………………… 2-404
姚江逸诗：十五卷 ……………………………… 5-278
姚伯子论：不分卷 ……………………………… 3-215
姚端恪公文集：十八卷诗集十二卷外集十
八卷……………………………………………… 5-22
姚觐元日记：不分卷 …………………………… 1-421
贺方回词：二卷 …………………………………… 5-331
贺方回词：二卷东山词二卷 ………………… 5-331
贺兰雪樵诗集：四卷 ……………………………… 5-53

[光绪]贺县志：八卷 …… 2-372
癸巳存稿：十五卷 …… 3-237
癸巳存稿未刻文：一卷 …… 3-237
癸巳胜稿：一卷 …… 3-237
癸巳类稿：十五卷 …… 3-237
癸未夏抄：四卷 …… 3-252
癸辛杂识前集：一卷后集一卷 …… 3-200
癸辛杂识前集：一卷后集一卷续集二卷别集二卷 …… 3-200
柔远全书：八种十六卷 …… 2-58
柔远全书：八种十六卷 …… 2-58
结一庐书目：四卷 …… 2-495
结水浒传：七十卷一百四十回附结子一回 …… 3-358
结水浒全传：七十卷一百四十回附结子一回 …… 3-358
结水浒全传：七十卷七十回末一卷附结子一回 …… 3-358
结水浒全传：七十卷七十回附结子一回 …… 3-358
结莈草：一卷 …… 5-148
绘风亭评第七才子书琵琶记：六卷 …… 5-369
绘事发微：一卷 …… 3-141
绘事琐言：八卷 …… 3-142
绘事微言：四卷 …… 3-141
绘图三公奇案：二十卷 …… 3-361
绘图平金川：四卷三十二回 …… 3-348
绘图刘进忠三春梦：六卷三十三回 …… 3-365
绘图官场现形记：五编六十卷 …… 3-356
绘图绘芳录：八卷八十回 …… 3-356
绘图银瓶梅：四卷二十四回 …… 3-350
绘图增像万仙斗法：八卷六十回 …… 3-365
绘图增像西游记：一百回 …… 3-362
绘图镜花缘：一百回 …… 3-365
绘孟：七卷 …… 1-120
绘孟：七卷 …… 1-120
绛云楼书目：二卷 …… 2-485
绛云楼书目：二卷 …… 2-485
绛云楼书目：二卷 …… 2-485
绛云楼书目：二卷 …… 2-485
绛云楼书目：二卷 …… 2-485
绛云楼书目：五卷 …… 2-486
绛云楼书目：不分卷 …… 2-485
绛云楼书目：不分卷 …… 2-485
绛云楼书目：不分卷 …… 2-485
绛云楼书目：不分卷 …… 2-485
绛云楼书目：不分卷 …… 2-486
绛云楼书目：不分卷 …… 2-486
绛云楼书目：不分卷 …… 2-486
绛云楼书目：不分卷 …… 2-486
绛云楼藏书目：二卷 …… 2-485
[光绪]绛县志：二十一卷 …… 2-227
[光绪]绛县志：十四卷 …… 2-227
[乾隆]绛县志：十四卷 …… 2-227
绛帖平：六卷 …… 3-131
绛帖平：六卷 …… 3-131
绛帖平：六卷 …… 3-132
绛帖平：六卷 …… 3-132
绛帖平：六卷总录一卷 …… 3-132
绛帖释文：二卷 …… 3-138
绛雪山房诗钞：二十卷 …… 5-133
绛跗阁诗稿：十一卷 …… 5-84
绛跗阁诗稿：十一卷 …… 5-84
骆先生文集：八卷 …… 4-358
骆丞文集：十卷 …… 4-21
骆雨溪集：十四卷附录一卷 …… 4-287
骆临海集：十卷 …… 4-21
骆宾王文集：十卷 …… 4-21
骆宾王文集：十卷 …… 4-21
骆宾王集：二卷 …… 4-21
骆宾王集：二卷 …… 4-21
络纬吟：十二卷 …… 4-335
络纬吟：十二卷 …… 4-335
绝句衍义：四卷辨体八卷附录一卷增奇五卷搜奇一卷六言绝句一卷五言绝句一卷 …… 5-189
绝句辨体：八卷 …… 5-189
绝余编：四卷 …… 4-377
绝妙好词：七卷 …… 5-350
绝妙好词旁证：一卷校录一卷 …… 5-346
绝妙好词笺：七卷 …… 5-350

绝妙好词笺：七卷 ………… 5-350
绝妙好辞今辑：二卷 ………… 5-353
绝祖：三卷 ………… 5-193
骁征集：三卷 ………… 5-90
骈志：二十卷 ………… 3-295
骈体文钞：三十一卷 ………… 5-199
骈体探珠：不分卷 ………… 5-199
骈枝别集：二十卷 ………… 4-368
骈雅：七卷 ………… 1-187
骈雅：七卷 ………… 1-187
骈雅：七卷 ………… 1-187
骈雅：七卷音释一卷 ………… 1-187
逊志斋集：二十四卷 ………… 4-237
逊志斋集：二十四卷附录一卷 ………… 4-237
逊志斋集：二十四卷附录一卷 ………… 4-237
逊志斋集：二十四卷附录一卷 ………… 4-237
逊志斋集：二十四卷附录一卷 ………… 4-237
逊志斋集：三十卷 ………… 4-237
逊志斋集唐落花百咏：一卷 ………… 4-237
逊国神会录：二卷 ………… 1-372
逊国逸书：四种七卷 ………… 1-274

十画

耕心子漫稿：二十二卷 ………… 4-351
耕余居士诗集：□□卷 ………… 5-74
耕余剩技：六卷 ………… 3-40
耕余剩技：六卷 ………… 3-40
耕庢先生传：一卷 ………… 1-407
耕学斋诗集：十卷 ………… 4-227
耕学斋诗集：十卷 ………… 4-227
耕隐集：二卷 ………… 4-228
耕禄稿：一卷 ………… 4-162
耕禄稿：一卷 ………… 4-168
艳异编：十二卷 ………… 3-327
艳异编：四十五卷 ………… 3-327
艳异编：四十五卷 ………… 3-327
艳异编：四十卷续编十九卷 ………… 3-327
艳秋阁印存：不分卷 ………… 3-154
秦少游集摘：一卷 ………… 4-114
秦氏石研斋校刻书：三种二十八卷考证一卷 ………… 5-171
秦汉十印斋书目：四卷 ………… 2-496
秦汉瓦当文字：二卷续一卷 ………… 2-474
秦汉瓦当文字：二卷续一卷 ………… 2-474
秦汉瓦当文字：二卷续一卷 ………… 2-474
秦汉瓦当文字：二卷续一卷 ………… 2-474
秦汉六朝文：十卷 ………… 5-205
秦汉文：八卷 ………… 5-203
秦汉文：四卷 ………… 5-202
秦汉文：四卷 ………… 5-203
秦汉文：四卷 ………… 5-203
秦汉文归：二十卷 ………… 5-209
秦汉文归：三十卷 ………… 5-209
秦汉文定：十二卷 ………… 5-211
秦汉文钞：十二卷 ………… 5-210
秦汉文钞：六卷 ………… 5-210
秦汉文集：十二卷 ………… 5-211
秦汉书疏：十八卷 ………… 2-89
秦汉书疏：十八卷 ………… 2-89
秦汉书疏：十八卷 ………… 2-89
秦汉印存：不分卷 ………… 2-473
秦汉印范：六卷 ………… 2-468
秦汉印统：八卷 ………… 2-468
秦汉印统：八卷 ………… 2-468
秦汉印统：八卷 ………… 2-468
秦汉印章拾遗：不分卷 ………… 2-473
秦汉印章拾遗：不分卷 ………… 2-473
秦汉印谱：不分卷 ………… 2-469
秦汉印谱：不分卷 ………… 2-470
秦汉图记：十二卷 ………… 2-142
秦汉图记：十二卷 ………… 2-142
秦汉鸿文：二十五卷 ………… 5-210
秦汉魏晋文选：十卷 ………… 5-204
秦汉魏晋文选：十卷 ………… 5-204
[顺治]秦州志：十三卷 ………… 2-426
[嘉靖]秦安志：九卷 ………… 2-426
[道光]秦安县志：十四卷首一卷 ………… 2-426
[道光]秦安县志：十四卷 ………… 2-426
秦词正讹：二卷 ………… 5-403

秦张两先生诗余合璧：五卷 ………………… 5-329
秦隐君集：一卷 ……………………………… 4-48
秦隐君集：一卷 ……………………………… 4-48
秦楼月：二卷………………………………… 5-388
秦楼月：二卷………………………………… 5-388
秦韬玉诗集：一卷 …………………………… 4-78
秦襄毅公年谱：一卷 ……………………… 1-411
秦藻幽胜录：十二卷 ……………………… 5-208
泰山纪事：三卷 …………………………… 2-155
泰山纪游：一卷 …………………………… 2-168
泰山志：一卷………………………………… 2-155
泰山志：四卷………………………………… 2-155
泰山志：四卷………………………………… 2-155
[乾隆]泰宁县志：十卷 …………………… 2-294
泰西水法：六卷 ……………………………… 3-56
泰西归附始末：十卷 ………………………… 2-36
泰州乡土志：二卷 ………………………… 2-249
[崇祯]泰州志：十卷图一卷 ……………… 2-248
[道光]泰州志：三十六卷首一卷 ………… 2-249
[万历]泰州志：□□卷 …………………… 2-248
[光绪]泰兴县志：二十六卷首一卷末一卷
……………………………………………… 2-249
[康熙]泰兴县志：四卷 …………………… 2-249
[康熙]泰兴县志：四卷 …………………… 2-249
[康熙]泰兴县志：四卷 …………………… 2-249
[乾隆]泰安县志：十二卷首一卷末一卷
……………………………………………… 2-318
[道光]泰安县志：十二卷首一卷末一卷
……………………………………………… 2-318
泰伯梅里志：八卷 ………………………… 2-254
泰伯梅里志：八卷 ………………………… 2-254
泰昌日录：二卷；河清赋：一卷 ………… 1-263
泰昌朝记事：一卷 ………………………… 1-305
泰和五音新改并类聚四声篇：十五卷 … 1-171
[同治]泰和县志：三十卷首一卷 ………… 2-306
泰定养生主论：十六卷 ……………………… 3-86
泰泉集：十卷………………………………… 4-282
泰泉集：六十卷 …………………………… 4-282
泰泉集：六十卷 …………………………… 4-282
[光绪]珙县志：十五卷首一卷 …………… 2-392
[乾隆]珙县志：十五卷首一卷 …………… 2-392
[乾隆]珙县志：十五卷首一卷 …………… 2-392
珰溪金氏族谱：十八卷 ……………………… 2-9
珠玉词：一卷………………………………… 5-331
珠玉词：一卷………………………………… 5-331
珠玑巷民族南迁记：一卷………………… 2-134
珠官初政录：二卷；谳书录：一卷 ……… 2-50
珠树馆集：十卷 …………………………… 4-386
珠树馆集：十卷 …………………………… 4-386
珠渊异宝：十二卷 ………………………… 5-208
琉研斋吟草：一卷 ………………………… 5-134
珩璜新论：一卷 …………………………… 3-189
珩璜新论：一卷 …………………………… 3-189
班马字类：二卷 …………………………… 1-161
班马字类：二卷 …………………………… 1-161
班马字类：五卷 …………………………… 1-161
班马字类：五卷 …………………………… 1-161
班马字类补遗：五卷 ……………………… 1-161
班马字类补遗：五卷 ……………………… 1-161
班马异同：三十五卷 ……………………… 1-209
班马异同：三十五卷 ……………………… 1-209
班左诲蒙：三卷 …………………………… 3-304
班余剪烛集：十四卷 ………………………… 5-83
珲春地理志 ………………………………… 2-235
珲春境内村屯里数：一卷；宁古塔村屯里
数：一卷…………………………………… 2-124
素书：一卷 …………………………………… 3-42
素兰集：一卷………………………………… 4-363
素问六气玄珠密语：十七卷 ……………… 3-110
素问玄机原病式：二卷 ……………………… 3-66
素轩吟稿：十一卷………………………… 4-282
素轩集：十二卷 …………………………… 4-243
素园石谱：四卷 …………………………… 3-172
素园石谱：四卷 …………………………… 3-172
素园石谱：四卷 …………………………… 3-172
素壶便录：二卷 …………………………… 3-253
素雯斋集：三十八卷目录二卷…………… 4-354
素赏楼稿：八卷；破涕吟：一卷 ………… 5-64
素履斋稿：二卷 …………………………… 4-192
蚕桑乐府：一卷 ……………………………… 5-80

顽夫碑录：一卷 ………………………… 2-461
顽石庐文集：十卷 ……………………… 5-123
匪棘堂集：十二卷 ………………………5-8
载之诗存：一卷 ………………………… 4-386
载云舫诗耕：十五卷 …………………… 5-228
载云舫集：十卷 ………………………… 5-37
载石堂诗稿：二卷；柴雪年谱：一卷 …… 5-13
载石堂诗稿：二卷；柴雪年谱：一卷 …… 5-13
载酒园诗话：二卷皱水轩词筌一卷 ……… 5-321
[乾隆]起居注册：不分卷………………… 1-268
起居注馆则例：一卷 …………………… 2-80
起信论疏笔削记：六卷 ………………… 3-410
起曹稿：□□卷 ………………………… 4-321
[同治]盐山县志：十六卷首一卷末一卷
………………………………… 2-197
盐邑志林：四十一种七十二卷…………… 5-427
盐邑志林：四十种六十六卷 …………… 5-427
盐法议略：一卷 ………………………… 2-53
盐法考：□□卷 ………………………… 2-53
盐官名德录：二卷 ……………………… 1-381
[光绪]盐城县志：十七卷首一卷 ……… 2-246
[乾隆]盐城县志：十六卷………………… 2-245
盐政志：十卷…………………………… 2-53
盐政志：十卷…………………………… 2-53
盐茶厅志备遗：一卷 …………………… 2-433
盐亭乡土志：□□卷 …………………… 2-384
[乾隆]盐亭县志：八卷首一卷…………… 2-384
[乾隆]盐亭县志：八卷首一卷…………… 2-384
[光绪]盐亭县志续编：四卷首一卷 ……… 2-384
盐铁论：十二卷 ………………………… 3-11
盐铁论：十二卷 ………………………… 3-12
盐铁论：十二卷 ………………………… 3-12
盐铁论：十卷…………………………… 3-11
盐铁论：十卷…………………………… 3-11
盐铁论：十卷…………………………… 3-11
盐铁论：十卷…………………………… 3-11
盐铁论：十卷…………………………… 3-11
盐梅志：二十卷 ………………………… 1-352
袁了凡增订群书备考：四卷 …………… 3-294
袁中郎十集：十六卷 …………………… 4-353
袁中郎十集：十六卷 …………………… 4-353
袁中郎先生批评唐伯虎汇集：四卷外集一
卷 ………………………………… 4-263
袁中郎全集：四十卷 …………………… 4-353
袁氏宗谱：不分卷………………………… 2-11
袁氏通鉴纪事本末撮要：八卷…………… 1-270
袁文荣公文集：八卷诗集八卷…………… 4-300
袁文荣公集：十二卷 …………………… 4-300
袁文笺正：十六卷补注一卷 …………… 5-102
袁永之集：二十卷………………………… 4-291
[康熙]袁州府志：二十卷首一卷 ……… 2-304
[同治]袁州府志：十卷首一卷…………… 2-304
[乾隆]袁州府志：三十八卷首一卷 ……… 2-304
袁江于役草：一卷………………………… 5-128
袁芳瑛书札 ……………………………… 5-146
袁若遗行述：一卷………………………… 1-404
袁简斋手札 ……………………………… 5-102
都公谭纂：二卷 ………………………… 3-248
都公谭纂：二卷 ………………………… 3-248
都公谭纂：二卷 ………………………… 3-248
都兴阿奏稿：不分卷 …………………… 2-111
都官集：十四卷 ………………………… 4-98
都城纪胜：一卷 ………………………… 2-128
都城纪胜：一卷 ………………………… 2-128
都谏奏议：一卷 ………………………… 2-108
都察院则例：二卷………………………… 2-80
都察院则例：□□卷 …………………… 2-80
都察院会题宪务疏：二卷………………… 2-91
耆山无为天师岘泉集：六卷 …………… 4-238
耆旧续闻：十卷 ………………………… 3-325
耄余诗话：十卷 ………………………… 5-324
壶天玉露：四卷又一卷 ………………… 1-353
壶天映语：一卷 ………………………… 3-206
壶中日记：不分卷………………………… 1-418
壶史：五卷 ……………………………… 3-158
壶兰晶镜：不分卷………………………… 2-132
[道光]壶关县志：十卷首一卷…………… 2-212
[康熙]壶关县志：四卷 ………………… 2-212
[光绪]壶关县续志：二卷………………… 2-212
壶溪文集：八卷 ………………………… 5-97

壶溪文集初稿：不分卷 ……………………… 5-97
壶溪府君黄可润行述：一卷 ………………… 1-407
耻躬堂文集：二十卷 ……………………………5-9
耻躬堂文集：二十卷 ……………………………5-9
耻堂存稿：八卷 ………………………………… 4-168
耿天台先生文集：二十卷……………………… 4-315
耿沣诗集：不分卷 ……………………………… 4-52
耿沣集：三卷 ……………………………………… 4-52
耿沣集：三卷 ……………………………………… 4-52
耿沣集：三卷 ……………………………………… 4-52
耿岩文选初集：十卷二集十卷 ……………… 5-21
莆田水利志：八卷 ……………………………… 2-78
莆阳比事：七卷 ………………………………… 2-131
莆阳比事：七卷 ………………………………… 2-131
莆阳比事：七卷 ………………………………… 2-132
莆阳文献：十三卷列传七十五卷 …………… 1-383
莆阳文献：十三卷列传七十五卷 …………… 1-383
莆阳文献：十三卷列传七十四卷 …………… 1-383
莆阳尺牍：不分卷 ……………………………… 4-379
莆阳知稼翁文集：十一卷词一卷附录一卷
………………………………………………… 4-140
莆阳知稼翁集：二卷 ………………………… 4-140
莆阳知稼翁集：二卷 ………………………… 4-140
莆阳知稼翁集：二卷 ………………………… 4-140
莆阳刺桐金紫方氏族谱：二卷………………2-2
莆阳黄御史集：二卷 ………………………… 4-78
莆阳谳牍：不分卷 ……………………………… 4-379
莆舆纪胜：九卷 ………………………………… 2-132
[光绪]恭城县志：八卷 ……………………… 2-371
恭简欧阳公哀荣录：二卷…………………… 1-397
恭愍公遗稿：不分卷 ………………………… 4-251
[康熙]莱阳县志：十卷图一卷……………… 2-314
[光绪]莱芜县志：四十二卷 ………………… 2-319
莱园诗稿：不分卷 ……………………………… 5-48
莱海述：一卷……………………………………… 2-165
莲山草堂集 ………………………………………5-5
莲谷先生读易索隐：六卷…………………… 1-16
莲坡诗话：三卷 ………………………………… 5-323
莲城诗草：不分卷 ……………………………… 5-118
莲须阁文钞：十八卷 ………………………… 4-379
莲须阁集：二十六卷 ………………………… 4-379
莲洋诗选：不分卷 ……………………………… 5-51
莲洋集：二十卷年谱一卷附录一卷 ………… 5-51
莲洋集：十二卷补遗一卷……………………… 5-51
莲峰先生集：七卷附录一卷 ………………… 4-290
莲堂诗话：二卷 ………………………………… 5-317
莲龛集：十六卷 ………………………………… 5-38
莲湖集古印谱：不分卷 ……………………… 2-470
荷华山房摘稿：七卷 ………………………… 4-343
荷亭文集：十四卷……………………………… 4-257
荷亭文集：十四卷……………………………… 4-257
荷珠录：不分卷 ………………………………… 1-126
莅政摘要：二卷 ………………………………… 2-49
莅蒙平政录：不分卷 ………………………… 2-50
获鹿县乡土志：二卷 ………………………… 2-180
[乾隆]获鹿县志：十二卷…………………… 2-180
[光绪]获鹿县志：十四卷首一卷末一卷
………………………………………………… 2-180
[乾隆]获嘉县志：十六卷首一卷 ………… 2-324
荻溪集：二卷……………………………………… 4-219
荻溪集：二卷……………………………………… 4-219
莘田诗余：一卷 ………………………………… 5-345
莘县乡土志：不分卷 ………………………… 2-309
[光绪]莘县志：十卷 ……………………… 2-308
[光绪]莘县志：十卷 ……………………… 2-308
[康熙]莘县志：八卷 ……………………… 2-308
晋二俊文集：二十卷 ………………………… 5-292
晋二俊文集：二十卷 ………………………… 5-292
晋二俊文集：二十卷 ………………………… 5-292
晋二俊文集：二十卷 ………………………… 5-292
晋二俊文集：二十卷 ………………………… 5-292
晋之诗钞：三卷 ………………………………… 5-51
晋文纪：二十卷 ………………………………… 5-218
晋文春秋：一卷 ………………………………… 1-283
晋文春秋：一卷异同附载一卷……………… 1-283
晋书：一百三十卷……………………………… 1-218
晋书：一百三十卷……………………………… 1-218
晋书：一百三十卷……………………………… 1-218
晋书：一百三十卷……………………………… 1-218
晋书：一百三十卷……………………………… 1-218

晋书：一百三十卷 ………………………… 1-219
晋书：一百三十卷 ………………………… 1-219
晋书：一百三十卷 ………………………… 1-219
晋书：一百三十卷音义三卷 ……………… 1-218
晋书：一百三十卷音义三卷 ……………… 1-218
晋书：一百三十卷音义三卷 ……………… 1-218
晋书：一百三十卷音义三卷 ……………… 1-218
晋书考证：一百三十卷音义考证三卷 … 1-219
晋书抄：八卷 ……………………………… 1-331
晋书补表：二十五卷 ……………………… 1-321
晋书诠要：十二卷 ………………………… 1-331
晋书钩玄：二卷 …………………………… 1-331
晋书音义：三卷 …………………………… 1-219
晋书校文：五卷 …………………………… 1-220
晋书纂：十六卷 …………………………… 1-331
晋书纂：六十卷授璩一卷目录一卷 ……… 1-331
晋史删：四十卷 …………………………… 1-331
晋史表：三卷金源氏族志二卷 …………… 1-321
晋史表：三卷金源氏族志二卷 …………… 1-321
晋四人诗：四卷 …………………………… 5-268
晋记：五十四卷；十六国录：十四卷 … 1-220
晋记：六十八卷首一卷 …………………… 1-220
[康熙]晋州志：十卷 ……………………… 2-180
[道光]晋江县志：七十七卷首一卷 ……… 2-294
晋安风雅：十二卷 ………………………… 5-283
晋诗选雅：九卷附录一卷 ………………… 5-268
晋录：不分卷 ……………………………… 4-343
晋陵问：不分卷 …………………………… 2-126
晋楚史：二卷 ……………………………… 1-283
晋溪本兵敷奏：十四卷 …………………… 2-97
[光绪]莎车府乡土志：一卷 ……………… 2-435
莎车府分防蒲犁厅乡土志：一卷 ………… 2-435
莺脰湖庄诗集：十五卷 …………………… 5-88
真山人前集：四卷后集四卷 ……………… 5-17
真山民诗集：一卷 ………………………… 4-172
真文忠公政经：一卷 ……………………… 3-25
真文忠公续文章正宗：二十卷 …………… 5-199
真文忠公续文章正宗：二十卷 …………… 5-199
真文忠公续文章正宗：二十卷 …………… 5-199
真本玉钏缘：三十二卷 …………………… 5-407
真仙上乘：三十四卷 ……………………… 3-379
真西山先生心经：一卷 …………………… 3-25
真西山经筵讲义：一卷 …………………… 1-121
真西山读书记乙集上大学衍义：四十三卷 ……………………………………… 3-24
真西山读书记乙集上大学衍义：四十三卷 ……………………………………… 3-24
[嘉靖]真阳县志：十卷 …………………… 2-330
真如子醒言：九卷 ………………………… 3-266
真如里志：四卷 …………………………… 2-238
真志堂诗集：五卷 ………………………… 5-55
[顺治]真定县志：十四卷 ………………… 2-181
[顺治]真定县志：十四卷 ………………… 2-181
真定梁氏直誉集：□□卷 ………………… 1-378
真诠：二卷 ………………………………… 3-385
真迹日录：一卷二集一卷三集一卷 ……… 3-128
真迹日录：三卷；清河秘箧书画表：一卷 ……………………………………… 3-128
真觉禅宗：一卷 …………………………… 3-415
真诰：二十卷 ……………………………… 3-389
真诰：二十卷 ……………………………… 3-389
真诰：二十卷 ……………………………… 3-389
真诰：二十卷 ……………………………… 3-389
真诰：二十卷 ……………………………… 3-390
真珠船：二十卷 …………………………… 3-217
真珠船：八卷 ……………………………… 3-206
真率记事：一卷 …………………………… 3-247
真隐范先生寿言：十六卷 ………………… 5-255
真歇了禅师颂圆觉经：一卷 ……………… 3-409
真歇了禅师颂圆觉经：一卷 ……………… 3-410
真意堂丛书：十三卷 ……………………… 5-424
莼香堂诗稿：八卷 ………………………… 5-52
莼阁诗藏：十七卷 ………………………… 5-195
桂氏棠阴比事：一卷 ……………………… 2-71
桂未谷先生臧碑跋语：不分卷 …………… 2-459
[道光]桂平县志：十六卷捐修姓名册一卷 ……………………………………… 2-371
[同治]桂东县志：二十卷首一卷 ………… 2-355
[康熙]桂阳州志：十四卷 ………………… 2-354
桂阳县乡土志：不分卷 …………………… 2-355

[同治]桂阳直隶州志：二十七卷首一卷 …… 2-354
桂花塔：二卷 …… 5-393
桂花塔：二卷 …… 5-393
桂轩稿：十卷 …… 4-254
桂辛山人诗稿：一卷；书学雅言：一卷 …… 5-139
桂苑丛谈：一卷 …… 3-149
桂苑笔耕集：二十卷 …… 4-77
桂林风土记：一卷 …… 2-134
桂林田海记：一卷 …… 1-313
桂林斧斨：不分卷 …… 4-284
桂林诗正：八卷 …… 1-49
桂故：八卷 …… 2-135
桂胜：十六卷 …… 2-134
桂胜：十六卷桂故八卷 …… 2-134
桂洲先生奏议：二十卷外集一卷 …… 2-98
桂洲词：一卷 …… 5-338
桂洲诗集：二十四卷 …… 4-274
桂翁词：六卷；鸥园新曲：一卷 …… 5-338
桂海香志：一卷 …… 3-165
桂海虞衡志：一卷 …… 2-133
桂海虞衡志：一卷 …… 2-134
桂海虞衡志：一卷 …… 2-134
桂隐文集：四卷附录一卷 …… 4-194
桂隐轩闲集南山招隐编：不分卷 …… 4-364
桂隐诗集：四卷 …… 4-194
桂隐诗集：四卷文集四卷 …… 4-194
桂隐诗集：四卷文集四卷附录一卷 …… 4-194
桂馨堂集：三卷 …… 5-126
栲栳山人诗集：三卷 …… 4-205
栲栳山人诗集：三卷 …… 4-205
栲栳山人诗集：三卷 …… 4-205
栲栳山人诗集：三卷 …… 4-205
[嘉庆]郴州总志：四十二卷首一卷终一卷 …… 2-354
郴江百咏：一卷 …… 4-124
郴江百咏：一卷 …… 4-125
栖云阁文集：十五卷诗十六卷拾遗三卷 …… 5-13
栖里景物略：十二卷 …… 2-129
栖里景物略：十二卷补遗一卷 …… 2-129
栖贤山房文集：五卷 …… 5-46
栖香阁词：二卷 …… 5-339
栖真志：四卷 …… 1-361
栖真馆集：三十一卷 …… 4-327
栖溪稿：八卷 …… 4-269
栖碧先生黄杨集：三卷补遗一卷 …… 4-215
栖碧先生黄杨集：三卷补遗一卷 …… 4-215
栖霞小志：一卷 …… 2-150
栖霞寺志：二卷附一卷 …… 2-145
[乾隆]栖霞县志：十卷图一卷 …… 2-313
[康熙]栖霞县志：八卷 …… 2-313
[光绪]栖霞县续志：十卷首一卷图一卷 …… 2-313
桐下听然：二十二卷 …… 3-329
桐川纪事：一卷续一卷 …… 2-131
桐乡十二家诗稿：一卷 …… 5-276
[正德]桐乡县志：十卷末一卷 …… 2-266
桐乡诗抄：二卷 …… 5-276
桐乡盛延祜夫妇志铭行略挽诗汇刻：不分卷 …… 1-401
桐冈集：不分卷小稿一卷 …… 4-284
桐引楼诗：三十卷 …… 5-24
桐引楼诗：三十卷 …… 5-24
桐华舸诗钞：五卷 …… 5-144
桐华馆史翼五种：四十二卷 …… 1-191
桐江集：不分卷 …… 4-187
桐阴小牍：一卷 …… 5-265
桐阴日省编：二卷 …… 3-220
桐阴日省编：不分卷 …… 3-220
桐城乡土志调查：不分卷 …… 2-278
桐城乡土志略：不分卷 …… 2-278
[同治]桐城县志：十卷 …… 2-278
[康熙]桐城县志：八卷 …… 2-278
[道光]桐城续修县志：二十四卷首一卷 …… 2-278
[道光]桐城续修县志：二十四卷首一卷 …… 2-278
桐韵诗删：一卷 …… 5-110
桐溪三家诗余：三卷 …… 5-265

桐溪存稿：四卷 …… 4-265
桐谱：二卷 …… 3-170
桐薪：三卷 …… 3-232
桐彝：三卷续二卷 …… 1-382
栝苍汇记：十五卷 …… 2-271
桥西杂记：一卷 …… 3-223
桧门府君行状：一卷 …… 1-407
桧亭稿：九卷 …… 4-196
桧亭稿：九卷 …… 4-197
桧亭稿：五卷 …… 4-197
桃川剩集：二卷 …… 4-282
桃叶编：一卷 …… 4-348
桃坞名胜记：八卷 …… 2-147
桃花圣解庵乐府：二卷 …… 5-366
桃花吟：一卷四色石四卷 …… 5-364
桃花扇传奇：一卷 …… 5-390
桃花扇传奇：二卷 …… 5-390
桃花扇传奇：二卷 …… 5-390
桃花源志略：十三卷 …… 2-141
桃花影传奇：二卷 …… 5-394
[同治]桃源县志：二十卷首一卷 …… 2-348
[道光]桃源县志：二十卷首一卷 …… 2-348
[道光]桃源县志：二十卷首一卷 …… 2-348
[光绪]桃源县志：十七卷首一卷末一卷 …… 2-348
[同治]桃源洞天志：一卷 …… 2-145
桃源洞集：□卷 …… 5-286
桃溪净稿文集：三十九卷诗集四十五卷 …… 4-252
桃溪类稿：六十卷附录一卷 …… 4-252
桃溪客语：二卷 …… 2-126
桃溪客语：五卷 …… 2-126
格言类编：六卷 …… 3-271
格致丛书：□□卷 …… 5-420
格致丛书：□□卷 …… 5-420
格致丛书：□□卷 …… 5-420
格致丛书：□□卷 …… 5-420
格致丛书：□□卷 …… 5-420
格致丛书：□□卷 …… 5-420
格致丛书：□□卷 …… 5-420
格致丛书：□□卷 …… 5-420
格致丛书：□□种□□卷 …… 5-420
格致丛书：□□种□□卷 …… 5-420
格致余论：一卷 …… 3-59
格致余论：一卷 …… 3-59
格致镜原：一百卷 …… 3-313
格斋四六：一卷 …… 4-156
格斋先生三松集：一卷 …… 4-156
格斋先生三松集：一卷 …… 4-156
格斋先生四六集：不分卷 …… 4-156
校订困学纪闻三笺：二十卷 …… 3-228
校刊史记集解索隐正义札记：五卷 …… 1-199
校刊明道本韦氏解国语札记：一卷 …… 1-278
校刊明道本韦氏解国语札记：一卷 …… 1-278
校刊明道本韦氏解国语札记：一卷 …… 1-279
校刊明道本韦氏解国语札记：一卷 …… 1-279
校正元圣武亲征录：一卷 …… 1-297
校正元圣武亲征录：一卷 …… 1-297
校正元亲征录：一卷 …… 1-297
校正竹书纪年：二卷 …… 1-238
校正详增音训周礼句解：十二卷 …… 1-62
校正详增音训周礼句解：十二卷 …… 1-62
校正重刊官板宋朝文鉴：一百五十卷目录三卷 …… 5-235
校正重刊官板宋朝文鉴：一百五十卷目录三卷 …… 5-235
校正音释唐柳先生集：四十三卷别集一卷外集一卷附录一卷 …… 4-62
校正原本红梨记：四卷 …… 5-377
校正原本红梨记：四卷 …… 5-378
校正原本红梨记：四卷 …… 5-378
校正原本红梨记：四卷 …… 5-378
校正康对山武功县志：三卷 …… 2-411
校正韩汝庆先生朝邑志：不分卷 …… 2-411
校正韩汝庆朝邑志：不分卷 …… 2-411
校正朝邑志 …… 2-411
校礼堂文集：三十六卷诗集十四卷 …… 5-122
校邠庐抗议：二卷 …… 2-85
校邠庐初稿：二卷 …… 3-223
校补金石例：四种十七卷 …… 5-328

校补金石例：四种十七卷 5-328
校刻具茨先生文集：八卷 4-302
校注病机赋：三卷 3-70
校注橘山四六：二十卷 4-157
校定北西厢弦索谱：二卷 5-360
校经室文集：不分卷 5-154
校蔡中郎文集疏证：十卷外集疏证一卷；
蔡中郎文集补：一卷 4-10
栟榈先生文集：二十五卷 4-136
栟榈先生文集：十二卷附录一卷 4-136
栟榈先生文集：十二卷附录一卷 4-136
栟榈先生文集：十二卷附录一卷 4-136
根本萨婆多部律摄：十四卷 3-397
栩园词弃稿：四卷 5-341
栩园词弃稿：四卷 5-341
栩栩园诗：二卷；京邸吟：一卷 5-47
栩栩编：□□卷 4-387
逋斋诗：不分卷 5-4
逋斋诗：四卷二集□□卷 5-4
逋斋诗选：四卷 5-4
贾太傅新书：十卷 3-11
贾太傅新书：十卷附录二卷 3-11
贾氏谈录：一卷 3-149
贾孙两妇贞烈双传：一卷诗一卷 1-376
贾浪仙长江集：十卷 4-65
贾浪仙长江集：七卷 4-65
贾浪仙诗：四卷 4-65
贾谊新书：十卷 3-10
贾谊新书：十卷 3-10
贾谊新书：十卷 3-10
酌中志：二十四卷 1-304
酌中志：六卷 1-304
酌中志：四卷 1-304
酌中志余：不分卷 1-304
酌中志略：二十三卷 1-304
酌中志略：二十四卷 1-304
酌史岩摭谭：一卷 3-237
夏小正考注：一卷 1-79
夏小正传注：一卷 1-78
夏小正诂：一卷 1-79
夏小正解：一卷 1-79
夏小正戴氏传：四卷 1-79
夏为堂人无乐传奇：二卷 5-387
夏为堂别集：十卷 5-429
夏为堂别集：七卷 5-430
夏时考：六卷 1-79
[光绪]夏县志：十卷首一卷 2-227
夏叔夏贫居日出言：二卷；仍园日出言：
二卷 4-352
夏忠靖公集：六卷遗事一卷 4-239
夏忠靖集：六卷附录一卷 4-239
夏侯阳算经：三卷 3-102
[乾隆]夏津县志：十卷首一卷 2-309
夏桂洲先生文集：十八卷年谱一卷 4-274
夏桂洲先生文集：十八卷首一卷 4-274
夏商合传：十卷 3-363
夏镇漕渠志略：二卷前集一卷 2-56
砥斋集：十二卷 5-25
破邪显证钥匙：二卷 3-430
破铁网：三卷 3-257
破愁一夕话：十卷 5-422
破愁一夕话：十卷 5-422
破愁一夕话：十卷 5-422
硁小斋偶吟：一卷 5-73
原上草：二卷 5-346
原本茶经：三卷 3-167
原本海公大红袍全传：六十卷六十回 3-348
原李耳载：二卷 3-217
原始秘书：十卷 3-289
原病集：六卷 3-60
原教论：一卷 3-429
原善：三卷绪言三卷 3-34
逐闲堂张氏诗草：二卷附录诗星阁笔记八
则 5-291
烈皇小识：八卷 1-306
烈皇小识：四卷 1-305
殊域周咨录：二十四卷 2-170
殊域周咨录：二十四卷 2-170
殉难忠臣录：一卷；逆贼奸臣录：一卷；
客舍偶闻：一卷 1-306

顾大司马揽茝微言：一卷 3-210
顾大司马筹陕存牍类抄：二卷 2-103
顾云驭诗集：八卷 5-12
顾太史编年集：十五卷 4-350
顾氏文房丛刻：四十种四十二卷 5-416
顾氏文房丛刻：四十种四十三卷 5-416
顾氏文房丛刻：四十种四十三卷 5-416
顾氏文房丛刻：四十种四十三卷 5-416
顾氏诗史：十五卷 1-340
顾氏诗史：十五卷 1-340
顾氏音学五书：十三卷 1-181
顾氏音学五书：三十八卷 1-182
顾氏说文学：二种八卷 1-154
顾文康公文草：十卷诗草六卷首一卷 4-265
顾文康公文草：十卷诗草六卷首一卷续编六卷三集四卷 4-265
顾曲杂言：一卷 5-413
顾仲方百咏图谱：二卷 4-356
顾华阳集：三卷 4-47
顾吴羹先生尺牍 5-125
顾亭林先生年谱：一卷 1-414
顾亭林先生年谱：一卷 1-414
顾亭林先生年谱：一卷 1-414
顾亭林先生年谱：一卷；阎潜丘先生年谱：一卷 1-414
顾森书日记：不分卷 1-424
顾瑞屏太史评阅韩昌黎先生全集：四十卷 4-54
顾瑞屏太史评阅韩昌黎先生集：四十卷 4-54
顾肇熙日记：不分卷 1-423
振文堂集：十三卷 4-320
振绮类纂：四卷 3-300
振绮堂书目：不分卷 2-494
振绮堂书目：不分卷 2-494
振绮堂书目：四卷 2-494
振绮堂丛刻：七种三十八卷 5-426
振鹭集：一卷 5-246
振鹭集：一卷 5-246
损斋焚余：十卷 5-34
挹奎楼选稿：十二卷 5-34
挹奎楼选稿：十二卷 5-34
挹翠堂诗稿：不分卷 5-123
哲匠金桴：五卷 3-315
哲匠金桴：五卷 3-315
热河工程则例：□□卷 2-74
热河日记：□□卷 1-424
热河纪行诗：二卷 5-158
热河园庭现行则例：十二卷 2-81
热河都统衙门造送各项陈设数目清册：不分卷 3-162
较正北西厢谱：二卷 5-360
较补春秋集解绪余：一卷 1-109
顿悟入道要门论：二卷 3-413
致轩诗钞：二十四卷附一卷 5-73
致身录：一卷 1-301
致身录：一卷附编一卷附录一卷 1-301
致堂先生叙古千文：一卷 1-166
致堂先生崇正辨：三卷 3-20
致堂胡先生裴然集：三十卷 4-138
致堂读史管见：三十卷 1-334
致堂读史管见：三十卷 1-335
致堂读史管见：三十卷 1-335
致富全书：十二卷 3-55
致福丰祥：二卷 3-253
柴氏古韵通：八卷 1-178
柴氏四隐集：二卷秋堂集补遗一卷墓志一卷 4-170
柴氏四隐集：五卷附录一卷秋堂集补遗一卷 5-290
柴氏四隐集：六卷 5-290
柴氏四隐集：六卷目录二卷 5-290
柴四隐诗集：一卷诗余一卷文类一卷 4-170
柴桑问答：十九卷 3-293
柴庵疏集：二十卷 2-104
柴辟亭诗集：四卷 5-140
柴墟文集：十五卷首一卷 4-259
逌旃琐言：二卷 3-207
虔南奏议：□□卷 2-106
虑得集：四卷附录二卷 3-203
虑得集：四卷附录二卷 3-204

监本四书集注：十九卷 …………………………… 1-121
监本附音春秋公羊注疏：二十八卷 ………… 1-97
监本附音春秋公羊注疏：二十八卷 ………… 1-97
监本附音春秋公羊注疏：二十八卷校勘记
二十八卷 ……………………………………… 1-98
监本附音春秋谷梁注疏：二十卷 ………… 1-99
监本附音春秋谷梁注疏：二十卷 ………… 1-99
监本附音春秋谷梁注疏：二十卷 ………… 1-99
监本附音春秋谷梁注疏：二十卷 ………… 1-99
监本附音春秋谷梁注疏：二十卷 ………… 1-99
监本附音春秋谷梁注疏：二十卷 ………… 1-99
监本春秋：三十卷纲领一卷列国图一卷诸
国兴庭说一卷提要一卷 ………………… 1-101
监本音注国语解：二十卷…………………… 1-279
监本纂图重言重意互注礼记：二十卷 …… 1-71
[同治]监利县志：十二卷首一卷 ………… 2-340
逍遥游初集：十二卷 ……………………… 3-269
晅坞诗草：不分卷 ………………………… 5-145
晟舍镇志：八卷首一卷 …………………… 2-265
晓风集诗余：一卷 ………………………… 5-56
晓采居印印：二卷 ………………………… 3-151
晓采居印印：四卷 ………………………… 3-151
晓亭诗钞：四卷 …………………………… 5-79
晓读书斋初录：二卷二录二卷三录二卷四
录二卷 …………………………………… 3-235
晓庵遗书：二卷 …………………………… 3-87
晓窗诗钞：二卷诗续一卷…………………… 5-106
鸭江行部志：一卷 ………………………… 2-123
[道光]晃州厅志：四十四卷首一卷 ……… 2-360
晃岩集：二十二卷 ………………………… 4-368
咙言：十卷 ………………………………… 3-30
晁氏四种：六卷 …………………………… 5-428
晁氏客语：一卷 …………………………… 3-189
晁氏客语：一卷 …………………………… 3-189
晁氏客语：一卷 …………………………… 3-190
晁氏客语：一卷；儒言一卷 ……………… 3-190
晁氏儒言：一卷 …………………………… 3-20
晁氏儒言：一卷 …………………………… 3-20
晁文元公道院集要：三卷；晁氏客语：一
卷 ………………………………………… 3-427
晁具茨先生诗集：十五卷…………………… 4-122
晏子春秋：七卷音义二卷…………………… 1-386
晏子春秋：八卷 …………………………… 1-385
晏子春秋：八卷 …………………………… 1-385
晏子春秋：八卷 …………………………… 1-385
晏子春秋：八卷 …………………………… 1-385
晏子春秋：八卷 …………………………… 1-385
晏子春秋：八卷 …………………………… 1-385
晏子春秋：八卷 …………………………… 1-385
晏子春秋：八卷 …………………………… 1-385
晏子春秋：八卷 …………………………… 1-385
晏子春秋：八卷 …………………………… 1-385
晏子春秋：六卷 …………………………… 1-385
晏子春秋：六卷 …………………………… 1-385
晏子春秋：六卷 …………………………… 1-385
晏子春秋：六卷 …………………………… 1-386
晏子春秋：六卷 …………………………… 1-386
晏子春秋：四卷 …………………………… 1-386
晏子春秋：四卷 …………………………… 1-386
晏子春秋：四卷 …………………………… 1-386
晏如斋古文简钞：三卷诗抄三卷 ………… 5-125
虹孙鉴：一卷……………………………… 3-171
蚓窍集：十卷……………………………… 4-235
蚓窍集：十卷……………………………… 4-235
[康熙]恩平县志：十一卷…………………… 2-366
[道光]恩平县志：十八卷首一卷末一卷
…………………………………………… 2-366
恩庆集：二卷……………………………… 1-397
恩余堂经进初稿：十二卷续稿二十二卷三
稿十一卷………………………………… 5-108
恩余堂经进稿：□□卷 …………………… 5-108
恩余堂辑稿：五卷知圣道斋未刻文抄一卷
…………………………………………… 5-108
恩余堂辑稿：四卷 ………………………… 5-108
恩封宗室王公表：不分卷…………………… 2-20
[同治]恩施县志：十二卷首一卷 ………… 2-343
[嘉庆]恩施县志：四卷首一卷……………… 2-343
恩福堂笔记：二卷 ………………………… 3-254
唧唧吟：一卷……………………………… 4-371

崂山志：八卷；崂山艺文志：二十四卷 ……… 2-155
[宣统]峨眉县志：十卷首一卷 ……… 2-390
[宣统]峨眉县志：十卷首一卷 ……… 2-390
圆明园万寿山内庭汇同则例：不分卷 …… 2-74
圆明园内工则例：不分卷 ……… 2-74
圆悟禅师评唱雪窦和尚颂古碧岩录：十卷 ……… 3-419
贼情汇纂：□□卷 ……… 1-318
钱币考残稿：不分卷 ……… 2-466
钱币考摘要文：六卷 ……… 2-467
钱氏小儿直诀：四卷 ……… 3-76
钱氏四种：八卷 ……… 1-4
钱文端公行述：一卷 ……… 1-406
钱民鉴自述：不分卷 ……… 1-409
钱幼光先生所知录：一卷附录一卷诗一卷 ……… 1-310
钱吉士先生全稿：不分卷 ……… 4-376
钱考功集：十卷 ……… 4-33
钱考功集：十卷 ……… 4-33
钱考功集：十卷 ……… 4-33
钱仲子初集：四卷 ……… 4-384
钱谷视成：二卷 ……… 2-51
钱牧斋先生尺牍：三卷 ……… 4-298
钱牧斋先生尺牍：三卷 ……… 5-2
钱牧斋先生列朝诗集小传：十卷 ……… 1-371
钱录：十二卷 ……… 2-465
钱录：十二卷 ……… 2-465
钱录：十卷 ……… 2-465
钱海石先生诗集：七卷 ……… 4-291
钱庵词甲稿：一卷 ……… 5-344
钱塘韦先生文集：十八卷 ……… 4-106
钱塘韦先生文集：十八卷 ……… 4-106
[万历]钱塘县志：不分卷 ……… 2-263
钱塘县志补：不分卷 ……… 2-263
钱塘梦：一卷；园林午梦：一卷 ……… 5-359
钱塘梦：一卷；园林午梦记：一卷 …… 5-359
钱塘遗事：十卷 ……… 1-319
钱塘遗事：十卷 ……… 1-319
钱塘遗事：十卷 ……… 1-319
钱塘遗事：十卷 ……… 1-320
钱谱：不分卷 ……… 2-466
钱磬室杂录：不分卷 ……… 3-207
铁云藏印初集：不分卷 ……… 2-473
铁牛翁遗稿：一卷 ……… 4-173
铁网珊瑚：二十卷 ……… 3-127
铁网珊瑚：书品十卷画品六卷 ……… 3-127
铁网珊瑚：书品十卷画品六卷 ……… 3-127
铁网珊瑚：书品十卷画品四卷 ……… 3-137
铁网珊瑚书品：十六卷 ……… 3-137
铁花仙史：二十六回 ……… 3-350
铁围山丛谈：六卷 ……… 3-192
铁若笔谈初集：四卷 ……… 3-319
铁岭乡土志 ……… 2-232
铁岭乡土志 ……… 2-232
[康熙]铁岭县志：二卷 ……… 2-232
铁函斋书跋：六卷 ……… 3-137
铁冠图：八卷五十回 ……… 3-348
铁峰集：一卷 ……… 5-106
铁堂诗草：二卷 ……… 5-10
铁堂诗草：二卷补逸二卷 ……… 5-10
铁崖文集：五卷 ……… 4-209
铁崖文集：五卷 ……… 4-209
铁崖文集：五卷 ……… 4-209
铁崖文集：五卷 ……… 4-209
铁崖乐府注：十卷；铁崖逸编注：八卷；铁崖咏史注：八卷 ……… 4-208
铁崖先生文集：一卷 ……… 4-209
铁崖先生文集钞：一卷 ……… 4-209
铁崖先生古乐府：十六卷 ……… 4-208
铁崖先生古乐府：十卷复古诗集六卷 … 4-208
铁琴铜剑楼集古印谱：不分卷 ……… 2-471
铃山堂集：四十卷 ……… 4-273
[同治]铅山县志：三十卷首一卷 ……… 2-303
乘方释例：不分卷 ……… 3-105
乘舆仪仗做法：二卷 ……… 2-80
秣陵春传奇：二卷 ……… 5-387
秣陵春传奇：二卷 ……… 5-387
秣陵春传奇：二卷 ……… 5-387
秣陵春传奇(双影记)：二卷四十一出；

通天台：一卷二出；临春阁：一卷四出…………5-386
秣陵盛氏族谱：一卷…………2-14
秣陵集：八卷…………4-309
秣陵集：六卷图考一卷…………5-127
积山先生遗集：十卷…………5-82
积书岩古文选略：十二卷…………5-214
积书岩宋诗删：二十五卷…………5-233
积书岩宋诗选：一卷…………5-233
积书岩宋诗选：二十五卷…………5-233
积古斋钟鼎彝器款识：十卷…………2-452
积古斋钟鼎彝器款识：十卷…………2-452
积古斋钟鼎彝器款识：十卷…………2-452
积古斋钟鼎彝器款识：十卷…………2-452
积古斋钟鼎彝器款识：十卷…………2-452
积古斋钟鼎彝器款识：十卷…………2-452
积古斋钟鼎彝器款识：十卷…………2-452
积学斋藏书记：四卷…………2-496
积斋集：五卷…………4-204
秘书志：十一卷…………2-47
秘书志：十一卷…………2-47
秘书省续编到四库阙书：二卷…………2-478
秘书省续编到四库阙书目：二卷…………2-478
秘书监志：十一卷…………2-48
秘书监志：十一卷…………2-48
秘传小儿经验良方口诀：一卷…………3-77
秘传天禄阁寓言外史：八卷…………3-184
秘传天禄阁寓言外史：八卷…………3-184
秘传正阳真人灵宝毕法：三卷…………3-383
秘传花镜：六卷…………3-57
秘传眼科龙木医书：十卷首一卷…………3-74
秘传眼科龙木医书总论：十卷附葆光道人秘传眼科一卷…………3-73
秘微经：二卷…………3-125
秘藏宝钥：三卷…………3-408
秘藏宝钥：三卷…………3-408
笔山崔先生文集：十卷…………4-294
笔史：二卷…………3-165
笔丛：三十二卷续集十六卷…………3-211
笔丛正集：三十二卷续集十六卷…………3-210
笔丛正集：三十二卷续集十六卷…………3-210
笔丛正集：三十二卷续集十六卷…………3-210
笔玄要旨：一卷…………3-134
笔记：二卷附录一卷…………3-33
笔耒斋订定二奇缘传奇：二卷…………5-382
笔花楼新声：一卷…………5-403
笔峰诗草：一卷…………4-309
笔道通会：二卷…………3-134
笔道通会：二卷…………3-135
笔媚笺：十二卷…………5-297
借山亭前集：六卷续集六卷；来青轩文选：八卷…………4-298
借书园书目：五卷…………2-491
借书园书目：五卷…………2-492
借秋亭诗草：五卷补遗一卷吴歈百绝一卷…………5-125
借根方算法节要：二卷…………3-105
借题集句：一卷…………5-50
借题集句：一卷…………5-61
倚云楼文选：四卷尺牍选一卷词选一卷…5-68
倚松老人诗集：二卷…………4-104
倚松老人诗集：二卷…………4-105
倚松老人诗集：二卷…………4-105
倚松老人诗集：二卷…………4-105
倚松老人诗集：二卷…………4-105
倚晴阁诗钞：七卷…………5-53
倚晴阁诗钞：七卷…………5-53
倚雉堂集：十二卷…………5-18
倒杖图注：一卷…………3-113
倘湖诗：二卷…………4-380
倘湖遗稿：不分卷…………4-380
倘湖樵书：不分卷…………3-273
倭仁列传：一卷…………1-408
倭名类聚钞：二十卷…………3-314
倭名类聚钞：二十卷…………3-314
倭名类聚钞：二十卷…………3-314
倭志：一卷…………2-174
倭患考原：一卷；恤援朝鲜倭患考：一卷…………1-304
倭情考略：一卷…………1-303

倭情考略：一卷 …… 1-303
倪小野先生全集：八卷 …… 4-264
倪云林：一卷 …… 1-395
倪云林先生诗集：六卷附录一卷 …… 4-212
倪云林先生诗集：六卷附录一卷 …… 4-212
倪云林先生诗集：六卷附录一卷 …… 4-212
倪云林先生诗集：六卷附录一卷 …… 4-212
倪云林先生诗集：六卷附录一卷 …… 4-212
倪云林先生诗集：六卷附录一卷乐府一卷 …… 4-212
倪文正公遗稿：二卷 …… 4-374
倪文贞公诗文稿：不分卷 …… 4-373
倪文僖公集：三十二卷 …… 4-246
倪石陵书：一卷 …… 4-138
隽区：十卷 …… 3-251
健松斋集：二十四卷 …… 5-39
健松斋集：二十四卷续集十卷 …… 5-39
健松斋集：十六卷 …… 5-40
射山诗抄：七卷拾遗一卷 …… 5-23
射书：四卷首一卷 …… 3-158
射史：八卷 …… 3-46
射史：八卷 …… 3-46
[光绪]射洪县志：十八卷首一卷 …… 2-388
[光绪]射洪县志：十八卷首一卷 …… 2-388
[嘉庆]射洪县志：十八卷首一卷 …… 2-388
皋兰县西固采访稿 …… 2-425
[乾隆]皋兰县志：二十卷 …… 2-424
[乾隆]皋兰县志：二十卷 …… 2-425
[乾隆]皋兰县志：二十卷 …… 2-425
[道光]皋兰县续志：十二卷 …… 2-425
皋庑吴氏家乘：四卷 …… 2-6
皋亭山诗：一卷 …… 4-261
息轩草二集：二卷 …… 5-30
[顺治]息县志：八卷 …… 2-328
[嘉庆]息县志：八卷首一卷 …… 2-328
息园存稿：十四卷又九卷 …… 4-269
息除中夭陀罗尼经：一卷；一切如来正法秘密箧印心陀罗尼经：一卷 …… 3-399
息翁先生韩诗辨证：一卷 …… 4-55
息斋笔记：二卷 …… 3-214
息斋遗稿：不分卷 …… 5-6
息斋集：十卷佐枢疏草五卷附录一卷 …… 5-4
息斋集：十卷疏草五卷 …… 5-4
息斋集：四卷外集一卷 …… 5-4
息斋集：四卷诗稿一卷奏疏三卷 …… 5-4
息影斋诗钞：三卷 …… 5-75
郫书：六卷 …… 2-381
郫县乡土志：不分卷 …… 2-381
[同治]郫县志：四十四卷首一卷 …… 2-381
[同治]郫县志：四十四卷首一卷 …… 2-381
徐干中论：二卷 …… 3-17
徐干中论：二卷 …… 3-17
徐干中论：二卷 …… 3-17
徐干中论：二卷 …… 3-17
徐子卿近集：十卷 …… 4-365
徐元植行状：一卷 …… 1-406
徐公文集：三十卷 …… 4-80
徐公文集：三十卷 …… 4-80
徐公文集：三十卷 …… 4-80
徐公文集：三十卷 …… 4-80
徐氏笔精：八卷 …… 3-232
徐氏笔精：八卷 …… 3-233
徐氏笔精：八卷续二卷 …… 3-232
徐氏海隅集：诗编二十二卷 …… 4-247
徐氏海隅集：诗编二十二卷文编四十三卷外编十四卷 …… 4-247
徐氏家藏书目：七卷 …… 2-484
徐文长三集：二十九卷 …… 4-311
徐文长三集：二十九卷文长杂纪二卷 …… 4-311
徐文长三集：二十九卷四声猿一卷 …… 4-311
徐文长文集：三十卷 …… 4-312
徐文长文集：三十卷四声猿一卷 …… 4-311
徐文长四声猿：四卷 …… 5-362
徐文长四声猿：四卷 …… 5-362
徐文长先生秘集：二卷 …… 3-265
徐文长重订杨升庵夫人词曲：五卷 …… 5-402
徐文长逸稿：二十四卷 …… 4-312
徐文敏公集：五卷 …… 4-269
徐仙真录：五卷 …… 1-362
徐郇老农文近稿：不分卷 …… 5-136

[康熙]徐州志：三十六卷 2-243
[乾隆]徐州志：三十卷首一卷 2-243
[万历]徐州志：六卷 2-242
[同治]徐州府志：二十五卷 2-243
徐州府铜山县乡土志：不分卷 2-243
徐汝思诗：二卷 4-334
徐孝廉遗稿：二卷 4-343
徐孝穆全集：六卷 4-19
徐苏传：二卷 1-350
[光绪]徐沟县志：六卷 2-208
[康熙]徐沟县志：四卷 2-208
徐卓晤歌：一卷 5-349
徐卓晤歌：一卷 5-349
徐昌谷全集：十六卷 4-271
徐迪功集：六卷重选徐迪功外集四卷谈艺录一卷 4-271
徐迪功集：六卷重选徐迪功外集四卷谈艺录一卷 4-271
徐迪功集：六卷谈艺录一卷 4-271
徐迪功集：六卷谈艺录一卷 4-271
徐迪功集：六卷谈艺录一卷 4-271
徐忠烈公集：四卷 4-358
徐侍郎集：二卷附录一卷 4-42
徐饴庵先生遗书：八种十卷 5-432
[宣统]徐闻县志：十五卷首一卷 2-369
徐笔峒先生十二部文集：十二卷 4-346
徐徐集：一卷家乘一卷 4-370
徐狷庵集：不分卷 5-31
徐高二家集选：二卷 5-172
徐常侍集：三十卷 4-80
徐康懿公余力稿：十二卷 4-250
徐骑省文集：三十卷附录一卷 4-80
徐骑省集：三十卷补遗一卷 4-80
徐骑省集：三十卷补遗一卷 4-80
徐骑省集：三十卷补遗一卷 4-80
徐霞客游记：十二卷 2-166
徐霞客游记：十卷附录一卷 2-166
徐霞客游记：不分卷 2-166
殷太师忠烈录：十卷 1-385
殷文珪诗集：一卷 4-78
殷顽录：六卷 1-375
殷强斋先生文集：十卷 4-232
般阳高中谋先生日记：不分卷 1-420
般若心经秘键：一卷 3-408
般若多心经：一卷 3-394
般若波罗蜜多心经：一卷 3-394
般若波罗蜜多心经：一卷 3-394
航海琐记：四卷 2-172
爱日斋丛抄：五卷补遗一卷 3-229
爱日堂吟稿：十三卷附稿二卷 5-86
爱日堂诗：二十七卷 5-58
爱日精庐藏书志：四卷 2-494
爱礼先生集：十卷 4-228
爱吟草：一卷附恩恤道崇庆牧常君殉节录一卷；爱吟前草：一卷附慈惺圃寄理斋诗一卷 5-107
爱吟草题跋：二卷 5-107
爱珍诗选集：八卷 5-260
豹陵集：二十四卷 5-2
奚铁生先生题画诗：一卷 5-104
奚囊蠹余：二十卷 4-303
奚囊寸锦：不分卷 3-158
奚囊广要：十三种十四卷 5-417
奚囊蠹余：二十卷 4-303
奚囊蠹余：二十卷 4-303
奚囊蠹余：二十卷 4-303
颂天胪笔：二十四卷 1-306
颂帚二集：二卷 4-365
颂帚三集：二卷 4-365
颂帚居士戒草：一卷 4-365
翁山文外：二十卷 5-37
翁山文外：十七卷 5-37
翁山易外：七十一卷 1-22
翁山诗外：十七卷 5-37
翁氏家事略记：一卷 1-415
翁文恭公手札：不分卷 5-151
翁文勤公查办雷营委员参案折稿：一卷 2-110
翁文端公行述：一卷年谱一卷 1-408
翁苏斋手删诗稿：不分卷 5-111

翁铁庵文集：二卷……5-40
翁覃溪诗：不分卷……5-111
翁潜虚祀海州名宦记：一卷……1-408
胭肢舄传奇：二卷……5-394
胭脂雪：二卷……5-389
胭脂雪：二卷……5-389
脂砚斋重评石头记：八十回……3-352
脏腑证治图说人镜经：八卷附录二卷……3-70
胶西高氏世德录：十一卷……2-12
[乾隆]胶州志：八卷首一卷……2-315
[乾隆]胶州志：八卷首一卷……2-315
留计东归赠言：八卷……1-401
留计疏草：二卷……2-103
留坝乡土志：不分卷……2-420
[道光]留坝厅志：十卷附足征录四卷……2-420
[道光]留坝厅志：十卷附足征录四卷……2-420
留芳录：一卷……4-360
留余堂尺牍：□□卷……4-312
留余堂史取：十二卷……1-340
留余堂集：二卷……4-280
留补堂文集：四卷自订诗选六卷……4-383
留青日札：三十九卷……3-214
留青日札：三十九卷……3-214
留青日札：三十九卷……3-214
留青日札：三十九卷……3-215
留青全集：二十四卷……5-213
留省稿：二十卷……4-283
留宪疏草：一卷……2-102
留素堂文集：十卷诗删十三卷后集十四卷外集五卷……5-12
留素堂诗删：十三卷……5-11
留素堂诗删：十三卷后集九卷诗集一卷文集十卷外集一卷……5-12
留素堂诗删：十四卷外集一卷……5-11
留素堂诗删：□□卷诗表一卷……5-11
留都见闻录：一卷……2-125
留都见闻录：二卷……2-125
留庵文集：十八卷……4-377
留溪外传：十八卷……1-354
鸳水仙缘：不分卷……5-407
鸳鸯竹枝词：一卷……2-165
鸳鸯社草：一卷……5-44
鸳鸯帕传奇：二卷……5-392
鸳鸯扇：二卷……5-365
鸳鸯绦传奇：二卷……5-382
鸳鸯棒：二卷……5-382
鸳鸯棒：二卷；花筵赚：二卷……5-382
鸳鸯湖棹歌：一卷续一卷……2-165
鸳鸯湖棹歌：四卷续一卷……2-164
鸳鸯湖棹歌和韵：一卷……2-165
鸳鸯塚：一卷；课蒙余录：一卷……3-357
鸳鸯影：四卷十八回……3-350
鸳湖倡和：二卷……5-262
[同治]栾城县志：十四卷首一末一卷……2-181
[道光]栾城县志：十卷首一卷末一卷……2-181
栾城集：五十卷目录二卷后集二十四卷三集十卷……4-113
栾城集：五十卷目录二卷后集二十四卷三集十卷……4-113
栾城集：五十卷目录二卷后集二十四卷三集十卷……4-113
栾城集：五十卷后集二十四卷三集十卷……4-113
栾城集：五十卷后集二十四卷三集十卷应诏集十二卷……4-113
高士传：二卷……1-350
高士传：三卷……1-350
高士传：三卷……1-350
高士传：四卷……1-350
高士奇等书札：不分卷……5-301
高子诗集：八卷文集六卷……4-347
高子遗书：十二卷……4-347
高云堂诗集：十六卷；恭和御制诗应制诗：一卷……5-36
高太史大全集：十八卷……4-234
高太史大全集：十八卷……4-234
高太史大全集：十八卷……4-234
高太史大全集：十八卷……4-234
高太史大全集：十八卷……4-234
高太史凫藻集：五卷……4-233

高太史凫藻集：五卷；扣舷集：一卷 … 4-233
高太史凫藻集：五卷；扣舷集：一卷 … 4-234
高氏三宴诗集：三卷 …………………… 5-218
高氏家模汇编：二卷 …………………… 2-11
高氏家模汇编二集：二卷……………… 2-12
高文襄公集：四十四卷 ………………… 4-304
[乾隆]高平县志：二十二卷末一卷 ……… 2-213
[顺治]高平县志：十卷 ………………… 2-213
[同治]高平县志：八卷 ………………… 2-213
高东溪先生文集：二卷附录一卷 ………… 4-136
高东溪先生文集：二卷附录一卷 ………… 4-137
高东溪先生文集：二卷附录一卷 ………… 4-137
高东溪先生文集：二卷附录一卷 ………… 4-137
高东溪先生文集：二卷附录一卷 ………… 4-137
高东溪先生文集：二卷附录一卷 ………… 4-137
高光州诗选：二卷 ……………………… 4-293
[道光]高安县志：二十二卷首一卷 ……… 2-304
高阳太傅孙文正公年谱：五卷………… 1-413
高阳许氏常熟东唐墅友谱附录：八卷 …… 2-15
高阳县乡土志 …………………………… 2-194
[雍正]高阳县志：六卷图一卷………… 2-194
[雍正]高阳县志：六卷 ………………… 2-193
高丽史：一百三十七卷 ………………… 1-237
高丽史：一百三十七卷 ………………… 1-237
高丽史：一百三十七卷目录二卷 ……… 1-237
[同治]高县志：五十四卷首一卷 ……… 2-392
高邮乡土志：不分卷 …………………… 2-248
[雍正]高邮州志：十二卷图一卷 ……… 2-248
[乾隆]高邮州志：十二卷首一卷 ……… 2-248
[嘉庆]高邑县志：十卷首一卷附录一卷
……………………………………………… 2-181
[康熙]高邑县志：三卷首一卷………… 2-181
[康熙]高苑县志：八卷 ………………… 2-311
高奇往事：十卷 ………………………… 1-353
高昌馆译书：一卷 ……………………… 1-190
高昌馆译书：一卷 ……………………… 1-190
高明大字春秋胡传：三十卷首一卷 ……… 1-102
[康熙]高明县志：十八卷首一卷 ……… 2-367
高忠宪公诗集：八卷 …………………… 4-347
高忠宪公诗集：八卷 …………………… 4-347
高季迪先生大全集：十八卷 …………… 4-234
高季迪先生大全集：十八卷 …………… 4-234
高季迪先生大全集：十八卷 …………… 4-234
高宗御制诗：九十卷目录十卷 ………… 5-98
[道光]高要县志：二十二卷首一卷 ……… 2-367
高皇帝御制文集：二十卷……………… 4-230
高皇帝御制文集：二十卷……………… 4-230
高皇帝御制文集：二十卷……………… 4-230
高皇帝御制文集：二十卷……………… 4-230
高皇帝御制文集：二十卷……………… 4-231
高皇帝御制文集：二十卷……………… 4-231
高峰先生文集：十二卷 ………………… 4-126
高峰先生文集：十七卷 ………………… 4-126
高峰先生文集：十七卷 ………………… 4-126
高峰先生文集：七卷又四卷 …………… 4-126
高峰和尚参禅节要：一卷……………… 3-417
高峰和尚参禅节要：一卷……………… 3-417
高峰和尚禅要：一卷 …………………… 3-417
高峰原妙禅师语录：二卷……………… 3-417
高峯龙泉院因师集贤语录：十五卷 …… 3-416
高唐照乘堂舆识随笔：十六卷 ………… 3-232
[嘉靖]高陵县志：七卷图一卷………… 2-407
[嘉靖]高陵县志：七卷 ………………… 2-407
[光绪]高陵县续志：八卷附高陵县志七卷
……………………………………………… 2-407
高常侍集：十卷 ………………………… 4-32
高常侍集：十卷 ………………………… 4-32
高常侍集：十卷 ………………………… 4-32
高常侍集：十卷 ………………………… 4-32
高常侍集：十卷 ………………………… 4-32
高常侍集：八卷 ………………………… 4-32
高常侍集：八卷 ………………………… 4-32
[光绪]高淳县志：二十八卷首一卷 ……… 2-242
高寄斋订正武林旧事：六卷；宝颜堂后集
武林旧事：五卷 ……………………… 2-129
[光绪]高密县志：十卷首一卷末一卷 … 2-312
[乾隆]高密县志：十卷首一卷末一卷 … 2-312
[乾隆]高密县志：十卷首一卷末一卷 … 2-312
高密遗书：十八卷 ……………………… 1-3
高密遗书：十九卷 ……………………… 1-3

高僧传：十三卷 …… 1-359
高僧传：十三卷 …… 1-359
高僧传：十四卷 …… 1-359
高僧传：十四卷 …… 1-359
高僧诗：二卷 …… 5-276
高漫士诗集：□□卷 …… 4-236
[光绪]亳州志：二十卷首一卷 …… 2-274
[乾隆]亳州志：十二卷首一卷 …… 2-274
[道光]亳州志：四十三卷首一卷 …… 2-274
郭子式先生校刻书：三种六卷 …… 2-114
郭天锡日记：一卷 …… 1-416
郭氏传家易说：十一卷 …… 1-8
郭氏族谱：一卷 …… 2-11
郭氏族谱：一卷 …… 2-11
郭西小志：十四卷 …… 2-130
郭西诗选：四卷 …… 5-275
郭汝承集：□□卷 …… 4-365
郭尚先等书札：不分卷 …… 5-302
郭孟履集：五卷 …… 4-383
郭崑焘诗稿：不分卷 …… 5-149
席上辅谈：二卷 …… 3-385
席上辅谈：二卷 …… 3-385
席上辅谈：二卷 …… 3-385
席门集：十六卷 …… 5-128
离骚图：不分卷 …… 4-8
离骚图：不分卷 …… 4-8
离骚图：不分卷 …… 4-8
离骚经：一卷 …… 4-7
离骚经订注：一卷 …… 4-7
离骚草木史：九卷；离骚拾细：一卷 …… 4-8
离骚草木疏：四卷 …… 4-7
离骚草木疏：四卷 …… 4-7
离骚草木疏：四卷 …… 4-7
离骚草木疏：四卷 …… 4-8
离骚草木疏补：四卷 …… 4-8
离骚集传：一卷 …… 4-7
离骚辩：不分卷 …… 4-7
唐堂乐府五种：六卷 …… 5-363
唐堂乐府五种：六卷 …… 5-364
唐堂集：五十卷续集八卷补遗二卷附冬录一卷 …… 5-72
唐一庵杂著十二种：十三卷 …… 3-30
唐一庵杂著十二种：十三卷 …… 3-30
唐二皇甫诗集：八卷 …… 5-290
唐二皇甫诗集：八卷 …… 5-290
唐十二名家诗：十二种十二卷 …… 5-165
唐十二家诗：四十九卷 …… 5-165
唐十子诗：十四卷 …… 5-164
唐七律选：四卷 …… 5-229
唐八家诗：二十六卷 …… 5-167
唐人八家诗：四十二卷 …… 5-166
唐人八家诗：四十二卷 …… 5-166
唐人万首绝句选：七卷 …… 5-227
唐人万首绝句选：七卷 …… 5-227
唐人五言排律选：十卷 …… 5-223
唐人六集：四十一卷 …… 5-161
唐人六集：四十一卷 …… 5-161
唐人四集：十二卷 …… 5-166
唐人四集：十二卷 …… 5-166
唐人四集：十二卷 …… 5-166
唐人选唐诗：八种二十三卷 …… 5-166
唐人选唐诗：八种二十三卷 …… 5-166
唐人选唐诗：六种十二卷 …… 5-165
唐人选唐诗八种：二十三卷 …… 5-166
唐三高僧诗集：四十七卷 …… 5-167
唐三家集：九卷 …… 5-171
唐大历十子诗集：□□卷 …… 5-163
唐大诏令集：一百三十卷 …… 2-85
唐大诏令集：一百三十卷 …… 2-85
唐大诏令集：一百三十卷 …… 2-85
唐大诏令集：一百三十卷 …… 2-85
唐大诏令集：一百三十卷 …… 2-85
唐大家韩文公文钞：十六卷 …… 4-58
唐才子传：十卷 …… 1-363
唐才子传：十卷 …… 1-363
唐才子传：十卷 …… 1-363
唐才子传校勘记：一卷 …… 1-363
[光绪]唐山县志：十二卷首一卷末一卷 …… 2-202
[康熙]唐山县志：四卷 …… 2-202

唐王右丞诗刘须溪校本：六卷 4-28
唐王右丞诗集注说：六卷 4-28
唐王右丞诗集注说：六卷 4-28
唐王右丞诗集注说：六卷 4-28
唐王焘先生外台秘要方：四十卷 3-79
唐开元占经：一百二十卷 3-110
唐开元占经：一百二十卷 3-110
唐开成石经考：二卷 1-134
唐元次山文集：十二卷 4-44
唐元次山文集：十二卷 4-44
唐元次山文集：十卷拾遗一卷 4-44
唐元次山文集：十卷拾遗一卷 4-44
唐元次山文集：十卷拾遗一卷 4-44
唐元次山文集：十卷拾遗一卷 4-44
唐元次山文集：十卷拾遗一卷 4-44
唐五言六韵诗豫：四卷 5-229
唐太宗皇帝集：二卷 4-20
唐太宗集：二卷 4-20
唐氏三先生集：三十卷附录三卷 5-291
唐风集：三卷 4-77
唐风集：三卷 4-77
唐丹元子步天歌：一卷 3-87
唐六如先生画谱：三卷 4-263
唐六家诗：六卷 5-167
唐六家集：二十六卷 5-160
唐文吕选：四种十三卷 5-171
唐文恪公遗牍：一卷 4-337
唐文鉴：二十一卷 5-231
唐文粹：一百卷 5-231
唐文粹：一百卷 5-231
唐文粹：一百卷 5-231
唐文粹：一百卷 5-231
唐书：二百二十五卷 1-225
唐书：二百二十五卷 1-226
唐书：二百二十五卷 1-226
唐书：二百二十五卷 1-226
唐书：二百二十五卷 1-226
唐书：二百二十五卷 1-226
唐书：二百二十五卷 1-226
唐书：二百二十五卷 1-226
唐书：二百二十五卷 1-227
唐书：二百二十五卷目录二卷 1-226
唐书：二百二十五卷目录二卷 1-226
唐书：二百二十五卷目录二卷 1-226
唐书：二百二十五卷唐书释音二十五卷 1-227
唐书：二百五十二卷 1-227
唐书：二百五十卷 1-227
唐书：二百卷 1-225
唐书：二百卷 1-225
唐书：二百卷 1-225
唐书：二百卷 1-225
唐书：二百卷 1-225
唐书：二百卷 1-225
唐书：二百卷 1-225
唐书：二百卷 1-225
唐书：二百卷 1-225
唐书艺文志考：三卷 1-227
唐书文钞：三十六卷 1-325
唐书直笔新例：四卷新例须知一卷 1-334
唐书直笔新例：四卷新例须知一卷 1-334
唐书直笔新例：四卷新例须知一卷 1-334
唐书直笔新例：四卷新例须知一卷 1-334
唐书诠要：一卷 1-227
唐世说新语：十三卷 3-240
唐世说新语：十三卷 3-241
唐世说新语：十三卷 3-241
唐世精华：十二卷 5-226
唐古诗则：六卷 5-229
唐石经考异：十三卷 1-134
唐卢户部诗集：十卷 4-48
唐卢纶诗集：三卷 4-48
唐史论断：三卷 1-343
唐史论断：三卷 1-343
唐史论断：三卷 1-343
唐史论断：三卷 1-343
唐史论断：三卷 1-343
唐四十家诗：九十八卷 5-166
唐四家诗：二十四卷 5-166
唐四家诗：八卷 5-166

唐四家诗：四卷 ………………………………… 5-166
唐丛碑目稿：一卷 ………………………………… 2-463
唐乐府：十八卷 ………………………………… 5-226
[道光]唐市志：三卷 ………………………………… 2-262
[嘉庆]唐市志：三卷 ………………………………… 2-262
唐市补志：不分卷 ………………………………… 2-262
唐玄宗皇帝集：二卷 ………………………………… 4-26
唐写本唐韵残卷：□□卷………………………………… 1-168
唐皮日休文薮：十卷 ………………………………… 4-74
唐皮日休文薮：十卷 ………………………………… 4-74
唐皮日休文薮：十卷 ………………………………… 4-74
唐皮日休文薮：十卷 ………………………………… 4-74
唐皮日休文薮：十卷 ………………………………… 4-74
唐皮日休文薮：十卷 ………………………………… 4-74
唐皮日休文薮：十卷 ………………………………… 4-74
唐皮从事倡酬诗：八卷 ………………………………… 4-73
唐百家诗：一百七十卷 ………………………………… 5-163
唐百家诗：□□卷 ………………………………… 5-163
唐先生文集：二十卷 ………………………………… 4-126
唐先生文集：二十卷 ………………………………… 4-126
唐先生文集：二十卷 ………………………………… 4-126
唐先生文集：七卷 ………………………………… 4-126
唐先生集：七卷 ………………………………… 4-126
唐先生集：七卷 ………………………………… 4-126
唐会元精选批点唐宋名贤策论文粹：八卷
………………………………… 5-203
唐会元精选诸儒文要：八卷 ………………………………… 5-203
唐会要：一百卷 ………………………………… 2-29
唐会要：一百卷 ………………………………… 2-29
唐会要：一百卷 ………………………………… 2-29
唐会要：一百卷 ………………………………… 2-29
唐会要：一百卷 ………………………………… 2-30
唐名家文抄：不分卷 ………………………………… 5-231
唐刘叉诗：一卷 ………………………………… 4-69
唐刘蜕集：六卷 ………………………………… 4-44
唐刘蜕集：六卷 ………………………………… 4-72
唐刘蜕集：六卷 ………………………………… 4-72
唐孙可之文集：十卷 ………………………………… 4-77
唐孙过庭书谱：一卷 ………………………………… 3-131
唐孙樵集：十卷 ………………………………… 4-77
唐孙樵集：十卷 ………………………………… 4-77
唐丞相曲江张文献公集：十二卷附录一卷；
千秋金鉴录：五卷 ………………………………… 4-26
唐丞相曲江张先生文集：二十卷 ………………………………… 4-26
唐丞相曲江张先生文集：二十卷附录一卷
………………………………… 4-26
唐丞相曲江张先生文集：二十卷附录一卷
………………………………… 4-26
唐丞相曲江张先生文集：十二卷 ………………………………… 4-25
唐李元宾文集：三卷附录一卷 ………………………………… 4-52
唐李元宾文集：五卷 ………………………………… 4-53
唐李长吉诗：四卷外诗集一卷 ………………………………… 4-68
唐李长吉诗集：四卷 ………………………………… 4-67
唐李长吉诗集：四卷 ………………………………… 4-67
唐李长吉诗集：四卷外诗集一卷 ………………………………… 4-68
唐李白诗：十二卷 ………………………………… 4-29
唐李杜诗集：十六卷 ………………………………… 5-224
唐李颀诗集：一卷 ………………………………… 4-27
唐甫里先生文集：二十卷 ………………………………… 4-74
唐甫里先生文集：二十卷 ………………………………… 4-74
唐甫里先生集：二十卷 ………………………………… 4-74
唐甫里先生集：二十卷 ………………………………… 4-74
唐折冲府考：四卷 ………………………………… 2-58
[光绪]唐县志：十二卷首一卷 ………………………………… 2-193
[康熙]唐县新志：十八卷 ………………………………… 2-193
唐近体诗永：十四卷首一卷 ………………………………… 5-228
唐余纪传：十八卷 ………………………………… 1-228
唐宋十二大家文归：十六卷 ………………………………… 5-209
唐宋十二大家文归：十四卷 ………………………………… 5-209
唐宋八大家文钞：一百四十四卷 ………………………………… 5-163
唐宋八大家文钞：一百四十四卷 ………………………………… 5-163
唐宋八大家文钞：一百四十四卷 ………………………………… 5-163
唐宋八大家文钞：十九卷 ………………………………… 5-163
唐宋八家词：十卷 ………………………………… 5-328
唐宋八家诗：五十二卷 ………………………………… 5-162
唐宋元三朝名贤小集：二十九种四十九卷
………………………………… 5-162
唐宋元名表：四卷 ………………………………… 5-203
唐宋元名表：四卷 ………………………………… 5-204
唐宋文醇：五十八卷 ………………………………… 5-185

唐宋旧经楼诗稿：七卷 ……………………… 5-130
唐宋四家诗选：二十一卷……………………… 5-162
唐宋白孔六帖：一百卷 ……………………… 3-279
唐宋白孔六帖：一百卷 ……………………… 3-279
唐宋白孔六帖：一百卷目录二卷 ………… 3-279
唐宋白孔六帖：一百卷目录二卷 ………… 3-279
唐宋白孔六帖：一百卷目录二卷 ………… 3-279
唐宋白孔六帖：一百卷目录二卷 ………… 3-279
唐宋丛书：一百五种一百四十九卷 ……… 5-415
唐宋名贤历代确论：一百卷 ……………… 1-337
唐宋名贤百家词集：不分卷 ……………… 5-328
唐宋阳秋：五卷 ……………………………… 1-290
唐宋诗词：六种十卷 ……………………… 5-159
唐宋诸贤绝妙词选：十卷…………………… 5-349
唐张文献公曲江集：十二卷附录一卷 …… 4-26
唐张司业诗集：六卷 ……………………… 4-53
唐陆宣公集：二十二卷 …………………… 4-49
唐陆宣公集：二十二卷 …………………… 4-49
唐陆宣公集：二十二卷 …………………… 4-49
唐陆宣公集：二十二卷 …………………… 4-50
唐陆宣公集：二十二卷 …………………… 4-50
唐陆宣公集：二十二卷 …………………… 4-50
唐陆宣公集：二十二卷 …………………… 4-50
唐陆宣公集：二十二卷 …………………… 4-50
唐陆宣公集：二十二卷 …………………… 4-50
唐陆宣公集：二十四卷 …………………… 4-50
唐陆宣公集：二十四卷 …………………… 4-50
唐陆宣公集：二十四卷 …………………… 4-50
唐陆宣公集：二十四卷 …………………… 4-50
唐陆宣公集：二十四卷 …………………… 4-50
唐陆宣公集：二十四卷 …………………… 4-50
唐陆宣公集：二十四卷 …………………… 4-50
唐陆宣公翰苑集：二十四卷 ……………… 4-51
唐英歌诗：三卷 …………………………… 4-78
唐英歌诗：三卷 …………………………… 4-78
唐欧阳先生文集：八卷附录一卷 ………… 4-51
唐欧阳先生文集：八卷附录一卷 ………… 4-51
唐贤三昧集：三卷…………………………… 5-227
唐贤三昧集：三卷…………………………… 5-227
唐国史补：三卷 …………………………… 3-240
唐忠臣录：三卷 …………………………… 1-363
唐忠臣录：三卷 …………………………… 1-363
唐宗名贤历代确论：一百卷 ……………… 1-337
唐诗：七百十七卷目录五卷 ……………… 5-228
唐诗二十六家：五十卷 …………………… 5-164
唐诗二十六家：五十卷 …………………… 5-164
唐诗二十六家：五十卷 …………………… 5-164
唐诗二十六家：五十卷 …………………… 5-164
唐诗五律读本选注：一卷…………………… 5-230
唐诗正：三十卷 …………………………… 5-227
唐诗正声：二十二卷 ……………………… 5-223
唐诗正声：二十二卷 ……………………… 5-223
唐诗正声：二十二卷 ……………………… 5-223
唐诗正声：二十二卷 ……………………… 5-223
唐诗正音：六卷 …………………………… 5-222
唐诗百名家全集：三百二十六卷 ………… 5-167
唐诗成法：十二卷…………………………… 5-229
唐诗会选：十卷 …………………………… 5-225
唐诗观澜集：二十四卷；唐小传：一卷
…………………………………… 5-229
唐诗纪：一百七十卷 ……………………… 5-225
唐诗纪：一百七十卷目录三十四卷 ……… 5-225
唐诗纪事：八十一卷 ……………………… 5-311
唐诗纪事：八十一卷 ……………………… 5-311
唐诗纪事：八十一卷 ……………………… 5-311
唐诗纪事：八十一卷 ……………………… 5-311
唐诗别裁集：十卷…………………………… 5-229
唐诗近体集韵：三十卷 …………………… 5-227
唐诗快：十六卷 …………………………… 5-227
唐诗所：四十七卷…………………………… 5-226
唐诗宗：十七卷 …………………………… 5-229
唐诗贯珠：六十卷…………………………… 5-229
唐诗品汇：九十卷…………………………… 5-223
唐诗品汇：九十卷拾遗十卷 ……………… 5-223
唐诗品汇：九十卷拾遗十卷 ……………… 5-223
唐诗品汇：九十卷拾遗十卷 ……………… 5-223
唐诗品汇：九十卷拾遗十卷 ……………… 5-223
唐诗品汇：九十卷拾遗十卷 ……………… 5-223
唐诗品汇：九十卷拾遗十卷诗人爵里详节
一卷…………………………………… 5-223

唐诗选：七卷附录一卷 5-225
唐诗选：七卷附录一卷 5-225
唐诗选：七卷附录一卷 5-225
唐诗选玄集：不分卷 5-225
唐诗类苑：一百卷 5-225
唐诗类苑：二百卷 5-224
唐诗类苑选：三十四卷 5-227
唐诗类钞：八卷 5-225
唐诗类钞：八卷 5-225
唐诗类选：六卷 5-226
唐诗绝句类选：四卷总评一卷人物一卷 5-224
唐诗艳逸品：四卷 5-165
唐诗艳逸品：四卷 5-165
唐诗艳逸品：四卷 5-165
唐诗艳逸品：四卷 5-165
唐诗艳逸品：四卷 5-166
唐诗排律：七卷 5-229
唐诗掞藻：八卷 5-228
唐诗揽香集：十六卷 5-227
唐诗鼓吹：十卷 5-222
唐诗解：五十卷 5-226
唐诗解：五十卷首一卷 5-226
唐诗韵汇：不分卷 5-227
唐荆川先生文集：十二卷 4-299
唐荆川先生文集：十二卷 4-300
唐荆川先生文编集：六十四卷 4-299
唐荆川先生传稿：不分卷 4-300
唐荆川先生编纂左氏始末：十二卷 1-270
唐荆川先生编纂左氏始末：十二卷 1-271
唐荆川先生编纂诸儒语要：十卷 3-5
唐荆川先生编纂诸儒语要：十卷 3-5
唐荆川先生纂辑武编：十二卷 3-48
唐荆川先生纂辑武编：十二卷 3-48
唐荆川先生纂辑武编：十二卷 3-48
唐荆川选辑朱文公全集：十五卷 4-149
唐柳先生外集：一卷 4-61
唐柳先生集：四十五卷 4-62
唐柳先生集：四十五卷外集二卷龙城录二卷 4-62
唐柳先生集：四十五卷外集二卷龙城录二卷集传一卷附录二卷 4-62
唐昭陵石迹考略：五卷 2-449
唐贵妃杨太真全史：□□卷 1-389
唐段少卿酉阳杂俎：二十卷 3-322
唐段少卿酉阳杂俎：二十卷 3-322
唐段少卿酉阳杂俎：二十卷 3-322
唐段少卿酉阳杂俎：前集二十卷续集十卷 3-322
唐段少卿酉阳杂俎：前集二十卷续集十卷 3-322
唐段少卿酉阳杂俎：前集二十卷续集十卷 3-322
唐段少卿酉阳杂俎：前集二十卷续集十卷 3-322
唐律诗韵：二卷首一卷末一卷 1-178
唐律消夏录：五卷 5-229
唐律纂例：一卷 2-64
唐音：十一卷 5-222
唐音：十一卷 5-222
唐音：十四卷 5-222
唐音：十四卷 5-222
唐音：十四卷 5-222
唐音：十卷 5-222
唐音：十卷 5-222
唐音戊签：二百一卷余一卷余闰六十三卷 5-227
唐音审体：二十卷 5-323
唐音癸签：三十三卷 5-318
唐音癸签：三十三卷 5-318
唐音遗响：四卷 5-223
唐音辑注：十四卷 5-222
唐音辑注：十四卷 5-222
唐类函：二百卷 3-296
唐类函：二百卷目录二卷 3-296
唐类函：二百卷目录二卷 3-296
唐宫闺诗：二卷 5-229
唐语林：二卷 3-245
唐语林：二卷 3-245
唐眉山诗集：十卷文集十四卷 4-126

唐骆先生文集：六卷 ……………………… 4-21
唐骆先生集：八卷 ……………………… 4-21
唐秦隐君诗集：一卷 ……………………… 4-48
唐栖志略稿：二卷 ……………………… 2-264
唐秘书省正字先辈徐公钓矶文集：十卷 … 4-79
唐秘书省正字先辈徐公钓矶文集：十卷 … 4-79
唐秘书省正字先辈徐公钓矶文集：十卷 … 4-79
唐秘书省正字先辈徐公钓矶文集：十卷 … 4-79
唐秘书省正字先辈徐公钓矶文集：十卷 … 4-79
唐黄先生文集：八卷附录一卷 ……………… 4-79
唐黄御史集：八卷附录一卷 ……………… 4-78
唐渔石集：四卷 ……………………… 4-270
唐朝名画录：一卷 ……………………… 3-142
唐朝名画录：一卷 ……………………… 3-142
唐雅：二十一卷 ……………………… 5-224
唐雅：二十一卷 ……………………… 5-224
唐雅：二十六卷 ……………………… 5-224
唐雅：二十六卷 ……………………… 5-224
唐雅：八卷 ……………………… 5-224
唐雅同声：五十卷目录二卷 ……………… 5-226
唐碑帖跋：四卷 ……………………… 2-463
唐摭言：十五卷 ……………………… 3-242
唐摭言：十五卷 ……………………… 3-242
唐摭言：十五卷 ……………………… 3-242
唐摭言：十五卷 ……………………… 3-242
唐摭言：十五卷 ……………………… 3-242
唐摭言：十五卷 ……………………… 3-242
唐摭言：十五卷 ……………………… 3-242
唐摭言：十五卷 ……………………… 3-242
唐僧弘秀集：十卷 ……………………… 5-221
唐僧弘秀集：十卷 ……………………… 5-221
唐僧弘秀集：十卷 ……………………… 5-221
唐僧弘秀集：十卷 ……………………… 5-221
唐翰林李白诗类编：十二卷 ……………… 4-29
唐翰林李白诗类编：十二卷 ……………… 4-29
唐翰林李白诗类编：十二卷 ……………… 4-29
旃山翁文集：六卷 ……………………… 4-242
旃风堂偶集：一卷 ……………………… 4-376
旃蒙作鄂游申日杂作：一卷 ……………… 1-420
畜德录：一卷 ……………………… 1-369
畜德录：一卷 ……………………… 2-172
悚斋遗书：十八卷 ……………………… 5-153
悟香亭画稿：二卷六法管见一卷 ………… 3-148
悟真篇三注：三卷 ……………………… 3-384
悔斋诗：六卷 ……………………… 5-44
悔庵学文：八卷 ……………………… 5-128
悔庵学文：八卷补遗一卷 ……………… 5-128
悔庵学诗：不分卷 ……………………… 5-128
悔稿后编：不分卷；平庵悔稿：不分卷补遗一卷；丙辰悔稿：一卷 ………… 4-148
悦云山房初存文集：一卷诗集八卷词集四卷 ……………………… 5-129
悦心集：四卷 ……………………… 3-234
悦亭诗稿初集：二卷 ……………………… 5-93
悦亲楼诗集：三十卷 ……………………… 5-116
悦容编评林：一卷 ……………………… 3-330
阅史约书：五卷 ……………………… 2-114
阅史约书：五卷 ……………………… 2-114
阅史约书：五卷附碧澌堂诗草：一卷 … 2-114
阅关奏稿：二卷 ……………………… 2-104
阅耕余录：六卷 ……………………… 3-251
阅清楼书目：不分卷 ……………………… 2-493
阅微草堂笔记：二十四卷 ……………… 3-328
阅微草堂笔记：二十四卷 ……………… 3-329
阅微草堂笔记：二十四卷 ……………… 3-329
[咸丰]阆中县志：八卷图一卷 ………… 2-386
[咸丰]阆中县志：八卷 ……………… 2-386
阆风集：十二 ……………………… 4-171
瓶花供：□□卷 ……………………… 3-271
瓶庐书札：不分卷 ……………………… 5-151
瓶庐丛稿：二十六种 ……………………… 5-434
瓶庐诗稿：八卷 ……………………… 5-151
瓶笙馆修箫谱：四种四卷 ……………… 3-157
拳峰馆诗：二卷 ……………………… 5-145
拳峰馆诗：二卷词一卷 ……………… 5-145
益古演段：三卷 ……………………… 3-103
益州名画录：三卷 ……………………… 3-142
益州名画录：三卷 ……………………… 3-142
益阳县乡土志：不分卷 ……………… 2-349
[同治]益阳县志：二十五卷首一卷 ……… 2-348

[嘉庆]益阳县志：三十五卷首一卷末一卷 …… 2-348
益戒堂诗后集：八卷 …… 5-77
[康熙]益都县志：十四卷首一卷 …… 2-312
[康熙]益都县志：十四卷首一卷 …… 2-312
[光绪]益都县图志：五十四卷首一卷 …… 2-312
益都金石记：四卷；益都金石略：二卷 …… 2-447
益都金石略：二卷 …… 2-447
益都薛氏遗书：不分卷 …… 3-86
益都薛氏遗书：不分卷 …… 3-86
益翁文稿：一卷 …… 5-78
益斋乱稿：十卷 …… 5-158
益斋乱稿：十卷拾遗一卷 …… 5-158
益斋诗稿：七卷文稿一卷 …… 5-101
益部谈资：三卷 …… 2-135
益部谈资：三卷 …… 2-135
兼山堂奕谱：不分卷 …… 3-158
兼山堂集：四卷 …… 5-42
兼济堂文集：二十四卷 …… 5-18
兼济堂诗选：十卷文选十四卷疏稿二卷 …… 5-18
[万历]朔方新志：五卷 …… 2-432
[万历]朔方新志：五卷 …… 2-433
[万历]朔方新志：五卷 …… 2-433
[雍正]朔平府志：十二卷 …… 2-210
[雍正]朔平府志：十二卷 …… 2-210
[雍正]朔州志：十二卷 …… 2-209
朔野山人集：六卷 …… 4-273
烟花债传奇：一卷 …… 5-391
烟语：不分卷 …… 2-166
烟霞万古楼文集：六卷 …… 5-123
烟霞小说十三种：二十三卷 …… 5-418
烟霞外集：一卷 …… 4-385
烟鬟子集：十四卷 …… 4-339
剡川姚氏本战国策札记：三卷 …… 1-281
[嘉定]剡录：十卷 …… 2-269
剡源文集：三十卷 …… 4-189
剡源文集：五卷 …… 4-189
剡源先生文钞：四卷 …… 4-189
剡源先生文集：六卷；文：不分卷 …… 4-188
剡源戴先生文集：二十六卷 …… 4-189
剡源戴先生文集：三十卷 …… 4-188
剡溪诗话：一卷 …… 5-314
剡溪诗话：一卷 …… 5-316
剡溪漫笔：六卷 …… 3-213
烬余录：二卷 …… 1-320
烬余稿：□□卷 …… 4-279
凌忠清公诗集：四卷 …… 4-373
凌忠清公集：六卷 …… 4-373
凌烟阁图：一卷 …… 3-146
凌烟阁图：一卷 …… 3-146
凌烟阁图：一卷 …… 3-146
凌雪轩诗：六卷外集一卷 …… 5-78
凌溪先生集：十八卷 …… 5-288
准斋心制几漏图式：一卷 …… 3-87
准斋心制几漏图式：一卷 …… 3-87
资世通训：一卷 …… 3-35
[光绪]资州直隶州志：三十卷首四卷 …… 2-389
[咸丰]资阳县志：四十八卷首二卷 …… 2-394
[康熙]资县总志：八卷 …… 2-389
资治上编大政记纲目：四十卷；资治下编大政记纲目：三十二卷 …… 1-251
资治通鉴：二百九十四卷 …… 1-239
资治通鉴：二百九十四卷 …… 1-239
资治通鉴：二百九十四卷 …… 1-239
资治通鉴：二百九十四卷 …… 1-240
资治通鉴：二百九十四卷 …… 1-240
资治通鉴：二百九十四卷 …… 1-240
资治通鉴：二百九十四卷 …… 1-240
资治通鉴：二百九十四卷 …… 1-240
资治通鉴：二百九十四卷 …… 1-240
资治通鉴：二百九十四卷 …… 1-240
资治通鉴：二百九十四卷 …… 1-240
资治通鉴：二百九十四卷 …… 1-240
资治通鉴：二百九十四卷 …… 1-240
资治通鉴：二百九十四卷 …… 1-240
资治通鉴：二百九十四卷 …… 1-241
资治通鉴：二百九十四卷 …… 1-241
资治通鉴：二百九十四卷 …… 1-241
资治通鉴：二百九十四卷 …… 1-241

资治通鉴：二百九十四卷…………………… 1-241
资治通鉴：二百九十四卷通鉴释文辨误十二卷…………………………………………… 1-241
资治通鉴：外纪十卷目录五卷…………… 1-243
资治通鉴日抄：二十卷 ………………… 1-244
资治通鉴节要续编：三十卷 …………… 1-244
资治通鉴节要续编：三十卷 …………… 1-248
资治通鉴目录：三十卷 ………………… 1-241
资治通鉴考异：三十卷 ………………… 1-241
资治通鉴考异：三十卷 ………………… 1-241
资治通鉴考异：三十卷 ………………… 1-241
资治通鉴考异：三十卷 ………………… 1-241
资治通鉴考异：三十卷 ………………… 1-241
资治通鉴后编：一百八十四卷…………… 1-249
资治通鉴问疑：一卷 …………………… 1-241
资治通鉴纪事本末补：不分卷…………… 1-270
资治通鉴补：二百九十四卷 …………… 1-242
资治通鉴纲目：五十九卷………………… 1-245
资治通鉴纲目：五十九卷………………… 1-245
资治通鉴纲目：五十九卷………………… 1-245
资治通鉴纲目：五十九卷………………… 1-245
资治通鉴纲目：五十九卷………………… 1-245
资治通鉴纲目：五十九卷………………… 1-245
资治通鉴纲目：五十九卷………………… 1-245
资治通鉴纲目：五十九卷………………… 1-245
资治通鉴纲目：五十九卷………………… 1-246
资治通鉴纲目：五十九卷………………… 1-246
资治通鉴纲目：五十九卷前编二十五卷后编二十三卷 ………………………… 1-245
资治通鉴纲目：五十九卷首一卷 ……… 1-246
资治通鉴纲目：五十九卷首一卷 ……… 1-246
资治通鉴纲目：五十九卷续编一卷 …… 1-245
资治通鉴纲目：□□卷 ………………… 1-244
资治通鉴纲目发明：五十九卷…………… 1-245
资治通鉴纲目发明：五十九卷…………… 1-245
资治通鉴纲目发明：五十九卷…………… 1-246
资治通鉴纲目发明：五十九卷…………… 1-246
资治通鉴纲目前编：十八卷举要三卷 … 1-243
资治通鉴纲目前编：十八卷举要三卷外纪一卷…………………………………………… 1-243
资治通鉴纲目校勘记：五十九卷首一卷…………………………………………… 1-245
资治通鉴纲目集览：五十九卷…………… 1-246
资治通鉴纲目集览：五十九卷…………… 1-246
资治通鉴纲目集览：五十九卷…………… 1-246
资治通鉴纲目集说：五十九卷前编二卷…………………………………………… 1-247
资治通鉴纲目集说：五十九卷前编二卷…………………………………………… 1-247
资治通鉴刻本识误：三卷………………… 1-242
资治通鉴刻本识误：三卷………………… 1-242
资治通鉴刻本识误：三卷………………… 1-242
资治通鉴续编：一百五十七卷…………… 1-249
资治通鉴释文：九十八卷………………… 1-242
资治通鉴释文：三十卷 ………………… 1-241
资治通鉴释文：三十卷 ………………… 1-242
资度早朝科：一卷午朝科一卷晚朝科一卷…………………………………………… 3-383
资暇集：三卷…………………………… 1-287
资暇集：三卷…………………………… 3-224
[崇祯]浦江县志：十二卷………………… 2-270
浦江郑氏家范：一卷 …………………… 3-36
浦阳人物记：二卷附录一卷 …………… 1-382
[万历]浦城县志：十六卷………………… 2-292
涑水记闻：二卷 ………………………… 3-243
涑水记闻：二卷 ………………………… 3-243
涑水记闻：二卷 ………………………… 3-243
涑水记闻：二卷 ………………………… 3-243
涑水记闻：十四卷……………………… 3-243
涑水司马氏源流集略：八卷 ……………2-3
涑水编：五卷…………………………… 5-18
酒人觞政：一卷 ………………………… 3-159
酒人觞政：一卷 ………………………… 3-159
酒史：二卷 ……………………………… 3-168
酒史：六卷 ……………………………… 3-168
酒史续编：六卷 ………………………… 3-168
酒史续编：六卷 ………………………… 3-168
酒边词：二卷…………………………… 5-332
酒经：三卷 ……………………………… 3-167
酒经：三卷 ……………………………… 3-168

酒牌：不分卷 3-146
酒概：四卷 3-168
酒概：四卷 3-168
酒颠：二卷 3-168
酒颠补：三卷 3-168
[乾隆]涞水县志：八卷首一卷末一卷 2-193
[光绪]涞水县志：八卷首一卷 2-193
[康熙]浙川县志：八卷 2-328
浙西六家词：十一卷；山中白云词：八卷 5-330
浙西六家诗钞：六卷 5-274
浙西杂记：不分卷 1-317
浙西胜览全图：不分卷 2-139
浙江山川古迹记：六卷 2-139
浙江迎銮乐府：九卷 5-366
浙江杭州新刊重校补订四书集说：二十卷 1-129
浙江采集遗书总录：十卷闰集一卷 2-480
[嘉靖]浙江通志：七十二卷 2-262
[嘉靖]浙江通志：七十二卷 2-262
[康熙]浙江通志：五十卷首一卷 2-262
浙海钞关征收税银则例：一卷 2-52
涉世雄谭：八卷 1-338
涉世雄谭：八卷 1-338
涉史随笔：一卷 1-335
涉史随笔：一卷 1-336
涉志：一卷；晏赋：一卷；寤咏：一卷 4-385
[嘉庆]涉县志：八卷图一卷 2-204
涉园修禊集：一卷 5-276
涉园琐记：不分卷 3-252
涉园集：二十七卷 5-12
涉闻梓旧：二十五种一百十九卷 5-425
涉斋集：十八卷 4-157
娑罗园清语：一卷续一卷戒杀放生文一卷 3-210
消闲四种：七卷 5-431
消夏录：二卷 3-220
消暑录：一卷 3-236
[同治]涡阳县志：六卷 2-274
浩气集：十二卷 5-83
浩斋过先生语录：二卷 3-20
浩然斋雅谈：三卷 5-317
浩然斋雅谈：三卷 5-317
海上见闻录定本：二卷 1-313
海上老人别集：二卷 4-296
海山存稿：二十卷 5-101
[光绪]海门厅图志：二十卷首一卷 2-250
[光绪]海门厅图志：二十卷首一卷 2-250
海门初集：九卷首一卷 5-96
海丰吴氏藏书目：不分卷 2-496
[康熙]海丰县志：十二卷首一卷 2-319
[乾隆]海丰县志：十卷末一卷 2-366
[光绪]海丰县志续编：二卷 2-366
海天秋色谱：九卷养菊法一卷 3-170
海内十洲记：一卷 3-321
海内十洲记：一卷 3-321
海内十洲记：一卷 3-330
海内名公云翰玉唾新编：□□卷 3-296
海石先生文集：二十八卷目录二卷 4-291
海石先生文集：二十九卷附录一卷 4-291
海石先生诗集：六卷 4-291
海右陈人集：二卷 5-8
海右堂集钞：一卷 5-97
海东札记：四卷 2-137
海东札记：四卷 2-137
海东逸史：十八卷 1-312
海宁陈氏家谱：二十卷 2-12
海宁经籍备考：二卷 2-497
海宁洛塘许氏宗谱：十二卷 2-15
海曲拾遗：六卷 2-125
海曲拾遗：六卷 2-126
海刚峰先生集：六卷政事四卷 4-306
[道光]海州文献录：十六卷 2-244
[嘉庆]海州直隶州志：三十二卷首一卷 2-244
[乾隆]海阳县志：八卷 2-314
[光绪]海阳县续志：十卷首一卷 2-314
海防刍论：八编；山东福建海防修议：不分卷 2-61

海防经略纂要：二卷 ……2-61
海防奏疏：二卷；抚畿奏疏：十卷 ……2-101
海防集览：四卷 ……2-61
海防纂要：十三卷 ……2-61
海防纂要：十三卷图一卷……2-61
海防纂要：十三卷图一卷……2-61
海运纪事：不分卷 ……2-56
海运新考：三卷 ……2-56
海甸野史：四卷 ……1-275
海甸野史二十二种：二十二卷……1-275
海甸野史二十五种：二十七卷……1-275
海角续编：一卷 ……1-316
海角遗编：二卷题辞一卷……1-311
海岛逸志：六卷 ……2-171
海岛算经：一卷 ……3-102
海沤小谱：一卷 ……3-274
海沤剩词：不分卷 ……5-343
海国四说：十四卷 ……2-114
海国图志：五十卷 ……2-171
海国闻见录：一卷 ……2-171
海国闻见录：二卷 ……2-171
海国闻见录：二卷 ……2-171
海国宣威图题咏：一卷 ……5-246
海昌五臣殉节轶事：一卷……1-381
海昌外志：八卷 ……2-266
海昌讲学集注：一卷 ……2-49
海昌丽则：十卷 ……5-163
海昌经籍志略：十六卷附录一卷 ……2-497
海昌经籍志略：四卷 ……2-497
海昌经籍志略：□□卷 ……2-497
海昌胜览：二十卷 ……2-266
海昌胜览：二十卷 ……2-266
海昌著录续考：六卷 ……2-498
海忠介公文集：十卷 ……4-306
海忠介公文集：十卷 ……4-306
海忠介公集：六卷首一卷……4-306
海氛诗话：不分卷 ……5-324
海岳名言：一卷；宝章待访录：一卷 …1-392
海岳名言：一卷；宝章待访录：一卷 …1-392
海岳名言：一卷；宝章待访录：一卷 …1-392
海岳灵秀集：二十二卷 ……5-247
海岳集：十卷……5-101
海岱会稿：一卷 ……4-274
海录碎事：二十二卷 ……3-281
海录碎事：二十二卷 ……3-281
海录碎事：二十二卷 ……3-281
海珊日记：不分卷 ……1-423
海珊自叙年谱：一卷 ……1-416
海珊诗钞：十一卷补遗二卷 ……5-89
海城县乡土志 ……2-232
[光绪]海城县志：二卷 ……2-434
[光绪]海城县志：不分卷……2-232
[光绪]海城县志……2-232
海叟集：三卷……4-227
海叟集：四卷……4-227
海叟集：四卷……4-227
海叟集：四卷……4-227
海珠志：十一卷 ……2-145
[康熙]海盐县志：十卷 ……2-266
[嘉靖]海盐县志：五卷 ……2-266
海桐书屋诗抄：不分卷 ……5-91
海浮山堂词稿：四卷 ……5-403
海陵诗汇：二十二卷 ……5-270
[康熙]海康县志：三卷 ……2-369
海涵万象录：四卷……3-204
海隐书屋四种：五卷 ……5-434
海巢集：三卷附录一卷 ……4-219
海琼子词：一卷 ……5-334
海琼玉蟾先生文集：六卷续二卷 ……4-151
海琼玉蟾先生文集：六卷续二卷附录一卷 ……4-151
海粟集：六卷……5-54
海粟集：六卷……5-54
海塘纪略：四卷 ……2-78
海塘新案：不分卷……2-94
海虞艺文目录：十六卷 ……2-497
海虞艺文志补遗：一卷续编五卷 ……2-497
海虞文苑：二十四卷 ……5-273
海虞文苑：二十四卷 ……5-273
海虞别乘：不分卷……2-261

海虞诗苑：十八卷 ………………………… 5-272
海虞贼乱志：一卷 ………………………… 1-316
海虞钱氏家乘：八卷 ……………………… 2-23
海愚诗钞：十二卷 ………………………… 5-112
海源阁书目：不分卷 ……………………… 2-496
海滨外史：四卷 …………………………… 1-314
[乾隆]海澄县志：二十四卷首一卷 ……… 2-296
海樵先生全集：二十一卷 ………………… 4-288
涂山集：十二卷 …………………………… 5-13
涂山集：十二卷续集四卷再续集五卷 …… 5-13
涂子一杯水：五卷 ………………………… 4-378
涂水先生集：六卷 ………………………… 4-271
浮山小志：三卷首一卷 …………………… 2-157
浮山文集：前编十卷后编二卷；浮山此藏
轩别集：二卷 …………………………… 5-12
浮山文集前编：十卷 ……………………… 5-12
[同治]浮山县志：三十七卷 ……………… 2-221
[乾隆]浮山县志：三十七卷 ……………… 2-221
[光绪]浮山县志：三十四卷 ……………… 2-222
[康熙]浮山县志：四卷 …………………… 2-221
浮山堂集：一卷；石仓文稿：一卷 …… 4-359
浮山集：十卷 ……………………………… 4-138
浮山集：七卷 ……………………………… 4-138
浮云集：十一卷 …………………………… 5-7
浮云集：十二卷 …………………………… 5-7
浮玉山人集：九卷 ………………………… 5-56
浮丘左先生文集：三卷首一卷 …………… 4-361
浮白主人八种：八卷 ……………………… 5-422
浮休杂志：十三卷 ………………………… 3-293
[乾隆]浮梁县志：十二卷首一卷 ………… 2-300
浮槎文集：十一卷 ………………………… 5-8
浮槎稿：十二卷 …………………………… 4-284
浮溪文粹：十五卷附录一卷 ……………… 4-130
浮溪文粹：十五卷附录一卷 ……………… 4-130
浮溪文粹：十五卷附录一卷 ……………… 4-130
浮溪文粹：十五卷附录一卷 ……………… 4-130
浮溪文粹：十五卷附录一卷 ……………… 4-130
浮溪文粹：十五卷附录一卷 ……………… 4-130
浮溪草堂丛书：七十五卷 ………………… 5-432
浮溪遗集：十五卷附录一卷 ……………… 4-131
浮溪遗集：十五卷附录一卷 ……………… 4-131
浮溪遗集：十五卷附录一卷 ……………… 4-131
浮溪精舍丛书：十九种卷 ………………… 5-432
流铅集：十六卷 …………………………… 5-40
流寇长编：二十卷始终录一卷补遗一卷
……………………………………………… 1-306
流楚集：不分卷 …………………………… 5-405
润州先贤录：六卷 ………………………… 1-378
润州焦山硕机圣禅师语录：一卷 ……… 3-418
涧谷精选陆放翁诗集前集：十卷 ……… 4-145
涧谷精选陆放翁诗集前集：十卷 ……… 4-145
涧谷精选陆放翁诗集前集：十卷后集八卷
别集一卷 ……………………………… 4-145
涧泉日记：三卷 …………………………… 3-197
涧滨先生文集：六卷附集一卷 ………… 4-332
浣竹山堂选注四六排沙集：十七卷 …… 5-251
浣花拜石轩镜铭集录：二卷 …………… 2-454
浣花集：十卷 ……………………………… 4-79
浣花集：十卷 ……………………………… 4-79
浣花集：十卷补遗一卷 ………………… 4-79
浣花集：十卷补遗一卷 ………………… 4-79
浣花集：十卷补遗一卷 ………………… 4-79
浣纱记：二卷 ……………………………… 5-372
浣纱记：二卷 ……………………………… 5-372
浣青诗草：八卷续草一卷 ……………… 5-114
浣雪词钞：二卷 …………………………… 5-339
浪吟：二卷；方城公尺牍：一卷；[方城
公]疏草：一卷 ………………………… 4-372
浪穹县志略：十三卷 ……………………… 2-404
涌幢小品：三十二卷 ……………………… 3-251
涌幢小品：三十二卷 ……………………… 3-251
浚川府君行述：一卷 ……………………… 1-407
浚谷赵先生文粹：五卷 ………………… 4-301
浚复西湖录：一卷 ………………………… 2-163
宽大诏：一卷 ……………………………… 5-365
[宣统]宽甸县分志 ………………………… 2-233
[乾隆]宸垣识略：十六卷 ……………… 2-123
宸断两河大工录：十卷 ………………… 2-75
家礼：五卷 ………………………………… 1-83
家礼：五卷图一卷 ………………………… 1-83

家礼要节：一卷 …… 1-83
家礼笺补：八卷 …… 1-83
家礼维风：八卷 …… 1-84
家礼集说：五卷 …… 1-83
家训：一卷 …… 3-36
家传太素脉秘诀：二卷 …… 3-71
家鸡集：不分卷 …… 5-288
家范：十卷 …… 3-35
家帚集：十二卷 …… 5-93
家居医录：二种五卷 …… 3-58
家语：十卷 …… 3-6
家语：十卷 …… 3-7
家语疏证：六卷 …… 3-8
家语疏证：六卷 …… 3-8
宵光剑：二卷 …… 5-377
宴海管见：不分卷备览一卷 …… 2-62
[光绪]宾州志：二十四卷 …… 2-370
宾退录：十卷 …… 3-198
宾退录：十卷 …… 3-198
宾退录：十卷 …… 3-198
宾退录：十卷 …… 3-198
宾退录：十卷 …… 3-198
宾退录：十卷 …… 3-198
宾退录：十卷 …… 3-198
宾退录：十卷 …… 3-198
宾退录：十卷 …… 3-198
宾退录：十卷 …… 3-198
容台文集：十卷诗集四卷别集六卷 …… 4-342
容台文集：九卷诗集五卷别集四卷 …… 4-342
容台文集：九卷诗集四卷 …… 4-342
容安诗草：十卷 …… 5-38
容安诗草：十卷 …… 5-38
容安斋苏谭：十卷 …… 3-214
容安斋苏谭：七卷 …… 3-214
容甫先生年谱：一卷；先君年表：一卷；寿母小记：一卷 …… 1-415
容甫先生遗诗：五卷附录一卷 …… 5-117
[光绪]容县志：二十八卷首一卷 …… 2-372
容居堂三种曲：六卷 …… 5-390
容居堂三种曲：六卷 …… 5-390
容居堂三种曲：六卷 …… 5-390
容春堂前集：二十卷后集十四卷续集十八卷别集九卷 …… 4-260
容春堂集：六十六卷 …… 4-260
[光绪]容城县志：八卷图一卷 …… 2-194
[咸丰]容城县志：八卷图一卷 …… 2-194
[光绪]容城县志：八卷图一卷首一卷 …… 2-194
容斋三笔：一百六十七卷四笔十六卷 …… 3-194
容斋诗集：二十卷 …… 5-112
容斋随笔：十六卷二笔十六卷容斋三笔十六卷四笔十六卷五笔十卷 …… 3-194
容斋随笔：十六卷续笔十六卷 …… 3-194
容斋随笔：十六卷续笔十六卷三笔十六卷四笔十六卷五笔十卷 …… 3-194
容斋随笔：十六卷续笔十六卷三笔十六卷四笔十六卷五笔十卷 …… 3-194
容斋随笔：十六卷续笔十六卷三笔十六卷四笔十六卷五笔十卷 …… 3-194
容斋随笔：十六卷续笔十六卷三笔十六卷四笔十六卷五笔十卷 …… 3-194
容斋随笔：十六卷续笔十六卷三笔十六卷四笔十六卷五笔十卷 …… 3-194
容庵诗集：十卷；辛卯集：一卷；容庵文集：二卷 …… 4-380
容庵集：七卷周易传义存疑一卷 …… 4-279
容膝居杂录：六卷 …… 3-218
宰相守令合宙：二十四卷 …… 1-352
宰桃谱：一卷 …… 2-51
请恩疏稿：一卷 …… 4-360
请缨日记：十卷 …… 1-423
诸大名家合订春秋繁露注释大全：十七卷首一卷附录一卷 …… 1-113
诸门阇梨真言秘教部类总录：二卷 …… 3-427
诸子奇赏：前集五十一卷后集六十卷 …… 3-271
诸子品节：五十卷 …… 3-263
诸子褒异集：十六卷 …… 3-3
诸书考略：四卷 …… 3-296
诸书字考略：二卷 …… 1-162
诸史夷语音义：四卷 …… 1-337
诸史异汇：二十四卷 …… 1-325

诸史采奇：四卷 ………………………………… 1-323
诸史拾遗：五卷 ………………………………… 1-235
诸史将略：十六卷 ……………………………… 3-43
诸史琐言：十八卷 ……………………………… 1-342
诸史提要：十五卷 ……………………………… 1-322
诸记抄：一卷 …………………………………… 3-276
诸司职掌：十卷 ………………………………… 2-44
诸夷考：三卷 …………………………………… 2-170
诸阶火雷大法：一卷 …………………………… 3-387
诸阶行移：一卷 ………………………………… 3-387
诸阶镇贴符：不分卷 …………………………… 3-386
诸体评论：一卷；曾青藜诗：八卷 …… 5-258
诸佛菩萨圣像赞：不分卷 ……………………… 3-423
诸佛菩萨妙相名号经咒：不分卷 ………… 3-398
诸佛菩萨妙相名号经咒：不分卷 ………… 3-399
诸证提纲：十卷 ………………………………… 3-62
诸法本无经：三卷 ……………………………… 3-393
诸经纪数：十八卷 ……………………………… 3-296
诸经品节：二十卷 ……………………………… 3-266
诸城刘氏三世奏稿：一卷 ……………………… 2-92
诸城刘氏金文拓本释：不分卷 ………………… 2-453
[康熙]诸城县志：十二卷 ……………………… 2-312
[乾隆]诸城县志：四十六卷 …………………… 2-312
诸城金石小识：一卷石刻存目一卷 ……… 2-447
诸品灵章雷君秘旨：一卷 ……………………… 3-387
诸症辩疑：四卷 ………………………………… 3-63
诸家老杜诗评：五卷 …………………………… 5-316
诸家俊语：八卷 ………………………………… 3-265
诸家致程容伯书札 ……………………………… 5-304
诸家致潘伯寅潘绂庭书札 ……………………… 5-304
诸家笔筹：四卷 ………………………………… 3-298
诸葛武侯心书：一卷；八阵合变图说：一卷 ………………………………… 3-42
诸葛武侯心书：二卷 …………………………… 3-42
诸葛忠武书：十卷 ……………………………… 1-388
[乾隆]诸暨县志：四十四卷首一卷末一卷 ………………………………… 2-268
诸暨贤达传：八卷 ……………………………… 1-382
诸蕃志：二卷 …………………………………… 2-169
诸儒文要：八卷 ………………………………… 5-203
诸儒讲义：二卷 ………………………………… 3-27
诸儒鸣道：七十二卷 …………………………… 3-3
诸儒笺解古文真宝：前集十卷后集十卷 ………………………………… 5-201
诸儒奥论：前集二卷续集二卷 ………………… 5-236
诹择秘典：二卷；诹择历眼：十二卷 … 3-124
读七经略记：不分卷 …………………………… 1-4
读七柳轩谈荟辑：四卷 ………………………… 3-270
读三国志裴注：二卷 …………………………… 1-217
读风臆评：一卷 ………………………………… 1-48
读风臆评：不分卷 ……………………………… 1-48
读书小记：一卷因柳阁读书录一卷 ……… 3-222
读书正音：四卷 ………………………………… 1-178
读书札记：八卷 ………………………………… 3-32
读书札记：不分卷 ……………………………… 2-476
读书丛录：二十四卷 …………………………… 3-237
读书丛说：六卷 ………………………………… 1-34
读书丛说：六卷 ………………………………… 1-34
读书丛说：六卷 ………………………………… 1-34
读书记：四卷 …………………………………… 3-273
读书记：□□卷 ………………………………… 3-271
读书考定：三十卷 ……………………………… 3-232
读书杂志：二十五卷 …………………………… 3-235
读书杂志：八十二卷余编二卷 ………………… 3-235
读书杂志：四十一卷 …………………………… 3-235
读书杂志：汉书十六卷墨子六卷 ………… 3-235
读书杂抄：不分卷 ……………………………… 3-275
读书杂述：十卷 ………………………………… 3-218
读书论世：十六卷 ……………………………… 1-340
读书论世：十六卷 ……………………………… 1-340
读书纪数略：五十四卷 ………………………… 3-300
读书纪数略：五十四卷 ………………………… 3-300
读书志：十三卷 ………………………………… 3-269
读书志：十三卷 ………………………………… 3-269
读书作文谱：十二卷；父师善诱法：二卷 ………………………………… 3-220
读书知：不分卷 ………………………………… 3-32
读书录：二十四卷 ……………………………… 3-27
读书录：十一卷 ………………………………… 3-26
读书录：十一卷续录十二卷 …………………… 3-27

读书录：十卷……3-26
读书录：十卷续录十二卷……3-26
读书录存遗：一卷……4-172
读书种子：二十二卷……3-272
读书堂杜工部诗集注解：二十卷；读书堂杜工部文集注解：二卷；杜工部编年诗史谱目：一卷……4-39
读书堂诗稿：二卷……5-75
读书敏求记：四卷……2-487
读书敏求记：四卷……2-487
读书敏求记：四卷……2-487
读书敏求记：四卷……2-487
读书敏求记：四卷……2-488
读书敏求记：四卷……2-488
读书敏求记：四卷……2-488
读书敏求记：四卷……2-488
读书敏求记：四卷……2-488
读书敏求记：四卷……2-488
读书敏求记：四卷……2-488
读书敏求记：四卷……2-488
读书敏求记：四卷……2-488
读书敏求记：四卷……2-488
读书敏求记：四卷……2-488
读书敏求记：四卷……2-488
读书敏求记：四卷……2-488
读书敏求记：四卷……2-489
读书敏求记：四卷……2-489
读书敏求记：四卷……2-489
读书敏求记：四卷附补遗一卷……2-489
读书敏求记：四卷附补遗一卷……2-489
读书脞录：七卷续编四卷……3-235
读书脞录：七卷续编四卷……3-235
读书蕞残：三卷……2-475
读左日钞：十二卷补二卷……1-94
读史小论：二卷……1-341
读史方舆纪要：一百三十卷……2-120
读史方舆纪要：一百三十卷……2-120
读史方舆纪要：一百三十卷……2-120
读史方舆纪要：一百三十卷……2-120
读史方舆纪要图：不分卷……2-120
读史备忘：八卷……1-323
读史备忘：八卷……1-323
读史亭诗集：十六卷文集二十二卷……5-9
读史前钞甲本：不分卷……1-325
读史隋笔：二卷……1-338
读史随笔：二卷……1-341
读史蒙拾：一卷……1-325
读史管见：三十卷目录二卷……1-335
读史漫录：十四卷……1-338
读史漫录：十四卷……1-339
读四书丛说：八卷……1-122
读礼日知：二卷……1-79
读礼记略记：四十九卷……1-74
读礼通考：一百二十卷……1-82
读礼偶见：二卷……1-79
读礼疑图：六卷……1-62
读有用书斋书目表：一卷……2-495
读论质疑：一卷……1-117
读论语丛说：三卷……1-117
读红楼梦随笔：十六卷……3-354
读杜小笺：三卷二笺一卷……5-308
读杜心解：六卷首二卷……4-41
读杜心解：六卷首二卷……4-41
读杜心解：六卷首二卷……4-41
读杜心解：六卷首二卷……4-41
读杜私言：一卷……5-308
读杜私言：一卷……5-321
读杜诗愚得：十八卷……4-40
读杜诗愚得：十八卷……4-40
读杜诗愚得：十八卷……4-40
读画记：五卷……3-145
读画录：四卷……1-377
读画录：四卷……1-377
读画录：四卷……1-377
读画斋偶辑：十一卷……5-257
读画斋题画诗：十九卷……5-257
读易一钞：十卷；易广：四卷……1-22
读易小得：一卷……1-27
读易汉学私记：一卷补钞一卷……1-29
读易记：三卷……1-16

读易余言：五卷 ……………………………………… 1-16
读易余言：五卷 ……………………………………… 1-16
读易述：十七卷 ……………………………………… 1-17
读易述：十七卷 ……………………………………… 1-17
读易质疑：二十卷首一卷跋一卷 …………… 1-22
读易质疑：八卷 ……………………………………… 1-24
读易质疑：八卷 ……………………………………… 1-24
读易质疑：上经四卷下经不分卷 …………… 1-24
读易详说：十卷 ………………………………………1-8
读易便解：二卷 ……………………………………… 1-24
读易便解：三卷 ……………………………………… 1-24
读易隅通：二卷 ……………………………………… 1-21
读易管见：一卷 ……………………………………… 1-25
读周易：二十一卷 ………………………………… 1-11
读周易象旨私识：一卷 ………………………… 1-16
读诗记：不分卷 ……………………………………… 1-54
读诗考字：二卷补编一卷……………………… 1-189
读诗传讹：三十卷 ………………………………… 1-53
读诗质疑：三十一卷首十五卷末一卷 …… 1-51
读相台五经随笔：四卷 ………………………… 1-137
读相台五经随笔：四卷续笔一卷 ………… 1-137
读律私笺：二十八卷附录一卷………………… 2-65
读律琐言：三十卷 ………………………………… 2-65
读律琐言：三十卷附录一卷 ………………… 2-65
读说文证疑：一卷 ………………………………… 1-154
读素问钞：九卷补遗一卷……………………… 3-65
读素问钞：九卷补遗一卷……………………… 3-65
读监琐言：二卷 ……………………………………… 1-341
读通鉴论：三十卷末一卷……………………… 1-340
读韩记疑：十卷首一卷 ………………………… 4-58
读雅笔记：三卷 ……………………………………… 1-133
读鉴述闻：六卷 ……………………………………… 1-342
袜线集：五卷 ………………………………………… 4-245
袖珍小儿方：十卷 ………………………………… 3-77
袖珍方：四卷 ………………………………………… 3-81
袖海楼杂著：四种十二卷……………………… 5-433
袖海楼杂著：四种十二卷……………………… 5-433
祯朝诏疏：十一卷 ………………………………… 2-86
祥止室诗草：十卷 ………………………………… 5-147
祥止室诗钞：四卷 ………………………………… 5-147
祥刑要览：二卷 ……………………………………… 2-72
[光绪]祥符县志：二十四卷首一卷 ……… 2-326
[顺治]祥符县志：六卷 ………………………… 2-326
祥麟镜：不分卷 ……………………………………… 5-407
课慎堂诗集：十九卷诗余一卷文集二十卷 ………………………………………………………… 5-59
课慎堂诗集：十九卷诗余一卷文集二十卷 ………………………………………………………… 5-59
冥司语录：一卷 ……………………………………… 3-423
调元乐：不分卷 ……………………………………… 5-366
调运斋诗文随刻：十一卷……………………… 5-14
调运斋集：八卷 ……………………………………… 5-14
调象庵稿：四十卷 ………………………………… 4-334
调鼎集：十卷 ………………………………………… 3-167
谈艺录：一卷 ………………………………………… 5-184
谈艺录：一卷 ………………………………………… 5-318
谈冶录：十二卷 ……………………………………… 3-268
谈苑：五卷 …………………………………………… 3-189
谈经苑：三十九卷 ………………………………… 1-126
谈资：三卷 …………………………………………… 3-264
谈薮：二卷 …………………………………………… 5-10
谈薮：二卷拾遗一卷 ……………………………… 5-10
谈瀛征实：八卷 ……………………………………… 2-171
剧谈录：二卷 ………………………………………… 3-331
剧谈录：二卷 ………………………………………… 3-331
剧谈录：二卷 ………………………………………… 3-331
剧谈录：二卷 ………………………………………… 3-331
剧谈录：二卷 ………………………………………… 3-331
剧谈录：二卷 ………………………………………… 3-331
剧谈录：二卷 ………………………………………… 3-331
弱水集：二十二卷 ………………………………… 5-72
[光绪]陵川县志：三十卷首一卷 ………… 2-214
陵阳先生诗：四卷 ………………………………… 4-128
陵阳先生诗：四卷 ………………………………… 4-128
陵阳先生诗：四卷 ………………………………… 4-128
陵阳先生诗：四卷 ………………………………… 4-128
陵阳先生诗：四卷 ………………………………… 4-128
陵阳先生诗集：四卷 ……………………………… 4-128
陵阳先生诗集：四卷 ……………………………… 4-128
陵阳先生集：二十四卷 ………………………… 4-173

陵阳先生集：二十四卷 ………… 4-173
陵阳先生集：二十四卷 ………… 4-173
陵阳献征录：十二卷 ………… 1-383
[光绪]陵县志：二十二卷首一卷 ………… 2-309
陭堂摘稿：十六卷 ………… 4-296
陭堂摘稿：十六卷 ………… 4-296
陶人心语：五卷续选九卷 ………… 5-82
陶人心语稿：二卷 ………… 5-82
陶元亮诗：四卷 ………… 4-16
陶韦合集：二十一卷 ………… 5-159
陶韦合集：二十一卷 ………… 5-159
陶云诗钞：十二卷 ………… 5-59
陶云诗钞：十五卷 ………… 5-59
陶云诗钞：十五卷 ………… 5-59
陶太史精选苏长公合作：二卷 ………… 4-112
陶氏世吟草：七卷 ………… 5-292
陶氏世吟集：五卷 ………… 5-292
陶氏贤奕书楼丛书：二十六种八十六卷 ………… 5-427
陶文简公集：十三卷 ………… 4-347
陶文简公集：十三卷；功臣传草：一卷 ………… 4-347
陶文毅公使蜀日记：不分卷 ………… 1-419
陶世名言：六卷 ………… 3-250
陶石篑先生批选唐宋六家表启：八卷 … 5-208
陶石篑精选苏长公合作：二卷 ………… 4-112
陶庐杂录：六卷 ………… 3-253
陶庐杂录：六卷 ………… 3-254
陶学士先生文集：二十卷事迹一卷 ………… 4-226
陶学士先生文集：二十卷事迹一卷 ………… 4-226
陶学士先生文集：二十卷事迹一卷 ………… 4-226
陶诗本义：四卷 ………… 4-17
陶诗汇注：四卷首一卷末一卷 ………… 4-16
陶诗汇注：四卷首一卷末一卷 ………… 4-16
陶诗衍：二卷 ………… 4-17
陶诗集注：四卷 ………… 4-16
陶邕州小集 ………… 4-99
陶庵文集：八卷 ………… 4-381
陶庵全集：二十卷 ………… 4-386
陶庵梦忆：八卷 ………… 3-251
陶庵梦忆：八卷 ………… 3-251
陶庵遗稿：二卷札记二卷 ………… 4-349
陶情令：一卷 ………… 5-403
陶情乐府：四卷 ………… 5-402
陶情乐府：四卷 ………… 5-402
陶情乐府：四卷续集一卷拾遗一卷 ………… 5-402
陶情稿：六卷 ………… 4-229
陶情稿：六卷 ………… 4-229
陶渊明文集：十卷 ………… 4-13
陶渊明全集：四卷 ………… 4-13
陶渊明集：十卷 ………… 4-13
陶渊明集：十卷 ………… 4-13
陶渊明集：十卷存疑一卷附录一卷 ………… 4-16
陶渊明集：十卷附录一卷 ………… 4-15
陶渊明集：十卷附录一卷 ………… 4-15
陶渊明集：十卷附录二卷 ………… 4-13
陶渊明集：八卷 ………… 4-13
陶渊明集：八卷 ………… 4-13
陶渊明集：八卷首一卷 ………… 4-13
陶渊明集：八卷首一卷末一卷 ………… 4-13
陶隐先生集：五卷 ………… 5-158
陶谢诗集：十三卷 ………… 5-162
陶靖节先生集：十卷附录一卷 ………… 4-15
陶靖节先生集：十卷附录一卷 ………… 4-15
陶靖节先生集：八卷附录一卷 ………… 4-13
陶靖节集：二卷 ………… 4-13
陶靖节集：十卷 ………… 4-14
陶靖节集：十卷 ………… 4-14
陶靖节集：十卷 ………… 4-15
陶靖节集：十卷 ………… 4-16
陶靖节集：十卷 ………… 4-16
陶靖节集：十卷 ………… 4-16
陶靖节集：十卷 ………… 4-16
陶靖节集：十卷首一卷 ………… 4-16
陶靖节集：十卷总论一卷 ………… 4-14
陶靖节集：十卷总论一卷 ………… 4-14
陶靖节集：十卷总论一卷 ………… 4-14
陶靖节集：十卷总论一卷 ………… 4-14
陶靖节集：十卷总论一卷 ………… 4-14
陶靖节集：十卷总论一卷 ………… 4-14

陶靖节集：十卷总论一卷 4-14
陶靖节集：十卷总论一卷 4-14
陶靖节集：十卷总论一卷 4-14
陶靖节集：十卷总论一卷 4-14
陶靖节集：十卷总论一卷 4-14
陶靖节集：十卷总论一卷 4-14
陶靖节集：十卷总论一卷 4-15
陶靖节集：十卷总论一卷 4-15
陶靖节集：十卷总论一卷 4-15
陶靖节集：十卷总论一卷 4-15
陶靖节集：十卷总论一卷 4-15
陶靖节集：八卷总论一卷 4-15
陶靖节集：八卷总论一卷 4-16
陶靖节集：八卷总论一卷 4-16
陶靖节集：六卷 4-13
陶靖节集：诗一卷文一卷 4-16
陶嘉书屋钟鼎彝器款识目录：八卷 2-454
陪郭程氏敦本录：二卷 2-18
陪郭程氏敦本录：二卷 2-18
陪集：十七卷 5-44
姬侍类偶：一卷 3-305
娱书堂诗话：二卷 5-315
娱书堂诗话：二卷 5-315
娱书堂诗话：二卷 5-315
娱目醒心编：十六卷三十九回 3-337
恕堂诗：七卷 5-63
恕堂诗：□□卷 5-63
恕铭先生汇选当代名公四六新函：十二卷品级人物一卷 5-251
娥江赠言：三卷 5-278
[同治]通山县志：八卷首一卷 2-339
通天台：一卷；临春阁：一卷 5-363
通历：十五卷 1-239
通历：十五卷 1-239
通历：十五卷 1-239
通历：十五卷 1-239
通介堂经说：十二卷 1-139
通仙枕：二卷 5-397
通玄百问：一卷；青州百问：一卷 3-414
通玄观志：二卷 2-145
通玄真经注：十二卷 3-377
通玄真经缵义：十二卷释音一卷 3-377
[光绪]通州志：十卷首一卷末一卷 2-176
[光绪]通州志：十卷首一卷末一卷图一卷 2-176
[光绪]通州志：十卷首一卷末一卷图一卷 2-176
[光绪]通州志：十卷首一卷末一卷图一卷 2-176
[乾隆]通州志：十卷首一卷末一卷图一卷 2-176
[嘉靖]通州志：六卷 2-249
[光绪]通州直隶州志：十六卷首一卷末一卷 2-250
[光绪]通州直隶州志：十六卷首一卷末一卷 2-250
[同治]通江县志：十五卷 2-393
[道光]通江县志：十五卷 2-393
通纪直解：十四卷 1-261
通纪直解：十四卷续二卷 1-261
通纪纂：十卷 1-261
通志：二百卷 2-26
通志：二百卷 2-26
通志：二百卷 2-26
通志：二百卷 2-26
通志：二百卷 2-26
通志二十略：五十一卷 2-26
通志堂经解：一百四十种一千八百六十卷 1-4
通志堂集：二十卷 5-62
通志略：五十二卷 2-26
通志略：五十二卷 2-26
通志略：五十二卷 2-27
通祀辑略：三卷 2-39
通典：二百卷 2-25
通典：二百卷 2-25
通典：二百卷 2-25
通典：二百卷 2-25
[同治]通城县志：二十四卷首一卷补遗一卷 2-339

通政使司则例：一卷 ······························· 2-80
通俗文：一卷······································· 1-184
[康熙]通海县志：八卷 ···························· 2-403
通雅：五十二卷首三卷 ···························· 3-233
[嘉庆]通道县志：十卷首一卷······················ 2-361
[光绪]通渭县新志：十二卷补遗一卷 ··· 2-430
通鉴本末纪要：八十一卷首三卷 ·········· 1-270
通鉴地理通释：十四卷 ···························· 1-242
通鉴地理通释：不分卷 ···························· 1-242
通鉴纪事本末：二百三十七卷···················· 1-270
通鉴纪事本末：二百三十九卷···················· 1-270
通鉴纪事本末：四十二卷·························· 1-269
通鉴纪事本末：四十二卷·························· 1-269
通鉴纪事本末：四十二卷·························· 1-269
通鉴纪事本末：四十二卷·························· 1-269
通鉴纪事本末：四十二卷·························· 1-269
通鉴纪事本末：四十二卷·························· 1-269
通鉴纪事本末：四十二卷·························· 1-269
通鉴纪事本末：四十二卷·························· 1-269
通鉴纪事本末：四十二卷·························· 1-269
通鉴纪事本末：四十二卷·························· 1-269
通鉴纪事本末：四十二卷·························· 1-269
通鉴纪事本末：四十二卷·························· 1-270
通鉴纲目全书：一百八卷·························· 1-238
通鉴纲目全书：一百八卷·························· 1-238
通鉴纲目集览正误：二卷·························· 1-246
通鉴纲目释地纠谬：六卷补注六卷 ········ 1-245
通鉴纲目编年录：一百卷·························· 1-247
通鉴直解：二十八卷 ······························· 1-250
通鉴直解：二十八卷；皇明通纪直解：十六卷·· 1-261
通鉴直解：二十五卷 ······························· 1-250
通鉴直解：二十五卷 ······························· 1-250
通鉴前编：十八卷 ·································· 1-240
通鉴前编：十八卷举要二卷 ······················ 1-243
通鉴前编：十八卷举要二卷 ······················ 1-243
通鉴前编：十八卷举要三卷 ······················ 1-243
通鉴总类：二十卷 ·································· 1-325
通鉴总类：二十卷 ·································· 1-325
通鉴总类：二十卷 ·································· 1-325
通鉴总类：二十卷 ·································· 1-326
通鉴总类：二十卷 ·································· 1-326
通鉴总类：二十卷 ·································· 1-326
通鉴总类：二十卷 ·································· 1-326
通鉴笺注：七十二卷 ······························· 1-250
通鉴续编：一百二十七卷考辩一卷 ········ 1-262
通鉴续编：二十四卷 ······························· 1-248
通鉴续编：二十四卷 ······························· 1-248
通鉴续编：二十四卷 ······························· 1-248
通鉴博论：三卷 ····································· 1-336
通鉴博论：三卷 ····································· 1-336
通鉴答问：五卷 ····································· 1-242
通鉴释文辨误：十二卷 ···························· 1-242
通鉴释文辨误：十二卷 ···························· 1-242
通鉴释文辩误：十二卷 ···························· 1-240
通鉴释文辩误：十二卷 ···························· 1-240
通鉴释文辩误：十二卷 ···························· 1-240
通鉴释文辩误：十二卷 ···························· 1-240
通鉴释文辩误：十二卷 ···························· 1-241
通鉴释文辩误：十二卷 ···························· 1-241
通鉴释文辩误：十二卷 ···························· 1-241
通鉴释文辩误：十二卷 ···························· 1-241
通鉴释文辩误：十二卷 ···························· 1-241
通鉴释文辩误：十二卷 ···························· 1-249
通鉴释例：一卷 ····································· 1-243
通鉴橐钥：十卷 ····································· 1-336
通鉴纂：二十卷 ····································· 1-250
能改斋漫录：十八卷 ······························· 3-195
能改斋漫录：十八卷 ······························· 3-195
能改斋漫录：十八卷 ······························· 3-195
难中记：一卷··· 1-317
[同治]桑植县志：八卷首一卷···················· 2-347
[同治]桑植县志：八卷首一卷···················· 2-347
[乾隆]桑植县志：四卷首一卷···················· 2-346
[乾隆]桑植县志：四卷首一卷···················· 2-347
骊山集：十四卷 ····································· 4-290
骊山集：十四卷 ····································· 4-290
骊珠集：十二卷 ····································· 5-258
绣云阁：一百四十三回 ···························· 3-365
绣余近草：一卷 ····································· 5-110

绣余诗稿：一卷 …… 5-70
绣余诗稿：一卷 …… 5-71
绣谷图卷题咏汇钞：一卷 …… 5-257
绣谷春容：十二卷 …… 3-334
绣虎轩尺犊：八卷二集八卷三集八卷 …… 5-39
绣刻演剧：六十种一百二十卷 …… 5-367
绣刻演剧：六十种一百二十卷 …… 5-367
绣刻演剧：□□卷 …… 5-367
绣像三国演义续编：十二卷 …… 3-342
绣像三国演义续编：十二卷 …… 3-342
绣像小八义：十二卷一百二十回 …… 5-406
绣像云合奇踪：五卷八十回 …… 3-346
绣像云合奇踪：五卷八十回 …… 3-346
绣像文昌化书：四卷 …… 3-388
绣像双珠凤全传：十二卷 …… 5-406
绣像北宋金枪全传：十卷五十回 …… 3-344
绣像四游全传：四种十四卷 …… 3-363
绣像仙侠五花剑：六卷三十回 …… 3-361
绣像永庆升平：十二卷九十七回；绣像永庆升平后传：十二卷一百回 …… 3-361
绣像永庆升平前传：二十四卷九十七回后传六卷一百回 …… 3-361
绣像西汉演义：八卷一百回；东汉演义：十卷一百二十六回 …… 3-340
绣像全图小五义：一百二十四回 …… 3-360
绣像忠烈全传：六十卷六十回 …… 3-360
绣像京本云合奇踪：十卷八十回 …… 3-346
绣像京本云合奇踪玉茗英烈全传：十卷八十回 …… 3-346
绣像京本云合奇踪玉茗英烈全传：十卷八十回 …… 3-346
绣像京本云合奇踪全传：十卷八十回 …… 3-346
绣像封神演义：一百回 …… 3-363
绣像前七国志：六卷 …… 3-339
绣像结水浒全传：一百四十回附结子一回 …… 3-358
绣像绘图七侠五义传：六卷一百回 …… 3-360
绣像续小五义：一百二十四回 …… 3-360
绣像绿牡丹全传：六卷六十四回 …… 3-360
绣旗记：二卷 …… 5-395
绣襦记：四卷 …… 5-372
绣襦记：四卷 …… 5-372
绣襦记：四卷 …… 5-372
绣襦记：四卷 …… 5-372
绥中县乡土志 …… 2-233
[乾隆]绥宁县志：二十卷 …… 2-358
[同治]绥宁县志：四十一卷首一卷 …… 2-358
绥安二布衣诗：二卷 …… 5-283
[光绪]绥远志：十卷首一卷 …… 2-229
绥服纪略图诗：一卷 …… 1-314
绥寇纪略：十二卷 …… 1-273
[道光]绥靖屯志：十卷首一卷 …… 2-397
[顺治]绥德州志：八卷 …… 2-421
[乾隆]绥德州直隶州志：八卷 …… 2-421
[乾隆]绥德州直隶州志：八卷 …… 2-421
继志斋文集：二卷 …… 4-228
继志斋集：十二卷 …… 4-238

十一画

理论：二卷 …… 3-213
理咏堂集：五卷 …… 5-29
理学平谭：二卷 …… 3-31
理学问答：不分卷 …… 3-34
理学邵念鲁先生传：一卷 …… 1-405
理学宗传：二十六卷 …… 1-355
理学录：不分卷 …… 3-33
理学类编：八卷 …… 3-4
理学类编：八卷 …… 3-4
理堂日记：一卷 …… 1-418
理象解原：四卷 …… 1-25
理趣经秘决：□□卷 …… 3-410
理藩院公牍：不分卷 …… 2-82
理藩院则例：□□卷 …… 2-80
理藩院修改回疆则例：四卷 …… 2-80
理美堂集：一卷；沙上集：一卷 …… 4-366
琉球入学见闻录：四卷 …… 2-172
琉球小志：一卷补遗一卷琉球说略一卷 …… 2-173
琉球记：一卷中山诗集一卷 …… 2-172

琉球译：二卷 2-172
琉球国志略：十六卷首一卷 2-173
琅邪王羲之世系谱：二卷 2-1
琅邪代醉编：四十卷 3-266
琅邪代醉编：四十卷 3-266
琅琊二子近诗合选：十一卷 5-288
琅琊凤麟两公年谱合编：一卷 1-412
琅琊念庵王先生什一录：四卷 5-63
琅盐井志：四卷 2-404
琅嬛文集：二卷 4-377
琅嬛史唾：十六卷 3-250
琅嬛记：三卷 3-263
琅嬛记：三卷 3-263
琅嬛集：四卷琅嬛天文集四卷 3-275
堵文襄公年谱：一卷 1-413
焉耆府乡土志：一卷 2-437
埤仓：一卷 1-166
埤仓：一卷 1-166
埤雅：二十卷 1-185
埤雅：二十卷 1-185
埤雅：二十卷 1-185
埤雅：二十卷 1-185
埤雅：二十卷 1-185
埤雅：二十卷 1-185
埤雅：二十卷 1-185
埤雅：二十卷 1-185
埤雅：二十卷 1-185
埤雅：二十卷 1-185
埤雅：二十卷 1-186
埤雅：二十卷 1-186
砻溪诗话：十卷 5-313
砻溪诗话：十卷 5-313
教坊记：一卷 3-241
教诫新学比丘行护律仪：一卷 3-413
教乘法数：十二卷 3-426
教乘法数：十二卷 3-426
培林堂书目：不分卷 2-490
壶谱：一卷 3-158
悫书：□□卷 4-373
职方外纪：五卷首一卷 2-171
职方外纪：六卷首一卷 2-171
职方考镜：六卷 2-119
职方存草：四卷附录一卷 2-81
职方周先生诗文集：二卷 4-238
职官分纪：五十卷 3-304
职官分纪：五十卷 3-304
职官分纪：五十卷 3-304
职原抄：二卷补遗后附一卷 2-48
勘定陵寝吉地奏议：不分卷 2-93
勘建九龙城炮台全案文牍：不分卷 2-62
勘建三水县琴沙炮台文牍：不分卷 2-62
勘建虎门炮台并解运广西炮公牍：不分卷 2-62
勘离骚院本：二卷 5-397
聊以备忘：四卷 3-274
[宣统]聊城县志：十二卷首一卷：三卷 2-308
聊斋七篇宗旨图说：一卷 3-334
聊斋文集：四卷 5-48
聊斋志异：十六卷 3-333
聊斋志异：十六卷 3-333
聊斋志异：不分卷 3-333
聊斋志异遗稿：四卷 3-334
聊斋志异遗稿：四卷 3-334
聊斋志异新评：十六卷 3-334
聊斋志异新评：十六卷 3-334
著老书堂集：八卷词一卷 5-92
著作堂集：二卷 4-371
著娱斋诗集：□□卷 5-18
著疑录：九卷 3-265
勒凯编：四卷 5-306
黄土关：二卷 5-397
黄山纪游诗：一卷 5-91
黄山纪游诗：不分卷 5-71
黄山纪游草：一卷西山绝句一卷 5-50
黄山志定本：七卷首一卷 2-153
黄山志续集：八卷 2-153
黄山图：一卷 2-153
黄山诗留：十六卷 5-14
黄山集：二卷 5-14

黄门集：十二卷附录一卷；许氏诒谋四则：一卷；品藻：一卷…………………………4-272
黄小松友朋书札：不分卷……………………5-301
黄小松书札 ………………………………5-116
黄小松先生嵩麓访碑记：一卷…………2-448
黄小松先生嵩麓访碑记：一卷……………5-56
黄小松等书札：不分卷 ……………………5-116
黄子录：六十六卷…………………………4-368
黄夫人卧月轩稿：六卷续刻一卷 ………4-372
黄太史精华录：八卷 ……………………4-116
[光绪]黄冈县志：二十四卷首一卷 ……2-336
[道光]黄冈县志：二十四卷首一卷 ……2-336
[乾隆]黄冈县志：二十卷首一卷 ………2-336
黄氏一家杂著：不分卷 ……………………5-428
黄氏补千家集注杜工部诗史：三十六卷…4-35
黄氏捃残集：七卷…………………………5-293
黄氏捃残集：七卷附六卷…………………5-293
黄氏家乘：二十卷…………………………2-14
黄氏家谱：不分卷墓图一卷 ………………2-13
黄丹岩先生集：十卷 ……………………4-260
黄文节山谷先生文集：三十卷目录一卷……………………………………………4-115
黄文献公文集：八卷 ……………………4-200
黄文献公文集：六卷附录一卷……………4-201
黄文献公笔记：一卷 ……………………3-201
黄文献公笔记：一卷 ……………………3-201
黄文献公集：二十三卷 …………………4-200
黄文献公集：二十三卷 …………………4-200
黄文献公集：二十三卷 …………………4-200
黄文献公集：二十三卷 …………………4-200
黄文献公集：二十三卷 …………………4-200
黄石公素书：一卷…………………………3-42
黄石斋先生文集：十三卷…………………4-368
[嘉庆]黄平州志：十二卷首一卷末一卷又一卷………………………………………2-401
黄叶邨庄诗集：后集一卷续集一卷 ………5-47
黄四如先生六经四书讲稿：六卷 ………1-122
黄玄龙先生诗集：十卷小品四卷 ………4-335
黄发翁全集：四卷首一卷末一卷戏笔一卷……………………………………………4-341
黄母左淑人家传：一卷 …………………1-408
黄廷瑗妻胡氏行状：一卷…………………1-406
[光绪]黄州府志：四十卷首一卷 ………2-336
[光绪]黄州府志：四十卷首一卷 ………2-336
黄州府志拾遗：六卷 ……………………2-336
黄安乡土志：二卷…………………………2-337
[康熙]黄安县志：十二卷…………………2-337
[道光]黄安县志：十卷首一卷……………2-337
黄吾野先生诗集：五卷 …………………4-314
黄县王氏族谱：不分卷；玉雪轩七律：一卷……………………………………………2-1
[乾隆]黄县志：十二卷 …………………2-314
[同治]黄县志：十四卷首一卷末一卷 …2-314
[同治]黄陂县志：十六卷首一卷 ………2-331
黄茅冈四贤合璧：四卷 …………………5-159
黄忠宣公文集：十三卷别集六卷 ………4-238
黄忠裕公文集：八卷 ……………………4-272
黄忠端公文略：三卷诗略二卷说略一卷……………………………………………4-367
[乾隆]黄岩县志：十二卷首一卷 ………2-270
黄金世界：二卷二十回 …………………3-348
黄诗内篇：十四卷…………………………4-116
黄钟通韵：二卷 …………………………1-177
黄勉斋先生文集：八卷 …………………4-159
黄庭内景玉经注：三卷；太上黄庭外景经：三卷……………………………………3-380
黄庭内景玉经注解：二卷…………………3-380
黄庭内景经注：二卷；黄庭外景经注：一卷 ……………………………………3-380
黄庭经考异：不分卷 ……………………3-380
黄庭秘诀：一卷 …………………………3-380
黄帝内经太素注：三十卷…………………3-64
黄帝内经太素注：三十卷…………………3-64
黄帝内经明堂注：三十卷…………………3-64
黄帝内经素问：二十四卷…………………3-65
黄帝内经素问：十二卷；黄帝素问灵枢经：十二卷 ………………………………3-63
黄帝内经素问节文注释：十卷……………3-65
黄帝内经素问注：二十四卷 ………………3-65
黄帝龙首经：二卷…………………………3-119

黄帝素问灵枢经：十二卷……3-66
黄帝素问灵枢经：十二卷……3-66
黄帝素问灵枢经：十二卷……3-66
黄帝素问灵枢经：十二卷……3-66
黄帝素问灵枢经：十二卷……3-66
黄帝素问灵枢经：十二卷……3-66
黄帝素问灵枢集注：二十三卷；黄帝内经素问遗篇：五卷……3-64
黄帝素问宣明论方：十五卷……3-66
黄旃山先生文稿：不分卷……4-242
黄海：不分卷……2-153
黄陶楼日记：不分卷杂抄不分卷……1-421
[光绪]黄梅县志：四十卷首一卷……2-338
黄梨洲先生明夷待访录：一卷……3-33
黄梨洲先生南雷文约：四卷……5-11
黄梨洲先生思旧录：一卷……1-377
黄梨洲先生遗书：二种二卷……5-429
黄淳父先生全集：二十四卷……4-301
黄湄诗选：十卷……5-45
黄廉访诗草：一卷……5-85
黄溪志：十二卷……2-258
黄箓科仪：十二卷……3-382
黄遵宪书札……5-155
黄潭先生读书一得：四卷……3-207
黄鹤楼集：三卷……5-161
黄檗山断际禅师传心法要：一卷；宛陵录：一卷……3-415
蔵厓考古录：四卷……3-237
萚石斋诗集：五十卷……5-97
萚石斋诗集：五十卷文集二十六卷……5-97
萚石斋诗集：四十九卷……5-96
萚石斋诗集：四十九卷文集二十六卷……5-96
菲泉先生存稿：八卷……4-290
菽园杂记：十五卷……3-204
菖蒲集诗选：十卷续集诗选二卷残集诗草一卷……5-107
菻林寻到源头：八卷……3-298
菻林寻到源头：八卷……3-298
菜根谭前集：一卷后集一卷……3-211
菜根谭前集：一卷后集一卷……3-211
菊花集句：一卷；菊花百咏：一卷……5-193
菊轩乐府：一卷……5-336
菊园诗草：一卷……5-149
菊坡丛话：二十六卷……5-326
菊坡丛话：二十六卷……5-326
菊经漫谈：十四卷……3-208
菊壶笔话：一卷……3-223
菊涧小集：一卷……4-163
菊谱：一卷……3-170
菊谱：一卷……3-170
萃芳集：□□卷……3-76
菩陀峪万年吉地工程辑要：七卷……2-74
菩萨璎珞本丛经：二卷……3-401
菩提场所说一字顶轮王经：五卷……3-421
菩提场所说一字顶轮王经：五卷……3-421
[光绪]菏泽县志：二十卷……2-320
[乾隆]萍乡县志：十二卷……2-301
[道光]萍乡县志：十六卷图一卷……2-301
萍州可谈：三卷……3-193
萍社诗选：八卷……5-248
萍草删存：一卷……5-68
萍游小草：一卷……5-156
菀青集：十九卷……5-63
营山县志：八卷……2-387
[同治]营山县志：三十卷……2-387
营平二州史事记：二卷……2-123
营造法式：三十四卷看详一卷……2-73
营造法式：三十四卷看详一卷……2-73
乾占捷要：不分卷……3-111
[光绪]乾州厅志：十六卷首一卷……2-361
[乾隆]乾州志：四卷……2-361
[光绪]乾州志稿：十四卷首一卷别录四卷乾阳殉难士女录一卷……2-414
[光绪]乾州志稿：十四卷首一卷别录四卷乾阳殉难士女录一卷……2-414
乾州志稿补正：一卷……2-414
乾初先生遗集：四卷……3-217
乾坤生意：二卷……3-82
乾坤啸：二卷……5-388
乾坤清气：十五卷……5-240

乾坤清气：十五卷 ………………………… 5-240
乾坤清气：十四卷 ………………………… 5-240
乾坤清气集：十五卷 ……………………… 5-240
乾象通鉴：一百卷 …………………………… 3-87
乾象通鉴：一百卷首一卷 …………………… 3-87
乾惕录：二卷 ………………………………… 3-31
乾隆二十二年缙绅全本：不分卷 ……… 1-441
乾隆二十七年江西乡试题名录：一卷 … 1-434
乾隆二十七年浙江乡试录：一卷 ……… 1-433
乾隆二十六年至二十七年续入字画：二卷 ………………………………………… 3-129
乾隆十九年甲戌科会试录：一卷 ……… 1-431
乾隆十年满汉爵秩新本：不分卷 ……… 1-440
乾隆三十一年丙戌仕籍全编：不分卷 … 1-441
乾隆三十九年甲午科福建乡试录：一卷 ………………………………………… 1-434
乾隆三十九年缙绅全书：四卷 ………… 1-441
乾隆三十三年广东乡试武举录：一卷 … 1-435
乾隆三十三年戊子科顺天乡试录：一卷 ………………………………………… 1-432
乾隆三十五年庚寅恩科福建乡试录：一卷 ………………………………………… 1-434
乾隆三十五年爵秩新本：不分卷 ……… 1-441
乾隆三十六年职官迁除录：不分卷 …… 1-441
乾隆三十六年职官迁除题名录：不分卷 ………………………………………… 1-441
乾隆三年戊午科顺天乡试录履历：不分卷 ………………………………………… 1-432
乾隆己亥恩科各省乡试齿录：不分卷 … 1-432
乾隆五十九年甲寅恩科云南乡试录：一卷 ………………………………………… 1-437
乾隆五十九年爵秩全览：四卷 ………… 1-441
乾隆六年辛酉科湖南乡试录：一卷 …… 1-435
乾隆四十二年丁酉科福建武闱乡试录：一卷 ……………………………………… 1-434
乾隆四十八年癸卯科乡试齿录：一卷 … 1-432
乾隆四十八年癸卯科江南乡试同年齿录：一卷 …………………………………… 1-433
乾隆四十八年朝鲜国王咨文 …………… 1-315
乾隆同安县志：三十卷首一卷 ………… 2-295
乾隆玖年甲子科江南乡试录：一卷 …… 1-433
乾隆玖年甲子科江南乡试录：一卷 …… 1-433
乾隆版大藏经：一千六百七十种七千二百四十卷目录五卷 ……………………… 3-391
乾隆庚子科顺天乡试朱卷：一卷 ……… 5-118
乾隆浚修永定河档案 …………………… 2-162
乾隆朝使御制绢档：不分卷 …………… 3-165
乾隆缙绅全书：不分卷 ………………… 1-440
乾隆缙绅全书：不分卷 ………………… 1-440
乾道临安志：十五卷 …………………… 2-262
乾道临安志：十五卷 …………………… 2-262
乾道临安志：十五卷 …………………… 2-262
乾嘉全闽诗传：十二卷首一卷 ………… 5-282
乾嘉间名人书札诗稿：不分卷 ………… 5-302
乾嘉道咸四朝乡会试题名录：不分卷 … 1-431
萧山三江闸议：一卷 ……………………… 2-78
萧山王氏及诸家书札：不分卷 ………… 5-302
萧山水利：二卷续刻一卷三刻二卷 ……… 2-78
萧山丛书：十一种十六卷 ……………… 5-427
萧公祖德政颂：一卷 …………………… 5-256
萧冰崖诗集拾遗：三卷 ………………… 4-179
[嘉庆]萧县志：十八卷首一卷 ………… 2-273
萧闲老人明秀集：六卷 ………………… 5-336
萧闲老人明秀集注：三卷 ……………… 5-336
萧茂挺集：一卷 …………………………… 4-44
萧茂挺集：一卷 …………………………… 4-72
萧弇读碑校勘记：二卷 ………………… 2-460
萧瑟词：一卷 …………………………… 5-340
菉竹堂书目：不分卷 …………………… 2-482
菉竹堂书目：不分卷 …………………… 2-483
菉竹堂书目：不分卷 …………………… 2-483
菉竹堂书目：不分卷 …………………… 2-483
菉竹堂书目：六卷 ……………………… 2-483
菉居诗集：一卷 …………………………… 5-5
菉庵诗余：一卷 ………………………… 5-342
菉斐堂子史汇纂：二十四卷 …………… 3-312
菉溪志：四卷 …………………………… 2-259
菉漪园怀集：七种七卷 ………………… 5-170
萨天锡诗集：八卷 ……………………… 4-199
萨天锡诗集：五卷 ……………………… 4-198

萨天锡诗集：五卷 …………………………… 4-198
萨天锡诗集：五卷 …………………………… 4-198
萨天锡诗集：五卷 …………………………… 4-199
萨天锡诗集：六卷 …………………………… 4-199
菰中随笔：三卷；诗律蒙告：一卷 …… 3-234
菰中随笔：不分卷 …………………………… 3-234
菰中随笔：不分卷 …………………………… 3-234
菑裋窾议：一卷 …………………………… 2-57
梼杌闲评：五十卷五十回 ………………… 3-348
梦山存家诗稿：八卷 ……………………… 4-310
梦中缘：四卷十五回 ……………………… 3-351
梦月岩诗集：二十卷 ……………………… 5-56
梦月岩诗集：二十卷诗余一卷 …………… 5-56
梦幻居画学简明：五卷 …………………… 3-142
梦占类考：十二卷 ………………………… 3-126
梦白先生集：三卷 ………………………… 4-339
梦花酣：二卷 ……………………………… 5-382
梦花楼诗草：三卷 ………………………… 5-125
梦余老人曲谱大成：六卷 ………………… 5-411
梦余诗钞：八卷 …………………………… 5-118
梦若山房诗稿：六卷 ……………………… 5-154
梦林玄解：三十四卷首一卷 ……………… 3-125
梦林玄解：三十四卷首一卷 ……………… 3-125
梦泽集：二十三卷 ………………………… 4-285
梦泽集：十七卷 …………………………… 4-285
梦泽集：十七卷 …………………………… 4-285
梦泽集：十七卷 …………………………… 4-285
梦泽集：十七卷 …………………………… 4-285
梦泽集：十八卷 …………………………… 4-285
梦陔堂诗集：五十卷文说十一卷文集十卷
…………………………………………… 5-127
梦鸥笔记：一卷 …………………………… 1-421
梦笔山房茧瓮集：八卷续编一卷；间云词：
一卷 ……………………………………… 5-88
梦堂诗稿：十五卷 ………………………… 5-96
梦隐词：不分卷；酒边花外词：一卷 … 5-343
梦窗词校议定本：不分卷 ………………… 5-335
梦窗词集：不分卷 ………………………… 5-335
梦楼诗集：二十二卷 ……………………… 5-107
梦溪笔谈：二十六卷 ……………………… 3-188
梦溪笔谈：二十六卷 ……………………… 3-188
梦溪笔谈：二十六卷 ……………………… 3-188
梦溪笔谈：二十六卷 ……………………… 3-188
梦溪笔谈：二十六卷 ……………………… 3-188
梦溪笔谈：二十六卷 ……………………… 3-188
梦溪笔谈：二十六卷补笔谈三卷续笔谈一
卷 ………………………………………… 3-188
梦溪笔谈：二十六卷补笔谈三卷续笔谈一
卷 ………………………………………… 3-188
梦溪笔谈：二十六卷补笔谈三卷续笔谈一
卷 ………………………………………… 3-188
梦溪笔谈全编：二十六卷 ………………… 3-188
梦粱录：二十卷 …………………………… 2-128
梦粱录：不分卷 …………………………… 2-128
梵网经心地品菩萨戒义疏发隐：五卷 … 3-410
梵网经卢舍那佛说心地法门品菩萨戒本：
一卷 ……………………………………… 3-401
梵音斗科：二卷 …………………………… 3-383
梵雅：一卷 ………………………………… 3-426
梧山王先生集：二十卷 …………………… 4-261
梧门诗话：十二卷 ………………………… 5-324
梧冈余稿：四卷文钞一卷 ………………… 5-66
梧冈诗集：六卷 …………………………… 4-292
梧冈集：十二卷 …………………………… 5-52
[乾隆]梧州府志：二十四卷首一卷 ……… 2-371
梧浔杂佩：一卷 …………………………… 2-135
梧圃诗钞：不分卷 ………………………… 5-146
梧溪集：七卷 ……………………………… 4-218
梧溪集：七卷 ……………………………… 4-218
梧溪集：七卷 ……………………………… 4-218
梢云吴氏族谱：十卷 ……………………… 2-6
程史：十五卷 ……………………………… 3-245
程史：十五卷 ……………………………… 3-246
程史：十五卷 ……………………………… 3-246
程史：十五卷 ……………………………… 3-246
程史：十五卷 ……………………………… 3-246
程史：十五卷 ……………………………… 3-246
程史：十五卷附录一卷 …………………… 3-246
程史：十五卷附录一卷 …………………… 3-246
程史：十五卷附录一卷 …………………… 3-246

程史：十五卷附录一卷 ………………………… 3-246
程史：十五卷附录一卷 ………………………… 3-246
程史：十五卷附录一卷 ………………………… 3-246
程史：十五卷附录一卷 ………………………… 3-246
梅山续稿：十七卷杂文一卷长短句一卷
……………………………………………… 4-149
梅山续稿：十七卷杂文一卷长短句一卷
……………………………………………… 4-150
梅太史订选史记神驹：四卷 ………………… 1-328
梅中丞遗稿：八卷 …………………………… 4-360
梅中丞遗稿：八卷；西州泪：一卷 …… 4-360
梅公岑草：不分卷 …………………………… 4-350
梅边吹篴词续存：一卷诗存一卷 ………… 5-345
梅会诗人遗集：十三种 ……………………… 5-275
梅会诗人遗集：□□卷 ……………………… 5-275
梅会诗选：十二卷二集十六卷三集四卷附
刻一卷 ……………………………………… 5-275
梅庄文集：不分卷 …………………………… 5-40
梅妃传：一卷 ………………………………… 3-243
梅妃传：一卷 ………………………………… 3-330
梅妃传：一卷 ………………………………… 3-331
梅妃传：一卷；杨太真外传：二卷 …… 3-332
梅花引：一卷 ………………………………… 5-395
梅花书屋近体诗钞：四卷 …………………… 5-119
梅花百咏：一卷 ……………………………… 5-3
梅花百咏：三卷 ……………………………… 5-162
梅花百咏：三卷 ……………………………… 5-168
梅花百咏诗：不分卷 ………………………… 4-259
梅花字字香：一卷 …………………………… 4-196
梅花字字香：二卷 …………………………… 4-196
梅花字字香前集：一卷后集一卷 ………… 4-196
梅花草堂集：十六卷 ………………………… 4-341
梅花草堂集：十卷；昆山名宦传：一卷
……………………………………………… 1-380
梅花衲：一卷 ………………………………… 4-180
梅花衲：一卷 ………………………………… 4-180
梅花梦传奇：二卷 …………………………… 5-394
梅花喜神谱：二卷 …………………………… 3-145
梅花集咏：一卷 ……………………………… 4-254
梅花道人遗墨：三卷附录一卷 …………… 4-204
梅花溪诗草：四卷续草一卷 ……………… 5-123
梅村诗钞：不分卷 …………………………… 5-9
梅村诗钞：不分卷 …………………………… 5-10
梅村集：二十卷 ……………………………… 5-9
梅村集：二十卷 ……………………………… 5-9
梅村集：四十卷目录二卷 …………………… 5-9
[乾隆]梅里志：十八卷 ……………………… 2-265
梅里志：四卷 ………………………………… 2-253
[道光]梅里志：四卷首一卷 ……………… 2-253
[道光]梅里志：四卷首一卷 ……………… 2-254
梅里志稿：不分卷 …………………………… 2-265
梅里词辑：八卷 ……………………………… 5-353
[梅县]杨氏族谱：二十五卷首一卷杨氏行
述待访录 …………………………………… 2-20
[梅县]曾氏祠谱：不分卷 …………………… 2-19
梅谷庄先生文集：十六卷 …………………… 4-330
梅谷萧山稿：一卷 …………………………… 4-292
梅季豹居诸集：八卷二集十四卷 ………… 4-334
梅垞诗钞：四卷 ……………………………… 5-128
梅易世纪：二卷补说一卷 …………………… 2-7
梅亭先生四六标准：四十卷 ……………… 4-164
梅亭先生四六标准：四十卷 ……………… 4-164
梅屋诗稿：一卷第三稿一卷第四稿一卷杂
著一卷；融春小缀：一卷 ……………… 4-167
梅屋诗稿：四卷杂著一卷 …………………… 4-167
梅雪轩诗稿：二卷 …………………………… 4-336
梅溪先生年谱：一卷 ………………………… 1-415
梅溪先生廷试策：一卷奏议四卷文集二十
卷后集二十九卷附录一卷 ……………… 4-140
梅溪先生廷试策：一卷奏议四卷文集二十
卷后集二十九卷附录一卷 ……………… 4-140
梅溪先生廷试策：一卷奏议四卷文集二十
卷后集二十九卷附录一卷 ……………… 4-140
梅溪先生廷试策：一卷奏议四卷文集二十
卷后集二十九卷附录一卷 ……………… 4-140
梅溪先生廷试策：一卷奏议四卷文集二十
卷后集二十九卷附录一卷 ……………… 4-140
梅溪词：一卷 ………………………………… 5-334
梅溪谭士远拙得书：二卷附一卷 ………… 5-71
梅磵诗话：三卷 ……………………………… 5-316

梅磵诗话：三卷 …… 5-316
检蠹随笔：十卷 …… 3-268
桴庵诗：五卷 …… 5-5
梓造福玄机罗经考：三卷后一卷 …… 3-115
梓溪文集：五卷 …… 4-277
梭山农谱：三卷 …… 3-56
啬生居文集：不分卷删余文稿一卷骈体文稿一卷诗集剩稿一卷 …… 5-116
曹门学则：四卷 …… 3-212
曹子玉诗集：十卷 …… 4-384
曹子建文集：十卷 …… 4-11
曹子建集：十卷 …… 4-10
曹子建集：十卷 …… 4-10
曹子建集：十卷 …… 4-11
曹子建集：十卷 …… 4-11
曹子建集：十卷 …… 4-11
曹子建集：十卷 …… 4-11
曹子建集：十卷补遗一卷 …… 4-11
曹子建集：十卷叙录一卷年谱一卷 …… 4-11
曹子建集：十卷疑字音释一卷 …… 4-11
曹太史含斋先生文集：十五卷 …… 4-311
曹太史含斋先生文集：十六卷 …… 4-311
曹月川先生家规辑略：一卷 …… 3-36
曹氏重修谱牒：不分卷 …… 2-14
曹氏楝亭书目：不分卷 …… 2-490
曹氏墨林：二卷 …… 3-164
[光绪]曹州府曹县志：十八卷首一卷 …… 2-320
曹孝娥名贤题咏：一卷 …… 5-193
曹李尺牍合选：二卷 …… 5-301
曹县万氏诗文集：六种七卷 …… 5-293
曹松诗集：一卷 …… 4-72
曹思诚奏议：不分卷 …… 2-104
敕建隆兴寺志：二卷 …… 2-143
敕修百丈清规：二卷附著一卷 …… 3-414
敕修百丈清规：二卷附著一卷 …… 3-414
敕修两浙盐法志：十六卷首一卷 …… 2-54
敕撰奉使录三种：八卷 …… 2-172
副墨：八卷 …… 4-316
副墨：五卷 …… 4-316
副墨：五卷 …… 4-316
戚少保年谱耆编：十卷 …… 1-412
硕园诗稿：三十五卷词稿一卷 …… 5-30
硕松堂谈易记：十六卷首一卷 …… 1-25
硖川续志校勘记 …… 2-266
匏庐诗话：三卷 …… 5-324
匏翁家藏集：七十七卷补遗一卷 …… 4-252
匏翁家藏集：七十七卷补遗一卷 …… 4-252
匏翁家藏集：七十七卷补遗一卷 …… 4-252
匏庵先生遗集：五卷 …… 5-18
匏隐斋诗草：不分卷 …… 5-151
爽心笑谈集：十四卷 …… 3-272
龚芝麓先生集：四十卷 …… 5-17
龚佳育奏议：一卷 …… 2-107
盛川稗乘：一卷 …… 1-316
盛世词林：十二卷 …… 5-408
盛世奇英：三卷 …… 5-397
盛世鸿图：六卷 …… 5-398
盛世新声：十二卷 …… 5-408
盛世新声：十二卷 …… 5-408
盛应蛟妻张氏事略：一卷 …… 1-405
盛虎文诗稿：一卷 …… 5-76
盛明十二家诗选：十二卷 …… 5-245
盛明百家诗选：三十四卷首一卷 …… 5-243
盛明杂剧：二集三十卷 …… 5-357
盛明杂剧：三十卷 …… 5-357
盛明杂剧：三十卷 …… 5-357
盛京礼部则例：一卷 …… 2-81
盛京刑部则例：一卷 …… 2-81
盛京兵部则例：一卷 …… 2-81
盛京事宜：八卷 …… 2-81
[乾隆]盛京通志：一百三十卷首一卷 …… 2-230
[乾隆]盛京通志：一百三十卷首一卷 …… 2-231
盛京通志：三十二卷 …… 2-230
[康熙]盛京通志：三十二卷 …… 2-230
[乾隆]盛京通志：四十八卷首一卷 …… 2-230
[乾隆]盛京通志：四十八卷首一卷 …… 2-230
盛唐汇诗：一百二十四卷诗人氏系履历一卷目录二十二卷 …… 5-226
盛朝诗选：初集十二卷二集十二卷 …… 5-258
盛朝律楷：十二卷 …… 5-259

雪山集：十二卷 …… 4-147
雪山集：十二卷 …… 4-147
雪川诗稿：十卷 …… 5-72
雪川诗稿：五卷 …… 5-72
雪月梅传：十卷五十回 …… 3-354
雪月梅传：十卷五十回 …… 3-354
雪月梅传：十卷五十回 …… 3-354
雪月梅传：十卷五十回 …… 3-354
雪月梅传：五十回 …… 3-354
雪心赋翼语：一卷 …… 3-113
雪心赋翼语：一卷 …… 3-113
雪邨历年诗：一卷二集一卷 …… 5-64
雪庄文集：六卷续编四卷 …… 5-101
雪声轩诗集：十二卷 …… 5-91
雪矶丛稿：五卷 …… 4-173
雪矶丛稿：五卷 …… 4-173
雪矶丛稿：五卷 …… 4-173
雪矶丛稿：五卷 …… 4-173
雪矶丛稿：五卷 …… 4-173
雪谷府君行述：一卷 …… 1-405
雪庐读史快编：六十卷 …… 1-324
雪坡姚舍人文集：五十卷 …… 4-171
雪坡姚舍人文集：五十卷 …… 4-171
雪岩翁集：八卷 …… 3-220
雪夜诗谈：三卷；国朝诗话补：一卷；明人诗话补：一卷 …… 5-323
雪泥书屋全书：二卷 …… 5-432
雪泥屋遗书目录：一卷补遗一卷 …… 2-476
雪柏堂稿：十卷 …… 4-339
雪亭文稿：不分卷诗稿不分卷 …… 5-21
雪亭梦语：一卷 …… 3-218
雪屋二集：八卷 …… 4-386
雪屋二集：五卷 …… 4-386
雪屋二集：五卷 …… 4-386
雪屋集：八卷 …… 4-386
雪屋集：八卷 …… 4-386
雪峰空和尚外集：不分卷 …… 4-181
雪烦山房日记：不分卷 …… 1-419
雪涛阁集：十四卷 …… 4-342
雪浪集：二卷 …… 4-388
雪堂文集：十卷附录一卷 …… 4-357
雪堂行和尚拾遗录：一卷 …… 3-414
雪堂词笺：一卷 …… 5-338
雪堂随笔：五卷 …… 4-351
雪船吟初稿：四卷补编一卷 …… 5-83
雪庵诗存：二卷 …… 5-76
雪庵清史：五卷 …… 3-215
雪庵清史：五卷 …… 3-215
雪鸿堂文集：十八卷 …… 5-25
雪晴轩文稿：不分卷 …… 5-48
雪晴轩文稿：不分卷诗集八卷 …… 5-48
雪湖集：二卷 …… 5-57
雪窗先生文集：二卷 …… 4-170
雪窗先生文集：二卷附录一卷 …… 4-170
雪窗杂咏：一卷 …… 5-263
雪蓬集：七卷；春波词：一卷 …… 5-124
雪韵堂批点燕子笺记：二卷 …… 5-383
雪溪诗：五卷 …… 4-135
雪溪诗：五卷 …… 4-135
雪溪诗：五卷 …… 4-135
雪溪诗：五卷 …… 4-136
雪溪诗：五卷 …… 4-136
雪溪诗：五卷 …… 4-136
雪溪诗：五卷 …… 4-136
雪溪诗：五卷 …… 4-136
雪溪渔唱集：十卷补遗一卷附录一卷 …… 4-247
雪窦显和尚颂古：一卷 …… 3-419
雪窦显和尚颂古：一卷 …… 3-419
雪牕谭翼：八卷 …… 3-325
雪潭居医约：八卷 …… 3-84
捧月楼诗：四卷 …… 5-129
捷录法原旁注：十三卷 …… 1-344
掉谱合参：不分卷 …… 3-159
推小雅十月辛卯详疏：一卷 …… 1-55
推小雅十月辛卯详疏：二卷 …… 1-55
推策小识：三十六卷 …… 3-90
推篷寤语：九卷 …… 3-208
推篷寤语：九卷余录一卷 …… 3-208
授经图：二十卷 …… 2-500
授研斋鉴藏录：不分卷 …… 3-161

掬芷园集：不分卷 ………………………… 5-83
[乾隆]掖县志：八卷首一卷 ……………… 2-314
掖垣人鉴：十七卷附录一卷 ……………… 1-369
掖垣谏草：五卷 …………………………… 2-102
掖垣疏草：九卷 …………………………… 2-103
掖垣题稿：三卷 …………………………… 2-101
掖垣稿：二卷；郎陵稿：二卷；入蜀稿：三卷……………………………… 4-335
据梧轩玉环缘：二卷 ……………………… 5-398
据梧轩玉环缘：二卷 ……………………… 5-398
据梧诗集：十五卷 ………………………… 5-68
据鞍录：一卷……………………………… 2-169
辅仁录：四卷……………………………… 3-34
救命书：一卷……………………………… 3-45
救荒本草：二卷 …………………………… 3-57
救荒本草：二卷 …………………………… 3-57
救荒本草：二卷 …………………………… 3-57
救荒本草：二卷 …………………………… 3-57
救荒成法：一卷 …………………………… 2-57
救荒活民类要：三卷 ……………………… 2-57
救荒活民类要：不分卷 …………………… 2-57
救荒野谱：一卷 …………………………… 3-70
颀囟经：二卷……………………………… 3-76
虚白室偶存诗草：一卷 …………………… 5-134
虚白斋存稿：十卷馆课诗一卷馆课赋一卷 ……………………………… 5-114
虚舟集：一卷……………………………… 3-207
虚舟集：五卷……………………………… 4-239
虚舟集：五卷……………………………… 4-239
虚舟题跋：十卷又三卷 …………………… 3-144
虚舟题跋：十卷原三卷 …………………… 3-144
虚舟题跋节抄：一卷；竹云题跋节抄：一卷 ……………………………… 3-144
虚谷评五谢诗：一卷 ……………………… 5-317
虚谷桐江续集：四十八卷………………… 4-186
虚谷桐江续集：四十八卷………………… 4-186
虚直堂集：二十四卷首一卷 ……………… 5-44
虚岩山人集：六卷 ………………………… 4-312
虚斋乐府：二卷 …………………………… 5-334
虚斋乐府：二卷 …………………………… 5-334
虚斋乐府：二卷 …………………………… 5-334
虚斋蔡先生文集：五卷 …………………… 4-260
虚斋蔡先生文集：五卷 …………………… 4-260
虚斋蔡先生文集：五卷 …………………… 4-260
虚堂和尚语录：三卷后录一卷…………… 3-417
敞帚轩剩语：三卷补遗一卷 ……………… 3-328
敞帚稿略：八卷 …………………………… 4-166
敞簏集：二卷……………………………… 4-354
堂庑箴铭：二卷 …………………………… 3-36
常大淳日记：不分卷 ……………………… 1-419
常山农民暴动史料：一卷………………… 1-319
[嘉庆]常山县志：十二卷首一卷 ………… 2-269
常用应酬小柬：一卷 ……………………… 5-108
[同治]常宁县志：十六卷首一卷 ………… 2-352
常州先哲遗书：七十二种七百四十九卷 ……………………………… 5-427
[康熙]常州府志：三十八卷首一卷 ……… 2-252
常州被陷始末：一卷 ……………………… 1-316
常言道：四卷十六回 ……………………… 3-355
常评事集：四卷；写情集：二卷 ………… 4-283
常建集：二卷……………………………… 4-43
常建集：二卷……………………………… 4-43
常建集：二卷……………………………… 4-43
[乾隆]常昭合志：十二卷首一卷 ………… 2-261
[乾隆]常昭合志：十二卷首一卷 ………… 2-261
[乾隆]常昭合志稿：十二卷首一卷 ……… 2-261
[光绪]常昭合志稿：四十八卷首一卷末一卷校勘记一卷 ……………………… 2-262
常谈：一卷 ………………………………… 1-335
常惺惺斋日记：不分卷 …………………… 1-418
[嘉庆]常德府志：四十八卷附文征九卷首一卷丛谈三卷 ……………………… 2-347
常熟卫氏家乘：不分卷…………………… 2-22
常熟县水利全书：十卷附录二卷 ………… 2-77
常熟县水利全书：十卷附录二卷 ………… 2-77
常熟县水利全书：十卷附录二卷 ………… 2-77
[康熙]常熟县志：二十六卷首一卷末一卷 ……………………………… 2-261
[嘉靖]常熟县志：十三卷………………… 2-261
[嘉靖]常熟县志：十三卷………………… 2-261

[弘治]常熟县志：四卷图一卷 2-261
[万历]常熟县私志：二十八卷 2-261
常熟县儒学志：八卷 2-45
野云居诗稿：二卷文稿一卷 5-126
野史无文：二十一卷 1-313
野处类稿：二卷 4-144
野处类稿：二卷 4-144
野记：四卷 3-248
野记：四卷 3-248
野记：四卷 3-248
野老漫录：一卷 1-311
野园诗集：三种三卷 5-93
野谷诗稿：六卷 4-163
野谷诗稿：六卷 4-163
野录：八卷 1-311
野香亭集：十三卷 5-68
野客丛书：三十一卷 3-227
野客丛书：三十卷 3-227
野客丛书：三十卷附录野老记闻一卷 3-226
野客丛书：三十卷附录野老记闻一卷 3-226
野客丛书：三十卷附录野老记闻一卷 3-226
野客丛书：三十卷附录野老记闻一卷 3-226
野客丛书：三十卷附录野老记闻一卷 3-226
野客丛书：三十卷附录野老记闻一卷 3-226
野客丛书考证：三十卷附录一卷 3-227
野客闲谭：二卷 3-270
野耕集：三卷 5-48
野获编：四十一卷 3-252
野航史话：四卷 3-214
野菜谱：一卷 3-57
野菜谱：一卷 3-57
野鸿诗的：一卷 5-323
野趣有声画：二卷 4-187
野趣有声画：二卷 4-187
眺秋楼诗：八卷 5-84
眺秋楼诗：八卷 5-84
悬榻编：六卷 5-12
悬榻编：六卷 5-12
曼陀罗馆诗集：不分卷 5-141
曼衍斋文集：不分卷 4-328
晦堂诗：二卷 5-60
晦堂诗钞：五卷 5-60
晦堂诗钞：五卷 5-60
晦庵文钞：十卷 4-149
晦庵先生文集：一百卷 4-148
晦庵先生朱文公文集：一百卷 4-148
晦庵先生朱文公文集：一百卷 4-148
晦庵先生朱文公文集：一百卷目录二卷续集十一卷别集十卷 4-148
晦庵先生朱文公文集：一百卷续集十一卷别集十卷 4-148
晦庵先生朱文公文集：一百卷续集五卷别集七卷目录二卷 4-149
晦庵先生朱文公文集：八十八卷目录二卷续集十一卷别集十卷 4-149
晦庵先生朱文公易说：二十三卷 1-9
晦庵先生朱文公诗集：十二卷 4-149
晦庵先生语录类要：十八卷 3-22
晦庵先生语录类要：十八卷 3-22
晦庵词：一卷 5-333
晞发遗集：二卷补一卷；天地间集：一卷 4-178
晞发集：十卷 4-178
晞发集：十卷遗集二卷补一卷 4-178
晞发集：十卷遗集二卷补一卷 4-178
晞发集：五卷 4-178
晞发集：五卷 4-178
晞发集：六卷 4-178
晞发集寓笺：六卷 4-178
[咸丰]冕宁县志：十二卷首一卷末一卷 2-397
[咸丰]冕宁县志：十二卷首一卷末一卷 2-397
晚邨先生八家古文精选：八卷 5-213
晚村先生家训真迹：五卷 5-35
晚村驳义偶述：一卷 3-33
晚学集：七卷；未谷诗集：一卷 5-113
晚学集：八卷；未谷诗集：四卷 5-113
晚香堂诗：不分卷 5-7
晚香堂集：十卷 4-344

晚闻居士遗集：九卷首一卷 …… 5-121
晚闻集：六卷 …… 5-6
晚笑堂画传：不分卷 …… 3-148
晚唐诗钞：二十六卷 …… 5-229
晚晴楼诗稿：四卷诗余一卷 …… 5-97
畦乐先生诗集：一卷附录一卷 …… 4-235
趾庵归养草：六卷 …… 4-334
跃鲤记：二卷 …… 5-384
略汇集类：十二集 …… 1-158
略阳县乡土志：三卷 …… 2-419
鄂国金佗续编：三十卷 …… 1-393
鄂国金佗稡编：二十八卷续编三十卷 …… 1-393
鄂国金佗粹编：二十八卷 …… 1-393
鄂国金佗粹编：二十八卷 …… 1-393
鄂国金佗粹编：二十八卷续编三十卷 …… 1-393
唯识开蒙问答：二卷 …… 3-410
唯室集：四卷附录一卷 …… 4-140
唫香仙馆书目：不分卷 …… 2-492
啸云楼诗集：一卷 …… 5-7
啸竹堂集：十六卷 …… 5-67
啸旨：一卷 …… 3-160
啸余谱：十卷 …… 5-354
啸余谱：十卷 …… 5-354
啸雨草堂集：十卷 …… 5-139
啸亭杂录：十卷 …… 3-254
啸亭杂录：十卷续录三卷 …… 3-254
啸亭杂录：八卷续录二卷 …… 3-254
啸亭杂录：六卷续录四卷 …… 3-254
啸阁集古：五卷 …… 5-6
啸梦轩新演杨状元进谏谪滇南杂剧：一卷 …… 5-365
啸雪庵诗集：一卷题咏一卷新集一卷 …… 5-26
啸雪庵题咏二集：一卷诗余一卷 …… 5-26
啸堂集古录：二卷 …… 2-449
啸堂集古录：二卷 …… 2-449
啸堂集古录：二卷 …… 2-449
啸堂集古录：二卷 …… 2-450
崌山集：十二卷 …… 4-356
崌山集：十二卷 …… 4-356
崌山集：十二卷 …… 4-356
崔氏洹词：十七卷附录四卷 …… 4-271
崔氏家塾志：一卷 …… 3-36
崔东洲集：二十卷 …… 4-269
崔东洲集：二十卷续集十卷 …… 4-269
崔府君神异录：不分卷 …… 1-389
崔豹古今注：三卷 …… 3-224
崔豹古今注：三卷 …… 3-224
崔寔政论：不分卷 …… 3-16
崔曙集：一卷 …… 4-43
崔曙集：一卷 …… 4-43
崔曙集：一卷 …… 4-43
崔颢集：二卷 …… 4-43
崔颢集：二卷 …… 4-43
帷园尺牍：四卷 …… 5-92
[乾隆]崞县志：八卷 …… 2-215
[乾隆]崞县志：八卷 …… 2-215
[乾隆]崞县志：八卷 …… 2-215
[康熙]崇义县志：不分卷 …… 2-302
崇文门商税则例现行比例增减新例：一卷 …… 2-52
崇文总目[简目]：六十六卷 …… 2-478
崇正文选：十二卷 …… 5-206
崇本山堂文集：十二卷 …… 5-90
崇本山堂诗抄：十二卷 …… 5-90
崇兰馆集：二十卷 …… 4-301
[嘉庆]崇宁县志：四卷 …… 2-381
崇礼堂诗：一卷 …… 4-312
[嘉庆]崇庆州志：十卷首一卷 …… 2-380
[雍正]崇安县志：八卷 …… 2-292
崇阳杨氏族谱：不分卷 …… 2-20
崇阳杨氏族谱：不分卷 …… 2-20
[同治]崇阳县志：十二卷首一卷 …… 2-339
崇祀录：一卷 …… 1-403
[乾隆]崇明县志：二十卷首一卷 …… 2-240
[光绪]崇明县志：十八卷 …… 2-240
崇相集：十七卷 …… 4-343
崇恩手札：不分卷 …… 5-142
[崇祯十二年]山东己卯乡试录：一卷 …… 1-434
崇祯十三年八月南雄审语：一卷 …… 2-72

崇祯十五年浙江壬午科乡试朱卷：一卷 ······ 4-384
崇祯三癸卯增广别试文武科殿试榜目：一卷 ······ 1-438
崇祯元年戊辰科会试卷：一卷 ······ 4-377
崇祯五十宰相传：一卷 ······ 1-374
崇祯五十宰相传：一卷 ······ 1-374
崇祯五十辅臣传：一卷 ······ 1-374
崇祯内阁行略：一卷 ······ 1-374
崇祯壬午科京省题名录：一卷 ······ 1-428
崇祯六年四川乡试录：一卷 ······ 1-436
崇祯纪元后三丁酉增广司马榜目：一卷 ······ 1-438
崇祯纪元后四甲子式司马榜目：一卷附录一卷 ······ 1-438
崇祯忠节录：三十二卷 ······ 1-375
崇祯朝记事：四卷 ······ 1-266
崇祯朝记事：四卷 ······ 1-266
崇雅堂诗钞：十一卷 ······ 5-75
婴儿幻传奇：三卷 ······ 5-391
婴啼记：六卷 ······ 3-223
婴童百问：十卷 ······ 3-77
[乾隆]铜山志：十卷 ······ 2-296
[道光]铜山县志：二十四卷首一卷 ······ 2-243
[乾隆]铜山县志：十二卷首一卷 ······ 2-243
[道光]铜仁府志：十一卷补遗一卷 ······ 2-400
铜壶漏箭制度：一卷 ······ 3-87
[乾隆]铜陵县志：十六卷首一卷 ······ 2-277
[顺治]铜陵县志：八卷 ······ 2-277
[光绪]铜梁县志：十六卷首一卷 ······ 2-375
[道光]铜梁县志：八卷首一卷 ······ 2-375
铜鼓书堂遗稿：三十二卷 ······ 5-102
铜鼓书堂遗稿：三十二卷 ······ 5-102
铜鼓书堂藏印：不分卷 ······ 2-471
铜鼓书堂藏印：不分卷 ······ 2-471
铨部王先生文集：一卷诗集一卷 ······ 4-271
铨曹仪注：五卷 ······ 2-38
银川小志：不分卷 ······ 2-433
银台条例：一卷 ······ 2-41
甜雪斋诗：十卷文十卷 ······ 4-341
梨云馆竹谱：一卷 ······ 3-146
梨云馆竹谱：一卷 ······ 3-146
梨云馆类定袁中郎全集：二十四卷 ······ 4-354
梨云馆集：十二卷别论二卷 ······ 4-334
梨云寄傲：一卷；秋碧乐府：一卷 ······ 5-403
梨园按试乐府新声：三卷 ······ 5-399
梨园按试乐府新声：三卷 ······ 5-399
梨园按试乐府新声：三卷 ······ 5-399
梨岳诗集：一卷 ······ 4-77
梨岳诗集：一卷附录一卷 ······ 4-77
笺注：三卷 ······ 3-384
笺注唐贤三体诗法：二十卷 ······ 5-221
笺注唐贤绝句三体诗法：二十卷 ······ 5-221
笺注唐贤绝句三体诗法：二十卷 ······ 5-221
笺注唐贤绝句三体诗法：二十卷 ······ 5-221
笺注陶渊明集：十卷 ······ 4-15
笺注陶渊明集：十卷 ······ 4-15
笺释梅亭先生四六标准：四十卷目录一卷 ······ 4-164
笼鹅馆集：二卷 ······ 4-382
笼鹅馆集：不分卷 ······ 4-382
笞誃日记：不分卷 ······ 1-423
筌华书屋试帖稿：不分卷 ······ 5-151
笠泽丛书：九卷 ······ 4-75
笠泽丛书：九卷 ······ 4-76
笠泽丛书：九卷 ······ 4-76
笠泽丛书：四卷 ······ 4-75
笠泽游记：不分卷 ······ 2-166
笠亭诗集：十二卷 ······ 5-102
笠翁一家言全集：十六卷 ······ 5-12
笠翁一家言全集：十六卷 ······ 5-12
笠翁十曲：二十卷 ······ 5-387
笠翁传奇：十种二十卷 ······ 5-387
第一才子书：六十卷一百二十回 ······ 3-341
第一才子书：六十卷一百二十回 ······ 3-341
第一才子书：六十卷一百二十回 ······ 3-341
第一才子书：六十卷一百二十回 ······ 3-342
第一奇书野叟曝言：二十卷一百五十二回 ······ 3-354
第一香笔记：四卷 ······ 3-169

第十才子书：六卷二十四回 …… 3-354
第八才子书白圭志：四卷十六回 …… 3-355
第五才子书：十二卷一百二十四回 …… 3-357
第五才子书：十二卷一百二十四回 …… 3-357
第五才子书水浒传：七十五卷七十回 … 3-358
第五才子书水浒全传：七十五卷七十回 …… 3-358
第五才子书施耐庵水浒传：七十五卷七十回 …… 3-358
[乾隆]偃师县志：三十卷 …… 2-322
偃溪语录：十一卷 …… 3-417
偕存集：三卷 …… 5-106
偕存集：三卷；入楚吟笺：一卷 …… 5-103
偶记：二卷 …… 3-212
偶记：八卷 …… 3-251
偶隽：七卷 …… 5-326
偶遂堂近诗：一卷 …… 5-13
偲庵诗集：十卷文集十卷附录一卷 …… 4-261
停云馆诗选：二卷 …… 4-354
皎然集：十卷 …… 4-33
假庵杂著：一卷纪季父遗言遗事一卷 … 3-216
假庵诗草：不分卷 …… 4-357
得月稿：七卷 …… 4-232
得壶山房印寄：不分卷 …… 2-472
衔蝉小录：八卷 …… 3-171
衔蝉小录：八卷 …… 3-171
[宣统]盘山厅志：一卷 …… 2-233
[乾隆]盘山志：十六卷首五卷 …… 2-149
盘山志：十卷补遗四卷 …… 2-149
盘谷集：十卷 …… 4-241
盘谷集：十卷 …… 4-241
盘洲文集：十三卷 …… 4-143
盘洲文集：八十一卷 …… 4-143
盘洲文集：八十一卷 …… 4-143
盘洲文集：八十卷 …… 4-143
盘洲文集：八十卷 …… 4-143
盘洲文集：八十卷 …… 4-143
盘洲文集：八卷 …… 4-143
盘隐山樵诗集：八卷 …… 5-69
盘隐山樵诗集：八卷 …… 5-69
斜川集：六卷 …… 4-126
悉昙字记闻书：六卷 …… 1-167
彩舟记：二卷 …… 5-379
彩笔情辞：十二卷 …… 5-399
彩笔情辞：十二卷 …… 5-399
脚气治法总要：二卷 …… 3-73
象山先生文集：二十八卷外集四卷 …… 4-155
象山先生文集：二十八卷外集四卷 …… 4-155
象山先生年谱：三卷 …… 1-411
象山先生全集：二十三卷 …… 4-155
象山先生全集：三十六卷 …… 4-154
象山先生全集：三十六卷 …… 4-154
象山先生全集：三十六卷 …… 4-154
象山先生全集：三十六卷 …… 4-154
象山先生全集：三十六卷 …… 4-155
象山先生全集：三十六卷 …… 4-155
象山先生全集：三十六卷 …… 4-155
象山先生全集：六卷 …… 4-155
象山先生全集：六卷 …… 4-155
[康熙]象山县志：十六卷 …… 2-268
象山陆先生年谱：二卷 …… 1-410
象山粹言：六卷 …… 4-155
象山粹言：六卷 …… 4-155
象台首末：五卷 …… 1-395
象州志：同治 …… 2-372
象形文释：一卷 …… 1-152
象形文释：四卷 …… 1-153
象求集：五卷二集三卷三集一卷 …… 5-270
象林：一卷 …… 3-88
象教皮编：六卷 …… 3-423
象数一原：六卷 …… 3-106
逸史三传：一卷 …… 1-395
逸史搜奇：十集 …… 3-333
逸史搜奇：八集九十八卷 …… 3-333
逸民史：二十二卷 …… 1-362
逸周书：十卷 …… 1-277
逸周书：十卷 …… 1-277
逸周书：十卷 …… 1-277
逸周书：十卷 …… 1-278
逸周书：十卷附录一卷校正补遗一卷 … 1-278

逸周书：十卷校正补遗一卷 …………………… 1-278
逸周书管笺：十卷疏证一卷提要一卷集说一卷摭订三卷 ………………………………… 1-278
逸语：十卷 ………………………………………3-8
逸楼论文：一卷论史一卷………………… 3-218
猫苑：二卷 …………………………………… 3-171
猫苑：二卷 …………………………………… 3-171
[雍正]猗氏县志：八卷 ………………… 2-225
[雍正]猗氏县志：八卷 ………………… 2-225
猗觉寮杂记：二卷 ………………………… 3-192
猗觉寮杂记：二卷 ………………………… 3-192
猗觉寮杂记：二卷 ………………………… 3-192
猗觉寮杂记：二卷 ………………………… 3-192
斛山杨先生遗稿：五卷 ………………… 4-285
斛山杨先生遗稿：四卷 ………………… 4-285
祭挽汇录：二十二卷续录四卷………… 5-263
祭皋陶：一卷…………………………………1-384
祭潘充庵文汇录：不分卷……………… 5-255
祭器乐器记：不分卷 ………………………1-81
郧峰真隐漫录：五十卷 ………………… 4-140
馆阁类录：二十二卷 …………………… 1-299
馆阁漫录：十卷 ……………………………2-47
[雍正]馆陶县志：十二卷……………… 2-206
[雍正]馆陶县志：十二卷……………… 2-206
鸾鎞记：二卷……………………………… 5-378
烹雪斋新编四民捷用注解翰墨骏：五卷 ……………………………………………… 3-312
庶物异名疏：三十卷 …………………… 3-311
庶物异名疏：三十卷 …………………… 3-311
庶斋老学丛谈：三卷 …………………… 3-201
庶斋老学丛谈：三卷 …………………… 3-201
麻姑集：十二卷 ………………………… 5-284
[光绪]麻城县志：四十卷首一卷末一卷节孝录五卷……………………………… 2-336
[光绪]麻城县志：四十卷首一卷末一卷 ……………………………………………… 2-336
庾子山集：十六卷……………………………4-19
庾开府诗集：六卷……………………………4-19
庾开府诗集：四卷……………………………4-19
庾开府诗集：四卷……………………………4-19
庸书：二十卷………………………………………5-25
庸斋日记：八卷 ……………………………3-211
庸斋日记：八卷余言二卷家则一卷野志一卷附志一卷；信古余论：八卷；采芹录：四卷…………………………………………3-211
庸斋先生集：二卷 ………………………… 4-248
庸晦堂诗集：八卷 ………………………… 5-146
康卫纪行：十二卷附重订本目录一卷 … 2-136
康节先生观物篇解：四卷附录三卷 …… 3-108
康对山先生集：四十五卷……………… 4-268
康对山先生集：四十六卷……………… 4-268
康济谱：二十三卷 ……………………………2-57
康济谱：二十五卷 ……………………………2-57
康济谱：二十五卷 ……………………………2-57
康斋先生文集：十二卷附录一卷 ……… 4-243
康斋先生文集：十二卷附录一卷 ……… 4-243
康斋先生文集：十三卷附录一卷 ……… 4-243
康得瞻集：四卷附录一卷……………… 4-263
康熙二十一年壬戌科同年序齿录：一卷 ……………………………………………… 1-431
康熙十一年江西乡试录：一卷………… 1-434
康熙十八年鸿博履历：一卷 ………… 1-437
康熙十八年博学鸿词姓氏录：一卷 …… 1-437
康熙十五年丙辰科会试二百九名进士三代履历便览：一卷 ……………………… 1-431
康熙丁酉科顺天乡试朱卷……………… 5-308
康熙三十二年癸酉科顺天乡试录：一卷 … 1-432
康熙三十八年己卯科山西乡试墨卷：□□卷 …………………………………………… 5-307
康熙三十八年己卯科顺天乡试墨卷：□□卷 …………………………………………… 5-307
康熙三十八年己卯科浙江乡试墨卷：□□卷 …………………………………………… 5-307
康熙三十八年己卯科湖广乡试墨卷：□□卷 …………………………………………… 5-307
康熙三十八年己卯科福建乡试墨卷：□□卷 …………………………………………… 5-307
康熙三十三年甲戌科会试墨卷：□□卷… 5-307
康熙三十三年甲戌科会试墨卷：□□卷… 5-307

康熙三十五年山东乡试录：一卷 ………… 1-435
康熙三十五年丙子科广东乡试墨卷：□□卷 ………… 5-307
康熙三十五年丙子科云南乡试墨卷：□□卷 ………… 5-307
康熙三十五年丙子科江南乡试墨卷：□□卷 ………… 5-307
康熙五十一年登科录：一卷 ………… 1-431
康熙五十年辛卯科福建乡试武举录：一卷 ………… 1-434
康熙五十年福建乡试录：一卷 ………… 1-434
康熙壬戌科会试朱卷：一卷 ………… 5-61
康熙壬戌科会试朱卷：一卷 ………… 5-61
康熙甲子史馆新刊古今通韵：十二卷 … 1-178
康熙四十一年山东乡试录：一卷 ………… 1-435
康熙四十一年山东乡试录：一卷 ………… 1-435
康熙四十一年壬午科湖广乡试墨卷：□□卷 ………… 5-308
康熙四十二年癸未科会试墨卷：□□卷 ………… 5-307
康熙永年历法：六卷 ………… 3-92
康熙永年历法交食表：四卷 ………… 3-92
康熙字典十二集：三十六卷检字辨似一卷等韵一卷补遗一卷备考一卷 ………… 1-158
康熙辛酉科顺天乡试诗一房同门朱卷：一卷 ………… 5-307
康熙庚午科顺天乡试礼记房朱卷：一卷 ………… 5-307
康熙癸未科会试朱卷 ………… 5-307
康熙浙江乡试朱卷 ………… 5-308
康熙缙绅册：不分卷 ………… 1-440
鹿门先生批点汉书：九十三卷 ………… 1-207
鹿门茅先生批评韩诗外传：十卷 ………… 1-56
鹿太常传：一卷 ………… 1-401
鹿氏族谱：八卷 ………… 2-16
鹿皮子陈先生文集：四卷 ………… 4-201
鹿皮子陈先生文集：四卷 ………… 4-201
[光绪]鹿邑县志：十六卷首一卷 ………… 2-329
鹿苑闲谈：不分卷 ………… 3-249
鹿苑集：一卷；闲岐集：一卷；昙园集：一卷 ………… 5-14
鹿忠节公传：一卷 ………… 1-401
鹿忠节公集：二十一卷 ………… 4-361
鹿城诗集：二十八卷 ………… 4-312
鹿城颂声：二卷 ………… 5-281
鹿洲初集：二十卷 ………… 5-81
鹿裘石室集：六十五卷 ………… 4-337
鹿裘石室集：六十五卷 ………… 4-337
鹿解元传：一卷 ………… 1-401
[旌川西溪]旌川西溪朱氏家谱：五卷文行一卷 ………… 2-3
旌阳石亟记：一卷 ………… 3-384
[万历]旌德县志：十卷 ………… 2-288
[顺治]旌德县志：十卷 ………… 2-288
[乾隆]旌德县志：十卷 ………… 2-288
[嘉庆]旌德县志：十卷 ………… 2-288
章大力先生丛著：不分卷 ………… 5-429
章子：不分卷 ………… 3-31
章子留书：六卷 ………… 1-127
章子留书：六卷 ………… 1-127
章氏世家源流族谱：二卷 ………… 2-15
章氏遗著：不分卷导窾集不分卷 ………… 5-114
章丘县乡土志：二卷 ………… 2-307
[康熙]章丘县志：十二卷首一卷 ………… 2-307
[道光]章丘县志：十六卷首一卷末一卷 ………… 2-307
章安杂说：不分卷 ………… 3-223
章学诚全集：五种十八卷 ………… 5-431
翊圣保德传：三卷 ………… 1-390
商山吴氏宗法规条：一卷 ………… 1-441
商山吴氏重修族谱：二卷 ………… 2-6
商山吴氏祖墓四至图：不分卷 ………… 2-147
商山吴氏族谱：不分卷 ………… 2-6
商山奕谱：五卷 ………… 3-157
商子：五卷 ………… 3-52
商子：五卷 ………… 3-52
商子：五卷 ………… 3-52
商子：五卷 ………… 3-52
商文毅公集：十一卷 ………… 4-245
商文毅公集：十卷 ………… 4-246

商文毅公集：十卷 4-246
商文毅公集：六卷 4-246
商文毅公疏稿略：一卷 2-96
[康熙]商丘县志：二十卷首一卷 2-326
商丘宋氏家乘：十四卷 2-8
商邱宋氏西陂藏书目：一卷 2-490
商君传：一卷 3-52
商周文拾遗：三卷 2-452
[万历]商河县志：十卷 2-308
[道光]商河县志：八卷首一卷 2-308
商南县乡土志：不分卷 2-423
[乾隆]商南县志：十二卷 2-423
商榷集：三卷 5-79
望云草：一卷 5-19
望云集：五卷 4-224
望云集：五卷 4-224
望云楼稿：十八卷 4-347
望仙谭氏宗谱：□□卷 2-24
望江吴先生造福秘诀：三卷 3-115
[乾隆]望江县志：八卷 2-279
[乾隆]望江县志摘录：不分卷 2-279
望都县乡土图说 2-193
[光绪]望都县新志：十卷附报恩祠图传一卷 2-193
[乾隆]望都县新志：八卷 2-193
望湖亭集：四卷 5-284
望溪先生文：不分卷 5-72
望溪奏议：不分卷 2-108
望溪集：一卷 1-25
望溪集：不分卷 5-72
望溪集：不分卷 5-72
率东程氏重修家谱：十二卷 2-18
率东程氏重修家谱：十二卷；上草市宗谱：一卷 2-18
率东程氏重修家谱：十二卷；上草市宗谱：一卷 2-18
率东程氏家乘：八卷 2-18
率道人素草：□□卷 4-358
率意吟：一卷 4-375
率滨程氏社录：二卷 5-293
情中义传奇：二卷 5-398
情史类略：二十四卷 3-328
情史类略：二十四卷 3-328
情史类略：二十四卷 3-328
情邮：二卷 5-381
情邮传奇：二卷 5-381
情味集：五卷 5-47
情采编：三十六卷目录二卷 5-190
情种：八卷 3-272
情种：八卷 3-272
情梦柝：四卷二十回 3-350
情籁：四卷 5-350
惜分阴室日记：一卷 1-424
惜分轩诗钞：四卷 5-116
惜阴居丛著：十七卷 5-433
惜抱先生尺牍：八卷 5-108
惜抱轩文抄：一卷 5-108
惜抱轩文集：十六卷后集十卷；法帖题跋：三卷 5-108
惜抱轩四库馆校录书题：一卷 2-480
惜荫书屋诗集：四集 5-152
惧谋录：四卷 3-50
惕甫时文稿：一卷 5-121
惕园初稿：十六卷外稿一卷 5-122
惕斋遗书：四卷 4-382
[光绪]阌乡县志：十二卷首一卷末一卷 2-321
粗解刑统赋：一卷 2-64
粗解刑统赋：一卷 2-64
断肠诗集：十卷后集八卷 4-132
断缘梦杂剧：一卷；江梅梦杂剧：一卷；昙花梦杂剧：一卷 5-366
剪灯丛话：十二卷 3-332
剪灯余话：四卷 3-332
剪灯余话：四卷 3-332
剪灯余话：四卷附录一卷 3-332
剪灯余话：四卷附录一卷元白遗音一卷 3-332
剪灯集：十四卷后集二卷 5-216
剪灯新话：四卷 3-332

剪灯新话：四卷附录一卷……………………3-332
剪灯新话：四卷附录一卷……………………3-332
剪绡集：二卷……………………………………4-180
剪绡集：二卷；梅花衲：一卷 ………………4-180
剪梅词：一卷……………………………………5-345
剪彩集：二卷……………………………………4-300
盗柄东林伙：一卷 ……………………………1-373
清丰县乡土志：二卷 …………………………2-325
[康熙]清丰县志：十卷首一卷…………………2-325
清太祖高皇帝实录 ……………………………1-267
清止阁诗：八卷诗余一卷…………………………5-23
清止阁集：十八卷 ………………………………5-23
清内廷承应剧本：二十种二十卷 ……………5-367
清风草堂诗钞：八卷 ……………………………5-95
清风草堂诗钞：六卷 ……………………………5-95
清风堂文集：二十三卷 …………………………5-29
[乾隆]清水县志：十六卷首一卷 ……………2-426
清世祖章皇帝实录：一百五十五卷 …………1-267
[嘉庆]清平县志：十七卷………………………2-308
[道光]清平县志：六卷 ………………………2-401
清平初选后集：十卷 …………………………5-352
清代中外法事汇抄：不分卷 ……………………2-84
清代名人手翰：不分卷 ………………………5-303
清代名人书札诗稿：不分卷 …………………5-301
清代名人诗笺：不分卷 ………………………5-265
清代名家尺牍诗稿：不分卷 …………………5-302
清仪阁古印偶存：七卷 ………………………2-471
清仪阁古印偶存：七卷 ………………………2-471
清仪阁题跋：不分卷 …………………………2-443
清仪阁藏碑目：一卷；古砖瓦当目：一卷
……………………………………………………2-464
清圣祖起居注：不分卷 ………………………1-268
清权堂集：二十二卷 …………………………4-363
清臣奏疏：不分卷 ………………………………2-92
清光绪王公侯伯文武大臣生日住址考：一
卷 ……………………………………………1-440
[清华]清华胡氏统会族谱：不分卷 ……………2-10
清华轩集：六卷 ………………………………4-330
清名人手札 ……………………………………5-303
清名人尺牍 ……………………………………5-302
清名人尺牍 ……………………………………5-303
清名人书札：不分卷 …………………………5-303
清名人信简：不分卷 …………………………5-303
清江贝先生文集：三十卷………………………4-231
清江贝先生文集：三十卷诗集十卷诗余一
卷 ……………………………………………4-231
清江贝先生诗集：十卷 ………………………4-231
清江贝先生诗集：十卷 ………………………4-231
清江贝先生诗集：十卷文集三十卷 …………4-231
清江贝先生诗集：十卷文集三十卷 …………4-231
清江贝先生诗集：十卷文集三十卷 …………4-231
清江贝先生集：三卷续集一卷…………………4-231
[乾隆]清江志：八卷 …………………………2-401
[道光]清江县志：二十八卷首一卷末一卷
……………………………………………………2-300
[同治]清江县志：十卷首一卷…………………2-300
清江碧嶂集：一卷 ……………………………4-200
清异录：二卷……………………………………3-260
清异录：二卷……………………………………3-260
清异录：二卷……………………………………3-260
清异录：二卷……………………………………3-260
清异续录：一卷 ………………………………3-260
[清远]朱氏族谱：不分卷…………………………2-3
[乾隆]清远县志：十四卷………………………2-363
清芬外集：八卷 ………………………………5-216
清芬堂存稿：八卷诗余一卷 ……………………5-53
清丽集：三卷……………………………………3-314
清吟堂全集：十五种七十七卷…………………5-52
清怀词草：一卷；滇南福清洞天二十四咏：
一卷…………………………………………5-341
清闲供：八卷……………………………………3-257
清诒堂灯谜：一卷 ……………………………3-160
[康熙]清苑县志：十二卷首一卷 ……………2-191
[康熙]清苑县志：十二卷首一卷 ……………2-192
[康熙]清苑县志：十二卷………………………2-192
[同治]清苑县志：十八卷首一卷 ……………2-192
清河书画舫：十一卷 …………………………3-128
清河书画舫：十二卷 …………………………3-128
清河书画舫：六卷………………………………3-128
[咸丰]清河县志：二十四卷 …………………2-245

[咸丰]清河县志：二十四卷首一卷……… 2-245
[乾隆]清河县志：十四卷……… 2-245
[同治]清河县志：六卷图一卷……… 2-203
[光绪]清河县志：四卷图一卷……… 2-203
[同治]清河县志再续编：二卷……… 2-245
[同治]清河县志附编：二卷……… 2-245
清河县河口图说：不分卷……… 2-77
清河集：七卷……… 4-195
清波杂志：二卷……… 3-193
清波杂志：十二卷别志三卷……… 3-194
清定武营探报簿……… 1-318
清诗二集分编：七卷……… 5-258
清诗抄：八卷……… 5-170
清诗初集：十二卷……… 5-258
清诗初集：十二卷……… 5-258
清适编：五卷……… 3-268
清顺治朝手本揭帖：不分卷……… 2-92
[同治]清泉县志：十卷首一卷末一卷… 2-353
[乾隆]清泉县志：三十六卷首一卷……… 2-353
清音集：三卷……… 5-208
清闻斋诗存：三卷……… 5-108
清阁臣和纯庙御制诗折：不分卷……… 5-264
清宣宗实录：不分卷……… 1-267
清真词：二卷……… 5-332
清真教考：一卷……… 3-430
清真集：二卷集外词一卷……… 5-332
清晖阁批点玉茗堂还魂记：二卷……… 5-375
清秘藏：一卷……… 3-128
清高宗起居注仁宗起居注：不分卷……… 1-268
清涛词：二卷……… 5-342
清涛词：二卷……… 5-342
清凉山新志：十卷……… 2-150
[顺治]清涧县志：四卷……… 2-421
清浪卫志略：不分卷……… 2-401
清容居士集：五十卷……… 4-194
清容居士集：五十卷目录二卷附录一卷……… 4-194
清乾隆朝诸臣贺表：十四通……… 2-92
清乾隆朝移会……… 2-93
清虚玄规迁谈蓝关三书：三卷……… 3-378
清啸集：二卷……… 5-352
清逸山房竹谱：二卷……… 3-148
清逸山房画媵：六卷……… 5-129
清庵先生中和集：前集三卷后集三卷… 3-390
清绮轩初集：文一卷诗一卷词一卷赋一卷……… 5-106
清绮轩词选：十三卷……… 5-351
清尊集：十六卷……… 5-266
清献堂集：十卷……… 5-106
清閟全集：八十九卷……… 4-365
清閟全集：五十八卷……… 4-364
清閟阁全集：十二卷……… 4-212
清閟阁遗稿：十五卷……… 4-212
清閟阁遗稿：十四卷……… 4-212
清閟阁遗稿：□□卷……… 4-212
清照堂打包剩语：二卷；梦觉集：一卷；除豪集：一卷……… 5-69
清微祈晴牒式文检：一卷……… 3-388
[光绪]清源乡志：十八卷首一卷……… 2-208
清源文献：十八卷……… 5-268
清源文献：十八卷……… 5-268
清源文献纂续合编：三十六卷……… 5-283
[顺治]清源县志：二卷……… 2-208
清溪杂文：八卷杂诗十卷炎州草一卷即墨节妇考一卷……… 5-79
[嘉庆]清溪县志：四卷图一卷……… 2-396
[嘉庆]清溪县志：四卷……… 2-396
清嘉庆至光绪黔阳县征收地丁执照：不分卷……… 2-52
清霁楼诗集：一卷……… 5-79
渍榥堂近诗：六卷……… 5-16
渚山楼牡丹分咏：一卷……… 5-265
渚宫旧事：五卷补遗一卷……… 1-277
鸿乙通：一百二十五卷……… 3-267
鸿庆居士文集：十四卷……… 4-132
鸿庆居士文集：十四卷……… 4-132
鸿庆居士文集：四十二卷……… 4-132
鸿庆居士文集：四十二卷……… 4-132
鸿庆居士文集：四十二卷……… 4-132
鸿苞：四十八卷……… 4-327

鸿苞集：四十八卷 …… 4-327
鸿宝应本：十七卷 …… 4-374
鸿宝应本：十七卷 …… 4-374
鸿宝应本：十七卷 …… 4-374
鸿胪寺则例：一卷 …… 2-80
鸿胪寺志略：五卷 …… 2-45
鸿雪因缘图记：三集 …… 3-255
鸿雪斋诗钞：一卷 …… 5-78
鸿逸堂稿：五卷 …… 5-30
鸿猷录：十六卷 …… 1-272
淇园编：四卷 …… 4-238
[咸丰]淅川厅志：四卷 …… 2-328
[康熙]淞南志：十六卷 …… 2-237
淞隐庐杂识：不分卷 …… 1-422
[乾隆]涿州志：二十二卷首一卷 …… 2-191
渠风集略：七卷 …… 5-285
渠丘耳梦录：四卷 …… 3-319
渠阳读书杂抄：五卷 …… 3-227
[同治]渠县志：五十二卷首一卷 …… 2-394
[嘉庆]渠县志：五十二卷首一卷 …… 2-394
渠亭山人半部稿：五卷 …… 5-45
渐江先生江公传行状墓志铭：一卷 …… 1-398
淑问汇编：六卷 …… 2-69
混元盒五毒全传：二十回 …… 3-365
渑水燕谈录：十卷 …… 3-243
渑水燕谭录：十卷 …… 3-243
渑水燕谭录：十卷 …… 3-243
淮上诗：四卷 …… 4-329
[道光]淮宁县志：二十七卷 …… 2-329
淮西小草：一卷 …… 5-119
淮关统志：十四卷 …… 2-55
淮安北门城楼金天德年大钟款识：一卷；淮安府学元铸祭器录：一卷；淮安府城南宋古砖记：一卷 …… 2-453
[康熙]淮安府志：十三卷首一卷 …… 2-244
[乾隆]淮安府志：三十二卷 …… 2-244
淮安诗城：八卷 …… 5-269
淮城信今录：十卷 …… 2-125
淮南万毕术：一卷 …… 3-181
淮南万毕术：一卷 …… 3-181
淮南万毕术：一卷 …… 3-181
淮南子：二十一卷 …… 3-178
淮南子：二十一卷 …… 3-178
淮南子：二十一卷 …… 3-178
淮南子：二十一卷 …… 3-178
淮南子：二十一卷 …… 3-179
淮南子：二十一卷 …… 3-179
淮南子：二十一卷 …… 3-179
淮南子：二十八卷 …… 3-178
淮南子：二十八卷 …… 3-178
淮南子：二十八卷 …… 3-178
淮南子注：二十一卷 …… 3-179
淮南子注：二十一卷 …… 3-179
淮南子注：二十一卷 …… 3-179
淮南天文训存疑：一卷 …… 3-181
淮南中十场志：十卷 …… 2-54
淮南水利考：二卷 …… 2-77
淮南正朝夕图解：一卷 …… 3-181
淮南许注异同诂：四卷补遗一卷续补一卷 …… 3-181
淮南汪广洋朝宗先生凤池吟稿：八卷 …… 4-229
淮南鸿烈闲诂：二卷 …… 3-181
淮南鸿烈解：二十一卷 …… 3-180
淮南鸿烈解：二十一卷 …… 3-180
淮南鸿烈解：二十一卷 …… 3-180
淮南鸿烈解：二十一卷 …… 3-180
淮南鸿烈解：二十一卷 …… 3-180
淮南鸿烈解：二十一卷 …… 3-180
淮南鸿烈解：二十一卷 …… 3-180
淮南鸿烈解：二十一卷 …… 3-180
淮南鸿烈解：二十一卷 …… 3-180
淮南鸿烈解：二十一卷 …… 3-180
淮南鸿烈解：二十一卷 …… 3-180
淮南鸿烈解：二十一卷 …… 3-181
淮南鸿烈解：二十一卷附录一卷 …… 3-180
淮南鸿烈解：二十一卷附录一卷 …… 3-180
淮南鸿烈解：二十八卷 …… 3-179
淮南鸿烈解：二十八卷 …… 3-179
淮南鸿烈解：二十八卷 …… 3-179
淮南鸿烈解：二十八卷 …… 3-179

淮南鸿烈解：二十八卷 ………………………… 3-179
淮南鸿烈解：二十八卷 ………………………… 3-179
淮南鸿烈解：二十八卷 ………………………… 3-179
淮南鸿烈解：二十八卷 ………………………… 3-179
淮郡文献志：二十六卷补遗一卷 ………… 1-378
淮海易谈：四卷 ……………………………… 1-17
淮海集：四十卷 ……………………………… 4-117
淮海集：四十卷 ……………………………… 4-118
淮海集：四十卷后集六卷长短句三卷 … 4-117
淮海集：四十卷后集六卷长短句三卷 … 4-118
淮海集：四十卷后集六卷长短句三卷 … 4-118
淮海集：四十卷后集六卷长短句三卷 … 4-118
淮海集：四十卷后集六卷长短句三卷 … 4-118
淮海集：四十卷后集六卷长短句三卷 … 4-118
淮海集：四十卷后集六卷长短句三卷诗余一卷 ………………………………………… 4-118
淮鹾分类新编：六卷 …………………………… 2-54
渊雅堂朋旧诗钞：不分卷……………………… 5-264
渊鉴类函：四百五十卷目录四卷 ………… 3-300
渊鉴斋御纂朱子全书：十九卷…………………… 3-21
渊鉴斋御纂朱子全书：六十一卷 ……………… 3-21
渊鉴斋御纂朱子全书：六十六卷 ……………… 3-21
渊鉴斋御纂朱子全书：六十六卷 ……………… 3-21
渊颖吴先生集：十二卷附录一卷 ………… 4-210
渊颖吴先生集：十二卷附录一卷 ………… 4-210
渊颖吴先生集：十二卷附录一卷 ………… 4-210
渊颖吴先生集：十二卷附录一卷 ………… 4-210
渊颖吴先生集：十二卷附录一卷 ………… 4-210
渊源录稿：三卷 ……………………………… 5-290
渔山诗草：二卷 ……………………………… 5-61
渔石唐先生诗集：八卷 …………………… 4-270
渔石集：四卷………………………………… 4-270
渔石集：四卷………………………………… 4-270
渔村文集：八卷诗集二十二卷……………… 5-118
渔洋山人乙亥文稿：一卷……………………… 5-41
渔洋山人书札：不分卷 ………………………… 5-42
渔洋山人自撰年谱注补：一卷……………… 1-415
渔洋山人自撰年谱注补：二卷……………… 1-414
渔洋山人诗合集：十八卷……………………… 5-42
渔洋山人精华录：十卷 ………………………… 5-41
渔洋山人精华录训纂：十卷年谱注补二卷；金氏精华录笺注辩讹：一卷 …………… 5-42
渔洋山人精华录注：十卷………………………… 5-41
渔洋山人精华录笺注：十二卷………………… 5-41
渔洋山人精华录笺注：十二卷补一卷 …… 5-41
渔洋山人精华录笺注：十二卷补一卷 …… 5-41
渔洋山人精华录笺注：十二卷补一卷 …… 5-41
渔洋山人精华录笺注：十二卷补一卷续补一卷续录笺注一卷年谱一卷附录一卷 ………………………………………… 5-41
渔洋诗话拾唾：不分卷 …………………… 5-322
渔隐丛话：前集六十卷后集四十卷 ……… 5-314
渔隐丛话后集：四十卷 …………………… 5-314
渔隐录：一卷………………………………… 5-257
渔墅类稿：八卷 ……………………………… 4-166
[康熙]淳化县志：八卷首一卷……………… 2-415
[乾隆]淳化县志：三十卷…………………… 2-415
淳化帖释文：十卷 ………………………… 3-139
淳化阁帖释文：二卷 ……………………… 3-140
淳化阁帖释文：二卷 ……………………… 3-140
淳化秘阁法帖考正：十二卷 ……………… 3-139
淳化秘阁法帖考正：十卷附二卷 ………… 3-139
淳化秘阁法帖考正：十卷附二卷 ………… 3-139
淳化秘阁法帖考正：十卷附二卷 ………… 3-140
淳化秘阁法帖考正：十卷附二卷 ………… 3-140
淳则斋文钞：二卷 ………………………… 5-142
[乾隆]淳安县志：十六卷首一卷 ………… 2-264
淳村文集拾遗：一卷 ………………………… 5-15
淳熙玉堂杂记：三卷 ………………………… 2-46
淳熙重修文书式：一卷 …………………… 1-171
淳熙稿：二十卷 ……………………………… 4-157
涪州石鱼文字所见录：一卷 ……………… 2-448
涪州石鱼文字所见录：一卷 ……………… 2-448
涪乘启新：三卷 ……………………………… 2-374
[同治]淡水厅志：十六卷…………………… 2-437
淡轩先生诗文集：十二卷补遗一卷 ……… 4-243
淡然轩集：八卷 ……………………………… 4-334
深宁斋诗集：□□卷 ………………………… 5-43
深衣考：一卷………………………………… 1-83
深衣解：一卷………………………………… 1-77

深州风土记：二十二卷附表五卷 ………… 2-198
[康熙]深州志：八卷 ………………………… 2-198
[道光]深州直隶州志：十卷首一卷末一卷
……………………………………………… 2-198
[雍正]深泽县志：十二卷首一卷 ………… 2-181
[同治]深泽县志：十卷 ……………………… 2-182
深省堂诗：不分卷 …………………………… 5-44
深雪偶谈：一卷 …………………………… 5-314
渌江集：十二卷附录一卷………………… 4-282
婆娑洋集：一卷 …………………………… 5-127
梁山舟友朋书札：不分卷………………… 5-301
[嘉庆]梁山县志：十八卷首一卷 ………… 2-377
[光绪]梁山县志：十卷首一卷…………… 2-377
梁氏宗谱：不分卷 ………………………… 2-16
梁氏族谱：一卷 …………………………… 2-16
梁书：五十六卷 …………………………… 1-221
梁书：五十六卷 …………………………… 1-221
梁书：五十六卷 …………………………… 1-221
梁书：五十六卷 …………………………… 1-221
梁江文通文集：十卷 ………………………… 4-19
梁江文通集：十卷 ………………………… 4-18
梁江文通集：十卷 ………………………… 4-18
梁园风雅：二十七卷 ……………………… 5-285
梁园寓稿诗集：九卷 ……………………… 4-228
梁昭明太子文集：五卷 …………………… 4-19
梁昭明文选：二十四卷 …………………… 5-172
梁昭明文选：十二卷 ……………………… 5-176
梁陶贞白先生文集：二卷………………… 4-19
梁溪马氏三世遗集：十五卷 ……………… 5-291
梁溪书画征：一卷 ………………………… 1-356
梁溪书画征：一卷 ………………………… 1-356
梁溪先生文集：一百八十卷附录三卷 … 4-133
梁溪遗稿诗钞：一卷文抄一卷…………… 4-147
梁溪漫志：十卷 …………………………… 3-197
梁溪漫志：十卷 …………………………… 3-197
淄川毕少保公年谱：二卷………………… 1-413
淄川毕氏世谱：不分卷 …………………… 2-11
[乾隆]淄川县志：八卷首一卷图一卷 … 2-310
淄西毕氏世德家传：一卷………………… 1-401
寇忠愍公诗集：三卷 ……………………… 4-83
寇忠愍公诗集：三卷 ……………………… 4-83
寇忠愍公诗集：三卷 ……………………… 4-83
寇变纪：一卷后纪一卷；寨堡纪：一卷
……………………………………………… 1-311
寇难纪略：一卷附诗一卷………………… 1-317
寅斋闻见：一卷 …………………………… 3-326
寄园十六咏：一卷 ………………………… 5-261
寄园子日记：一卷 ………………………… 1-421
寄园诗：一卷 ……………………………… 5-261
寄园集诗：四卷 …………………………… 5-261
寄园藏稿：不分卷 ………………………… 5-7
寄闲堂诗集：八卷 ………………………… 5-97
寄闲堂稿：四卷 …………………………… 4-293
寄龛日记：不分卷 ………………………… 1-424
寄巢诗：二卷 ……………………………… 4-386
寄游八景：八卷 …………………………… 1-405
寄篱稿诗：六卷文一卷杂稿一卷 ………… 4-307
寂光镜：三卷 ……………………………… 1-360
寂音尊者智证传：十卷 …………………… 1-389
[同治]宿迁县志：十九卷………………… 2-244
[弘治]宿州志：二卷 ……………………… 2-272
[光绪]宿州志：三十六卷………………… 2-272
[道光]宿州志：四十二卷首一卷附本一卷
……………………………………………… 2-272
宿松乡土史：不分卷 ……………………… 2-279
[道光]宿松县志：二十八卷 ……………… 2-279
[同治]宿松县志：二十六卷 ……………… 2-279
[康熙]宿松县志：三十六卷 ……………… 2-279
[光绪]密云县志：六卷图一卷…………… 2-177
[雍正]密云县志：六卷图一卷…………… 2-177
密勿稿：三卷 ……………………………… 2-97
密证录：一卷；姚江释毁录：一卷 ……… 3-33
密哩斡巴上师道果：□□卷 ……………… 3-401
密斋笔记：五卷续记一卷………………… 3-198
密娱斋诗集：九卷后集一卷 ……………… 4-352
密梅花馆诗录：四卷 ……………………… 5-133
谋野乙集：十卷 …………………………… 4-323
谋野集：十卷 ……………………………… 4-323
谐声别部：六卷 …………………………… 5-322
谐声补逸：十四卷 ………………………… 1-152

谐声补逸：十四卷 …… 1-152
谐声品字笺：十集 …… 1-158
谐声谱：五十卷 …… 1-152
谑浪：四卷 …… 3-268
谑庵文饭小品：五卷 …… 4-362
祷雨天篆：一卷 …… 3-387
祷雨文：一卷 …… 4-379
谕对录：三十四卷首一卷敕谕录二卷御制诗赋录一卷 …… 2-98
谕行旗务奏议：十三卷 …… 2-87
谕祭葬忠烈徐冋卿祔葬戴恭人合录：不分卷 …… 1-402
谗书：五卷 …… 4-73
谗书：五卷甲乙诗集三卷 …… 4-73
[道光]尉氏县志：二十卷首一卷 …… 2-326
尉缭子直解：五卷 …… 3-42
屠王二先生参补注解书言故事一览抄：六卷 …… 3-286
屠长卿集：十九卷 …… 4-327
屠先生评释谋野集：四卷 …… 4-323
屠先生评释谋野集：四卷 …… 4-323
屠纬真先生藿语：一卷 …… 3-210
屠畏庵行述：一卷 …… 1-406
屠退斋行述：一卷袁太君行述一卷 …… 1-406
屠康僖公文集：六卷附录一卷 …… 4-255
屠渐山兰晖堂集：十二卷 …… 4-287
弹园杂志：四卷 …… 3-250
弹冠必用集：一卷 …… 3-123
隋书：八十五卷 …… 1-224
隋书：八十五卷 …… 1-224
隋书：八十五卷 …… 1-224
隋书：八十五卷 …… 1-224
隋书：八十五卷 …… 1-224
隋书：八十五卷 …… 1-224
隋书：八十五卷 …… 1-224
隋书：八十五卷 …… 1-224
隋书：八十五卷 …… 1-224
隋书：八十五卷 …… 1-224
隋书：八十五卷 …… 1-224
隋书：八十五卷 …… 1-224
隋书地理志考证：九卷 …… 1-225
隋书地理志考证：九卷补遗一卷 …… 1-225
隋经籍志考证：三卷 …… 1-225
[乾隆]鄘县志：十八卷首一卷 …… 2-417
[乾隆]鄘县志：十八卷 …… 2-417
随手杂录：一卷 …… 3-244
随在集：十卷 …… 4-351
[乾隆]随州志：十八卷首一卷 …… 2-342
[同治]随州志：三十二卷首一卷 …… 2-342
随轩金石文字九种：不分卷 …… 2-443
随园手翰 …… 5-102
随园诗话摘艳：一卷 …… 5-323
随园诗草：八卷附禅家公案颂一卷 …… 5-91
随园诗集：□□卷 …… 5-54
随园诗稿：不分卷 …… 5-102
随草：二卷续编一卷 …… 5-24
随庵诗稿：一卷 …… 5-26
随庵遗稿：一卷 …… 5-155
随缘集杂著：三卷尺牍一卷源流一卷诗偶一卷 …… 5-41
隅园集：十八卷 …… 5-404
[乾隆]隆平县志：十卷首一卷 …… 2-202
隆平集：二十卷 …… 1-291
隆平集：二十卷 …… 1-291
隆平集：二十卷 …… 1-291
隆庆元年山东乡试录：一卷 …… 1-434
隆池山樵诗集：二卷 …… 4-295
[乾隆]隆昌县志：二卷 …… 2-389
[同治]隆昌县志：四十二卷首一卷 …… 2-389
[咸丰]隆昌县志：四十二卷首一卷 …… 2-389
隐山鄙事：九卷 …… 5-430
隐秀轩集：三十三卷 …… 4-358
隐秀轩集：五十一卷 …… 4-358
隐拙斋集：五十卷续集五卷 …… 5-92
隐梅庵日记：一卷 …… 1-419
隐湖倡和诗：三卷 …… 5-256
婼羌县乡土志：一卷 …… 2-436
婼羌县乡土志：一卷 …… 2-436
翏翏集：四十卷 …… 4-238
[万历]绩溪县志：十二卷 …… 2-289

[嘉庆]绩溪县志：十二卷首一卷 ………… 2-289
[嘉庆]绩溪县志：十二卷首一卷 ………… 2-289
[乾隆]绩溪县志：十卷首一卷 ………… 2-289
[康熙]绩溪县志续编：四卷 ………… 2-289
绩溪戴氏族谱：六卷首一卷 ………… 2-24
绪言：四卷 ………… 4-368
续千文：一卷 ………… 1-166
续小五义：二十四卷一百二四回 ………… 3-361
续小令集：不分卷 ………… 5-404
[同治]续天津县志：二十卷首一卷图一卷 ………… 2-178
[光绪]续云梦县志略：十卷首一卷末一卷 ………… 2-336
[顺治]续太谷县志：二卷 ………… 2-218
[光绪]续太原县志：二卷 ………… 2-208
续中州金石考：一卷 ………… 2-447
续文选：十四卷 ………… 5-181
续文选：十四卷著作人姓名录一卷 ………… 5-182
续文选：三十二卷 ………… 5-182
续文章轨范百家评注：七卷 ………… 5-201
续文献通考：二百五十四卷 ………… 2-28
续文献通考：二百五十四卷 ………… 2-28
续文献通考：二百五十四卷 ………… 2-28
续文献通考：二百五十卷 ………… 2-29
续方言：二卷补二卷 ………… 1-190
续书断：二卷 ………… 3-131
续玉台新咏：五卷 ………… 5-183
续玉台新咏：五卷 ………… 5-183
续玉台新咏：五卷 ………… 5-183
续玉台新咏：五卷 ………… 5-183
续玉台新咏：五卷 ………… 5-183
续古印式：二卷 ………… 2-470
续古印式：二卷 ………… 2-470
续古刻丛抄：一卷 ………… 2-458
续石经考：三卷 ………… 1-134
[康熙]续石屏州志：五卷 ………… 2-404
续史疑：二卷 ………… 1-339
续四声猿：四卷 ………… 5-363
续仙传：一卷 ………… 1-360
续仙传：一卷 ………… 1-360
续仙传：三卷 ………… 1-360
[万历]续处州府志：八卷 ………… 2-271
[同治]续汉州志：二十四卷首一卷补志一卷 ………… 2-385
[同治]续汉州志：二十四卷首一卷补志一卷 ………… 2-385
续汉志：三十卷 ………… 1-211
续汉志：三十卷 ………… 1-212
续汉志：三十卷 ………… 1-212
续汉志：三十卷 ………… 1-212
续汉志：三十卷 ………… 1-213
续汉志：三十卷 ………… 1-213
[咸丰]续宁武府志：不分卷 ………… 2-216
[光绪]续永清县志：十四卷文征二卷 ………… 2-189
续弘简录元史类编：四十二卷 ………… 1-232
续亘史：二十卷 ………… 3-292
续扬州赋：一卷 ………… 4-102
续夷坚志：前集一卷后集一卷 ………… 3-325
[同治]续伏羌县志：六卷 ………… 2-426
续后汉书：九十卷 ………… 1-217
续后汉书：四十二卷音义四卷 ………… 1-217
续会稽掇英集：五卷 ………… 5-277
续问奇类林：三十卷 ………… 3-297
续问奇类林：三十卷 ………… 3-297
续羊枣集：九卷附二卷 ………… 3-209
[康熙]续安丘县志：二十六卷 ………… 2-311
[光绪]续阳城县志：不分卷 ………… 2-214
[光绪]续阳城县志：不分卷 ………… 2-214
续观感录：十二卷 ………… 1-353
续红楼梦：三十卷 ………… 3-354
续轩渠诗集：十卷附录一卷 ………… 4-204
续吴中故实记：一卷 ………… 1-379
续吴先贤赞：十五卷 ………… 1-379
续吴先贤赞：十五卷 ………… 1-379
续吴录：二卷 ………… 1-379
续岛夷纪略：不分卷 ………… 1-316
续宋论：三卷 ………… 1-343
续宋编年资治通鉴：十八卷 ………… 1-256
续补寰宇访碑录：一卷 ………… 2-445
续识资谐：二卷 ………… 3-215

续词选：二卷 ······ 5-351
续甬上耆旧诗：十六卷 ······ 5-276
续甬上耆旧诗：七十九卷目录一卷 ······ 5-276
续甬上耆旧诗：不分卷 ······ 5-276
续甬上耆旧诗：不分卷 ······ 5-277
续甬上耆旧诗：补编七卷再补编四卷 ··· 5-277
[嘉庆]续武功县志：五卷 ······ 2-416
续表忠记：八卷 ······ 1-375
续表忠记：八卷 ······ 1-375
续英烈传：五卷三十四回 ······ 3-347
续画苑略：一卷 ······ 3-143
续侠义传：十六回 ······ 3-360
续刻木兰陂集：二卷 ······ 2-165
续刻北江遗书：七种十六卷 ······ 5-432
续刻杨复所先生家藏文集：八卷 ······ 4-336
[光绪]续刻直隶霍州志：二卷 ······ 2-220
续刻温陵四太史评选古今名文珠玑：八卷 ······ 5-206
续学堂诗文抄：六卷首一卷诗钞四卷首一卷 ······ 5-41
[乾隆]续河南通志：八十卷首四卷 ······ 2-321
续春秋：二卷 ······ 5-398
续茶经：八卷附录一卷 ······ 3-167
续选草堂诗余：二卷 ······ 5-348
续复古编：四卷 ······ 1-161
续复古编：四卷 ······ 1-161
续复古编：四卷 ······ 1-161
[光绪]续修乡宁县志：十五卷 ······ 2-222
[光绪]续修井陉县志：三十六卷 ······ 2-180
[同治]续修元城县志：六卷首一卷 ······ 2-204
[同治]续修元城县志：六卷首一卷 ······ 2-204
[道光]续修中卫县志：十卷 ······ 2-433
[道光]续修长垣县志：二卷 ······ 2-324
[同治]续修巴东县志：十六卷首一卷 ··· 2-343
[光绪]续修正安州志：十卷 ······ 2-399
[光绪]续修平山县志：六卷 ······ 2-183
[光绪]续修平利县志：十卷 ······ 2-422
[乾隆]续修东湖县志：三十一卷首一卷 ······ 2-340
[同治]续修宁乡县志：四十四卷首一卷 ······ 2-346
[同治]续修永定县志：十二卷 ······ 2-346
[乾隆]续修台湾府志：二十六卷首一卷 ······ 2-437
[光绪]续修曲沃县志：三十二卷 ······ 2-220
[道光]续修会宁县志：二卷 ······ 2-426
[光绪]续修江陵县志：六十五卷首一卷 ······ 2-340
[光绪]续修安岳县志：四卷 ······ 2-395
[同治]续修束鹿县志：八卷 ······ 2-180
[光绪]续修庐州府志：一百卷首一卷末一卷 ······ 2-272
[光绪]续修庐州府志：一百卷首一卷末一卷 ······ 2-272
[光绪]续修汾西县志：八卷首一卷 ······ 2-223
[光绪]续修灵石县志：二卷 ······ 2-219
续修枫泾小志：十卷首一卷 ······ 2-238
[同治]续修金堂县志：八卷首一卷末一卷 ······ 2-381
[同治]续修定远县志：二卷 ······ 2-387
[同治]续修定远县志：二卷 ······ 2-388
[道光]续修定远县志：二卷 ······ 2-387
[道光]续修定远县志：二卷 ······ 2-387
[光绪]续修故城县志：十二卷首一卷 ··· 2-200
[光绪]续修临晋县志：二卷 ······ 2-225
[光绪]续修洵阳县志：十四卷 ······ 2-422
[嘉庆]续修郯城县志：十卷 ······ 2-316
[光绪]续修浦城县志：四十二卷首一卷 ······ 2-292
[光绪]续修通渭县志 ······ 2-430
[光绪]续修崞县志：八卷 ······ 2-215
[光绪]续修舒城县志：五十卷首一卷末一卷 ······ 2-284
[康熙]续修遂安县志：十卷首一卷 ······ 2-264
[道光]续修靖远县志 ······ 2-425
[道光]续修靖远县志 ······ 2-425
[光绪]续修新城县志：十卷 ······ 2-192
[同治]续修慈利县志：十四卷首一卷 ··· 2-346
[道光]续修福安县志：十二卷首一卷 ··· 2-297

[乾隆]续修静宁州志：八卷首一卷 ········ 2-430
续修漕运全书：三十卷 ································ 2-56
[光绪]续修赞皇县志：二十九卷首一卷
·· 2-182
[光绪]续修赞皇县志：二十九卷首一卷
·· 2-182
[光绪]续修隰州县志：四卷 ···················· 2-223
续类赋：二十七卷 ···································· 3-280
[嘉庆]续眉州志略：一卷 ························ 2-395
续姚江逸诗：十二卷 ································ 5-278
续耆旧：一百四十卷 ································ 5-276
续真文忠公文章正宗：四十卷 ················ 5-200
续真文忠公文章正宗：四十卷 ················ 5-200
续真文忠公文章正宗：四十卷 ················ 5-201
[光绪]续高平县志：十六卷 ···················· 2-213
续高僧传：四十卷 ···································· 3-391
续高僧传：四十卷 ···································· 3-391
续离骚：四卷 ·· 5-363
续离骚：四卷 ·· 5-363
续唐三体诗：八卷 ···································· 5-228
续唐书：七十卷 ·· 1-288
续资志通鉴长编：五百二十卷目录三卷
·· 1-256
续资治宋元纲目大全：二十七卷 ············ 1-246
续资治通鉴：十八卷 ································ 1-256
续资治通鉴：十八卷 ································ 1-256
续资治通鉴：十五卷 ································ 1-258
续资治通鉴：十五卷 ································ 1-258
续资治通鉴：十五卷 ································ 1-258
续资治通鉴：六十四卷 ···························· 1-249
续资治通鉴：六十四卷 ···························· 1-249
续资治通鉴长编：一百八卷 ···················· 1-256
续资治通鉴长编：一百八卷 ···················· 1-256
续资治通鉴长编：一百八卷 ···················· 1-256
续资治通鉴长编：一百八卷 ···················· 1-256
续资治通鉴长编：一百八卷 ···················· 1-256
续资治通鉴长编：一百八卷 ···················· 1-256
续资治通鉴节要：二十卷 ························ 1-244
续资治通鉴节要：二十卷 ························ 1-248
续资治通鉴节要：三十卷 ························ 1-248
续资治通鉴后集：十五卷 ························ 1-258
续资治通鉴纲目：二十七卷 ···················· 1-247
续资治通鉴纲目：二十七卷 ···················· 1-247
续资治通鉴纲目广义：十七卷 ················ 1-247
[光绪]续浚县志：八卷 ···························· 2-324
续通志：六百四十卷 ································ 2-29
续通典：一百五十卷 ································ 2-26
续琉球国志略：二卷首一卷 ···················· 2-173
[光绪]续萧县志：十八卷首一卷 ············ 2-273
[嘉庆]续掖县志：四卷 ···························· 2-314
[嘉庆]续掖县志：四卷 ···························· 2-314
[光绪]续猗氏县志：二卷 ························ 2-225
[光绪]续猗氏县志：二卷 ························ 2-225
[同治]续猗氏县志：四卷 ························ 2-225
[同治]续猗氏县志：四卷 ························ 2-225
[乾隆]续商州志：十卷 ···························· 2-423
续清凉传：二卷 ·· 1-359
续清凉传：二卷 ·· 1-359
续弹词：二卷 ·· 5-407
续续钞室日笔：不分卷 ···························· 2-94
续博物志：十卷 ·· 3-258
续道藏 ·· 3-378
续编资治宋元纲目大全：二十七卷 ········ 1-247
续编球琳瀚海表学启蒙：三卷 ················ 5-305
[乾隆]续编路南州志：四卷 ···················· 2-403
[同治]续辑汉阳县志：二十八卷 ············ 2-331
[同治]续辑均州志：十六卷首一卷 ········ 2-332
[光绪]续辑咸宁县志：八卷首一卷 ········ 2-339
续韵补：五卷 ·· 1-171
[同治]续增什邡县志：五十四卷 ············ 2-385
[道光]续增沙河县志：二卷 ···················· 2-201
[道光]续增高邮州志：六卷 ···················· 2-248
[乾隆]续增靖远县志：不分卷 ················ 2-425
[道光]续增德阳县志：十卷 ···················· 2-384
[同治]续增黔江县志：一卷 ···················· 2-374
[同治]续增黔江县志：四卷 ···················· 2-374
续墨客挥犀：十卷 ···································· 3-316
续墨客挥犀：十卷 ···································· 3-316
续墨客挥犀：十卷 ···································· 3-316
续墨客挥犀：十卷 ···································· 3-316

续墨客挥犀：十卷 ······ 3-317
续寰宇访碑录：一卷 ······ 2-445
续藏书：二十七卷 ······ 1-204
续藏书：二十七卷 ······ 1-204
续藏书：二十七卷 ······ 1-204
续藏书：二十七卷 ······ 1-205
[光绪]续纂句容县志：二十卷首一卷末一卷 ······ 2-251
续纂外藩蒙古回部王公表：十二卷传十二卷 ······ 1-236
续纂外藩蒙古回部王公表：十二卷传十二卷首一卷 ······ 1-236
[同治]续纂扬州府志：二十四卷 ······ 2-246
[同治]续纂江宁府志：十五卷首一卷 ··· 2-241
[同治]续纂江宁府志：十五卷首一卷 ··· 2-241
[同治]续纂江宁府志：十五卷首一卷勘误一卷 ······ 2-241
[道光]续纂宜兴荆溪县志：十卷首一卷 ······ 2-255
续纂施公案：三十六卷一百回 ······ 3-359
续纂淮关统志：十四卷首一卷 ······ 2-55
续纂淮关统志：十四卷首一卷 ······ 2-55
绮合集：八卷 ······ 5-39
绮余书室诗稿：一卷 ······ 5-143
绮树阁赋稿：一卷诗稿一卷 ······ 5-32
绮楼重梦：四十八回 ······ 3-354
绳庵内集：十六卷外集八卷 ······ 5-100
绳庵内集：十六卷外集八卷 ······ 5-100
维风诗集：三十二卷 ······ 5-194
维杨棠荫纪：二卷 ······ 1-402
维摩诘所说经：十四卷 ······ 3-392
维摩诘所说经折衷疏：三卷 ······ 3-407
维摩诘所说经注：六卷 ······ 3-407
维摩诘所说经注：六卷 ······ 3-407
绵山四山人诗集：十卷 ······ 5-268
绵竹县乡土志：不分卷 ······ 2-385
[道光]绵竹县志：四十六卷 ······ 2-385
[嘉庆]绵竹县志：四十四卷 ······ 2-385
绿天耕舍燕钞：四卷 ······ 5-326
绿云山房二卿诗草：□□卷 ······ 5-265
绿杨红杏轩诗续集：六卷 ······ 5-80
绿杨红杏轩诗集：四卷 ······ 5-80
绿牡丹：一卷 ······ 5-398
绿牡丹全传：八卷六十四回 ······ 3-360
绿波园诗集：八卷 ······ 5-81
绿波楼文集：五卷 ······ 4-321
绿秋书屋诗钞：一卷 ······ 5-115
绿晓斋集：一卷诗来一卷附录一卷 ······ 4-384
绿萝山庄文集：二十四卷 ······ 5-85
绿萍湾史论初集：一卷；绿萍湾史论：二集；纲目议：一卷 ······ 1-341
绿雪楼集：□□卷 ······ 4-366
绿野仙踪：一百回 ······ 3-364
绿野仙踪：八十回 ······ 3-364
绿野仙踪：八十回 ······ 3-364
绿绮轩诗钞：一卷文钞一卷 ······ 5-153
绿绮堂旸谷集：诗集十五卷文集五卷别集六卷 ······ 5-113
绿滋馆稿：九卷考信编二卷征信录五卷 ······ 4-349
绿窗吟稿：一卷；小壶天课子草：一卷诗余一卷 ······ 5-149
绿槐堂稿：二十二卷 ······ 4-303
绿筠书屋诗抄：十一卷 ······ 5-103
绿筠书屋诗抄：十八卷 ······ 5-103
绿筠轩诗：四卷 ······ 5-74
缀玉初编：二卷 ······ 3-328
缀闲集：二卷公孙龙子达辞一卷 ······ 4-365
缁门警训：二卷 ······ 3-415
缁门警训：二卷 ······ 3-415
缁门警训：二卷直音一卷 ······ 3-415
缁林尺牍：不分卷 ······ 5-301
巢云诗集：八卷 ······ 4-367
[道光]巢县志：二十卷首一卷 ······ 2-284
[道光]巢县志：二十卷首一卷 ······ 2-284
巢青阁集付雪词：三卷 ······ 5-341
巢林集：七卷 ······ 5-84
巢鹊楼吟稿：不分卷 ······ 4-334

十二画

琵琶记：一卷 ……… 5-368
琵琶记：三卷 ……… 5-368
琵琶记：三卷释义一卷 ……… 5-368
琵琶记：三卷释义一卷 ……… 5-368
琵琶记：四卷 ……… 5-368
琵琶记：四卷 ……… 5-368
琵琶记：四卷附录一卷 ……… 5-368
琴士文钞：六卷诗钞十二卷 ……… 5-119
琴士诗抄：十二卷文抄六卷 ……… 5-119
琴川三志补记：十卷 ……… 2-262
琴川三志补记：十卷续八卷 ……… 2-262
琴川志注草：十二卷琴川续志草十卷琴川续志草补二卷 ……… 2-261
琴书大全：□□卷 ……… 3-155
琴史：六卷 ……… 3-154
琴史：六卷 ……… 3-154
琴史：六卷 ……… 3-154
琴史：六卷 ……… 3-154
琴张子萤芝集：七卷 ……… 4-366
琴苑：二卷 ……… 3-155
琴苑心传全编：二十卷 ……… 3-156
琴苑要录：不分卷 ……… 3-155
琴学：内篇一卷外篇一卷 ……… 3-155
琴统：一卷外篇一卷 ……… 3-154
琴统：一卷外篇一卷 ……… 3-155
琴梦盦日记：不分卷 ……… 1-424
琴隐词：一卷；笛椽词：二卷 ……… 5-344
琴谱合璧：二种 ……… 3-155
琴谱合璧：二种三卷 ……… 3-155
琴谱析微：六卷指法二卷 ……… 3-156
琴谱指法：二卷 ……… 3-156
琴谱新声：六卷 ……… 3-156
琴谱新声：六卷 ……… 3-157
琼台会稿：十二卷 ……… 4-247
琼台会稿：十二卷 ……… 4-247
琼台诗文会稿重编：二十四卷 ……… 4-247
琼台诗文会稿重编：二十四卷 ……… 4-247
琼台诗话：二卷 ……… 5-319
琼州杂事诗：不分卷 ……… 5-157
[康熙]琼州府志：十卷 ……… 2-372
[康熙]琼州府志：十卷 ……… 2-373
[道光]琼州府志：四十四卷首一卷 ……… 2-373
[道光]琼州府志：四十四卷首一卷 ……… 2-373
琼贻副墨：四十六卷 ……… 5-267
琼琯白玉蟾武夷集：八卷 ……… 4-151
琼瑰录：二卷 ……… 5-242
琼靡集词选：一卷 ……… 5-338
琬琰广录：不分卷 ……… 1-369
琊琊二子近诗合选：十一卷 ……… 5-288
堪舆经书：十卷 ……… 3-115
塔子沟纪略：十二卷 ……… 2-231
塔江楼文钞：六卷 ……… 5-36
越中三子诗：三卷 ……… 5-278
越风：初编十五卷二编十五卷 ……… 5-278
越吟：一卷 ……… 4-330
越吟残草：一卷 ……… 5-152
越岘山人日记：不分卷 ……… 1-419
越南使臣诗稿：一卷 ……… 5-170
越南顾氏宗谱：不分卷 ……… 2-24
越绝书：十五卷 ……… 1-284
越绝书：十五卷 ……… 1-284
越绝书：十五卷 ……… 1-284
越绝书：十五卷 ……… 1-284
越绝书：十五卷 ……… 1-284
越绝书：十五卷 ……… 1-285
越殉义传：六卷 ……… 1-382
越游草：一卷 ……… 5-20
越缦生萝庵游赏小志：一卷 ……… 2-166
越缦堂日记：不分卷 ……… 1-422
越缦堂书札：不分卷 ……… 5-150
越缦堂书札诗翰 ……… 5-150
越缦堂杂稿：不分卷 ……… 5-150
越缦堂杏华香雪斋诗钞：九卷 ……… 5-150
越缦堂诗文钞：不分卷 ……… 5-150
越缦堂诗词稿：不分卷 ……… 5-150
[光绪]越嶲厅全志：十二卷 ……… 2-398
越镌：二十一卷 ……… 4-349

[乾隆]博山县志：十卷首一卷 …… 2-311
博古图录考正：三十卷 …… 2-450
博古图录考正：三十卷 …… 2-450
博古图录考正：三十卷 …… 2-450
博古图录考正：三十卷 …… 2-450
博古图录考正：三十卷 …… 2-451
[道光]博平县志：六卷 …… 2-309
[道光]博白县志：十六卷志余二卷 …… 2-372
博异志：一卷 …… 3-331
博异志：一卷 …… 3-331
博异志：一卷 …… 3-331
[崇祯]博罗县志：七卷 …… 2-366
博物志：十卷 …… 3-258
博物志：十卷 …… 3-258
博物志：十卷 …… 3-258
博物志：十卷 …… 3-258
博物志：十卷 …… 3-258
博物典汇：二十卷 …… 3-311
博物典汇：二十卷 …… 3-311
博物典汇：二十卷 …… 3-311
博物典汇：二十卷 …… 3-311
博依集：十卷 …… 5-12
博济方：五卷 …… 3-79
[乾隆]博野县志：八卷首一卷末一卷 …… 2-195
博望山人稿：二十卷 …… 4-365
博雅：十卷 …… 1-184
博雅：十卷 …… 1-184
博雅音：十卷 …… 1-184
博雅音：十卷 …… 1-184
博雅音：十卷 …… 1-185
博趣斋稿：二十三卷 …… 4-261
喜金刚中围内自受灌仪：一卷 …… 3-401
喜峰路副总兵张玠下所属董李贰提调并喜峰路标下沿边关营台墩边城高险平易女墙山崖军马器械钱粮等项目：不分卷 …… 2-59
[嘉庆]彭山县志：六卷 …… 2-396
彭王倡和：一卷 …… 5-261
彭氏家训：四卷 …… 3-36
彭氏遗著：九卷 …… 5-430
彭尺木文稿：不分卷 …… 5-115
彭尺木先生文稿：一卷 …… 5-115
[光绪]彭水县志：四卷首一卷 …… 2-378
[嘉庆]彭县志：四十二卷图一卷补遗一卷 …… 2-380
[乾隆]彭泽县志：十六卷 …… 2-300
彭城集：四十卷 …… 4-104
彭城集：四十卷 …… 4-104
彭省庐先生文集：七卷诗集十卷 …… 5-29
彭惠安公文集：十一卷 …… 4-251
彭麓诗抄：不分卷 …… 5-58
斯羽堂评点谢在杭先生史测：二卷 …… 1-339
期斋吕先生集：十四卷 …… 4-294
期斋吕先生集：十四卷 …… 4-294
联句私抄：四卷 …… 5-246
联新事备诗学大成：三十卷 …… 3-288
联新事备诗学大成：三十卷 …… 3-289
惹香居合稿：不分卷 …… 5-288
募刻五台山大藏经会约：一卷 …… 3-427
葛万里杂著：十八卷 …… 5-431
葛司农遗集：不分卷 …… 4-357
葛庄分体诗钞：十二卷补遗一卷 …… 5-60
葛庄诗抄：十五卷 …… 5-60
葛庄编年诗：三十六卷补遗一卷 …… 5-60
葛坡草堂集：四卷 …… 4-385
葛端肃公文集：十八卷 …… 4-295
葛端肃公文集：十八卷 …… 4-295
葛震甫诗集：十二卷 …… 4-353
葛震甫诗集：十七卷 …… 4-353
葛震甫诗集：十七卷 …… 4-353
董太史画禅室随笔：二卷 …… 3-126
董中峰先生文选：十一卷又一卷 …… 4-276
董文敏公画禅室随笔：四卷 …… 3-126
董正先行述：一卷 …… 1-403
董令升遗事：不分卷 …… 1-393
董汉阳碧里后集：鸣存一卷疑存一卷杂存一卷达存二卷 …… 4-278
董汉阳碧里杂存六事：一卷 …… 3-249
董幼海先生全集：采薇集四卷邕歈稿六卷奇游漫记八卷附录一卷 …… 4-311

董学士泌园集：三十七卷 4-302
董学士泌园集：三十七卷 4-302
董黄门稿：一卷 4-302
董解元西厢：四卷 5-356
董解元西厢：四卷 5-356
董解元西厢：四卷 5-356
董解元西厢记：二卷 5-356
葆醇堂藏书录：不分卷 2-492
葆璞堂诗集：四卷文集四卷 5-62
葩经旁意：一卷 1-49
敬义堂赠言：一卷 5-40
敬乡录：十四卷 1-382
敬乡录：十四卷 1-382
敬业堂诗集：五十卷 5-56
敬业堂诗集：五十卷 5-56
敬业堂诗集：四十八卷 5-56
敬由编：十二卷 2-72
敬礼三十五佛恰忏悔行门：一卷 3-429
敬民堂小集：三卷 4-379
敬轩薛先生文集：二十四卷 4-243
敬轩薛先生文集：二十四卷 4-243
敬轩薛先生文集：二十四卷 4-243
敬事草：十九卷 2-100
敬事草：五卷 1-305
敬事草：五卷 1-305
敬和堂集：三卷 4-322
敬所小稿：三卷 4-236
敬所王先生文集：三十卷 4-313
敬修堂讲录：不分卷 1-137
敬修堂诸子出处偶记：一卷 1-376
敬亭诗草：七卷 5-83
敬亭集：十卷 4-383
敬亭集：十卷补遗一卷 4-383
敬斋古今黈：十二卷补录一卷 3-201
敬斋诗稿：不分卷 5-154
敬恕翁诗稿：不分卷 5-120
敬恕堂文集：纪年十卷纪事略一卷 5-27
敬堂先生文：不分卷 5-118
蒋氏年谱：五卷自序六卷 1-409
蒋氏敬日草：十二卷外集十二卷 4-373
蒋氏游艺秘录：二卷 3-126
蒋西谷集：十二卷 5-73
蒋辛田先生流民十二图：一卷奏疏一卷 2-51
蒋春农文集：不分卷；遗研斋集：二卷 5-103
蒋清容先生遗稿：二十八卷 5-106
落帆楼文稿：四卷 5-139
落花诗：一卷 4-356
落花诗：一卷 5-246
落落斋遗集：十卷 4-362
韩山人诗续集：七卷词一卷 4-232
韩山人诗集：一卷附集一卷 4-232
韩山人诗集：一卷附集一卷 4-233
韩山人诗集：九卷续集八卷 4-233
韩山汇稿：二卷 4-341
韩子：二十卷 3-54
韩子迁评：二十卷 3-54
韩子迁评：二十卷附录一卷 3-54
韩子迁评：二十卷附录一卷 3-54
韩子榕庵集：三十一卷 4-364
韩五泉诗：四卷 4-279
韩五泉诗：四卷附录二卷 4-279
韩五泉诗集：四卷遗诗一卷附录二卷 2-411
韩文：四十卷外集十卷遗集一卷集传一卷 4-55
韩文：四十卷外集十卷遗集一卷集传一卷 4-55
韩文：四十卷外集十卷遗集一卷集传一卷 4-55
韩文：四十卷外集十卷遗集一卷集传一卷 4-56
韩文：四十卷外集十卷遗集一卷集传一卷 4-56
韩文公文抄：十六卷 4-58
韩文公文抄：十六卷 4-58
韩文公别传注：前集一卷后集一卷 3-424
韩文正宗：二卷纲目一卷 4-58
韩文杜律：二卷 5-160
韩文杜律：二卷 5-160
韩文杜律：二卷 5-160

韩文钞：不分卷 4-56
韩文钞：不分卷 4-56
韩文恪公文集：二十一卷首一卷末一卷诗集十卷 4-372
韩文类谱：七卷 1-409
韩文起：十二卷 4-58
韩文起：十二卷 4-58
韩世忠传：一卷 1-365
韩世忠传：一卷 1-365
韩先生传：一卷 1-409
韩江雅集：十二卷 5-263
韩芹城先生乡墨：一卷 4-386
韩君平集：三卷 4-48
韩君平集：三卷 4-48
韩非子：二十卷 3-52
韩非子：二十卷 3-52
韩非子：二十卷 3-52
韩非子：二十卷 3-53
韩非子：二十卷 3-53
韩非子：二十卷 3-53
韩非子：二十卷 3-53
韩非子：二十卷 3-53
韩非子：二十卷 3-53
韩非子：二十卷 3-53
韩非子：二十卷 3-53
韩非子：二十卷 3-53
韩非子：二十卷 3-53
韩非子：二十卷 3-53
韩非子：二十卷 3-53
韩非子：二十卷 3-54
韩非子：二十卷 3-54
韩非子：二十卷 3-54
韩非子：二十卷附录一卷 3-53
韩非子：二十卷附录一卷 3-53
韩昌黎文选：二卷 4-58
韩昌黎先生全集：四十卷外集十卷补集一卷 4-53
韩昌黎诗集编年笺注：十二卷 4-55
韩昌黎诗集编年笺注：十二卷 4-55
韩昌黎诗集编年笺注：十二卷 4-55
韩忠定公集：四卷 4-254
韩忠定公集：四卷 4-254
韩忠定公墓志铭：一卷 1-396
韩诗内传考：不分卷 1-55
韩诗内传并薛君章句考：四卷附录一卷二雨堂笔谈一卷附编一卷 1-55
韩诗内传征：四卷 1-55
韩诗内传征：四卷 1-55
韩诗内传征：四卷补遗一卷叙录二卷 1-55
韩诗外传：十卷 1-55
韩诗外传：十卷 1-55
韩诗外传：十卷 1-56
韩诗外传：十卷 1-56
韩诗外传：十卷 1-56
韩诗外传：十卷 1-56
韩诗外传：十卷序说一卷补逸一卷 1-57
韩诗外传：十卷校补一卷补逸一卷 1-57
韩诗外传校正：十卷序说一卷补逸一卷 1-57
韩诗外传校正：十卷序说一卷校补一卷补逸一卷 1-57
韩诗外传校正：十卷校补一卷序说一卷补逸一卷 1-57
韩诗外传校注：十卷 1-57
韩诗外传旁注评林：十卷 1-56
韩诗外传疏证：十卷 1-57
韩诗外传疏证：十卷 1-57
韩诗述：六卷 1-57
韩诗述：六卷 1-57
[乾隆]韩城县志：十六卷首一卷 2-410
[乾隆]韩城县志：十六卷 2-410
[嘉庆]韩城县续志：五卷 2-410
韩柳二先生年谱：八卷 1-409
韩柳二先生年谱：八卷 1-409
韩柳二先生年谱：八卷 1-409
韩柳文：一百卷 5-170
韩柳文：一百卷附录一卷 5-170
韩柳全集：一百四卷 5-160
韩柳合刻：八卷 5-160
韩致尧翰林集：不分卷 4-76
韩笔酌蠡：三十卷 4-58

韩斋稿：四卷 5-143
韩集点勘：四卷 4-58
韩集举正：十卷外集举正一卷叙录一卷 4-58
韩集笺正：不分卷 4-59
韩鲁齐三家诗异字诂：三卷 1-59
韩魏公集：三十八卷 4-94
韩襄毅公家藏文集：十五卷 4-247
朝阳岩集：一卷 5-286
朝观事宜：一卷 2-38
[乾隆]朝邑志：十一卷首一卷 2-412
[乾隆]朝邑志：十一卷首一卷 2-412
[康熙]朝邑县后志：八卷 2-412
[正德]朝邑县志：二卷 2-411
[正德]朝邑县志：二卷 2-411
[正德]朝邑县志：二卷 2-411
[正德]朝邑县志：二卷 2-411
[正德]朝邑县志：二卷 2-411
[正德]朝邑县志：二卷 2-411
朝野公言：一卷 1-307
朝野公言：一卷 1-307
朝野佥载：十卷 3-240
朝野佥载：五卷 3-240
朝野类要：五卷 3-227
朝野类要：五卷 3-228
朝野类要：五卷 3-228
朝野琐记：不分卷 3-254
朝野辑要：二十九卷 1-237
朝野辑要：二十九卷 1-237
朝野新声太平乐府：九卷 5-399
朝野新声太平乐府：九卷 5-399
朝野新声太平乐府：九卷 5-399
朝野新声太平乐府：九卷 5-399
朝鲜日本图说：不分卷 2-173
朝鲜史略：六卷 2-173
朝鲜纪事：一卷 2-58
朝鲜志：二卷；箕田考：一卷 2-174
朝鲜志：不分卷 2-174
朝鲜国王李奂上清宣宗表文：一道 2-93
朝鲜国王李玜上清宣宗表文：一道 2-93
朝鲜国王李昪上清文宗表文：一道 2-93
朝鲜国王李昪上清穆宗谢表：一道 2-93
朝鲜国王李熙上清穆宗谢表：一道 2-93
朝鲜图说：一卷 2-173
朝鲜图说：一卷；琉球图说：一卷；安南图说：一卷 2-173
[嘉庆]葭州志：二卷 2-421
葵轩词：一卷 5-338
楮记室：十五卷 3-290
棋经：一卷 3-157
植品：二卷 3-57
焚香记：二卷 5-380
焚椒录：一卷 1-228
椒丘文集：三十四卷外集一卷 4-249
椒丘先生文集：三十五卷 4-249
椒花吟舫文稿：不分卷 5-107
椒花吟舫书目：不分卷 2-491
棣华书屋近刻：三卷 5-288
惠大记：六卷 2-366
惠山听松庵竹垆图咏：四卷 2-143
惠山集：六卷 5-274
惠氏经说：五卷 1-137
[光绪]惠民县志：三十卷首一卷末一卷 2-319
[光绪]惠民县志：三十卷首一卷末一卷补遗一卷 2-319
[康熙]惠安县志续补：不分卷 2-295
[雍正]惠来县志：十八卷首一卷 2-365
惠栋九经古义所引国语：一卷 1-280
惠献贝子功绩录：六卷 1-403
覃溪手书要紧碑目：一卷 2-464
覃溪书札 5-112
覃溪书札 5-112
覃溪杂抄：不分卷 3-274
棘听草：十二卷；赋役详稿：一卷 2-70
酣酣斋酒牌：不分卷 3-146
觌庵诗抄：六卷 5-20
觌庵诗抄：六卷 5-20
觌庵诗稿渐于集：四卷 5-20
[道光]厦门志：十六卷 2-295
[道光]厦门志：十六卷 2-295

[乾隆]确山县志：四卷 ……………… 2-329
确庵文稿：十一卷 ……………… 5-15
确庵文稿：四十卷 ……………… 5-15
雁山志：四卷首一卷 ……………… 2-152
雁门胜迹诗集：不分卷 ……………… 4-254
雁门集：八卷 ……………… 4-199
雁黄布衲黄山游草：六卷 ……………… 5-54
雁楼集：二十五卷 ……………… 5-6
[光绪]雄县乡土志：十五卷 ……………… 2-194
[康熙]雄乘：三卷 ……………… 2-194
[康熙]雄乘：三卷续志一卷 ……………… 2-194
雄黄阵：不分卷 ……………… 5-366
雄雉斋选：六卷 ……………… 5-62
揖山集：十卷 ……………… 5-26
揖云斋集：不分卷 ……………… 5-59
揖秋集诗草：一卷 ……………… 5-56
揭文安公文集：二卷 ……………… 4-200
揭文安公文集：四卷 ……………… 4-200
揭文安公文粹：一卷 ……………… 4-200
揭文安公文粹：一卷 ……………… 4-200
揭文安公诗钞：不分卷 ……………… 4-199
揭文安公诗集：三卷续集二卷文九卷 … 4-199
揭文安公集：十四卷 ……………… 4-199
揭文安公集：六卷 ……………… 4-199
揭文安公集：六卷 ……………… 4-199
揭文安公集：六卷 ……………… 4-199
搜玉小集：一卷 ……………… 5-219
蛰庵日录：四卷 ……………… 4-350
握机经：二卷 ……………… 3-46
握机经：三卷；握机纬：十五卷；吴子：二卷 ……………… 3-46
辍耕录：三十卷 ……………… 3-203
雅乐发微：八卷 ……………… 1-85
雅伦：二十四卷 ……………… 5-326
[乾隆]雅州府志：十六卷 ……………… 2-396
[乾隆]雅州府志：十六卷 ……………… 2-396
雅观楼：不分卷 ……………… 5-366
雅观楼：四卷十六回 ……………… 5-366
雅雨堂丛书：十二种一百二十卷 ……………… 5-423
雅雨堂丛书：十三种一百三十五卷 ……… 5-423
雅雨堂两种曲：四卷 ……………… 5-390
雅尚斋遵生八笺：十九卷 ……………… 3-257
雅尚斋遵生八笺：十九卷 ……………… 3-257
雅尚斋遵生八笺：十九卷目录一卷 ……… 3-257
雅宜山人集：十卷 ……………… 4-286
雅宜山人集：十卷 ……………… 4-286
雅宜山人集：十卷 ……………… 4-286
雅宜山人集：十卷 ……………… 4-286
雅宜山人集：十卷 ……………… 4-286
雅音会编：十二卷 ……………… 5-224
雅音会编：十二卷 ……………… 5-224
雅音会编：十二卷 ……………… 5-224
雅笑：三卷 ……………… 3-264
雅颂正音：五卷 ……………… 5-243
雅颂正音：五卷 ……………… 5-243
雅游编：一卷 ……………… 4-337
雅趣藏书：一卷 ……………… 5-51
雅趣藏书：一卷 ……………… 5-51
悲庵书札 ……………… 5-150
悲庵书札：不分卷 ……………… 5-150
悲庵家书 ……………… 5-150
紫山大全集：二十六卷 ……………… 4-186
紫云增修校正礼部韵略释疑：五卷 ……… 1-171
紫芝社稿：二卷 ……………… 5-247
紫华舫诗初集：四卷；竹沪渔唱：一卷 ……………… 5-119
紫阳文公先生年谱：五卷 ……………… 1-410
紫阳文公先生年谱：五卷 ……………… 1-410
紫阳方先生瀛奎律髓：四十九卷 ……… 5-187
紫阳方先生瀛奎律髓：四十九卷 ……… 5-187
紫阳朱氏统宗世谱：十卷 ……………… 2-3
[道光]紫阳县志：八卷首一卷图一卷 … 2-422
[道光]紫阳县志：八卷首一卷 ……………… 2-422
[道光]紫阳县志：八卷首一卷 ……………… 2-422
[康熙]紫阳县新志：二卷 ……………… 2-422
紫岩于先生诗选：三卷 ……………… 4-179
紫岩于先生诗选：三卷 ……………… 4-179
紫钗记：二卷 ……………… 5-375
紫钗记：二卷 ……………… 5-375
紫金锁：不分卷 ……………… 5-407

紫柏老人集：十五卷首一卷 …… 4-331
紫柏老人集：十五卷首一卷 …… 4-331
紫庭草：一卷 …… 4-363
紫桃轩杂缀：四卷又缀四卷 …… 3-250
紫原文集：十二卷 …… 4-343
紫琼岩诗钞：三卷 …… 5-98
紫琼瑶：二卷 …… 5-386
紫微集：三十六卷 …… 4-137
紫幢轩诗：二十一种三十二卷 …… 5-81
紫幢轩诗：二十一种三十二卷 …… 5-81
紫幢轩诗：三十二卷 …… 5-80
紫幢轩诗：三十二卷 …… 5-80
紫幢轩诗：三十二卷 …… 5-81
紫薇堂集：八卷附录一卷 …… 4-336
紫薇集：二十卷 …… 4-134
紫薇集：二十卷 …… 4-134
紫霞巾传奇：二卷 …… 5-393
紫霞巾传奇：二卷 …… 5-393
紫霞阁文集：十三卷 …… 4-332
紫藤书屋丛刻：七种十五卷 …… 5-423
紫藤花馆词：一卷 …… 5-343
[道光]辉县志：二十卷首一卷末一卷 …… 2-323
[万历]辉县志：八卷 …… 2-323
[宣统]辉南厅志 …… 2-235
棠阴比事：一卷 …… 2-71
棠阴比事：二卷 …… 2-71
棠村乐府：不分卷 …… 5-404
棠村词：一卷 …… 5-338
棠村词：一卷 …… 5-338
棠村词：一卷 …… 5-338
棠村词：一卷二集二卷 …… 5-338
棠湖诗稿：一卷 …… 4-163
棠樾鲍氏宣忠堂支谱：二十二卷 …… 2-23
赏奇轩四种合编：四卷 …… 3-131
赏奇堂尺牍：四卷 …… 5-299
赏音阁杜诗问津：□□卷 …… 4-40
掌卫疏稿：不分卷 …… 2-91
掌中宇宙：十四卷 …… 3-207
掌记：六卷 …… 3-252
掌铨题稿：三十四卷 …… 2-99
晴川集：一卷 …… 5-55
晴雪斋漫录 …… 1-311
晴韵馆收藏古泉述记：十卷 …… 2-466
晴鹤堂诗抄：十六卷 …… 5-19
最乐堂文集：六卷 …… 5-96
最乐编：五卷 …… 3-269
最乐编：五卷 …… 3-270
最新时事滑稽小说新天地：二卷 …… 3-337
斅经笔记：不分卷 …… 1-139
鼎甲征信录：二卷 …… 1-428
鼎刻台阁考正遵古韵律海篇大成：二十卷 …… 1-158
鼎刻京板太医院校正分类青囊药性赋：三卷 …… 3-69
鼎刻京板太医院校正增补青囊医方捷径：二卷 …… 3-62
鼎峙春秋：十卷 …… 5-395
鼎峙春秋：十卷 …… 5-395
[康熙]鼎修常德府志：十卷 …… 2-347
[康熙]鼎修常德府志：十卷 …… 2-347
鼎梓校增评释五伦金壁故事大全：十卷 …… 3-295
鼎锓四民便览柬学珠玑：四卷首一卷 …… 3-312
鼎锓法丛胜览：四卷 …… 2-72
鼎锓钟伯敬订正皇明纪要：三卷 …… 1-252
鼎锓钟伯敬订正资治纲鉴正史大全：七十四卷首一卷 …… 1-252
鼎湖山庆云寺志：八卷首一卷 …… 2-145
鼎湖山志：八卷首一卷 …… 2-145
鼎锲卜筮启蒙便读通玄断易大全：三卷首一卷 …… 3-118
鼎锲叶太史汇纂玉堂鉴纲：七十二卷 …… 1-251
鼎锲叶太史汇纂玉堂鉴纲：七十二卷 …… 1-251
鼎锲叶太史汇纂玉堂鉴纲：七十二卷总论一卷 …… 1-251
鼎锲全补音注书言故事类编：□□卷 …… 3-286
鼎锲赵田了凡袁先生编纂古本历史大方纲鉴补：三十九卷首一卷 …… 1-252
鼎镌十二方家参订万事不求人博考全编：六卷 …… 3-299

鼎镌大明律例法司增补刑书据会：十二卷首三卷 ……… 2-67
鼎镌六科奏准御制新颁分类注释刑台法律：十八卷目录一卷首一卷副一卷附一卷 2-67
鼎镌六科奏准御制新颁分类注释刑台法律：十八卷附一卷副一卷首一卷 ……… 2-67
鼎镌玉簪记：二卷 ……… 5-374
鼎镌出相点板千金记：二卷 ……… 5-370
鼎镌红拂记：二卷 ……… 5-373
鼎镌李先生增补四民便用积玉全书：三十二卷 ……… 3-313
鼎镌吴宁野汇选四民切要时制尺牍芳规：四卷 ……… 3-312
鼎镌郑道圭先生评点红杏记：二卷 ……… 5-380
鼎镌幽闺记：二卷 ……… 5-369
鼎镌钦颁辨疑律例昭代王章：五卷首一卷 ……… 2-67
鼎镌钦颁辨疑律例昭代王章：五卷首一卷 ……… 2-67
鼎镌钦颁辨疑律例昭代王章：五卷首一卷 ……… 2-67
鼎镌施会元评注选辑唐骆宾王狐白：三卷 ……… 4-22
鼎镌校增评注五伦日记故事大全：四卷 ……… 3-295
鼎镌徐笔洞增补睡庵四书脉讲意：六卷 ……… 1-126
鼎镌诸方家汇编皇明名公文隽：八卷 … 5-253
鼎镌诸方家汇编皇明名公文隽：八卷 … 5-253
鼎镌黄状元批选眉山三苏文狐白：四卷 ……… 5-296
鼎镌睡庵汤太史易经脉：四卷首一卷 …… 1-20
鼎镌增补注释详备便蒙标英对类统宗：□□卷 ……… 3-306
鼎镌燕台校板发微五星大全：二卷 ……… 3-121
戢思堂诗钞：二卷 ……… 5-100
景玄堂集：十卷 ……… 4-340
[雍正]景宁县志：十卷 ……… 2-271
景迂生文集：二十卷 ……… 4-124
景行篇：四卷 ……… 1-353
[乾隆]景州志：六卷首一卷 ……… 2-200
景苏阁集句：四卷 ……… 5-62
景定建康志：五十卷 ……… 2-240
景定建康志：五十卷 ……… 2-240
景城纪氏家谱：十八卷 ……… 2-10
景祐太乙福应经：十卷 ……… 3-122
景祐遁甲莲华通神经：一卷；金枢符应秘文：三卷 ……… 3-122
景泰圣政记：□□卷 ……… 1-262
景渠李先生文集：不分卷 ……… 4-350
景德传灯录：三十卷 ……… 1-366
景德传灯录：三十卷 ……… 1-366
景瞻论草：不分卷 ……… 4-365
遗山先生文集：四十卷附录一卷 ……… 4-182
遗山先生文集：四十卷附录一卷 ……… 4-182
遗山先生文集：四十卷附录一卷 ……… 4-182
遗山先生文集：四十卷附录一卷 ……… 4-182
遗山先生新乐府：五卷 ……… 5-336
遗书编：一卷 ……… 3-19
遗民诗：十二卷 ……… 5-249
遗民诗：十二卷 ……… 5-249
遗安堂诗集：四卷 ……… 5-41
遗事琐谈：六卷 ……… 1-306
遗真记：六卷 ……… 5-366
遗爱集：四卷 ……… 1-406
遗愁集：十四卷 ……… 3-330
蛣蜣集：八卷 ……… 4-281
蛤仔难纪略：一卷 ……… 2-437
蛟川备志举要：不分卷 ……… 2-267
蛟川诗系：三十一卷 ……… 5-277
蛟川耆旧传：不分卷 ……… 1-381
蛟峰外集：四卷 ……… 4-172
蛟峰外集：四卷 ……… 4-172
蛟峰先生文集：十卷外集三卷 ……… 4-172
蛟峰批点止斋论祖：一卷 ……… 4-153
蛟峰批点止斋论祖：不分卷 ……… 4-153
蛟峰批点止斋论祖：四卷；蛟峰批点止斋论决：一卷 ……… 4-153
蛟峰集：七卷；山房先生遗文：一卷 … 4-172
蛟峰集：七卷；山房先生遗文：一卷 … 4-172

鹃音：一卷白社诗草一卷……4-257
鹃音：一卷白社诗草一卷……4-257
喻汇：不分卷……3-271
喻园集：四卷……4-379
喻林：一百二十卷……3-292
喻林：一百二十卷……3-292
喻林：八十卷……3-292
喻林髓：二十四卷……3-292
嗱呓弃存：六卷……4-269
嗱呓集：一卷……4-193
嗱呓集：一卷……4-193
嗟袜曩法天子受三归依获免恶道经：一卷……3-397
喀什噶尔附英吉沙尔……2-434
喀什噶尔英吉沙尔：一卷……2-434
喙鸣文集：二十一卷……4-320
幄筹编：四卷……3-49
赋苑：八卷……5-198
赋珍：八卷……5-198
赋钞笺略：十五卷……5-198
赋钞笺略：十五卷……5-198
赋海补遗：三十卷……5-198
赋略：三十四卷绪言一卷列传一卷外篇二十卷……5-198
赌棋山庄余集：不分卷……5-148
赌棋山庄余集剩笔：一卷……5-148
赌棋山庄删余偶存：不分卷……5-148
赌棋山庄词稿：一卷杂抄不分卷……5-346
赌棋山庄备忘杂录：不分卷……3-254
赌棋山庄遗稿：不分卷……5-148
赐书堂诗稿：四卷文稿六卷……5-79
赐书楼九世诗文录：四十卷……5-291
赐龙堂文抄：二种二卷……5-434
赐曲园今是堂集：十一卷……4-371
赐余堂集：十四卷……4-326
赐余堂集：十卷……4-361
赐闲堂集：四十卷……4-323
赐闲堂稿：十卷……4-274
赐砚斋诗存：四卷首一卷……5-58
赐宴宗室礼成恭纪七言排律一百韵：一卷……5-105
赐宴宗室礼成恭纪七言排律一百韵：一卷……5-105
赐锦堂江督奏疏稿：二卷……2-82
赐麟堂集：六卷……4-318
[嘉庆]黑龙江外纪：八卷……2-235
[嘉庆]黑龙江外纪：八卷……2-235
[嘉庆]黑龙江外纪：八卷……2-235
[光绪]黑龙江述略：六卷……2-235
[光绪]黑龙江述略：六卷……2-236
[光绪]黑龙江述略：六卷……2-236
黑鞑事略：一卷……1-296
黑鞑事略：一卷……1-296
黑鞑事略：一卷……1-296
黑鞑事略：一卷……1-296
黑鞑事略：一卷……1-296
黑囊经：不分卷……3-116
铸雪斋集：十四卷年谱一卷……5-86
铸雪斋集：七卷……5-86
铸庵随笔二编：八卷……3-319
铸错山房笔记：不分卷……3-254
销夏录旧：五种十一卷……5-425
销释金刚科仪：一卷……3-392
销释金刚科仪：二卷……3-392
销释金刚科仪：不分卷……3-392
销释金刚科仪：四卷……3-392
销释金刚科仪句解启蒙：十卷……3-429
销释金刚科仪录说记：二卷……3-429
锄经摭记：十四卷……3-223
锋剑春秋：十卷六十回……3-339
锋剑春秋：五卷……3-339
掣鲸堂诗集：十三卷……5-69
智水编：四卷……3-270
智品：十三卷……3-268
智品：十三卷……3-268
智品：十三卷……3-268
智囊：二十八卷……3-269
智囊全集：二十八卷……3-269
智囊补：二十八卷……3-269
[嘉庆]犍为县志：十卷首一卷……2-390

剩言：十七卷 …… 3-214
剩草：一卷 …… 4-380
剩祖心集：一卷 …… 4-228
剩祖心集：一卷 …… 5-12
嵇中散集：十卷 …… 4-12
嵇中散集：十卷 …… 4-12
嵇中散集：十卷 …… 4-12
嵇中散集：十卷 …… 4-12
嵇庵诗集：十卷文集二卷 …… 5-139
程子年谱：二卷 …… 1-410
程子详本：二十卷 …… 3-20
程氏人物志：八卷 …… 1-383
程氏世谱：八卷诸谱会通六卷各派续谱不分卷 …… 2-19
程氏丛书：二十三种三十六卷 …… 5-431
程氏丛刻：十三卷 …… 5-420
程氏竹谱：二卷 …… 3-145
程氏易传：十二卷 …… 1-7
程氏宗谱：十二卷 …… 2-19
程氏贻范集补：甲集五卷乙集二十卷丙集一卷丁集三卷戊集一卷己集十卷 …… 2-18
程氏家乘文献：不分卷 …… 1-442
程氏家塾读书分年日程：三卷纲领一卷 …… 3-36
程氏续考古编：十卷 …… 3-195
程氏续考古编：十卷 …… 3-195
程氏续考古编：十卷 …… 3-195
程氏遗书分类：三十一卷；程氏外书分类：十卷 …… 3-19
程氏演繁露：十六卷续集六卷 …… 3-225
程氏演繁露：十六卷续集六卷 …… 3-225
程氏演繁露：十六卷续集六卷 …… 3-225
程氏演繁露：十六卷续集六卷 …… 3-225
程氏演繁露：十六卷续集六卷 …… 3-226
程氏墨苑：十二卷 …… 3-163
程氏墨苑：十二卷 …… 3-163
程氏墨苑：十二卷；续中山狼传：一卷 …… 3-163
程氏墨苑：十四卷人文爵里九卷 …… 3-163
程氏墨苑：十四卷人文爵里九卷 …… 3-164
程氏墨苑：十四卷人文爵里九卷 …… 3-164
程氏墨苑：十四卷人文爵里九卷 …… 3-164
程文恭公遗稿：十二卷 …… 4-288
程右丞稿：八卷 …… 4-308
程仲权先生诗集：十卷文集十六卷 …… 4-336
程志：十卷 …… 3-20
程刺史栖霞集：一卷 …… 4-303
程刺史栖霞集：不分卷 …… 4-304
程尚书禹贡论：二卷后论一卷山川地理图二卷 …… 1-39
程典：三十二卷 …… 2-18
程侍郎遗集初编：十卷 …… 5-135
程孟阳先生全集：二十五卷 …… 4-351
程洺水先生集：三十卷附录一卷 …… 4-162
程绵庄钱竹汀是仲明遗墨：不分卷 …… 5-263
程端明公洺水集：二十六卷首一卷 …… 4-162
程端明公洺水集：二十六卷首一卷 …… 4-162
程端明公洺水集：二十六卷首一卷 …… 4-162
程端明公洺水集：三十六卷首一卷 …… 4-162
等切元声：十卷 …… 1-180
策元会览：九卷 …… 3-308
策场备览：一百七十三卷 …… 3-307
答问草：一卷 …… 4-372
傣庵野抄：十一卷 …… 2-91
傅与砺诗集：八卷 …… 4-214
傅与砺诗集：八卷 …… 4-214
傅与砺诗集：八卷 …… 4-214
傅子拾遗：二卷 …… 3-17
傅中丞集：不分卷 …… 4-12
傅氏眼科审视瑶函：六卷首一卷 …… 3-74
傅文恪公初集：八卷附录一卷 …… 4-355
傅忠肃公文集：三卷 …… 4-135
傅忠肃公文集：三卷 …… 4-135
傅忠肃公文集：三卷 …… 4-135
傅忠肃公文集：三卷 …… 4-135
傅忠肃公文集：三卷 …… 4-135
傅忠肃公文集：三卷首一卷 …… 4-135
牌统孚玉：四卷 …… 3-159
牌统孚玉：四卷 …… 3-159
集千家注分类杜工部诗：二十五卷 …… 4-35
集千家注分类杜工部诗：二十五卷 …… 4-37

集千家注分类杜工部诗：二十五卷 ………… 4-37
集千家注分类杜工部诗：二十五卷文集二卷 …………………………………………… 4-35
集千家注分类杜工部诗：二十五卷文集□卷 …………………………………………… 4-37
集千家注分类杜工部诗：二十五卷序跋姓氏一卷目录一卷文集二卷 ………………… 4-35
集千家注杜工部诗集：二十卷 ……………… 4-36
集千家注杜工部诗集：二十卷 ……………… 4-36
集千家注杜工部诗集：二十卷 ……………… 4-36
集千家注杜工部诗集：二十卷文集二卷 … 4-36
集千家注杜工部诗集：二十卷文集二卷年谱一卷附录一卷 …………………………… 4-37
集千家注杜工部诗集：二十卷文集二卷附录一卷 ……………………………………… 4-36
集千家注杜工部诗集：二十卷文集二卷附录一卷 ……………………………………… 4-36
集千家注杜工部诗集：二十卷文集二卷附录一卷 ……………………………………… 4-36
集千家注杜工部诗集：二十卷文集二卷附录一卷 ……………………………………… 4-36
集千家注杜工部诗集：二十卷文集二卷附录一卷 ……………………………………… 4-36
集千家注杜工部诗集：二十卷文集二卷附录一卷 ……………………………………… 4-36
集千家注批点杜工部诗集：二十卷 ………… 4-35
集千家注批点杜工部诗集：二十卷文集二卷 …………………………………………… 4-35
集千家注批点杜工部诗集：二十卷文集二卷年谱一卷附录一卷 ……………………… 4-36
集千家注批点杜工部诗集：二十卷年谱一卷 …………………………………………… 4-36
集千家注批点补遗杜工部诗集：二十卷年谱一卷附录一卷 …………………………… 4-35
集千家注批点补遗杜工部诗集：二十卷附录一卷年谱一卷 …………………………… 4-35
集古文英：八卷 ……………………………… 5-206
集古印谱：一卷 ……………………………… 2-467
集古印谱：五卷 ……………………………… 2-468
集古印谱：五卷 ……………………………… 2-468
集古印谱：五卷 ……………………………… 2-468
集古印谱：五卷；印正附说：一卷 …… 2-468
集古印谱：六卷 ……………………………… 2-467
集古印谱：六卷 ……………………………… 2-467
集古官印考：十七卷；集古虎符鱼符考：一卷 …………………………………………… 2-471
集古官印考证：十七卷 ……………………… 2-471
集古录目：五卷 ……………………………… 2-456
集句桂花诗：一卷 …………………………… 5-157
集句桂花诗：一卷 …………………………… 5-157
集成光明善导大师别传纂注：二卷 ……… 3-424
集异记：二卷 ………………………………… 3-321
集异记：二卷 ………………………………… 3-321
集异记：二卷 ………………………………… 3-330
集苏：一卷 …………………………………… 4-109
集杜句诗：四卷 ……………………………… 4-176
集何雪渔印谱：二卷 ………………………… 3-151
集补后汉书年表：十卷 ……………………… 1-321
集补后汉书年表：十卷 ……………………… 1-321
集词楹帖：不分卷 …………………………… 5-140
集帖目：三卷 ………………………………… 3-141
集注太玄：六卷 ……………………………… 3-107
集注太玄经：六卷 …………………………… 3-107
集诗：四卷 …………………………………… 4-314
集录真西山文章正宗：三十卷 …………… 5-200
集思广益编：二卷 …………………………… 2-63
集唐诗：二卷 ………………………………… 5-86
集虚堂小草：一卷余草一卷 ……………… 5-88
集雅牌规：一卷 ……………………………… 3-159
集道言内外：六卷 …………………………… 3-378
集韵：十卷 …………………………………… 1-169
集韵：十卷 …………………………………… 1-169
集韵：十卷 …………………………………… 1-169
集韵：十卷 …………………………………… 1-169
集韵：十卷 …………………………………… 1-169
集韵：十卷 …………………………………… 1-170
集韵：十卷 …………………………………… 1-170
集韵：十卷 …………………………………… 1-170
集韵校正会编：四卷 ………………………… 1-170
集篆古文韵海：五卷 ………………………… 1-163

焦山志：十二卷 …… 2-150
焦山鼎铭考：一卷 …… 2-451
焦太师编辑国朝献征录：一百二十卷 … 1-370
焦氏易林：二卷 …… 3-116
焦氏易林：二卷 …… 3-116
焦氏易林：二卷 …… 3-116
焦氏易林：二卷 …… 3-116
焦氏易林：二卷 …… 3-117
焦氏易林：二卷 …… 3-117
焦氏易林：十六卷 …… 3-116
焦氏易林：十六卷 …… 3-117
焦氏易林：十六卷 …… 3-117
焦氏易林：十六卷 …… 3-117
焦氏易林：四卷 …… 3-116
焦氏易林：四卷 …… 3-116
焦氏易林：四卷 …… 3-116
焦氏易林：四卷 …… 3-117
焦氏易林：四卷 …… 3-117
焦氏易林：四卷 …… 3-117
焦氏类林：八卷 …… 3-267
焦氏类林：八卷 …… 3-267
焦氏类林：八卷 …… 3-267
焦氏类林：八卷 …… 3-267
焦氏说楛：七卷 …… 3-251
焦氏笔乘：六卷续集八卷 …… 3-212
焦氏笔乘：六卷续集八卷 …… 3-212
焦氏澹园续集：二十七卷 …… 4-326
焦氏澹园续集：二十七卷 …… 4-326
焦氏澹园集：四十九卷 …… 4-326
焦氏澹园集：四十九卷 …… 4-326
焦氏澹园集：四十九卷 …… 4-326
焦冥集：二卷 …… 5-36
皖江武备考略：七卷 …… 2-130
皖志快观前集：□□卷 …… 2-131
皖志便览：六卷 …… 2-130
皖志便览：六卷 …… 2-131
皖典类编：八卷 …… 2-69
皖政辑要：光绪 …… 2-272
[道光]皖省志略：四卷附一卷 …… 2-271
粤小记：四卷粤谐一卷 …… 2-134
粤东金石略：九卷首一卷附二卷 …… 2-448
粤东闻见录：二卷 …… 2-134
粤东校士日录：不分卷 …… 1-438
粤东校士录：不分卷 …… 1-438
粤西诗载：二十五卷 …… 5-287
粤西奏议：五卷 …… 2-100
粤西得碑记：不分卷 …… 2-448
粤行纪事：三卷 …… 1-313
粤氛纪事：十三卷 …… 1-318
粤剑编：四卷 …… 2-134
粤闽巡视纪略：五卷附纪彭湖台湾一卷 … 2-50
粤闽巡视纪略：五卷附纪彭湖台湾一卷 … 2-50
粤闽巡视纪略：五卷附纪澎湖台湾一卷 … 2-50
粤海关志：三十卷 …… 2-55
粤道贡国说：六卷 …… 2-171
粤游小草：一卷 …… 5-128
粤游诗话日记：一卷 …… 1-418
遁世编：十四卷 …… 1-362
遁甲：九卷 …… 3-122
遁甲应符经：三卷 …… 3-119
遁园文集：一卷；悔斋诗：一卷；怡老篇：一卷 …… 5-15
遁园草：一卷；文集钞：一卷；纪年稿：一卷 …… 5-15
御订全金诗增补中州集：七十二卷首二卷 …… 5-237
御书楼书目：一卷；懋勤殿书目：二卷；武英殿颁发通行书籍目录：一卷 … 2-481
御世仁风：四卷 …… 3-35
御龙子集：七十七卷 …… 4-352
御史台精舍碑题名：一卷 …… 2-46
御史箴集解：一卷 …… 2-48
御批资治通鉴纲目全书：一百九卷 …… 1-238
御制人臣敬心录：一卷 …… 2-49
御制九字回文图书谱：不分卷 …… 3-152
御制大诰：一卷 …… 2-66
御制大诰三编：一卷 …… 2-66
御制大诰三编：一卷 …… 2-66
御制大诰续编：一卷 …… 2-66
御制大诰续编：一卷 …… 2-66

御制大诰续编：二卷三编一卷……2-66
御制万寿山五百罗汉堂记：一卷……5-99
御制文：二卷……5-124
御制文二集：四十四卷目录二卷……5-99
御制文三集：十六卷目录二卷余集二卷…5-99
御制文余集：二卷……5-124
御制文余集：六卷……5-132
御制文初集：十卷……5-124
御制文初集：十卷……5-132
御制文初集：三十卷目录二卷……5-99
御制文津阁记：一卷诗一卷……5-99
御制文第二集：五十卷总目六卷……5-61
御制文集：二十九卷丙集诗一卷……4-230
御制文集：二十卷……4-230
御制文集：二十卷……4-230
御制文集：二卷诗集八卷……5-151
御制文集：十卷诗集六卷……5-157
御制文集：三十卷……4-230
御制古稀说：一卷……5-99
御制平定两金川告成太学碑文：一卷……5-99
御制平定金川方略：二十六卷首一卷；御制诗文：一卷；诸臣纪功诗文：五卷……1-274
御制北调宫词乐谱：四卷……5-412
御制乐善堂集：四卷……5-98
御制记实诗……5-99
御制全韵诗：五卷……5-99
御制全韵诗：不分卷……5-99
御制冰嬉赋：一卷……5-99
御制纪非录：一卷……2-66
御制纪非录：一卷……2-66
御制咏左传诗：二卷……5-100
御制佩文斋咏物诗选共册：六十四卷…5-353
御制诗二集：六十四卷目录八卷……5-123
御制诗三集：一百卷目录十二卷……5-98
御制诗三集：六十四卷目录八卷余集六卷目录一卷……5-123
御制诗文十全集：五十四卷……5-99
御制诗四集：一百卷目录十二卷……5-98
御制诗余集：二十卷目录三卷……5-98
御制诗余集：十二卷目录二卷……5-132
御制诗初集：二十四卷目录四卷……5-132
御制诗初集：四十八卷目录六卷……5-123
御制诗初集：四十四卷目录四卷……5-98
御制诗第三集：八卷……5-61
御制诗集：十卷二集十卷……5-61
御制诗集：五集一百卷目录十二卷……5-98
御制南调宫词乐谱：四卷……5-412
御制钦若历书：上编十六卷下编十六卷表十六卷……3-92
御制律历渊源：一百卷……3-86
御制律吕正义：五卷……1-86
御制律吕正义后编：一百二十八卷……1-87
御制律吕正义后编：一百二十卷上谕奏议二卷……1-87
御制律吕正义后编：八卷……1-87
御制亲征朔漠纪略：一卷；御制亲征平定朔漠方略：四十八卷……1-273
御制圆明园诗：二卷……5-98
御制圆明园诗：二卷……5-98
御制盛京赋：一卷……2-124
御制盛京赋(篆文)：三十二卷附篆书缘起一卷……5-99
御制数理精蕴表：八卷……3-105
御制避暑山庄诗：二卷……5-61
御制避暑山庄诗：二卷……5-61
御炉香：二卷……5-395
御注孝经：一卷……1-114
御注孝经：一卷……1-114
御注孝经集注：一卷……1-115
御定历代纪事年表：一百卷……1-320
御定历代赋汇：一百四十卷……5-197
御定历代题画诗类：一百二十卷……5-195
御定历代题画诗类：一百二十卷……5-195
御定全唐诗录：一百卷……5-228
御定奎章全韵：二卷……1-181
御定星历考原：六卷……3-124
御定星历考原：六卷……3-124
御试策：一卷……4-262
御录经海一滴：六卷……3-422

御览书苑菁华：二十卷 …………………………… 3-133
御览书苑菁华：二十卷 …………………………… 3-133
御览集：四卷；兰韵堂诗集：八卷 …… 5-112
御览筹兵三十六字：三卷附录一卷 ………… 2-59
[御选]历代诗余：一百二十卷……………… 5-352
御选历代诗余：一百二十卷 ……………… 5-352
御选宋金元明四朝诗：三百十七卷 ……… 5-162
御选明臣奏议：四十卷 ………………………… 2-90
御选明臣奏议：四十卷 ………………………… 2-90
御选唐宋诗醇：四十七卷文醇五十八卷 ……………………………………………………… 5-185
御选唐宋诗醇：四十七卷文醇五十八卷 ……………………………………………………… 5-185
御选唐诗：三十二卷目录三卷……………… 5-228
御倭军事条款：一卷 ……………………………… 2-59
御爱南极荡凶忠孝秘法：不分卷 ………… 3-386
御著大狩龙飞录：二卷 ………………………… 1-302
御撰资治通鉴纲目三编：二十卷 ………… 1-262
御撰资治通鉴纲目三编：四十卷 ………… 1-262
御题名胜图绘诗集：十四卷 ……………… 3-145
御墨楼诗：四卷二集二卷又二卷 ………………5-4
御膳单：不分卷 …………………………………… 3-166
御纂七经：二百九十四卷……………………………1-4
御纂性理精义：十二卷 ……………………………3-5
御纂春秋直解：十二卷 ………………………… 1-110
循夫先生集：四卷……………………………… 4-303
循陔园集：八卷 ………………………………… 4-354
循陔纂闻：四卷 ………………………………… 3-221
艇斋诗话：一卷 ………………………………… 5-313
[嘉庆]舒城县志：三十六卷 ……………… 2-284
舒梓溪先生集：十卷 ………………………… 4-277
畲经堂文集：八卷……………………………… 5-102
翕园诗存：二卷 ………………………………… 5-146
番阳仲公李先生文集：三十一卷 ………… 4-204
番阳仲公李先生文集：三十一卷 ………… 4-204
番阳仲公李先生文集：三十一卷 ………… 4-204
番社采风图考：一卷；台海采风图考：二卷 ……………………………………………… 2-137
[番禺]朱氏族谱：不分卷…………………………2-3
[番禺]苏氏房谱：不分卷……………………… 2-24
[番禺]李氏开族谱：不分卷 ……………………2-5
[番禺]李氏族谱：一卷 …………………………2-5
[番禺]李家族谱考：一卷…………………………2-5
[番禺]张孝友堂宗谱：十一卷……………… 2-16
[番禺]林唐张氏族谱：五卷 ……………… 2-16
番禺小龙孔氏家谱：十二卷首一卷 ……………2-2
番禺孔氏家谱：□□卷 ……………………………2-2
[番禺石井张村]张氏文献公裔屯田使族谱：二卷………………………………………………… 2-16
[番禺石壁]平阳区氏族谱：不分卷 ………… 2-14
番禺市桥房邓氏荫德堂家谱：不分卷 …… 2-21
[番禺西塱乡]李氏族谱：不分卷 ……………2-5
[番禺城南]杜氏家谱：四卷 ……………………2-5
[番禺禺山]曹氏家谱：四卷 ……………… 2-14
释义美人染甲诗：二卷 ……………………… 4-340
释义雁字诗：二卷……………………………… 4-341
释义雁字诗：二卷附释义吊辽诗一卷 … 4-340
释车：三卷 ………………………………………………… 1-81
释氏要览：三卷 ……………………………………… 3-422
释氏要览：三卷 ……………………………………… 3-422
释氏稽古略：四卷……………………………… 1-358
释氏稽古略：四卷……………………………… 1-358
释氏稽古略：四卷……………………………… 1-358
释名：八卷 ………………………………………… 1-182
释名：八卷 ………………………………………… 1-182
释名：八卷 ………………………………………… 1-182
释名：八卷 ………………………………………… 1-182
释名：八卷 ………………………………………… 1-182
释名：八卷 ………………………………………… 1-183
释名：八卷 ………………………………………… 1-183
释名：八卷 ………………………………………… 1-183
释名：八卷 ………………………………………… 1-183
释名：八卷 ………………………………………… 1-183
释名：八卷 ………………………………………… 1-183
释名：八卷 ………………………………………… 1-183
释名：四卷 ………………………………………… 1-183
释名：四卷 ………………………………………… 1-183
释名：四卷 ………………………………………… 1-183
释名疏证：八卷补遗一卷续释名一卷 … 1-183
释名疏证：八卷补遗一卷续释名一卷 … 1-183

释名疏证：八卷补遗一卷续释名一卷 … 1-184
释例补正：二十卷 …… 1-149
释迦如来成道记：一卷 …… 1-386
释迦如来成道记：一卷 …… 3-392
释药集韵：二卷 …… 3-69
释拜：一卷 …… 1-84
释骚：一卷 …… 4-7
释缯：一卷 …… 1-187
禽星易见：一卷 …… 3-124
貂珰史鉴：四卷 …… 1-353
[乾隆]鲁山县全志：九卷 …… 2-327
[嘉庆]鲁山县志：二十六卷 …… 2-328
鲁之春秋：二十四卷 …… 1-312
鲁公文集：十五卷 …… 4-32
鲁公文集：十五卷 …… 4-32
鲁文恪公文集：十卷 …… 4-261
鲁陈公谱：不分卷 …… 2-12
鲁陈宗谱：三卷；续谱初集：一卷 …… 2-12
鲁春秋：一卷 …… 1-312
鲁春秋：一卷附录一卷；敬修堂钓业：一卷 …… 1-312
鲁斋王文宪公文集：二十卷 …… 4-168
鲁斋心法：二卷 …… 3-26
鲁斋先生集：六卷 …… 4-184
鲁斋先生集：六卷 …… 4-184
鲁斋先生集：六卷 …… 4-184
鲁斋先生集：六卷首一卷 …… 4-184
鲁斋全书：七卷 …… 4-184
鲁斋遗书：十四卷 …… 4-184
鲁斋遗书：十四卷 …… 4-184
鲁斋遗书：十卷 …… 4-184
鲁陵志：二卷 …… 2-173
觚剩续编：四卷 …… 3-329
然脂百一编：五种五卷 …… 5-425
然脂百一编：五种五卷 …… 5-426
颍上风物记：三卷 …… 2-274
[同治]颍上县志：十二卷首一卷 …… 2-274
[道光]颍上县志：十三卷首一卷备采一卷 …… 2-274
[嘉靖]颍州志：二十卷 …… 2-273
[嘉靖]颍州志：二卷 …… 2-273
[正德]颍州志：六卷 …… 2-273
[乾隆]颍州府志：十卷 …… 2-273
颍滨先生诗集传：十九卷 …… 1-42
詅痴梦草：十二卷 …… 5-50
詅痴梦草：十二卷 …… 5-50
蛮书：十卷 …… 1-277
敦义编：十二卷 …… 5-255
敦古堂拟古杂文：三卷 …… 5-81
敦夙好斋诗集：四卷 …… 5-145
敦交集：一卷 …… 5-239
敦交集：一卷 …… 5-239
敦好堂旅草：一卷 …… 5-30
敦拙堂诗集：十三卷 …… 5-106
敦信堂诗集：九卷 …… 5-82
敦煌杂抄：二卷；敦煌随笔：二卷 …… 2-137
[道光]敦煌县志：七卷首一卷 …… 2-428
[道光]敦煌县志：七卷首一卷 …… 2-428
[乾隆]敦煌县志 …… 2-428
痘诊玄言：二卷 …… 3-78
痘科键：二卷 …… 3-78
痘疹仁端录：八卷首一卷 …… 3-78
痘疹世医心法：十二卷；格致要论：十一卷；碎金赋：二卷 …… 3-77
痘疹世医心法：十二卷；格致要论：十一卷；碎金赋：二卷 …… 3-77
痘疹世医心法：十二卷碎金赋二卷 …… 3-77
痘疹传心录：十六卷 …… 3-78
痘疹活幼心法：不分卷 …… 3-78
痛思堂城西黄氏族谱：不分卷 …… 2-13
痛思堂南行日记略：不分卷 …… 5-57
童二树先生题画诗：一卷题梅诗一卷 … 5-104
童子鸣集：六卷 …… 4-319
童蒙训：三卷 …… 3-37
童蒙训：三卷 …… 3-37
童蒙先习：一卷 …… 3-39
悜斋先生杂著九种：二十六卷 …… 5-431
悜斋新曲：六种一十三卷 …… 5-390
愧林漫录：不分卷 …… 3-270
愧斋文集略：一卷诗集略一卷 …… 5-67

愧斋文粹：十卷附录一卷 4-253
愧斋文粹：五卷附录一卷 4-253
愧郯录：十五卷 3-246
愧喑集：二十一卷 4-277
[乾隆]善化县志：十二卷 2-345
[光绪]善化县志：三十四卷首一卷 2-346
[嘉庆]善化县志：三十卷首一卷末一卷 2-345
[嘉庆]善化县志：三十卷首一卷末一卷 2-346
善权寺古今文录：十卷 5-274
善邻国宝记：三卷 2-58
善鸣集：十二卷 5-195
[光绪]善和乡志：八卷 2-283
善卷堂四六：十卷 5-43
善诱文：一卷 3-200
普门医品：四十八卷 3-84
[光绪]普安直隶厅志：二十二卷 2-402
普陀山志：六卷 2-151
普陀山志：六卷 2-151
普济方：一百六十八卷 3-81
普祥峪万年吉地工程备要：十卷 2-74
普庵至善弘仁圆通智慧寂感妙应慈济真觉昭贶惠庆护国宣教大德菩萨实录：一卷 3-424
普庵至善弘仁圆通智慧寂感妙应慈济真觉昭贶惠庆护国宣教大德菩萨语录：四卷 3-417
普庵至善弘仁圆通智慧寂感妙应慈济真觉昭贶惠庆护国宣教大德菩萨语录：四卷家宝一卷 3-417
粪心录：不分卷 3-275
尊孔录：十六卷 3-31
尊水园集：十二卷补遗二卷 5-2
尊水园集略：十二卷补遗一卷 5-2
尊生阙汇：不分卷 3-386
尊生馆稿：不分卷 4-344
尊生镜：二卷 3-212
尊白堂集：六卷 4-150
尊白堂集：六卷 4-150
尊拙斋诗集：四卷 5-17
尊拙斋诗集：四卷 5-17
尊拙堂文集：十二卷 4-343
尊经斋诗集：四卷外集一卷 5-150
尊闻居士集：八卷 5-112
尊闻堂集：八十卷 5-48
尊前集：二卷 5-347
尊道堂诗钞：八卷别集六卷 5-58
尊攘略：一卷 1-312
道一编：六卷 3-27
道一编：六卷 3-27
道山纪略：不分卷 2-154
道乡先生邹忠公文集：四十卷 4-124
道乡先生邹忠公文集：四十卷 4-124
道乡先生邹忠公文集：四十卷 4-124
道乡先生邹忠公文集：四十卷 4-124
道乡先生邹忠公文集：四十卷续集一卷 4-124
道元一炁：五卷 3-386
道书：十八种二十卷 3-379
道书：八种八卷 3-379
道书全集真本：二十五种九十四卷 3-378
道古堂文集：四十六卷诗集二十六卷 5-90
道古堂诗集：二十六卷 5-90
道古楼藏书目：一卷 2-491
道光二十九年己酉科贵州选拔同年录：一卷 1-438
道光二十九年滇黔同官录：不分卷 1-440
道光二十三年癸卯科山西乡试题名录：一卷 1-432
道光二十六年日月刻度通书：不分卷 3-101
道光二十六年丙午科直省乡试题名全录：一卷 1-432
道光二十六年春季军机处随手档：不分卷 2-84
道光二十四年甲辰科进士同年录：一卷 1-431
道光二十年庚子科会试同年齿录：一卷 1-431

道光十二年壬辰科四川乡试题名录：一卷 ………… 1-436
道光十二年壬辰科直省乡试同年齿录：一卷 ………… 1-432
道光十五年乙未恩科广东乡试录：一卷 ………… 1-435
道光十五年乙未恩科翻译乡试录：一卷 ………… 1-432
道光十四年甲午科江西乡试题名录：一卷 ………… 1-434
道光十四年甲午科湖南乡试题名录：一卷 ………… 1-435
道光十四年甲午科翻译乡试录：一卷 … 1-432
道光八年戊子科广东乡试题名录：一卷 ………… 1-435
道光三十年至咸丰六年兵部汇题忠义录：不分卷 ………… 1-376
道光三十年庚戌科拔贡朝考同年齿录：不分卷 ………… 1-437
道光分水县志：十卷首一卷末一卷 ……… 2-264
道光岁入风出简明总册：不分卷 ……… 2-51
道光洋艘征抚记：二卷 ………… 1-316
[光绪]道州志：十二卷 ………… 2-356
[康熙]道州志：十五卷 ………… 2-356
道州何氏东洲草堂书目：不分卷 ……… 2-495
道园乐府：一卷附一卷 ………… 5-337
道园学古录：五十卷 ………… 4-197
道园学古录：五十卷 ………… 4-197
道园学古录：五十卷 ………… 4-197
道园学古录：五十卷 ………… 4-197
道园学古录：五十卷 ………… 4-197
道园学古录：五十卷 ………… 4-197
道园学古录：五十卷 ………… 4-198
道园学古录：五十卷 ………… 4-198
道园学古录：五十卷 ………… 4-198
道园续稿：六卷 ………… 4-198
道园遗稿：六卷 ………… 4-198
道园集：不分卷 ………… 4-198
道听录：五卷 ………… 3-213
道听录：四卷 ………… 3-213
道言内外：六卷 ………… 3-378
道言内外秘诀全书：六卷 ………… 3-378
道林先生摘言：四卷 ………… 3-29
道命录：十卷 ………… 1-365
道宗六书：三十六卷 ………… 3-378
道驿集：四卷 ………… 5-54
道经摘要全集内集：二十卷 ………… 3-379
道南源委录：十二卷 ………… 1-355
道贵堂类稿：二十三卷 ………… 5-27
道贵堂类稿：十六卷；应制集：三卷 …… 5-27
道原：四十种四十五卷 ………… 3-379
道援堂诗集：十三卷 ………… 5-38
道援堂集：十三卷 ………… 5-38
道德会元：不分卷 ………… 3-369
道德宝章：一卷 ………… 3-369
道德宝章：一卷 ………… 3-369
道德宝章注：一卷 ………… 3-369
道德经：二卷 ………… 3-368
道德经大义：三卷 ………… 3-371
道德经讲义：十二卷 ………… 3-369
道德经讲义：十二卷 ………… 3-369
道德经讲义：十二卷 ………… 3-369
道德经讲义：十二卷 ………… 3-369
道德经评注：二卷 ………… 3-367
道德经测：二卷 ………… 3-370
道德经集义：二卷 ………… 3-370
道德经集解：二卷 ………… 3-370
道德经解：二卷 ………… 3-368
道德经解：二卷 ………… 3-370
道德真经广圣义：五十卷 ………… 3-368
道德真经传：四卷 ………… 3-368
道德真经传：四卷 ………… 3-368
道德真经注：四卷 ………… 3-368
道德真经注：四卷 ………… 3-368
道德真经注：四卷 ………… 3-369
道德真经指归：十三卷首一卷 ………… 3-368
道德真经藏室纂微篇：十卷 ………… 3-368
道藏 ………… 3-378
道藏：八种□□卷 ………… 3-378
道藏目录详注：四卷 ………… 2-501

道藏目录详注：四卷 …… 2-501
道藏阙经目录：二卷 …… 2-501
[乾隆]遂宁县志：十二卷首一卷 …… 2-388
[光绪]遂宁县志：六卷首一卷 …… 2-388
遂安历劫记：一卷 …… 1-317
遂安西洞泮南余氏族谱：三卷 …… 2-7
[万历]遂安县志：四卷 …… 2-264
遂园褉饮集：三卷 …… 5-261
遂初堂书目：一卷 …… 2-482
遂初堂书目：一卷 …… 2-482
遂初堂书目：一卷 …… 2-482
遂初堂书目：一卷 …… 2-482
遂初堂书目：不分卷 …… 2-482
遂初堂收藏书画目录：二十八卷 …… 3-129
遂初堂集：四十卷 …… 5-53
遂初集：二卷 …… 5-105
遂昌山人杂录：一卷 …… 3-247
[道光]遂溪县志：十二卷 …… 2-369
[道光]遂溪县志：十二卷 …… 2-369
[康熙]遂溪县志：四卷 …… 2-369
曾子注释：四卷叙录一卷 …… 3-8
曾文正公手简真迹：不分卷 …… 5-145
曾文正公年谱：不分卷 …… 1-415
曾文正公奏议公牍：不分卷 …… 2-110
曾文正公奏议公牍：不分卷 …… 2-110
曾文正公奏稿：三十卷 …… 2-110
曾乐轩稿：一卷 …… 1-160
曾乐轩稿：一卷 …… 1-160
曾志：四卷首一卷末一卷 …… 1-387
曾丽天诗：一卷 …… 5-258
曾青藜初集：一卷曾止山文集一卷壬癸集一卷甲子诗一卷三度岭南诗一卷 …… 5-30
曾国藩军情文牍：不分卷 …… 5-145
曾思二子全书：二卷 …… 3-3
曾庭闻诗：六卷 …… 5-258
曾益斋诗抄：二卷 …… 5-130
焠掌录：二卷 …… 3-235
焠掌录：二卷 …… 3-235
湛园未定稿：一卷 …… 5-32
湛园未定稿：不分卷 …… 5-33
湛园未定稿：六卷 …… 5-33
湛园未定稿：六卷 …… 5-33
湛园题跋：一卷 …… 3-137
湛园题跋：一卷 …… 3-137
湛园题跋：一卷 …… 5-43
湛渊静语：二卷 …… 3-201
湛渊静语：二卷 …… 3-201
湛然居士文集：十四卷 …… 4-182
湛然居士文集：十四卷 …… 4-182
湛然居士文集：十四卷 …… 4-183
湛然居士文集：十四卷 …… 4-183
湛然居士文集：十四卷 …… 4-183
湛然居士文集：十四卷 …… 4-183
湛然居士文集：十四卷 …… 4-183
湛然居士文集：十四卷 …… 4-183
湖上李公山石论：一卷 …… 3-170
湖上编：二卷；白下编：二卷；蓬宅编：二卷 …… 4-371
[康熙]湖口县志：十卷首一卷 …… 2-300
湖山外稿：一卷附录一卷 …… 4-177
湖山灵秀集：十六卷 …… 5-271
湖山胜概：二卷 …… 2-164
湖山类稿：五卷 …… 4-177
湖山类稿：五卷外稿一卷附录一卷 …… 4-177
湖山类稿：五卷补遗一卷附录一卷；汪水云诗钞：一卷 …… 4-177
[康熙]湖广武昌府志：十二卷 …… 2-331
湖广官书五经：五十六卷 …… 1-1
[万历]湖广总志：九十八卷 …… 2-330
[雍正]湖广通志：一百二十卷首一卷 …… 2-330
[康熙]湖广通志：八十卷首一卷 …… 2-330
[乾隆]湖北下荆南道志：二十八卷 …… 2-331
[乾隆]湖北下荆南道志 …… 2-331
湖北旧闻录：五卷 …… 2-133
湖北江汉水利议：一卷 …… 2-78
湖北安襄郧道水利集案：二卷 …… 2-78
湖北金石存佚考：二十二卷 …… 2-448
湖北金石志：十四卷 …… 2-448
湖北金石诗：一卷 …… 2-448
湖北金石诗：不分卷 …… 2-448

湖北省襄阳府宜城县乡土志 …………………… 2-334
[嘉庆]湖北通志：一百卷首五卷 ………… 2-330
湖北通志凡例辨例：不分卷 ……………… 2-330
湖北通志志余：不分卷 ……………………… 2-330
湖州氏族考：六卷；本朝湖州府县官考：一卷；本朝科名盛事录：一卷 …… 1-381
湖州金石录：八卷 …………………………… 2-446
[万历]湖州府志：十四卷图一卷 ………… 2-264
湖变纪略：一卷 ……………………………… 1-317
湖南乡土地理教科书：不分卷 …………… 2-344
[同治]湖南沅州府志：四十二卷首一卷 …………………………………………… 2-359
[乾隆]湖南直隶桂阳州志：二十八卷首一卷补续一卷 ………………………………… 2-354
[嘉庆]湖南直隶桂阳州志：四十三卷首一卷 ……………………………………………… 2-354
[乾隆]湖南通志：一百七十四卷首一卷 …………………………………………… 2-344
[嘉庆]湖南通志：二百十九卷首三卷末六卷附岳麓书院书目一卷城南书院书目一卷 ……………………………………………… 2-344
[光绪]湖南通志：二百八十八卷首八卷末十九卷 ……………………………………… 2-344
湖海长吟：八卷；操瑟迁谭：二卷 …… 4-332
湖海搜奇：二卷 ……………………………… 3-326
湖海集：十三卷 ……………………………… 5-54
湖海集：三卷 ………………………………… 4-259
湖海楼诗集：十二卷补遗一卷词集二十卷文集六卷 ………………………………… 5-29
湖海新闻夷坚续志后集：六卷 ………… 3-325
湖湘五略：十卷 ……………………………… 2-104
湖楼史话：四卷 ……………………………… 1-342
湘山事状全集：十卷 ……………………… 2-145
湘山野录：三卷续录一卷 ………………… 3-244
[同治]湘乡县志：二十三卷首一卷末一卷 …………………………………………… 2-352
[道光]湘乡县志：十卷首一卷 …………… 2-352
[嘉庆]湘乡县志：十卷首一卷 …………… 2-352
[康熙]湘乡县志：十卷 …………………… 2-352
[乾隆]湘乡县志：六卷 …………………… 2-352
湘阴李文恭公书翰：不分卷 ……………… 5-140
[乾隆]湘阴县志：三十二卷 ……………… 2-350
[嘉庆]湘阴县志：三十九卷首一卷补遗一卷 ……………………………………………… 2-350
[光绪]湘阴县图志：三十四卷首一卷末一卷 ……………………………………………… 2-350
湘城访古录：十七卷首一卷 ……………… 2-345
湘南集：二卷；邕管集：一卷 ………… 5-114
湘烟录：十六卷 ……………………………… 3-271
湘瑟词：四卷；望庐集句：一卷 ……… 5-340
湘楚军营制：不分卷 ………………………… 2-60
[乾隆]湘潭县志：二十五卷首一卷 …… 2-352
[乾隆]湘潭县志：二十六卷首一卷 …… 2-352
[光绪]湘潭县志：十二卷 ………………… 2-352
[嘉庆]湘潭县志：四十卷 ………………… 2-352
湘麋馆遗墨粹存：一卷 …………………… 5-155
温飞卿诗集：七卷别集一卷集外诗一卷 … 4-71
温飞卿诗集：九卷 …………………………… 4-72
温公琐语：一卷 ……………………………… 3-246
温文简公遗像题词：六卷 ………………… 1-405
温帅血脉家传：一卷；辛天君火笔：一卷 …………………………………………… 3-387
[万历]温州府志：十八卷 ………………… 2-270
温州瑞安县仙严寺志：十卷 ……………… 2-144
[嘉庆]温江县志：三十六卷首一卷 …… 2-380
温实忠先生遗稿：十二卷 ………………… 4-368
温经日记：六卷 ……………………………… 1-139
温函野诗集：二卷 …………………………… 4-324
温庭筠诗集：十卷补遗一卷 ……………… 4-71
温庭筠诗集：七卷别集一卷 ……………… 4-71
温热朗照：八卷 ……………………………… 3-73
温宿县乡土志：一卷 ……………………… 2-435
温宿县乡土志：一卷 ……………………… 2-435
温宿县分防柯坪县乡土志：一卷 ……… 2-435
[光绪]温宿府志：一卷 …………………… 2-435
渭上续稿：十一卷 …………………………… 4-319
渭川居士词：一卷 …………………………… 5-333
渭南文集：五十二卷 ……………………… 4-145
渭南文集：五十二卷 ……………………… 4-145
渭南文集：五十二卷 ……………………… 4-145

渭南文集：五十卷 4-145
渭南文集：五十卷 4-145
[雍正]渭南县志：十五卷 2-409
[乾隆]渭南县志：十四卷 2-409
[同治]滑县志：十二卷 2-325
滑稽小说天上春秋：十八回；社会小说缙绅镜：三十回附杂抄一卷 3-357
滑稽馆新编三报恩传奇：二卷 5-388
滑耀编：四卷 5-206
滑耀编：四卷 5-206
[康熙]溆浦县志：一卷 2-359
[同治]溆浦县志：二十四卷首一卷 2-359
[乾隆]溆浦县志：二十卷首一卷末一卷 2-359
渟溪老屋题画诗：一卷 5-104
渡海舆记：一卷 2-168
渡海舆记：一卷附袖海编一卷 2-168
游一川行传：一卷 1-399
游山诗：一卷 5-127
游艺塾文规：五卷 5-326
游艺塾续文规：十八卷 5-326
游仙梦：不分卷 5-396
游仙窟：一卷 3-330
游西山记：一卷；游西山诗：一卷 2-166
游西湖小纪：一卷 2-167
游名山一览记：十六卷 2-148
游名山一览记：十六卷 2-148
游名山记：六卷 2-166
游志续编：一卷 2-165
游志续编：一卷 2-165
游志续编：一卷 2-165
游志续编：一卷 2-165
游志续编：一卷 2-165
游参知藏山集：十卷 4-317
游城南记：一卷 2-168
游洋志：八卷 2-294
游宦纪闻：十卷 3-197
游宦纪闻：十卷 3-197
游梁诗集：六卷 4-315
游梁草：一卷 5-48
游梁集：一卷 4-284
游楚吴吟：不分卷 5-117
游嵩集：一卷 5-246
游翰稗编：五卷 3-266
渼陂续集：三卷 4-262
[光绪]滋阳县志：十四卷 2-317
滋溪文稿：三十卷 4-208
溉堂前集：九卷后集六卷续集六卷 5-22
溉堂前集：九卷续集六卷文集五卷 5-22
[光绪]湄潭县志：八卷 2-399
[光绪]滁州志：十卷首一卷末一卷 2-276
[光绪]滁州志：十卷首一卷末一卷 2-276
割鸡集：三卷 5-30
寒山子诗集：一卷 4-20
寒山子诗集：一卷 4-20
寒山金石林时地考：二卷首一卷 2-443
寒山诗：一卷 4-20
寒山诗合选：九卷 4-370
寒山诗集：五卷 4-20
寒山赵氏三世志传：不分卷 1-389
寒山堂金石林时地考：一卷部目一卷 2-440
寒山堂金石林时地考：一卷部目一卷 2-440
寒山蔓草：十卷 5-247
寒中诗：四卷 5-39
寒中诗：四卷 5-70
寒中诗卷：四卷 5-39
寒村诗文选：三十六卷 5-46
寒村诗选：二十一卷文选八卷 5-45
寒村集：四卷 4-292
寒松大师拈来草：不分卷 5-30
寒松阁词：四卷 5-346
寒松阁词：四卷 5-346
寒松阁诗翰书札 5-150
寒松阁钞书：四种五卷 5-161
寒松阁谈艺琐录：六卷 3-143
寒松堂全集：十二卷 5-19
寒松稺子杂著：十六卷杂吟四卷 5-104
寒瘦集：一卷 5-228
寒瘦集：一卷 5-228
寒瘦集：一卷 5-228

[光绪]富川县志：十二卷 2-372
富平县乡土志：不分卷 2-413
[万历]富平县志：十卷 2-413
[万历]富平县志：十卷首一卷 2-413
[乾隆]富平县志：八篇 2-413
[光绪]富平县志稿：十卷首一卷 2-413
富阳县新志补正：二卷 2-264
[富顺]陈氏族谱：不分卷 2-13
[同治]富顺县志：三十八卷 2-390
[道光]富顺县志：三十八卷 2-390
[乾隆]富顺县志：五卷首一卷 2-390
寓山注：二卷 2-152
寓山诗稿：一卷 5-28
寓山续志：不分卷 2-152
寓林集：三十二卷诗六卷 4-344
寓圃杂记：十卷 3-248
寓惠录：四卷传一卷附录一卷 4-108
寓简：十卷 3-193
[康熙]裕州志：六卷 2-328
禅门锻炼说：一卷 3-416
禅月集：二十五卷 4-79
禅那集：四卷 3-415
禅苑蒙求：三卷 3-424
禅林宝训：二卷 3-414
禅林宝训：二卷 3-414
禅林宝训：二卷 3-414
禅林宝训珠类：八卷附拾遗一卷 3-415
禅林钩玄：七卷 3-415
禅林类聚：二十卷 3-415
禅林类聚：二十卷 3-415
禅林僧宝传：三十卷临济宗旨一卷 1-366
禅宗永嘉集：一卷附证道歌一卷 3-413
禅宗永嘉集：二卷 3-413
禅宗永嘉集：二卷 3-413
禅宗颂古联珠通集：四十卷 3-419
禅寄笔谈：十卷 3-209
禅喜纪事：一卷 4-107
禅源诸诠集都序：二卷 3-415
禄劝县乡土志合编：三卷 2-403
谢天怀聋歌杂著：一卷 5-19
谢氏后汉书补逸：五卷 1-210
谢氏砚考：四卷首一卷 3-162
谢石渠先生诗集：十三卷 4-349
谢幼槃文集：十卷 4-122
谢幼槃文集：十卷 4-122
谢幼槃文集：十卷 4-122
谢幼槃文集：十卷 4-122
谢幼槃文集：十卷 4-122
谢耳伯先生初集：十六卷全集八卷 4-359
谢茂秦集：二卷 4-286
谢枚如先生文稿：一卷 5-148
谢禹铭五刻：□□卷 3-3
谢宣城诗集：五卷 4-18
谢宣城诗集：五卷 4-18
谢宣城诗集：五卷 4-18
谢宣城诗集：五卷 4-18
谢宣城集：五卷首一卷 4-17
谢宣城集：六卷首一卷 4-18
谢起臣燕游二十咏：一卷 5-19
谢朓集：五卷 4-17
谢朓集：五卷 4-17
谢海门窗稿：一卷 4-314
谢海门窗稿：一卷；谢进士墨卷：一卷 4-314
谢硕甫日记：不分卷；公车用费日记：不分卷 1-420
谢康乐集：四卷 4-17
谢康乐集：四卷 4-17
谢康乐集：四卷 4-17
谢叠山先生文集：六卷 4-172
谣语：三卷 3-312
谥忠文古廉文集：六卷 4-240
谥法通考：十八卷 2-41
谥法通考：十八卷 2-42
谥法纂：十卷 2-42
谦牧堂藏书目：二卷 2-491
遐域琐谈：二卷 2-434
遐域琐谈：四卷 2-434
强识略：四十卷 3-309
强识编：八卷 3-237

强识编：八卷 …… 3-237
强恕斋文钞：五卷诗钞四卷 …… 5-83
巽亭先生诗集：一卷 …… 5-103
巽斋先生四六：一卷 …… 4-173
巽隐程先生文集：四卷 …… 4-235
踈影楼词续钞：一卷 …… 5-344
疏草：三卷附录一卷 …… 2-104
疏勒府乡土志：一卷 …… 2-434
疏影楼词续钞：一卷 …… 5-344
疏影楼题画诗：一卷 …… 5-104
隙光亭杂识：六卷 …… 3-219
隙光亭杂识：六卷 …… 3-219
隙光亭杂识：四卷 …… 3-219
絮庵惭录：不分卷 …… 4-350
媚幽阁文娱：二集 …… 5-254
媚幽阁文娱：不分卷 …… 5-254
媚珰分款全录：一卷 …… 1-373
登西台恸哭记注：一卷冬青树引注一卷 …… 2-128
登西台恸哭记注：一卷冬青树引注一卷 …… 3-262
登西台恸哭记注：一卷冬青树引注一卷 …… 4-179
[万历]登州府志：十八卷图一卷 …… 2-314
登坛必究：四十卷 …… 3-48
[乾隆]登封县志：二十一卷 …… 2-321
[康熙]登封县志：十卷 …… 2-321
登封县志摘抄：不分卷 …… 2-321
[嘉靖]登封新志：六卷 …… 2-321
婺书：八卷 …… 1-382
婺志粹：十四卷首一卷 …… 2-269
婺贤文轨：四卷 …… 5-279
婺学志：二卷 …… 1-382
婺源山水游记：二卷 …… 2-167
婺源乡土志：七章 …… 2-303
[康熙]婺源县志：十二卷 …… 2-303
[乾隆]婺源县志：三十九卷首一卷 …… 2-303
[乾隆]婺源县志：三十九卷首一卷 …… 2-303
[光绪]婺源县志：六十四卷首一卷 …… 2-303
婺源桃溪潘氏宗谱：二十一卷 …… 2-23
缅甸纪略：一卷；黔楚苗变忆略：一卷 …… 1-315
缉玉录：五卷 …… 5-247
缉古算经：一卷 …… 3-102
缉古算经：一卷 …… 3-103
缉古算经考注：二卷 …… 3-103
缉古算经细草：三卷 …… 3-103
缉柳编：三卷 …… 3-268
缉斋文集：八卷首一卷附录一卷 …… 5-96
缑山先生集：二十七卷 …… 4-346
缑山先生集：二十七卷 …… 4-346
缑山先生集：二十七卷 …… 4-346
缑山先生集：二十七卷 …… 4-346
编目新书：不分卷 …… 2-112
编年拔秀：二卷 …… 3-309
编次陶节庵伤寒六书：五卷 …… 3-72
编注王司马百首宫词：二卷附录唐诸家宫词注一卷 …… 4-53
编选四家宫词：四卷 …… 5-163
编珠：四卷 …… 3-276
骚坛白战录：一卷 …… 5-246
骚苑：三卷 …… 3-307
骚屑：九卷 …… 3-274
骚略：三卷 …… 4-161
骚略：三卷 …… 4-168
缘督庐日记：不分卷 …… 1-424

十三画

瑟园诗草：一卷 …… 5-34
瑟榭丛谈：二卷 …… 3-222
瑟谱：一卷 …… 1-86
瑞云楼稿：□□卷 …… 4-332
瑞木纪：不分卷 …… 5-256
瑞世良英：五卷 …… 1-354
瑞芝山房集：十四卷 …… 4-349
瑞竹堂经验方：五卷 …… 3-80
[同治]瑞州府志：二十四卷首一卷 …… 2-304
[同治]瑞昌县志：十卷首一卷 …… 2-299
瑞岩山志：四卷 …… 2-154

[道光]瑞金县志：十六卷首一卷 ………… 2-301
[乾隆]瑞金县志：八卷首一卷………………… 2-301
瑞泉南伯子：二十二卷附录一卷后记一卷
………………………………………………… 4-302
瑞鹤堂近稿：三卷 ………………………… 4-340
瑜伽施食仪观：不分卷 …………………… 3-430
辒光楼印谱：二卷 ………………………… 3-152
鄢陵文献志：四十卷补遗一卷……………… 2-327
[乾隆]鄢陵县志：二十一卷首一卷 ……… 2-327
鼓山志：十二卷 …………………………… 2-153
鼓吹新编：十四卷 ………………………… 5-194
鼓枻文集：一卷 …………………………… 5-45
鼓枻稿：六卷补遗一卷 …………………… 4-230
鼓枻稿：一卷……………………………… 4-230
鼓枻稿：一卷……………………………… 4-230
鼓枻稿：六卷补遗一卷 …………………… 4-230
鄞邑形胜赋：一卷 ………………………… 4-247
勤有诗文集：诗集一卷文集一卷 ………… 4-242
勤政要典：一卷 …………………………… 3-26
靳两城先生集：二十卷 …………………… 4-295
靳两城先生集：二十卷 …………………… 4-295
鹊亭乐府：四卷 …………………………… 5-404
鹊亭乐府：四卷 …………………………… 5-405
蒇斋金石目：一卷 ………………………… 2-444
蓝山先生诗集：六卷 ……………………… 4-226
[嘉庆]蓝山县志：十六卷末一卷 ………… 2-357
[同治]蓝山县志：十六卷首一卷末一卷
………………………………………………… 2-357
蓝山集：六卷……………………………… 4-227
蓝玉党供状：不分卷 ……………………… 1-300
蓝田王摩诘诗：六卷 ……………………… 4-28
蓝田吕氏遗书：二卷 ……………………… 3-35
蓝田县乡土志：二卷 ……………………… 2-406
[道光]蓝田县志：十六卷文征录四卷 … 2-406
[雍正]蓝田县志：四卷首一卷……………… 2-406
蓝亚中文集：十八卷 ……………………… 4-367
蓝侍御集：十卷 …………………………… 4-270
蓝涧集：六卷……………………………… 4-227
墓铭举例：四卷 …………………………… 5-327
蒯缑馆十一草：一卷 ……………………… 5-32
蓟丘集：四十七卷 ………………………… 4-337
[道光]蓟州志：十卷首一卷 ……………… 2-178
[道光]蓟州志：十卷首一卷 ……………… 2-178
[康熙]蓟州志：八卷 ……………………… 2-178
蓬庄诗集：五卷 …………………………… 5-85
[光绪]蓬州志：十五卷 …………………… 2-387
[道光]蓬州志略：十卷 …………………… 2-387
蓬庐诗钞：二十卷 ………………………… 5-107
[康熙]蓬莱县志：八卷 …………………… 2-314
[光绪]蓬莱县续志：十四卷 ……………… 2-314
蓬莱阁诗集：不分卷 ……………………… 5-285
蓬莱阁集：十卷 …………………………… 5-285
蓬莱阁集：十卷 …………………………… 5-285
蓬莱葛氏诗文稿：五种七卷 ……………… 5-293
蓬窗类纪：五卷 …………………………… 3-248
蓬蜗录：十卷……………………………… 4-232
[道光]蓬溪县志：十六卷首一卷图一卷
………………………………………………… 2-388
[光绪]蓬溪县续志：十四卷首一卷 ……… 2-388
蓑笠轩仅存稿：十卷 ……………………… 5-69
蒿里录：二卷……………………………… 1-405
蒿庵集：三卷附录一卷……………………… 5-13
蓄斋集：十六卷 …………………………… 5-55
蒹葭什：一卷……………………………… 4-385
蒹葭堂稿：十卷 …………………………… 4-270
蒲山牧唱：不分卷 ………………………… 4-222
蒲水斋食治广要：八卷 …………………… 3-70
蒲东诗：一卷……………………………… 5-360
蒲东崔张珠玉诗集：一卷；钱塘梦：一卷
………………………………………………… 5-360
[乾隆]蒲台县志：四卷首一卷……………… 2-320
[乾隆]蒲台县志：四卷首一卷……………… 2-320
[康熙]蒲州志：十二卷 …………………… 2-224
[乾隆]蒲州府志：二十四卷图一卷 ……… 2-224
[乾隆]蒲州府志：二十四卷图一卷 ……… 2-224
蒲江县志：五卷首一卷 …………………… 2-382
[乾隆]蒲江县志：四卷 …………………… 2-382
[同治]蒲圻县志：八卷 …………………… 2-339
[光绪]蒲县续志：十卷 …………………… 2-222
[康熙]蒲县新志：八卷 …………………… 2-222

[乾隆]蒲城县志：十五卷…… 2-412
[康熙]蒲城县续志：四卷…… 2-412
[光绪]蒲城县新志：十三卷首一卷…… 2-412
蒲室集：十五卷…… 4-205
蒲庵诗：三卷…… 4-228
蒲庵集：六卷…… 4-228
蒲庵集：六卷…… 4-228
蒲溪吟社三家诗钞：四卷…… 5-269
蓉塘诗话：二十卷…… 5-319
蓉槎蠡说：十二卷…… 3-219
蓉槎蠡说：十二卷…… 3-219
蓉槎蠡说：十二卷…… 3-219
蒙山和尚普说：四卷…… 3-415
蒙川先生遗稿：十卷…… 4-171
蒙川先生遗稿：四卷…… 4-171
蒙古世系谱：五卷…… 2-24
蒙古志稿：六卷…… 2-229
蒙古律例：十二卷…… 2-69
蒙古钱谱：一卷…… 2-467
蒙古通鉴长编：八卷补编一卷…… 1-259
蒙古游牧记：十六卷…… 2-229
[康熙]蒙自县志：四卷…… 2-404
蒙求：三卷…… 3-302
蒙求续编：二卷…… 3-307
蒙春园集：不分卷…… 5-48
[顺治]蒙城县志：十二卷…… 2-274
[康熙]蒙城县志：十八卷…… 2-275
[万历]蒙城县志：八卷…… 2-274
蒙养指南：四卷…… 3-310
蒙难日记：一卷…… 1-317
蒙雅：一卷…… 1-167
蒙雅：一卷…… 1-167
蒙旗志稿：二卷…… 2-230
颐山私稿：十卷…… 4-277
颐山诗话：一卷…… 5-319
颐山诗话：一卷…… 5-319
颐仲遗稿：一卷…… 4-387
颐志斋诗文钞：三卷…… 5-139
颐真园图咏：不分卷…… 2-147
颐庵文选：二卷…… 4-238
颐庵居士集：二卷…… 4-142
颐庵居士集：二卷…… 4-142
颐情馆书画跋：一卷…… 3-131
献丑集：一卷…… 4-168
[光绪]献县乡土志…… 2-198
[乾隆]献县志：二十卷图一卷表一卷… 2-198
[乾隆]献县志：二十卷图一卷表一卷… 2-198
[乾隆]献县志：二十卷图一卷表一卷… 2-198
[康熙]献县志：八卷…… 2-198
蒸里志略：十二卷…… 2-239
楳读先生存稿：十卷附录五卷…… 4-244
楳埜集：十二卷…… 4-168
禁书总目：不分卷…… 2-499
禁书总目：不分卷…… 2-499
禁书总目：不分卷…… 2-499
禁扁：五卷…… 2-142
禁毁书目：一卷；各省咨查销毁书目：一卷；摘毁书目：一卷…… 2-499
禁毁书目略：一卷…… 2-499
楚天樵话：一卷…… 5-325
楚风补：四十八卷前编一卷末编一卷… 5-286
楚汉余谈：一卷…… 1-285
楚汉春秋：十卷…… 5-397
楚记：六十卷…… 1-277
楚记：六十卷…… 1-277
楚记：六十卷…… 1-277
楚边条约：一卷楚边饷一卷…… 2-59
楚边图说：一卷…… 2-59
楚州使院石柱题名记：一卷…… 2-445
楚江蠡史：一卷…… 5-15
楚村诗集：六卷文集六卷……5-8
楚怀襄二王在位事迹考：一卷……4-7
楚译：二卷……4-8
楚国文宪公雪楼程先生文集：三十卷… 4-189
楚国文宪公雪楼程先生文集：三十卷… 4-189
楚南苗志：六卷…… 2-133
楚骖吟：五卷是底言二卷咏史诗一卷…… 5-22
楚香亭集：六卷…… 5-69
[嘉庆]楚雄县志：十卷首一卷…… 2-404
楚游寓目编：二卷…… 3-130

楚游稿：二卷 ······························ 4-334
楚骚：五卷 ······························4-1
楚骚：五卷 ······························4-1
楚骚绮语：六卷 ······························4-5
楚辞：二卷 ······························4-1
楚辞：二卷 ······························4-1
楚辞：二卷 ······························4-1
楚辞：二卷 ······························4-1
楚辞：二卷 ······························4-1
楚辞：二卷 ······························4-1
楚辞：十七卷······························4-3
楚辞：十七卷······························4-3
楚辞：十七卷······························4-3
楚辞：十卷 ······························4-1
楚辞：十卷 ······························4-5
楚辞：八卷 ······························4-1
楚辞：八卷 ······························4-3
楚辞：五卷 ······························4-5
楚辞节注：六卷 ······························4-7
楚辞叶音：一卷 ······························4-7
楚辞句解评林：十七卷附录一卷 ······························4-1
楚辞灯：四卷；楚怀襄二王在位事迹考一卷 ······························4-6
楚辞听直：八卷合论一卷······························4-6
楚辞补注：二卷 ······························4-6
楚辞述注：十卷 ······························4-6
楚辞述注：五卷 ······························4-6
楚辞述注：五卷 ······························4-6
楚辞述注：五卷 ······························4-6
楚辞述注：五卷 ······························4-6
楚辞注：十卷······························4-3
楚辞注：十卷······························4-3
楚辞注：十卷······························4-3
楚辞注评：十七卷附录一卷 ······························4-3
楚辞注评：十七卷附录一卷 ······························4-3
楚辞注评：十七卷附录一卷 ······························4-3
楚辞注评：十七卷附录一卷 ······························4-3
楚辞通释：十四卷末一卷······························4-6
楚辞章句：十七卷 ······························4-1
楚辞章句：十七卷 ······························4-1
楚辞章句：十七卷 ······························4-2
楚辞章句：十七卷 ······························4-2
楚辞章句：十七卷 ······························4-2
楚辞章句：十七卷 ······························4-2
楚辞章句：十七卷 ······························4-3
楚辞章句：十七卷 ······························4-3
楚辞章句：十七卷；疑字直音补：一卷······4-2
楚辞章句：十七卷；疑字直音补：一卷······4-2
楚辞章句：十七卷；疑字直音补：一卷······4-2
楚辞章句：十七卷；疑字直音补：一卷······4-2
楚辞章句：十七卷；疑字直音补：一卷······4-2
楚辞章句：十七卷；疑字直音补：一卷······4-2
楚辞章句：十七卷附录一卷 ······························4-2
楚辞章句：十七卷附录一卷 ······························4-2
楚辞章句：十七卷附录一卷 ······························4-2
楚辞集注：八卷 ······························4-4
楚辞集注：八卷 ······························4-5
楚辞集注：八卷 ······························4-5
楚辞集注：八卷 ······························4-5
楚辞集注：八卷辨证二卷后语六卷 ······4-3
楚辞集注：八卷辨证二卷后语六卷 ······4-4
楚辞集注：八卷辨证二卷后语六卷 ······4-4
楚辞集注：八卷辨证二卷后语六卷 ······4-4
楚辞集注：八卷辨证二卷后语六卷 ······4-4
楚辞集注：八卷辨证二卷后语六卷 ······4-4
楚辞集注：八卷辨证二卷后语六卷 ······4-4
楚辞集注：八卷辨证二卷后语六卷 ······4-4
楚辞集注：八卷辨证二卷后语六卷 ······4-4
楚辞集注：八卷辨证二卷后语六卷 ······4-4
楚辞集注：八卷辨证二卷后语六卷 ······4-4
楚辞集注：八卷辨证二卷后语六卷 ······4-4
楚辞集注：八卷辨证二卷后语六卷 ······4-4
楚辞集注：八卷辨证二卷后语六卷 ······4-5
楚辞集注：八卷辨证二卷后语六卷 ······4-5
楚辞集注：八卷辨证二卷后语六卷 ······4-5
楚辞集注：八卷辨证二卷后语六卷 ······4-5
楚辞集注：八卷辨证二卷后语六卷 ······4-5
楚辞集注：八卷辨证二卷后语六卷 ······4-5
楚辞集解：十五卷蒙引二卷考异二卷大序一卷小序一卷 ······························4-5

楚辞集解：□□卷蒙引二卷 ……………………4-6
楚辞疏：十九卷；读楚辞语：一卷；读楚杂论：一卷 ……………………………4-6
楚辞疏：十九卷；读楚辞语：一卷；楚辞杂论：一卷 ……………………………4-6
楚辞新集注：八卷末一卷……………………4-7
楚辞榷：八卷………………………………4-6
楝亭五种：六十五卷 ………………… 1-191
楝亭书目：不分卷 ………………………… 2-490
楝亭书目：不分卷 ………………………… 2-490
楝亭诗钞：七卷词钞一卷文钞一卷 ………… 5-65
楝亭诗钞：八卷诗别集四卷词钞一卷 …… 5-65
楞严正脉：十卷首一卷 …………………… 3-411
楞伽山人诗集：八卷 ……………………… 5-68
楞伽阿跋多罗宝经：四卷………………… 3-392
楞伽阿跋多罗宝经会译：四卷…………… 3-393
楞伽阿跋多罗宝经讲录：四卷附录一卷 ……………………………………… 3-408
楞伽阿跋多罗宝经参订疏：四卷 ………… 3-407
槐川堂留稿：六卷 ……………………… 4-381
槐江诗钞：四卷 ………………………… 5-71
槐轩集：十卷……………………………… 5-32
槐轩集：十卷……………………………… 5-32
槐根说听：十卷 ………………………… 5-421
槐野先生存笥稿：三十八卷附录一卷 … 4-299
槐塘诗稿：十六卷文稿四卷 …………… 5-93
槐塘诗稿：十六卷文稿四卷 …………… 5-93
[同治]榆次县志：十六卷首一卷末一卷 ……………………………………… 2-217
[同治]榆次县志：十六卷首一卷末一卷图一卷…………………………………… 2-217
[乾隆]榆次县志：十四卷首一卷 ………… 2-217
[康熙]榆次县续志：十四卷首一卷 ……… 2-217
[光绪]榆次县续志：四卷………………… 2-217
[乾隆]榆社县志：十二卷………………… 2-217
[光绪]榆社县志：十卷首一卷末一卷 … 2-217
榆楼题跋：不分卷 ……………………… 3-130
榆溪诗抄：二卷 ……………………………5-9
榆溪集选：不分卷…………………………5-9
榆溪集选：不分卷补一卷…………………5-9
槎上老舌：一卷 ……………………… 3-216
槎上老舌：不分卷 ……………………… 3-216
槎翁文集：十八卷 ……………………… 4-228
槎翁诗：八卷…………………………… 4-228
槎庵小乘：四十一卷 …………………… 3-213
槎庵诗集：八卷 ………………………… 4-372
楼云馆集：二十卷 ……………………… 4-312
楼邨诗集：二十五卷 ……………………… 5-52
榲书堂历代姓氏考：二十卷 …………… 3-313
赖古堂文选：二十卷 …………………… 5-213
赖古堂尺牍新钞二选藏弆集：十六卷 … 5-298
赖古堂尺牍新钞三选结邻集：十六卷 … 5-298
赖古堂印谱：不分卷 …………………… 3-152
赖古堂印谱：四卷 ……………………… 3-152
赖古堂印谱：四卷 ……………………… 3-152
赖古堂名贤尺牍新钞：十二卷…………… 5-298
赖古堂名贤尺牍新钞：十二卷二选藏弆集十六卷三选结邻集十六卷 ……………… 5-298
赖古堂别集印人传：三卷………………… 1-358
赖古堂别集印人传：三卷………………… 1-358
赖古堂集：二十四卷附录六卷……………… 5-13
赖古堂集：二十四卷附录六卷……………… 5-13
甄正论：三卷…………………………… 3-428
蜃楼志：八卷…………………………… 3-355
感山云卧纪谈：二卷；云卧庵主书：一卷 ……………………………………… 3-428
感旧集：十六卷 ………………………… 5-258
感症宝筏：四卷 …………………………… 3-73
碛砂唐诗：三卷 ………………………… 5-221
碧经室经进书录：四卷 ………………… 2-477
碑版文广例：十卷 ……………………… 5-327
碑版文广例：十卷 ……………………… 5-327
碑录：二卷附一卷……………………… 2-460
碑录：二卷附一卷……………………… 2-460
碎金：不分卷…………………………… 3-305
碎金词谱：十四卷续谱六卷词韵四卷 … 5-355
鹌鹑谱全集：四卷……………………… 3-171
[康熙]鄠县志：十二卷首一卷………… 2-407
[乾隆]鄠县重续志：五卷……………… 2-407
[乾隆]鄠县新志：六卷 ………………… 2-407

雷江脞录：四卷 …… 3-328
雷音：十二卷 …… 5-274
雷峰塔奇传：四卷 …… 3-364
雷溪草堂诗：一卷 …… 5-79
零文杂钞：不分卷 …… 5-111
零志补零：三卷 …… 2-356
[光绪]零陵县志：十五卷附补遗一卷 …… 2-356
[嘉庆]零陵县志：十六卷 …… 2-356
雾市选言：四卷 …… 3-270
摄生众妙方：十一卷；急救良方：二卷 …… 3-82
摄政睿忠亲王起居注：一卷 …… 1-417
摅怀稿：一卷 …… 5-70
携剑集：四卷恒西游草一卷 …… 4-358
摛藻堂诗稿：一卷续稿二卷 …… 5-64
摛藻堂续稿：五卷 …… 5-64
辑刻琵琶亭诗：一卷 …… 5-284
辑录云峰文集易义：一卷 …… 1-12
辑录云峰文集易义：一卷 …… 1-13
辑庵集：二卷 …… 5-64
裘竹斋诗集：六卷 …… 4-161
裘杼楼诗稿：四卷；桐扣词：二卷 …… 5-60
裘杼楼藏书目：四卷 …… 2-490
督师纪略：十三卷 …… 1-305
督师奏疏：十六卷 …… 2-104
督芦疏草：一卷 …… 2-104
督抚两浙定变舆颂录：□□卷 …… 5-255
督抚疏议：十五卷 …… 2-100
督抚楚台奏议：十卷 …… 2-101
督捕则例：二卷 …… 2-79
督捕则例：二卷；三流道里表：不分卷 …… 2-68
督漕疏草：二十二卷 …… 2-108
频迦偶吟：六卷 …… 5-105
频螺暂存稿：一卷 …… 5-105
粲花斋新乐府四种：八卷 …… 5-381
粲花斋新乐府四种：八卷 …… 5-381
虞山人诗：三卷 …… 4-230
虞山人诗：四卷 …… 4-230
虞山书院志：十五卷 …… 2-147
虞山四子集：四卷 …… 5-272
虞山妖乱志：三卷 …… 1-308
虞山妖乱志：三卷；海角遗编：一卷 …… 1-308
虞山钱遵王述古堂藏书目录题词：一卷 …… 2-487
虞乡杂志：不分卷 …… 2-128
[光绪]虞乡县志：十二卷 …… 2-224
[光绪]虞乡县志：十二卷首一卷 …… 2-224
[乾隆]虞乡县志：十二卷 …… 2-224
虞氏易言：二卷 …… 1-26
虞书笺：二卷 …… 1-39
虞世南集：一卷 …… 4-19
虞世南集：一卷 …… 4-19
虞东文钞：四卷诗抄三卷应制诗一卷 …… 5-103
虞东学诗：十二卷首一卷 …… 1-52
虞志备稿：不分卷 …… 2-268
虞邑遗文录：十卷补集五卷 …… 5-273
虞邑遗文录：十卷补集六卷 …… 5-273
虞邑遗文录：十卷补集六卷 …… 5-273
虞初志：二十卷 …… 3-332
虞初志：十三卷 …… 3-332
虞初志：七卷 …… 3-333
虞初志：七卷 …… 3-333
虞初志：七卷 …… 3-333
虞初志：三十二卷 …… 3-332
虞邵庵分类杜诗注：不分卷 …… 4-37
虞邵庵批点文选心诀：一卷 …… 5-201
虞牧公诗集：不分卷 …… 5-16
虞乘刊误：十九卷 …… 2-268
虞道园类稿选：一卷 …… 4-198
虞德园先生集：二十五卷又八卷 …… 4-341
鉴止水斋书目：不分卷 …… 2-494
鉴泉诗草：不分卷 …… 5-136
睦州存稿：八卷台垣疏稿一卷 …… 5-147
睫巢后集：三卷 …… 5-84
睫巢集：六卷 …… 5-84
睫巢集：六卷 …… 5-84
睡庵文稿：初刻四卷二刻六卷 …… 4-354
睡庵诗稿：一卷文稿二卷 …… 4-354
睡庵诗稿：四卷 …… 4-354
[康熙]睢宁县志：十二卷 …… 2-243
睢宁县志稿：十八卷 …… 2-243

睢州人物艺文所见录：二卷 …………………… 2-132
[康熙]睢州志：七卷首一卷 …………………… 2-326
睢州逸德轩田箕山先生评选史记：六卷
…………………………………………………… 1-328
睢阳节：不分卷 ……………………………… 5-397
嗜退庵语存：十卷 …………………………… 3-273
嗜退庵语存外编：十卷 ……………………… 3-273
愚谷文存：不分卷 …………………………… 5-110
愚谷文稿：不分卷 …………………………… 5-111
愚谷诗稿：六卷 ………………………………5-5
愚谷集：十卷 ………………………………… 4-289
愚囊汇稿：二卷补遗一卷 …………………… 4-382
暖春书屋诗删：三卷 ………………………… 5-142
歇庵先生集选：四卷 ………………………… 4-348
歇庵集：二十卷 ……………………………… 4-348
歇庵集：二十卷附三卷 ……………………… 4-347
歇庵集：十六卷 ……………………………… 4-347
歇庵集：十六卷 ……………………………… 4-348
歇庵集：十六卷 ……………………………… 4-348
暗然堂类纂：六卷 …………………………… 3-250
暗然堂类纂：六卷 …………………………… 3-250
暗然编：四卷 ………………………………… 1-402
暇老斋杂记：三十二卷 ……………………… 3-214
照天宝鉴：不分卷 ……………………………3-88
路史：四十七卷 ……………………………… 1-276
路史：四十七卷 ……………………………… 1-276
路史：四十七卷 ……………………………… 1-276
路史：四十七卷 ……………………………… 1-276
路史：四十七卷 ……………………………… 1-276
路史：四十七卷 ……………………………… 1-276
路史：四十七卷 ……………………………… 1-276
路史：四十七卷 ……………………………… 1-276
[康熙]路南州志：四卷 ……………………… 2-403
蜗庐诗存：七卷 ………………………………5-54
蛾术堂集：十四种二十四卷 ………………… 5-433
蛾术编：九十五卷 …………………………… 3-235
蜕私轩文稿：一卷 …………………………… 5-157
蜕岩词：二卷 ………………………………… 5-337
蜕庵诗：五卷；蜕岩词：二卷 ……………… 4-206
蜕庵诗：不分卷；蜕岩词：一卷 …………… 4-206
蜕庵诗：四卷 ………………………………… 4-206
蜕庵诗：四卷；蜕岩词：一卷 ……………… 4-206
蜕庵诗：四卷；蜕岩词：二卷 ……………… 4-206
蜕庵诗：四卷附录一卷；集外诗：一卷；
蜕岩词：二卷 ……………………………… 4-206
蜕庵集：二卷 ………………………………… 4-206
輶轩使者绝代语译别国方言：十三卷 … 1-189
輶轩使者绝代语译别国方言：十三卷 … 1-189
輶轩使者绝代语释别国方言：十三卷 … 1-189
輶轩使者绝代语释别国方言：十三卷 … 1-189
輶轩使者绝代语释别国方言：十三卷 … 1-189
輶轩使者绝代语释别国方言：十三卷校正
补遗一卷 …………………………………… 1-190
輶轩使者绝代语释别国方言注：十三卷
…………………………………………………… 1-189
輶轩使者绝代语释别国方言解：十三卷
…………………………………………………… 1-189
輶轩使者绝代语释别国方言解：十三卷
…………………………………………………… 1-189
罪惟录：九十卷 ……………………………… 1-233
蜀中广记：一百八卷 ………………………… 2-135
蜀中诗话：四卷 ……………………………… 5-318
蜀中草：一卷 ………………………………… 4-138
蜀中高僧记：□□卷 ………………………… 3-424
蜀水经：十六卷 ……………………………… 2-165
蜀石经毛诗考异：二卷 ………………………1-53
蜀石经残字三种：四卷 ………………………1-1
蜀丞相诸葛亮文集：六卷 ……………………4-12
蜀吟：一卷 ……………………………………5-23
蜀事纪略：一卷 ……………………………… 1-305
蜀典：十二卷 ………………………………… 2-379
蜀典：十二卷 ………………………………… 2-379
蜀故：二十七卷 ……………………………… 2-135
蜀故：二十七卷 ……………………………… 2-135
蜀都赋：不分卷 ……………………………… 4-331
蜀都碎事：四卷艺文补遗二卷 ……………… 2-135
蜀难叙略：一卷 ……………………………… 1-402
蜀梼杌：一卷 ………………………………… 1-289
蜀梼杌：二卷 ………………………………… 1-289
蜀梼杌：不分卷 ……………………………… 1-289

蜀粤名宦录：一卷 …… 1-404
蜀游诗抄：六卷 …… 5-265
蜀鉴：十卷 …… 1-270
蜀鉴：十卷 …… 1-270
蜀鉴：十卷 …… 1-270
蜀鉴：十卷 …… 1-270
蜀鉴：十卷 …… 1-270
蜀碧：四卷 …… 1-307
蜀僧记：三卷 …… 1-384
蜀藻幽胜录：四卷 …… 5-208
嵩山景迂生文集：二十卷 …… 4-124
嵩山景迂生文集：二十卷杂文一卷 …… 4-124
嵩山景迂生文集：二十卷杂文一卷 …… 4-124
嵩书：二十二卷 …… 2-156
嵩阳书院志：二卷 …… 2-147
[乾隆]嵩县志：三十卷首一卷 …… 2-322
[乾隆]嵩县志：三十卷首一卷 …… 2-323
嵩洛访碑日记：一卷 …… 2-447
嵩洛访碑日记：一卷；岱岩访古日记：一卷 …… 2-447
嵩庵集：六卷 …… 5-333
嵩渚文集：一百卷目录二卷 …… 4-280
锡山遗响：十卷 …… 5-274
锡金乡土历史：二卷地理二卷 …… 2-254
锡金乡土地理：二卷 …… 2-255
锡金考乘：十四卷首一卷 …… 2-254
锡金志外：五卷 …… 2-254
锡金识小录：十二卷 …… 2-254
锡金识小录：十二卷 …… 2-254
锡金识小录：十二卷 …… 2-254
锡类法檀：十卷 …… 3-418
锦西县乡土志 …… 2-233
锦帆集：四卷；瓶花斋集：十卷；敝箧集：二卷 …… 4-354
锦衣归：二卷 …… 5-388
锦州府乡土志 …… 2-233
锦里耆旧传：八卷 …… 1-289
锦里耆旧传：八卷 …… 1-289
锦香亭：三卷 …… 5-391
锦绣万花谷：四十卷后集四十卷续集四十卷 …… 3-282
锦绣万花谷：四十卷后集四十卷续集四十卷 …… 3-282
锦绣万花谷：四十卷后集四十卷续集四十卷 …… 3-282
锦绣万花谷：前集四十卷后集四十卷 …… 3-282
锦绣万花谷：前集四十卷后集四十卷续集四十卷 …… 3-282
锦绣万花谷：前集四十卷后集四十卷续集四十卷 …… 3-282
锦绣万花谷：前集四十卷后集四十卷续集四十卷别集三十卷 …… 3-282
锦绣万花谷：前集四十卷后集四十卷续集四十卷别集三十卷 …… 3-282
锦绣万花谷续集：四十卷 …… 3-282
锦绣旛：一卷 …… 5-398
锦瑟词：三卷词话一卷 …… 5-339
锦囊印林：四卷 …… 3-153
辞荣录：不分卷 …… 2-97
辞品：六卷 …… 5-356
辞品：六卷拾遗一卷 …… 5-356
辞品：六卷拾遗一卷词评一卷 …… 5-356
辞赋标义：十八卷 …… 5-198
稗史汇编：一七五卷 …… 3-265
稗史集传：一卷 …… 1-356
稗史集传：一卷 …… 1-356
稗记：一卷 …… 3-221
稗官记：五卷 …… 3-248
稗海：四十八种二百八十八卷续二十二种一百六十一卷 …… 5-419
稗海全书：七十四种四百四十四卷 …… 5-419
稗屑：一卷 …… 1-318
筹办夷务始末：初编八十卷二编八十卷三编一百卷 …… 2-58
筹边一得：不分卷 …… 2-62
筹兵药言：一卷 …… 3-44
筹洋三策：一卷 …… 2-58
筹海图编：十三卷 …… 2-60
筹海图编：十三卷 …… 2-61
筹海图编：十三卷 …… 2-61

筹海重编：十二卷……2-61
筹海重编：□□卷……2-61
筹琼纪略：一卷……2-83
筹算：一卷……3-106
筠心集：一卷……5-133
[同治]筠连县志：十六卷……2-392
筠谷诗：一卷……4-226
筠谷诗集：一卷……4-226
筠谷诗集：一卷……4-226
筠清馆石文辑存：不分卷……2-460
筠清馆金石文字：五卷……2-452
筠清馆金石文字：五卷……2-452
筠清馆金石文字：五卷……2-453
筠清馆金石文字：五卷……2-453
筠清馆金石文字：五卷……2-453
筠清馆金石文字：五卷……2-453
筠清馆金石文字：五卷……2-453
筠清馆金石文字：五卷……2-453
筠溪牧潜集：七卷……4-192
筠溪牧潜集：七卷……4-192
筠溪牧潜集：七卷……4-192
筮仪：一卷……1-29
筮仪：一卷；周易五赞：一卷……1-10
筮仪象解：不分卷……3-118
简书有赫：一卷……2-86
简平子集：十六卷补遗一卷……4-375
简庄疏记：不分卷……1-138
[咸丰]简州志：十四卷……2-395
[乾隆]简州志：八卷……2-395
[光绪]简州续志：十四卷……2-395
简松草堂文集：十二卷附录一卷……5-117
简松草堂全集：七十七卷……5-432
简学斋诗存：一卷……5-135
简斋先生文选：四卷……4-380
简斋诗钞：十卷……4-380
简斋诗集：十五卷……4-135
像象管见：九卷……1-18
像象管见：四卷……1-18
像续抄：二卷……1-18
像赞评林赠言：二卷……3-145
像赞评林赠言：二卷……3-145
魁本大字详音句读毛诗：六卷……1-41
魁本袖珍方大全：四卷……3-81
魁本袖珍方大全：四卷……3-81
魁本排字通并礼部韵注：五卷……1-171
微波榭杂抄：不分卷……3-274
微波榭钞诗三种：八卷……5-168
微泉阁文集：十六卷诗集十四卷……5-28
鉏园诗抄：一卷……5-61
鉏经堂金石跋：不分卷；伯右甫吉金古文
　释：不分卷……2-452
愈愚录：六卷另一卷……3-238
愈愚续录：不分卷……3-238
遥连堂订王损仲先生诗乙稿：一卷……4-352
遥青园诗草：一卷……5-39
遥掷稿：二十卷……5-32
遥掷稿：二十卷……5-32
遥集堂新编马郎侠牟尼合记：二卷……5-383
腰雪堂诗集：六卷……5-40
腾笑集：八卷……5-35
腾笑集：八卷……5-35
詹氏统宗世谱：六卷……2-20
詹事府则例：一卷……2-80
詹炎集：三十四卷……4-381
詹铁牛文集：十五卷诗集十五卷……5-68
詹詹言：一卷……4-372
鲍氏国策：十卷……1-281
鲍氏国策校注：十卷……1-281
鲍氏国策校注：十卷……1-281
鲍氏战国策：十卷……1-281
鲍氏集：十卷……4-17
鲍氏集：十卷……4-17
鲍氏集：十卷……4-17
鲍氏集：十卷……4-17
鲍氏集：八卷……4-17
鲍双五先生手札：不分卷……5-125
鲍溶诗集：六卷集外诗一卷……4-69
鲍溶诗集：六卷集外诗一卷……4-69
鲍溶诗集：六卷集外诗一卷补遗一卷……4-69
颖阳琴谱：四卷……3-157

解老：二卷；解庄：五卷 …………………… 3-370
解庄：十二卷……………………………………… 3-374
[乾隆]解州平陆县志：十六卷首一卷 … 2-227
[康熙]解州全志：二十二卷首一卷 ……… 2-223
[康熙]解州全志：二十二卷首一卷 ……… 2-223
[乾隆]解州全志：十八卷首一卷图一卷
……………………………………………… 2-223
[乾隆]解州全志：十八卷首一卷图一卷
……………………………………………… 2-223
[乾隆]解州全志(本州)：十八卷首一卷
……………………………………………… 2-223
[乾隆]解州安邑县志：十六卷首一卷 … 2-223
[光绪]解州志：十八卷首一卷………………… 2-223
[乾隆]解州夏县志：十六卷首一卷 ……… 2-227
解纲录：一卷…………………………………… 2-91
解学士文集：十卷 ………………………… 4-239
解学士先生集：三十一卷…………………… 4-239
解学士全集：十卷 ………………………… 4-239
解深密经：五卷 …………………………… 3-393
廉平录：六卷………………………………… 1-353
廉立堂文集：十二卷 ……………………… 5-53
廉吏传：十四卷 …………………………… 1-353
廉琴舫军务簿稿：不分卷…………………… 2-111
廉琴舫侍郎奏稿：不分卷…………………… 2-111
痴山集：六卷………………………………… 5-23
鄜王刘公家传：□□卷 …………………… 1-393
[康熙]鄜州志：八卷 ……………………… 2-409
[康熙]鄜州志：八卷 ……………………… 2-409
鹰青山人集杜：一卷 ……………………… 5-84
裔夷谋夏录：三卷 ………………………… 1-294
裔乘：八卷 ………………………………… 2-171
[光绪]靖边志稿：四卷 …………………… 2-420
[光绪]靖边志稿：四卷 …………………… 2-420
[光绪]靖州乡土志：四卷首一卷 ……… 2-361
[乾隆]靖州志：十四卷首一末一卷 ……… 2-360
[光绪]靖州直隶州志：十二卷首一卷末一
卷 ……………………………………… 2-360
[光绪]靖江县志：十六卷首一卷 ……… 2-249
[道光]靖远县志：八卷首一卷…………… 2-425
靖炎两朝见闻录：二卷 …………………… 1-292
靖侯诗草：一卷 …………………………… 5-152
靖逆将军奕隆会办广东军务折档：不分卷
……………………………………………… 2-93
靖海论：不分卷 …………………………… 2-61
靖海纪：不分卷 …………………………… 1-314
靖康传信录：三卷 ………………………… 1-291
靖康纪闻：一卷拾遗一卷…………………… 1-292
靖康纪闻：一卷拾遗一卷…………………… 1-292
靖康纪闻：一卷拾遗一卷…………………… 1-292
靖康孤臣泣血录：一卷 …………………… 1-292
靖康孤臣泣血录：一卷 …………………… 1-292
靖康孤臣泣血录：二卷 …………………… 1-291
靖康孤臣泣血录：二卷 …………………… 1-291
靖康要录：十六卷 ………………………… 1-257
靖康稗史七种：七卷 ……………………… 1-274
[乾隆]新乡县志：三十四卷 ……………… 2-323
[同治]新化县志：三十五卷首二卷 ……… 2-361
[道光]新化县志：三十四卷首一卷 ……… 2-361
新订四书直解正字全编：二十六卷 ……… 1-125
新订徐文长先生批点音释北西厢：二卷附
录蒲东诗一卷 ……………………………… 5-360
新订增补夷坚志：五十卷…………………… 3-325
新书：十卷 ………………………………… 3-11
新书：十卷 ………………………………… 3-11
新书：十卷 ………………………………… 3-11
新书：十卷 ………………………………… 3-11
新书：十卷 ………………………………… 3-11
新书：十卷附录一卷 ……………………… 3-11
[新刊]名臣碑传琬琰之集：一百七卷 … 1-364
新刊三元精纂举业通用标题句解淮南子摘
奇：二十八卷…………………………… 3-181
新刊三订便蒙唐诗鼓吹大全：十卷；新增
草堂辞调赋歌：十卷 ……………………… 5-222
新刊大广益会玉篇：三十卷玉篇广韵指南
一卷………………………………………… 1-155
新刊大广益会玉篇：三十卷玉篇广韵指南
一卷………………………………………… 1-155
新刊大元混一江南实录：三卷…………… 1-296
新刊大字分类校正日记大全：九卷 ……… 3-290
新刊大宋中兴通俗演义：十卷…………… 3-345

新刊大宋宣和遗事：四卷 3-345
新刊万天官四世孙家传平学洞微宝镜：五卷 3-115
新刊万病回春：八卷 3-62
新刊万僧问答景德传灯全录：三十卷 3-424
新刊千金风水杀法妙诀：一卷 3-115
新刊小儿杂症秘传便蒙捷法：一卷 3-78
新刊王太史汇选诸子类语：四卷 3-266
新刊王充论衡：十五卷 3-183
新刊王制考：四卷 3-307
新刊无冤录：二卷 2-71
新刊艺圃琳琅集注：四卷 3-209
新刊五子书：二十卷 3-1
新刊五百家注音辩昌黎先生文集：四十卷 4-56
新刊五百家注音辩昌黎先生文集：四十卷 4-56
新刊五百家注音辩昌黎先生文集：四十卷 4-56
新刊五美缘全传：八十回 3-355
新刊五雅：七十三卷 1-184
新刊太乙秘传急救小儿推拿法：二卷 3-85
新刊太医院校正图注指南八十一难经：四卷 3-66
新刊太医院校正图注指南王叔和脉诀：四卷 3-71
新刊止斋先生文范：□□卷 4-153
新刊仁斋直指方论：二十六卷；小儿附遗方论：五卷；伤寒类书活人总括：七卷 3-80
新刊仁斋直指方论：二十六卷；小儿附遗方论：五卷；医脉真经：二卷 3-80
新刊仁斋直指方论：二十六卷；小儿附遗方论：五卷；医脉真经：二卷 3-80
新刊勿听子俗解八十一难经后集：一卷；纂图附括：一卷 3-66
新刊丹溪先生心法：五卷附录一卷 3-80
新刊丹溪先生心法：五卷附录一卷 3-80
新刊凤洲先生签题性理精纂约义：八卷首一卷 3-30
新刊正文对音捷要琴谱真传：六卷 3-155
新刊古今岁时杂咏 5-187
新刊古今岁时杂咏：四十六卷 5-186
新刊古今岁时杂咏：四十六卷 5-187
新刊古今岁时杂咏：四十六卷目录二卷 5-186
新刊古今名贤品汇注释玉堂诗选：八卷 5-190
新刊古本大字合并纲鉴大成：四十六卷 1-251
新刊古金锦绣诗人玉屑：二十卷 5-315
新刊北魏奇史闺孝烈传：十二卷四十六回 3-342
新刊史学备要纲鉴会编：四十八卷；史纲统会：二十三卷 1-251
新刊外科正宗：四卷 3-75
新刊外科微义：四卷 3-75
新刊汇编秦汉精华：十四卷 5-205
新刊礼记正蒙讲意：三十八卷 1-73
新刊训解直音书言故事大全：六卷 3-285
新刊出像补订参采史鉴唐书志传通俗演义题评：八卷 3-343
新刊迂斋先生标注崇古文诀：三十五卷 5-199
新刊迂斋先生标注崇古文诀：三十五卷 5-199
新刊考正全像评释北西厢记：四卷 5-359
新刊地理至宝金书模范无脉绝穴套法：□□卷 3-116
新刊地理统会大成：二十七卷 3-115
新刊地理紫囊书：八卷 3-115
新刊地理纂要：七卷 3-115
新刊权文公文集：十卷 4-52
新刊西沱吴先生蠢遇录：四册 2-97
新刊西晋王氏脉经大全：十卷首一卷 3-70
新刊虫异赋：二卷 3-171
新刊全补通鉴标题摘要：二十八卷 1-250
新刊合并陆天池西厢记：二卷 5-370
新刊合并官板音义评注渊海子平：六卷 3-121

新刊合并董解元西厢记：二卷……………… 5-356
新刊名山百咏诗：二卷 ……………………… 5-245
新刊名世文宗：三十一卷…………………… 5-205
新刊名世文宗：□□卷 ……………………… 5-205
新刊名臣碑传琬琰之集：一百七卷 ……… 1-364
新刊名臣碑传琬琰之集：一百七卷 ……… 1-364
新刊名臣碑传琬琰之集：一百七卷 ……… 1-364
新刊名臣碑传琬琰之集：一百七卷 ……… 1-364
新刊刘向先生说苑：二十卷 ……………… 3-14
新刊农桑撮要：二卷 ……………………… 3-55
新刊阴阳宝鉴克择通书前集：五卷 ……… 3-123
新刊李九我先生编纂大方万文一统内外集：二十二卷……………………………… 5-207
新刊批点古文类抄：十二卷 ……………… 5-203
新刊批点吕览：二卷 ……………………… 3-178
新刊足本类编全相启圣实录：前集一卷后集一卷续集一卷别集一卷 ……………… 3-388
新刊庐陵诚斋杨万里先生锦绣策：不分卷 ………………………………………… 4-147
新刊宋国师吴景鸾秘传夹竹梅花院纂：三卷 …………………………………… 3-113
新刊宋国师吴景鸾秘传夹竹梅花院纂：四卷 …………………………………… 3-113
新刊宋学士全集：三十三卷 ……………… 4-223
新刊宋学士全集：三十三卷 ……………… 4-223
新刊诂训唐柳先生文集：四十五卷外集二卷新编外集一卷 ………………………… 4-63
新刊启蒙分章句解四书宝鉴：十六卷 … 1-124
新刊补注释文黄帝内经素问：十二卷 …… 3-64
新刊补注释文黄帝内经素问：十二卷 …… 3-64
新刊补注释文黄帝内经素问：十二卷；黄帝素问灵枢经集注：十二卷；黄帝素问遗篇：一卷……………………………… 3-64
新刊补注释文黄帝内经素问：十二卷遗篇一卷……………………………………… 3-65
新刊补遗秘传痘疹全婴金镜录：三卷 …… 3-78
新刊补遗秘传痘疹全婴金镜录：三卷 …… 3-78
新刊君子亭群书摘草：五卷 ……………… 3-265
新刊张小山北曲联乐府：三卷外集一卷 ………………………………………… 5-401
新刊陈眉公先生精选古今人物论：三十六卷 …………………………………… 5-211
新刊邵翰林评选举业捷学宇宙文芒：十二卷 …………………………………… 3-309
新刊奇见异闻笔坡丛脞：一卷…………… 3-332
新刊欧阳文忠公集：五十卷 ……………… 4-92
新刊欧阳文忠公集：五十卷 ……………… 4-92
新刊易经就正：□□卷 …………………… 1-18
新刊图相麻衣相法：二卷………………… 3-122
新刊图像人相编：六卷 ………………… 3-122
新刊图解玉灵聚义占卜龟经：四卷 ……… 3-118
新刊图解玉灵聚义占卜龟经：四卷 ……… 3-118
新刊京本礼记纂言：三十六卷…………… 1-72
新刊京本礼经会元：四卷………………… 1-61
新刊京本春秋五霸七雄全像列国志传：八卷 …………………………………… 3-338
新刊京本袖珍方大全：四卷 ……………… 3-81
新刊京本编集二十四帝通俗演义西东汉志传：二十卷 …………………………… 3-339
新刊京本纂集诸类阴阳地理玉钥三元：三卷增补续集一卷 ……………………… 3-114
新刊性理大全：七十卷 ……………………3-4
新刊性理大全：七十卷 ……………………3-4
新刊性理大全书：七十卷…………………3-4
新刊性理白文辑略要语：四卷……………3-5
新刊性理会要：十卷 ……………………… 3-30
新刊性理集要：八卷 ……………………3-5
新刊官板批评正百将传：十卷续百将传四卷 …………………………………… 3-43
新刊官板批评正百将传：十卷续百将传四卷 …………………………………… 3-43
新刊详注缙绅便览：不分卷 …………… 1-440
新刊详增补注东莱先生左氏博议：二十五卷 …………………………………… 1-90
新刊详增补注东莱先生左氏博议：二十五卷 …………………………………… 1-90
新刊姓源珠玑：六卷 ……………………… 3-306
新刊姓源珠玑：六卷 ……………………… 3-306
新刊参采史鉴唐书志传通俗演义：八卷 ………………………………………… 3-343

新刊项橐小儿论汇纂张子房归山诗选：一卷 …… 3-333
新刊赵松雪文集：四卷外集一卷 …… 4-192
新刊南北直隶十三省府州县正佐首领全号宦林备览：二卷 …… 1-440
新刊标题句解孔子家语：三卷 …… 3-7
新刊指南台司袁天罡先生五星三命大全：四卷 …… 3-120
新刊重订出相附释标注拜月亭记：二卷 …… 5-369
新刊重订叠山谢先生文集：二卷 …… 4-173
新刊皇明名臣言行录：四卷 …… 1-368
新刊皇明诸司廉明奇判公案：四卷 …… 3-334
新刊急就篇：四卷 …… 1-165
新刊类编历举三场文选：庚集八卷辛集□□卷 …… 5-305
新刊类编历举三场文选诗义：八卷 …… 1-46
新刊举业明儒论宗：八卷 …… 5-305
新刊宪台考正少微通鉴全编：二十卷；新刊宪台考正宋元通鉴全编：二十卷外纪二卷 …… 1-244
新刊宪台考正少微通鉴全编：二十卷外纪二卷总论一卷 …… 1-244
新刊宪台考正宋元通鉴全编：二十一卷 …… 1-244
新刊宪台考正纲目点音少微通鉴节要：二十卷外纪二卷总论一卷 …… 1-244
新刊宪台厘正性理大全：七十卷 …… 3-4
新刊骆子集注：四卷 …… 4-21
新刊骆子集注：四卷 …… 4-21
新刊素王事纪：一卷 …… 1-348
新刊真楷大字全号缙绅便览：一卷 …… 1-440
新刊校正王叔和脉诀：四卷 …… 3-71
新刊校正古本出像大字音释三国志传通俗演义：十二卷 …… 3-340
新刊校正音释春秋：二卷 …… 1-88
新刊校正增补皇明资治通纪：十四卷 … 1-259
新刊监本册府元龟：一千卷 …… 3-281
新刊高明大字少微先生资治通鉴节要：二十卷外纪五卷首一卷 …… 1-244
新刊唐宋名贤历代确论：十卷 …… 1-337
新刊唐荆川先生稗编：一百二十卷 …… 3-290
新刊唐荆川先生稗编：一百二十卷 …… 3-290
新刊资治通鉴纲目大全：五十九卷 …… 1-246
新刊浙本通典：二百卷 …… 2-26
新刊袖珍方：四卷 …… 3-81
新刊通鉴一勺史意：一卷 …… 1-326
新刊通鉴纲目策论摘题：二十卷 …… 1-336
新刊绣像永庆升平后传：二十三卷一百回 …… 3-361
新刊绣像全图施公案后传：二十五卷一百回 …… 3-359
新刊绣像彭公案：二十三卷一百回 …… 3-361
新刊理气详辩纂要三台便览通书正宗：二十卷首一卷 …… 3-123
新刊埤雅：二十卷 …… 1-186
新刊黄帝内经灵枢：二十四卷 …… 3-64
新刊笺注决科古今源流至论：前集十卷后集十卷续集十卷 …… 3-285
[正德]新刊康对山先生武功县志：三卷 …… 2-415
新刊谐史：六卷 …… 3-267
新刊紫阳朱子纲目大全：五十九卷首一卷 …… 1-246
新刊蛟峰批点止斋论祖：二卷 …… 4-153
新刊鲁府秘方：四卷 …… 3-83
新刊痘疹传心录：十六卷 …… 3-78
新刊嵩山居士文全集：五十四卷 …… 4-142
新刊简明医谷：八卷要言一卷 …… 3-62
新刊韵略：五卷 …… 1-172
新刊韵略：五卷 …… 1-172
新刊蔡中郎文集：十卷外传一卷 …… 4-10
新刊精选医方摘要：十二卷 …… 3-83
新刊增订的稿易经存疑：十二卷 …… 1-16
新刊增补古今名家诗学大成：二十四卷 …… 3-290
新刊增补古今名家韵学渊海大成：十二卷 …… 1-176
新刊增补古今名家韵学渊海大成：十二卷 …… 1-176

新刊篇韵贯珠集：一卷 …… 1-180
新刊潮溪先生扪虱新话：十五卷 …… 3-197
新刊翰苑广记补订四民捷用学海群玉：□□卷 …… 3-308
新刊翰苑博综群籍士林会要：□□卷 … 3-289
新刊翰林考正纲目点音资治通鉴节要会成：二十卷 …… 1-248
新刊翰林考正纲目通鉴玉台青史：二十八卷；玉台纲鉴总论：二十八卷 …… 1-252
新刊翰林诸书选粹：四卷 …… 3-308
新刊徽郡原板绘像注释魁字登云日记故事：二卷 …… 3-310
新刊徽郡原板校正绘像注释魁字登云三注故事：四卷 …… 3-310
新刊纂图大字群书类要事林广记：□□卷 …… 3-285
新平县乡土志：一卷 …… 2-436
新旧唐书杂论：一卷 …… 1-343
[康熙]新田县志：四卷 …… 2-357
新史奇观演义全传：二十二回 …… 3-348
新仪象法要：三卷 …… 3-87
新乐王甲戌稿：一卷 …… 4-325
新乐府词：二卷 …… 5-340
[新宁]江都杜氏族谱：不分卷 …… 2-5
[宣统]新宁乡土历史：二卷 …… 2-367
[光绪]新宁县志：二十六卷首一卷 …… 2-366
[同治]新宁县志：八卷 …… 2-394
[同治]新宁县志：八卷 …… 2-394
[道光]新宁县志：六卷图一卷 …… 2-394
[乾隆]新宁县志：四卷 …… 2-394
新宁县志稿：不分卷 …… 2-358
[宣统]新民府志 …… 2-231
新加九经字样：一卷 …… 1-159
新西厢：二卷 …… 5-392
新列国志：一百八回 …… 3-338
新列国志：一百八回 …… 3-338
新列国志：一百八回 …… 3-338
[新会]冯氏族谱：不分卷 …… 2-19
[新会]李氏族谱：三卷 …… 2-5
[新会]汪氏家谱：不分卷 …… 2-8
[新会]张氏族谱：一卷 …… 2-17
[新会]张氏族谱：不分卷 …… 2-17
[新会]清河族谱：五卷 …… 2-17
[新会]新增阮氏族谱：不分卷 …… 2-4
新会乡土志辑稿：不分卷 …… 2-366
[新会斗洞]李氏族谱：不分卷 …… 2-5
[康熙]新会县志：十八卷 …… 2-366
[新会沙冲]刘诒燕堂族谱：二卷 …… 2-22
[新会荷塘乡]刘氏族谱：不分卷 …… 2-22
[新会淩冲]张氏族谱：不分卷 …… 2-17
新会潮涟芦鞭卢氏族谱：六卷首一卷 …… 2-23
[康熙]新兴县志：二十卷 …… 2-368
[新安]续修新安歙北许林许氏东支世谱：九卷 …… 2-15
[新安]新安张氏续修宗谱：十卷 …… 2-16
新安二布衣诗：八卷 …… 5-281
新安大好纪丽：八卷 …… 2-131
新安王氏墓谱记略：不分卷 …… 1-441
新安文献志：一百卷 …… 5-281
新安文献志：一百卷目录二卷 …… 5-281
新安文献志：一百卷先贤事略二卷目录二卷 …… 5-281
新安文献志：一百卷先贤事略二卷目录二卷 …… 5-281
新安世家梢云吴田吴氏族谱：不分卷 …… 2-6
新安左田黄氏正宗谱：不分卷 …… 2-14
新安左田黄氏正宗谱派系图：二十卷文献十九卷 …… 2-14
新安毕氏族谱：十七卷附录一卷 …… 2-11
新安休宁长垄程氏本宗谱：五卷墓图一卷文翰一卷 …… 2-18
新安休宁约山黄氏开国宗谱：九卷首一卷 …… 2-14
新安休宁汪溪金氏族谱：五卷附录一卷 …… 2-9
新安名族志：二卷 …… 1-426
新安名族志：二卷 …… 1-426
新安名族志：□□卷 …… 1-426
新安孙氏宗谱：五卷 …… 2-13
[淳熙]新安志：十卷 …… 2-280
[淳熙]新安志：十卷 …… 2-280

[淳熙]新安志：十卷 …………………………… 2-280
[淳熙]新安志：十卷 …………………………… 2-280
[嘉庆]新安县志：二十四卷首一卷 ……… 2-366
[顺治]新安县志：八卷 ……………………… 2-194
[乾隆]新安县志：八卷 ……………………… 2-194
新安张氏续修宗谱：三十卷 ……………… 2-16
新安陈氏宗谱：二卷附录一卷 …………… 2-12
新安陈氏宗谱：二卷附录一卷 …………… 2-12
新安忠烈庙神纪实：十五卷乾集一卷 … 1-388
新安学系录：十六卷 ……………………… 1-382
新安定变全城记：一卷 …………………… 4-369
新安定变全城记：一卷 …………………… 4-369
新安星源龙川詹氏统宗世谱：二卷 ……… 2-20
新安洪氏统宗谱：不分卷 ………………… 2-10
新安唐氏宗谱：二卷附录一卷 …………… 2-12
新安程氏统宗列派迁徙注脚纂：一卷 …… 2-17
新安程氏统宗列派迁徙注脚纂：一卷 …… 2-17
[新安牌镇]新安牌镇程氏家谱：不分卷 … 2-18
新坂土风：一卷 …………………………… 2-130
新岑诗草：一卷文草一卷制义一卷 ……… 4-303
新序：十卷 ………………………………… 3-12
新序：十卷 ………………………………… 3-12
新序：十卷 ………………………………… 3-12
新评龙图神断公案：十卷 ………………… 3-336
新评龙图神断公案：十卷一百则 ………… 3-336
新译大方广佛华严经音义：二卷 ………… 3-425
新译大方广佛华严经音义：二卷 ………… 3-425
新译大方广佛华严经音义：二卷 ………… 3-425
新译吉祥饮血壬集轮无比修习毋一切中最
胜上乐集本续显释记：□□卷 ……… 3-401
新板全补天下便用文林妙锦万宝全书：□
□卷 …………………………………… 3-299
[同治]新昌县志：三十二卷首一卷末一卷
…………………………………………… 2-305
新制灵台仪象志：十六卷 ………………… 3-89
新制诸器图说：一卷 ……………………… 3-161
新制诸器图说：一卷 ……………………… 3-161
新制诸器图说：一卷 ……………………… 3-162
新金书乔先生纲鉴录编：六十三卷又二十
八卷目录六十三卷又二十二卷首一卷
…………………………………………… 1-252
新周注校证大字白氏讽谏：一卷 ………… 4-59
新刻一札三奇：四卷 ……………………… 3-297
新刻七十二朝四书人物考注释：四十卷
…………………………………………… 1-124
新刻七十二朝四书人物考注释：四十卷
…………………………………………… 1-124
新刻九我李太史编纂古本历史大方纲鉴：
三十九卷首一卷 ……………………… 1-251
新刻三宝太监西洋记通俗演义：二十卷一
百回 …………………………………… 3-347
新刻大宋杨文广平南全传：四卷二十二回
…………………………………………… 3-361
新刻万法归宗：五卷 ……………………… 3-125
新刻山海经图：二卷 ……………………… 3-321
新刻广雅：十卷 …………………………… 1-184
新刻广雅：十卷 …………………………… 1-184
新刻开基翰林评选历朝捷录总要：四卷
…………………………………………… 1-338
新刻开基翰林评选历朝捷录总要：四卷
…………………………………………… 1-338
新刻天花藏批评平山冷燕：四卷二十回
…………………………………………… 3-349
新刻天花藏批评平山冷燕：四卷二十回
…………………………………………… 3-349
新刻天佣子全集：十卷 …………………… 4-366
新刻太医院校正增补医方捷径：二卷 …… 3-61
新刻太医院纂集医教立命元龟：七卷 …… 3-83
新刻历代圣贤像赞：二卷 ………………… 1-354
新刻历考纲目训解通鉴全编正集：二十卷
续集□□卷 …………………………… 1-247
新刻中兴大唐演义传：十卷一百回 ……… 3-343
新刻壬戌科翰林馆课：五卷；新刻壬戌科
翰林馆课后集：五卷 ………………… 5-306
新刻今古传奇：十四卷 …………………… 3-337
新刻分类评释草堂诗余：六卷 …………… 5-349
新刻分类摘联四六积玉：二十卷 ………… 3-311
新刻月林丘先生家传礼记摘训：十卷 …… 1-73
新刻文会堂琴谱：六卷 …………………… 3-156
新刻文会堂琴谱：六卷 …………………… 3-156

新刻订补注释会海对类：十九卷首一卷 …… 3-306
新刻孔门儒教列传：四卷 …… 1-347
新刻玉茗堂批评焚香记：二卷 …… 5-380
新刻世史类编：四十五卷首一卷 …… 1-251
新刻世史类编：四十五卷首一卷 …… 1-251
新刻古今切要士民便用书简翰苑玄英：四卷 …… 3-312
新刻古今玄消长八谱：六卷 …… 3-311
新刻古今武考：三卷 …… 3-48
新刻古今类腴：十八卷 …… 3-291
新刻古今碑帖考：一卷 …… 3-139
新刻石室先生丹渊集：四十卷拾遗二卷续编绪公书翰诗文一卷杂纪一卷 …… 4-99
新刻石室先生丹渊集：四十卷拾遗二卷续编绪公书翰诗文一卷杂纪一卷 …… 4-99
新刻石室先生丹渊集：四十卷拾遗二卷续编绪公书翰诗文一卷杂纪一卷 …… 4-99
新刻石渠阁汇纂诸书法海：三十四卷 …… 3-298
新刻石渠阁汇纂诸书法海：三十四卷 …… 3-298
新刻东坡禅喜集：九卷 …… 4-108
新刻北户录：二卷 …… 2-133
新刻占魁高头提章诗经正文：四卷首一卷 …… 1-50
新刻四六旁训古事苑：二十三卷 …… 3-297
新刻四书图要：二卷 …… 1-126
新刻汇编秦汉文选：十四卷 …… 5-210
新刻司台订正万用迪吉通书大成：十八卷首二卷 …… 3-91
新刻出相点板八义双杯记：一卷 …… 5-384
新刻出相点板宵光剑：二卷 …… 5-377
新刻出相点板樱桃记：二卷 …… 5-373
新刻出相音注劝善目连救母行孝戏文：八卷 …… 5-371
新刻出相音释点板东方朔偷桃记：二卷 …… 5-381
新刻出像京本忠义水浒传：十卷一百十五回 …… 3-357
新刻出像点板增订乐府珊珊集：四卷 …… 5-408
新刻出像音注花栏韩信千金记：四卷 …… 5-370
新刻出像音注苏英皇后鹦鹉记：二卷 …… 5-385
新刻出像音注何文秀玉钗记：四卷 …… 5-383
新刻出像音注张许双忠记：二卷 …… 5-370
新刻出像音注范雎绨袍记：四卷 …… 5-384
新刻出像音注岳飞破虏东窗记：二卷 …… 5-371
新刻出像音注点板徐孝克孝义祝发记：二卷 …… 5-373
新刻出像音注增补刘智远白兔记：二卷 …… 5-369
新刻出像增补搜神记：六卷 …… 3-321
新刻出像增补搜神记：六卷 …… 3-321
新刻考订按鉴通俗演义全像三国志传：二十卷附录一卷 …… 3-340
新刻耳谈：十五卷 …… 3-328
新刻吕泾野先生校正中秘元本：二十卷 …… 3-281
新刻吕新吾先生文集：十卷 …… 4-324
新刻仲祥吴景鸾先生解议秘诀：一卷；吴公秘传佑子心法后集：一卷 …… 3-113
新刻伤寒撮要：六卷 …… 3-72
新刻华筵趣乐谈笑奇语酒令：四卷 …… 3-159
新刻全像三宝太监西洋记通俗演义：二十卷 …… 3-347
新刻全像三宝太监西洋记通俗演义：二十卷 …… 3-347
新刻全像易鞋记：二卷 …… 5-373
新刻全像按鉴演义南北宋传题评：二十卷 …… 3-344
新刻全像高文举珍珠记：二卷 …… 5-385
新刻全像海刚峰先生居官公案：四卷 …… 3-334
新刻全像演义三国志传：□□卷 …… 3-338
新刻合并董解元西厢记：二卷；新刻合并王实甫西厢记：二卷 …… 5-357
新刻合诸名家评选古文启秀：六卷 …… 5-208
新刻名公注释全备墨庄书言故事：六卷 …… 3-298
新刻刘太史汇选古今举业文弢注释评林：四卷 …… 3-309
新刻刘太史汇选古今举业文弢注释评林：四卷 …… 3-309

新刻汤会元精遴评释国语狐白：四卷 … 1-326
新刻汤学士校正古本按鉴演义全像通俗三国志传：二十卷 …… 3-340
新刻异识资谐：四卷续识资谐四卷 …… 3-215
新刻异说南唐演义全传：十卷一百回 … 3-343
新刻阳宅新编：二卷 …… 3-112
新刻阳宅新编：二卷 …… 3-115
新刻杨筠松秘传开门放水阴阳捷径：二卷 …… 3-113
新刻李于麟先生批评注释草堂诗余隽：四卷 …… 5-349
新刻批评平山冷燕：六卷二十回 …… 3-349
新刻批评绣像平山冷燕：六卷二十四回 …… 3-349
新刻批选三苏文要：三卷 …… 5-296
新刻吴越春秋乐府：二卷 …… 5-371
新刻时尚华筵趣乐谈笑酒令：五卷 …… 3-159
新刻牡丹亭还魂记：四卷 …… 5-375
新刻何氏类镕：三十五卷 …… 3-294
新刻何氏类镕：三十五卷 …… 3-294
新刻彤管摘奇：二卷 …… 5-193
新刻汪先生家藏医学原理：十三卷 …… 3-60
新刻沈汉阳先生随寓诗经答：七卷 …… 1-49
新刻宋璟鹦钗记：二卷 …… 5-373
新刻补遗标题论策指南纲鉴纂要：二十卷首一卷 …… 1-326
新刻张太岳先生诗文集：四十七卷 …… 4-315
新刻陈太史子史经济言辑要：十二卷；经制考略：八卷 …… 5-253
新刻陈眉公订正通纪会纂：四卷 …… 1-261
新刻陈眉公订正通纪会纂：□□卷 …… 1-261
新刻松盛旧编：二卷 …… 3-112
新刻松盛旧编：二卷 …… 3-115
新刻事物异名：二卷 …… 3-308
新刻事物纪原：十卷 …… 3-303
新刻事物略名：二卷 …… 3-308
新刻国朝万民通宝书简百震春雷：四卷 …… 5-300
新刻国朝名公尺牍类选：十二卷 …… 5-299
新刻国朝名公批点文武并用今古纡筹：八卷 …… 3-49
新刻明政统宗：三十卷附卷一卷 …… 1-259
新刻明朝通纪会纂：七卷 …… 1-261
新刻易旨一览：四卷 …… 1-21
新刻易经详解：十卷 …… 1-17
新刻易测：十卷 …… 1-18
新刻京本列国志传：八卷 …… 3-338
新刻注释孔子家语：二卷 …… 3-8
新刻注释孔子家语衡：二卷首一卷 …… 3-8
新刻注释草堂诗余评林：□□卷 …… 5-348
新刻注释骆丞集：十卷 …… 4-21
新刻官板律例临民宝镜：十卷首三卷末三卷 …… 2-69
新刻经世馆课玉堂椽笔录：十四卷 …… 5-306
新刻赵状元三错认红梨记：二卷 …… 5-377
新刻草字千家诗：二卷 …… 5-187
新刻故事汇纂补遗翰助详解：□□卷 … 3-295
新刻按鉴编纂开辟衍绎通俗志传：六卷八十回 …… 3-338
新刻按鉴编纂开辟衍绎通俗志传：六卷八十回 …… 3-338
新刻按鉴演义京本三国英雄志传：六卷 …… 3-340
新刻临川王介甫先生诗文集：一百卷 … 4-103
新刻临川王介甫先生诗文集：一百卷目录二卷 …… 4-103
新刻钟伯敬先生批评封神演义：二十卷一百回 …… 3-363
新刻钟伯敬先生批评封神演义：二十卷一百回 …… 3-363
新刻钟伯敬先生批评封神演义：十九卷一百回 …… 3-363
新刻钟伯敬先生批评封神演义：十九卷一百回 …… 3-363
新刻修真秘要：一卷 …… 3-86
新刻皇明开运辑略武功名世英烈传：六卷首一卷 …… 3-346
新刻皇明草对：一卷 …… 3-139
新刻俊英珠玑：不分卷 …… 3-291
新刻剑啸阁批评西汉通俗演义：八卷；东

汉通俗演义：十卷……3-340
新刻剑啸阁批评西汉演义传：八卷……3-340
新刻剑啸阁批评西汉演义传：八卷；东汉演义传：十卷……3-340
新刻剑啸阁批评西汉演义传：八卷；东汉演义传：十卷……3-340
新刻剑啸阁批评西汉演义传：八卷；东汉演义传：十卷……3-340
新刻剑啸阁批评西汉演义传：八卷；东汉演义传：八卷……3-340
新刻急就篇：四卷……1-166
新刻音释启蒙总龟对类大全：八卷……3-310
新刻音释明心宝鉴正文：二卷……3-37
新刻袁氏世范：三卷……3-35
新刻聂久吾先生医学备函：十三卷首一卷……3-62
新刻晋代许旌阳得道擒蛟铁树记：二卷十五回……3-363
新刻格古要论：五卷……3-256
新刻校正增补皇明资治通纪：十卷……1-260
新刻校正增释合并麻衣先生人相编：十卷……3-122
新刻校正纂辑皇明我朝捷录：不分卷……1-344
新刻原本王状元荆钗记：二卷……5-369
新刻顾回澜先生历朝捷录正文：二卷……1-338
新刻顾会元注释古今捷学举业天衢：十卷……3-309
新刻顾邻初先生批点四书大文：五卷……1-126
新刻徐比部燕山丛录：二十二卷……3-327
新刻徐比部燕山丛录：二十二卷……3-327
新刻徐文长公参订西厢记：二卷……5-360
新刻徐玄扈先生纂辑毛诗六帖讲意：四卷……1-47
新刻离合剑莲子瓶全集：三十二回……3-360
新刻唐骆先生文集注释评林：六卷……4-22
新刻旁注四六类函：十二卷……5-198
新刻粉妆楼传记：八卷八十回……3-343
新刻资暇集：三卷……3-185
新刻浙江余姚进士白川诸先生秘传易学讲意：七卷……1-18
新刻浙江新编出像题评范睢绨袍记：二卷……5-384
新刻陶顾二会元类编苏长公全集：四十卷首一卷……4-107
新刻通鉴集要：二十八卷总论一卷……1-250
新刻绣像批评金瓶梅：二十卷一百回……3-348
新刻黄掌纶先生评订神仙鉴：二十二卷……3-329
新刻乾隆二十二年爵秩全览：不分卷……1-441
新刻乾隆十八年爵秩全览：不分卷……1-441
新刻逸田叟女仙外史大奇书：一百回……3-347
新刻逸田叟女仙外史大奇书：一百回……3-347
新刻清风闸：四卷三十二回……3-359
新刻清风闸：四卷三十二回……3-359
新刻琼琯白先生集：十四卷……4-151
新刻搜集群书纪载大千生鉴：六卷……3-296
新刻程凝之先生白莲泮文集：十五卷……4-321
新刻释名：八卷……1-183
新刻释名：八卷……1-183
新刻游览粹编：六卷……3-272
新刻楚郢大泌山人四游集：二十二卷……4-336
新刻赖太素天星催官解：二卷附破愚论一卷……3-114
新刻赖太素天星催官解：二卷附破愚论一卷……3-114
新刻暗然堂类纂皇明新故事：六卷……3-250
新刻照千字文集音辨义：不分卷……1-166
新刻痰火点雪：四卷……3-73
新刻熙朝内阁评选六子纂要：十二卷……3-265
新刻精纂注释历史标题通鉴捷旨：六卷……1-336
新刻精纂详注仕途悬镜：八卷……2-49
新刻谭友夏合集：二十三卷……4-368
新刻增订释义经书便用通考杂字：二卷外一卷……1-167
新刻增删二度梅奇说：六卷……3-355
新刻增补艺苑卮言：十六卷……5-318
新刻增集纪验田家五行：三卷拾遗一卷……3-56
新刻题评名贤词话草堂诗余：六卷……5-349
新刻墨娥小录：十四卷……3-256

新刻墨娥小录：十四卷 ………………………… 3-256
新刻颜氏家训：二卷 ………………………… 3-185
新刻翰林汇选周礼三注：六卷 ……………… 1-61
新刻翰林考正京本李诗评选：四卷；杜诗评选：四卷 ………………………… 5-224
新刻翰林批选东莱吕先生左氏博议句解：十二卷 ………………………… 1-90
新刻翰林诸名公评注先秦两汉文彀：五卷 ………………………… 5-206
新刻魏仲雪先生批评投笔记：二卷 ……… 5-371
新刻魏仲雪先生批点西厢记：二卷 ……… 5-359
新刻魏仲雪先生批点琵琶记：二卷 ……… 5-368
新刻臞仙神隐：四卷 ………………………… 3-390
新刻麟经统一编：十二卷 ………………… 1-108
[光绪]新河县志：十六卷 ………………… 2-202
[光绪]新河县志：十六卷 ………………… 2-202
新注朱淑真断肠诗集：十卷后集八卷 … 4-133
新注朱淑真断肠诗集：十卷后集三卷杂录诗一卷 ………………………… 4-133
新定十二律昆腔谱：十六卷 ……………… 5-410
新定十二律京腔谱：十六卷 ……………… 5-410
新定十二律京腔谱：十六卷 ……………… 5-411
新定九宫大成南北宫词谱：八十一卷闰一卷总目三卷 ………………………… 5-413
新定九宫大成南北宫词谱：八十一卷闰一卷总目三卷 ………………………… 5-413
[元丰]新定九域志：十卷 ………………… 2-116
[元丰]新定九域志：十卷 ………………… 2-116
[元丰]新定九域志：十卷 ………………… 2-116
[元丰]新定九域志：十卷 ………………… 2-116
[元丰]新定九域志：十卷 ………………… 2-116
[元丰]新定九域志：十卷首一卷 ………… 2-116
新定考正音韵大全：一卷 ………………… 5-413
新定宗北归音：五卷次序一卷 …………… 5-410
新定宗北归音：六卷 ………………………… 5-410
新定宗北归音：六卷 ………………………… 5-410
新定宗北归音：六卷 ………………………… 5-410
[道光]新建县志：七十四卷首一卷末一卷 ………………………… 2-299
新城王氏世谱：八卷 ………………………… 2-1
新城王氏世谱：八卷 ………………………… 2-1
新城王氏杂文诗词：十一种十一卷 ……… 5-288
新城古文钞：不分卷 ………………………… 5-284
[道光]新城县志：十八卷首一卷 ………… 2-192
[道光]新城县志：十八卷首一卷 ………… 2-192
[康熙]新城县志：十四卷首一卷续志二卷 ………………………… 2-311
[康熙]新城县志：八卷首一卷 …………… 2-192
[康熙]新城县志：八卷首一卷 …………… 2-192
[康熙]新城县志：八卷首一卷 …………… 2-192
[万历]新城县志：四卷 ……………………… 2-264
新城伯子文集：八卷 ………………………… 5-106
新选今古奇闻：二十二卷 ………………… 3-337
新选今古奇闻：二十二卷 ………………… 3-337
新选古今类腴：十八卷 …………………… 3-291
[万历]新修上虞县志：二十卷首一卷图一卷 ………………………… 2-268
新修长芦盐法志：十六卷 ………………… 2-53
新修长芦盐法志：十六卷 ………………… 2-53
新修长芦盐法志：十六卷 ………………… 2-54
[康熙]新修宁远县志：六卷 ……………… 2-426
[乾隆]新修曲沃县志：四十卷 …………… 2-220
[乾隆]新修庆阳府志：□□卷 …………… 2-428
[嘉庆]新修江宁府志：五十六卷 ………… 2-241
[嘉庆]新修江宁府志：五十六卷 ………… 2-241
[万历]新修来安县志：十卷首一卷 ……… 2-276
[康熙]新修武义县志：十二卷 …………… 2-270
[道光]新修罗源县志：三十卷首一卷 … 2-291
新修河东运司志：十卷 …………………… 2-45
[同治]新修宜兴县志：四卷首一卷 ……… 2-255
[嘉庆]新修宜兴县志：四卷首一卷 ……… 2-255
[嘉庆]新修荆溪县志：四卷首一卷 ……… 2-255
[康熙]新修莱芜县志：十卷 ……………… 2-319
新修朔方广武志：二卷 …………………… 2-433
[嘉庆]新修浦城县志：四十卷首一卷 … 2-292
[光绪]新修菏泽县志：十八卷首一卷 … 2-320
[同治]新修麻阳县志：十四卷首一卷 … 2-360
[顺治]新修望江县志：十卷图一卷 ……… 2-279
[光绪]新修清水河厅志：二十卷 ………… 2-230
[光绪]新修潼川府志：三十卷 …………… 2-383

新津县乡土志：二卷 ······ 2-382
[道光]新津县志：四十卷首一卷 ······ 2-382
新语：二卷 ······ 3-10
新语：二卷 ······ 3-10
新语：二卷 ······ 3-10
新语：二卷 ······ 3-10
新语：二卷 ······ 3-10
新说西游记：一百回 ······ 3-362
新说西游记：一百回 ······ 3-362
[乾隆]新泰县志：二十卷首一卷 ······ 2-318
新都风雅：三种三卷 ······ 5-281
新都县乡土志：□□卷 ······ 2-379
[道光]新都县志：十八卷首一卷图一卷 ······ 2-379
[道光]新都县志：十八卷首一卷图二卷 ······ 2-379
新校注古本西厢记：五卷 ······ 5-358
新校注古本西厢记：六卷 ······ 5-358
新校注古本西厢记：六卷 ······ 5-358
新校注古本西厢记：六卷 ······ 5-358
新校注地理志：十六卷 ······ 1-208
新校经史海篇直音：五卷 ······ 1-157
新校经史海篇直音：五卷 ······ 1-157
新唐书纠谬：二十卷 ······ 1-227
新唐书纠谬：二十卷 ······ 1-227
新唐书纠谬：二十卷 ······ 1-227
新唐书纠谬：二十卷 ······ 1-227
新刻陈先生明牕清暇心画正宗：四卷 ··· 3-141
[乾隆]新野县志：九卷首一卷 ······ 2-328
新笺决科古今源流至论：前集十卷后集十卷 ······ 3-285
新笺决科古今源流至论：前集十卷后集十卷续集十卷 ······ 3-285
新添庄子十论：一卷 ······ 3-371
[同治]新淦县志：十卷首一卷 ······ 2-306
新续古名家杂剧：二十卷 ······ 5-357
[光绪]新续略阳县志：一卷 ······ 2-419
[光绪]新续渭南县志：十二卷 ······ 2-409
新鼎官板证讹大字育蒙明心正文：二卷 ··· 3-37
新喻三刘文集：六卷首一卷 ······ 5-293
[同治]新喻县志：十六卷首一卷 ······ 2-300
[道光]新喻县志：十四卷首一卷 ······ 2-300
新锓太医院参订徐氏针灸大全：六卷 ······ 3-84
新锓历朝评林捷录：四卷 ······ 1-338
新锓丹朱先生心法大全：四卷 ······ 3-81
新锓丹溪先生医书纂要心法纂注：六卷 ··· 3-81
新锓订正评注便读草堂诗余：七卷 ······ 5-349
新锓异说奇闻绣像群英杰全传：六卷三十四回 ······ 3-365
新锓李先生类纂音释捷用云笺：六卷 ··· 5-300
新锓李阁老评注左胡纂要：四卷 ······ 1-93
新锓评林旁训薛汤二先生家藏酉阳搜古人物奇编：十八卷首一卷 ······ 1-124
新锓评林旁训薛汤二先生家藏酉阳搜古人物奇编：十八卷首一卷 ······ 1-124
新锓评林旁训薛郑二先生家藏酉阳搜古人物奇编：十八卷 ······ 1-124
新锓抱朴子：内篇四卷外篇四卷 ······ 3-389
新锓京本句解消砂经节图雪心赋：四卷；新增地理秘传寻龙经诀法：一卷 ··· 3-112
新锓猎古词章释字训解三台对类正宗：十九卷首一卷 ······ 3-310
新锓葛稚川内篇：四卷外篇四卷 ······ 3-389
新锓葛稚川内篇：四卷外篇四卷 ······ 3-389
新锓翰林校正鳌头合并古今名家诗学会海大成：三十卷首一卷 ······ 3-291
新集古文四声韵：五卷 ······ 1-163
[新编]义忠烈：四卷 ······ 5-398
新编历代名臣芳躅：二卷 ······ 1-354
新编历代草书韵海：十卷 ······ 3-139
新编分类夷坚志：五十一卷 ······ 3-325
新编分类当代名公文武星案：六卷首一卷 ······ 3-121
新编方舆胜览：七十卷 ······ 2-117
新编方舆胜览：七十卷 ······ 2-117
新编方舆胜览：七十卷 ······ 2-117
新编方舆胜览：七十卷 ······ 2-117
新编方舆胜览：七十卷 ······ 2-117
新编孔夫子周游列国大成麒麟记：二卷 ······ 5-383

新编玉蟾记：六卷五十三回 …………………… 3-355
新编玉蟾记：六卷五十三回 …………………… 3-356
新编甘肃巩昌府安定县乡土志：不分卷 …………………… 2-430
新编古今事文类聚：后集五十卷续集二十八卷别集三十二卷新集三十六卷 … 3-282
新编古今事文类聚：前集六十卷后集五十卷别集三十二卷续集二十八卷 ……… 3-283
新编古今事文类聚：前集六十卷后集五十卷续集二十八卷别集三十二卷 ……… 3-282
新编古今事文类聚：前集六十卷后集五十卷续集二十八卷别集三十二卷 ……… 3-282
新编古今事文类聚：前集六十卷后集五十卷续集二十八卷别集三十二卷 ……… 3-283
新编古今事文类聚：前集六十卷后集五十卷续集二十八卷别集三十二卷 ……… 3-283
新编古今事文类聚：前集六十卷后集五十卷续集二十八卷别集三十二卷 ……… 3-283
新编古今事文类聚：前集六十卷后集五十卷续集二十八卷别集三十二卷 ……… 3-283
新编古今事文类聚：新集三十六卷外集十五卷…………………… 3-282
新编古今事文类聚：新集三十六卷外集十五卷…………………… 3-282
新编古今事文类聚：新集三十六卷外集十五卷…………………… 3-283
新编古今事文类聚：新集三十六卷外集十五卷…………………… 3-283
新编古今事文类聚：新集三十六卷外集十五卷…………………… 3-283
新编古今事文类聚：新集三十六卷外集十五卷…………………… 3-283
新编古今事文类聚：新集三十六卷外集十五卷…………………… 3-283
新编古今事文类聚遗集：十五卷 ………… 3-283
新编古今事文类聚遗集：十五卷 ………… 3-283
新编古今奇闻类纪：十卷…………………… 3-291
新编古今姓氏遥华韵：甲集十卷乙集十卷丁集十卷戊集十一卷己集八卷庚集十卷辛集十卷壬集八卷癸集十卷 ……… 3-314
新编古今姓氏遥华韵：甲集十卷乙集十卷丙集十一卷丁集十卷戊集十一卷己集八卷庚集十卷辛集十卷壬集八卷癸集十卷…………………… 3-314
新编古今姓氏遥华韵：甲集十卷乙集十卷丙集十一卷丁集十卷戊集十一卷己集八卷庚集十卷辛集十卷壬集八卷癸集十卷…………………… 3-315
新编东游记：二十卷一百回 …………………… 3-364
新编目连救母劝善戏文：三卷…………………… 5-371
新编目连救母劝善戏文：三卷…………………… 5-371
新编四元玉鉴：三卷 …………………… 3-103
新编四家注解经进珞琭子消息赋：六卷 …………………… 3-120
新编四家注解经进珞琭子消息赋：六卷 …………………… 3-121
新编白蛇传雷峰塔：十卷…………………… 5-406
新编汉唐纲目群史品藻：三十卷 ……… 1-336
新编汉唐通鉴品藻：三十卷 …………… 1-336
新编西方子明堂灸经：八卷 …………………… 3-84
新编西方子明堂灸经：八卷 …………………… 3-84
新编肉丘坟：十二卷九十八回…………… 5-405
新编全相点板西湖记：二卷 …………… 5-384
新编全像点板窦禹钧全德记：二卷 ……… 5-379
新编名贤诗法：三卷 …………………… 5-318
新编妇人大全良方：二十四卷…………… 3-75
新编妇人大全良方：二十四卷…………… 3-75
新编妇人良方补遗大全：二十卷首一卷 … 3-75
新编医学正传：八卷 …………………… 3-82
新编批评绣像平山冷燕：二十回 ………… 3-349
新编批评绣像后七国乐田演义：十八回 …………………… 3-339
新编连相搜神广记：前集一卷后集一卷 …………………… 3-325
新编宋文忠公苏学士东坡诗话：二卷 … 3-334
新编诏诰章表事文拟题：五卷；皇元大科三场文选：二卷；新编诏诰章表事实：四卷…………………… 3-305
新编张仲景注解发微论：二卷…………… 3-72
新编直指算法纂要：四卷…………………… 3-104

新编直指算法纂要：四卷…… 3-104
新编直指算法统宗：十七卷首篇一卷 … 3-104
新编直指算法统宗：十七卷首篇一卷 … 3-104
新编直指算法统宗：十七卷首篇一卷 … 3-104
新编直指算法统宗：十七卷首篇一卷 … 3-104
新编直指算法纂要：四卷…… 3-104
新编直指算法纂要：四卷…… 3-104
新编林冲宝剑记：二卷 …… 5-370
新编事文类聚翰墨大全：乙集九卷丁集五卷庚集二十四卷 …… 3-288
新编事文类聚翰墨大全：甲集十二卷乙集八卷丙级五卷丁集五卷戊集五卷己集七卷庚集二十四卷辛集十卷壬集十二卷癸集十一卷后甲集八卷后乙集二卷后丙集六卷后丁集八卷后戊集九卷 … 3-288
新编事文类聚翰墨大全：甲集十二卷乙集九卷丙集五卷丁集五卷戊集五卷己集七卷庚集二十四卷辛集十卷壬集十二卷癸集十一卷后甲集八卷后乙集三卷后丙集六卷后丁集八卷后戊集九卷 … 3-288
新编事文类聚翰墨大全：□□卷 …… 3-288
新编事文类聚翰墨全书：甲集十二卷乙集九卷丙集五卷丁集五卷戊集五卷己集七卷庚集二十四卷辛集十卷壬集十二卷癸集十一卷后甲集八卷后乙集三卷后丙集六卷后丁集八卷后戊集九卷 … 3-288
新编事文类聚翰墨全书：甲集十二卷乙集九卷丙集五卷丁集五卷戊集五卷己集七卷庚集二十四卷辛集十卷壬集十二卷癸集十一卷后甲集八卷后乙集圣朝混一方舆胜览三卷后丙集六卷后丁集八卷后戊集九卷 …… 3-288
新编事文类聚翰墨全书：后丙集六卷 … 3-288
新编诗义集说：四卷 ……1-47
新编录鬼簿：二卷 …… 5-413
新编经史正音切韵指南：一卷…… 1-171
新编经史正音切韵指南：一卷…… 1-172
新编经史正音切韵指南：一卷…… 1-180
新编经史正音切韵指南：一卷…… 1-180
新编经史正音切韵指南：一卷…… 1-180
新编南北经验医方大成：十卷 ……3-80
新编南词定律：十三卷首一卷…… 5-412
新编南词定律：十三卷首一卷…… 5-412
新编皇明通俗演义七曜平妖全传：六卷七十二回 …… 3-364
新编类增吟料诗学集成：三十卷 …… 3-289
新编类增吟料诗学集成：三十卷 …… 3-289
新编秘传堪舆类纂人天共宝：十二卷 … 3-116
新编绣像簇新小说麟儿报：十六回 …… 3-350
新编绣像簇新小说麟儿报：十六回 …… 3-350
新编梦粱录：二十卷 …… 2-128
新编排韵增广事类氏族大全：十卷 …… 1-426
新编排韵增广事类氏族大全：十集 …… 1-426
新编排韵增广事类氏族大全十集：十卷 …… 1-426
新编续西游记：一百回 …… 3-362
新编博物策会：十七卷 …… 3-307
新编策学矜式：一卷 …… 3-204
新编雷峰塔奇传：五卷 …… 3-364
新编雷峰塔奇传：五卷 …… 3-365
新编群书纂数：十二卷 …… 3-289
新编剿闯小说：五卷 …… 3-348
新编剿闯孤忠小说：十卷…… 3-348
新编算学启蒙总括：三卷…… 3-103
新编增补注解天星甲子诸家应用千金诀：三卷…… 3-312
新编醉翁谈录：八卷 …… 3-261
新编醉翁谈录：八卷 …… 3-261
新编篇韵贯珠集：一卷 …… 1-172
新编篇韵贯珠集：八卷 …… 1-172
新编篇韵贯珠集：八卷 …… 1-172
新编篇韵贯珠集：八卷；直指玉钥匙门法：一卷…… 1-180
新编颜子：五卷 ……3-8
新编燕子笺：六卷十八回…… 3-349
新编翰苑新书：七十卷续集四十二卷 … 3-287
新编翰苑新书：后集二十一卷别集十二卷续集四十二卷 …… 3-287
新编翰苑新书：前集七十卷 …… 3-287
新编翰苑新书：前集七十卷后集三十二卷

续集四十二卷别集十二卷 ………………… 3-287
新编翰苑新书：前集七十卷后集三十三卷
续集四十二卷别集十二卷 ………………… 3-287
新编簪缨必用翰苑新书：前集十二卷后集
七卷续集八卷别集二卷 …………………… 3-287
新编纂注资治通鉴外纪增义：五卷读通鉴
法一卷资治通鉴释例一卷 ………………… 1-243
新编麟阁待传奇：二卷 …………………… 5-395
新辑人物考疑：四卷 ……………………… 3-308
新辑仕学大乘：十二卷 …………………… 2-35
新斠注地理志：十六卷 …………………… 1-208
[康熙]新蔡县志：八卷图一卷 …………… 2-330
新锲二太史汇选注释老庄评林：六卷 … 3-367
新锲订注孔子家语：五卷 ………………… 3-7
新锲孔圣宗师出身全传：四卷 …………… 1-387
新锲书经讲义会编：十二卷 ……………… 1-37
新锲古文四如编：四卷 …………………… 5-206
新锲叶先生传家举业要诀史记文髓：二卷
……………………………………………… 1-328
新锲四书七进士讲意折衷：六卷 ………… 1-125
新锲台阁清讹补注孔子家语：五卷首一卷
……………………………………………… 3-7
新锲全补发微历正通书大全乾集：三卷
……………………………………………… 3-123
新锲会元汤先生批评空同文选：五卷 … 4-267
新锲会元汤先生批评南明文选：四卷 … 4-316
新锲京本校正按鉴演义全像三国志传：二
十卷 ……………………………………… 3-340
新锲郑孩如先生精选左传旁训便读：四卷
……………………………………………… 1-94
新锲郑孩如先生精选史记旁训便读：八卷
……………………………………………… 1-198
新锲郑孩如先生精选先秦两汉旁训便读：
六卷 ……………………………………… 1-208
新锲郑孩如先生精选两汉旁训便读：六卷
……………………………………………… 1-208
新锲郑孩如先生精选国语旁训便读：二卷
……………………………………………… 1-326
新锲郑孩如先生精选战国策旁训便读：四
卷 ………………………………………… 1-327
新锲宗先生子相文集：十二卷 …………… 4-315
新锲官板音释标题皇明通纪：十卷续纪三
卷 ………………………………………… 1-260
新锲重订出像附释标注惊鸿记题评：二卷
……………………………………………… 5-378
新锲重定出像注释西晋志传通俗演义题评：
四卷；东晋志传题评：八卷；纪元传：
一卷 ……………………………………… 3-342
新锲皇明百大家总意四书正新录：六卷
……………………………………………… 1-126
新锲类编明解正音京报书言故事：十卷
……………………………………………… 3-285
新锲袁中郎校订旁训古事镜：十二卷 … 3-297
新锲益府藏板从姑修禊一线天会奕通玄谱：
□□卷 …………………………………… 3-157
新锲家传诸症虚实辩疑示儿仙方总论：十
卷 ………………………………………… 3-83
新锲萧曹遗笔：四卷 ……………………… 2-72
新锲萧曹遗笔：四卷 ……………………… 2-72
新锲焦太史汇选百家评林名文珠玑：十三
卷 ………………………………………… 5-208
新锲燕台校正天下通行文林聚宝万卷星罗：
三十九卷 ………………………………… 3-295
新锲徽本图像音释崔探花合襟桃花记：二
卷 ………………………………………… 5-382
新锲徽郡原板梦学全书：三卷首一卷 … 3-126
新锲簪缨必用增补秘笈新书：十三卷别集
三卷 ……………………………………… 3-287
新锲簪缨必用增补秘笈新书：十三卷别集
三卷 ……………………………………… 3-287
新增全相湖海新奇剪灯余话大全：四卷
……………………………………………… 3-332
新增会讲分节四书活套刊误：□□卷 … 1-128
新增补相剪灯新话大全：四卷附录一卷
……………………………………………… 3-332
新增补遗阴阳备要历法通书大全：二卷
……………………………………………… 3-124
新增直音说文韵府群玉：二十卷 ……… 3-314
新增京本青琐高议：前集十卷后集十卷
……………………………………………… 3-324

新增说文韵府群玉：二十卷 …………………… 3-314
新增说文韵府群玉：二十卷 …………………… 3-314
新增说文韵府群玉：二十卷 …………………… 3-314
新增素问运气图括定局立成：一卷 ………… 3-66
新增格古要论：十三卷 ………………………… 3-256
新增格古要论：十三卷 ………………………… 3-256
新增格古要论：十三卷 ………………………… 3-256
新增格古要论：十三卷 ………………………… 3-256
新增格古要论：十三卷 ………………………… 3-256
新增格古要论：十三卷 ………………………… 3-256
新增格古要论：十三卷 ………………………… 3-256
新增格古要论：十三卷 ………………………… 3-256
新增馆则：二卷 ………………………………… 2-46
新撰字镜：不分卷 ……………………………… 1-159
新镌三太史评选历代名文风采：五卷 … 5-211
新镌三分梦全传：十六卷十六回 ………… 3-355
新镌三分梦全传：十六卷十六回 ………… 3-355
新镌工师雕斫正式鲁班经匠家镜：三卷附灵驱解法洞明真言秘书一卷 …………… 2-73
新镌才美巧相逢宛如约：四卷十六回 … 3-350
新镌才美巧相逢宛如约：四卷十六回 … 3-351
新镌女贞观重会玉簪记：二卷 …………… 5-373
新镌五福万寿丹书：六卷 ………………… 3-86
新镌五福万寿丹书：六卷 ………………… 3-86
新镌历世诸大名家往来翰墨分类纂注品粹：十卷 ………………………………………… 5-297
新镌历朝捷录增定全编原本：四卷 ……… 1-338
新镌分门定类绮筵雅乐令谜昭华：四卷 ………………………………………………… 3-160
新镌六经纂要：不分卷 …………………… 1-136
新镌方孟旋先生义经鸿宝：十二卷；周易说统：不分卷 ………………………………… 1-19
新镌玉茗堂批评按鉴参补南宋志传：十卷五十回 ………………………………………… 3-344
新镌玉茗堂批评按鉴参补南宋志传：十卷五十回 ………………………………………… 3-344
新镌玉茗堂批评按鉴参补南宋志传：十卷五十回 ………………………………………… 3-344
新镌玉茗堂批点按鉴参补北宋志传：十卷五十回 ………………………………………… 3-344
新镌玉茗堂批点按鉴参补杨家将传：十卷五十回 ………………………………………… 3-344
新镌玉茗堂批选王弇州先生艳异编：十九卷 ……………………………………………… 3-327
新镌玉茗堂批选王弇州先生艳异编：四十卷 ……………………………………………… 3-327
新镌古今大雅北宫词纪：六卷 …………… 5-399
新镌古今大雅北宫词纪：六卷 …………… 5-400
新镌古今大雅南北宫词纪：二十七卷 … 5-400
新镌古今大雅南宫词纪：六卷 …………… 5-400
新镌古今大雅南宫词纪：六卷 …………… 5-400
新镌古今大雅南宫词纪：六卷 …………… 5-400
新镌古今合法将传：十四卷 ……………… 3-44
新镌古今名公尺牍汇编选注：四卷 ……… 5-297
新镌古今名剧柳枝集：二十六种二十六卷 ………………………………………………… 5-357
新镌古今名剧柳枝集：二十六种二十六卷 ………………………………………………… 5-358
新镌古今名剧酹江集：三十种三十卷 … 5-358
新镌古今名剧酹江集：□□卷 …………… 5-358
新镌古今名剧酹江集三十种：三十卷录鬼簿一卷 …………………………………………… 5-358
新镌古今事物原始全书：三十卷 ………… 3-309
新镌古今事物原始全书：三十卷 ………… 3-309
新镌节义鸳鸯塚娇红记：二卷 …………… 5-382
新镌东西晋演义：十二卷五十回 ………… 3-342
新镌四书七十二朝人物经籍备考：二十四卷 ………………………………………………… 1-125
新镌仙媛纪事：九卷补遗一卷 …………… 3-326
新镌仙媛纪事：九卷补遗一卷 …………… 3-326
新镌乐府争奇：三卷 ……………………… 5-408
新镌汇音妙悟：不分卷 …………………… 1-177
新镌汉丞相诸葛孔明异传奇论注解评林：五卷 ……………………………………………… 3-43
新镌出像点板北调万壑清音：八卷 ……… 5-362
新镌出像点板怡春锦曲：六卷 …………… 5-408
新镌出像点板缠头百练二集：六卷 ……… 5-408
新镌台监历法增补全备应福通书：□□卷首三卷 …………………………………………… 3-91
新镌幼学备览注释青缃对类：二十卷首一

卷 …………………………………………… 3-306
新镌后续绣像五虎平南狄青演传：六卷四十二回 …………………………………… 3-345
新镌全像东西两晋演义志传：十二卷五十回 …………………………………………… 3-342
新镌全像武穆精忠传：八卷 ……………… 3-345
新镌全像武穆精忠传：八卷 ……………… 3-345
新镌全像武穆精忠传：八卷 ……………… 3-345
新镌全像武穆精忠传：八卷 ……………… 3-345
新镌全像武穆精忠传：八卷 ……………… 3-345
新镌全像通俗演义隋炀帝艳史：八卷四十回爵里姓氏一卷图一卷 ………………… 3-343
新镌全像蓝桥玉杵记：二卷附一卷 ……… 5-380
新镌名公释义全备墨庄书言故事：六卷 …………………………………………… 3-297
新镌名公释义全备墨庄白眉故事：六卷 …………………………………………… 3-297
新镌刘生觅莲记：六卷十六回 …………… 3-349
新镌汤霍林先生秘笥四书金绳：不分卷 …………………………………………… 1-126
新镌异说五虎平西珍珠旗演义狄青前传：十四卷一百十二回 ……………………… 3-345
新镌红拂记：二卷 ………………………… 5-372
新镌孙庞演义：六卷二十回 ……………… 3-339
新镌赤心子汇编四民利观翰府锦囊：八卷 …………………………………………… 3-293
新镌赤心子汇编四民利观翰府锦囊：八卷 …………………………………………… 3-293
新镌杨家府世代忠勇演义志传：八卷 … 3-344
新镌李先生类纂音释捷用云笺：六卷 … 3-313
新镌医论：三卷 …………………………… 3-62
新镌批评出相韩湘子：三十回 …………… 3-363
新镌批评出像通俗奇侠禅真逸史：八卷四十回 ……………………………………… 3-359
新镌批评出像通俗奇侠禅真逸史：八卷四十回 ……………………………………… 3-359
新镌批评出像通俗奇侠禅真逸史：八卷四十回 ……………………………………… 3-359
新镌批评出像通俗奇侠禅真逸史：八卷四十回 ……………………………………… 3-359
新镌批评出像通俗演义禅真后史：十卷六十回 ……………………………………… 3-359
新镌批评出像通俗演义禅真后史：八卷五十三回 …………………………………… 3-359
新镌批评绣像后西游记：四十回 ………… 3-362
新镌批评绣像烈女演义：六卷 …………… 3-335
新镌批点出像一见赏心编：□□卷 ……… 3-332
新镌批语绣像秘本定情人：十六回 ……… 3-350
新镌时用通式翰墨全书：十二卷 ………… 3-296
新镌张太史评选眉山桥梓名文隽：三卷 …………………………………………… 5-296
新镌陈眉公先生批评春秋列国志传：十二卷 ……………………………………… 3-338
新镌陈眉公先生批评春秋列国志传：十二卷 ……………………………………… 3-338
新镌甬东王先生阳宅大全：十卷 ………… 3-112
新镌武经七书：七卷 ……………………… 3-40
新镌武经标题正义注释：七卷附镌武经节要一卷附阵法马步射法棍法一卷 …… 3-40
新镌奇传空空幻：十六回 ………………… 3-350
新镌国朝名儒文选百家评林：十二卷 … 5-252
新镌易经玄备：十五卷周易图说一卷 …… 1-20
新镌易经家训：六卷 ……………………… 1-20
新镌图像音注周羽教子寻亲记：四卷 … 5-379
新镌京本校正华夷总览大明官制：七卷 … 2-44
新镌京板工师雕斫正式鲁班经匠家镜：三卷 ……………………………………… 2-73
新镌京板全补源流引蒙登龙会海对类：二十卷 ……………………………………… 3-306
新镌京板图像音释金璧故事大成：十卷 …………………………………………… 3-291
新镌性理节要：八卷 ……………………… 3-5
新镌性理奥：十卷首一卷 ………………… 3-32
新镌注释历代尺牍绮縠：四卷 …………… 5-298
新镌注释法门便览公庭约束：□□卷 …… 2-70
新镌注解张仲景伤寒发微论：四卷 ……… 3-72
新镌赵状元三错认红梨记：二卷 ………… 5-377
新镌草堂诗余：四卷续四卷 ……………… 5-348
新镌点板金雀记：二卷 …………………… 5-383
新镌选注名公四六云涛：十卷 …………… 5-251

新镌重订增补名文珠玑：不分卷 ………… 5-208
新镌音释四民要览萧曹明镜：五卷 ………… 2-72
新镌济颠大师醉菩提全传：二十回 ……… 3-364
新镌顾九畴四书详说：十卷 ……………… 1-127
新镌秘本续英烈传：二十回 ……………… 3-346
新镌徐氏家藏罗经顶门针：二卷 ………… 3-115
新镌徐氏家藏罗经顶门针：二卷鄙言一卷
　　简易图解一卷 ………………………… 3-115
新镌海上医宗心领全帙：六十四卷首一卷
　　…………………………………………… 3-63
新镌海内奇观：十卷 ……………………… 2-149
新镌海内奇观：十卷 ……………………… 2-149
新镌海内奇观：十卷 ……………………… 2-149
新镌海内奇观：十卷 ……………………… 2-149
新镌诸子拔萃：八卷 ……………………… 3-271
新镌陶节庵家藏伤寒六书：六卷 ………… 3-72
新镌通俗云笺：二卷 ……………………… 5-299
新镌通俗云笺：二卷；古今振云笺：八卷
　　…………………………………………… 5-299
新镌通鉴集要：十卷 ……………………… 1-250
新镌绣像小说吴江雪：四卷 ……………… 3-349
新镌绣像济颠大师全传：三十六卷 ……… 3-364
新镌绣像旁批详注总断广百将传：二十卷
　　…………………………………………… 3-44
新镌梅竹兰菊四谱：不分卷 ……………… 3-146
新镌屠仪部编纂元朝捷录：四卷 ………… 1-344
新镌雅俗通用珠玑薮：八卷 ……………… 3-299
新镌量江记：二卷 ………………………… 5-380
新镌焦太史汇选中原文献：二十四卷 … 5-207
新镌焦太史汇选中原文献：四集二十四卷
　　…………………………………………… 5-207
新镌焦太史汇选中原文献：经集六卷史集
　　六卷子集七卷文集四卷通考一卷 … 5-207
新镌曾元赞书经发颖集注：六卷 ………… 1-37
新镌编年全书：二卷 ……………………… 3-310
新镌歌林拾翠：六卷 ……………………… 5-382
新镌缪当时先生周易九鼎：十六卷首一卷
　　…………………………………………… 1-19
新镌增订评注批点便蒙通鉴：八卷 ……… 1-250
新镌增补全像评林古今列女传：八卷 … 1-348
新镌增补标题武经七书：七卷 …………… 3-40
新镌翰林考正历朝故事统宗：□□卷 … 3-294
新镌翰林考正历朝统宗：十卷附历朝人君
　　考资一卷 ……………………………… 3-313
新镌翰林考正国朝七子注释诗选：七卷
　　…………………………………………… 5-245
新镌翰府素翁云翰精华：六卷 …………… 3-298
新鹾备要：十卷 …………………………… 2-53
新雕圣宋文海：一百二十卷 ……………… 5-234
新雕李燕阴阳三命：二卷 ………………… 3-120
新雕李燕阴阳三命：二卷 ………………… 3-120
新雕宋板唐方玄英诗集：十卷 …………… 4-77
新雕宋朝文鉴：一百五十卷目录三卷 … 5-234
新雕注胡曾咏史诗：三卷 ………………… 4-78
新雕注疏珞琭子三命消息赋：三卷 ……… 3-120
新雕注疏珞琭子三命消息赋：三卷 ……… 3-120
新雕耍家要诀嫖赌机关：四卷 …………… 3-270
新繁县乡土志：十卷首一卷 ……………… 2-379
新繁县乡土志：十卷首一卷 ……………… 2-380
[同治]新繁县志：十六卷首一卷 ………… 2-379
[同治]新繁县志：十六卷首一卷 ………… 2-379
[嘉庆]新繁县志：四十三卷首一卷 ……… 2-379
新翻鸳鸯佩：二十回二集二十四回 ……… 5-407
新疆山脉志：六卷 ………………………… 2-434
新疆小记草：十二卷首一卷 ……………… 2-137
新疆乌什直隶厅乡土志：一卷 …………… 2-435
新疆乌什直隶厅乡土志：一卷 …………… 2-435
[光绪]新疆四道志 ………………………… 2-434
[光绪]新疆吐鲁番厅乡土志 ……………… 2-436
新疆伊犁府绥定县乡土志：一卷 ………… 2-437
新疆图志：一百十六卷 …………………… 2-434
新疆莎车府叶城县乡土志：一卷 ………… 2-435
新疆摄要录：四卷 ………………………… 2-434
新疆摄要录：四卷 ………………………… 2-434
新疆舆图风土考：五卷 …………………… 2-434
新纂门目五臣音注扬子法言：十卷 ……… 3-15
新纂门目五臣音注扬子法言：十卷 ……… 3-15
新纂门目五臣音注扬子法言：十卷 ……… 3-15
新纂六臣注汉文选：二十四卷 …………… 5-176
新纂四望亭全传：十一卷六十四回 ……… 3-360

[乾隆]新纂直隶阶州志：二卷 …… 2-431
新纂香谱：四卷 …… 3-165
新纂香谱：四卷 …… 3-165
新纂群书纪载万岁寿谱：五卷续遗二卷 …… 3-307
韵切指归：二卷 …… 1-180
韵玉函书：不分卷 …… 1-176
韵石斋笔谈：二卷 …… 3-257
韵石斋笔谈：二卷 …… 3-257
韵石斋笔谈：二卷 …… 3-257
韵叶考：五卷 …… 1-178
韵叶考：五卷 …… 1-178
韵汇校：一卷 …… 1-177
韵会举要引说文系传抄：不分卷 …… 1-173
韵字略：二卷 …… 1-177
韵补：五卷 …… 1-170
韵补：五卷 …… 1-170
韵补：五卷 …… 1-170
韵补：五卷 …… 1-170
韵补：五卷 …… 1-170
韵补：五卷 …… 1-170
韵补：五卷 …… 1-170
韵补：五卷 …… 1-170
韵补：五卷 …… 1-170
韵补正：一卷附录一卷 …… 1-170
韵林獭祭：不分卷 …… 3-316
韵府大成：不分卷 …… 3-316
韵府便考：不分卷 …… 1-177
韵府群玉：二十卷 …… 3-314
韵府群玉：二十卷 …… 3-314
韵经：五卷 …… 1-175
韵经：五卷 …… 1-175
韵语阳秋：二十卷 …… 5-313
韵语阳秋：二十卷 …… 5-313
韵语阳秋：二十卷 …… 5-313
韵语阳秋：二十卷 …… 5-313
韵语阳秋：二十卷 …… 5-313
韵语阳秋：二十卷 …… 5-313
韵通：一卷 …… 1-176
韵略汇通：二卷 …… 1-175
韵雅：五卷 …… 1-187
韵谭：八卷 …… 4-333
韵谱本义：十卷 …… 1-176
韵谱本义：十卷 …… 1-176
意中缘：一卷 …… 5-368
意中缘传奇：二卷 …… 5-387
意林：五卷 …… 3-258
意林：五卷 …… 3-258
意林：五卷 …… 3-258
意林：五卷 …… 3-258
意林：五卷 …… 3-258
意林：五卷 …… 3-259
意林：五卷 …… 3-259
意林：五卷补录一卷 …… 3-259
意林附注：五卷 …… 3-259
意林语要：五卷 …… 3-259
意林语要：五卷 …… 3-259
意林语要：五卷 …… 3-259
意林逸文：一卷 …… 3-259
雍大记：三十六卷 …… 2-405
雍正二年广西乡试录：一卷 …… 1-436
雍正二年陕西甘肃两河武举乡试录：一卷 …… 1-437
雍正十二十三年寅卯拔贡同年序齿录：一卷 …… 1-437
雍正十三年湖广湖北乡试录：一卷 …… 1-435
雍正十年壬子科四川乡试录：一卷 …… 1-436
雍正要录：不分卷 …… 2-87
雍正乾隆两朝进砚档：不分卷 …… 3-162
雍正乾隆两朝进提笔档：不分卷 …… 3-165
雍和宫佛楼等处二十九案供器档案：不分卷 …… 2-84
雍和宫陈设供器什物清册：□□卷 …… 2-84
雍和宫陈设供器什物清册：□□卷 …… 2-84
雍录：十卷 …… 2-141
雍录：十卷 …… 2-141
雍录：十卷 …… 2-141
雍录：十卷 …… 2-141
雍录：十卷 …… 2-142
雍音：四卷 …… 5-285

雍野李先生快独集：十八卷 ………………… 4-334
雍熙乐府：二十卷 ………………………………… 5-407
雍熙乐府：二十卷 ………………………………… 5-407
慎子：一卷 ………………………………………… 3-174
慎子：内篇一卷外篇一卷逸文一卷 ……… 3-175
慎子外篇：一卷传补一卷……………………… 3-175
慎刑说：一卷………………………………………2-65
慎终录要：一卷 ………………………………… 3-220
慎终录要：一卷 ………………………………… 3-220
慎贻堂书目：一卷 ……………………………… 2-491
慎修堂集：二十卷 ……………………………… 4-307
慎修堂集：二十卷 ……………………………… 4-307
慎独斋诗集：十六卷 …………………………… 4-238
慎独斋稿：一卷 ………………………………… 4-180
慎独斋稿：一卷 ………………………………… 4-180
慎独斋稿：一卷 ………………………………… 4-180
慎独斋稿：一卷 ………………………………… 4-180
慎独斋稿：一卷 ………………………………… 4-180
慎斋诗存：八卷 …………………………………5-40
慎旃初集：一卷二集一卷………………………5-56
慎墨堂名家诗品：□□卷……………………… 5-170
阙史：二卷 ……………………………………… 3-323
阙里孔氏词抄：五卷 …………………………… 5-353
阙里志：十二卷 ………………………………… 2-140
阙里志：十三卷 ………………………………… 2-140
阙里志：十五卷 ………………………………… 2-140
数术记遗：一卷 …………………………………3-87
数术记遗：一卷 ………………………………… 3-102
数表：一卷 ……………………………………… 3-105
数学九章：九卷 ………………………………… 3-103
数学钥：六卷……………………………………… 3-104
慈向集：十三卷 ………………………………… 3-420
[光绪]慈利县图志：十卷首一卷 ………… 2-346
慈受深和尚拟寒山诗：一卷 ………………… 4-20
慈悲兰盆目连忏法道场：二卷……………… 3-429
慈悲道场忏法：十卷 …………………………… 3-429
慈湖先生遗书：二十卷 ………………………… 4-156
慈湖先生遗书：十八卷 ………………………… 4-156
慈湖先生遗书：十八卷 ………………………… 4-156
慈湖先生遗书：十八卷 ………………………… 4-156
慈湖先生遗书抄：六卷 ………………………… 4-156
慈意方：一卷；慈义方：一卷 …………… 3-82
[天启]慈溪县志：十六卷……………………… 2-267
[雍正]慈溪县志：十六卷……………………… 2-267
慈溪郑氏诗辑残稿：不分卷 ……………… 5-294
慈溪黄氏日抄分类：九十七卷……………… 3-25
慈溪黄氏日抄分类：九十七卷……………… 3-25
慈溪黄氏日抄分类：九十七卷；古今纪要：十九卷 ………………………………………… 3-25
慈溪黄氏日抄分类：九十七卷；古今纪要：十九卷 ………………………………………… 3-26
慈溪童柘叟遗著：十三种二十一卷 ……… 5-434
满汉名臣传：一百二十卷；满汉列臣传：二十四卷 ………………………………… 1-236
满汉名臣传：前集一百二十卷后集八十卷 ………………………………………………… 1-236
[康熙]满城县志：十二卷图一卷 ………… 2-191
满洲四礼集：五卷 ………………………………2-25
滇文：不分卷……………………………………… 5-287
滇台行稿：四卷 …………………………………2-99
滇考：二卷 ……………………………………… 2-136
[嘉庆]滇系：四十卷 ………………………… 2-402
滇事杂档：不分卷……………………………… 1-316
滇南矿厂图略：二卷 ……………………………2-58
滇略：十卷 ……………………………………… 2-402
滇略：十卷 ……………………………………… 2-402
滇游纪乱：一卷；滇游过险诗：一卷 … 1-302
滇游草：一卷；回风草：一卷 …………… 5-157
滇蜀纪程：一卷 ………………………………… 2-169
滇黔奏稿录要：不分卷 ……………………… 2-109
[光绪]溧水县志：二十二卷首一卷 ……… 2-242
[光绪]溧水县志：二十二卷首一卷 ……… 2-242
[康熙]溧水县志：十一卷首一卷 ………… 2-242
[乾隆]溧水县志：十六卷……………………… 2-242
[嘉庆]溧阳县志：十六卷图一卷 ………… 2-253
[嘉庆]溧阳县志：十六卷图一卷 ………… 2-253
[康熙]溧阳县志：十四卷首一卷 ………… 2-253
[光绪]溧阳县续志：十六卷末一卷 ……… 2-253
[光绪]溧阳县续志：十六卷 ………………… 2-253
溧阳路总管水镜元公诗集：一卷 ………… 4-201

溧阳路总管水镜元公诗集：一卷 ………… 4-201
溪田文集：十一卷 ………………………………… 4-268
溪南江氏族谱：不分卷 …………………………2-4
溪南清墅集草：六卷 ……………………………… 4-349
溪亭集：二卷附录一卷 ………………………… 4-361
溪堂集：十卷…………………………………………… 4-121
溪蛮丛笑：一卷 ……………………………………… 2-133
[光绪]滦州志：十八卷 ………………………… 2-188
[光绪]滦州志：十八卷首一卷……………… 2-188
[嘉庆]滦州志：八卷首一卷末一卷图一卷
…………………………………………………………… 2-188
滦京杂咏：一卷 ……………………………………… 2-123
滦京杂咏：一卷 ……………………………………… 4-114
滂喜斋藏书志残稿：不分卷 ………………… 2-496
溯洄集：十卷诗论一卷诗话一卷 ………… 5-257
溯舞集：一卷………………………………………… 5-145
滏水文集：二十卷附录一卷 ………………… 4-181
[咸丰]滨州志：十二卷首一卷……………… 2-319
[康熙]滨州志：八卷首一卷 ………………… 2-319
塞上曲：一卷………………………………………… 4-292
窥园吟稿：二卷附江上吟一卷………………5-87
窦山公家议：七卷附录一卷 ………………… 1-442
窦山公家议：七卷附录一卷 ………………… 1-442
窦子纪闻类编：四卷 ……………………………… 3-211
窦氏联珠集：五卷 ………………………………… 5-294
窦氏联珠集：五卷 ………………………………… 5-294
窦氏联珠集：五卷 ………………………………… 5-295
窦氏联珠集：五卷 ………………………………… 5-295
鄐斋所藏封泥目：一卷 ………………………… 2-474
谨依眉阳正本大宋真儒三贤文宗：二十卷
…………………………………………………………… 5-295
谨斋诗稿：二十卷 …………………………………5-67
褙幄集：一卷………………………………………… 4-159
[乾隆]福山县志：十二卷图一卷 ………… 2-313
[万历]福山县志：八卷 ………………………… 2-313
福州团练纪事：一卷 ……………………………… 1-315
[乾隆]福州府志：一卷 ………………………… 2-290
[万历]福州府志：七十六卷 ………………… 2-290
[万历]福州府志：三十六卷图一卷 ……… 2-290
[乾隆]福州府志艺文志补：四卷首一卷
…………………………………………………………… 2-290
[光绪]福安乡土志：二卷……………………… 2-297
[乾隆]福安县志：二十六卷首一卷 ……… 2-297
[光绪]福安县志：三十八卷首一卷 ……… 2-297
福寿全书：不分卷 ………………………………… 3-271
福建运司志：三卷 …………………………………2-45
[康熙]福建通志：六十四卷 ………………… 2-289
福建通志采书钞：不分卷……………………… 2-289
[乾隆]福建续志：九十二卷首一卷 ……… 2-289
福建道监察御史程文彝奏疏：一卷 ……… 2-108
福建鹾政全书：二卷 ………………………………2-54
福星照：不分卷 ……………………………………… 5-397
福唐风雅集：不分卷 ……………………………… 5-283
[乾隆]福清县志：二十卷首一卷图一卷
…………………………………………………………… 2-290
[嘉庆]福鼎县志：八卷 ………………………… 2-297
谪仙外纪：二十卷 ………………………………… 1-389
群公投赠诗文：一卷 ……………………………… 5-116
群书考索：前集六十六卷后集六十五卷续
集五十六卷别集二十五卷 ……………… 3-284
群书考索：前集六十六卷后集六十五卷续
集五十六卷别集二十五卷 ……………… 3-284
群书考索古今事文玉屑：二十四卷 ……… 3-295
群书会元截江网：三十五卷 ………………… 3-283
群书会元截江网：三十五卷 ………………… 3-283
群书备考：六卷续三卷 ………………………… 3-294
群书备览：□□卷 ………………………………… 3-299
群书备数：十二卷 ………………………………… 3-289
群书治要：五十卷 ………………………………… 3-258
群书治要：五十卷 ………………………………… 3-258
群书钩玄：十二卷 ………………………………… 3-289
群书类编故事：二十四卷……………………… 3-289
群书校正：不分卷 ………………………………… 3-234
群书校正：不分卷 ………………………………… 3-235
群书集事渊海：四十七卷……………………… 3-289
群书集事渊海：四十七卷……………………… 3-289
群书集事渊海：四十七卷……………………… 3-290
群书题识杂抄：不分卷 ………………………… 2-478
群玉山房文集：七卷 ……………………………… 4-339
群玉山房疏草：二卷文集七卷 …………… 4-339

群玉楼集：八十四卷 …… 4-358
群玉楼稿：八卷 …… 4-296
群龙馆手授四书主意鞭影：二十卷 …… 1-128
群仙要语纂集：不分卷 …… 3-390
群仙集：三卷 …… 1-361
群仙集：三卷 …… 1-361
群芳董狐：一卷 …… 3-169
群英珠玉：五卷 …… 5-202
群贤小集：六十八种一百二十二卷 …… 5-167
群经大义录：一卷 …… 1-139
群经义证：八卷 …… 1-138
群经讲贯：不分卷 …… 1-135
群经音辨：七卷 …… 1-160
群经音辨：七卷 …… 1-160
群经宫室图：二卷 …… 1-80
群经冠服图考：三卷 …… 1-81
群经读为读若音义：不分卷 …… 1-141
群经释地：十卷 …… 1-138
群雅集：四卷 …… 5-256
殿阁词林记：二十二卷 …… 1-369
殿阁词林记：二十二卷 …… 1-369
殿阁词林记：二十二卷 …… 1-369
殿阁词林记：二十二卷 …… 1-369
殿阁词林记：二十二卷 …… 1-369
殿座门聊：不分卷 …… 3-275
辟泇奏疏：一卷 …… 2-100
辟雍纪事：八卷原始一卷辟雍考一卷 …… 2-39
辟雍纪事：不分卷 …… 2-39
辟疆园杜诗注解：五言律十二卷七言律五卷年谱一卷 …… 4-39
辟疆园宋文选：三十卷 …… 5-236
愍纶录：一卷附历仕政绩一卷 …… 1-402
叠山批点陆宣公奏议：十五卷 …… 2-94
叠山集：十六卷 …… 4-172
叠字韵编：五卷 …… 1-188
缙云先生文集：四卷附录一卷 …… 4-133
缙绅全本：不分卷 …… 1-440
缙绅全本：不分卷 …… 1-441
劓闯小说：十卷附录一卷 …… 3-348
劓事汗语：二卷 …… 4-376

十四画

[康熙]静乐县志：十卷 …… 2-216
[雍正]静乐县志：十卷 …… 2-216
[同治]静乐县续志：二卷 …… 2-216
[康熙]静宁州志：十四卷 …… 2-430
静观室三苏文选：十六卷 …… 5-295
静远草堂杂钞：不分卷 …… 5-267
静远草堂诗稿：不分卷 …… 5-135
静远草堂稿：不分卷 …… 5-135
静远堂集：十六卷 …… 4-333
静志居诗话偶抄：一卷 …… 5-323
静轩文钞：不分卷 …… 4-256
静轩先生文集：十五卷附录一卷 …… 4-256
静学斋偶志：四卷 …… 3-222
静思先生诗集：二卷 …… 4-217
静思先生诗集：二卷 …… 4-217
静思先生诗集：二卷 …… 4-217
静思先生诗集：十卷 …… 4-217
静便斋集：十卷 …… 5-91
静修先生丁亥集：六卷遗文六卷遗诗六卷拾遗七卷续集三卷附录二卷 …… 4-189
静修先生文集：十卷 …… 4-189
静修先生文集：十卷 …… 4-189
静修先生文集：十卷 …… 4-189
静修先生文集：三十卷 …… 4-189
静修先生遗文：六卷遗诗六卷诗文拾遗七卷续集三卷丁亥集五卷樵庵词一卷附录二卷 …… 4-189
静修先生遗诗：六卷诗文拾遗七卷续集三卷文集附录二卷 …… 4-189
静俭堂集：二十卷 …… 4-357
静斋小稿：一卷 …… 5-117
静斋至正直记：四卷 …… 3-317
静斋至正直记：四卷 …… 3-317
静海乡志：三卷大事记一卷 …… 2-250
[同治]静海县志：八卷图一卷 …… 2-179
[康熙]静海县志：四卷 …… 2-178
[康熙]静海县志：四卷 …… 2-178

静虚斋惜阴录：十二卷附录一卷 ………… 3-205
静虚斋惜阴录：十二卷附录一卷 ………… 3-205
静庵先生文集：十卷年谱一卷 ………… 5-158
静悱集：十卷附录一卷 ………… 4-357
静惕堂宋元人集目：一卷 ………… 2-486
静惕堂诗集：四十四卷 ………… 5-16
静寄轩书目：一卷续四卷 ………… 2-493
静寄轩书目：一卷续四卷 ………… 2-493
碧山乐府：二卷 ………… 5-401
碧山乐府：二卷 ………… 5-401
碧山乐府：三卷 ………… 5-401
碧山学士集：二十一卷别集四卷 ………… 4-327
碧山草堂诗抄：二卷 ………… 5-61
碧山栖诗稿：二卷 ………… 5-121
碧山堂诗抄：十六卷；黔苗竹枝词：一卷 ………… 5-85
碧山新稿：一卷续稿一卷 ………… 5-402
碧川文选：四卷 ………… 4-253
碧云仙师笔法录：一卷 ………… 3-136
碧云集：三卷 ………… 4-80
碧血：不分卷 ………… 1-373
碧里：六种七卷 ………… 5-428
碧鸡集：一卷；金陵游稿：一卷；弹铗集：一卷 ………… 4-349
碧鸡漫志：三卷 ………… 5-355
碧鸡漫志：五卷 ………… 5-355
碧岩诗集：二卷 ………… 4-162
碧梧红豆草堂诗：不分卷 ………… 5-129
碧渐堂诗草：一卷 ………… 4-284
碧琳琅馆金石碑版目录：不分卷 ………… 2-464
碧溪丛书：八种八卷 ………… 5-422
碧澜堂集：一卷 ………… 5-29
碧麓堂集：一卷 ………… 4-331
瑶石山人诗稿：十六卷 ………… 4-307
瑶光阁诗集：四卷文集五卷新集四卷 … 4-376
瑶华集：二十二卷附二卷 ………… 5-352
瑶华集：二十二卷附二卷；词人姓氏爵里表：一卷 ………… 5-352
瑶草园初集：□□卷 ………… 4-352
瑶琨谱：二卷二笔一卷 ………… 3-172
瑶翰：二卷；俚蹠：二卷 ………… 5-300
赘言存稿：一卷 ………… 5-114
熬波图：二卷 ………… 2-53
熬波图：二卷 ………… 2-53
熬波图说：二卷 ………… 2-53
韬光纪游初编：二卷 ………… 2-139
韬略世法：八卷 ………… 3-44
墙东杂抄：四卷 ………… 5-44
墟中十八咏：一卷图一卷 ………… 5-278
嘉禾百咏：一卷 ………… 2-130
嘉禾名胜记：二卷 ………… 2-139
嘉禾问录：一卷 ………… 3-29
[至元]嘉禾志：三十二卷 ………… 2-265
嘉禾征献录：三十卷外纪六卷 ………… 1-381
嘉禾征献录：五十卷外纪八卷 ………… 1-381
嘉禾金氏族谱：一卷 ………… 2-9
嘉乐堂诗集：一卷；芸香堂诗集：二卷；延喜堂诗抄：一卷 ………… 5-290
嘉庆乙丑科会试第四房同门朱卷：一卷 ………… 5-308
嘉庆二十一年丙子科四川乡试题名录：一卷 ………… 1-436
嘉庆二十五年庚辰科钦取汉教习同年齿录：一卷 ………… 1-437
嘉庆二十年起居注册：不分卷 ………… 1-269
嘉庆九年广西乡试题名录：一卷 ………… 1-436
嘉庆上谕奏稿：不分卷 ………… 2-93
嘉庆四年奏折抄：不分卷 ………… 2-93
嘉庆辛未科会试第十四房同门朱卷：一卷 ………… 5-308
嘉庆辛酉恩科第十七房同门会试朱卷：一卷；[嘉庆辛酉恩科第十七房同门]会试荐卷：一卷 ………… 5-308
嘉庆辛酉恩科第十三房同门会试朱卷：一卷；[嘉庆辛酉恩科第十三房同门]会试荐卷：一卷 ………… 5-308
嘉庆陆年辛酉科河南乡试题名录：一卷 ………… 1-435
嘉庆拾伍年广西乡试题名录：一卷 ………… 1-436
嘉庆拾贰年广西乡试题名录：一卷 ………… 1-436

嘉庆道光魏塘人物记：六卷 1-381
[万历]嘉兴府志：三十二卷 2-265
[弘治]嘉兴府志：三十二卷 2-265
[万历]嘉兴府志：三十二卷图一卷 2-265
[嘉靖]嘉兴府图记：二十卷 2-265
[嘉靖]嘉兴府图记：二十卷 2-265
嘉佑集选：一卷 4-96
嘉言摘粹：八卷 3-212
[咸丰]嘉应州志增补考略：四十卷首一卷 2-365
[乾隆]嘉鱼县志：八卷 2-339
嘉定四先生集：九十二卷 5-269
嘉定纪事：一卷；松江纪事：一卷 1-311
嘉定县甲乙事纪：一卷；阮大铖本末小纪：一卷 1-311
[万历]嘉定县志：二十二卷 2-237
[康熙]嘉定县志：二十四卷 2-237
[康熙]嘉定县志：二十四卷 2-237
[乾隆]嘉定县志：十二卷首一卷 2-237
[嘉靖]嘉定县志：十二卷 2-237
[光绪]嘉定县志：三十二卷首一卷补遗一卷 2-237
嘉定金氏五世家集：十一卷 5-290
嘉定府犍为县档册：不分卷 2-85
嘉定侯氏三先生集：不分卷 5-290
嘉荫楼集：二卷 5-64
嘉荫簃古泉随笔：八卷 2-465
嘉荫簃杂箸：一卷 5-138
嘉荫簃金石目摘录：不分卷 2-464
嘉荫簃钱考：十四卷 2-466
嘉南集：二卷 4-269
嘉树楼诗钞：四卷 5-101
嘉祐集：十五卷 4-96
嘉祐集：十五卷 4-96
嘉祥汉石书记疏证：一卷 2-462
[顺治]嘉祥县志：六卷 2-317
[顺治]嘉祥县志：六卷 2-318
[顺治]嘉祥县志：六卷 2-318
嘉谋录：十八卷 1-324
嘉善丁氏家传：不分卷 2-1
嘉靖乙丑科进士同年乡籍：一卷 1-430
嘉靖二十二年癸卯科山东丘亚元墨卷：不分卷 4-311
嘉靖二十八年应天府乡试录：一卷 1-433
嘉靖二十五年浙江乡试录：一卷 1-433
嘉靖二十四年江西湖口县灾民求赈档册 2-58
嘉靖十六年浙江乡试录 1-433
[嘉靖三十一年]北畿壬子同年录：一卷 1-432
嘉靖三十一年应天府乡试录 1-433
嘉靖三十二年进士登科录：一卷 1-430
嘉靖三十二年癸丑科进士同年便览录：一卷 1-430
嘉靖大政类编：二卷 1-302
嘉靖大政编年纪：不分卷 1-262
嘉靖以来内阁首辅传：八卷 1-372
嘉靖以来首辅传：八卷 1-372
嘉靖以来首辅传：八卷 1-372
嘉靖东南平倭通录：一卷 1-302
嘉靖四十一年进士登科录：一卷 1-430
嘉靖四十三年陕西乡试录：一卷 1-437
嘉靖四十四年乙丑科进士履历便览：一卷 1-430
嘉靖四十四年进士登科录：一卷 1-430
嘉靖四年浙江乡试录：一卷 1-433
嘉靖事例：不分卷 2-33
嘉靖注略：五卷 1-263
嘉靖集：八卷拾遗一卷 4-278
墉城集仙录：六卷 1-361
[道光]綦江县志：十二卷首一卷 2-375
[道光]綦江县志：十二卷首一卷 2-375
聚乐堂艺文目录：十七卷 2-484
聚乐堂艺文目录：六卷 2-484
聚善传芳录：八卷 3-249
慕蓼王先生樗全集：八卷 4-289
蔡太史奏稿：不分卷 2-111
蔡中郎文集：十卷外传一卷 4-9
蔡中郎文集：十卷外传一卷 4-9
蔡中郎文集：十卷外传一卷 4-9
蔡中郎文集：十卷外传一卷 4-10

蔡中郎文集：十卷外传一卷 ……………………4-10
蔡中郎文集：十卷外传一卷 ……………………4-10
蔡中郎文集：十卷外传一卷 ……………………4-10
蔡中郎文集：十卷外传一卷 ……………………4-10
蔡中郎文集：十卷外传一卷 ……………………4-10
蔡中郎文集：八卷外传一卷 ……………………4-10
蔡中郎文集外传：一卷 …………………………4-9
蔡中郎忠孝传：四卷 …………………………5-368
蔡中郎集：十卷外纪一卷外集四卷末一卷 ……………………………………………………4-9
蔡中郎集：十卷外纪一卷外集四卷末一卷 ……………………………………………………4-9
蔡中郎集：八卷 …………………………………4-9
蔡中郎集举正：十卷 …………………………4-10
蔡氏九儒书：九卷首一卷……………………5-293
蔡氏月令：二卷 ………………………………1-77
蔡氏明堂月令章句：一卷；明堂月令论：一卷；月令问答：一卷……………………1-77
蔡文庄公集：八卷；艾庵密箴：一卷；太极图说：一卷……………………………4-260
蔡忠惠诗集全编：二卷 ………………………4-98
蔡忠惠诗集全编：四卷 ………………………4-98
蔡恭靖公诗稿：十卷 …………………………4-319
蔡虚斋先生易经蒙引：二十四卷 ……………1-15
蔡端明别纪：十二卷 …………………………1-390
蔗轩遗稿：一卷 ………………………………5-123
蔗尾文集：二卷 ………………………………5-89
蔗尾诗集：十五卷……………………………5-89
蔗亭梅花集句：四卷 …………………………5-83
蔗塘未定稿：五卷……………………………5-88
蔗塘未定稿：四卷……………………………5-88
蔗塘未定稿：四卷……………………………5-88
蔗塘外集：一卷 ………………………………5-88
蕖塘闲草：十卷；蕖塘汇录诸名公赠言：一卷续附一卷 ………………………………4-295
[光绪]蔚州志：二十卷首一卷………………2-185
[乾隆]蔚州志补：十二卷首一卷 …………2-184
[乾隆]蔚县志：三十一卷……………………2-184
蓼红闲馆诗稿：二卷 …………………………5-146
蓼花词：一卷…………………………………5-339
蓼村集：四卷……………………………………5-67
蓼怀堂琴谱：不分卷 …………………………3-156
蓼溪诗略：二卷 ………………………………5-108
榼山大云寺志：二卷 …………………………2-143
槜李英华集：八卷附二卷……………………5-275
榴山蓄古录：□□卷 …………………………3-268
榴馆初函集选：十卷……………………………5-16
榴龛居士集：十六卷……………………………5-43
榕阴新检：十六卷 ……………………………1-383
榕村诗选：八卷首一卷 ………………………5-49
榕村藏稿：四卷 ………………………………5-49
榕园词韵：一卷 ………………………………5-355
榕城岁时记：一卷 ……………………………2-113
榕城要纂：一卷 ………………………………2-131
榕亭诗文钞：十五卷 …………………………5-137
榕海旧闻：不分卷 ……………………………2-131
榕海旧闻：不分卷 ……………………………2-131
榕海诗话：八卷 ………………………………5-322
榷政纪略：四卷奏疏一卷；莅政八箴：一卷……………………………………………2-55
歌代啸杂剧：一卷 ……………………………5-362
歌诗编：四卷集外诗一卷……………………4-67
酿川读书记：不分卷 …………………………3-234
酿川集：十卷……………………………………5-66
碣石编：二卷…………………………………4-333
磁州乡土志 ……………………………………2-205
[康熙]磁州志：十八卷图一卷 ……………2-204
[康熙]磁州志：十八卷 ……………………2-205
磁州批牍：不分卷 ……………………………2-82
[同治]磁州续志：六卷首一卷 ……………2-205
愿学堂文集：十八卷诗集二卷使交纪事一卷安南世系略一卷使交吟一卷南交好音一卷 ……………………………………5-37
愿学堂集：二十卷使交纪事一卷使交吟一卷安南世系略一卷南交好音一卷 ……5-37
霁山先生文集：五卷 …………………………4-177
霁山先生文集：四卷白石樵唱六卷 ………4-177
霁山先生白石樵唱：六卷文集四卷 ………4-177
霁山先生白石樵唱：六卷文集四卷 ………4-177
摭古遗文：二卷附再增摭古遗文一卷 …1-164

摭古遗文：二卷附再增摭古遗文一卷 … 1-164
摭言：十五卷 …… 3-242
摘抄三冈识略：十卷续识略二卷 …… 3-218
摘抄学庵文集：不分卷 …… 5-53
摘星楼传奇：二卷 …… 5-389
辕门十咏：二卷 …… 5-245
裴氏世谱：十二卷 …… 2-21
翡翠轩：一卷；梅杏争春：一卷 …… 3-334
睿亲王多尔衮传 …… 1-403
墅谈：六卷 …… 3-206
鹖冠子解：三卷 …… 3-175
鹖冠子解：三卷 …… 3-175
鹖冠子解：三卷 …… 3-175
鹖冠子解：三卷 …… 3-175
鹖冠子解：三卷 …… 3-175
鹖冠子解：三卷 …… 3-175
鹖冠子解：三卷 …… 3-176
蜨庵词：一卷 …… 5-342
幔亭集：十五卷 …… 4-339
[康熙]嵋峨县志：四卷 …… 2-403
骷髅格：一卷；辨音连声归母捷法：一卷 …… 5-410
锲大河氏异傅回生外科医方：二卷 …… 3-74
锲不舍斋文集：不分卷 …… 5-143
锲会元纂著句意句训易经翰林家说：十二卷 …… 1-18
锲两状元编次皇明要考：六卷附一二考一卷 …… 1-370
锲重订出像注释节孝记：二卷 …… 5-374
锲便蒙二十四孝日记故事：一卷；新锲徽郡原板校正绘像注释魁字便蒙日记故事：四卷 …… 3-310
锲音注艺林唐故事白眉：十二卷 …… 3-297
锲旁注事类捷录：十五卷 …… 3-297
锲熙朝名公书启连腴：八卷 …… 5-299
镂空集：四卷 …… 5-342
镂空集：四卷 …… 5-342
鄦斋钟鼎文字：不分卷 …… 2-454
箐斋读书录：二卷 …… 3-229
箧衍集：十二卷 …… 5-258
箧衍集：十二卷 …… 5-258
箧衍集：十二卷 …… 5-259
箧藏西北域记：一卷；箧藏居业集：一卷；箧藏以学集：一卷 …… 5-86
箕田考：一卷 …… 2-174
箕雅：不分卷 …… 5-170
箬园日札：七种九卷 …… 3-237
箬园日札：八卷 …… 3-237
箬园日札：初稿五卷续不分卷 …… 3-237
算沙室全藏目录：不分卷 …… 2-501
算法全能集：二卷 …… 3-104
算法纂要总纲：不分卷 …… 3-104
管子：二十四卷 …… 3-50
管子：二十四卷 …… 3-50
管子：二十四卷 …… 3-51
管子：二十四卷 …… 3-51
管子：二十四卷 …… 3-51
管子：二十四卷 …… 3-51
管子：二十四卷 …… 3-51
管子：二十四卷 …… 3-51
管子义证：八卷 …… 3-51
管子删评：六卷 …… 3-51
管子补注：二十四卷 …… 3-51
管子注：二十四卷 …… 3-50
管子注：二十四卷 …… 3-51
管子治略窾言：八卷 …… 3-51
管子治略窾言：八卷 …… 3-51
管子宪章余集：二卷 …… 4-324
管子校正：二十四卷 …… 3-52
管子校议：不分卷 …… 3-52
管子通：一卷 …… 3-52
管子惕若斋集：四卷续集二卷 …… 4-324
管子集注：二十四卷 …… 3-52
管子榷：二十四卷 …… 3-51
管天笔记外编：不分卷 …… 3-213
管氏指蒙：二卷 …… 3-112
管郚先生文钞内编：三卷 …… 5-46
管涔集：六卷 …… 4-332
管韩合刻：四十四卷 …… 3-50
管韩合纂：四卷 …… 3-50

管蠡抄：十卷……5-152
舆地广记：三十八卷……2-116
舆地广记：三十八卷……2-116
舆地广记：三十八卷……2-116
舆地广记：三十八卷……2-117
舆地纪胜：二百卷……2-117
舆地纪胜：二百卷……2-117
舆地碑记目：六卷……2-457
舆地碑记目：四卷……2-457
舆地碑记目：四卷……2-457
舆近园诗选：一卷……5-18
舆居录：一卷……1-377
僦寮集：二卷……4-244
僧诗选：不分卷……5-227
鄱阳先生文集：十二卷……4-114
鄱阳先生文集：十二卷……4-114
鄱阳先生诗集：十二卷……4-114
鄱阳刘彦昺诗集：九卷……4-225
鄱阳集：四卷……4-135
遯园漫稿：四卷……4-350
遯言：十七卷……3-207
遯庵乐府：一卷……5-336
鲒埼亭外集：五十卷杂录一卷……5-94
鲒埼亭诗集：十卷……5-94
鲒埼亭诗集：十卷……5-94
鲒埼亭诗集：十卷……5-94
鲒埼亭诗集：十卷……5-94
鲒埼亭诗集：十卷文外编五十卷文外□□卷……5-94
鲒埼亭集：三十八卷……5-94
鲒埼亭集：三十八卷……5-94
鲒埼亭集：三十八卷……5-94
鲒埼亭集：三十八卷……5-94
鲒埼亭集：三十八卷外编五十卷……5-94
鲒埼亭集：□□卷……5-94
鲒埼亭集外编：五十卷……5-94
疑仙传：三卷……1-360
疑仙传：三卷……1-361
疑仙传：三卷……3-324
疑年汇编：十六卷……1-346
疑年录：四卷……1-346
疑年录：四卷……1-346
疑年录：四卷……1-346
疑砭录：二卷……1-188
疑思录：六卷……3-31
疑狱集：十卷……2-71
疑狱集：十卷……2-71
疑辨录：三卷……1-135
疑辨录：三卷……1-136
疑耀：七卷……3-231
疑耀：七卷……3-231
疑耀：七卷……3-232
疑耀：七卷……3-232
飏陁劫三昧晋日贤劫定意经：十三卷……3-397
雒南县乡土志：四卷……2-423
[乾隆]雒南县志：十二卷首一卷……2-423
[乾隆]雒南县志：十二卷……2-423
[乾隆]雒南县志：十二卷……2-423
雒闽源流录：十八卷……1-371
雒闽源流录：十九卷……1-371
瘞鹤铭考：一卷……2-463
瘞鹤铭考：一卷……2-463
瘞鹤铭考：一卷……2-463
瘞鹤铭考：一卷……2-463
瘦石稿：十卷……5-105
瘦竹幽花之馆诗存：不分卷……5-132
瘦华盦诗稿：四卷……5-148
瘦红馆词：二卷题词一卷……5-344
瘦碧诗词稿：不分卷……5-157
旗地则例：四卷……2-83
旗阳林氏三先生诗集：五卷……5-290
旗亭记：二卷……5-390
旗亭记：二卷……5-390
[道光]彰化县志：十二卷首一卷……2-438
彰明县乡土志稿：二卷……2-383
[同治]彰明县志：五十七卷首二卷……2-383
[康熙]彰德府志：十八卷首一卷……2-324
[乾隆]彰德府志：三十二卷首一卷……2-324
[光绪]韶州府志：四十卷首一卷……2-363
端方书札……5-157

端方书札 …… 5-157
端必瓦成就同生要：一卷；因得啰菩提手印道要：一卷；大手印无字要：一卷 …… 3-401
端简郑公文集：十二卷 …… 4-289
端溪先生集：八卷 …… 4-277
端溪先生集：八卷 …… 4-277
端溪砚史汇参：三卷 …… 3-163
端溪砚志：三卷首一卷 …… 3-163
鄯善县乡土志：一卷 …… 2-436
頖宫礼乐全书：十六卷 …… 2-39
頖宫礼乐疏：十卷 …… 2-39
精订纲鉴廿一史通俗衍义：二十六卷四十四回 …… 3-337
精订纲鉴廿一史通俗衍义：二十六卷四十四回 …… 3-337
精订纲鉴廿四史通俗衍义：二十六卷四十四回 …… 3-338
精订纲鉴廿四史通俗衍义：二十六卷四十四回 …… 3-338
精忠录：三卷图一卷 …… 1-393
精忠旗：二卷 …… 5-383
精刻古今女史：十二卷诗集八卷姓氏字里详节一卷 …… 1-349
精刻海若汤先生校订音释五侯鲭字海：二十卷五经难字一卷首一卷 …… 1-158
精刻编集阳宅真传秘诀：六卷 …… 3-112
精刻编集阳宅真传秘诀：六卷 …… 3-112
精河厅乡土志：一卷 …… 2-436
精选分注当代名公启牍琅函：六卷 …… 5-300
精选古今名贤丛话诗林广记：十卷后集十卷 …… 5-316
精选古今名贤丛话诗林广记：十卷后集十卷 …… 5-316
精选古今名贤丛话诗林广记：十卷后集十卷 …… 5-316
精选古今名贤丛话诗林广记：十卷后集十卷 …… 5-316
精选古今名贤丛话诗林广记：十卷后集十卷 …… 5-316
精选古今诗余醉：十五卷 …… 5-350
精选东莱吕先生左氏博议句解：六卷 …… 1-90
精选东莱先生左氏博议：八卷 …… 1-90
精选东莱先生左氏博议句解：十六卷 …… 1-90
精选东莱先生左氏博议句解：十六卷 …… 1-90
精选当代各名公短札字字珠：四卷首一卷 …… 5-300
精选名贤词话草堂诗余：二卷 …… 5-348
精选名儒草堂诗余：三卷 …… 5-348
精选诗林广记：四卷 …… 5-316
精选诗林广记：四卷 …… 5-316
精选诗林广记：四卷 …… 5-317
精选故事黄眉：十卷 …… 3-297
精选点板昆调十部集乐府先春：二卷首一卷 …… 5-401
精选皇宋策学绳尺：十卷 …… 5-235
粹史节略：十八卷 …… 1-355
歉夫文稿：二卷时体诗七卷古诗稿一卷杂稿一卷 …… 5-112
潇湘听雨录：八卷 …… 2-133
潇湘听雨录：八卷 …… 2-133
潇湘编：二卷 …… 4-322
潇碧堂集：二十卷 …… 4-354
漆园卮言：十七卷 …… 4-362
漕书：一卷；西迁注：一卷 …… 2-75
漕运议单：十五卷 …… 2-56
漕运全书：三十九卷 …… 2-56
漕运通志：十卷 …… 2-56
漕河图志：八卷 …… 2-75
漕黄要览：□□卷 …… 2-75
漱玉斋类诗：三卷；解弢集：一卷；初吟草：一卷 …… 4-354
漱石山房集：十六卷 …… 4-356
漱芳居文钞：八卷二集八卷 …… 5-95
漱霞仙馆谭粹：五卷首一卷 …… 3-275
漧南集：四卷诗话三卷 …… 4-181
漧南集：四卷诗话三卷 …… 4-182
漫录评正前集：六卷别集九卷多集六卷畸集五卷 …… 3-211
漫叟拾遗：一卷 …… 4-45

漫堂年谱：四卷 …………………………… 1-415
漫堂随笔：一卷 …………………………… 3-247
漫游稿：六卷……………………………… 4-285
漫塘文集：三十六卷附录一卷………… 4-162
漫塘文集：三十六卷附录一卷………… 4-162
漫塘文集：三十六卷附录一卷………… 4-162
漫塘文集：三十六卷附录一卷………… 4-163
漫塘刘先生文前集：三十六卷………… 4-162
漫塘刘先生文集：二十二卷 ………… 4-163
濛川足征录：二十八卷 ……………… 5-281
漪园四种：八卷；度蓝关：一卷；双兔记：
　二卷……………………………………… 5-392
漪园诗二集：一卷 ……………………… 5-53
漪游草：三卷……………………………… 4-342
漉篱集：二十五卷遗集一卷 ………… 4-368
[道光]漳平县志：十卷首一卷补编一卷
　…………………………………………… 2-296
[乾隆]漳州府志：四十六卷首一卷 ……… 2-296
演山先生文集：六十卷 ……………… 4-114
演山先生文集：六十卷 ……………… 4-114
演山先生文集：六十卷 ……………… 4-114
演山先生词：二卷……………………… 5-331
演剧：十三种……………………………… 5-367
演繁露：不分卷 ………………………… 3-225
漵水新志：十二卷首一卷……………… 2-266
潍县古城考：一卷……………………… 2-140
[乾隆]潍县志：六卷首一卷末一卷 ……… 2-311
潍县陈氏金文拓本释：不分卷………… 2-454
潍县陈氏宝簠斋金文册目：二卷 ………… 2-454
潍县陈氏宝簠斋藏器目：一卷 ………… 2-454
潍县金石志：八卷 ……………………… 2-447
寤砚斋学诗：不分卷 …………………… 5-65
寤砚斋集：二卷 ………………………… 5-65
寤歌室诗集：不分卷 …………………… 5-156
察证辨治启迪集：八卷 ………………… 3-63
谭子化书：六卷 ………………………… 3-388
谭子化书：六卷 ………………………… 3-388
谭友夏批点想当然传奇：二卷 ………… 5-383
谭友夏钟伯敬先生批评绾春园传奇：二卷
　…………………………………………… 5-381
谭宗庚日记：一卷……………………… 1-421
谭辂：三卷 ……………………………… 3-209
谭益之诗草编年：十一卷 …………… 4-385
谭襄敏公奏议：十卷 ………………… 2-99
[康熙]肇庆府志：三十二卷 ………… 2-367
肇论中吴集解：三卷 ………………… 3-412
肇论中吴集解：三卷 ………………… 3-412
肇域志：不分卷 ……………………… 2-120
肇域志：六卷…………………………… 2-120
肇域志南畿稿：十卷 ………………… 2-120
谯子五行志：五卷……………………… 3-110
谰言长语：不分卷……………………… 3-204
谱双：五卷附录一卷；打马图：一卷 … 3-158
熊士选集：一卷附录一卷……………… 4-261
熊士选集：一卷附录一卷……………… 4-261
熊士选集：一卷附录一卷……………… 4-261
熊氏后汉书年表校补：五卷补遗一卷 … 1-321
熊勿轩先生文集：八卷；易学启蒙图传通
　义：一卷；勿轩先生春秋五论：五卷
　…………………………………………… 4-179
熊勿轩先生文集：八卷附勿轩先生传 … 4-179
熊勿轩先生文集：八卷附录一卷 …… 4-179
熊勿轩先生文集：八卷附录一卷 …… 4-179
熊勿轩先生文集：八卷附录一卷 …… 4-179
熊勿轩先生文集：八卷附录一卷 …… 4-179
熊先生经说：七卷……………………… 1-135
熊刘诗集：不分卷……………………… 5-170
熊学士诗文集：三卷 ………………… 5-19
翠云草堂金石存略：四卷……………… 2-444
翠华备览 ……………………………… 2-138
翠园胡氏宗谱：二卷 ………………… 2-10
翠屏诗集：一卷后集一卷文集三卷 …… 4-220
翠屏诗集：四卷 ……………………… 4-220
翠屏集：四卷…………………………… 4-220
翠屏集：四卷…………………………… 4-220
翠屏集：四卷…………………………… 4-220
翠屏集：四卷…………………………… 4-220
翠娱阁评选文韵：四卷 ……………… 5-254
翠娱阁评选明十四家小品：二十八卷 … 5-254
翠娱阁评选明文归初集：三十四卷 …… 5-254

翠娱阁评选明文奇艳：十二卷 ………………… 5-254
翠娱阁评选钟伯敬先生合集文集：十一卷
附录一卷诗集五卷 ………………………… 4-358
翠娱阁增订宗方城先生性理抄：八卷 ………3-5
翠渠先生续稿：不分卷 ………………………… 4-251
翠渠摘稿：八卷 ………………………………… 4-251
翠寒集：一卷……………………………………… 4-193
翠寒集：一卷……………………………………… 4-193
翠楼集：初集一卷二集一卷新集一卷 …… 5-50
翠筠亭集：十三卷补遗一卷 ………………… 4-377
[翠微]韦氏家谱：十二卷……………………… 2-10
翠微南征录：十一卷 ………………………… 4-158
翠微南征录：十一卷 ………………………… 4-158
翠微南征录：十一卷 ………………………… 4-158
翠微南征录：十一卷 ………………………… 4-158
翠微南征录：十卷上皇帝书一卷 ………… 4-158
缥缃对类大全：二十卷 ……………………… 3-306
缦雅堂日记：不分卷 ………………………… 1-422

十五画

慧因寺志：十二卷 ……………………………… 2-143
慧眼山房评选古今小品：八卷……………… 5-212
慧眼山房说书：二十卷 ……………………… 1-128
耦园图咏：不分卷……………………………… 5-247
耦耕堂存稿诗：三卷文二卷 ……………… 4-351
耦耕堂集诗：三卷集文二卷 ……………… 4-351
璜泾志略：九卷 ……………………………… 2-260
璇玑碎锦：二卷 ………………………………… 5-41
璇源系谱纪略：不分卷 ………………………… 2-25
璪探：十种十卷 ……………………………… 5-422
增入名儒讲义续资治通鉴宋季朝事实：二
卷 ……………………………………………… 1-258
增入宋儒议论杜氏通典：二百卷 …………… 2-25
增入诸儒议论杜氏通典详节：四十二卷 … 2-26
增入诸儒议论杜氏通典详节：四十二卷图
谱一卷 ………………………………………… 2-26
增广圣宋高僧诗选：前集一卷后集三卷续
集一卷 ……………………………………… 5-232
增广圣宋高僧诗选：前集一卷后集三卷续
集一卷 ……………………………………… 5-232
增广圣宋高僧诗选：前集一卷后集三卷续
集一卷 ……………………………………… 5-232
增广许郢州丁卯诗续集：一卷拾遗一卷 … 4-73
增广事联诗学大成：三十卷 ……………… 3-289
增广事联诗学大全：三十卷 ……………… 3-289
增广金石名著汇目：一卷续一卷再续一卷
拾遗一卷 …………………………………… 2-464
增广注释音辩唐柳先生集：二十卷别集一
卷外集一卷附录一卷……………………… 4-62
增广注释音辩唐柳先生集：四十三卷外集
二卷别集二卷目录一卷 ………………… 4-61
增广注释音辩唐柳先生集：四十三卷别集
二卷外集二卷 ……………………………… 4-61
增广注释音辩唐柳先生集：四十三卷别集
二卷外集二卷附录一卷 ………………… 4-61
增广注释音辩唐柳先生集：四十三卷别集
二卷外集二卷附录一卷 ………………… 4-61
增广注释音辩唐柳先生集：四十三卷别集
二卷外集二卷附录一卷 ………………… 4-61
增广注释音辩唐柳先生集：四十三卷别集
二卷外集二卷附录一卷 ………………… 4-61
增广注释音辩唐柳先生集：四十三卷别集
二卷外集二卷附录一卷 ………………… 4-61
增广注释音辩唐柳先生集：四十三卷别集
二卷外集二卷附录一卷 ………………… 4-62
增广注释音辩唐柳先生集：四十三卷别集
二卷外集二卷附录一卷 ………………… 4-62
增广注释音辩唐柳先生集：四十三卷附录
一卷…………………………………………… 4-61
增广钟鼎篆韵：七卷 ……………………… 1-164
增广音注唐郢州刺史丁卯诗集：二卷 …… 4-72
增广音注唐郢州刺史丁卯诗集：二卷 …… 4-72
增广音注唐郢州刺史丁卯诗集：二卷 …… 4-72
增广笺注简斋诗集：三十卷无住词一卷
……………………………………………… 4-135
增广笺注简斋诗集：三十卷无住词一卷
……………………………………………… 4-135
增订二三场群书备考：四卷 ……………… 3-294
增订二三场群书备考：四卷 ……………… 3-294

增订二三场群书备考：四卷 …………………… 3-294
增订四书集注大全：三十八卷 ………………… 1-123
增订易经存疑的稿：十二卷 …………………… 1-16
增订金壶字考：十九卷 ………………………… 1-188
增订南诏野史：二卷 …………………………… 2-136
增订查补南九宫十三调曲谱：二十一卷附录一卷 …………………………………… 5-410
增订绘图精忠说岳全传：八卷八十回 … 3-346
增订精忠演义说本全传：二十卷八十回 ………………………………………… 3-346
增订精忠演义说本全传：二十卷八十回 ………………………………………… 3-346
增刊石钟山集：九卷湖口县八景一卷 … 2-155
增刊校正王状元集注分类东坡先生诗：二十五卷 …………………………………… 4-109
增刊校正王状元集注分类东坡先生诗：二十五卷 …………………………………… 4-109
增正诗余图谱：三卷 …………………………… 5-354
增正诗余图谱：三卷 …………………………… 5-354
增删田家五行全书：三卷 ……………………… 2-113
增删坚瓠集：八卷 ……………………………… 3-319
增补齐省堂儒林外史：六十回 ………………… 3-352
增补齐省堂儒林外史：六十回 ………………… 3-352
增补贡举考略：五卷 …………………………… 2-42
增补武林旧事：八卷 …………………………… 2-129
增补陶朱公致富奇书：八卷 …………………… 3-55
增注东莱先生左氏博议：二十五卷 ………… 1-90
增注周易神应六亲百章海底眼前集：一卷后集一卷 …………………………………… 3-117
增注周易神应六亲百章海底眼前集：一卷后集一卷 …………………………………… 3-117
增注唐贤绝句三体诗法：三卷 ………………… 5-221
增注唐策：十卷 ………………………………… 5-231
增定太白山人漫稿：八卷补遗一卷附录一卷 ………………………………………… 4-277
增定太白山人漫稿：八卷附录一卷 ………… 4-277
增定史记纂：不分卷 …………………………… 1-328
增定史记纂：不分卷 …………………………… 1-328
增定庐山志：十五卷 …………………………… 2-155
增定评注唐诗正声：十二卷 …………………… 5-224
增定国朝馆课经世宏辞：十五卷 …………… 5-305
增定南九宫曲谱：二十一卷附录一卷 … 5-409
增定南九宫曲谱：二十一卷附录一卷 … 5-409
增定资治通鉴前编：五卷 ……………………… 1-241
增定雅俗稽言：四十卷 ………………………… 3-233
[嘉庆]增城县志：二十卷首一卷 …………… 2-363
[乾隆]增城县志：二十卷 ……………………… 2-363
增赵汸类选杜工部诗：一卷；增虞伯生注杜工部诗：一卷 ………………………… 4-37
[同治]增修万县志：三十六卷首一卷附典礼备考八卷 ……………………………… 2-377
增修互注礼部韵略：五卷 ……………………… 1-171
增修互注礼部韵略：五卷 ……………………… 1-171
[光绪]增修仁怀厅志：八卷首一卷 ……… 2-398
[光绪]增修甘泉县志：二十四卷首一卷图一卷 ………………………………………… 2-247
[光绪]增修甘泉县志：二十四卷首一卷图一卷 ………………………………………… 2-248
[同治]增修酉阳直隶州总志：二十二卷首一卷末一卷 ………………………………… 2-378
增修陆状元集百家注资治通鉴详节：一百二十卷 …………………………………… 1-244
增修附注资治通鉴节要续编：三十卷 … 1-248
增修附注资治通鉴节要续编：三十卷 … 1-248
增修附注资治通鉴节要续编：三十卷 … 1-248
[嘉庆]增修宜兴县旧志：十卷首一卷末一卷 ………………………………………… 2-255
增修诗话总龟：十二卷 ………………………… 5-312
增修诗话总龟：五十卷后集五十卷 ……… 5-312
增修诗话总龟：五十卷后集五十卷 ……… 5-312
增修诗话总龟：五十卷后集五十卷 ……… 5-312
增修诗话总龟：四十八卷后集五十卷 … 5-312
增修诗话总龟：四十八卷后集五十卷 … 5-312
[咸丰]增修南川县志：十二卷首一卷 … 2-375
增修复古编：四卷 ……………………………… 1-160
增修复古编：四卷 ……………………………… 1-161
[同治]增修施南府志：三十卷首一卷 … 2-343
增修校正押韵释疑：五卷 ……………………… 1-171
[光绪]增修诸城县续志：二十二卷 ……… 2-312
增修埤雅广要：四十二卷 ……………………… 1-186

[光绪]增修崇庆州志：十二卷首一卷 … 2-380
增修笺注妙选群英草堂诗余：前集二卷后集二卷 …… 5-347
[光绪]增修灌县志：十四卷首一卷 …… 2-380
[光绪]增修灌县志：十四卷首一卷 …… 2-380
[嘉庆]增修赣榆县志：四卷首一卷 …… 2-244
[同治]增续长垣县志：二卷 …… 2-324
增编会真记：四卷 …… 3-330
增辑唐墅诗存：四卷 …… 5-273
聪圣志：四卷附录一卷 …… 1-385
觐荤集诗：一卷 …… 5-264
蕙荪堂烬存草：二卷 …… 5-130
蕙榜杂记：一卷 …… 3-236
蕙榜杂记选抄：一卷 …… 3-236
蕺山先生人谱：一卷人谱类记二卷 …… 3-37
蕺山刘子诗集：不分卷 …… 4-363
蕺园诗集：十卷 …… 5-102
蕉林文稿：不分卷 …… 5-23
蕉林近稿：一卷 …… 5-23
蕉林诗集：十八卷 …… 5-23
[同治]蕲水县志：二十二卷首一卷末一卷 …… 2-337
[咸丰]蕲州志：二十六卷 …… 2-337
[乾隆]蕲州志：二十卷首一卷 …… 2-337
[光绪]蕲州志：三十卷 …… 2-337
[光绪]蕲州志：三十卷 …… 2-337
蕊亭随笔摘要：八集 …… 3-252
蕊珠合锦：不分卷 …… 3-301
蔬果争奇：三卷 …… 3-168
蔬食谱：不分卷 …… 3-166
蕴愫阁诗文全集：二十八卷 …… 5-139
蕴愫阁诗集：十二卷文集六卷别集四卷 …… 5-127
横山志略：六卷 …… 2-150
横山诗文钞：二十二卷 …… 5-51
横山草堂诗集：二十一卷 …… 4-382
横云山人集：二十六卷又五卷 …… 5-52
横云山人集：三十二卷 …… 5-52
横戈集：一卷附录一卷 …… 4-320
[横浦先生]家传：一卷 …… 4-136
横渠先生易说：三卷 …… 1-7
横渠张子抄释：六卷 …… 3-19
横渠经学理窟：五卷 …… 3-19
横塘集：二十卷 …… 4-127
横槎集：十卷 …… 4-314
横溪录：八卷附一卷 …… 2-257
樗亭诗稿：十二卷 …… 5-39
樗亭诗稿：不分卷 …… 5-91
樗亭集：一卷 …… 4-268
樗斋漫录：十二卷 …… 3-213
樗隐集：六卷 …… 4-214
樱桃梦：二卷 …… 5-374
樊川文集：二十卷外集一卷别集一卷 …… 4-68
樊川文集：二十卷外集一卷别集一卷 …… 4-68
樊川文集：二十卷外集一卷别集一卷 …… 4-69
樊川文集：二十卷外集一卷别集一卷 …… 4-69
樊川文集：二十卷外集一卷别集一卷 …… 4-69
樊川文集：二十卷外集一卷别集一卷 …… 4-69
樊川文集：二十卷外集一卷别集一卷 …… 4-69
樊川文集：二十卷外集一卷别集一卷 …… 4-69
樊川文集：二十卷外集一卷别集一卷遗文一卷 …… 4-68
樊川诗集：四卷 …… 4-68
樊氏集：十二卷 …… 4-293
樊绍述遗文：一卷 …… 4-69
樊绍述集：二卷 …… 4-69
樊绍述集：二卷 …… 4-69
樊榭山房文集：八卷 …… 5-88
樊榭山房全集：四十二卷集外文一卷 …… 5-88
樊榭山房词：二卷 …… 5-341
樊榭山房集：十卷续集十卷 …… 5-88
樊榭山房集外诗：不分卷 …… 5-88
橡茧图说：二卷 …… 3-56
樟亭集：三卷附录一卷 …… 4-348
敷文郑氏书说：一卷 …… 1-32
醉乡记：二卷 …… 5-381
醉古堂剑扫：十二卷 …… 3-270
醉古堂剑扫：十二卷 …… 3-270
醉花窗医案：不分卷 …… 3-85
醉里耳余录：十二卷 …… 3-253

醉耕轩诗钞：一卷 ………… 5-71
醉爱居印赏：二卷 ………… 3-152
醉爱居印赏：二卷 ………… 3-153
醉爱居印赏：二卷又一卷 ………… 3-153
醉翁亭集：三卷 ………… 5-282
醉翁谈录：八卷 ………… 3-261
醉庵词别集：二卷 ………… 5-345
醉醒石：十五回 ………… 3-336
醉醒石：十四回 ………… 3-336
醉畬砚铭：不分卷 ………… 3-163
震川先生文集：二十卷 ………… 4-298
震川先生应试论策集：二卷 ………… 4-298
震川先生评选欧阳文忠公文钞：不分卷 … 4-92
震川先生集：三十卷别集十卷 ………… 4-297
震川先生集：三十卷别集十卷 ………… 4-297
震川先生集：三十卷别集十卷附录一卷 ………… 4-296
震川先生集：三十卷别集十卷附录一卷 ………… 4-296
震川先生集：三十卷别集十卷附录一卷 ………… 4-296
震川先生集：三十卷别集十卷附录一卷 ………… 4-297
震川先生集：三十卷别集十卷附录一卷 ………… 4-297
震川先生集：三十卷别集十卷附录一卷 ………… 4-297
震川先生集：三十卷别集十卷附录一卷 ………… 4-297
震泽长语：二卷 ………… 3-204
震泽先生别集：六卷 ………… 5-427
震泽先生集：三十六卷 ………… 4-257
震泽先生集：三十六卷 ………… 4-257
震泽先生集：三十六卷 ………… 4-257
震泽纪闻：一卷 ………… 3-248
震泽纪闻：二卷 ………… 3-248
震泽纪闻：二卷 ………… 3-248
[乾隆]震泽县志：三十八卷首一卷 ………… 2-258
震泽编：八卷 ………… 2-163
震泽编：八卷 ………… 2-163
震泽编：八卷 ………… 2-163
震泽镇志：十四卷首一卷末一卷 ………… 2-259
霉疮秘录：七卷 ………… 3-75
雪南倡和编：三卷 ………… 5-265
雪溪吟：一卷 ………… 5-26
撷芳集：八十卷 ………… 5-260
播琴堂诗集：十二卷文集六卷 ………… 5-113
撙斋先生缘督集：十二卷 ………… 4-144
撙斋先生缘督集：四十卷补遗一卷 ………… 4-144
题奏事件：不分卷 ………… 2-92
题跋：一卷 ………… 2-502
题跋：二卷 ………… 2-502
题韵直音篇：七卷 ………… 1-157
题稿：一卷；广东乞假全案：一卷 ………… 2-93
题稿：不分卷 ………… 2-91
题赠录：□□卷 ………… 5-243
噶玛阑志略：十四卷图一卷 ………… 2-437
暹罗馆译语：一卷 ………… 1-191
影山草堂书目：不分卷 ………… 2-495
影园诗稿文稿：一卷 ………… 4-380
影园诗稿文稿：一卷 ………… 4-380
影园诗稿文稿：一卷 ………… 4-380
影园瑶华集：三卷 ………… 5-270
影园瑶华集：三卷 ………… 5-270
踪眼和尚机锋语录：一卷 ………… 3-418
蝶庵道人清梦录：一卷 ………… 3-250
蝴蝶媒：四卷十六回 ………… 3-351
蝴蝶媒：四卷十六回 ………… 3-352
墨子：十五卷 ………… 3-173
墨子：十五卷 ………… 3-173
墨子：十五卷 ………… 3-173
墨子：十五卷 ………… 3-173
墨子：十五卷 ………… 3-173
墨子：十五卷篇目考一卷 ………… 3-173
墨子：十六卷 ………… 3-173
墨子：十六卷 ………… 3-173
墨子：十六卷 ………… 3-173
墨子刊误：二卷 ………… 3-173
墨子经说解：二卷 ………… 3-174

墨井诗钞：二卷画跋一卷；三巴集：一卷 …… 5-40
墨札集珍：四卷 …… 5-302
墨华集：不分卷 …… 4-368
墨庄诗钞：二卷文钞一卷词余一卷 …… 5-62
墨庄漫录：十卷 …… 3-194
墨池初稿：九卷 …… 4-329
墨池鱼：不分卷 …… 3-301
墨池编：二十卷 …… 3-132
墨池编：二十卷 …… 3-132
墨池编：二十卷 …… 3-132
墨池篇：六卷 …… 3-132
墨志：一卷 …… 3-164
墨花禅印稿：二卷 …… 3-153
墨妙纂：六卷 …… 3-135
墨苑丛谈：九卷 …… 3-163
墨林快事：十二卷 …… 3-211
墨经正文解义：四卷 …… 3-174
墨客挥犀：十卷 …… 3-316
墨卿谈乘：十四卷 …… 3-211
墨海：十二卷 …… 3-164
墨海：十二卷 …… 3-164
墨海：零叶 …… 3-164
墨海金壶：一百十四种七百十三卷 …… 5-424
墨娥小录：十四卷 …… 3-256
墨娥小录：十四卷 …… 3-257
墨娥小录：十四卷 …… 3-257
墨浉词：二卷 …… 5-345
墨巢集：十六卷 …… 4-386
墨谱：三卷 …… 3-163
墨谱：三卷 …… 3-163
墨憨斋详定酒家佣传奇：二卷 …… 5-378
墨憨斋重订永团圆传奇：二卷 …… 5-385
墨憨斋重定三会亲风流梦：二卷 …… 5-379
墨憨斋新曲：十种二十卷 …… 5-379
墨憨斋新曲：四种八卷 …… 5-379
墨憨斋新定洒雪堂传奇：二卷 …… 5-379
墨薮：一卷 …… 3-132
墨薮：二卷 …… 3-132
墨麟诗：十二卷 …… 5-88
[至顺]镇江志：二十一卷首一卷 …… 2-251
[嘉定]镇江志：二十二卷首一卷 …… 2-251
镇守荆南奏稿：八卷；督师三楚奏稿：□□卷 …… 2-110
镇安县乡土志：一卷 …… 2-233
镇安县乡土志：一卷 …… 2-233
镇安县乡土志：二卷 …… 2-424
镇安县乡土志：二卷 …… 2-424
镇安县乡土志：二卷 …… 2-424
镇安县志：三卷 …… 2-424
[光绪]镇安府志：二十五卷首一卷 …… 2-372
[乾隆]镇远府志：二十八卷首一卷 …… 2-401
[乾隆]镇洋县志：十四卷首一卷末一卷 …… 2-260
[道光]镇原县志：二十二卷首一卷 …… 2-429
[嘉庆]镇原县志：十卷 …… 2-429
镇虔奏疏：二卷 …… 2-106
镇海县志备修：二十二卷 …… 2-267
镇海县城塘图略：一卷 …… 2-78
[道光]镇番县志：十卷 …… 2-427
[镌]国朝名公翰藻超奇：十四卷 …… 5-299
镌于少保萃忠传：十卷七十回 …… 3-347
镌于少保萃忠传：十卷七十回 …… 3-347
镌五侯鲭：十二卷 …… 3-296
镌五侯鲭：十二卷 …… 3-296
镌历朝列女诗选名媛玑囊：四卷 …… 5-190
镌长安客话：八卷 …… 2-122
镌玉茗堂批点残唐五代史演义传：二卷六十回 …… 3-344
镌玉堂厘正龙头字林备考韵海全书：十六卷首一卷 …… 1-176
镌出像杨家府世代忠勇演义志传：八卷 …… 3-344
镌地理参补评林图诀全备平沙玉尺经：二卷 …… 3-114
镌地理参补评林图诀全备平沙玉尺经：二卷附录一卷 …… 3-114
镌竹浪轩珠渊：十卷 …… 3-269
镌李及泉参于鳞笺释唐诗选：七卷 …… 5-225
镌李卓吾批点残唐五代演义传：八卷六十

回 …… 3-344
镌李相国九我先生评选苏文汇精：六卷 …… 5-296
镌补雷公炮制药性解：六卷 …… 3-69
镌补雷公炮制药性解：六卷 …… 3-69
镌陈眉公评选秦汉文隽：四卷 …… 5-210
镌侗初张先生评选左传隽：四卷 …… 1-94
镌品隲皇明资治纪钞：十卷 …… 1-260
镌钟伯敬先生秘集：十五种十五卷 …… 3-270
镌眉公陈先生评选庄子南华经隽：四卷 …… 3-375
镌唐韦状元自制箜篌记：二卷 …… 5-384
镌黄离草：十卷 …… 4-341
镌彭会魁类编古今文髓：六卷 …… 3-294
镌像古本西游证道书：一百回 …… 3-361
镌新编全像三桂联芳记：二卷 …… 5-382
镌翰林考正国朝七子诗集注解：七卷 … 5-245
镌翰林考正国朝七子诗集注解：七卷 … 5-245
稽古严：二卷 …… 3-220
稽古录：二十卷 …… 1-243
稽古斋古印谱：十卷 …… 2-469
稽古琐言：二卷续言三卷 …… 3-301
稽古堂订正子夏易传：十一卷 …… 1-5
稽古堂新镌群书秘简：二十一种七十九卷 …… 5-422
稽古编大政记纲目：八卷 …… 1-251
稽古疑问：四卷 …… 3-212
稽神录：六卷拾遗一卷 …… 3-324
稽留山人集：二十一卷 …… 5-27
稽瑞录：一卷 …… 3-123
稽瑞录：一卷 …… 3-123
稽瑞录：一卷 …… 3-123
稽瑞楼文草：一卷 …… 5-131
稽瑞楼文草：一卷 …… 5-131
稽瑞楼文草：一卷 …… 5-131
稽瑞楼书目：四卷 …… 2-494
稽瑞楼杂钞：不分卷 …… 3-275
稷山论书诗：不分卷 …… 3-136
[同治]稷山县志：十卷 …… 2-226
黎文僖公集：十七卷 …… 4-248
[光绪]黎平府志：八卷首一卷 …… 2-401
黎阳王太傅诗选：一卷 …… 4-248
黎阳王襄敏公集：四卷 …… 4-248
黎阳王襄敏公集：四卷 …… 4-248
黎阳王襄敏公集：四卷 …… 4-248
[康熙]黎城县志：四卷 …… 2-212
[光绪]黎城县续志：四卷 …… 2-212
黎选古文稿本：不分卷 …… 5-215
稼门奏稿：不分卷 …… 2-109
稼村先生类稿：十卷附录一卷 …… 4-184
稼村先生类稿：三十卷附录一卷 …… 4-184
稼轩长短句：十二卷 …… 5-333
稼轩长短句：十二卷 …… 5-333
稼轩长短句：十二卷 …… 5-334
篑山堂诗钞：十二卷 …… 5-124
篁墩程先生文集：九十三卷拾遗一卷 … 4-255
篁墩程先生文集：九十三卷拾遗一卷 … 4-255
篁墩程先生文集：九十四卷 …… 4-255
篁墩程先生文粹：二十五卷 …… 4-255
篇海类编：二十卷 …… 1-156
篇海类编：二十卷 …… 1-156
篇韵拾遗并藏经守义：一卷 …… 1-171
篆文六经：四十四卷 …… 1-2
篆文六经四书：六十三卷 …… 1-2
篆文仪礼：二十卷 …… 1-66
篆文尚书集注音疏：十二卷 …… 1-41
篆文纂要全宗：二卷提纲四卷篆体须知一卷 …… 1-164
篆文纂要全宗：四卷 …… 1-164
篆字喙：十二卷 …… 1-165
篆诀辩释：一卷 …… 1-164
篆林肆考：十五卷 …… 1-164
篆林肆考：十五卷 …… 1-164
篆林肆考：十五卷 …… 1-164
篆刻针度：八卷 …… 3-150
篆刻针度：八卷 …… 3-150
篆学一隅：十二卷 …… 3-150
篆学三书：三卷 …… 1-167
篆学测解：二十九卷声韵表一卷 …… 3-150
篆韵：不分卷 …… 1-175

篆镂心得：一卷 …… 3-150
牖景录：六卷 …… 3-211
牖景录：六卷 …… 3-211
牖窥堂读易：一卷 …… 1-22
[同治]德化县志：五十四卷首一卷 …… 2-299
[乾隆]德化县续志稿：一卷 …… 2-295
[乾隆]德化县续志稿：不分卷 …… 2-295
[光绪]德平县志：二十卷首一卷 …… 2-310
[光绪]德庆州志：十五卷首一卷末一卷 …… 2-368
德庆封川孔氏家谱：□□卷 …… 2-2
[光绪]德安府志：二十卷首一卷补遗一卷 …… 2-335
[嘉庆]德阳县志：五十四卷 …… 2-384
[光绪]德阳县志续编：十卷首一卷末一卷 …… 2-385
[道光]德阳县新志：十二卷首一卷末一卷 …… 2-384
[道光]德阳县新志：十二卷首一卷末一卷 …… 2-385
德园游草：一卷 …… 5-73
德政实录：一卷 …… 2-50
德音堂琴谱：十卷 …… 3-156
[嘉庆]德清县续志：十卷 …… 2-265
德楞泰奏稿：不分卷 …… 2-109
滕王阁征汇诗文：十一卷；滕王阁全集：十三卷 …… 5-283
滕王阁集：十卷 …… 5-283
滕县汉殷微子墓碑考：一卷 …… 2-447
[同治]滕县志：二十二卷 …… 2-371
摩诃止观：十卷 …… 3-412
摩诃止观科文：□□卷 …… 3-412
摩诃般若波罗蜜多心经：一卷 …… 3-394
摩诃般若波罗蜜多心经：一卷 …… 3-394
摩诃般若波罗蜜多心经：一卷 …… 3-394
摩诃般若波罗蜜多心经：一卷 …… 3-408
摩盾余谭：不分卷 …… 1-317
摩盾余谭：四卷 …… 1-318
摩墨亭稿：一卷；种李园近稿：一卷 …… 5-115
褒忠录：一卷 …… 1-397
褒忠录：一卷 …… 1-397
褒忠录：八卷；崇祀录：八卷；崇祀名宦录：一卷 …… 1-404
[道光]褒城县志：□□卷 …… 2-419
颜子：二卷颜子后总论一卷删订诸家总说一卷颜子世家一卷 …… 3-8
颜氏家训：二卷 …… 3-185
颜氏家训：二卷 …… 3-185
颜氏家训：二卷 …… 3-185
颜氏家训：二卷 …… 3-185
颜氏家训：二卷 …… 3-185
颜氏家训：七卷 …… 3-186
颜氏家训：七卷补遗一卷 …… 3-185
颜氏家训节钞：二卷 …… 3-185
颜修来日记：不分卷 …… 1-417
颜鲁公文集：二十卷 …… 4-32
颜鲁公文集：十五卷补遗一卷 …… 4-32
颜鲁公文集：十五卷补遗一卷 …… 4-32
颜鲁公文集：十五卷补遗一卷附录一卷 …… 4-32
颜鲁公文集：十五卷补遗一卷附录一卷 …… 4-32
颜鲁公文集：十五卷补遗一卷附录一卷 …… 4-32
颜鲁公文集：十五卷补遗一卷附录一卷 …… 4-33
颜鲁公文集：十五卷补遗一卷附录一卷 …… 4-33
颜鲁公文集：十五卷补遗一卷附录一卷 …… 4-33
颜鲁公年谱：一卷 …… 1-410
毅斋王先生文集：八卷附录一卷 …… 4-242
毅斋诗集别录：一卷家传一卷 …… 4-161
毅庵总督陕西奏议：十三卷 …… 2-99
遵义沙滩黎氏家谱：一卷 …… 2-21
[道光]遵义府志：四十八卷首一卷 …… 2-398
[道光]遵义府志：四十八卷首一卷 …… 2-398
遵化志略：一卷 …… 2-188
[光绪]遵化通志：六十卷 …… 2-188
遵严王先生文粹：十六卷 …… 4-301
遵严先生文集：四十二卷 …… 4-301
遵岩王先生文集：二十五卷 …… 4-301
遵岩王先生文粹：十六卷 …… 4-301
遵岩先生文集：二十五卷 …… 4-301
遵岩先生文集：四十一卷 …… 4-301
潜夫论：十卷 …… 3-16

潜夫论：十卷……3-16
潜夫论：十卷……3-16
潜夫论：十卷……3-16
潜夫论：十卷……3-16
潜夫论：□□卷……3-16
潜书：四卷……3-218
潜庄删订增补紫玉记：二卷……5-392
[康熙]潜江县志：二十卷首一卷……2-343
[光绪]潜江县志续：二十卷首一卷……2-343
潜园书札……5-152
潜虬山人诗集：十卷……4-241
潜邱札记：不分卷……3-234
潜邱札记：六卷……3-234
潜邱札记：六卷……3-234
潜沧集：五卷……5-19
潜采堂书目四种：四卷……2-475
潜学编：十二卷……4-318
潜学稿：十九卷……4-318
潜研堂文集：五十卷……5-107
潜室陈先生木钟集：十一卷……3-23
潜室陈先生木钟集：十一卷……3-23
潜斋先生文集：十一卷……4-173
潜斋先生文集：十一卷……4-173
潜斋先生文集：十一卷目录二卷……4-173
潜斋先生文集：四卷……4-173
潜斋先生文集：四卷……4-174
潜虚：一卷……3-108
潜虚发微论：一卷……3-108
潜虚先生文集：十四卷年谱一卷……5-60
潜虚先生文集：不分卷……5-60
潜虚制义钞：不分卷……5-118
潜庵先生年谱：一卷附录一卷……5-31
潜庵先生年谱：一卷附录一卷……5-31
潜庵先生拟明史稿：二十卷……1-233
潜确居类书：一百二十卷……3-298
潜确居类书：一百二十卷……3-298
潜确居类书：一百二十卷……3-298
潜溪先生集：十八卷……4-223
潜溪先生集：十八卷附录一卷……4-223
潜溪后集：十卷……4-223
潜溪集：八卷附录一卷……4-223
潜溪集：八卷附录一卷……4-223
潜溪集：八卷附录一卷……4-223
[光绪]澎湖厅志：十五卷首一卷……2-438
[光绪]澎湖厅志：十五卷首一卷……2-438
澎湖纪略：十二卷……2-438
[乾隆]澎湖志略：不分卷……2-438
[道光]澎湖续编：二卷……2-438
[潮州]刘氏族谱：不分卷……2-22
潮州府金石略：不分卷……2-448
[康熙]潮阳县志：二十卷首一卷……2-365
[嘉庆]潮阳县志：二十卷首一卷……2-365
潮溪先生扪虱新话：十五卷……3-197
潮溪先生扪虱新话：十五卷……3-197
潭西诗集：二十一卷……5-53
潭柘山岫云寺志：七卷……2-143
澳门记略：二卷……2-137
潘文勤公书札……5-151
潘文勤书札……5-151
潘文勤书札……5-151
潘四农先生手录座右名言：一卷……3-34
潘伯寅致陈簠斋书札：不分卷……5-151
潘恭定公全集：二十五卷近稿不分卷……4-287
潘挹奎文稿：不分卷……5-134
潘笠江先生集：十二卷……4-287
潘笠江先生集：十二卷……4-287
潘象安诗集：四卷……4-321
潘默成公文集：八卷……4-134
潘黻廷先生日记：□□卷……1-420
[乾隆]潼川府志：十二卷首一卷……2-383
潩庐初稿：四卷……5-155
[光绪]澄迈县志：十二卷首一卷……2-373
澄远堂三世诗存：三种八卷……5-289
澄志楼诗稿：不分卷……5-77
澄怀园诗选：十二卷……5-75
澄怀录：二卷……3-262
澄怀录：二卷……3-262
澄怀录：二卷……3-262
澄怀堂偶辑温柔乡传奇：二卷……5-395
[乾隆]澄城县志：二十卷……2-412

[乾隆]澄城县志：二十卷…………………… 2-413
[嘉靖]澄城县志：二卷附北征文钞……… 2-412
[顺治]澄城县志：二卷…………………… 2-412
[顺治]澄城县志：二卷首一卷…………… 2-412
[嘉庆]澄海县志：二十六卷首一卷……… 2-365
澄景堂史测：十四卷……………………… 1-341
澄景堂宦游小集：五卷…………………… 5-21
澄碧斋诗钞：十二卷……………………… 5-97
簃楼填词韵：十卷………………………… 5-343
窳翕日札：不分卷………………………… 1-423
额宜都巴图鲁世系谱：一卷……………… 2-24
谳狱稿：五卷……………………………… 2-71
谳豫勿喜录：十六卷……………………… 2-73
鹤山长短句：一卷………………………… 5-334
[道光]鹤山县志：十二卷首一卷末一卷
………………………………………… 2-367
鹤山述闻：十二卷………………………… 1-395
鹤冈世系考：不分卷……………………… 2-24
鹤年诗集：三卷附录一卷………………… 4-220
鹤年海巢集：一卷续集一卷；方外集：一
卷；哀思集：一卷……………………… 4-220
鹤年海巢集：四卷附录一卷……………… 4-220
[光绪]鹤庆州志：三十二卷……………… 2-404
鹤关全集：三种九卷……………………… 5-432
鹤林玉露：十六卷………………………… 3-198
鹤林玉露：十六卷………………………… 3-198
鹤林玉露：十六卷………………………… 3-198
鹤林玉露：十六卷………………………… 3-199
鹤林玉露：十六卷………………………… 3-199
鹤林玉露：十六卷………………………… 3-199
鹤林玉露：十六卷………………………… 3-199
鹤林玉露：十六卷………………………… 3-199
鹤林玉露：十六卷………………………… 3-199
鹤林玉露：十六卷补遗一卷……………… 3-199
鹤林玉露：十六卷补遗一卷……………… 3-199
鹤林玉露：十六卷补遗一卷……………… 3-199
鹤林玉露：六卷…………………………… 3-199
鹤林玉露：六卷…………………………… 3-199
鹤林集：四十卷…………………………… 4-166
鹤鸣集：一卷……………………………… 5-79
鹤侪诗存：不分卷………………………… 5-146
鹤泉文钞续选：九卷……………………… 5-116
鹤亭倡和：一卷…………………………… 4-214
鹤亭倡和：一卷…………………………… 4-214
鹤亭倡和：一卷…………………………… 4-214
鹤栖堂稿：诗五卷文五卷………………… 5-19
[道光]鹤峰州志：十四卷首一卷………… 2-344
[光绪]鹤峰州志续修：十四卷首一卷… 2-344
鹤溪文稿：四卷…………………………… 5-109
憨山大师梦游全集：一卷………………… 4-337
憨休和尚敲空遗响：十二卷……………… 5-50
履斋示儿编：二十三卷…………………… 3-227
履斋示儿编：二十三卷…………………… 3-227
履斋示儿编：二十三卷…………………… 3-227
履斋示儿编：二十三卷…………………… 3-227
履斋示儿编：二十三卷…………………… 3-227
履斋示儿编：二十三卷…………………… 3-227
履斋四明吟稿：二卷诗余二卷…………… 4-168
履斋先生遗集：四卷……………………… 4-168
履斋先生遗集：四卷；吴许公列传：一卷
………………………………………… 4-168
履斋诗余：二卷补遗一卷………………… 5-335
豫变纪略：八卷…………………………… 1-307
豫变纪略：八卷…………………………… 1-307
豫章云峤刘先生遗稿：二卷……………… 4-345
豫章先生遗文：十二卷…………………… 4-117
[光绪]豫章行记：不分卷………………… 1-424
豫章罗先生文集：十七卷………………… 4-127
豫章罗先生文集：十七卷………………… 4-127
豫章罗先生文集：十七卷………………… 4-127
豫章罗先生文集：十七卷………………… 4-127
豫章罗先生文集：十七卷………………… 4-127
豫章罗先生文集：十七卷………………… 4-127
豫章罗先生文集：十七卷………………… 4-127
豫章罗先生文集：十七卷………………… 4-127
豫章罗先生文集：十七卷………………… 4-127
豫章罗先生文集：十七卷………………… 4-127
豫章罗先生文集：十七卷………………… 4-127
豫章罗先生文集：十七卷………………… 4-128
豫章诗话：六卷…………………………… 5-320

豫章诗话：六卷 …… 5-320
豫章诗话：六卷 …… 5-320
豫章既白诗稿：三卷 …… 4-290
豫章黄先生文集：三十卷外集十四卷别集二十卷简尺二卷词一卷 …… 4-115
豫章黄先生文集：三十卷外集十四卷别集二十卷简尺二卷词一卷 …… 4-115
豫章游稿：四卷 …… 2-167
豫章熊先生家集：七卷 …… 1-135
豫章熊先生家集：七卷 …… 1-135
缮部纪略：一卷 …… 2-73
畿辅人物考：不分卷 …… 1-377
畿辅人物志：二十卷 …… 1-378
畿辅人物略：不分卷 …… 1-378
畿辅艺文考：不分卷 …… 2-497
畿辅安澜志：五十六卷 …… 2-76
畿辅明诗：十卷 …… 5-268
[雍正]畿辅通志：一百二十卷图一卷 …… 2-179
[光绪]畿辅通志：三百卷首一卷 …… 2-179
[光绪]畿辅通志：三百卷首一卷 …… 2-179
[康熙]畿辅通志：四十六卷 …… 2-179
畿辅輶轩集：一卷 …… 5-135

十六画

璞存山房初稿：一卷 …… 5-124
操风琐录：四卷 …… 1-190
操缦草：十二卷 …… 4-382
熹庙拾遗杂咏：一卷 …… 4-385
燕几图：一卷 …… 3-161
燕山外史：八卷 …… 3-334
燕山外史：八卷 …… 3-334
燕山外史四六传奇：四卷 …… 3-334
燕山草堂集：四卷 …… 5-22
燕友楼集：一卷 …… 5-49
燕日堂录：十四卷 …… 5-431
燕石集：十五卷附录一卷 …… 4-207
燕石集：五卷 …… 4-302
燕史：三十六卷 …… 1-286
燕乐考原：六卷 …… 1-87
燕市集：二卷；青雀集：二卷 …… 4-322
燕兰小谱：五卷 …… 3-274
燕台文选初集：八卷 …… 5-266
燕诒录：十三卷 …… 4-289
燕京杂咏：二卷 …… 5-134
燕居功课：二十七卷 …… 3-211
燕泉何先生余冬序录：六十五卷 …… 3-205
燕泉何先生余冬序录：六十卷又五卷 …… 3-205
燕晋纪游草：一卷 …… 5-134
燕堂诗稿：一卷 …… 4-151
燕喜词：一卷 …… 5-333
燕蓟风烟：一卷 …… 5-158
薙簏吟：十卷 …… 5-33
薙簏吟：十卷 …… 5-33
薛子庸语：十二卷 …… 3-30
薛子粹言：三卷 …… 3-27
薛氏医案：二十四种一百七卷 …… 3-85
薛文介公文集：四卷 …… 4-344
薛文清公书全录类编：二十卷 …… 3-27
薛文清公年谱：一卷 …… 1-411
薛文清公年谱：一卷 …… 1-411
薛文清公行实录：五卷 …… 1-396
薛文清公全集：四十卷 …… 4-242
薛文清公全集：四十卷附录一卷 …… 4-242
薛文清公全集：四十卷附录一卷 …… 4-242
薛文清公事实：一卷 …… 3-27
薛文清公要语：内篇一卷外篇一卷 …… 3-27
薛文清公读书全录类编：二十卷 …… 3-27
薛文清公读书录：十一卷续录十二卷 …… 3-27
薛考功集：十卷 …… 4-281
薛考功集：十卷附一卷 …… 4-281
薛考功集：十卷附集一卷 …… 4-281
薛考功集：十卷附集一卷 …… 4-281
薛吏部诗：六卷 …… 4-281
薛西原集：二卷 …… 4-281
薛许昌诗集：十卷 …… 4-76
薛采诗文稿：不分卷 …… 4-376
薛荔山房藏稿：十卷 …… 4-333
薛总戎墓志铭：一卷 …… 1-405
薛恭敏公青雷行传墓志奠文：不分卷 …… 1-399

薛恭敏公奏疏：十四卷 …………………… 2-102
薪斋二集：八卷 …………………………… 5-14
薪斋初集：八卷三集八卷………………… 5-14
薄游小草：一卷 …………………………… 4-373
翰苑琼琚：十二卷………………………… 5-298
翰苑群书：一卷后集一卷………………… 2-46
翰苑群书：二卷 …………………………… 2-45
翰苑群书：二卷 …………………………… 2-45
翰苑群书：十三卷………………………… 2-46
翰苑群书：前集一卷后集一卷…………… 2-46
翰林订证历科墨卷判选粹：一卷 ……… 5-305
翰林古文钞：八卷………………………… 5-204
翰林记：二十卷 …………………………… 2-46
翰林考正杜律五言赵注句解：三卷 ……… 4-38
翰林杨仲弘诗：八卷 ……………………… 4-196
翰林杨仲弘诗：八卷 ……………………… 4-196
翰林杨仲弘诗：八卷 ……………………… 4-196
翰林罗圭峰先生文集：十八卷…………… 4-256
翰林罗圭峰先生文集：十八卷续集十五卷
…………………………………………… 4-256
翰林学士耐轩王先生天游杂稿：十卷 … 4-236
翰林学士耐轩王先生天游杂稿：十卷 … 4-236
翰林重考字义韵律大板海篇心镜：二十卷
首一卷 ……………………………… 1-158
翰林院则例：一卷………………………… 2-80
翰林珠玉：六卷 …………………………… 4-198
翰林珠玉：六卷 …………………………… 4-198
翰林珠玉：六卷 …………………………… 4-198
翰林笔削字义韵律鳌头海篇心镜：二十卷
…………………………………………… 1-158
翰林集：一卷；香奁集：一卷 ………… 4-76
翰海：十二卷……………………………… 5-298
翰海：十二卷……………………………… 5-298
翰墨因缘：不分卷………………………… 5-305
翰墨志：一卷……………………………… 3-131
翰墨志：一卷……………………………… 3-132
翰墨志：一卷……………………………… 3-138
噩梦录：六卷……………………………… 3-220
薜荔山房藏稿：十卷 ……………………… 4-333
薜荔山房藏稿：十卷 ……………………… 4-333
薜帷琐语：□□卷………………………… 3-251
樾亭诗稿：不分卷………………………… 5-117
樾墩集：□□卷 …………………………… 4-304
樵云独唱：一卷 …………………………… 4-193
樵云独唱诗集：八卷 ……………………… 4-193
樵云独唱集：六卷………………………… 4-193
樵风：十卷 ………………………………… 4-262
樵岚獭祭录：三十卷 ……………………… 3-300
樵贵谷诗：四卷 …………………………… 5-87
樵香小记：二卷 …………………………… 3-234
樵隐和尚初住福州大中祥符禅寺语录：一
卷 …………………………………… 3-418
樵歌：三卷 ………………………………… 5-332
樽前集：一卷……………………………… 5-347
橘山四六：二十卷………………………… 4-157
橘社唱和集：一卷………………………… 5-261
橘巢小稿：四卷 …………………………… 5-81
橘谱：一卷 ………………………………… 3-170
整庵先生存稿：二十卷 …………………… 4-261
融堂四书管见：十三卷 …………………… 1-122
瓢泉吟稿：五卷 …………………………… 4-185
醒世姻缘传：一百回……………………… 3-349
醒世姻缘传：一百回 ……………………… 3-349
醒世魔传奇：一卷………………………… 5-398
醒花轩词稿：一卷………………………… 5-346
醒园录：一卷……………………………… 3-166
醒梦戏曲：一卷 …………………………… 5-405
醒梦骈言：十二回………………………… 3-337
霏雪录：不分卷 …………………………… 3-203
[光绪]霍山县志：十五卷首一卷 ……… 2-284
[嘉庆]霍山县志：八卷首一卷末一卷 … 2-284
[乾隆]霍邱县志：十二卷………………… 2-284
[同治]霍邱县志：十六卷首一卷 ……… 2-284
霍邸日记：不分卷………………………… 1-417
霍林山人诗集：五卷 ……………………… 5-115
[乾隆]冀州志：二十卷续编一卷 ……… 2-198
[康熙]冀州志：十卷 ……………………… 2-198
冀越集：一卷……………………………… 3-202
餐芍花馆日记：不分卷 …………………… 1-421
餐芍花馆诗(采兰斋诗)：十卷………… 5-147

鬳斋三子口义：二十卷庄子释音一卷 …3-366
鬳斋三子口义：二十卷庄子释音一卷 …3-366
鬳斋考工记解：二卷 ……1-65
鬳斋考工记解：二卷释音二卷……1-65
鬳斋庄子口义：十卷释音一卷……3-366
踽庵集：不分卷 ……4-364
默记：一卷 ……3-245
默记：一卷 ……3-245
默记：一卷 ……3-245
默记：三卷 ……3-245
默记：三卷 ……3-245
默堂先生文集：二十二卷……4-128
默堂先生文集：二十二卷……4-128
默庵安先生文集：五卷 ……4-195
默庵安先生文集：五卷附录一卷 ……4-195
默庵安先生文集：五卷附录一卷 ……4-195
默庵诗集：五卷 ……4-242
默庵遗稿：八卷 ……5-3
默镜居文集：四集 ……5-44
黔书：二卷 ……2-136
黔宁集：一卷……1-396
[道光]黔西州志：八卷 ……2-399
[光绪]黔西州续志：六卷……2-400
[光绪]黔江县志：五卷首一卷……2-374
[咸丰]黔江县志：四卷首一卷 ……2-374
[雍正]黔阳县志：十卷 ……2-359
[同治]黔阳县志：六十卷首一卷 ……2-359
[乾隆]黔阳县志：四十二卷首一卷 ……2-359
[乾隆]黔南识略：三十二卷 ……2-398
[乾隆]黔南识略：三十二卷 ……2-398
[乾隆]黔南识略：三十二卷 ……2-398
黔南职方纪略：九卷 ……2-398
黔南职方纪略：九卷 ……2-398
黔南职方纪略：九卷 ……2-398
黔南职方纪略：九卷 ……2-398
黔省苗民风俗图解：不分卷 ……2-136
黔类：十八卷……3-312
黔语：二卷 ……2-136
黔牍偶存：五卷 ……5-429
鹦湖花社诗：三卷 ……5-262
鹦鹉洲：二卷……5-374
鹦鹉梦记：二卷 ……5-384
赠书记：二卷……5-383
赠药编：一卷……5-26
镜山诗集：□□卷 ……4-276
镜山庵集：二十五卷 ……4-355
镜山庵集：二十五卷附十八阕一卷 ……4-355
镜心堂草：十六卷 ……4-329
镜古录：八卷……1-354
镜古集：五卷……3-272
镜光缘传奇：二卷 ……5-394
镜花缘：二十卷一百回 ……3-365
镜花缘：二十卷一百回 ……3-365
镜花缘：二十卷一百回 ……3-365
镜花缘：二十卷一百回 ……3-365
镜吾录：不分卷 ……3-254
镜香园毛声山评第七才子书：十二卷首一卷 ……5-369
镜海楼诗稿：四卷文稿一卷 ……5-149
镜墀轩肉谱：□□卷 ……1-381
镜镜吟痴：五卷 ……2-74
赞法界偈八十七颂：一卷……3-397
赞皇县乡土志 ……2-182
[乾隆]赞皇县志：十卷首一卷末一卷 …2-182
[乾隆]赞皇县志：十卷首一卷末一卷 …2-182
憩园词话：不分卷……5-356
穆天子传：六卷 ……3-321
穆天子传：六卷 ……3-321
穆天子传地理考证：六卷纪日干支表一卷中国人种从来考一卷……3-329
穆天子传注：六卷……3-321
穆考功道遥园集选：二十卷 ……4-319
穆参军集：二卷遗事一卷……4-84
穆参军集：三卷遗事一卷……4-84
穆参军集：三卷遗事一卷……4-84
穆参军集：三卷遗事一卷……4-84
穆参军集：三卷遗事一卷……4-84
穆参军集：三卷遗事一卷……4-84
穆参军集：三卷遗事一卷……4-85
穆参军集：三卷遗事一卷……4-85

穆参军集：三卷遗事一卷…………4-85
穆堂初稿：五十卷…………5-76
篷底浮谈：十五卷…………3-208
篷底浮谈：十五卷…………3-208
盥白斋诗钞：三卷…………5-122
儒行集传：二卷…………1-77
儒志编：一卷附录一卷…………3-18
儒林公议：一卷…………3-243
儒林外史：五十六回…………3-352
儒林外史：五十六回…………3-352
儒林外史：五十六回…………3-352
儒林外史：五十六回…………3-352
儒林外史：五十六回…………3-352
儒林传拟稿：不分卷…………1-236
儒林全传：二十卷…………1-355
儒林宗派：十六卷…………1-355
儒学警悟：四十卷…………5-414
儒函数类：六十二卷目录四卷…………3-310
[乾隆]衡山县志：十四卷…………2-353
[康熙]衡山县志：十四卷…………2-353
[康熙]衡山县志：十四卷…………2-353
[道光]衡山县志：五十五卷首一卷…………2-354
[光绪]衡山县志：四十五卷首一卷…………2-354
衡门芹：一卷…………3-32
衡门晤语：六卷…………1-362
衡门集：十五卷…………5-181
[乾隆]衡水县志：十四卷…………2-198
[乾隆]衡州府志：三十三卷首一卷…………2-352
[雍正]衡阳县志：二十四卷…………2-353
[乾隆]衡阳县志：十四卷首一卷…………2-353
[嘉庆]衡阳县志：四十卷首一卷…………2-353
[嘉庆]衡阳县志：四十卷首一卷…………2-353
[同治]衡阳县图志：十二卷…………2-353
衡庐精舍藏稿：三十卷续稿十一卷…………4-309
衡岳志：八卷…………2-156
[康熙]衡岳志：八卷…………2-156
衡岳志：八卷续刻附录一卷…………2-156
衡岳图志…………2-156
衡藩重刻胥台先生集：二十卷…………4-291
歙西灵山方氏世谱文选：一卷…………2-2
歙西岩镇百忍程氏本宗信谱：□□卷会订一卷…………2-18
[万历]歙志：三十卷…………2-281
歙县西干名胜概览：不分卷…………2-153
[乾隆]歙县志：二十卷首一卷…………2-281
[康熙]歙县志：十二卷…………2-281
[康熙]歙县志：十二卷…………2-281
[康熙]歙县志：十二卷…………2-281
[顺治]歙县志：十四卷…………2-281
[道光]歙县志：十卷首一卷…………2-281
[天启]歙县志：三十六卷…………2-281
歙县都图全载：不分卷…………2-131
歙县舆地志略：不分卷…………2-131
歙南吴氏族谱：六卷…………2-6
膳夫经：一卷…………3-166
膳夫经：一卷…………3-166
膳夫经：一卷…………3-316
膳夫经：一卷…………3-391
膳夫经手录：一卷…………3-166
雕玉集：十五卷…………3-186
雕丘杂录：十八种十八卷…………3-172
雕菰集：二十四卷…………5-124
雕菰楼易学：四十卷…………1-29
鲲溟先生诗集：四卷奏疏一卷…………4-314
獭祭录：六十三卷…………3-300
凝香集：四卷…………5-339
凝神草堂诗存：二卷诗余一卷…………5-136
凝斋先生遗集：十卷末一卷…………5-96
凝绪堂诗稿：八卷…………5-121
凝雅轩诗稿：二集四卷…………5-130
瘿晕山房诗删：十三卷续编一卷…………5-85
瘿晕山房诗删：十三卷续编一卷…………5-85
麈史：三卷…………3-187
麈史：三卷…………3-187
麈史：三卷…………3-187
麈史：三卷…………3-187
麈史：三卷…………3-188
麈史：三卷…………3-188
麈史：不分卷…………3-188
麈余：四卷…………3-188

麈谈：二录一卷三录一卷四录一卷 ········ 3-249
辨中边论：三卷 ········ 3-398
辨显密二教论：二卷 ········ 3-421
辨惑编：四卷附录一卷 ········ 3-35
辨惑编：四卷附录一卷 ········ 3-35
辩诬笔录：一卷 ········ 1-393
懒斋别集自传：一卷传余一卷 ········ 1-402
懒庵奇异居士别传录：八卷 ········ 3-416
憺园文集：三十八卷 ········ 5-38
憺园文集：三十六卷 ········ 5-38
燃灯记闻：一卷 ········ 5-322
濑园诗初集：三卷后集不分卷文集二十二卷 ········ 4-378
濑园诗初集：三卷后集不分卷文集二十卷谈史六卷 ········ 4-378
濑园遗集：十二卷文集二十卷 ········ 4-378
[顺治]潞安府志：二十卷图一卷 ········ 2-211
[顺治]潞安府志：二十卷 ········ 2-211
[乾隆]潞安府志：四十卷首一卷 ········ 2-211
[乾隆]潞安府志：四十卷首一卷 ········ 2-211
[康熙]潞城县志：八卷 ········ 2-211
[光绪]潞城县志：四卷首一卷 ········ 2-211
潞藩新刻述古书法纂：十卷 ········ 3-135
潞藩新刻述古书法纂：十卷 ········ 3-135
潞藩新刻述古书法纂：十卷 ········ 3-135
[乾隆]澧志举要：三卷补编一卷 ········ 2-347
激楚斋诗草：六卷 ········ 4-371
澹友轩文集：十六卷 ········ 5-5
澹生堂书目：不分卷 ········ 2-484
澹生堂外集宋贤杂佩：一卷 ········ 3-213
澹生堂集：二十一卷 ········ 4-350
澹生堂藏书目：八卷；庚申整书小记：一卷；庚申整书例略：一卷 ········ 2-484
澹生堂藏书训约：四卷；旷亭集：二卷 ········ 2-476
澹竹轩草：三卷 ········ 5-95
澹如轩诗钞：五卷 ········ 5-116
澹志斋集：□□卷 ········ 4-355
澹轩杂抄：二卷 ········ 5-171
澹轩集：八卷 ········ 4-143
澹园醒语：八卷 ········ 3-272
澹泉笔述：十二卷 ········ 3-249
澹然居士文集：十卷 ········ 4-241
澹游集：二卷 ········ 5-240
澹游集：三卷 ········ 5-240
澹静斋印存：不分卷 ········ 2-472
澹静斋巡轺百日记：一卷 ········ 1-419
澶渊杂著：二卷 ········ 4-373
濂洛风雅：七卷 ········ 5-233
濂溪周元公全集：十三卷历代褒崇礼制一卷事实一卷年表一卷 ········ 4-98
濂溪集：六卷 ········ 4-99
濂溪集：六卷 ········ 4-99
濂溪志：九卷 ········ 1-390
寰宇通志：一百十九卷 ········ 2-118
寰宇通志：一百十九卷 ········ 2-118
避园拟存诗集：一卷杂序一卷游唤一卷 ········ 4-362
避暑录话：二卷 ········ 3-190
避暑录话：二卷 ········ 3-191
避暑录话：二卷 ········ 3-191
避暑录话：二卷 ········ 3-191
[康熙]隰州志：二十四卷 ········ 2-222
[康熙]隰州志：二十四卷 ········ 2-223

十七画

戴中丞遗集：八卷附录一卷 ········ 4-282
戴氏集：十二卷 ········ 4-254
戴文节公书札 ········ 5-141
戴东原集：十二卷 ········ 5-105
戴东原集：十二卷 ········ 5-105
戴东原集：十二卷 ········ 5-105
戴记旧本大学：不分卷 ········ 1-115
戴叔伦集：二卷 ········ 4-45
戴叔伦集：二卷 ········ 4-46
戴剡源先生文集：二十六卷 ········ 4-188
戴剡源先生文集：二十六卷诗集二卷 ········ 4-188
戴彬元等书札 ········ 5-304
戴紫垣先生尺牍：不分卷 ········ 5-117

戴简恪公遗集：八卷 ………………………… 5-126
戴静斋先生遗书：二卷 ……………………1-5
戴潜虚先生文集：四卷 …………………… 5-60
盩厔县乡土志：十五卷 …………………… 2-407
[乾隆]盩厔县志：十四卷首一卷 ………… 2-407
鞞婆沙论：十四卷 ………………………… 3-398
鞠小正：一卷……………………………… 3-169
藏一话腴：二卷 …………………………… 3-200
藏一话腴：内编二卷外编二卷…………… 3-200
藏山阁存稿：二十卷 ……………………… 5-14
藏书：二十七卷 …………………………… 1-204
藏书：六十八卷 …………………………… 1-204
藏书纪事诗：七卷 ………………………… 2-476
藏书纪事诗：六卷 ………………………… 2-476
藏书纪要：一卷 …………………………… 2-476
藏书纪要：一卷 …………………………… 2-491
藏书楼诗稿：一卷 ………………………… 5-28
藏甲岩稿：六卷 …………………………… 4-315
藏经纸说：一卷 …………………………… 3-165
藏春诗集：六卷 …………………………… 4-184
藏春诗集：六卷 …………………………… 4-184
藏说小萃：十集十一种二十七卷 ………… 5-419
藏乘法数：一卷 …………………………… 3-426
藏海居士集：二卷 ………………………… 4-128
藏密斋集：二十四卷 ……………………… 4-361
藏澄馆集：十五卷 ………………………… 4-319
[康熙]藁城县志：十二卷图一卷 ………… 2-179
[康熙]藁城县志：十二卷………………… 2-179
[光绪]藁城县志续补：十一卷图一卷 … 2-179
檐景斋诗：一卷 …………………………… 5-15
檀弓：二卷 ………………………………… 1-76
檀弓：二卷 ………………………………… 1-76
檀弓：二卷 ………………………………… 1-76
檀弓：二卷 ………………………………… 1-76
檀弓记：二卷……………………………… 1-76
檀弓论文：二卷 …………………………… 1-77
檀弓述注：二卷 …………………………… 1-77
檀弓辑注：二卷；考工记辑注：二卷 …… 1-76
檀孟批点：二卷 …………………………… 1-135
檀雪斋集：二百卷 ………………………… 4-369
懋斋诗钞：一卷 …………………………… 5-107
懋勤殿书目：二卷；御书楼书目：一卷；国子监典籍厅存贮书目：一卷石刻目录一卷 ………………………………… 2-481
礞园诗稿：二卷 …………………………… 4-341
霜红龛集：十二卷 …………………………5-8
霜哺遗音：六卷 …………………………… 5-265
霜镜集：十七卷 …………………………… 4-346
霞上绪言：七卷；玉水千花藏著述现存书目：一卷…………………………………… 4-370
霞外尘谈：十卷 …………………………… 3-319
霞继亭集：三卷 …………………………… 4-355
霞漪阁校订史纲评要：三十六卷 ……… 1-338
罊云篇文集：十六卷 …………………… 5-55
罊专堂集：十四卷 ………………………… 4-369
曙峰陈公行状：一卷 …………………… 1-405
螳臂录：四卷附录一卷 ………………… 1-312
螺阳文钞：不分卷………………………… 5-283
[同治]螺洲志：四卷 …………………… 2-291
镡津文集：二十二卷 …………………… 4-90
镡津文集：二十二卷 …………………… 4-90
镡津文集：二十二卷 …………………… 4-90
镡津文集：十九卷首一卷………………… 4-90
镡墟堂摘稿：二十卷 …………………… 4-295
镫月闲情：十七种二十卷………………… 5-364
镫月闲情：十五种十七卷………………… 5-364
魏子敬遗集：八卷 ………………………… 4-376
魏氏家藏方：十卷 ………………………… 3-80
魏书：一百十四卷 ………………………… 1-222
魏书：一百十四卷 ………………………… 1-222
魏书：一百十四卷 ………………………… 1-222
魏书：一百十四卷 ………………………… 1-222
魏书：一百十四卷 ………………………… 1-222
魏书：一百十四卷 ………………………… 1-222
魏书：一百十四卷 ………………………… 1-222
魏书：一百十四卷 ………………………… 1-222
魏书：一百十四卷 ………………………… 1-222
魏书：一百十四卷 ………………………… 1-222
魏书：一百十四卷 ………………………… 1-222
魏书考证：一百十四卷 ………………… 1-223

魏伯子文集：十卷首一卷……5-23
魏忠节遗著：不分卷……4-361
魏季子文集：十六卷……5-38
魏季词先生遗集：十一卷……5-155
魏郑公谏录：五卷……1-388
魏郑公谏录：五卷……1-388
魏珰逆党录：一卷……1-305
魏塘诗存：三十卷首一卷……5-276
魏塘钱氏家传：不分卷……2-23
繁昌古拙和尚勤念阿弥陀佛图公据：一卷……3-421
[嘉庆]繁昌县志：十八卷首一卷……2-277
[乾隆]繁昌县志：三十卷……2-277
[道光]繁峙县志：六卷……2-216
[道光]繁峙县志：六卷……2-216
[光绪]繁峙县志：四卷……2-216
[光绪]繁峙县志：四卷首一卷……2-216
繁露园集：二十二卷……4-352
鵃寄堂诗：一卷……5-48
[嘉靖]徽州府志：二十二卷……2-280
[弘治]徽州府志：十二卷……2-280
[康熙]徽州府志：十八卷……2-280
[道光]徽州府志：十六卷首一卷……2-280
徽州府志摘抄：不分卷……2-280
徽州府志辨证：一卷……2-281
徽志正误：不分卷……2-280
徽志补正：一卷……2-280
[嘉庆]徽县志：八卷……2-432
徽言秘旨：不分卷……3-156
徽城杨氏宗谱：七卷……2-20
徽郡诗：八卷诗人爵里一卷……5-281
徽郡诗略：二十一卷……5-281
徽郡重刊造福秘诀：三卷……3-115
徽郡新刊书经讲义：二卷……1-37
徽郡新刻名公尺牍：三卷……5-299
甂瓿洞续稿诗部：十二卷文部十五卷目录二卷……4-315
甂瓿洞稿：五十四卷……4-315
甂瓿洞稿：五十四卷目录二卷……4-315
甂瓿洞稿：五十四卷目录二卷续稿诗部十二卷文部十五卷……4-315
鰕沟里乘：不分卷……2-246
螽斯秘诀：一卷……3-76
襄阳四略：二十五卷……2-333
襄阳外编：一卷……4-26
襄阳外编：一卷……4-26
襄阳守城录：一卷……1-293
[同治]襄阳县志：七卷首一卷……2-333
[光绪]襄阳府志：二十六卷志余一卷……2-333
[光绪]襄阳府志：二十六卷志余一卷附国朝襄郡忠义录一卷……2-333
[万历]襄阳府志：五十一卷……2-333
[乾隆]襄阳府志：四十卷图一卷……2-333
襄阳耆旧传：一卷……1-384
[光绪]襄垣县续志：二卷……2-212
[光绪]襄陵县志：二十四卷……2-221
[雍正]襄陵县志：二十四卷……2-221
濮川志略：十四卷……2-266
[宣统]濮州志：八卷……2-325
濮院琐志：八卷……2-266
濠梁集：一卷；高斋集：一卷……4-303
濯足庵文集钞：三卷……5-9
濯缨亭笔记：十卷；礼记集说辩疑：一卷……3-205
豁堂老人同凡草：九卷……5-1
邃古记：八卷……1-277
邃雅堂集：十卷续编一卷……5-123
檗庵别录：八卷……4-380
甓余杂集：十二卷……4-286
甓社游草：二卷……4-362
甓湖草堂文集：六卷……5-49
甓湖联吟集：七卷……5-270
擘海楼诗初集：九卷……5-145
翼学编：十三卷……3-268
[光绪]翼城县志：二十八卷……2-220
[乾隆]翼城县志：二十八卷……2-220
[嘉靖]翼城县志：六卷……2-220
[康熙]翼乘：十二卷……2-220
翼堂文集：不分卷……5-92
翼堂诗集：二卷……5-75

十八画

鳌台王氏族谱：五卷 ……2-1
鳌峰类稿：二十六卷 ……4-261
鳌峰集：二十八卷 ……4-359
鳌斋日记：不分卷 ……1-423
藕居士诗话：二卷 ……5-321
藕居士诗话：二卷 ……5-321
藜阁传灯：□□卷 ……5-209
藜照楼明二十四家诗定：二十四卷 ……5-249
藤山志：不分卷 ……2-291
藤坞诗集：八卷 ……5-35
藤花亭镜谱：八卷 ……2-454
[道光]藤县志：十四卷首一卷 ……2-316
藤梧馆杂体文：一卷 ……5-121
藤梧馆诗草：一卷 ……5-121
藤梧馆诗钞：一卷 ……5-121
藩献记：四卷 ……1-277
覆瓿集：十二卷余集一卷 ……5-61
覆盆明镜照占真经：八卷 ……3-119
覆盆明镜照占真经：八卷 ……3-119
覆校札记：一卷 ……5-105
覆校札记：一卷 ……5-105
覆校穆天子传：六卷补遗一卷 ……3-321
覆瓿社灯谜：一卷 ……3-160
覆瓿集：二十四卷 ……4-224
覆瓿集：二十四卷 ……4-224
覆瓿集：七卷附录一卷 ……4-235
颟頇集：十卷 ……5-22
颟頇集：八卷 ……5-22
燹余吟：四卷 ……5-141
燹余所见录：三卷 ……3-130
鼂采馆清课：一卷 ……3-257
瞿氏二亲挽诗：一卷 ……5-245
瞿文懿公集：十六卷制科集四卷制敕稿一卷 ……4-306
瞿文懿公集：十六卷制科集四卷制敕稿一卷 ……4-306
瞻六堂集：二卷 ……4-383
瞻六堂集：二卷 ……4-383
瞻华集：不分卷 ……5-92
螳蜞集：九卷 ……4-385
螳蜞集：九卷 ……4-385
蟫史：二十卷 ……3-364
蟫史：二十卷 ……3-364
蟫史集：十一卷 ……3-171
蟫红集：二卷；帆南集：一卷 ……5-143
蟫余诗抄：二卷 ……5-137
蟫窠集游名胜记：十二卷 ……2-149
蟫精隽：十六卷 ……3-204
蟠桃会：二卷 ……5-398
[同治]黟县三志：十六卷首一卷末一卷 ……2-282
[嘉庆]黟县志：十六卷首一卷 ……2-282
[嘉庆]黟县志：十六卷首一卷 ……2-282
[顺治]黟县志：八卷 ……2-282
[康熙]黟县志：四卷 ……2-282
簠斋古陶文字考释：不分卷 ……2-474
簠斋印集：不分卷 ……2-472
簠斋印集：不分卷 ……2-472
簠斋印集：不分卷 ……2-472
簠斋印集：不分卷 ……2-472
簠斋金文考释：不分卷 ……2-453
簠斋泉范：不分卷 ……2-466
簠斋藏古金化：不分卷 ……2-454
簪花轩诗钞：一卷 ……5-103
彀觚亭文稿：不分卷 ……5-138
彀觚亭诗文稿：一卷 ……5-138
彀觚亭诗草：不分卷 ……5-138
翻译名义集：二十卷 ……3-426
翻译名义集：十四卷 ……3-426
翻译名义集：十四卷 ……3-426
翻译名义集：十四卷 ……3-426
翻译名义集：十四卷 ……3-426
翻译名义集：七卷 ……3-425
翻译名义集：七卷 ……3-425
癖谈：六卷 ……2-465
癖颠小史：一卷 ……3-269
癖颠小史：一卷 ……3-269

瀑音：三卷 ······ 5-26
瀑音：四卷；碧涛笈逸荐：一卷 ······ 5-26
[同治]璧山县志：十卷首一卷末一卷 ··· 2-376
璧水群英待问会元：九十卷 ······ 3-283
璧水群英待问会元选要：八十二卷 ······ 3-283
彝斋文编：四卷 ······ 4-169

十九画

藿议：不分卷 ······ 4-357
藿园诗存：六卷 ······ 4-331
藿园集：八卷 ······ 4-331
蘧庐稿选：十三卷 ······ 4-357
蘉古介书：前集二十三卷后集十卷 ······ 5-421
蘅华馆杂著：五种七卷 ······ 5-434
蘅华馆杂稿：不分卷 ······ 3-254
警富新书：四十回 ······ 3-360
攀古小庐文：一卷补遗一卷 ······ 5-140
攀古小庐杂著：十二卷 ······ 5-140
攀古小庐杂著：三卷 ······ 5-140
攀古小庐杂著：□□卷 ······ 5-140
攀古小庐镜铭：一卷 ······ 2-289
攀古楼藏器目：不分卷 ······ 2-455
攀古廔金文目：一卷 ······ 2-455
攀古廔彝器款识：二卷 ······ 2-454
攀舆去思录：一卷 ······ 1-401
醯鸡鸣瓿：□□卷 ······ 4-313
醯鸡瓮集：十二卷 ······ 3-88
醯鸡斋稿：七卷；建阳名宦文移：一卷；乡贤文移：一卷 ······ 4-346
[乾隆]鄠县志：二十三卷首一卷 ······ 2-351
[乾隆]鄠县志：二十三卷首一卷 ······ 2-351
[同治]鄠县志：二十卷首一卷 ······ 2-351
黼庵遗稿：十卷 ······ 4-273
黼藻文章百段锦：三卷 ······ 5-325
曝书杂记：二卷 ······ 2-476
曝书亭文摘抄：不分卷 ······ 5-35
曝书亭书目：二卷 ······ 2-489
曝书亭书目：二卷 ······ 2-489
曝书亭词拾遗：一卷 ······ 5-340
曝书亭诗录：十二卷 ······ 5-35
曝书亭集：□□卷 ······ 5-35
曝书亭集词注：七卷 ······ 5-341
曝书亭集诗注：二十二卷 ······ 5-35
曝书亭藏书目：不分卷 ······ 2-489
曝书亭藏书目：不分卷 ······ 2-489
曝书亭藏书集目偶存：一卷 ······ 2-489
蹴踘谱：不分卷 ······ 3-160
蠖庵疏稿：二卷 ······ 2-97
蟾宫操传奇：二卷 ······ 5-391
籁谱：四卷 ······ 1-188
籀史：二卷 ······ 2-439
籀庄杂稿：不分卷 ······ 5-130
籀鄦誃杂著：十种二十一卷 ······ 5-434
簬村诗全集：四十四卷 ······ 5-84
蟹略：四卷 ······ 3-172
麒麟罽：二卷 ······ 5-374
瓣香山房诗集：十五卷 ······ 5-112
瓣香堂诗集：十卷 ······ 5-83
瀛山笔记：二卷 ······ 3-220
瀛奎律髓：四十九卷 ······ 5-187
瀛奎律髓：四十九卷 ······ 5-187
瀛奎律髓：四十九卷 ······ 5-187
瀛洲集：三卷容台集一卷 ······ 5-127
瀛海长春录：六卷 ······ 1-398
瀛涯胜览：一卷 ······ 2-170
瀛涯胜览：一卷 ······ 2-170
瀛寰志略：不分卷 ······ 2-171
瀛壖百咏：一卷 ······ 5-89
瀛壖金鉴：十八卷 ······ 2-174
嬾真子：五卷 ······ 3-192
嬾真子录：五卷 ······ 3-192

二十画

[乾隆]醴泉县志：十四卷 ······ 2-414
[乾隆]醴泉县续志：三卷首一卷 ······ 2-414
[嘉庆]醴陵县志：二十六卷首一卷 ······ 2-351
[同治]醴陵县志：十四卷首一卷末一卷 ······ 2-351

醴陵集：十卷……4-18
[光绪]酆都县志：四卷首一卷……2-377
[嘉靖]耀州志：十一卷……2-409
[嘉靖]耀州志：十一卷……2-409
[嘉庆]耀州志：十卷……2-409
蠛蠓集：五卷……4-278
蠛蠓集：五卷……4-278
蠛蠓集：五卷……4-278
螾衣生粤草：十卷蜀草十卷……4-330
螾衣生黔草：二十一卷……4-330
纂补春秋诸名臣传：十三卷……1-346
纂图互注五子：五十卷……3-1
纂图互注五子：四十卷……3-1
纂图互注老子道德经：二卷……3-368
纂图互注老子道德经：二卷……3-368
纂图互注老子道德经：不分卷……3-368
纂图互注扬子法言：十卷……3-15
纂图互注扬子法言：十卷……3-15
纂图互注尚书：□□卷……1-31
纂图互注荀子：二十卷……3-9
纂图互注荀子：二十卷……3-9
纂图互注南华真经：十卷……3-371
纂图互注南华真经：十卷……3-371
纂图互注南华真经：十卷……3-371
纂图互注南华真经：十卷……3-371
纂图互注南华真经：十卷……3-371
纂图互注南华真经：十卷……3-371
纂图互注南华真经：十卷……3-371
纂图附释文重言互注老子道德经：二卷……3-368
纂图类聚天下至宝全补事林广记：□□卷……3-285
纂图增新群书类要事林广记：前集二卷后集二卷……3-284
纂例：十二卷……2-63
纂注分类杜诗：二十五卷……4-37
纂辑禁书目录：一卷……2-499
[乾隆]夔州府志：十卷……2-377
[道光]夔州府志：三十六卷首一卷……2-377
[道光]灌阳县志：二十卷首一卷……2-370
灌县志：十二卷首一卷……2-380
灌园史：四卷……3-168
灌园余事：八卷附悼往诗一卷……5-46

二十一画

轂音集：一卷……4-372
羆斋奏稿：不分卷……2-110
[康熙]霸州志：十卷……2-189
[康熙]霸州志：十卷……2-189
[同治]霸州新志：八卷……2-189
露书：十四卷……3-216
露书：十四卷……3-216
露香阁摘稿：五卷二刻一卷……5-76
罍庵杂述：二卷……3-32
罍庵杂述：二卷……3-32
饔喜庐金石录：一卷……2-444
[同治]赣州府志：七十八卷首一卷……2-301
[道光]赣州府志：七十八卷首一卷……2-301
[同治]赣县志：五十四卷首一卷……2-301
[光绪]赣榆县志：十八卷……2-244
爝火录：三十二卷附记一卷读史论略一卷历代纪元续表一卷……1-309
灊山守御志……1-318
蠡勺诗删：一卷……5-82
[光绪]蠡县志：十卷图一卷……2-195
[崇祯]蠡县志：十卷续志四卷……2-195
[康熙]蠡县续志……2-195
蠡城被贼记：一卷；义民包立身事略：一卷……1-317
蠡测汇钞：不分卷……5-129
蠡塘渔乃：一卷……2-130
蠡塘渔乃：一卷……2-130

二十二画

镶黄旗钮祜禄氏弘毅公家谱：不分卷……2-19
镶蓝旗汉军世管佐领原由家谱清册：不分卷……2-24
臞仙肘后经：二卷……3-123

臞仙肘后神枢：二卷 …… 3-123
臞仙肘后神枢：二卷 …… 3-123
臞轩集：十六卷 …… 4-166
臞轩集：十六卷 …… 4-166
臜香馆词钞：一卷 …… 5-345
鬻子：一卷 …… 3-173
鬻子补：一卷 …… 3-173
鬻子注：一卷 …… 3-173
鬻子注：二卷 …… 3-173
鬻子注：二卷 …… 3-173

二十三画

麟石文钞：一卷 …… 5-130
麟石文钞：一卷 …… 5-130
麟台故事：五卷 …… 2-46
麟台故事：五卷 …… 2-46
麟台故事：五卷 …… 2-46
麟旨明微：十二卷 …… 1-108
麟旨定：十二卷 …… 1-108
麟角集：一卷附录一卷 …… 4-77
麟角集：一卷附录一卷 …… 4-78
麟宝：六十三卷首一卷 …… 1-108
麟经指月：十二卷 …… 1-107
麟原王先生文集：十二卷后集十二卷 … 4-217
麟游县新志草：十卷 …… 2-418
麟溪集：二十二卷 …… 5-280
麟溪集：二十二卷别编二卷 …… 5-280
麟溪集：二十二卷别篇二卷 …… 5-280
麟溪集：二十二卷别篇二卷 …… 5-280
麟溪集：二十二卷别篇二卷附录二卷 … 5-280
麟溪集：十二卷 …… 5-280
麟溪集：十卷 …… 5-280
麟题备览：十二卷 …… 1-108

二十四画

蠹斋先生铅刀编：三十二卷目录二卷拾遗诗一卷 …… 4-142
蠹斋先生铅刀编：三十二卷拾遗诗一卷 …… 4-142
蠹斋先生铅刀编：三十二卷拾遗诗一卷目录二卷 …… 4-142
蠹斋铅刀编：三十二卷 …… 4-142
[天启]衢州府志：十六卷 …… 2-269
衢谣征实集：四卷 …… 5-263
讆文书屋集略：八卷 …… 5-101

二十五画

戆臣出关草：一卷辑遗一卷冠月楼诗一卷 …… 5-31

其他

□孺人行实：一卷 …… 1-406